러시아 소비하기

포스트소비에트 러시아의 사회와 대중문화

SLAVICA 슬라비카총서 09

CONSUMING RUSSIA

by Adele Marie Barker, Editor
Copyright © 1999 by Duke University Press
Translation copyright © 2018 by Greenbee Publishing Co.
All Rights Reserved.
This Korean edition published by arrangement with Duke University Press through Shinwon
Agency.

슬라비카 총서 09
러시아 소비하기 포스트소비에트 러시아의 사회와 대중문화

발행일 초판1쇄 2018년 10월 10일 • **엮은이** 아델 마리 바커 • **옮긴이** 정하경
펴낸이 유재건 • **펴낸곳** (주)그린비출판사 • **주소** 서울시 마포구 와우산로 180, 4층
전화 02-702-0727 • **이메일** editor@greenbee.co.kr • **신고번호** 제2017-000094호

ISBN 978-89-7682-457-8 93300
이 도서의 국립중앙도서관 출판예정도서목록(CIP)은 서지정보유통지원시스템 홈페이지(http://seoji.nl.go.kr)와
국가자료공동목록시스템(http://www.nl.go.kr/kolisnet)에서 이용하실 수 있습니다.(CIP제어번호: CIP2018030764)

이 논문 또는 저서는 2007년 정부(교육과학기술부)의 재원으로 한국연구재단의 지원을 받아 수행된 연구임(NRF-
2007-361-AL0016).

철학이 있는 삶 **그린비출판사** www.greenbee.co.kr

러시아 소비하기

포스트소비에트 러시아의 사회와 대중문화

아델 마리 바커 엮음 | 정하경 옮김

SLAVICA 슬라비카총서 09

영B
그린비

나의 아버지 잭 포터 바커(1911~1998)와
찰스 아이젠버그(1944~1997)를 기억하며

일러두기

1 이 책은 Adele Marie Barker ed., *Consuming Russia: Popular Culture, Sex, and Society since Gorbachev*(Durham/London, Duke University Presss, 1999)를 완역한 것이다.
2 본문의 주석은 모두 각주로 표시되어 있다. 옮긴이 주는 각주의 앞에 '[옮긴이]'라고 표시했으며, 표시가 없는 것은 모두 지은이 주이다. 옮긴이가 보충하는 간단한 설명은 본문 중에 대괄호([ ])로 표시하고 끝에 '— 옮긴이'라고 표시했다.
3 단행본·정기간행물·팸플릿·음반명 등은 겹낫표(『 』)로, 단편·논문·시·곡명·공연명 등은 낫표(「 」)로 표시했다.
4 인명의 원어 병기는 권말의 찾아보기에만 남겨 두었다.
5 외국어 고유명사는 2002년에 국립국어원에서 펴낸 외래어 표기법을 따르는 것을 원칙으로 하되, 러시아어의 현지 발음과 국내에서 관례적으로 통용되는 표기를 고려하여 폭넓게 예외를 두었다.
6 키릴문자는 라틴 알파벳으로 전사하여 쓰는 것을 원칙으로 했다. 이 경우 미국도서관협회/미국국회도서관 제정 표기법(ALA-LC)을 따르되, 고유명사의 경우 폭넓게 예외를 인정하였다.

감사의 글

아델 마리 바커

대부분의 책이 그렇듯이, 이 책은 많은 이들의 손길과 대화, 학회, 책, 그리고 우정의 결실입니다. 이 지면을 빌려 감사를 표할 수 있게 되어 기쁩니다.

애리조나 대학 유돌 공공정책 연구소의 펠로우십은 내가 필요로 했던 연구환경, 곧 베란다와 벽난로가 있는 나의 첫 연구실을 제공해 주었습니다. 여기서 나는 신러시아의 문화적 삶의 여러 면모에 대해 읽고 생각할 수 있었습니다. 로버트 버라디에게 특별히 감사를 드리고 싶습니다. 연구 부소장실에서 수여된 연구비로 나는 몇 번의 모스크바 연구여행 경비를 충당할 수 있었습니다. 그리고 학장 부속 작가지원 펀드의 도움으로 우리가 이 책에 넣기 원했던 모든 장들을 수록할 수 있었습니다. 또한 인문대학 학장 찰스 테이텀에게 감사드립니다. 이 분은 내가 어려움을 겪을 때 도움을 베풀었고 이 프로젝트를 완성하기 위해 내가 필요로 했던 기회를 허락해 주었습니다.

지난 4년간 나는 애리조나 대학의 비교 문화 및 문학 과정에 소속되는 특권을 누릴 수 있었습니다. 이 책에서 제기된 많은 질문들에 대해 진지하게 생각하도록 나를 처음 이끈 것은 다름 아닌 이 과정과 다른 분야 동료들과의 연계였습니다. 특히, 나는 내 동료이자 친구인 아일린 미한에게 감사합니다. 그녀는 매체에 대한 자신의 애정만큼이나 대단한 너그러움으로 매체에 대한 자신의 지식을 내게 나눠 주었습니다. 나의 문화연구 전공 대학원생들은 언제나 내가 중심을 잃지 않도록 해주었습니다. 똑똑하고 지적인 사고로 이들은 내게 오래된 문제에 대해 새로운 방식으로 생각하는 법을 일깨워 주었습니다.

포스트소비에트 연구를 하는 모든 이가 알고 있듯이, 신러시아에서 일어나고 있는 변화에 계속적으로 정통하기란 점점 더 어려워지고 있습니다. 정보를 얻기 위해 더욱더 서로 의지하게 되는 지금, 학문은 종종 공동의 노력이 되곤 합니다. 내가 러시아에 있지 못하고 집에 머물러야 했을 때 이 책의 공저자들 중 많은 분이 자신의 일정을 바꾸어 나에게 자료와 도움을 주었습니다. 수전 라슨은 나와 잡지 『상영』을 공유해 주었습니다. 로버트 에덜먼은 학회발표논문을 나에게 보내 주었습니다. 캐시네폼냐시는 마리나의 소설을 내게 보냈습니다. 엘리엇 보렌스타인은 『신문학비평』의 특히 찾기 어려운 호를 구해 주었습니다. 알렉세이 유르착은 『명사』에 실린 글들을 보내 주었습니다. IREX 연구비를 받고 모스크바에 있었던 안나 크릴로바는 말도 안 되는 내 질문을 받고 대답을 얻기 위해 기꺼이 모스크바 전화번호부를 훑어봐 주었습니다.

친구와 동료들은 바쁜 일정 중에도 시간을 내어 이 책의 출판을 도와 주었습니다. 나는 사려깊은 논평과 유익한 제안을 준 토머스 라후센, 제프리 브룩스, 시벨란 포레스터, 그리고 제임스 폰 겔데른에게 특히 감사를 드립니다.

사방에서 자성물과 아이디어, 활기찬 격려가 전달돼 왔습니다. 가장 신실한 감사의 일부는 듀크 대학 출판부에서 나와 함께 이것과 다른 프로젝트를 진행했던 분들에게 돌아가야 할 것입니다. 익명의 검토자 두 분이 이 원고를 때맞춰 아주 자세히 읽고 설득력 있는 훌륭한 제안을 해 주셨습니다. 이 제안들은 원고를 일관되게 묶는 데 도움이 되었습니다. 출판사의 수석 편집간사인 로라 바네비는 내가 조직하는 데 어려움을 겪고 있다는 것을 알아채고 이 프로젝트의 모든 부분이 가장 올바른 방향으로 조합되도록 이중으로 확인해 주었습니다. 민디 코너는 실수를 모르는 눈과 탁월한 편집 기술로 이 책을 교정해 주었습니다. 팸 모리슨은 언제나 그렇듯이 마치 이 원고가 자기 것이기라도 한 듯 꼼꼼히 검토해 주었습니다. 나는 우리 편집자 발레리 밀홀랜드에게 가장 큰 빚을 졌습니다. 이 분은 나와 대화할 때마다 언제나 "이건 정말 훌륭한 책이 될 거에요"라고 말을 끝맺곤 했습니다. 또한 언제 작가를 독려해야 하는지, 언제 여유를 주어야 하는지 아는 흔치 않은 재능을 갖고 계시죠.

이 책은 여러 곳으로부터의 도움으로 만들어졌습니다. 모스크바에서는 예카테리나 스테첸코와 블라디미르 알파토프, 마야 코레네바, 나데쥬다 아쥬기히나, 나탈리야 드미트리예바, 라리사 모로조바, 베토벤 상점의 알렉세이, 발레리 발라코프 이 모두가 세부 계획부터 애완동물에 이르기까지 그 모든 것에 대해 나에게 도움을 주었습니다. 종종 오늘날 미국에서 학자들이 어떤 일을 하고 있는지 믿기 어려워하면서 말이죠. 일리노이 대학의 피터 맥스는 엄청난 수의 데이터베이스에 접근하는 것을 도와주면서 비일상적인 친절한 도움을 제공해 주었습니다. 투손에서는 개리 카바코프의 기막힌 전문적 기술 덕분에 나는 제작에 들어가기 직전 원고의 서식을 설정하는 일의 짜증나는 온갖 세부사항으로부터 벗어날 수 있었습니다. 또한 돈 윈저-히블, 조디 켈버, 제인 힐, 미아 슈나이블, 브렛 슐라주, 트래비스 반델, 그리고 사브리나 리에게 감사합니다. 워싱턴 대학에 있는 나의 친구이자 동료인 사브리나 라메트에게 특별히 감사합니다. 이 책에 대한 많은 아이디어들이 그녀와의 대화 속에서 만들어졌습니다. 그녀는 이 프로젝트의 초기 단계에서 그녀의 시간과 에너지를 정말 많이 할애해 주었습니다.

가끔 가장 너그러운 도움은 프로젝트에 전혀 관련이 없는 사람들에게서 오곤 합니다. 메리 레온과 하비어 레온, 질 매카트니, 제인 아론스, 이바나 아브릴은 내게 여러 가지로 도움을 주었습니다. 조지아 마스, 줄리아 클랜시-스미스, 델 필립스와 라폰 필립스, 그리고 마리안 바인더와 돈 바인더는 기운을 북돋는 깊은 우정을 주었습니다. 파리에서는 우리가 거기에 적응하는 동안 마티 루빈, 재클린 웨일스, 세레나, 그리고 사마라가 늘 기꺼이 도움을 주었습니다. 그리고 나의 여동생 수전 에이켄은 오직 여동생만이 할 수 있는 방식으로 내 말을 들어 주었고, 내 글을 가장 너그럽고도 비판적으로 읽어 주었으며, 줄곧 내가 "복숭아를 내버리지 않도록"[중요한 것을 간과하지 않도록—옮긴이] 격려해 주었습니다.

감사의 글은 보통 책이 쓰여지는 동안 모든 것을 감내해 준 가족에게 감사하는 것으로 끝이 맺어지곤 하지요. 나의 아들 노아는 그저 책이 완성되기를 기다리기보다는 여기 동참하기로 결심하고 용감한 여행자이자 모스크바 애완동물 명소의 훌륭한 연구가가 되었습니다.

나는 이 책을 친애하는 두 친구의 추억에 헌정합니다. 먼저, 테네시 출신의 친절하고 온화한 나의 아버지, 잭 포터 바커에게 이 책을 바칩니다. 아버지의 삶은 자연과 글에 대한 넘치는 애정으로, 그리고 타고난 정의감과 직업에 대한 헌신으로 아로새겨져 있었습니다. 아버지는 이 책이 완성되는 것을 못 보고 돌아가셨습니다. 그렇지만 아버지는 신러시아에서 일어나는 변화들을 목도하고 내가 그랬던 것처럼 그 변화에 대해 심사숙고하실 만큼은 오래 사셨습니다. 이 책을 또한 나의 친구이자 동료인 척 아이젠버그에게 헌정합니다. 가르치는 것에 대한 그의 애정과 독서가로서의 재능은 그의 영혼의 너그러움과 자신의 성취에 대한 겸손만큼이나 뛰어났습니다.

차례

1장

러시아 다시 읽기

아델 마리 바커

1993년 봄 언젠가 나는 한 시간 이상 택시를 타고 모스크바를 헤맨 적이 있었다. 내가 받은 주소를 같이 찾으면서 모스크바 출신 택시기사는 욕설을 해대며 빵빵거리면서 거리들을 헤치고 다녔다. 택시기사가 차창 밖으로 고개를 내밀고 지나가는 사람들을 불러 세워 길을 물어보고 이 알 수 없는 주소를 어떻게 찾을 것인지 행인들과 오랫동안 토론하느라 한 시간여를 가다 서다 한 끝에, 우리는 마침내 목적지에 도착했다. 그때 택시기사가 당혹해 하며 말하기를, 그는 이 주소가 어딘지 처음부터 알고 있었으며 만약 정부의 "개자식"들이 모스크바의 거리명들을 죄다 바꿔 놓지만 않았더라면 더 빨리 도착할 수 있었으리라는 것이었다.

이 택시 일화는 포스트소비에트 사회에 넘쳐나는 혼란스러운 표면적 변화가 어떤 종류의 것인지 단적으로 보여 준다. '오래된' 익숙한 혁명적 거리 이름들이 혁명 이전 시대의 훨씬 더 오래되고 덜 친숙한 이름들로 대체되면서 거리들은 그 모습을 바꾸고 있다. 옥외광고판들은 P&G의 세제부터 랭글러나 리바이스 청바지에 이르기까지 온갖 것들을 선전하고 있다. 나폴레옹에 대한 러시아의 승리를 축하하기 위해 세워진 한 성당[1]은 1931년에 스탈린의 소비에트 궁전을 위한 공간을 마련하기 위해 철거되었다가 대신 수영장으로 바뀌었는데, 지금은 한때 수영장이 자리했던 휑뎅그렁한 지대로부터 다시 성당이 솟아 있다. 묘하게 부조화스러운 건물들——고층 사무실 건물들, 동네 정교 교회, 그리고 맥도날드——이 한때 국가 소유였다가 지금은 사유화된 토지 위에서 서로를 불편하게 바라보고 서 있다. 신흥 러시아인[2]들이 예전의 주거 지역을 개조하고 수리하면서, 한때 공공 주택으로서 주민들을 가까스로 수용하던 주거 공간에서는 이제 이전의 거주자들이 밀려나고 있다. 시각뿐만 아니라 다른 감각을 통해서도 역시 단절되고, 낯설게 되고, 요동치는 것이 감지되는 현대 러시아 도시 지역의 지리적·물리적 경관은, 신러시아의 문화 경관에서도 진행 중인 다른 종류의 전위轉位와 변화에 대해 말해 주고 있다. 이러한 전위들은 이 책에 실린 안나 크릴로바의 소비에트 및 포스트소비에트 아넥도트[3]에 대한 글「'레닌'이라 말하면서 '당'을 의미하기: 소비에트 및 포스트소비에트 사회의 전복과 웃음」에 가장 잘 집약되어 나타나 있다. 크릴로바는 예로페예프의 연극「모스크바—페투슈키」공연에 갔던 1994년 어느 저녁을 회상한다. 그녀는 이 연극을 1988년 처음 관람했다. 그로부터 6년 후 러시아에 돌아와 그녀는 객석에 앉아 뭔가가 달라졌음을 깨달았다. "관객은 웃고 있었지만, 그것은 내가 기억하고 기

---

1 [옮긴이] 구세주 그리스도 대성당(Khram Khrista Spasitelia)을 가리킨다.
2 [옮긴이] 신흥 러시아인(Novye russkie)은 사회주의 몰락 이후 새로이 떠오른 신흥 부유 계층을 의미한다.
3 [옮긴이] 아넥도트(anecdote)란 통상 실제 인물이나 사건에 대한 짧고 재미있는 일화를 의미한다. 러시아나 소비에트 맥락에서의 아넥도트는 특별히 식별가능한 문화적 현상으로 존재하기에 이 책에서는 '일화'보다는 '아넥도트'로 옮기고자 한다.

대하고 원했던 방식으로 웃는 것이 아니었다…" 그녀는 덧붙인다, "나는 언제 웃어야 할지를 몰랐다".

내가 고르바초프 이후의 대중문화[4], 성, 그리고 사회에 대한 이 책의 서두를 포스트소비에트 삶에서의 이 두 일화로 시작하는 이유는, 이 두 경험이 지난 10년 동안 러시아 사회와 문화에 일어났던 엄청난 변화들과 우리가 이 변화들에 대해 던져야 할 질문의 성격을 잘 나타내고 있기 때문이다. 과거와 현재, 이질적인 양식들을 임의로 한데 모아놓거나 혹은 양식이란 것이 전혀 부재한 건설 현장처럼, 러시아의 새로운 문화 경관 역시 고급 패션부터 레이브 클럽에 이르기까지, 또 스시 레스토랑에서 세련된 애견 미용실에 이르기까지, 온갖 것들이 해독할 수도 없고 이해할 수도 없게 엉켜 있는 미로로 나타난다. 이 미로는 모방적인 동시에 독창적이며, 이 신생 국가에 떠오르고 있는 새로운 대중문화를 전적으로 반영하고 있다.

1980년대 중반 이래 러시아 사회를 장악하고 있는 변화들은 볼셰비키 혁명 이후 이 나라에서 일어났던 그 어떤 것과도 비교될 수 없다. 이 변화들과 더불어 정치적·경제적 경관뿐 아니라 문화생활 또한 재편성되었다. 생활에 있어서 가장 눈에 띄는 변화 중 하나는 새로운 대중문화의 출현이다. 새로운 종류의 텔레비전 프로그램, 대중 소설, 연재 만화, 문신 숍 등. 러시아 자체가 그러하듯, 이 새로운 대중문화 또한 자신의 유산과 서구의 전통 사이에, 과거에 대한 혐오와 과거의 표지들을 재창조하고자

---

4 [옮긴이] 이 장에서는 'popular culture'와 'mass culture'를 각각 '대중문화'와 '대량문화'로 번역할 것이다. 'popular culture'는 가치중립적인 광의의 대중문화인 반면, 'mass culture'는 근대 초기 산업화의 산물로서 주체성이 부족하고 수동적인 집단의 문화라는 특징을 지닌다. 그러나 일반적으로 이 두 용어는 대등하게 사용되며 흔히 둘 다 '대중문화'로 번역되곤 한다는 점을 지적해 둔다.

하는 노스탤지어적 열망 사이에, 그리고 하급문화의 유혹과 엘리트주의적인 혁명 전 과거로 돌아가고자 하는 압박 사이에 분열되어 나타난다.

이 책의 저자들은 신러시아의 대중문화의 미로를 안내해 나가고자 한다. 대중문화가 그 흔적을 뚜렷이 남긴 수많은 영역들이 있지만 그 모든 영역이 다 이 책 안에 담길 수는 없었다. 아직 해야 될 많은 것들이 남아 있다. 극히 일부만 예를 들자면, 포스트소비에트 러시아에서 소유권의 구조와 문화 통제 사이의 관계라든지, 농촌 지역의 패션, 독서 습관, 대중문화에 대한 것들은 지면의 한계 때문에 이 책에 포함되지 못했다. 이 책에 수록된 글들은 현대 러시아 대중문화에 관련한 가장 핵심적인 질문 중 몇 가지를 제기하고 있다. 가령, 러시아인들은 이 새로운 문화의 생산에 있어서 과거의 문화적 전형들을 어떻게 다루고 있는가? 공적 영역과 사적 영역의 개념들이 어떻게 변해 왔는가? 포스트소비에트 사회에서 이 문화의 생산자와 소비자 사이의 관계, 엘리트 문화와 대중문화 사이의 관계는 어떤 것인가? 마지막으로, 서구의 패러다임들이 이 문화의 생산과 연구에 얼마만큼 적용될 수 있을 것인가? 이 책에서 제기된 많은 이슈들은 현대 러시아의 대중문화 붐에 대한 다른 영역의 연구에 가이드 역할을 할 수 있을 것이다. 예를 들어, 엘리엇 보렌스타인의 새로운 종교적 컬트에 대한 통찰(「불신의 보류」)은 현대 러시아의 대체 현실과 UFO 열기를 살펴보는 데 유용한 이론적 틀을 제공할 수 있을 것이다. 한편, 탈공산주의 시대에 육체에 문신을 하는 행위에 대한 낸시 콘디의 분석이라든지(「신체 그래픽」), 로리 에시그의 글(「공개적 동성애」), 그리고 나 자신의 글(「엉망이 되다」)은 탈사회주의 러시아에서 공-사의 상대적 배치를 연구하고자 하는 이들에게 진입로를 열어 줄 수 있다.

이 책은 대중문화, 성, 사회, 그리고 사회적 인공물을 다루는 섹션들로 나누어져 있다. 대중문화에 대한 연구들이 문화, 젠더, 경제, 그리고 민족정체성이 문화 형성 과정에서 어떻게 만나는지 살펴보는 것처럼, 이 책의 다양한 장들도 그와 유사한 방식으로 서로 교차하고 있다. 알렉세이 유르착의 「가가린과 레이브 키즈」와 테레사 사보니-샤페의 「키치로서의 공산주의」는 각각 다른 섹션에 포함되어 있기는 하지만, 두 글 모두 소비에트에서 포스트소비에트 국가로의 이행에서 나타나는 소비의 패턴을, 특히 특정 기호와 상징들이 새로운 질서 속에서 그 이데올로기적 가치를 잃게 될 때 어떤 일이 일어나는지를 다루고 있다. 이와 유사하게, 오늘날 몇몇 러시아 로커들 사이에 나타나는 민족주의적 긴장을 탐구하는 줄리아 프리드먼과 애덤 와이너의 글 「진퇴양난」과 에시그의 「공개적 동성애」는 둘 다 정체성 구축에 관련된 이슈들을 살펴보고 있다. 에시그는 서구식의 정체성 개념이 현대 러시아의 동성애자의 삶에 그대로 적용될 수 없으며 러시아의 동성애 삶은 일련의 주관성으로 정의하는 것이 더 정확하다고 주장한다. 비슷한 맥락에서, 프리드먼과 와이너는 서구와 어떤 방식으로든 동일시되는 것으로부터 노골적으로 벗어나고자 할 뿐 아니라 러시아의 과거를 극복하는 방식을 찾고자 하는 몇몇 러시아 로커들의 열망에 대해 살펴본다. 이 열망은, 저자들의 말을 빌리자면, 곧 록 음악의 "구원의 은총인 동시에 가장 치명적인 유혹"이다. 이와 같이, 과거에 대한 복잡하고 쉽게 풀리지 않는 문제 —— 과거를 어디에 자리매김할 것인가, 과거에 대해 어떻게 생각할 것인가 ——는 몇몇 장, 특히, 프리드먼과 와이너의 글, 라슨의 「관객을 찾아서」, 보임의 「화장실에서 박물관까지」, 부시넬의 「처형 벽의 편집증적 그래피티」, 주디스 콘블라트의 「'기독교, 반유태주의, 민족주의'」, 엘리엇 보렌스타인의 「불신의 보류」 등에서 근본적인 주제가 되고 있다.

이 책은 기술적인 동시에 이론적이다. 이 책은 새로이 출현하고 있는 대중문화의 몇 가지 징후를 기록하고, 어떻게 이 새로운 문화가 과거와 현재, 내부와 외부로부터의 모델들에게 영향받고 있는지 이해하려는 시도이다. 제2장 「문화 공장」에서 나는 러시아 토양 위로 이식된 서구의 대중문화 이론들이 어떻게 되었는지를 살펴본다. 서구 문화비평가들은 엘리트 문화와 대중문화 간 관계의 정확한 속성에 대해 논쟁을 계속하고 있다. 대중문화가 대중을 위해 종종 엘리트 계층에 의해 생산된다는 사실을 고려할 때 이 문제는 복잡해진다. 그러므로 이 현상은 문화의 생산이 사회적 통제의 한 형식이 될 수 있는가 하는 질문을 잠재적으로 제기하게 된다. 나는 소비에트 사회 내에서 엘리트 문화와 대중문화 간 관계가 변화해 온 과정을 추적하고 서구에서 대중문화연구의 근본적 전제 중하나로 여겨지는 일상생활의 개념을 살펴본다. 그리고 이 개념이 소비에트 치하에서 살았던 이들과 서구에서 소비에트 사회를 연구하는 이들에게 각각 어떻게 미묘하게 다른 뉘앙스를 가지게 되는지 알아본다. 특히, 이전의 사회적·문화적 양식과 현대 대중문화 간의 복잡한 상호작용을 가리킴으로써, 소비에트 역사에서 공-사 이분법의 모호한 속성이 포스트소비에트의 삶에 있어서도 역시 실존함을 주장한다. 실로, 신러시아의 텔레비전 시청 습관에 대한 모든 연구는 공적 영역과 사적 영역을 함께 고려해야만 할 것이다. 초기 포스트소비에트 사회에서 텔레비전 시청이란 사적 공간(러시아의 것이든 외국의 것이든)을 공공의 영역에 노출시키는 것이다. 평균치 포스트소비에트 시청자는 텔레비전 시청을 통해 다른 사람들의 사생활에 대리만족한다. 소비에트 시대에는 국가가 악명 높은 밀고 시스템을 통해 시민들의 삶에 침입하는 것을 암묵적으로 허용했던 탓에 소비에트 시민들은 사생활을 열성적으로 보호했던 것이다.

2부의 장들은 모두 딕 헵디지가 "일반적으로 이용가능한 일련의 인공물"이라 정의했던 것과 어떤 식으로든 관련되어 있다.[5] 영화, 음악, 텔레비전 프로그램, 대중소설, 농담 등이 이 인공물에 속한다. 러시아의 상황에서 이러한 인공물들은 도시 지역에 사는 평균치 현대 러시아인에게 일반적으로 이용가능한 소일거리이자 오락의 형식이다.

2부의 몇몇 장에서는 소련 몰락 이후의 문화의 생산과 소비가 다루어지고 있다. 시장에 근간을 두지 않았다 하더라도, 소련은 소비 사회였다. 생산된 것은 이데올로기였으며 소비된 것은 그것의 일부분이었는데, 그 비중은 평균치 소비에트인이 이데올로기에 일체감을 느끼는 정도와 이데올로기가 그때 그때 사람들의 필요에 부합하는 정도에 따라 달랐다. 소련을 '눈부신 미래'로 이끌어 가는 과정과 관련된 과장된 수치들을 보도하고 있는 옥외광고판들이 곧 이데올로기의 광고였다. 그러나 소비에 관해서는 소비에트 사회와 포스트소비에트 사회 간에 차이가, 그것도 매우 중요한 차이가 있었다.[6] 가장 중요한 것은 소련이 부유한 사회가 아니었다는 사실이다. 사람들이 돈을 가지고 있긴 했으나 ── 일부 사람들은 남들보다 훨씬 많이 가지고 있었으나 ── 권력을 결정하는 요소는 돈이 아니라 특권이었다. 그리고 그 특권은 누구를 알고 있느냐에 달려

---

5 Dick Hebdige, *Hiding in the Light: On Images and Things*(London: Routledge, 1988), p. 47.

6 이러한 문화의 보급이 러시아인들이 그 문화에 참여할 수 있음을 자동적으로 의미하는 게 아니라는 점을 주지할 필요가 있다. 예를 들어, 대부분의 러시아인들은 텔레비전을 가지고 있지만, 그들 중 대부분은 텔레비전에서 광고되는 신흥 러시아인들을 타깃으로 하는 상품들을 살 형편이 되지 않는다. 가령 팸퍼스[다국적기업 P&G의 기저귀 제품]는 사치품이다. 즉, 모든 사람이 텔레비전 광고에서 보기는 하지만 오직 몇몇에 의해서만 소비되는 제품이다. P&G는 소비에트의 사회적 지위 결정 요소를 재미있는 방식으로 광고에 이용하였다. 광고에서는 "P&G 알아?" 하고 묻는다. 여기에서 마케팅 담당자들은 일부러 "이반 알아?"와 같은 소비에트식 지위 표지를 넌지시 암시하고 있다. 새로운 광고에 사용된 소비에트식의 언어적·사회적 형식에 대해서는 다음을 보라. Aleksei Levinson, "Zametki po sotsiologii i antropologii reklamy", *Novoe literaturnoe obozrenie*, no. 22(1996), pp. 101~128.

있었다. 러시아 작가들의 경우에는, 권력은 전통적으로 신성화된 러시아 작가의 역할에 입각하고 있었다. 「시상, 거울, 그리고 대혼란」에서 캐서린 네폼냐시는 러시아 작가의 전통적 역할을 시장이 대체하게 되면서부터, 작가, 더욱 구체적으로는 여성 작가의 권위에 어떤 변화가 일어났는지 논의한다. 엘리엇 보렌스타인이 「주식공모」에서 이야기하고 있듯이, 소비에트 사회와 포스트소비에트 사회 간의 이러한 차이들은 불운한 러시아 텔레비전 시청자들이 1994년 여름에 직면했던 상황을 이해하는 데 있어 매우 중요하다. 보렌스타인은 1994년 여름, 전 러시아인들을 놀라게 했던 악명높은 MMM 스캔들을 회고한다. MMM은 1990년과 1994년 사이에 동유럽과 러시아에서 나타난 수많은 피라미드 조직 중 하나에 불과했다(명실공히 가장 거대하고 가장 난폭했던 조직은 루마니아의 악명높은 카리타스 조직이었다).[7] 이러한 조직들은 표면상으로는 몇 달 안에 예금자들의 자금을 증식시켜 사면초가에 빠진 동유럽과 러시아 시민들이 사회주의 경제로부터 시장 경제로 이행하는 과정에서 살아남도록 돕는다는 명분으로 만들어졌다. MMM은 다른 여느 피라미드 조직과 달랐다. 이 조직의 독특한 특징 중 하나는 텔레비전 드라마의 주인공들이 러시아 시청자들로 하여금 투자하도록 부추기는 데 이용되었던 방식이다. 그들은 새 가구, 여행, 심지어는 로맨스까지도 약속함으로써 러시아 시

---

7 루마니아의 카리타스 피라미드 조직의 설명을 위해서는 다음을 참조하라. Katherine Verdery, *What Was Socialism and What Comes Next?* (Princeton: Princeton University Press, 1996), ch. 7, "Faith, Hope, and Caritas in the Land of the Pyramids, Romania 1990~1994". 대부분의 서구인에게 있어서 사회주의 외관의 허구성을 보여 준 것은 사회주의 국가들에서 일어난 반체제 운동이었다. 그러나 일상에서 거기 살고 있는 사람들에게 있어서는, 가계를 꾸리기 위해 대부분의 사람들이 부업을 해야 하는 이차 경제의 존재와 소비에트의 공식·비공식 담론의 다양한 층위 모두 곧 다양한 정도의 저항이 도처에 존재하는 문화의 표지였다.

청자들을 유혹했다.[8] 보렌스타인은 이전에는 그렇게 눈치빠르게 당 이데 올로기를 읽어내던 러시아 시청자들이 대체 어떻게 해서 대부분 이 내 러티브를 제대로 읽어내지 못하고 그것의 시청자뿐 아니라 동업자이자 심지어는 공동 저자가 되어 버렸는지 살펴보고 있다.

상품과 그 상품이 암묵적으로 선전하고 있는 이데올로기가 어떻게 시장에서 거래되는가 하는 문제는 또한 엘리자베스 젤렌스키의 「포스트 페레스트로이카 러시아의 대중 아동문화」에서도 다루어진다. 젤렌스키 는 러시아의 어린이들이 새로운 상품들의 미로 속을 어떻게 헤쳐나가고 있는지, 그리고 그들 자신의 과거로부터 오는 모델들을 그들 주위의 미 국화된 생활과 어떻게 통합하고 있는지 주의를 기울인다. 혁신적인 경제 적·사회적 변화가 러시아의 어린이들에게 어떤 영향을 미치고 있는지 는 분명치 않다. 최근의 연구들은 러시아에서 어린이들이 텔레비전과 옥 외게시판 광고의 가장 큰 소비자 중 하나임을 보인 바 있다. 광고의 슬로 건들은 청소년 문화의 언어로 슬며시 스며들어 왔다. 이것은 곧 기성 세 대들이 지극히 걱정스럽게 여기는 사실일 뿐 아니라 날로 증가하는 러 시아 및 러시아적 가치의 미국화에 대한 기성세대의 반응에 민족주의적 정서가 늘어나는 이유이다. 나의 글 「엉망이 되다」에서 나는 새로운 애 완동물 문화를 살펴본다. 이것은 신러시아에서 공과 사의 전통적 개념이 어떻게 달라졌는지를 보여 줄 뿐 아니라, 경제가 대중문화를 잠재적 저 항의 현장에서 다시금 엘리트 문화의 영역으로 변형시킬 때 어떤 일이

---

8 러시아인들이 그렇게 성공적으로 피라미드 조직에 속아넘어갔던 이유 중 하나는 평균치 러시아 시 청자들이 텔레비전 프로그램의 주인공들과 자신들을 동일시했기 때문이었다. 레냐 골루프코프 역 을 연기한 배우 블라디미르 페르먀코프는 한 인터뷰에서 모스필름이 레냐의 역을 연기하기 위해 '농민 같은 외모'를 가진 사람을 찾고 있었고 그가 그 조건에 맞았다고 말했다. 다음을 참조하라. *Litsa*, no. 3(1998. 03), pp. 33~36.

일어나는지 보여 주는 좋은 예이다.

포스트소비에트 삶의 다른 형식들에서와 마찬가지로 현대 러시아 대중문화 근저에 흐르는 긴장 중 하나로 소비에트 및 혁명 전 과거와의 여전히 해소되지 않은 관계를 들 수 있다. 알렉세이 유르착은 그의 글 「가가린과 레이브 키즈」에서 그가 "후기 사회주의의 문화적 논리"라고 부르는 것의 실종에 대해 러시아의 젊은이들, 특히 록 그룹들과 밤문화의 조직자들이 어떻게 대응해 왔는지 인류학적 관점에서 고찰한다. 유르착은 탈공산주의 러시아에서의 문화 생산이 '상징적 창조성'이라는 틀로 규정되어 가고 있다고 본다. 이 상징적 창조성이라는 틀 안에서 우주 비행사 유리 가가린 같은 다수의 전통적 소비에트 상징들은 소비에트 이데올로기의 맥락에서 벗어나 가가린의 형상이 아무런 이데올로기적 의미도 지니지 않는 청년 문화에 적절해 보이게끔 되었다.

안나 크릴로바의 글 「'레닌'이라 말하면서 '당'을 의미하기」는 유르착의 글과 마찬가지로 어떻게 저항의 형식들이 생겨나는지, 그리고 농담과 같은 문화적 인공물이 저항 담론으로 유통되기를 멈추고 '사상의 자유 시장'에 진입할 때 어떤 일이 일어나는지 살펴보고 있다. 크릴로바와 유르착 모두 소비에트 시민들이 동시에 공식 문화와 비공식 문화 내에서 움직였던 소비에트 삶의 단면들을 포착해 냄으로써, 서구와 마찬가지로 러시아에서도 반反 문화의 근원이 권위적·지배적 담론 내부에 존재함을 주장한다. 이와 비슷한 맥락에서, 낸시 콘디의 글 「신체 그래픽: 공산주의 몰락을 문신하기」는 비공식 문화의 상징적 의미가 떨어져 나갈 때 어떤 일이 일어나는지를 관찰한다. 콘디는 피부 장식의 상징적 디자인의 변화과정을 한때 그 디자인들이 생산되던 사회적·정치적 맥락이 포스트소비에트 삶으로부터 사라졌다는 사실과 연관지어 추적하고 있다. 그녀는 러시아에서 문신 행위가 국가의 통제로부터의 신체 재전유를 반영하는 것으로 변화해 왔다고 주장한다. 테레사 사보니-샤페는 어떻게 과거가 공산주의 키치의 상징들을 통해 탈공산주의 문화의 노스탤지어 저장고에 그 자리를 마련했는지 살펴본다. 공산주의 키치 상징들의 대부분은 탈공산주의 시대 소비자들에 의해 기꺼이 소비되고 있다. 존 부시넬은 「처형 벽의 편집증적 그래피티」에서 이러한 과거와 현재의 긴장에 대해 또 다른 관점을 제공하고 있다. 그는 대의를 위한 순교자를 창조하는 구러시아적 관습이 새로운 질서로의 이행에 어떻게 반영되고 있는지 자세히 묘사한다. 이와 유사한 맥락에서, 로버트 에덜먼은 그의 글 「행성 러시아에는 규칙이 없다」에서 포스트소비에트의 스포츠가 여전히 공산주의하에서만큼이나 경쟁이 치열한 영역이라고 말하고 있다. 이것은 더 이상 주도권을 차지하기 위한 당과 민중의 경쟁이 아니라 새롭게 등장하는 엘리트층의 다양한 구성원들 간의 분투이긴 하지만 말이다. 「화장실에서 박물관까지」에서 스베틀라나 보임은 포스트소비에트의 현재와 소비에트 과거 간의 이러한 관계에 대하여 약간 다른 입장을 취한다. 이 글에서 그녀는 일리야 카바코프와 같은 예술가가 노스탤지어와 집단적 망각에 간섭하기 시작하고 노스탤지어의 통속적 내러티브를 변경할 때 어떤 일이 일어나는지 질문함으로써 탈공산주의 러시아에서 과거와 현재 간의 변증법적 관계를 탐구한다.

이 책의 여러 장에서는 신체의 소유권으로부터 권력과 포르노그래피에 이르기까지 젠더와 대중문화 간의 여러 접점을 연구한다. 「시장, 거울, 그리고 대혼란」에서 캐서린 네폼냐시는 러시아 베스트셀러 정상을 차지한 추리소설작가 알렉산드라 마리니나에 대해 연구한다. 마리니나의 여주인공 아나스타시야 카멘스카야는 러시아에서 가장 신성시되는 여성의 전형들을 전복시킨다. 카멘스카야는 경찰 중령으로서 모스크바의 경찰 중앙본부에서 분석가로 일한다. 그녀는 가사를 하지 않음으로써 러시아에서 전통적으로 여성에 대해 사용해 오던 내러티브를 고쳐 쓴다. 그녀는 (그녀가 전적으로 결여하고 있는 것으로 보이는) 모성적 자질보다는 신러시아에서 일어나는 이상하고 종종 악랄한 범죄들을 책상 뒤에 앉아 해결해 내는 날카로운 분석력으로 존경을 받는다.

다른 장들에서는 젠더 문제로부터 성의 문제로 더욱 뚜렷하게 다가선다. 폴 골드슈미트의 「러시아의 포르노그래피」는 러시아 포르노그래피의 역사를 개관하고 포르노그래피의 구성 요소들에 대한 최근의 몇몇 법적 공방을 자세히 다루고 있다. 골드슈미트는 러시아 및 다른 지역들에서 현대 대중문화에 있어서 에로틱한 요소가 수행하는 역할에 초점을 맞춘다. 마돈나에서 록 음악에 이르기까지 대중문화의 많은 부분을 특징 짓는 것은 에로틱한 요소의 잠재적으로 경계이월적인 속성을 이용한 유희이다. 그리고 포스트소비에트 러시아의 포르노그래피 공방에서 문제가 되는 것은 바로 그 경계이월성이다. 「동성애 공연」에서 팀 스콜은 게이 발레로 결코 의도되지 않은 상트페테르부르크 무슈스코이 발레 (남성 발레)를 이러한 경계이월성의 예로 제시한다. 무슈스코이 발레의 '자기표현'은 초기 포스트소비에트 시대의 러시아 사회에서 발견되는 고급예술과 하급예술, 서구와 러시아, 남성과 여성, 동성애와 이성애, 그리고 신성함과 불경 간의 긴장을 드러내고 있다.

이 책의 글들이 시사하는 바와 같이, 대중문화는 궁극적으로 사회변화의 과정과 그에 수반되는 정체성의 재형성으로부터 분리될 수 없다. 러시아의 역사가 너무나도 똑똑히 보여 주고 있듯이, 사회변화를 방해하는 힘뿐 아니라 사회변화를 지향하는 추동력 역시 종종 강력한 종교적 요소에 의해 특징지어진다. 이러한 경향은 혁명 전 또는 공산주의 러시아에서와 마찬가지로 오늘날에도 진정 존재한다. 수전 라슨은 「관객을 찾아서」에서 프리드먼과 와이너가 소개한 '러시아적 관념'이라는 주제로 되돌아가 새로운 러시아 영화에서 그것이 어떻게 변화해 왔는지, 일반적으로 정교가 어떻게 다루어져 왔는지 논의한다. 「'기독교, 반유태주의, 민족주의'」에서 주디스 도이치 콘블라트는, 교회 내외의 종파주의에도 불구하고 많은 러시아인들이 여전히 "만연한 러시아적 관념"의 존재를 믿는다고 주장한다. 이 '러시아적 관념'이 더이상 적절한 영적 훈련에 근간한 것은 아니지만 말이다. 마리아 데비의 새로운 종교적 컬트에 대한 엘리엇 보렌스타인의 에세이 「불신의 보류」는 이에 관련하여 시사하는 바가 크다. 그는 새로운 질서가 아직 안정되지 못한 시기에 컬트의 출현은 그것이 외국의 유해한 영향에 의한 것이든 아니든 간에 신비주의적인 정신적 안식처에 대한 향수를 보여 준다고 주장한다. 이는 곧, 많은 러시아인들이 러시아를 다시 한번 묵시록적 파멸로 이끌고 있다고 믿고 있는 현재의 불안정성으로부터의 피난처가 된다.

왜 우리는 대중문화에 주목하는가? 러시아인들은 현재의 불확실성에 대한 대답을 찾고 있으며 그들 자신을 위한 새로운 담론과 새로운 문화를 주조하려고 하고 있다. 따라서 그들은 피치 못하게 자신들이 더 이상 지배적 담론을 가지고 있지 않다는 사실 ——애초에 지배적 담론이란 게 존재했다면 말이다—— 을 마주해야만 한다. 더 이상 당의 수사학이나 심지어 '고급'문화를 보존하고자 노력하는 엘리트주의 인텔리겐치아의 담론조차 ——고급문화를 어떻게 정의하든지 간에 —— 존재하지 않는다. 소비에트 시대에 러시아의 대중문화가 종종 엘리트 문화와 대량문화 모두와 융합되곤 했다는 사실은, 있는 그대로 외에 다른 것이 되도록 요구하지 않는 서구의 대중문화가 오늘날 러시아에서 왜 이렇게 열광적으로 환영받고 있는지 설명해 줄 수 있다. 이 신화하는 문화적 기호嗜好를 연구함에 있어서, 이 책의 각 장의 저자들은 러시아가 자신의 문화적 삶을 엘리트주의적 표현이 아니라 오늘날 러시아가 실험하고 또 경험하고 있는 '민중의' 문화의 새로운 형식으로 소생시켜 낼 수 있을 것인가 하는 문제를 풀기 위해 애쓰고 있다.

2장

문화 공장

구[舊]/신[新] 러시아 대중문화의 이론화

아델 마리 바커

모스크바 중심부에서 북쪽으로 8킬로미터 가량 되는 곳에 내가 지난 20년 동안 상당히 잘 알게 된 동네가 하나 있다. 나는 거기에서 길을 잃기도 했고, 쇼핑을 한 적도 있고, 친구를 방문하기도 했고, 살았던 적도 있다. 모스크바의 대부분의 동네처럼 이 동네 역시 지하철역에 인접해 있다. 한때는 지하철역의 화려한 장식이 지하로부터 거리로 올라오자마자 마주치게 되는 일상 삶의 칙칙함과 극명하게 대조를 이뤘다. 지금은 상황이 많이 바뀌었다. 여전히 모종의 대조가 있긴 하지만 그것은 더 이상 모뉴멘탈리즘[1]과 회색빛 외관 사이의 대조가 아니다. 그보다는 구 소비에트 양식의 지하와 마치 양식이 아예 없는 것 같은 인상을 주는 지상의 양식의 혼란 사이의 대조라고 하는 것이 가장 나을 것이다. 얼마 전까지만 해도 이 지하철역에서 에스컬레이터의 확성기를 통해 들리는 유일한

---

1 [옮긴이] 모뉴멘탈리즘(monumentalism)은 '대작주의', '기념비주의'라고도 하며, 거대하고 기념비적인 건물들로 특징지어지는 건축양식을 말한다.

목소리는 사람들에게 에스컬레이터의 오른쪽에 서서 가라고 촉구하는 공식적 목소리였다. 1990년대 초부터, 덜 공식적인 목소리들이 과거에는 평균적인 소비에트 시민들이 단지 꿈만 꿀 수 있던 곳인 튀니지, 모로코, 혹은 카나리아 군도로 가는 여행 패키지들을 선전하고 있다. 아이러니하게도, 이런 장소들은 지금도 갈 수 없기는 매한가지다. 평균적 러시아인의 봉급으로는 시장에서 내놓는 상품들을 따라갈 수 없기 때문이다.

어느 날, 나는 인파에 묻혀 지하철역에서 거리로 올라와 거기에 급조되어 있는 수많은 가판대 중 하나로 향한다. 여기 가판대에서는 잡지 『안드레이』*Andrei*(『플레이보이』의 러시아식 버전)에서부터 '애완동물' 잡지나 러시아 정교의 역사에 대한 브로셔에 이르기까지 온갖 것을 팔고 있다. 나는 책과 잡지를 파는 한 가판대 근처에 선다. 옆에는 짧고 뾰족뾰족한 머리를 한 젊은이 몇 명이 록 음악 잡지들과 러시아 젊은 층을 위한 새로운 유행 잡지인 『프튜츠』*Ptiuch*를 휙휙 넘겨보면서 슬쩍슬쩍 『안드레이』 속의 사진들을 살펴보고 있다. 가판대 주인은 내게 『플레이보이』보다 "낫다"며 『안드레이』를 권한다. 퇴근길에 쇼핑을 하고 있는 다양한 연령대의 사람들이 빽빽한 가판대들을 밀어헤치고 지나간다. 지나가는 이들 중 몇몇은 신러시아에 일어나고 있는 변화에 거의 영향을 받지 않은 것처럼 보인다. 좀 더 가보자——곧 가판대들 사이의 경계가 구분하기도 힘들어진다. 상인들은 블라디미르 베지먄니의 최신 스릴러라든지 니콜라이 레오노프의 더 자기성찰적인 추리소설을 권한다. 두 책에 이어 시드니 셸던, 해럴드 로빈스, 로맨스 소설의 달인인 바버라 카틀랜드의 외설스런 작품들이 눈에 띈다. 키오스크의 바다에서 빠져나오는 중에 소비에트 시대로부터 지속되어 온 많은 것들 중 하나인, 어디를 가나 피할 수 없는 줄이 눈에 띄었다. 그러나 이 줄은 식품이나 희귀품목을 위한 것이 아니라 지역 은행에서 환전을 하려는 줄이었다.

이 북적거리는 새로운 소비 문화——비록 다른 종류의 이데올로기가 완전히 없는 것은 아니지만 그래도 검열과 당 이데올로기의 제약이 없는——는 완전히 벗어나려면 수십 년은 더 지나야 할 과거의 경제적 표식들을 여전히 지니고 있다. 모스크바의 대부분의 지하철 역 바깥에 우후죽순처럼 자라난 가판대에서 팔고 있는 상품들의 괴상하고 때로는 무작위적인 속성을 볼 때마다 과거에 대한 끈질긴 고착을 느낄 수 있다. 1997년 3월 내가 친구 카탸를 위해 연어를 사러 갔던 식료품 키오스크에는 수입 유아식품과 프랑스 주류를 제일 앞쪽 선반에 나란히 눈에 잘 띄도록 진열해 두고 있었다.[2] 이 현상——팔고 있는 상품에서나 겉보기에 무작위적인 상품들의 속성에서나 느껴지는 과거와의 아주 선명한 단절——은 사회주의 말기에 이미 나타나기 시작했던 사회주의 경제로부터 시장 경제로의 이행의 복잡성에 대해 많은 것을 시사하고 있었다.

나는 18세기풍 아치를 지나 내가 모스크바를 방문했던 20년간 거의 변하지 않은 세계로 들어간다. 내 앞에는 18세기에 지어진 작은 정교 교회가 서 있다. 이 교회의 내부와 이것이 표상하는 삶은 바깥에 가로놓인 세계에 의해 더럽혀지지 않은 세계를 보여 주고 있다. 이 장소에서 멀지 않은 곳에 공원이 하나 있는데, 한때 이곳에는 제1차 세계대전에서 부상당한 이들을 위한 병원이 자리해 있었다. 죽은 이들은 지금은 철거된 병원의 벽 옆에 있는 묘지에 묻혔다. 그러나 이곳에서조차 새로운 질서의

---

2 이렇게 서구에서 수입한 상품들을 아무렇게나 모아 놓은 모습은 안드로포프(Yuri Andropov) 시대에 처음으로 나타났다. 이 시대에는 이전에 엘리트 계층과 외국인들만 특별한 가게를 통해 구할 수 있던 상품들이 제한적이고 무작위적인 방식으로 일차경제로 걸러 내려오기 시작하여 크리스찬 디오르 향수와 바나나가 같은 키오스크에서 팔리는 진풍경이 나타나게 되었다.

작은 표식들이 어디서나 눈에 띈다. 매일 산책길에 나는 중국 찻집을 지나친다. 이 찻집은 보석같이 아름다운 건축물인데 이 동네 수준에 너무 터무니없는 비싼 가격 때문에 손님이 거의 없다. 대신 지역 주민들은 거리 아래쪽에 있는, 이전엔 국가 소유였던 식료품 가게로 몰려간다. 이 가게는 지금은 사유화되어 한 아제르바이잔 가족에 의해 운영되고 있는데, 국산 및 수입 상품들을 대부분 사람들의 주머니 사정에 더 부합하는 가격으로 팔고 있다.

나는 오늘날 러시아에서 대중문화라 불릴 수 있는 것들의 수많은 징후 중 몇 가지의 광경과 소리, 감촉들을 지나 발걸음을 옮긴다. 책 가판대 위의 싸구려 소설makulatura, (그것을 향유할 형편이 되는 사람들을 위한) 떠들썩한 소비자 문화, 바로 그 문화에 대한 저항의 현장들, 여행과 여가의 개발, 보고 듣는 것 ─간단히 말해, 오늘날 모스크바에서 평균적인 포스트소비에트의 소비하는 인간homo-consumptor이 살아가는 삶이다. 그리고 러시아와 서구 모두에서 활발한 논쟁과 연구의 초점이 되어 온 것은 바로 이 새로운 소비자 문화이다. 이 문화의 많은 부분이 서구에 의해 고취되어 왔으며, 또 많은 부분이 결코 엘리트주의적이지 않다. 한편에서 신흥 러시아인들이 보석상 '알마스'에 카르티에 시계들을 들여놓기 무섭게 싹쓸이하다시피 사들이거나 제너럴모터스 자동차 판매장에서 쉐보레 카프리스를 사기 위해 5만 5천 달러를 현금으로 지불할 때, 많은 구세대들은 자기 입장을 굽히지 않고 따라가기를 거부하고 있다. 그들의 심기를 불편하게 하는 것은 단지 신흥 러시아인들의 소비 습관뿐 아니라 이러한 습관과 함께 나타나는 문화의 부재이다.[3] 이 새로운 '문

3 1993년 7월 31일, 셀레스타인 볼렌(Celestine Bohlen)이 『뉴욕타임스』에 보도한 바에 따르면, 보석

화'에 대해 가장 절박하게 반대하는 이들 중 일부가 러시아 구세대 출신이라는 사실은 놀랍지 않다. 이들 중 많은 수가 인텔리겐치아 출신이며 그 계급 충성도와는 별개로 자신들이 인정사정없이 포스트소비에트 문화의 불쾌한 기운 속으로 던져졌다고 생각하고 있다. 흥미로운 것은, 소비에트 시대의 계급 소속이 구 소비에트 시민들이 포스트소비에트 문화에 반응하는 방식을 표시해 주지 못함은 물론이거니와, 계급을 불문하고 구 소비에트 시민들은 문화 일반, 그리고 특히 문학을 단순한 오락 이상으로 여기도록 교육받았다는 사실이다. 그들에게 포스트소비에트 삶에서 가장 불편한 순간들 중 일부는 이 새로운 문화에 대한 불만에 근거한다. 이 불만은 표면상 사회적으로나 이데올로기적으로나 상쇄될 여지가 거의 없는 것처럼 보인다. 고리키 세계문학연구소에 있는 내 동료는 자신이 신러시아에서 문화의 종말이라고 여기는 것에 대해 통탄하면서 이를 다음과 같이 표현했다. "문제는 러시아인들이 톨스토이를 읽느냐 시드니 셀던을 읽느냐 하는 것이 아니라, 그들이 오늘날 그들에게 주어진 것들에 노출된 이후 톨스토이를 읽거나 진정한 예술의 진가를 식별할 능력 자체가 남아 있겠나 하는 것이다." 몇몇의 미학적 감수성을 가장 불편하게 만드는 것은 최근 건립된 대중문학협회Assotsiatsiia massovoi literatury 이다. 이 협회는 현재 새로운 소설의 경제학, 사회학, 미학에 대한 데이터 뱅크를 제공할 뿐 아니라 추리소설, 공상과학소설, 스릴러 부문의 최우수 작품에 상을 수여하는 활동을 하고 있다.[4] 어떤 의미에서는, 우리가 지

상 '알마스'에서는 다이아몬드 귀걸이가 25만 달러에 팔리고 있었으며, 굼(GUM) 백화점의 2층에 있는 에스카다 매장에서 여성 정장은 2천 달러에 판매되고 있었고, 롤스로이스는 14만 달러에서 26만 달러까지 나갔다. 다음을 참조하라. "Russia's New Rich on a Giant Buying Spree", *New York Times*, p. 1. 5년 후 카르티에 시계는 8천 달러에서 1만 달러, 신형 쉐보레 카프리스 자동차는 5만 달러가 나가게 된다. 이 정보를 입수해 준 안나 크릴로바에게 감사를 전한다.

금 신러시아에서 목도하고 있는 것이 볼셰비키 혁명 이후 이 나라가 목격해 왔던 것들만큼이나 결정적인 과거와의 단절이라고 주장할 수는 없을 것이다. 그러나 그럼에도 불구하고, 나의 동료의 주장은 사실상 심지어 혁명 이전부터 러시아 맑스주의자들 사이에서 존재하던 논쟁을 반영하는 오랜 것이다. 즉, 혁명을 구축해 나가면서 프롤레타리아에게 가장 유익한 것이 소위 문명 세계의 문화를 흡수하는 것인가 아니면 그 자신의 독립적인 프롤레타리아 문화를 만들어 내는 것인가?[5] 아이러니한 것은, 한때는 결집되어 있던 인텔리겐치아의 구성원들이 포스트소비에트 문화와의 대결에서 러시아 과거의 문화적 풍부함을 계속 역설하고 있지만, 고르바초프 체제하에 개방을 통해 시동이 걸린 그 개혁들은 바로 이 인텔리겐치아를 염두에 두고 실행되었다는 사실이다. 정치와 경제 무대에서 인텔리겐치아의 지지를 확보하기 바라면서, 고르바초프는 사상의 자유시장을 도입했다. 그러나 지금 구 인텔리겐치아들은 이 시장의 문화상품들을 그들이 소중히 여기고 그것을 지키기 위해 종종 자신의 생명마저 희생했던 전통의 재앙으로 간주하고 있다.[6]

---

4 O. Vronskaia, "Na podstupakh k Zolotomu pistoletu", *Literaturnaia gazeta*, no. 9(1998), p. 9. 최근의 조사에 따르면, 추리소설과 스릴러를 읽는 사람들의 수는 1994년과 1997년 사이에 26%에서 32%로 증가했다. 같은 기간 동안 로맨스 소설 독자들은 23%에서 27%로 증가했고 과학소설의 독자는 11%에서 15%로 늘었다.

5 다음을 참조하라. Jeffrey Brooks, *When Russia Learned to Read: Literacy and Popular Literature 1861~1917*(Princeton: Princeton University Press, 1985), pp. 328ff.

6 러시아 인텔리겐치아의 곤경은 수많은 언론 기사들의 주제가 되어 왔다. 이 문제에 대한 접근들을 모아놓은 연구로는 다음을 참조하라. Vadim Belotserkovskii, "Rossiia ostaetsia bez intelligentsii", *Literaturnaia gazeta*, no. 44(1996. 10. 30.), p. 1. 여기에서 저자는 왜 안드레이 사하로프(Andrei Sakharov)가 잊혀질 수 없었는가에 대해 논의하고 있다. 어떻게 인텔리겐치아 계층이 새로운 소비 경제에 자신을 적응시켜 왔는가에 대한 논의에 대해서는 다음을 보라. Kira Kovalkina & Alexei Levinson, "The Intelligentsia in Post-Soviet Times", *Moscow News*, 1994. 03. 11. 평론가 레프 안닌스키는 다음의 자신의 글에서 '엘리트적'과 '인텔리겐치아'라는 용어 간에 흥미로운 구분을 하고 있다. "Vytesnenie intelligentsii", *Novaia volna: Russkaia kul'tura i subkul'tury na rubezhe 80-*

이 장의 나머지에서 나는 서구 대중문화에 대해 우리가 제기하고 있는 질문들의 일부가 어떻게 현대 러시아 토양에서 서서히 나타나고 있는지 살펴볼 것이다. 쇼핑몰로부터 스포츠 이벤트에 이르기까지 모든 것을 연구하는 서구의 요즘 풍조는 자신의 나라에 불고 있는 새로운 대중문화 열풍을 해석할 방법을 찾고 있는 러시아 비평가들의 주의를 끌기시작했다.[7] 러시아 사회학자, 경제학자, 문화비평가, 그리고 소비자 모두이 현상을 이해함으로써 대중문화의 집단적 소비와 그에 의해 궁극적으로 소비되지 않고자 하는 열망 사이의 중도적 지점을 도출해 내기를 바라고 있다.

서구에서 대중문화연구는 지난 10년 동안 학계에 자리잡은 문화연구라는 보다 넓은 분야의 일부로서, 학자들로 하여금 지식의 경계와 분과학문적 특성에 대한 전통적 개념들을 재고하게끔 했다.[8] 가령, 고급문화 대 하급문화, 지배적 문화 대 주변적 문화, 그리고 학문적 연구의 적절

90-x godov, comp. N. I. Azhgikhina(Moscow: Moskovskii rabochii, 1994), pp. 19~24. 안닌스키가 신러시아에서 보는 것은 엘리트 계층에 의한 인텔리겐치아 밀어내기이다. 안드레이 시냐프스키의 『러시아 인텔리겐치아』(*The Russian Intelligentsia* [trans. Lynn Visson, New York: Columbia University Press, 1997])는 대중과 빵과 민주주의에 대한 인텔리겐치아 계층의 관계를 살펴보고 있다. 공산주의 이후 인텔리겐치아 계층이 처한 곤경의 개관을 위해서는 다음을 참조하라. Masha Gessen, *Dead Again: The Russian Intelligentsia after Communism*(London: Verso, 1997).

낸시 콘디와 블라디미르 파두노프가 『소비에트 상형문자: 20세기 후반 러시아의 시각문화』(*Soviet Hieroglyphics: Visual Culture in Late Twentieth Century Russia* [Nancy Condee ed., Bloomington: Indiana University Press, 1995])에 실린 「러시아 소비문화의 기본적 요소: 책, 순위, 부동산」("The ABC of Russian Consumer Culture: Readings, Ratings, and Real Estate")이라는 글에서 언급하고 있듯이, 모스크바에서는 고급문화가 경제적·지리적으로 문자 그대로 도시의 변두리와 책 매대의 변두리로 이동하는 현상이 일어나 왔다. 이러한 곳에서는 기껏해야 "역사, 철학, 또는 신학 책 한 권이 길잃은 것처럼 놓여 있는 것"을 볼 수 있을 따름이다(p. 141).

7 『신문학비평』(*Novoe literaturnoe obozrenie*) 22호(1996)는 대안문학과 대중문화를 전적으로 다루면서 텔레비전 광고, 간판, 최신 추리소설, 포르노그래피 등 다양한 주제에 관한 여러 흥미로운 글들을 싣고 있다.

8 특히 다음을 참조하라. *Russian Cultural Studies: An Introduction*, ed. Catriona Kelly & David Shepherd(Oxford: Oxford University Press, 1998).

한 장 등을 구성하는 요소에 대해 전통적 분과학문에서 사용해 온 오래된 개념들을 면밀히 섬토하는 데 있어, 문화연구는 거의 전적으로 마이클 홀퀴스트가 "경계의 협상"이라고 불렀던 것에 관여해 왔다.[9] 이러한 이슈들의 대부분을 전면으로 가져온 것이 바로 다름아닌 대중문화연구이다. 더욱이, 텍스트 개념에 대한 전통적 접근법에서는 문학적 글과 이것의 고급예술로서의 암묵적 지위를 텍스트성에 대한 논의가 전제해야 할 주요한 형식으로 보았다. 대중문화의 영역에서 '텍스트'는 매우 다른 의미를 지니게 되었다. 내가 여기서 염두에 두고 있는 것은, 데이비드 몰리, 스튜어트 홀, 딕 헵디지, 존 피스크, 메건 모리스, 토니 베넷과 같은 이들의 업적이다. 이들은 모든 종류의 상징적 형태들——우리가 입는 것, 우리가 구입하는 것, 우리가 만들고 듣는 음악의 종류, 우리가 하는 스포츠, 그리고 심지어는 우리가 걷는 장소——이 문자 텍스트에 기록된 것 못지않게 중요하게 '읽혀져야' 할 텍스트성의 형식을 이루고 있다고 주장한다.

얼마 전 한 동료 학자가 말하기를, 대중문화가 이제는 학문적 커리큘럼의 일부라는 것이 기쁘다고 했다. 왜냐하면 그것은 우리가 고급예술을 가르치는 데 관여하고 있지 않을 때 우리 대부분이 어쨌든 은밀히 하고 있는 일들, 곧 쓰레기 같은 텔레비전 프로그램을 얼마간 시청한다든지, 삼류 소설을 읽는다든지, 또는 심지어 잡화점 계산대 앞 줄에서 기다리면서 몰래 『피플』*People*이나 『에스콰이어』*Enquirer*를 살짝 엿보는 것 등을 정당화해 주기 때문이다. 그러나 우리가 이 상품들을 소비하건 말건

---

9 Marc Wortman, "The Coming of Cultural Studies", *Yale Alumni Magazine* 56, no. 6(1993), pp. 26~31.

간에, 이것들은 문화비평가들이 문화의 생산과 소비의 관계——고급예술과 하급예술, 젠더와 문화 생산, 그리고 마케팅과 이데올로기 간의 관계 등——를 짜맞추는 데 도움이 되기에 그 자체로 강력한 흥미의 대상이 되어 왔다. 많은 비평가에게 있어서 대중문화의 매력은 단지 그것이 매우 재미있다는 것뿐 아니라 궁극적으로 그것이 후기 자본주의의 문화 생산 라인에서 소비자가 된다는 것이 무엇을 의미하는지 정의하는 방법이 된다는 데 있다. 아도르노나 호르크하이머 같은 비평가나 프랑크푸르트 학파의 다른 이들은 이 이분적 구조에서 소비자의 역할에 대해 비관적인 관점을 취하고 있다. 이들은 대중문화를 단지 자본주의가 사회에 대한 자신의 집요한 영향력을 고착시키는 또 다른 방편으로 본다. 이들의 견해에서 우리 중 이 문화를 수동적으로 생각없이 소비하는 사람들은 "문화적 사기에 놀아난 사람"이 된다.[10] 그러나 존 피스크나 문화 포퓰리즘 학파 출신들 같은 다른 비평가들은 대중문화가 단지 우리에게 통제와 이익의 목적으로 위로부터 부과된, 고급문화의 타락한 형태가 아니라는 가정에 입각하여 대중문화를 연구한다. 피스크의 견해에 따르면, 사실상 우리는 우리를 위해 생산된 문화의 창의적 소비자로서 그 문화가 우리에게 영향을 주게끔 허용하기보다는 우리가 그 문화에 영향을 준다.[11] 즉, 피스크에게 있어서, 대중문화연구는 우리로 하여금 누가 문화적 상품을 생산하고 있는지뿐 아니라 소비자로서의 우리 자신과 우리가 이 상품들을 이용하는 방식을 살펴보도록 촉구한다. 따라서 디즈니나 리복, 맥도날드 같은 문화 대기업의 경제적 또는 이데올로기적 파워를 인

---

10 Theodor Adorno, *The Culture Industry* (London: Routledge, 1991).
11 John Fiske, *Understanding Popular Culture* (London: Routledge, 1989), ch. 1.

정하는 것은 그것들이 우리에게 끼치는 영향을 인정하는 것과 동일한 것이 아니다.

피스크의 논지가 어떻게 러시아의 맥락에서 효과를 발휘하는지 보여 주는 소비에트 및 포스트소비에트 대중문화의 두 가지 재미있는 예가 있다. 나중에 논의하겠지만, 절정기 스탈린주의는 대중을 위한 문화를 창조하기 위해 엘리트주의 문화와 저속한 문화를 복잡하게 병합한 것이었다. 대중은 이것의 생산자이자 동시에 소비자가 되었다. 1930년대에 발달한 문화는 아주 특정한 방식으로 소비되도록 의도되었다. 스탈린 치하에서 인민의 이름으로 생산되고 있는 문학이 올바르게 읽혀지도록 보장하려는 분명한 목적을 위해 특별히 만들어진 독서 클럽의 수가 이를 잘 보여 준다.[12] 소비에트의 '소비자'들이 응당 그래야 할 올바른 방식으로 문화를 소비하지 못했을 때 문제가 발생했다. 그러나 소비자들이 문화를 올바르게 소비하는지 어떻게 알 수 있는가? 검열관들과 문학 기득권층이 작품이 시대정신 속에서 쓰여지고 작곡되고 그려지는지 감시하는 것은 상대적으로 용이했다. 그렇지만 바로 그 문학 기득권층이 독자들이 과연 요구되는 방식으로 읽고 있는지, 혹은 적정한 수준의 열정으로 다양한 사회주의 축일을 축하하는 매스 퍼레이드에 반응하고 있는지는 어떻게 감시할 수 있었을까? 바실리 아자예프의 소설 『모스크바로부터 멀리 떨어져』*Daleko iz Moskvy*에 대한 토머스 라후센의 최근 연구가 보여 주듯이, 사람들은 영화관에 가고, 필수적인 퍼레이드에 참여하

---

12 예브게니 도브렌코(Evgeny Dobrenko)는 1930년대에 소비에트 미학은 문학비평이 동시에 "대중 의견의 전달자"이자 "교육자"가 되는 지점에 이르렀다고 주장한다. 당 이론가들의 목표는 "도서관의 독자들에 대한 전적인 통제"를 획득하는 것이었다. 다음을 참조하라. Evgeny Dobrenko, *The Making of the State Reader: Social and Aesthetic Contexts of the Reception of Soviet Literature*, trans. Jesse M. Savage(Stanford: Stanford University Press, 1997).

고, 종종 그들을 깊이 감동시키는 공식 문학을 읽었다.[13] 문학과 소비에트적 삶의 다른 영역에 대한 대중의 반응의 진정한 감시는 위로부터 온 것이 아니라 소비에트 시민 자신들로부터 왔다. 시민들 중 많은 이들은 시스템의 가치 체계를 환영하고, 그것을 내재화하고, 나아가 사모크리티카samokritika 곧 '자아비판'을 함으로써 그 가치들을 적용했던 것이다. 이와 같이, 그 시대의 비망록과 자서전들에는 올바른 소비의 실패가 드러나 있는데, 이는 시스템을 전복시키려는 어떤 표현된 욕망이 아니라 문학에서 제시되는 목표에 자신이 부응하지 못한다고 느끼곤 했던 작가와 독자들이 지녔던 하찮음의 느낌을 통해 나타난다. 적절한 일례로 소비에트 소설가이자 시인인 베라 인베르를 들 수 있다. 그녀는 1930년대에 쓴 비망록에서 자신이 프티부르주아 출신이라는 이유로 소비에트 문학의 아웃사이더 ——"의붓딸"——처럼 느껴진다고 한탄한다. 출신 배경 때문에 그녀는 "적절한" 전기傳記조차도 가질 수 없었다. 인베르의 글은 출신 배경이 그 시대가 요구하는 종류의 영웅적 삶에 부합하지 않는 데서 오는 그녀의 실패감을 전달하고 있다. 아아, 그녀는 탄식한다, "나는 전기에 있어서 운이 없었다".[14] 이와 유사하게, 1932년에서 1936년에 걸쳐 쓰여진 일기에서 갈리나 블라디미로브나 슈탄게는 모스크바에서 당을 위해 자신이 했던 공동체 사업에 대해서 이야기하고 있다. "나는 두려웠다. 나는 내가 해야 되는 만큼 과연 해낼 수 있을 것인가? 노블리스 오블리

---

13 Thomas Lahusen, *How Life Writes the Book: Real Socialism and Socialist Realism in Stalin's Russia*(Ithaca: Cornell University Press, 1997).

14 『러시아 여성 문필의 역사』(*A History of Women's Writing in Russia,* trans. Adele Barker & Jehanne Gheith, Cambridge University Press, 2002)에 실린 안나 크릴로바의 글「그들 자신의 언어로? 소비에트 여성 작가와 자아의 추구」("In Their Own Words? Soviet Women Writers and the Search for Self")를 보라.

제! 내일 나는 일을 시작할 것이다, 나는 포그레빈스키가 얘기했던 그 기대치에 부합하기 위해 노력할 것이다."[15]

러시아 대도시들의 도시 경관을 점점 포화시키고 있는 옥외광고 현상은 피스크의 대중성 이론이 검증되는 또 다른 영역이다. 재미있게도, 가령, 랭글러 청바지를 광고하는 옥외광고판은 많은 러시아인들이 페레스트로이카 훨씬 전부터 서구의 친지들로부터 오는 선물이나 암시장 혹은 '블라트'(인맥, 연줄)를 통해 소비해 왔던 물품을 권하고 있다. 이처럼, 소련에서 소비가 어떻게 결정되어 왔는지 고려할 때, 많은 미국 광고들이 입각하고 있는 가정, 즉 소비자들이 광고를 보고 그 결과로 제품을 구매할 것이라는 가정은 러시아 현실에 꼭 적용되는 것은 아니다. 여기에 중요한 두 가지 문제가 있다. 첫째로, 광고는 소련에서 서구와는 매우 다른 방식으로 기능했으며 당 정책을 강화하는 수단으로 사용되었다는 것이다. 광고가 본질적으로 정치적이었기 때문에 서구 상품들을 광고하는 것은 엄격하게 금지되었다. 그럼에도 불구하고, 소비에트 시민들은 광고의 혜택 없이도 서구의 제품을 많이 구입하고 있었다 ──광고가 있는 지금도 아마 계속 그러고 있을 것이다. 이는 곧 소비자들이 생산자들이 의도한 것과는 매우 다른 방식으로 소비한다는 피스크의 이론을 뒷받침하는 사실이다.[16] 피스크는 문화산업에서 대중문화의 생산과 소비자들이

---

15 슈탄게의 일기 발췌록은 다음에 번역되어 실렸다. *Intimacy and Terror: Soviet Diaries of the 1930s*, ed. Veronique Garros, Natalia Korenevskaia & Thomas Lahusen, trans. Carol A. Flath(New York: New Press, 1995), p. 172.

16 현재 러시아에서 광고산업은 서구에서와는 매우 다른 방식으로 기능하고 있다. 낸시 콘디와 블라디미르 파두노프는 신러시아에서 대부분의 간판과 잡지 광고들이 영어에서 일본어에 이르기까지 평균적 소비자들이 대부분 알지 못하는 다양한 언어로 쓰인 메시지를 담고 있다고 주장한다. 이는 광고회사들에게 있어 가장 중요한 것은 광고되는 상품에 대한 소비자들의 언어적 이해가 아니라 제품과 브랜드 이름을 소비자가 알아보는 것이라는 점을 시사한다. 다음을 보라. Condee & Padunov, "Pair-a-dice Lost: The Socialist Gamble, Market Determinism, and Compulsory

그것을 받아들이는 방식 사이의 지속적인 긴장, 곧 우리가 대중문화의 수동적 수용자처럼 보이는 바로 그 순간에도 우리가 그 문화를 개조하는 주체라는 사실이 빚어내는 긴장을 포착했던 것이다.[17]

우리는 포스트소비에트 러시아의 대중문화의 폭발적 팽창에 주목하기 시작하고 있는 만큼, 지리적인 것 이상으로 시선을 돌릴 필요가 있다. 현대 대중문화에 대한 획기적인 연구 중 많은 것이 영국과 미국 학자들에 의해 수행되어 왔다는 사실이 우리의 이론적 성찰을 형성해 왔다. 이 사실은 또한 우리가 이 이론적 성찰들을 러시아에 적용할 때 탈맥락화시켜야 할 필요가 있음을 시사한다. 더욱이, 우리는 디즈니로부터 바비 인형, 리복에 이르기까지 모든 것을 신러시아에 수출하면서 제품들뿐 아니라 복잡한 이데올로기 전체의 표지들을 또한 수출하고 있는 것이다. 실로 우리가 러시아의 신문화를 해석하기 위해 사용하는 바로 그 이론——대부분 서구에서 근원한——은 만약 우리가 조심스럽게 접근하지 않는다면 서구의 입장에서 탈사회주의 세계에 뻗치는 또 다른 식민주의적 전략이 될 수도 있다. 우리가 던져야 할 질문 중 하나는 우리가 러시아에 있는 미국 대중문화와 문화상품들의 운명을 미국에서 그것을 연구한 것과 같은 방식으로 연구할 수 있다고 가정하고 있는가 하는 것이다. 다음의 논의는 왜 이 질문이 중요한지 보여 준다.

Postmodernism", Post-communism: Rethinking the Second World, special issue of New Formations, no. 22(spring 1994), p. 78. 또한 다음을 참고하라. "Vashe blagorodie, gospozha reklama…", Ogonek 27~28(1994), p. 25 ; Julie Hessler, "A Postwar Perestroika? Toward a History of Private Enterprise in the USSR", Slavic Review(fall 1998), pp. 516~542.

17 John Fiske, Understanding Popular Culture, pp. 32~37. 유사한 주장이 존 스토리에 의해 제기되었다. John Storey, Cultural Studies and the Study of Popular Culture(Athens: University of Georgia Press, 1996), pp. 5~6.

1. 대중문화와 당

우리가 서구의 맥락 내에서 대중문화에 대해 이야기할 때 일반적으로 염두에 두는 것은, 딕 헵디지가 대중문화를 텔레비전, 영화, 음악, 농담, 다양한 하급문화 같은 "일련의 일반적으로 이용가능한 인공물"이라고 정의하면서 언급했던 종류의 행위와 여가활동이다.[18] 서구 문화비평가들은 이 문화가 소비되는 방식이나 생산자와 소비자 간의 관계에 대해 종종 이견을 보이지만, 반면 무엇이 대중성의 영역 내에 존재하는가에 대해서는 전반적인 동의가 이루어지고 있다. 정확히 무엇이 대중문화인가 하는 질문은 러시아 토양으로 옮겨졌을 때 훨씬 더 골치아파진다. 일례로, 이 책의 몇몇 글들이 명시하고 있듯, 오늘날 러시아에서 대중문화는 매우 과거지향적이다. 서구에서 노스탤지어가 통상 이해되는 것과는 매우 다른 방식이긴 하지만 말이다. 신러시아에서 많은 문화상품들 ─ 레이브 파티로부터 아넥도트, 그리고 설치예술에 이르기까지 ─ 은 과거를 주제로 다루고 있다. 이는 단지 노스탤지어적 텍스트를 기억하고 애도하기 위해서뿐 아니라 그것을 다시 쓰기 위해서이며, 종종 억압의 낡아빠진 상징들을 보여 주거나, 친숙화시키거나, 심지어 평범화시킴으로써 이루어진다. 또는 애도와 경멸을 동시에 받고 있는 것으로의 진정한 회귀를 미연에 방지하기 위해, 충분한 안전거리를 두고 친숙한 것들로 회귀함으로써 이루어진다. 많은 록 음악 현장들이 서구에서 연구되는 것과 같은 방식으로 연구될 도리가 없는 것은 바로 이 과거 지향적 경향 때문이다. 많은 포스트소비에트 대중문화에서 발견되는 이 회고적

18 Dick Hebdige, *Hiding in the Light: On Images and Things* (London: Routledge, 1988), p. 44.

태도는 또한 오늘날 포스트소비에트의 삶에 영향을 주고 있는 과거와 현재의 복잡한 교차점을 시사한다. 우리가 포스트소비에트 대중문화연구를 시작할 때 던져야 할 질문들 중 하나는 지난 75년이 어느 정도로 현대 러시아의 문화산업에 존재감을 드리우고 있는가 하는 것이다. 한편으로, 이 신문화의 소비자들과 심지어는 생산자들의 다수는 단지 사회주의 말기의 기억만을 가지고 있을 뿐이며 스탈린 시대의 참혹함을 직접 겪은 이는 더욱 적다. 다른 한편으로, 개인적 경험 밖의 영역으로부터 그 위력의 많은 부분이 파생되는 집단적 기억은 또한 포스트소비에트 러시아에서 문화 생산의 강력한 자극제가 되어 왔다. 이는 곧 구세대들이 지니는 직접적인 산 경험의 흔적이 여전히 젊은 세대의 상상력에 영향을 주고 있음을 암시한다.

포스트소비에트 대중문화에 대한 우리의 이해는 서구의 대중문화를 기술하는 데 사용되는 패러다임들이 소비에트의 경험에 적용될 때 그다지 효과적이지 않다는 사실 때문에 더욱 복잡해진다. 여기서 내가 염두에 두는 것은 고급문화 대 하급문화, 또는 엘리트 문화 대 대중문화의 구분과 그 둘의 교차지점 ——만약 그런 것이 있다면——이다. 이것은 복잡한 문제이다. 왜냐하면 명백해 보이는 두 극 간의 경계들이 종종 흐릿해지기 때문이다. 더구나, 필연적으로 대중문화연구는 우리가 엘리트적 입장을 취하든 아니든 간에 소비자에 바탕한 계급 문제로 바뀔 수밖에 없다. 문화가 생산되는 방식은 언제나는 아닐지라도 종종 그것이 어떤 계급의 사람들을 위해 만들어지는지에 따라 결정된다. 미국에서 텔레비전 프로그램 편성에 관한 결정들 ——무엇이 언제 방송될 것인가, 스폰서가 누가 될 것인가—— 은 미국 사회의 경제적·사회적 특권의 구조에 복잡하게 얽혀 있다. 더욱이, 상류 계급이 대중문화의 생산과 소비 모두에 깊이 관여하고 있을 수도 있지만 대체로 또한 엘리트 문화의 전달자이자 보존자이기도 하다는 것을 인정할 때, 두 영역의 경계가 언제나 분명히 그어져 있는 것은 아님을 알 수 있다.[19]

금세기에 러시아 대중문화의 역사에서 엘리트와 대중 간의 관계는 최소한 서구 모델이 제시하는 것보다 훨씬 더 복잡한 것이었으며, 적어도 이론적으로는 1930년대부터 엘리트와 대중 간의 구분이 사실상 붕괴되었다.[20] 먼저, 엘리트의 정체성과 위치는 우리가 소비에트 사회를 안에서 보느냐 바깥으로부터 보느냐에 따라 달라졌다. 서구의 소비에트 연구가들은 엘리트 문화를 소비에트 공식 문화의 변두리에 놓는 경향이 있었다. 그리고 그들은 엘리트를 반체제적 공동체에 속하여 자신만의 방식으로 권력의 대안적 원천이 된 문화적 삶을 창조해 낸 사람들로 정의하는 경향이 있었다. 나아가, 공식 문학이 권력 ——정치적, 문화적, 그리고 심지어는 경제적 ——의 중심지와 관련되어 있다고 할 때, 바로 특정 부류의 문화 상품들이 간신히 허가되거나 혹은 완전히 금지되는 것이야말로 소비에트 연구가들과 서구 지식인들에게 그 문화 상품들의 중요성을 정의해 주는 것이었다. 확실히, 알렉산드르 솔제니친, 안드레이 시냐프

---

19 엘리트 문화와 대중문화 간 경계 융합의 고전적 예로 파스테르나크의 소설 『닥터 지바고』의 데이비드 린의 영화 버전을 들 수 있다. 이 영화는 소설의 철학적 함축을 완전히 무시하고 있다. 두 영역을 융합한 보다 최근의 예로는 바즈 루어만이 감독한 셰익스피어의 『로미오와 줄리엣』 영화 버전이 있다. 이 경우는 현대적 배경으로 개작되었다. 이러한 제작 사례들은 이 영화들이 엘리트 문화와 대중문화 중 어떤 영역에 속해 있는가 하는 질문을 제기한다.

20 엘리트 문화와 대중문화 간의 이 양가성은 많은 포스트소비에트 잡지에서 여전히 느껴진다. 이 잡지들은 자기들이 다루는 범위 내에서 종종 고급문화와 하급문화의 특이한 혼합물을 싣곤 한다. 예를 들어, 잡지 『엘르』의 러시아 버전인 『오나』(Ona)에서는 교양있는 요소와 저속한 요소를 동시에 다룸으로써 잠재적 독자에 관해 가능한 모든 저변을 다 포함하고 있는 것 같다. 다음을 참조하라. Greta N. Slobin, "Ona: The New Elle-Literacy and the Post-Soviet Woman", *Writing New Identities: Gender, Nation, and Immigration in Contemporary Europe*, ed. Gisela Brinker-Gabler & Sidonie Smith(Minneapolis: University of Minnesota Press, 1997), pp. 337~357.

스키, 보리스 파스테르나크, 또는 안나 아흐마토바와 같은 작가들이 우리의 문학적 상상력과 사회적 양심 위로 휘둘렀던 영향력의 정도는 그들이 형식적으로 반체제 커뮤니티의 일원이었든 아니든, 소비에트 권력의 중심으로부터 얼마나 떨어져 있었는가와 비례하는 것이었다.[21] 그러나 또한 기억해야 할 중요한 사실은 불만을 품은 인텔리겐치아들이 극도로 강력한 지적 하위문화를 구축했다는 점이다. 이 하위문화는 그것이 서구 지식인들에게 행사했던, 그리고 비공식적 채널을 통해 소비에트 사회 자체에 행사했던 도덕적 설득력을 통해 공식 문화에 도전했던 것이다. 비평가 레프 안닌스키가 언급했듯이, 그 주변부의 일부로서 1960년대부터 사미즈다트[22]를 통해 손에서 손으로 전달되었던 문학은 소련에서 그 작품들이 허가된 출판물로 나오기 훨씬 전에 사상가와 작가들의 세대 전체의 도덕적 양심을 창조하였다.[23] 소비에트 사회의 주변부로부터 발산되는 이 힘은 공공연히 정치적인 것은 아니었지만 중요한 정치적 결과들을 초래했고, 1960년대와 1970년대 동안 정치적 권력 중심부와 그 주변부에 한 자리를 차지했던 이들 간의 거래를 특징짓는 불편한

---

21 다음을 참조하라. Adele Barker, "Reading the Texts—Rereading Ourselves", *Women and Russian Culture: Projections and Self-Perceptions*, ed. R. J. Marsh(Oxford: Berghahn Books, 1998), pp. 42~58.

22 [옮긴이] 사미즈다트(samizdat)는 'sam'(스스로)과 'izdatel'stvo'(출판)의 합성어로 소련에서 검열을 피해 공식적으로 금지된 문학작품 등을 불법적으로 지하출판하는 행위 또는 그러한 지하출판물을 일컫는다.

23 레프 안닌스키(Lev Anninskii)는 1985년 예일대에서 열린 '80년대 소비에트 문학과 영화'에 대한 사회과학연구협의회 하계 세미나의 강연에서 이같은 견해를 밝혔다. 러시아 비평가 드미트리 우르노프(Dmitry Urnov)는 서구는 금세기 소비에트 문학의 상황을 정확하게 이해하지 못했으며 이는 서구인들이 러시아에서 소외받은 작품들을 지나치게 과대평가하는 경향 때문이라고 오랫동안 주장해 왔다. 그는 새로운 대안적 산문에 대한 논문에서 유사한 주장을 피력했다. 새로운 대안적 산문은 대단한 인기를 누리고 있지만 그가 보기에는 읽을 가치가 없다. 다음을 보라. "Plokhaia proza", *Literaturnaia gazeta*, no. 6(1989), p. 4.

관계 —— 때로는 호의적인, 때로는 명백히 적대적인 —— 를 시사하는 것이었다.

소비에트 시스템과 충돌했던 작가들을 영웅시하는 서구의 경향은 소련을 통치자와 피통치자 간의 관계가 지배 종속 관계, 곧 통치권과 저항의 관계였던 획일적 전체주의 개체로 인식하는 훨씬 더 광범위한 경향과 연결되어 있었다.[24] 전체주의 모델은 많은 서구인들로 하여금 소련을 한쪽엔 교조적 공산주의자들과 다른 한쪽엔 반체제주의자들이 대립하는 나라로 인식하도록 했다. 일부 서구 소비에트 연구자들이 독백적인 교점 없는 두 내러티브로 소비에트 사회를 인식했다는 사실은 사실상 페레스트로이카가 시동을 건 개혁에 서구의 많은 이들이 표명한 불신을 설명해 줄 수도 있을 것이다. 소비에트 및 포스트소비에트 연구의 가장 최근 동향은 소비에트 사회를, 스튜어트 홀의 표현을 빌리자면, 비공식 삶과 일상의 삶이 지배적인 당 노선과의 다양한 투쟁에 관여하고 있는 "논쟁의 장"[25]으로 이루어졌다고 보는 것이었다.

저항의 일상적 형식들을 과격한 논쟁으로 보는 우리의 경향은 소외

---

24 지배자와 피지배자를 이분하는 이 경향의 예를 다음에서 찾아볼 수 있다. George Breslauer, "The Nature of Soviet Politics and the Gorbachev Leadership", *The Gorbachev Era*, ed. Alexander Dallin & Condoleezza Rice(Stanford: Stanford Alumni Assoc., 1986), p.11. 미하일 엡스타인 (Mikhail Epstein) 또한 다음의 저서에서 최상층의 강력한 이데올로기 대 하부에서 그 이데올로기에 저항하는 비판적 시민들의 패러다임을 지지하고 있다. *After the Future: The Paradoxes of Postmodernism and Contemporary Russian Culture*(Amherst: University of Massachusetts Press, 1995). 그러나 몇몇 최근 저작들은 소련과 동유럽의 이데올로기와 일상생활 간의 복잡한 관계에 대해 보다 섬세한 분석을 제공하고 있다. Katherine Verdery, *What Was Socialism and What Comes Next?*(Princeton: Princeton University Press, 1996); Alexei Yurchak, "The Cynical Reason of Late Socialism: Language, Ideology and Culture of the Last Soviet Generation"(Ph.D. diss., Duke University, 1997).

25 Stuart Hall, "Notes on Deconstructing 'The Popular'", *People's History and Socialist Theory* (London: Routledge and Kegan Paul, 1981), p. 227.

된 집단과 담론들이 어떻게 목소리를 얻고 권력에 접근하는가에 기반한 서구의 문화학 이론에 확실히 영향 받은 바 있다. 그럼에도 불구하고, 이러한 접근법은 우리로 하여금 평균적 소비에트 시민이 살고 있는 소비에트 삶의 실체를 보다 가까이 들여다 볼 수 있도록 해주었기에 소비에트 경험을 연구하는 데 있어서도 유용한 도구가 되어 왔다. 소비에트 예술가들에게 있어서 문화적 삶은 예술 작품을 위해 계속되어 온 일련의 작은 승리와 이데올로기적 타협의 연속으로 특징지어졌다. 드미트리 쇼스타코비치는 1937년 1월 자신의 오페라 「므첸스크의 맥베스 부인」이 금지되자 양보를 함으로써 스탈린 시대를 살아남아 교향곡 10번과 이후 작품들을 작곡할 수 있었다. 이와 같이, 1960년대의 신세대 시인들 몇몇 ─ 무엇보다도 예브게니 예프투셴코 ─ 또한 그 자유주의적 견해에 대해 정부로부터 비판받았지만 그래도 용인되었는데, 이는 그래야만 할 경우엔 당에서 시키는 대로 따랐기 때문이다. 그리고 일상 삶의 영역에서는, 종종 무의식적인 차원에서 일반인들 자신에 의해 투쟁이 계속되었다. 그들은 체제가 부과하는 제약 내에서 살아가고자 애썼던 것이다.

그러나 이 작은 승리들과, 번창했던 '이차 경제' 또는 비공식 클럽이나 비공식 문화의 존재 같은 소위 저항의 표식들이 꼭 반대하는 것으로 간주할 만한 것은 아니었다. 당 노선과 반대자들 사이에는 광대한 장이 놓여 있었는데, 여기서 악명높은 소비에트 아넥도트들이 양산되고, 사람들이 암시장에서 사고 팔았으며, 소비에트 시민들은 거주등록되지[26] 않

---

26 거주등록증(propiska)은 소비에트 정부가 시민들의 동태를 기록하는 수단 중 하나였다. 기본적으로 특정 도시에 살기 위해서는 거주등록증이 필요했다. 살고자 하는 곳에 직장이 없는 경우에는 거주등록증을 얻을 수 없었다. 그렇지만 또한 거주등록증이 없으면 직장을 얻을 수가 없었다. 더

은 도시들에서 살고, 자신이 필요한 것을 '블라트'를 통해 손에 넣고, 반대의 수단으로서라기보다는 그 경제적·사회적 현실이 이론적으로 명시된 약속들에 훨씬 못 미쳤던 시스템 내에서 생존하기 위한 전략으로서 이런저런 행동들을 했다.[27] 대부분의 소비에트 삶이 번성했던 것은 바로 이 비공식의 영역이었다. 소련의 거대한 지배적 내러티브가 소비에트 시민들이 계속 그것을 재설정하고 전복시킴에 따라 바흐친의 단성악에서 다성악으로 이동한 것은 바로 이 일상의 영역에서였다. 소비에트 시민들의 이러한 행동은 체제를 붕괴시키려는 의도에서 나온 것이 아니라, 단지 좋은 구두 한 켤레를 사거나, 상점 '발라톤'에서 헝가리제 우산을 사거나, 또는 약간의 질 좋은 프랑스 코냑을 사기 위해, 또는 토요일에 강가 아래쪽 암시장에서 좋은 책 한 권을 사기 위한 것이었다.

확실히 서구의 많은 이에게 있어서 소비에트 엘리트 문화는 모순어법과 같았다. 왜냐하면 서구의 관찰자들이 엘리트로 여겼던 것은 공식 소비에트 삶의 주변부나 그 수면 아래에 있었기 때문이다. 그러나 당 내부로부터의 엘리트 문화의 이해는 완전히 다른 문제였다. 이는 특히 당

욱이, 살도록 허용되는 방의 평방미터 크기는 그 아파트에 사는 사람들의 수에 달려 있었다. 이 법들을 피해가기 위해서 소비에트 시민들은 비공식적으로 아파트를 거래했고 결과적으로 수많은 사람들이 해당 거주등록증을 갖고 있지 않은 아파트에 거주하는 상황이 초래되었다. 전반적으로, 거주등록증에 관한 상황은 소비에트 시대 이후로 거의 변하지 않았다. 가령, 모스크바에서 공식 기관에 고용되기 위해서는 여전히 이 도시에 거주등록이 되어 있어야만 한다. 모스크바에서 아파트를 소유하고 있지만 거기에서 살 법적 권리는 없는 상황들은 매우 흔하다. 거주등록증을 살 수는 있다. 그러나 거주등록증 하나 값(통상 5만 달러에서 7만 달러 사이)은 2만 5천 달러에서 3만 달러 정도 하는 가장 싼 아파트 값보다 더 비싸다. 따라서 모스크바에서 살 권리는 적어도 10만 달러쯤 하는 셈이다. 3만 달러 정도까지 어떻게 간신히 모은 사람들은 보통 다른 도시에 아파트를 산다. 소비에트 시대의 교환 현상이 문학에서 어떻게 다루어졌는지 보기 위해서는 유리 트리포노프(Yuri Trifonov)의 중편소설 『교환』(Obmen)을 보라.

27 Verdery, *What Was Socialism*, ch. 1. 여기에서 저자는 루마니아의 공식 경제와 비공식 경제 간의 상호작용을 추적한다. 버더리의 통찰 중 많은 부분이 소비에트 경험에 동일하게 적용가능하다.

이론가들이 (아이러니하게도 오늘날의 몇몇 문화학자들처럼) 대중문화와 엘리트 문화 간의 구분이 존재했었다는 생각조차도 아예 없애려고 하면서 20세기의 대부분을 보냈기 때문이다. 초기 볼셰비키는 이 구분을 없애게 될 문화를 대중에게 만들어 주려고 했다. 초기 소비에트 지도자들이 물려받은 것은 대부분 대중문화의 영역에서 나온 문화를 지닌 국민들이었다. 이 대중문화는 곧 시골사람들의 전통적인 혁명 전 문화로부터 도시 대중의 문화, 혹은 특유의 노래, 전통, 극장 등등을 가지고 있는 러시아 사회 내의 다양한 하위문화들에 이르기까지 모든 것을 의미했다.[28]

1920년대 초기에 대두한 문제점은 혁명 엘리트들과 그들이 혁명의 명분과 주체로 삼았던 농민 및 노동자들이 거대한 간극으로 분리되어 있다는 사실이었다. 그 간극은 정치적인 동시에 문화적인 것이었다. 초기 볼셰비키 지도자들은 러시아 사회에서 그들 자신의 엘리트적 지위를 거부하고 대신 인텔리겐치아들을 혁명 전 고급문화의 수호자로 여기고자 했다. 반면, 초기 볼셰비키 혁명당원들 자신은 아래의 대중들을 계몽하는 것을 사명으로 여겼던 특정 계급 인텔리겐치아의 비전을 공유했던 지식인 엘리트 출신이었다.[29] 스탈린 체제하에서 생겨난 신엘리트들은 집의 가구에서 대용예술에 이르기까지 모든 것에 있어서 놀랄 만큼 부르주아적인 취향을 드러내 보였다. 이들은 새로운 질서하에서 지위를 획

---

28 레진 로뱅(Regine Robin)은 다음 저작에서 대중문화를 정의하는 것의 어려움에 대해 논의했다. Regine Robin, "Stalinism and Popular Culture", The Culture of the Stalin Period, ed. Hans Gunther(London: Macmillan, 1990), pp. 15~40. 자라 아브둘라예바(Zara Abdullaeva)는 다음 글에서 소비에트 대중문화의 근원을 바로 민속문화에서 찾고 있다. "Popular Culture", Russian Culture at the Crossroads, ed. Dmitri N. Shalin(Boulder: Westview Press, 1996), pp. 209~238.

29 쉴라 피츠패트릭(Sheila Fitzpatrick)은 다음 저작에서 초기 볼셰비키와 인텔리겐치아 사이의 내밀한 관계에 대해 논의하고 있다. The Cultural Front: Power and Culture in Revolutionary Russia(Ithaca: Cornell University Press, 1992), pp 3~5.

득했다는 표시로서 혁명 이전 구 문화를 모사하고자 했던 것이다. 그러나 그럼에도 불구하고 초기 볼셰비키는 당시 도시의 대중문화를 교양없고 저속하고 사소한 것으로 평가절하했다는 점에서 또한 엘리트주의였다고 할 수 있다.[30] 소련의 초기 건설가들이 대중을 위한 새로운 문화의 지침들을 만들었을 때, 그들은 농민과 노동자에게 소구할 수 있는, 그리고 궁극적으로 혁명 전 엘리트 문화와 당시의 '저속한' 도시 문화를 대체할 수 있는 프롤레타리아 문화를 주조하고자 노력했다.

소비에트 시대 대부분에 걸쳐 합의된 바와 같이, 엘리트와 대중문화의 구분은 이 초기 프롤레타리아 문화의 역사에서 근원한다. 만약 많은 초기 볼셰비키가 그 자신이 엘리트주의의 새로운 형식을 찾으려 하면서도 거부하고자 애썼던 지적 엘리트로부터 나온 것이라면, 그들은 또한 엘리트 문화와 소위 대중문화 간에 아무런 차이가 없는 시대, 계급 구분이 소멸하면서 다양한 계급들의 예술과 문화 간 구분이 또한 사라지는 시대를 내다보았던 셈이다. 이 꿈은 1930년대에 예술적 신념으로서 사회주의 리얼리즘을 창조하면서 그 정점에 달한 것으로 추정할 수 있다.

이 비전은 굳건한 유토피아적 사고의 예로는 괜찮은 것이었지만 실제에서는 통치자를 피통치자로부터 갈라놓았던 심연이 현실이었고, 또 비록 입 밖에 내지는 않았지만 소비에트 시대 내내 계속 그러했다. 소비에트 작가 미하일 조셴코는 이 사실을 신랄하게 세상에 까발렸다. 그의 1920년대 풍자적 이야기들은 러시아의 혁명 전 과거의 고급문화와 새로운 소비에트 프롤레타리아 문화를 동시에 모방하고자 열망하지만 두

---

30 *Ibid*., p. 5. 리처드 스타이츠(Richard Stites)는 다음 저서에서 이와 같은 주장을 펼쳤다. *Russian Popular Culture: Entertainment and Society since 1900*(Cambridge: Cambridge University Press, 1992), p. 65.

가지 모두에 형편없이 실패하는 단순한 소비에트 시민들의 낭패스러운 처지를 묘사하고 있다. 비록 초기 프롤레타리아 문화가 러시아 농민문화와 도시문화로부터 온 형식들에 의존하고는 있었지만, 이것은 본질적으로 엘리트적 문화로서, 새로운 문화 생산 이면의 이데올로기를 창조하는 데 대단한 노력을 기울인 당 상위계층의 발명품이었다. 이렇게, 1920년대 말까지 소비에트 사회는 이른바 '문화'가 소수의 당 엘리트들이 그 밖의 모든 이들을 위해서 설계한 이데올로기의 산물이 되도록 조직되었다.[31] 당 엘리트의 권력을 강화하고 소비에트 사회의 이데올로기적 토대를 굳건히 하기 위해 당은 새로운 문화를 만들어 냈다. 이 문화는 대중적 전통을 사용함으로써 당을 운영하고 당 이데올로기를 창조하는 이들로부터 대중들을 분리하는 간극을 애매하게 하고 또 어떤 의미에서는 영속화했다.

스탈린 체제하의 엘리트 문화와 소위 대중문화 간 관계를 정의하는 것은 보다 간단한 동시에 역설적으로 보다 복잡하다. 1920년대 초기에는 엘리트 문화와 민중 문화 간의 실질적 간극이 여전히 있었지만, 이 간극은 1920년대 후반과 1930년대 초반 1차 5개년 계획의 입안과 더불어 메워지기 시작했다. 5개년 계획의 목표는 러시아의 시골 농민층에게 기술, 전기, 교육을 도입하고 이를 통해 러시아의 도시 계층을 농촌 계층으로부터 오랫동안 분리시켜 왔던 간극을 이음으로써 시골에 도시를 들여

---

31 이러한 의미에서, 스탈린 치하에서 소비에트 문화 건설은 목적상으로는 매우 반부르주아적이었으나 역설적이게도 서구 정전에 대한 해럴드 블룸(Harold Bloom)의 정의를 강화한 셈이다. 블룸의 정의에서 서구 정전은 지배 엘리트의 취향을 반영하여 뮤즈를 엘리트적인 것으로 만든다. Harold Bloom, *The Western Canon: The Books and School of the Ages* (New York: Harcourt Brace, 1994), p. 34. 이와 유사하게 블룸은 "문학 비평은 하나의 예술로서 언제나 엘리트적 현상이었고 앞으로도 언제나 그러할 것이다"라고 주장했다.

오는 것이었다. 몇몇 당 지도자들은 시골에 현대화를 도입하는 것으로 충분하다고 느꼈다. 다른 지도자들은 많은 인구를 도시 지역으로부터 러시아 농촌으로 재정착시킴으로써 이 간극을 연결하고자 했다. 만약 제1차 5개년 계획의 노력의 결과로 농촌이 천천히 도시화되고 있었다면, 농민들이 도시의 엄청난 노동력 수요에 응하는 한편 집단농장화에 반발하여 도시에 대거 재정착하면서 도시 역시 농촌화되고 있었다. 따라서 인구통계학적 변화들 ——어떤 것은 문화적 간극을 없애기 위해 주의깊게 계획되었던 반면, 어떤 것은 지도층이 전혀 예상치 못한 방식으로 일어났다 ——은 위로부터의 문화적 지시만큼이나 스탈린 치하에서 엘리트 문화와 대중문화의 전반적 융합의 원인이 되었다. 이 사실은 1920년대 이후로 문화가 어떻게 생산되었는가를 이해하고자 할 때 반드시 고려되어야 할 진정한 차이 중 하나가 당과 대중 간의 차이뿐만 아니라 또한 도시와 시골 간의 차이라는 것을 시사한다.[32]

인구통계학적 요소가 도시와 시골 간의 간극을 메우고 따라서 어느 정도 엘리트 문화와 보통 사람들의 문화 간의 간극을 메우는 데 도움이 되었다면, 스탈린이 이 간극을 다루는 방식은 한스 군터가 "위로부터의" 문화라고 불렀던 것과 "아래로부터의" 문화라고 칭했던 것을 연결시킴으로써 강제로 간극을 없애는 것이었다.[33] 이러한 목표를 위해 스탈린과 그의 문화이론가들은 대중을 위해 문화 ——호화로운 퍼레이드서부터 버스비 버클리의 화려한 헐리우드 쇼 분위기의 스탈린식 뮤지컬 혹은 국가가 주도하는 형태로 일종의 의사擬似 민속을 창조하기 위한 민속 부

---

32 내게 이 중요한 구분을 상기시켜 준 토머스 라후센에게 감사한다.
33 다음 책의 서론을 보라. Hans Gunther, *The Culture of the Stalin Period*, xvi~xxi.

활에 이르기까지 모든 것 ——를 생산하고 총괄하는 거대한 문화 기구를 만들어 냈다. 전통적인 민속적 모티프와 방식들이 국가를 위해 동원되어 아주 새로운 병치에 차용되었다. 가령 "이것은 예언자 새가 말하는 게 아닙니다/이것은 소비에트 라디오입니다" 같은 식이다.[34] 또 아래의 노래는 어떠한가? 이 노래는 현대 영웅들의 영웅적 공적에 바탕한 새로운 민속을 만들어 내기 위해 러시아 민속으로부터 모델을 차용한 많은 이 중 하나였던 음유시인 마르파 크류코바가 작곡했다.

> 그것은 물결치기 시작한 백해가 아니었다.
> 그것은 더 빠르게 고동치기 시작한 영웅의 심장이었다.
> 그의 힘센 어깨가 움직였고,
> 이오시프-빛은 생각하기 시작했고,
> 그는 매우 강력한 생각을 품었다.
> 그는 어두운 밤들과
> 온 낮들 동안 생각하면서 앉아 있었다.
> 그는 일하는 사람들을 위해 위대한 전투에 참여하기로 결심했다,
> 그는 재빨리 준비했고,
> 급히 자신의 여정에 올랐다.[35]

만약 레닌이 맑스가 인식한 대로 고급예술과 하급예술 간의 구분을 시간과 사회 변동이라는 여건만 주어지면 결국 붕괴될 수 있는 것으로

---

34 Frank J. Miller, *Folklore for Stalin: Russian Folklore and Pseudo-folklore of the Stalin Era* (Armonk, N.Y.: M. E. Sharpe, 1990), p. 69.
35 *Ibid.*, p. 159.

인지했다면, 스탈린은 대중문화massovaia kul'tura의 창조를 시민들을 통제하고 사회주의화하는 가장 효과적인 방법으로 인식했다. 그는 이것을 여러 방식으로 성취해 냈다. 1920년대 초, 러시아의 혁명 전 구 문화는 새로운 소비에트 노동자들에게는 완전히 불가해한 것이었음이 확실했다. 「백조의 호수」 공연을 보고 난 한 노동자의 논평은 대중의 문화적 수준을 보여 주고도 남음이 있다. "그렇게, 세상에서 가장 지루한, 아무에게도 쓸모없는, '백조 공주'에 대한 '왕자'의 사랑에 대한 이 이야기는 4막의 시간 동안 질질 끌며 계속된다." 셰익스피어의 「안토니오와 클레오파트라」에 대해서는, "하루 종일 힘들게 일하는 노동자가 왜 이 케케묵은 쓰레기 역사물을 봐야 하는가?" 또는 일리야 에렌부르크의 「훌리오 후레니토의 편력」Neobychainye khozhdeniia Khulio Khurenito i ego uchenikov에 대해서는 이렇게 말한다. "새로운 문법을 만들어 내는 작가들을 흠씬 패줘야 한다."[36] 문제는 이러한 문화적 심연에 대해 어떻게 해야 할 것인가 하는 점이다.

한 해결책은 고급문화를 인민들에게 접근 가능하도록 만들어서 두 문화 간의 구분을 흐리게 하는 것이었다. 이 과정이 어떻게 일어났는지 보여 주는 가장 눈에 띄는 예 중 하나는 러시아의 위대한 시인 알렉산드르 푸슈킨을 소비에트화하는 것이었다. 푸슈킨의 작품을 대중에게 소개하기 위해 전 소련 푸슈킨 위원회가 그의 사후 1백주년을 기념하여 그의 이름으로 셀 수 없이 많은 활동들을 조직했다. 집단농장과 공장들, 취학아동들, 초콜렛 공장, 도서관, 피오네르(개척자 캠프), 그 외 여러 집단들이 동원되어 푸슈킨 기념품을 만들거나 노래를 작곡하거나 또는 민중에 의해 ——아주 약간의 당의 도움과 더불어 —— 이제 그들의 음유시인

---

36 Dobrenko, *The Making of the State Reader*, pp. 118~119.

으로 전유된 이 위대한 시인을 기념하는 문학의 밤을 조직했다.[37] 푸슈킨은 '오월의 아침' 코뮌 출신의 농민이 코뮌의 독서 그룹에서 "만약 우리가 그의 [푸슈킨의] 모든 행과 그의 모든 원리들을 분해해 본다면, 우리는 그의 시로부터 역사적 유물론을 얻을 수 있을 것이다"라고 말하는 것을 들었다면 틀림없이 매우 놀랐을 것이다.[38]

이와 같이 엘리트와 대중문화 구분을 흐릿하게 만드는 것은 스탈린 치하에서 새로운, 이해가능한 노동자의 문화 창조를 통해 교묘히 계획되었다. 이 노동자 문화가 어떻게 형성되었는지 이해하기 위해서는 우리는 스탈린 치하에서 문화의 개념이 어떻게 재구성되었는지 살펴봐야 한다. 1930년대부터 소비에트 문화에는 서구나 심지어는 레닌 시대 때와는 매우 다른 일련의 연관의미들이 부여되었다. 문화는, 카테리나 클라크가 저서 『소비에트 소설: 제의로서의 역사』 *The Soviet Novel: History as Ritual*에서 언급했듯이, 바흐를 듣거나 셰익스피어를 읽거나 또는 대학 졸업장을 취득하는 것 훨씬 이상의 무엇이다. 문화란 한 사람이 나무오두막에서 보다 도시적인 서구화된 삶의 방식으로 전환할 때 그 사람의 삶에 일어나는 변화들의 총체였다.[39] 이것은 특정한 사교적 예의를 익히고, 공손한 표현 방식을 배우고, 냅킨을 어떻게 무릎에 놓는지 배우고, 특정한 예의범절comme il faut을 익히는 것을 포함했다. 새로운 소비에트의 남성과 여성들이 분주히 열망하던 이 문화성kul'turnost'이란 것은 상류계급의 것이 결

---

37 푸슈킨에 대한 1930년대의 열광에 대해서는 다음을 참조하라. Marcus C. Levitt, *Russian Literary Politics and the Pushkin Celebration of 1880*(Ithaca: Cornell University Press, 1989), pp. 162ff.

38 *Ibid*., p. 104.

39 Katerina Clark, *The Soviet Novel: History as Ritual*(Chicago: University of Chicago Press, 1981), p. 197.

코 아니었다. 예를 들어, '문화적'이 되기를 갈망하는 농민과 노동자들은 작은 냅킨서부터 분홍 램프갓, 그리고 커트글라스와 장식조각상 수집품에 이르기까지 그들이 '문화'의 세계 진입의 상징으로 여겼던 모든 것들을 모았다. 이런 것의 가장 극적인 예로 스탈린 시대의 결혼 케이크 모양 건축을 들 수 있다. 정교하고 지나치게 복잡하게 설계된, 네오고딕, 바로크, 스탈린식 키치를 결합한 갖가지 양식의 혼합물이 모스크바의 지평선을 점점이 수놓았다. 문화에 대한 이러한 특수한 이해와 이 문화의 습득이 지니는 의미는 스탈린 시대 한참 후에까지 소비에트 시기 대부분을 특징짓는 것이 되었다. 예를 들어, 내가 1970년대 소련에서 대학생이었을 때, 어떤 사람에 대해 가장 일반적으로 들을 수 있는 비난 중 하나는 그가 '비문화적'이라는 것이었다.

1930년대 동안 어떻게 문학이 읽혀지고 만들어지는지를 결정했던 것은 바로 문화에 대한 이와 같은 이해 —— 문화의 통상적 정의보다 훨씬 더 포괄적이지만 훨씬 더 진부한 —— 였다. 문화 일반과 마찬가지로 문학 또한 보편적으로 이해가능하도록 의도되었고, 그럼으로써 1930년대 초 사회주의 리얼리즘의 공식화를 위한 길을 열게 되었다.[40] 사회주의 리얼리즘은 원래 예술을 위한 청사진으로 입안되었으나, 픽션부터 저널리즘, 그리고 공장 생산 통계학에 이르기까지 모든 것에 있어서 유행하게 되면서 사실상 소비에트 사회의 전 분야에 영향을 미치게 되었다.[41] 공식 지령은 더 이상 교육과 미학적 의식을 고양시키는 게 아니라 예술을 대중의 수준으로 낮추는 것이었다.

---

40 Robin, "Stalinism and Popular Culture", p. 31.
41 Fitzpatrick, The Cultural Front, p. 217.

사회주의 리얼리즘이 그렇게 성공적이었던 데에는 여러 가지 이유가 있었다. 스탈린 치하에서 엘리트 계층은 레닌 치하에서와는 매우 다른 방식으로 구성되었다. 1920년대 후반까지 새로운 소비에트 엘리트 계층은 노동자-농민 인텔리겐치아, 곧 '발탁된 이들'vydvizhentsy을 그 구성원으로 편입시켰다. 이들은 전통적인 교육받은 계층 출신이 아니었지만 그럼에도 불구하고 초기 볼셰비키 지도자들이 예상했던 것과는 확연히 다른 방식으로 문화 및 당 정책을 만들어 냈다. 더욱이, 사회주의 리얼리즘은 이 새로운 문화의 생산자와 소비자 간의 변화하는 관계 때문에 예술적 신조 훨씬 이상의 것이 되었다. 소비에트 시대 전반적으로, 그리고 특히 스탈린 시대에 문화가 어떻게 생산되었는지 살펴보려면, 우리는 당이 이 이데올로기가 제시된 대상 계급인 민중과 자신과의 관계를 어떻게 인식하고 있었는지 이해할 필요가 있다. 나는 '소비자'라는 단어를 의도적으로 사용하고 있는데, 이는 소련이 현재의 시장 경제가 도래하기 훨씬 전에 상품──이 경우에는 이데올로기──을 생산하는 이와 이데올로기가 의도된 대상 간의 관계에 근간하고 있었다는 사실을 강조하기 위해서이다. 어느 소비자 사회에서나 마찬가지로, 상품을 만들어 내는 이들과 그것을 '사는' 사람들 사이에는 공생관계가 있었다. 소비에 대한 서구인의 사고의 많은 부분은 시장 경제 맥락에서의 소비 개념에 기반하고 있다. 그러나 어떤 의미에서는, 문화가 그것을 보고 듣고 읽고 그에 따라 행동하고 그것을 성찰하는 이들과의 관계 속에 존재하는 한, 모든 문화는 경제적 시스템과 상관 없이 소비자에 기반하고 있다고 할 수 있다. 뿐만 아니라, 낸시 콘디와 블라디미르 파두노프가 지적했듯이, 수많은 소비에트 시민들이 태평스럽게 암시장에서 거래했음을 볼때, 소비에트 사회는 오랫동안 문자 그대로 소비자를 기반으로 해왔던 것이다. 암시장 거래는 평균적 소비에트 시민의 기본적인 욕구를 만족시키기보다는 새로운 욕구를 창조하려고 시도했던 명령 경제에 대한 필연적인 반응이었다. 또한, 소비에트인들은 거의 예외없이 부업을 가지거나'podrabatyvat' 사회주의 경제가 그들의 일상생활에서 허용하는 것의 한계를 늘리고자 관료제의 미궁 같은 통로를 통해 약간의 수수료를 내고 청원서를 넣곤 했다.[42] 소비에트 사회의 주변부에 몇 년 동안 존재했던 초기 단계 시장 경제를 제쳐두고라도, 당에 대한 봉사의 대가로 특혜와 특권을 약속하면서 사회주의를 건설하는 과정에서 새로운 중산층이 생겨남에 따라 스탈린 치하의 소비에트 사회는 매우 소비자에 기반한 체계가 되었다. 이와 같이, 공식적 딱지들이 가리키는 것과는 반대로, 소비에트 시민들은 확실히 수십 년 동안 단순한 이데올로기 그 이상의 것을 소비하는 데 열중했던 것이다.

초기 소비에트 시대에 소비에트 대중문화의 이론가들과 생산자들은 소비자로서의 민중의 개념을 정의했다. 그러나 당이 민중-소비자를 이해한 방식은 모호했을 뿐 아니라 그때 그때의 당 이데올로기와 정치적 공약에 따라 바뀌었다. 대중문화 소비자로서의 민중의 역할의 가변적 속성은 또한 소련이, 필자가 앞서 제시한 바와 같이, 지도자가 엄격한 칙령을 발표하고 의심하지 않는 대중들이 이를 맹목적으로 따르는 그런 획일적인 사회가 아니었다는 사실에서 알 수 있다. 『러시아/소련/러시아: 초강대국의 추진력과 표류』Russia/USSR/Russia: The Drive and Drift of a Superstate에서 모셰 르윈은 국가가 취하는 방향을 책임지는 총괄 조직으로서의 당의 개념이 1930년대에 이르러 극적으로 변하기 시작했다고 주장한

---

42 Condee & Padunov, "The ABC of Russian Consumer Culture", p. 136.

다.[43] 르윈은 1930년대까지 국가——볼셰비키 지배 초기에 이데올로기, 정책, 문화정치의 창조자이자 중재자로서 무소불위의 존재였던——가 점차적으로 당과 당이 수행했던 다양한 기능들을 집어삼킨 거대한 관료제로 이행하는 중이었다고 주장한다. 심지어 상부로부터 분명한 문화적 지시가 있었을 때에도 이 지시들과 그것이 실제로 실행된 방식 간에는 종종 상당한 불일치가 있곤 했다.[44]

만약 이데올로기의 창조와 실행에 있어 당의 역할이 점진적으로 이양되었다는 르윈의 주장을 받아들인다면, 어떻게 문화 정책이 일상생활에 적용되고 통합되었는가에 대한 질문이 생겨나게 된다. 1920년대 볼셰비키 문화를 일별해 볼 때 답은 간단해진다. 초기 볼셰비키는 대중을 위한 문화 생산을 그것을 통해 혁명적 의식을 인민들에게 스며들게 하는 매개체로 보았다. 레닌을 비롯하여 많은 볼셰비키는 너무 많은 프티부르주아적 전례들이 있다는 이유로 대중문화의 개념을 거부했으며, 대중을 교육시키고 고상하게 만들 문화를 옹호했다.[45] 레닌은 민중을 잠재적 엘리트 계층으로 보았으나 프롤레타리아 국가가 요구하는 문화적 수준에도, 심지어 부르주아 사회의 기준에도, 심각하게 미달한다고 여겼다.[46] 그는 대중이 자신들을 위해 생산된 새로운 프롤레타리아 예술을 이

---

43 Moshe Lewin, *Russia/USSR/Russia: The Drive and Drift of a Superstate*(New York: New Press, 1995)[chs. 5, 8, 10]. 사실상 르윈은 소비에트 사회주의를 '잘못된 레이블링'의 경우, 곧 소비에트 사회주의에 적용하도록 그 시스템 자체에 의해 조장되는 용어들이 사실상 '국가의 현실에는 부적합'하고 오히려 거대한 선전 기구가 만들어 내는 현실에 적합하게 되어 버리는 경우로 본다(p. 159).

44 이 점에 대한 논의를 더 보기 위해서는 다음을 참조하라. Katerina Clark, "From a Directed Culture to an Autonomous Cultural Model?" *Stanford Slavic Studies*, vol. 7: *Russian Culture in Transition*, ed. Gregory Freidin, pp. 25~52.

45 대중문화 문제에 대해 초기 볼셰비키와 스탈린이 취한 상이한 접근법에 대해서는 다음을 참조하라. Richard Stites, *Russian Popular Culture*, chs. 2 & 3.

해할 수 있기 위해, 그리고 민중이 거부하는 동시에 물려받고 있는 과거의 예술의 진가를 알아보기 위해 교육을 통해 이 문화적 수준이 고양되어야$_{podniato}$ 한다고 믿었다.[47] 현재와 명백한 관계가 없다는 이유로 러시아의 과거 문화를 일방적으로 거부한 지노비예프와 스탈린과는 달리, 레닌은 트로츠키, 부하린과 더불어 그 과거의 문화를 복원하기 시작했는데, 이는 부분적으로는 그 문화 자체를 위해, 그리고 부분적으로는 그 문화의 주요 지지자였던 인텔리겐치아가 이데올로기적으로 당과 동화되는 것이 필요했기 때문이었다.[48]

스탈린은, 우리가 지금껏 보았듯이, 그들을 위해 고안된 문화의 소비자로서 민중에 대해 매우 다른 견해를 가지고 있는 듯했다. 그가 민중의 문화 수준을 '고양'$_{podniat'}$시키고자 하는 레닌의 요구를 고의로 오독해 이것을 '이해하다'$_{poniat'}$로 바꾼 것인지는 우리가 알 수 없는 일이다.[49] 우리가 아는 것은 스탈린 치하에서는 더 이상 예술가, 교육자, 이론가들에게 대중의 집단적 문화 수준을 향상시킬 책무가 지워지지 않았다는 것이다. 대신 예술가 자신들에게는 그들의 작품이 바로 동일한 그 대중

---

46 레닌은 먼저 대중을 위해 진정한 프롤레타리아 문화를 창조하는 것을 자신의 임무라 여겼던 몇몇 초기 볼셰비키 이념가들과 다른 길을 갔다. 그는 다음과 같이 말했다. "우선 우리는 진정한 부르주아 문화에 만족해야 한다. 우선 우리는 관료주의 문화나 농노 문화 등 부르주아 이전 문화의 더 상스러운 유형을 없앤 것에 기뻐해야 한다"(V. I. Lenin, *Collected Works*, vol. 33[Moscow: Progress, 1966], p. 487).

47 볼셰비키 혁명 초기에는 고급문화와 대중문화가 인민의 교육에서 수행해야 할 역할에 대해 여전히 많은 논쟁이 있었다. 이 논쟁은 스탈린 치하에서 갑작스럽게 중단되었다. 가령, 1917년 창립된 프롤레트쿨트 조직은 새로운 혁명적 문화를 옹호했지만 민중이 과거의 구전 전통과 고급문화 둘 다 영속시키길 원한다는 것을 발견했다. 더구나, 혁명 초기에는 불법화되었던, 혁명 전 시기로부터 내려온 대중문화의 상당부분이 1921~28년의 NEP 시기 동안 개인사업 부활과 더불어 다시 나타났다. 다음을 참조하라. Stites, *Russian Popular Culture*, pp. 40~41.

48 Boris Kagarlitsky, *The Thinking Reed: Intellectuals and the Soviet State, 1917 to the Present*, trans. Brian Pearce(London: Verso, 1988), pp. 57~58.

49 처음으로 이 구분에 나의 주의를 돌려 준 타티아나 톨스타야(Tatiana Tolstaia)에 감사를 전한다.

에게 접근가능 또는 '이해가능'하도록 만들 의무가 주어졌다. 이는 현대 미국의 문화적 '하향 대중화'를 염려하는 이들에게 반향을 얻을 수 있는 개념이다. 의도적이든 아니든, 레닌의 지시에 대한 스탈린의 '오독'은 대중에 관한 자신들의 사명을 당이 이해하는 데 엄청난 결과를 가져왔다.

대중이 이 공공문화를 소비했다는 것에 의심의 여지가 없기는 하지만——왜냐하면 그들이 그렇게 하도록 명령받았기 때문이기도 하고 이 문화가 자주 그들의 욕구에 적절히 부응했기 때문이기도 하다—— 어떻게 이러한 과정이 실제로 이루어졌는지에 대해서는 여전히 논란이 계속되고 있다.[50] 르윈이 1930년대 당의 변화에 대해 얘기한 것을 옹호하는 한 주목할 만한 주장이 『국가 독자의 창조』The Making of the State Reader에서 예브게니 도브렌코에 의해 제기되었다. 도브렌코는 사회주의 리얼리즘 정전이 그렇게 성공적이었던 한 이유는, 실상 그것이 위로부터 이데올로기적으로 건설된 것이 아니라 정말 실질적으로는 아래로부터 대중이 만들어 낸 것으로서, 예술에서 이해의 용이성과 특정 종류의 사실주의에 대한 대중의 욕구에 부응했기 때문임을 보여 준다. 도브렌코의 말을 빌리자면, 사회주의 리얼리즘은 문화 생산에 있어서 "두 가지 경향——대중의 경향과 당국의 경향의 충돌과 그 문화적 절충"이 되었다.[51] 이와 같이, 1920년대 후반 이후의 주류 당 노선 작가들 대부분이 노동자였던 만큼,

---

50 『소비에트 러시아의 대중문화: 이야기, 시, 노래, 영화, 연극, 민속문화 1917~1953』(Mass Culture in Soviet Russia: Tales, Poems, Songs, Movies, Plays, and Folklore, 1917~1953, Bloomington: Indiana University Press, 1995)의 서론에서 제임스 폰 겔데른(James von Geldern)과 리처드 스타이츠(Richard Stites)는 1930년대의 노래, 영화, 문학에 가득한 스탈린주의 신화들이 확신에 찬 민중(narod)에 의해 소비되었으며 이는 특히 러시아가 전쟁에 뛰어들면서 시민들이 고통 공유를 통해 집단적으로 함께 결합해야 할 필요성을 느꼈기 때문이라고 주장한다(p. xxi). 다음 학술지의 특별호를 또한 참조하라. "Birches, Bolsheviks, and Balalaikas: Popular Culture in Russian History", Journal of Popular Culture, ed. James von Geldern & Hubertus Jahn, 31, no. 4(spring 1998).

51 Dobrenko, The Making of the State Reader, p. 139.

대중은 소비에트 문화의 소비자일 뿐 아니라 또한 그것의 생산자가 되었다. 더욱이, 독자로서의 노동자는 또한 탁월한 비평가가 되었다. 그들의 작품 비평은 이데올로기적 중요성에 있어서 종종 텍스트 자체를 대체하곤 했다.[52] 이렇게, 르윈의 논지의 연장선상에서, 도브렌코는 문화 생산을 당 명령의 산물이라기보다는 자신의 문화의 주동자로서의 민중의 기능이라고 본다.

이 문화의 생산자와 소비자가 얼마나 긴밀히 얽혀 있는가 하는 점은 여전히 열려 있는 질문이다. 도브렌코는 생산자와 소비자의 역할들이 너무 빈틈없이 맞물려 있어서 생산물이 자동적으로 '구매'되곤 했다고 암시한다. 이와 유사하게 보리스 그로이스는 이 미학이 완전히 대중의 취향과 동떨어져 있긴 했지만, 소비에트 특유의 시장 여건들 덕분에 이 이데올로기가 구매되지 않을 가능성이 배제되었다고 주장한다.[53] 필자가 보기에는, 비록 문화가 어느 정도 소비되는 것을 이데올로기가 보장했다 하더라도, 언제나 정확히 그 계획자가 원했던 만큼 소비되곤 했는지는 확실치 않았다는 주장 역시 가능하다.

1930년대 고급 및 하급 문화의 점진적 통합을 살펴볼 때 고려해야 할 마지막 요소는 소련 중산층의 탄생이다. 어떤 소비에트 역사도 별로 받아들이고 있지는 않지만, 스탈린 치하에서 스탈린이 보상, 특혜, 특권을 약속하면서 공직에 발탁한 사람들로 이루어진 사실상의 중산층이 생

52 *Ibid.*, p. 105.
53 다음의 책에서 보리스 그로이스(Boris Groys)는 사회주의 리얼리즘은 "아방가르드의 경험을 완전히 소화한" 엘리트의 산물로서 민중의 실제 취향과는 아무런 공통점도 없었다고 주장한다. *The Total Art of Stalinism: Avant-Garde, Aesthetic Dictatorship and Beyond*, trans. Charles Rougle(Princeton: Princeton University Press, 1992). 나아가 그는 사회주의 리얼리즘이 "시각적 키치"를 엘리트주의적 사상의 전달수단으로 만듦으로써 엘리트주의와 키치 간의 간극을 연결했다고 주장한다(pp. 9~11).

겨났다. 전후 스탈린 치하 러시아에서 중산층의 출현과 더불어 이 새로운 계층의 취향과 욕구를 반영하는 문학이 나타났다. 이 중간급 픽션의 상당 부분이 1960년대와 1970년대에 나탈리야 바란스카야, 마야 가니나, 그리고 빅토리야 토카레바의 작품에 두드러지게 나타났다. 이들과 다른 작가들은 비록 신흥 계층과 자신을 어떤 식으로든 동일시하는 것을 꺼렸지만 은연중에 이 계층을 염두에 두고 글을 썼다.[54] 중산층의 출현은 특히 중요한데, 이는 그것의 존재 자체가 우리로 하여금 소비에트 문화연구에 대한 중요한 접근들을 정의해 왔던 엘리트와 대중문화의 전통적 범주 외부를 보도록 하기 때문이다. 스탈린 치하에서 엘리트 문화와 대중문화가 합성되었다면, 그와 동시에 제3의 문화가 생겨났다. 이 문화는 당의 이데올로기적 취지를 역행했기 때문에 인정받지 못했고, 따라서 스탈린 시기와 스탈린 이후 시기의 다른 문화적 상품들과의 관계에 대해 거의 연구되지 못했다.

소련의 문화 생산자와 소비자 간, 그리고 이른바 엘리트와 비엘리트 문화 간의 이 오랜 복잡한 관계가 신러시아에서의 문화 생산에 영향을 미친다면 그것은 과연 어떤 것이 될 것인지 전혀 명확하지가 않다. 그렇지만 몇 가지 잠정적인 아이디어가 떠오른다. 하나는, 우리가 소비에트 시대의 엘리트 문화, 대중문화, 또는 그 둘 간의 관계를 어떻게 정의하기로 하느냐와 상관없이, 문화는 반체제적이든 대중적이든 엘리트적이든 간에 그것이 중앙과 맺는 관계에 의해 영향을 받는다는 점이다. 소련이 붕괴하면서, 여타 모든 문화들——반체제적이든, 공식적이든, 또는

---

54 베스 홈그렌(Beth Holmgren)은 다음 저작에서 전후 여성 작가들 사이에 출현한 중간문학에 대해 논하고 있다. "Writing the Female Body Politics(1945-1985)", *A History of Women's Writing in Russia*, ed. Adele Barker & Jehanne Gheith(Cambridge University Press, 2002).

비공식적이든 간에 ——이 그와 모종의 관계를 맺는 지배적 문화가 더 이상 존재하지 않게 되었다. 프리드먼과 와이너가 이 책에 수록된 록 음악에 대한 자신의 글에서 밝히고 있듯이, 구 소련의 많은 록 그룹들은 기꺼이 자신들을 반체제적인, 혹은 적어도 간신히 수용될까 말까 한 변두리의 것으로 규정했다. 그들의 자기 정체성이 탄생한 것은 이러한 변두리 밖이었다. 만약 그들에게 있어 문화적 삶이 자기의 예술이 변두리로부터 중앙으로의 이동을 '겪었을' 때 더욱 힘든 것이 되었다면, 오늘날의 대중 문화는 서구의 우리와 러시아인들 자신 모두 한때 엘리트적이거나 대중적이라 정의했던 ——더 이상 공식적이지 않지만 또한 더 이상 비공식적인 것의 우산 아래 격리되지도 않은—— 것의 한계 밖에 있는 그 특수한 변두리적 위치에 놓여 있다. 한마디로, 러시아의 중심부에는 사람들이 그 문화의 생산자나 소비자로서 살아가는 공간을 규정하는 지배적 문화란 것이 더 이상 존재하지 않는다. 이와 유사하게, 문화 생산자와 소비자 간 관계에 대한 변화하는 소비에트적 개념이 신러시아에서의 생산과 소비 간 관계에 어떻게 영향을 미칠지는 매우 불분명하다. 분명한 것은 신러시아 소비자가 과거의 문화적 인공물, 패러다임, 그리고 스테레오타입의 많은 것들에 여전히 맹렬히 관여하고 있다는 사실이다. 이것은 부분적으로 그들이 그 과거로부터 떨어져나오는 방법이기도 하며, 부분적으로는 안나 크릴로바가 "소비에트 주체의 상실된 위치"라고 명명한 것을 열망하는 표현이기도 하다.[55]

현대 러시아에서 문화가 어떻게 소비되고 있는가 하는 문제는 결국

---

55 다음을 참조하라. Svetlana Boym, *Common Places: Mythologies of Everyday Life in Russia* (Cambridge: Harvard University Press, 1994).

소비에트인들이 동시에 자기네 문화의 생산자이자 수동적 수용자이자 창조적 소비자였던 과거 80년간의 경험에 의해 영향을 받을 것이다. 비록 현대 러시아의 가장 열렬한 소비자들 중 많은 이가 레닌이나 심지어는 스탈린 체제의 국가에 대한 기억이 없지만, 집단적 기억은 국가가 단지 대중을 위한 공식 문화를 창조했을 뿐 아니라 그것을 소비하는 사람의 정체성마저도 창조하려 했던 시대까지 거슬러 올라가 깊이 뿌리박혀 있다. 그리고 국가와 일반인들 사이의 관계가 정적이거나 획일적인 것이 아니었기 때문에, 대부분의 소비에트인들은 필요할 때 대중문화를 자신과 국가 간의 유대를 형성하는 데 사용하고, 가끔은 자신의 쾌락을 위해 그것을 사용하였으며, 다른 경우에는 그것을 거부하거나 무시하면서 대중문화 안에서 나름대로 살아나가는 방법을 배웠다.[56]

2. 일상생활(La Vie privée)과 일상(Byt)

일상적 삶——역사학자 앙리 르페브르가 '일상생활'la vie quotidienne이라고 명명한——의 연구는 종종 대중문화연구에 포함된다. 일상, 그리고 한때는 역사적 과정으로부터 지워졌던 것들의 연구는 이전에는 역사학자들의 기술적 논의의 범위 밖에서 고려되었지만 지금은 미시사를 연구하는 이들에게 가장 중요한 위치를 차지하고 있다. 그 이유는 부분적으로 여기에서야말로 전통적으로 역사학자들의 기술적 논의의 초점이었던 거

---

56 다음을 보라. von Geldern & Stites, *Mass Culture in Soviet Russia*, pp. xi~xvii. 그러나 바로 그 대중문화는 전후 시민들에게는 더이상 그렇게 효과적으로 먹히지 않았다. 왜냐하면 전쟁 동안 대부분의 소비에트인들, 특히 스탈린의 러시아 밖의 세계를 보게 된 군인들의 경험으로는 전통적 가족 역할과 사회주의적 가치 등 문화가 기념하는 가치 상당수의 정당성이 입증되지 못했기 때문이다.

대한 역사적 내러티브들에 대한 잠재적 저항의 장을 발견할 수 있기 때문이다.[57]

　우리가 '일상생활'에 대해 말할 때 우리가 의미하는 것은 정확히 무엇이며, 이것은 소비에트 및 포스트소비에트 경험의 맥락 내에서 어떤 형식을 취하고 있는가? 르페브르가 제안하듯, 일상이 우리 삶에서 일어나는 변화들을 가리고 있는 일과 소비의 반복적 제스처로 구성되어 있다고 한다면, 그 의례화된 행위의 특징은 문화에 따라 달라진다.[58] 프랑스 비평가인 미셸 드 세르토는 평범한 삶을 규정된 공식 이데올로기에 대해 사람들이 암암리에 벌이고 있는 게릴라 전투 같은 것으로 보고 있다.[59] 즉, 드 세르토에게 있어서, 평범한 사람들은 언제나 규정된 공식 이데올로기나 국가 또는 문화적 신화의 지배적 조류에 거슬러 헤엄치고 있다. 이와 유사하게, 스탈린 치하에서 탄압받던 러시아 지식인의 고전적 관점에서 이 문제에 접근한 바흐친은 보통의 평범한 삶이 지배적 이데올로기에 저항하는 장으로 기능할 수 있는 방식들을 찾았다.[60]

　소비에트 및 포스트소비에트 사회의 일상적 삶을 연구하기 시작할 때, 우리는 금세기 대부분에 있어 소련에서의 일상 삶(즉, 비공식 삶)이란 서방의 우리 경험치 밖에 존재하는 특정한 일련의 함축들이 부여되어 있는 것임을 기억해야 한다. 서방학자들이 소비에트적 삶의 바로 이 단

---

57 다음을 보라. Fiske, *Understanding Popular Culture*, p. 19.

58 Henri Lefebvre, "The Everyday and Everydayness", trans. Christine Levich, *Yale French Studies* 73(1987), pp. 7~11.

59 미셸 드 세르토(Michel de Certeau)는 다음의 저서에서 일상 삶은 우리로 하여금 공식 이데올로기와 문화 생산자들을 약화시킬 수 있게끔 해주는 일련의 속임수나 책략을 통해 '견디는' 기술에 있다고 주장한다. *The Practice of Everyday Life*(trans. Steven Rendell, Berkeley: University of California Press, 1984).

60 Mikhail Bakhtin, *Rabelais and His World*, trans. Helene Iswolsky(Bloomington: Indiana University Press, 1984).

면을 탐구하도록 촉구받은 것은 아니지만, 미국 교수들과 학생들이 소비에트 비공식적 삶에 접근하는 것은 깜짝 놀랄 만큼 쉬웠다. 인텔리겐치아들의 부엌에 밤늦도록 앉아 있는 것은 서방 학생들과 학자들이 언론 매체나 공식 담론이 선전하는 규정된 규범 밖에서 살아지는 삶에서 어떤 일이 진짜로 일어나고 있는지 발견할 수 있었던 방법 중 하나였다. 소비에트적 삶의 보다 완전한 상을 그려내기 위해서 우리는 바로 그 비공식 버전, 우리를 "그렇게 되어지고 있는 삶"을 넘어 "있는 그대로의 삶"으로 데려다 줄 버전이 필요했다.[61] 그리고 못지않게 중요했던 것은 우리가 인텔리겐치아들이 접근할 수 없는 서구에 미치는 연결통로였기 때문에 그들 또한 우리를 필요로 했다는 것이다.

전부는 아니라 할지라도 이 비공식적 삶의 많은 부분은 러시아인들이 '비트'byt(일상)라고 부르는 것의 표제 아래 포함된다. 이 '비트'는 작고한 작가 유리 트리포노프가 "필경 러시아어에서 가장 불가사의하고 다차원적이고 이해불가능한 단어"라고 칭했던 용어이다. 이 용어는 "어떻게 남편들과 아내들이 서로 잘 지내는지, 부모와 아이들, 가깝고 먼 관계들이 또한 그럴 수 있는지 설명해 준다. 그리고 친구들과 직장 동료들 간의 상호관계들, 사랑, 싸움, 질투, 질시, 이 모든 것들 또한 '비트'이다. 이것으로 삶이 구성되어 있는 것이다! … 우리는 모두 '비트'에, 일상적 관심사라는 우리 자신의 그물망에 얽혀 있다".[62] 소비에트 사회 연구자들에게 있어, 공식 문화의 연구를 통해서는 아예 접근불가능한 진실이 종종 '비트'의 연구에서 드러나곤 했다. '비트'는 우리에게 공식적 이

61 Fitzpatrick, *The Cultural Front*, pp. 219~227.
62 Yury Trifonov, "Net, ne o byte — o zhizni!", *Kak slovo nashe otzovetsia*(Moscow: Sovetskaia Rossiia, 1985), p. 102.

야기의 겉모습 뒤에 무엇이 진행되고 있는지 말해 주는, 그 발견하기 어려운 나머지 반절에 접근하는 수단이 되었다. 예를 들이, 나데쥬나 만델슈탐의 『회상』*Vospominaniia*은 도날드 팽어의 말을 빌리자면 "30년대의 '비트'의 보고"라고 할 수 있다. 왜냐하면 이 작품은 스탈린 치하의 감시, 수색, 연행 기술에 대한 정보를 풍부하게 담고 있기 때문이다.[63] 비슷한 맥락에서, 알렉세이 게르만의 영화 「나의 친구 이반 라프쉰」*Moi drug Ivan Lapshin*(1982년 완성되었으나 1985년에야 개봉될 수 있었음) ——1930년대 중반, 고기 부족을 보충하기 위해 자기들이 죽인 사람들의 시체를 팔았던 범죄자 무리를 검거하러 나간 한 시골 마을 경감의 이야기 ——에는 '비트'의 묘사가 포함되어 있었는데, 이로 인해 소련에서 게르만의 영화가 받아들여지는 것이 어려워졌다. 게르만은 스탈린 시대 인간관계의 재앙적 상태를 보여 주고 있을 뿐 아니라, 소비에트의 삶이 굴러떨어진 비참한 생활 환경과 윤리 상태 묘사를 통해 삶이 어떠해야 하는가에 대한 공식 버전을 전복시키고 있다.[64]

서방의 비평가들은 일상적quotidian 실재의 연구를 개인적 삶의 연구에 연결시킨다. 그러나 러시아 및 소비에트의 경험에서는 이러한 동일시가 언제나 성립되는 것은 아니다. '비트'는 모든 러시아인의 개인적 삶에 (스탈린 자신의 삶에도 또한!) 편재하는 반면, 개인적 삶에 포함되는 것은 아니었다. 달리 말하자면, 개인적 삶은 종종 '비트'로 만들어졌고 또 지

---

63 Donald Fanger, "Reflections on Byt"(1996, 보스턴에서 개최된 AAASS 학회에서 발표된 논문).
64 당국과 마찰을 빚은 수많은 소비에트 작품들이 그럴 수 밖에 없었던 것은 '비트'에 대한 묘사 때문이었다. 필자는 그레코바(I. Grekova)의 중편소설 『훈련 중』(*Na ispytaniiakh, Novyi mir*, no. 4, 1967)을 염두에 두고 있는데, 군대에 부여된 통상적인 겉치레(lakirovka) 없이 소비에트 군대의 일상 삶을 상세히 묘사했기 때문에 작가는 자신의 기관과 작가 협회 모두로부터 미움을 사게 되었다. 다음을 참조하라. Fitzpatrick, *The Cultural Front*, pp. 219~227. 여기에서 그녀는 1930년대 실제 있는 그대로의 삶과 실현되어야 하는 삶의 모습을 대비시키고 있다.

금도 그러하다. 그러나 '비트'는 그 자체로 언제나 개인적인 것은 아니었다. 이러한 불연속성을 가장 효과적으로 보여 주는 예는 '코무날카'(공공 아파트)라는 사악하고도 아주 흔했던 현상이다. '비트'로 가득차다 못해 넘쳐흐르는 이 '코무날카'는 전혀 개인적이지 못했다. 이에 대해서는 스탈린 시대 동안 악명높은 이웃의 밀고로 끝나곤 했던 공유된 생활 공간과 심리적 공간들이 증명하고 있다.[65] 나는 일상적인 것과 개인적인 것을 이와 같이 구분하고 있는데, 이는 개인적 삶(러시아어로 보통 '차스나야 쥐즌' 또는 '리츠나야 쥐즌'이라 칭해지는)은 전통적으로 러시아인들에게, 특히 금세기에 들어, 복잡한 일련의 함축의미를 지녀 왔기 때문이다. 혁명 직후 레닌이 개인적 삶이 사멸했음을 선언한 때부터, 모종의 개인적 프라이버시를 획득하려는 사람들의 시도는 감정적 모호함과 심지어는 정치적 위험까지도 따르는 것이 되었다. 스베틀라나 보임이 자신의 책 『공공의 장소』Common Places에서 언급하고 있듯이, 소비에트 러시아에서는 심지어 개인적 삶에 연관된 공공연히 허용된 죄에 대한 죄의식마저 존재해 왔다.[66] 더욱이, 스탈린 치하의 당은 공적인 것과 사적인 것을 실질적으로 구별불가능한 것으로 만들기 위해 모든 노력을 다했다. 스탈린 하에서, 예를 들어, 모성은 공적인 행위가 되었고 어머니-영웅의 수많은 얼굴들이 『불꽃』Ogonek, 『농민 여자』Krest'ianka, 그리고 『소비에트 여성』Sovetskaia zhenshchina과 같은 잡지의 표지에서 미소지으면서 소비에트 여성

---

65 프라이버시가 공공 아파트에서 심지어 가능키나 했던 것인지에 대해 논쟁이 있어 왔다. 스베틀라나 보임은 세입자들이 프라이버시를 표시하기 위해 온갖 종류의 커튼과 가림막을 만들어 냈지만 결국 이 차단물들은 프라이버시를 보장해 주기보다는 프라이버시의 표시에 더 가까웠음을 지적한다. 다음을 참조하라. Boym, "Everyday Culture", *Russian Culture at the Crossroads: Paradoxes of Postcommunist Consciousness*, ed. Dmitri Shalin(Boulder: Westview Press, 1996), p. 170. 소비에트 소설에는 공공 아파트의 칸막이 뒤에서 대화를 엿듣는 장면들이 가득하다.

66 Ibid., p. 183.

들로 하여금 조국을 위해 보다 많은 소비에트 시민들("아들들"이라 읽히는)은 생산해 내도록 권히고 있었디. 이의 유사하게, '코무닐카'에서 약간의 프라이버시를 제공하도록 의도된 악명높은 칸막이는 단지 이러한 환경에서 프라이버시란 전적으로 불가능하다는 개념을 강화하는 데 일조했을 뿐이었다.[67] 역설적이게도, 사유화가 어떤 이들에게는 프라이버시를 얻을 기회를 가져다 주었지만, 그럼에도 불구하고 또한 과거뿐 아니라 현재에 대한 향수를 가져왔다. 왜냐하면 많은 이들이 그들의 공공 주거 환경의 친숙함을 떠나는 것을 두려워하기 때문이다.[68]

금세기 상당 기간에 있어 신러시아에서 공적인 것과 사적인 것의 경계를 흐리는 것이 어떤 효과를 가져왔는지는 아직 뚜렷하지 않다. 만약, 종종 주장되어 왔듯이, 러시아에서 소설이 사회적·정치적 이슈를 이해하는 열쇠를 제공하는 특권을 향유하고 있다면(러시아에서는 작가가 일종의 "제2의 정부"라는 솔제니친의 유명한 말을 여기서 떠올려 보라), 그렇다면 동시대 작가 류드밀라 페트루셰프스카야의 산문은 이러한 경계 흐림의 결과에 대한 한 가지 해석을 제시한다. 각 이야기마다 페트루셰프스카야의 인물들은 완전히 낯선 이들——택시 승객들, 익명의 직장동료들, 층계참에서 만난 낯선 이들——, 화자의 말에는 아무런 흥미가 없는

---

67 스베틀라나 보임은 이 책에 수록된 자신의 글에서 프라이버시의 다른 관점을 제공하고 있다. 보임은 화장실에 문이 없기 때문에 공공 주택에서나 공공 공간에서나 사람들이 화장실로부터 시선을 돌리는 법을 배웠던 소비에트 시기 동안 관음증은 거의 쓸모없는 한물간 것이 되었다고 생각한다. 이렇게, 모든 것이 눈에 보이는 상황에서 사람들은 눈길을 돌리는 법을 배웠다.

68 Boym, "Everyday Culture", p. 178. 필자는 모스크바에 친구 둘이 있는데, 이들은 여전히 공공 아파트에서 이전에는 한 사람이 살았던 방 하나에 살고 있다. 더욱더 많은 소비 제품들——컴퓨터, 직립식 냉장고 등——이 방에 옮겨져 왔고, 점점 한 사람 분의 공간을 점유하게 되었다. 현재, 이 방은 물건과 책들이 사는 곳이 되었다. 셀레스타인 볼렌이 쓴 기사를 참조하라. Celestine Bohlen, "Moscow Privatizations Yields Privacy and Problems", *New York Times*, 1993. 02. 28., p. 1.

사람들에게 자신의 가장 내밀한 삶에 대한 이야기를 들려준다. 페트루셰프스카야의 이야기들은 공적인 것과 사적인 것이 여전히 구제불능으로 혼합되어 있는 세계에서 심리적·감정적·언어적 공동화空洞化가 일어나 왔음을 시사한다.[69]

소비에트 사회에 대해 정말 많은 것을 알려주는 이 공-사 이분법의 모호한 속성의 다른 결과들을 오늘날 러시아의 대중문화에서 발견할 수 있다. 예를 들어, 1991년 검열이 폐지된 이후 시장에 과잉공급되어 온 포르노그래피의 범람은 노골적으로 포르노적인 잡지나 신문들에 국한되어 온 것이 아니다. 포르노물은 주류 신문과 잡지에도 또한 실려 왔다. 1991년 경제 저널 『경제』*Ekonomika*는 러시아의 경제적 자산과는 상관이 있을 수도, 없을 수도 있는 이유를 들며 그 표지 중 하나에 가슴이 드러난 여성의 사진을 실었다. 한편 『불꽃』은 적어도 한 번 이상, 드러난 가슴과 풍만한 엉덩이 사진을 그것과는 아무 상관이 없는 기사의 도입부로 사용했다.[70] 미국의 유사한 상황으로 『타임』이나 『유에스 뉴스』, 『월드 리포트』의 표지에 포르노그래피가 실린 것을 들 수 있다. 이 현상은 몇 가지 면에서 포스트소비에트 상업 문화의 흥미로운 반영이라고 할 수 있다. 카트리오나 켈리는 이와 같이 광고를 부적절해 보이는 지면에 헷갈리게 배치한 것은 부분적으로 포스트소비에트 사회에서 틈새시장 마케팅이 아직 잘 발달되지 않았기 때문이라고 주장한다.[71] 더욱이, 이러한

---

69 특히 페트루셰프스카야의 이야기들을 보라. 「마녀 메데아」(Medea)에서는 한 택시 운전수가 자신의 딸의 죽음과 부인이 살인죄로 연행된 이야기를 들려준다. 「이야기꾼」(Rasskazchitsa)은 자신의 동료 노동자들과 친밀하다고 생각했다가 나중에 그녀를 향한 그들의 행동들에 깊이 굴욕감을 느끼게 되는 한 젊은 여성에 대한 이야기이다. 「밤시간」(Vremia noch')에서는, 화자가 자기 딸의 일기장을 하나하나 들여다 볼 뿐 아니라 그리고 나서는 딸의 비밀을 우리, 미상의 독자들에게 누설한다. 이 이야기들 모두 『집의 비밀』(*Taina doma*)에 수록되어 있다(Moscow: Kvadrat, 1995).
70 나에게 이 '흥미로운 가십거리들'을 알려준 헬레나 고실로에게 감사한다.

사진들이 포르노그래피적인지 혹은 단지 극히 에로틱할 뿐인지, 그리고 갑자기 치열한 시장 경제에서 경쟁에 내몰리고 있는 잡지들이 이러한 사진들을 싣게 되는 경제적 동인이 무엇인지, 끝도 없이 토론할 수 있겠지만, 이러한 사진들이 공적인 것과 사적인 것의 전통적 개념을 보여 주는 방식 또한 못지않게 흥미롭다. 본질적으로, 우리가 목도하고 있는 것은 공적인 것에 대한 사적인 것의 일종의 복수다. 수년간에 걸쳐 '개인적인' 공간과 담론에 대해 '공공연한' 침해를 겪은 이후 (소비에트 공공 아파트에서는 심지어 섹스조차 공공 행위가 되었다), 개인적 담론, 경험이나 적어도 공적 영역으로부터 차단된 것들이 오히려 공공의 장으로 스며들어 '침범하지 말아야 할' 공간들을 관습에 거슬러 침범함으로써 그 과정을 역전시키고 있는 듯하다.[72] 이러한 의미에서 러시아의 신종 포르노그래피는 단지 검열의 종말에 대한 반응으로서만이 아니라, 이전에는 소비에트 삶의 공공성의 일부였던 신체 소유권의 영역에서 특히 두드러지는, '공적인 것'과 '사적인 것'으로 여겨지는 것들 간 경계의 끊임없는 변화에 대한 반응으로도 볼 수 있다.[73] 이러한 경계변화는 구러시아에서 못지

71 Catriona Kelly, "Creating a Consumer: Advertising and Commercialization", *Russian Cultural Studies: An Introduction*, ed. Catriona Kelly & David Shepherd(Oxford: Oxford University Press, 1998), p. 227.

72 린 애트우드(Lynne Attwood)는 동일하지는 않지만 비슷한 주장을 다음 글에서 제기했다. "Sex and the Cinema", *Sex and Russian Society*, ed. Igor Kon and James Riordan(Bloomington: Indiana University Press, 1993), pp. 69~70. 애트우드는 여성을 향한 폭력이 국가를 향한 폭력을 상징했던 과거와 마찬가지로 현대 러시아 영화에서도 여성이 상징적으로 표현되고 있음을 주장한다. 여성이 전통적으로 모성, 자연, 고통 등의 신성화된 가치를 나타내 왔다면, 우리가 현재 목도하고 있는 것은 이 전통적 표현들을 걷어낸 여성, 그들의 성생활이다. 한때 어머니의 이미지를 이용하려는 민족주의적 필요 뒤에 가려졌던 여성의 성생활은 그것을 부인했던 국가에게 복수를 하고 있는 셈이다.

73 만약 넘쳐나는 포르노그래피가 신러시아에서 공적인 것과 사적인 것의 전도에 대한 모종의 암시라면, 포르노그래피의 출현은 또한 그것을 외면했던 공식 문화에 대한 반체제 공동체의 일종의 복수일 수도 있다. 바실리 악쇼노프(Vasily Aksyonov)와 에두아르드 리모노프(Eduard Limonov)

않게 신러시아에서도 활발히 일어나고 있다.

3. 맑스와 포스트소비에트 대중문화

러시아 역사 자체의 많은 부분과 마찬가지로, 오늘날 러시아에서 나타나는 대중문화에의 열광에는 역설적 요소들이 있다. 이러한 역설 중 하나는 대중문화 이론가들이 문화의 생산과 소비에 대한 문제들을 프레이밍하는 데 있어 크게 빚지고 있는 사람이 바로 맑스라는 사실이다. 이는 그의 동상들이 레닌과 스탈린, 다른 쓰러진 혁명의 우상들을 모신 같은 창고로 끌려갔기에 더욱 역설적이다. 영미 대중문화연구에 영향을 미쳐온 것은 바로 역사와 문화를 분해할 수 없이 연결된 것으로, 그리고 문화를 이데올로기의 장으로 보았던 맑스의 견해였다. 문화가 계층간, 경쟁하는 이데올로기 간 및 세대 간, 그리고 엘리트 집단 또는 지배적 사회집단이 피지배 집단에 부과하고 싶어하는 의미들 간에 다양한 갈등들이 벌어지고 있는 장이라는 것 또한 맑스가 상정한 것 중 하나이다. 따라서 문화는, 특히 대중문화는, 이데올로기로부터의 후퇴라기보다는 그 사회의 이데올로기적 토대를 반영하는 장소라고 할 수 있다. 대중문화는 이데올로기를 생산하는 자와 그것을 소비하게 되어 있는 자 간에 벌어지는 투쟁이다.

같은 반체제 작가들이 서구에 망명한 후, 제1망명세대(First Wave) 출신의 윗세대 이민자 중 많은 이들은 이 작가들의 글에 나타난 포르노그래피적 흔적에 대해 통렬히 비판했다. 특히 리모노프의 글에 있어서 그러했는데, 리모노프의 『나야, 에디야』(Eto ia Edichka)는 서구에서 악명을 떨친 문제작이 되었다. 검열제도가 무너지고 소련이 종말을 맞으면서 소비에트 문학의 반체제 물결은 맹렬히 시장에 밀어닥쳤다. 해외에서 출판된 반체제 작품들이 1986년 글라스노스트의 시작 이후 러시아에서 발간되었을 뿐 아니라 반체제 경향은 러시아 예술가 자신들에 의해 현대 예술작품 속에 점점 더 많이 수용되어 왔다.

또 다른 재미있는 역설적 전도는 맑스가 일용품에 대한 물신숭배를 자본주의 경제의 기능으로 보았다는 것이다. 그는 필경 자본구의와 철학적으로 대립되는 경제 시스템 내에서 일용품이 어느 지경까지 숭배될 수 있는지 깨닫지 못했을 것이다. 시장 경제가 도래하기 훨씬 전부터 소비에트 시민들은 이데올로기 외에 훨씬 많은 것들을 소비하고 있었다. 예를 들자면, 고급 게살 통조림을 찾고, 볼가강을 오르내리는 크루즈 여행을 예약하고, 차를 구매하기 위해 몇 년이고 대기하고, 그리고 여행 포스터부터 맥주 캔이나 쿠키 캔에 이르기까지 대부분의 사람들이 결코 가본 적이 없는 곳들을 환기시키는 여행용품의 진귀하고 소중한 아이템들을 수집했던 것이다. 이러한 소비 물품들이 언제나 시장의 수요와 일치하는 방식으로 제공된 것은 아니었지만, 이 사실 때문에 스탈린 시대 이래로 소비에트 소비자들이 소비생활의 적극적인 참여자가 되어 왔으며, 갈망하는 물품 중 너무 많은 것들이 시중에 있는 동시에 손에 넣기가 불가능했기 때문에 더더욱 적극적으로 참여하게 되었다는 근본적 사실을 간과하면 안 될 것이다.

러시아에 맑스의 역수입이라는 역설적 상황이 확산되면서, 이 장의 범위에서 벗어나지만 연구가 절실한 많은 질문들, 특히 문화산업에 대한 질문들과 그 진화하는 산업이 어떻게 신러시아에서 작동하고 있는가에 대한 질문들이 발생한다. 서구의 현대 대중문화산업에 대해 이야기할 때 우리는 일반적으로 디즈니로부터 리복에 이르기까지 대중문화 영역에 드는 상품을 생산하는 거대복합기업을 염두에 둔다. 우리는 미국의 문화산업에 대해 이야기할 때, 그것을 묘사하기 위해 우리가 이 용어를 전용해 온 것보다도 훨씬 더 오랫동안 문화산업이 조금 다른 형태로 러시아와 소련에 존재해 왔다는 사실을 잊는 경향이 있다. 실제로, 금세기의 상당 부분에 있어서 스탈린 치하 문화기구는 디즈니를 제외하고는 금세기 그 누구도 견줄 수 없는 스케일로 대중을 위한 문화를 계속 만들어 왔다. 이와 유사하게, 러시아 내에서 서구 팝 문화의 수용은 잠재적으로 우리에게 구 소련의 이데올로기와 소비에 대해 많은 것을 알려줄 수 있다. 비록 신러시아로의 서구 문화 유입이 양과 범위에 있어 인상적이긴 하나, 이것이 러시아로 서구 대중문화가 몰려온 최초의 경우인 것은 분명 아니다. 레닌 치하의 신경제정책(NEP) 시기 초에 러시아 여성들은 더글라스 페어뱅크스에 황홀해 했고, 러시아인들은 통상 타잔의 모험을 시청하거나 닉 카터, 나트 핑커톤, 셜록 홈즈의 탐정물을 감상하곤 했다. 1930년 초기와 중반에는 미국 재즈가 대유행이었고, 러시아인들은 폭스트롯부터 보스턴 왈츠에 이르기까지 즐거이 미국 춤들을 추어댔다――대숙청이 엄습할 때까지 말이다. 공식적으로 접근 가능했든 아니든 상관없이 서구의 대중문화는 언제나 감돌고 있었다. 우리가 고르바초프 이후 러시아에서의 문화적 삶과 그것의 거의 가늠하기 힘든 변환들을 이해하고자 할 때, 서구 대중문화가 평균적 러시아인들에게 무슨 의미를 가지고 있었는지, 그리고 그 의미가 금세기를 통해 어떻게 변화해 왔는지는 매우 중요하다.

서구 문화가 러시아인들 자신과 러시아 시장에 끼쳤을 가능한 영향들을 숙고하면서, 나는 한 가지 이야기로 글을 마칠까 한다. 지난해 모스크바에 사는 나의 친구들은 미국 시청자들이 언제나 드라마의 에피소드들을 연속적으로 따라가면서 보는 건 아니라는 사실에 놀라워하며 「산타 바버라」Santa Barbara와 「다이너스티」Dynasty가 재방영되는 것을 시청하고 있었다. 다른 드라마 시리즈들도 또한 방송되고 있었다. 내가 머물고 있었던 아파트 건물에서 비공식적 설문조사를 해보았더니, 「선셋 비치의 사랑과 비밀」Love and Secrets of Sunset Beach(미국)과 「유력 용의자」Prime Suspect(영국), 「도둑맞은 사랑」Stolen Love(멕시코), 그리고 「비빌론 5」Babylon 5(미국)가 우리 집에서의 「산타 바버라」만큼이나 정기적으로 시청되고 있었다. 나는 이런 쓰레기 프로그램을 본다고 내 친구들을 나무랐고 그 결과 한때 위대했던 러시아의 인텔리겐치아가 얼마나 깊이 추락했는가에 대한 격론이 벌어졌다!

그리고 실제로, 아마도 지난 80년 그 어느 때에도 지식인 계층과 교양없는 계층 사이의 간극이 이만큼 거대했던 적은 없을 것이다. 이것은 부분적으로는 수많은 교육받지 못한 계층 사람들이 러시아로 유입되었기 때문이기도 하지만, 또한 두 문화를 융합하도록 설계되었던 시스템과 삶의 방식이 붕괴되었기 때문이기도 하다. 그러나 만약 두 문화 간의 간극이 정말 실재하는 것이라면, 지식인 엘리트의 경계 횡단 또한 존재한다. 지식인 엘리트들은 자신의 유산을 위협하는 동시에 너무 오랫동안 손에 닿지 않았기에 더더욱 유혹적인 문화를 맛보기 때문이다. 『신문학비평』Novoe literaturnoe obozrenie에 실린 알렉세이 레빈슨의 최근 글에 따르면, 역경의 시대로부터 더없이 행복한 현실도피가 되는 삶을 광고하는 수입 서구 텔레비전 드라마에 모든 계층의 러시아인이 관심을 가지고 있음을 부정하기란 불가능하다.[74] 그러나 좀 다른 맥락에서 완전히 다른 메시지를 주는 사실은, 현재 러시아인들이 헐리우드나 멕시코시티에서 대부분 만들어지는 새로운 이데올로기와 일련의 가치들의 수용자라는 것이다. 이러한 이데올로기와 가치들은 결국 한때 국가가 통제하는 채널에서 예

---

74 다음을 보라. Alexei Levinson, "Zametki po sotsiologii i antropologii reklamy", *Novoe literaturnoe obozrenie*, no. 22(1996), pp. 101~128.

측가능한 방식으로 방송되던 국가 후원 방송 프로 편성 못지않게 위험할 수 있다.『뉴욕 타임스』에 실린 미치코 가쿠타니의 최근 글에 따르면, 우리가 미국 문화의 가장 좋은 것을 수출하던 시대는 갔다. 지금 우리는 미국을 제외한 세계 다른 지역들을 우리 문화가 내놓을 수 있는 절대적으로 최악의 것들을 쏟아붓고 있는 "거대한 독성 폐기물 처리장"으로 취급하면서 쓰레기들을 내버리고 있는 셈이다.[75]

고전적 맑스주의자들은 우리가 공산주의하의 소비에트 시민의 운명에 대해 소리높여 주장했던 똑같은 논거를 본따 다음과 같이 주장할 수 있을 것이다. 자본주의 소비자들은 그 정체성이 문화 생산자들에 의해 이미 고정되어 버린 수동적이고 표준화된 문화 얼간이가 되어 버렸다고. 이 책에 실린 MMM 스캔들에 대한 보렌스타인의 글이 밝히고 있듯이, 실제로 비관적이 될 만한 이유가 있다. 포스트소비에트의 새로운 소비자들은 예술이 실제 삶의 모델이 되도록 기대하는 시스템 속에서 단련되었던 터라 텔레비전 드라마의 줄거리를 현실의 삶과 구별하는 데 어려움을 겪고 있다. 그러나 지난 80년은 또한 낙관적이 될 수 있는 얼마간의 이유 또한 제공하고 있는지도 모른다. 만약 소비에트 시기의 이데올로기적 준엄함이 평균적 소비에트 시민이 기능할 수 있는 범위를 확립해 주었다면, 그것은 또한 비록 우연이긴 하나 그 이데올로기의 해석과 엄청난 개인적 창조성을 위한 기회를 제공하기도 했다. 새로운 러

---

75 Michiko Kakutani, "Taking Out the Trash", *New York Times Magazine*, 1997. 06. 08., pp. 30~34. 가장 불편한 사실은 세계의 나머지 지역이 우리의 쓰레기를 소비하고 있는 것 같다는 점이다. 미국에서는 9천만 달러밖에 못 벌어들인 케빈 코스트너의 영화 「워터월드」(Waterworld)가 해외 판매에서는 1억 7천 6백만 달러를 벌어들였으며, 심지어 헐리우드에서 최종본 편집이 끝나기도 전에 러시아의 비디오 가게에서 팔리고 있었다는 사실을 보라. 러시아 시청자에게 제공된 버전은 미국에서 개봉된 것보다 훨씬 더 질이 나빴던 것이다.

시아 소비자들이 자신들이 빠져나온 옛 시스템과 마찬가지로 이데올로 기아 정체성 들 모두를 창조하지만 그 최종적 윤곽은 여전히 명확치 않은 경제 질서 속으로 이동해 들어가면서, 이들은 이미 또 다른 이데올로 기의 힘으로부터 자신을 빼내는 데 필요한 창의적 조정을 해나가는 과정에 관여하고 있는 것일지도 모른다. 한편, 그러는 와중에, 나와 친구는 「가시나무새」로 채널을 돌림으로써 우리의 논쟁을 해결했다.

* 필자는 이 글에 대한 자료를 제공해 준 엘리엇 보렌스타인, 헬레나 고실로, 조디 켈버, 안나 크릴로바, 타마라 페트로브나 크릴로바, 수전 라슨, 피터 맥스, 예카테리나 스테첸코, 그리고 알렉세이 유르착에게 감사를 표한다. 올해 이 저작을 위해 필요했던 시간을 허용해 준 찰스 테이텀 학장에게 특별히 감사한다. 그리고 세심하게 이 글을 읽어 준 수전 아이켄, 제한느 게이트, 그리고 토머스 라후센에게 감사한다.

3장

주식공모
MMM과 멜로드라마 마케팅

엘리엇 보렌스타인

1994년 여름 러시아연방 전역에 걸쳐 비딱한 중고등학생서부터 음울한 할머니들에 이르기까지 모든 연령과 환경의 사람들이 거리낌 없이 특정한 세 글자 단어를 끊임없이 들먹이는 것을 들을 수 있었다. 이 단어는 공공 건물과 지하철의 담벼락에서도 눈에 띄었고 국영 신문들에서도 대서특필되었으며 국영 텔레비전에서는 마치 인도의 만트라처럼 반복되었다. 이 나라가 갑자기 악화되고 있다는 생각에 이미 기울어 있던 사람들에게 이 단어의 편재성은 대중 취향이 타락했다는 명백한 지표였다. 이 단어는 "MMM"이었다. 세르게이 마브로디의 MMM은 회사들의 네트워크로 그 복잡함과 미스터리는 아직도 완전히 풀리지 않았다. 이 MMM은 어머니 러시아가 그 아들 딸들을 나치 침략자들에 맞서 결집시킨 이래 구 소련에서 가장 효과적이고 꾸준한 매체 캠페인의 생산자이자 생산품이었다.

그러나 어머니 러시아와 같은 아이콘은 MMM의 광고에는 어울리지 않았을 것이다. 왜냐하면 그 엄격하고 모성적인 상징은 시대를 초월하여 존재하기 때문이다. 어머니 러시아의 묘사는 예술가에 따라 어느 정도 다를 수 있지만, 제2차 세계대전의 이미니 리시아는 늙지도 변하지도 않았다. 일화적 영웅이라기보다는 정적인 형상인 어머니 러시아는 발전할 수도, 학습하는 것처럼 비쳐질 수도 없었다. 그러나 MMM의 선전에서 시간의 흐름은 가장 중요한 것이 되곤 했다. 왜냐하면 MMM에 투자하는 것이 언제나 만족스런 결과를 가져온다는 것을 시청자들에게 납득시켜야 했기 때문이다. 투자의 행위는 과정으로 보여져야만 했다. 따라서 MMM 광고의 제작자들은 시청자들의 주의를 텔레비전 광고 막간에도 계속 붙잡아 두는 오락 장르와 광고하는 상품 자체를 융합하는 속임수를 재빨리 배웠다. 광고주의 명칭을 딴 유일한 장르, 바로 연속극(소프 오페라) 말이다.[1] 수백만에 달하는 소비자들을 속인 다단계 조직인 MMM은 탈소비에트 러시아에서 급속히 두드러지게 된 오락 형식인 연속극 장르에 내재하는 기회들을 기막히게 이용한 덕분에 성공할 수 있었다. 연속극을 이용함으로써 MMM은 생산과 마케팅, 허구와 비허구, 그리고 공적인 것과 사적인 것 사이의 경계를 흐릿하게 만들어 광고 자체가 회사의 가장 큰 상품이 되는 지경에 이르도록 할 수 있었다. 마브로디의 매체 자체가 그의 메시지였다.

광고 캠페인 감독이었던 바히트 킬리바예프에 따르면, MMM의 연속극 이용은 판매되는 상품의 유형과 맞아떨어진 운좋은 우연적 사건이었다.[2] MMM의 연속극은 그것을 만든 이들이 바랐을 가장 허황된 꿈

---

1 [옮긴이] 소프 오페라(Soap opera)는 낮 동안 주부들을 겨냥하여 방영되는 주간 드라마로 과도하게 감정적인 연기와 전형적이고 통속적인 멜로드라마 각본을 특징으로 한다. '소프 오페라'라는 명칭은 초기(1950~60년대)에 P&G 같은 세제 제조회사가 광고 스폰서를 맡은 데에서 유래되었다.
2 Viktoriia Dubitskaia, "Bakhyt Kilibaev: Ia i Lenia Golubkov-takie, kak vse", Iskusstvo kino, no. 1(1995), p. 19.

마저 능가할 만큼 성공을 거두었다. 뿐만 아니라 MMM의 인공적 세계는 급속히 자기 자신의 생명을 가지게 되었다. MMM 연속극의 주요 인물인 레냐 골루프코프는 농담과 도시 민속구전의 소재가 되어, 적들은 그의 인형을 불태우고 친구들은 그를 모방하는 그런 존재가 되었다.[3] 더욱이, 마브로디에게 여러가지 사건들이 덮치면서 결국 구속되기에 이르자, MMM의 연속극은 곧 MMM에 관한 연속극이 되었다. 1994년 MMM 사건을 둘러쌌던 기이한 상황들 중 하나로, 마브로디의 사기행위에 대한 치명적 증거를 폭로하는 뉴스 프로그램들 중간중간에 시청자들에게 MMM 주식에 투자해서 삶을 바꾸라고 촉구하는 광고들이 피치 못하게 끼어들곤 했던 것을 들 수 있다. 애초부터 모방 욕구를 일으키도록 의도된 MMM 연속극은 처음에는 그것을 방송하다가 나중엔 그것에 대해 토론하게 된 매체 도처에 번져 나갔다. 이것은 부유한 달변가 사기꾼인 MMM에게 유혹당하여 속아넘어가는 여주인공 역할에 나이브한 포스트소비에트 매체 자신이 캐스팅된 멜로드라마였던 셈이다.[4] MMM에게

---

3 1994년 9월 14일, 유럽-아시아 뉴스 에이전시는 예카테린부르크에서 한 젊은이가 자신이 레냐 골루프코프라고 친구와 가족들을 납득시키려 하다가 정신병원에 수용되었다고 보도했다. 인터뷰한 의사 중 한 사람은 광고에 대한 극단적인 반응은 드문 일이 아니라고 말하며, 미국 쌀 회사 광고를 너무 여러 번 본 아이들이 구토 증세를 보였던 '엉클 벤 효과'를 인용했다. 다음을 참조하라. Agenstvo Evropeisko-aziatskie novosti, "Lzhe-Golubkov popal v psikhushku na Urale", *Komsomol'skaia pravda*, 1994. 09. 14., p. 1. 최근 몇 년 동안 러시아 신문에 게재된 수많은 특집 기사들과 마찬가지로, 이 기사는 확실히 에누리를 해서 받아들여야 할 것이다. 그러나, 이 장은 '실제'보다는 MMM에 대한 묘사와 인식에 대한 것이다. '초-실제'와 '복제품'과 같은 포스트모던적 개념을 굳이 끌어오지 않더라도 상업 광고의 세계와 객관적 실제 간의 관계가 기껏해야 극히 허약하다는 사실을 알 수 있다. 따라서 나는 다음과 같이 전제하고자 한다. 이 논문에서 신문 기사와 텔레비전 방송은 의심할 여지 없는 출처로서가 아니라 MMM의 대중적 이미지 창조에 일조하는 원인으로서 인용될 것이다.

4 아제르 무라슬리예프는 1994년 여름 동안 재정적으로 보다 독립적인 신문 『오늘』(*Segodnia*)만이 MMM 신문 광고 인쇄를 거절했음을 발견하고, 마브로디를 비판하면서도 그의 광고를 싣는 신문사들의 경향을 언론의 "결백의 상실"로 역설적으로 표현했다. 언론은 이제 "정부-강간범"으로부터 독립적이 되었지만 마브로디에 의해 "유혹되었다"("Chetvertaia vlast' teriaet nevinnost'",

있어서는, 악당 역할을 한 것은 정부였고 마브로디(그리고 더 나아가 그외 '파트너들', 곧 그가 자신의 계획에 돈을 투자하도록 설득했던 두사사를)는 질투심 많고 권위주의적인 국가를 상대로 싸우는 순교자였다. 마브로디와 대중매체 둘 다 지칠 줄 모르고 대중 소비에 대한 새로운 내러티브들을 자아냈다. 전문가들이 매체의 한심한 상태에 대해 여봐란 듯이 개탄하며 경쟁자 저널리스트들과 서로 비난을 해대는 한편으로, 마브로디는 돈을 써서 자신이 감옥에서 쓴 선언문들을 러시아 전역에서 신문 전면 광고로 실리도록 했다. 드디어 마브로디의 '파트너들'이 'MMM에 보내는 편지들'을 가지고 행동에 합류했다. 이 편지에서는 평범한 시민들이 MMM의 광고들로부터 이미 친숙해진 표현을 사용하여 잇달아 성공적 투자 이야기를 상술하고 있다.[5] 비록 텔레비전이 시청자들을 수동적으로 만든다고 종종 비판받기는 하지만, MMM의 광고 캠페인은 정반대의 효과를 가지고 있었다. 이 광고는 수백만 명의 러시아 시민들로 하여금 레냐 골루프코프와 그의 친구들을 모방하도록 부추겨서 최소한 텔레비전을 끄고 주식을 사러 나서도록 했던 것이다. 뿐만 아니라, 위기상황이 발생하자 MMM의 충성스런 지지자들은 시청자와 배우가 되는 것을 넘어서 궁극적으로 MMM의 장대한 내러티브의 공동작가가 되어 그 내러티브의 매개변인 안에서 자신의 삶을 다시 쓰고 그 결과를 모든 러시아인 동포들이 읽을 수 있도록 신문 광고에 발표하기에 이르렀다. 대체로, MMM의 (실제 투자를 기업 활동의 시늉으로 대체하는) 주식시장 시뮬

Moskovskie novosti, 1994. 08. 07., p. 8).

5 여기서도 또한 얼마간의 의심을 해볼 만하다. 적어도 첫 편지들은 MMM의 광고팀에 의해 조작되었을 가능성이 매우 크다. 비록 그러한 위조된 광고가 실제 투자자들에게 편지쓰기를 자극했을 수도 있지만 말이다.

레이션은 결국 MMM의 '파트너', 시청자, 저자들이 그 안에서 거의 모든 시간을 살게 되는, 저절로 계속되고 모든 것을 아우르는 주 내러티브가 되었다.

MMM을 구 바르샤바 협정 국가들 곳곳에서 싹튼 수많은 다단계 조직 중 하나로 치부하는 것은 이 회사를 단지 경제적 또는 정치적 현상으로만 보는 게 될 것이다. 이러한 결론은 오직 MMM 성공의 근원인 광고 캠페인을 고려하지 않을 때에만 가능하다.[6] MMM의 실체가 물론 경제적인 것이긴 하지만(믿을 수 없는 속도로 돈을 벌고 잃었다), 텔레비전 광고의 초점은 일상생활에서의 행복 성취에 훨씬 더 맞추어져 있었다. 그러나 MMM의 광고 캠페인을 주목하지 않을 수 없는 사례 연구로 만든 것은 거기에서 묘사된 '일상생활'이 그렇게도 급속히 확장된 방식이었다. 1994년 여름에 이르기까지, 온갖 것을 포괄하는 MMM의 수사학 내에 어떤 식으로든 포함되지 않는 삶의 측면은 없었다. MMM은 심지어 국가 행정 권력마저 도용하여 정부 최고통치권을 전용할 생각을 감히 시도한 '홀로그램 국가'가 되었다. 경제적인 관점에서 MMM은 고전적인 다단계 방식 조직(즉, 먼저 참여한 투자자가 나중 참가한 투자자가 낸 돈에서 배당금을 받는 투자 계획)으로서, 범위의 측면을 제외한다면 보다 통상적인 연쇄 행운의 편지와 비슷했다. 그러나 문화 현상으로서 MMM은 다단계 방식의 원리를 그 방식 자체에 대한 광고와 공공 토론에 적용했다. MMM의 수사학은 그 자금의 규모와 함께 확장되어, 끝내는 이 회사를 비난하

---

6 확실히, 당시 논평가들은 MMM이 일개 경제적 현상 이상의 것이라는 사실을 잘 알고 있었다. 알렉세이 아르하노프는 "이제 '나는 MMM에 투자하고 있다'라고 말하는 것은 '나는 벨라루스 전선에서 싸웠다'라고 하는 것 못지 않게 사람들을 한데 묶는 힘이 있다. 그러나 대답으로 '그런데 나는 차라[또 다른 다단계 조직]에 투자하고 있다네'라고 하는 것만큼 천박한 일도 없다"("Prostota luchshe vorovstva: Obsuzhdenie reklamnoi kompanii 'MMM'", *Iskusstvo kino*, no. 1[1995], p. 7).

는 이들이 이것을 포스트소비에트 러시아의 삶에서 잘못된 모든 것의 상징으로 여기게 되는 데 이르렀다. 반면, 이 회사의 지지자들은 MMM을 바로 그 동일한 문제들에 대해 실행가능한 대안을 제공하는 유일한 기관으로 여기게 되었다.

1. 초기 미스터리

MMM 현상을 이해하기 위해서는 이 회사의 속성과 역사를 짚어볼 필요가 있다. MMM은 1988년 세르게이 마브로디에 의해 협동조합으로 창립되었다. 1979년 모스크바 전자기계건설대학을 졸업한 마브로디는 1981년부터 '비즈니스'에 참여했는데, 이는 고르바초프의 '개혁'이 이러한 활동을 합법적으로 만든 것보다 몇 년이나 앞서는 것이었다. 이 몇 년 동안 마브로디는 처음에는 청바지와 레코드를, 그리고 종국에는 컴퓨터와 다른 비싼 소비재를 팔면서 천천히 암시장의 사다리를 올라갔다.[7] 신문 『모스크바 뉴스』*Moskovskie novosti*에 따르면, 마브로디는 1980년대의 대부분 동안 '기생 행위'(공식적 직업이 없는 상태)로 기소되지 않기 위해 엘리베이터 안내원, 청소부, 야간 경비원 등으로 등록되어 지내면서 자신의 암시장 사업을 키워나갔다.[8] 초창기 몇 년 동안 MMM은 시장에서나 언론에서나 두드러지지 않았다. 1980년대 후반 방송을 점령했던 것은 짖는 개 상표가 어디에서나 눈에 띄었던 알리사 회사였다. MMM이 팽창하면서 법률과의 갈등 (무엇보다 특히 세금 문제에 대해) 또한 커지게 되었다.

---

7 Irina Savvateeva, "Khorosho schitat' i torgovat' Mavrodi nauchilsia na fakul'tete prikladnoi matematiki", *Izvestiia*, 1994. 08. 04., p. 4.
8 Vladimir Yemelyanenko, "The State Meets Its Match", *Moscow News*, 1994. 12. 02.

1992년 1월, MMM의 회계사들은 세금 포탈과 가짜 대차대조표 제출의 죄목으로 연행되었다. 이듬해 4월 MMM의 자회사인 마하온이 1천만 루블을 유기한 혐의로 기소되었다. 또 다른 계열사인 MMM 은행은 1993년 가을에 문을 닫았지만, 은행의 돈은 포탈된 세금이 징수되기도 전에 사라져 버렸다. 곧, 법과 MMM의 싸움은 MMM의 광고 캠페인보다도 훨씬 더 믿기 어려운 희극적 전환을 맞았다. 1994년 5월 MMM의 18개 사업부에 관련된 중요한 서류들을 운반하던 도요타 차량이 불가사의하게도 조세정책국으로 가던 중 납치되었다. 차량은 나중에 발견되었지만 문서들은 영원히 사라져 버렸다.[9]

MMM과 당국의 다사다난한 관계의 시작이 이 회사가 성장하여 대중들의 인식 속에 명확히 자리잡은 때와 거의 일치한다는 것은 아마도 놀랄 만한 일은 아닐 것이다. MMM의 활동에 정부가 흥미를 가지게 되었다고 한다면, 일반 러시아 시민들도 결코 정부에 못지 않게 그러했다. 아주 초창기 때부터 MMM은 신비한 이니셜과 대중의 호기심을 불러일으키도록 기획된 듯한 수수께끼 같은 광고들을 지닌, 모스크바에서 뉴욕 매디슨 애비뉴에 필적할 만한 존재였다. 1990년대 초, MMM은 러시아 대도시들 곳곳의 지하철역에 진열된 정교하게 제작된 옥외광고판에 돈을 쏟아부었다. 장님이 아니고서야, MMM의 그 항상 존재하는, 종종 수수께끼 같은 슬로건 "어둠에서 빛으로 날아가며"iz teni v svet pereletaia 를 담고 있는 나비 상징을 알아보지 않을 수가 없었다. 아마도 이 말들은 MMM이 정말로 끝내는 "빛으로 나와서" 그 자신의 진정한 속성을 드러

9 Aleksandr Liasko & Sergei Razin, "Kak govoriat v narode, v sem'e-ne bez Mavrodi!" Komsomol'skaia pravda, 1994. 08. 03., p. 3.

낼 것이라는 선언이었는지도 모른다. 그러나 MMM의 초기 텔레비전 광고들은 회사 이름의 광범위한 인지도를 강조하는 것들이 있음에도 불구하고 수수께끼만을 증폭시켰을 따름이다.[10] 특히 한 광고가 머리에 떠오른다. 'MMM의 성수태고지'라 불려야 마땅할 광고였다. 이 텔레비전 광고는 높은 생산가치(1992년에는 매우 드문 일이었다)와 탁월한 감독 덕에 즉각 눈에 띄었다. 이것은 서구적 본질과 러시아적 외피의 결합이었다. 이 광고에서 카메라는 매우 다양한 배경을 가진 사람들이 일하거나 놀면서 일상적인 대화를 나누는 것을 우리에게 보여 준다. 각 사람은 차례로 하늘로부터 발산되는 빛을 올려다 본다. 마지막으로, 우리는 그들이 보는 것을 본다. "MMM"이라는 거대한 글자가 보이고 이와 더불어 신의 음성 같은 바리톤이 "우리를 모두가 알고 있다"nas znaiut vse라고 선포한다. 사실상 광고는 주문처럼 작용했다. "우리를 모두가 알고 있다." 이 말의 끊임없는 반복은 결국 이 말을 진실로 만들어 버렸다. MMM을 알아보지 못하는 사람이 누가 있겠는가? 동시에 광고는 다양한 대중 전통을 이용했다. 너무나 많은 정치적 슬로건의 주어였던, 언제나 존재하는 소비에트적 '우리가'my는 이제 목적어 '우리를'nas이 되었다. 한편 대중은 주어가 되어 '모두가'vse로 나타난다. 비록 소비에트 선전선동과 포스트소비에트 광고가 모두 '대중'을 타깃으로 삼고 있지만, 대중에 대한 상이한 접근법은 정치적 통일체body politic의 모순적 메타포를 반영하고 있다. 프롤레타리아 문화 운동의 집단적 낭만주의에 뿌리박고 있는 소비에트 선

---

10 마이야 투로프스카야는 이 특정 광고가 "나에게는 수수께끼로 남아 있다. 나는 이것을 지하 경제로부터 합법적 경제로의 이동을 상징하는 것으로, 또는 가난─그늘과 부─빛을 비유하는 것으로…, 혹은 [공산]당 자금의 전환으로 이해해야 할지 잘 모르겠다"(Maiia Turovskaia, "Lenia Golubkov i drugie", Iskusstvo kino, no. 1[1995], p.22).

전선동에서 대중은 마치 하나의 육체처럼 움직였던 것이다.[11]

그러나 대중이 소비자가 될 때, 한때 국유화되었던 공공의 육체는 해체되고 사유화된다. 비록 광고자는 대규모 대중을 상대로 하지만, 그럼에도 불구하고 그는 상품과 소비자 사이의 개인적 관계라는 환상을 불러일으켜야만 한다. MMM 광고는 결코 소비자를 동질적인 대중이나 계급 유형으로 취급하지 않았다. MMM의 계시는 마치 시나이 광야의 계시처럼 각각의 사람들이 개인적으로 경험하는 집단적인 사건이었다. 더욱이 시나이와의 비교는 중요한 의미를 지닌다. MMM 광고는 독특하게 비세속적인 색조로 온통 물들어 있다. 미국에서 이러한 접근법은 상당히 개신교의 냄새를 풍긴다. 냉소적인 주부일지라도 클로락스 표백제를 그녀의 개인적 구세주로 받아들이게 된다. 적절하게도, MMM 광고는 보다 가까운 러시아 정교 맥락에 호소하고 있다. 러시아적인 '모두'vse를 구성하는 개인들이 차례로 올려다보며 자신의 옆 얼굴을 카메라에 드러낼 때, 이들의 포즈는 일상적인 것으로부터 상징적인 것으로 손쉽게 전환되며 그들 모두에게 기업의 '그리스도적 변용變容'의 반사된 후광이 비치게 된다.

결국, 광고자들은 상품에서 수수께끼의 베일을 걷어올렸고, MMM이 투자그룹이라는 것을 드러냈다. 그러나 이것은 통상적인 펀드가 아니었다. 첫째로, 이것은 직접적인 주식 매입을 다루지 않았다. 대신, MMM의 '파트너들'은 주식으로 상환할 권리를 주는 종이조각들을 샀다. 이 주식들은 언젠가 배당금을 벌어들이게 될 것이었다. 대부분의 투자자들은

---

11 소비에트 문화의 "대중적 인간"에 대한 논의는 다음을 참조하라. Vladislav Todorov, *Red Square, Black Square: Organon for Revolutionary Imagination*(Albany: State University of New York Press, 1995), pp. 94~99. 마야코프스키는 자신의 서사시 「150,000,000」(1919)에서 소비에트 인민들을 하나의 거대한 육체로 묘사했다. 현대의 독자들은 예브게니 자먀친의 디스토피아 소설 『우리들』(1920)에서 부정적이고 풍자적 형상으로 나타난 이러한 상상력에 가장 친숙할 것이다.

결코 자신의 종이조각을 실제 주식으로 상환하지 못했다. 대신, 종이조 각 자체가 전대미문의 수익의 원천이었다. MMM 신문 광고는 "우리의 주식은 현금화가 보장됩니다"라고 되풀이해서 떠들어댔다──이 종이 들은 아무 때나 사고 팔 수 있었다. 더욱이, 계획 경제로부터 갓 빠져나오 고 있던 참인 소비자들에게 새로운 자본주의 주식 시장은 잠재적인 불 안의 원천이었던 데 반해, MMM의 주식은 보장이 되는 것이었다. MMM 주식들은 언제나 인플레이션율보다 빠른 속도로 값이 오를 뿐 아니라, 이것들의 미래 가치는, 국가계획위원회Gosplan(중앙 경제 계획을 담당하던 소비에트 정부기구)의 좋은 전통에 따라, 언제나 3~4일 미리 발표되었다. 그러나 이러한 수익에 대한 논리적인 설명은 없었다. 확실히, 당시 러시 아에서 그 어떤 투자나 통화시장도 그만한 수익을 낼 수 없었다(루블화 의 멈출 수 없는 가치 하락에도 불구하고 말이다). 심지어 마약 밀거래조차 MMM이 약속했던 3,000%의 연간 배당금보다는 수익성이 훨씬 낮았다.[12]

MMM을 설명하기 위해 많은 가설이 제안되었지만 지배적인 모델 은 매우 단순하다. 이것은 명쾌하고 단순한 전제 위에 작동하는 다단계 방식이었다. 만약 충분한 수의 사람들에게 주식을 1,000루블(원가)에 사 도록 설득한다면, 훨씬 더 많은 투자자들에게 이것들을 1,200루블에 사 도록 설득할 수 있을 것이다. 1,000루블에 매입한 사람들 중 몇몇은 돈을 받고 떠났지만 나머지 사람들은 머물렀다. 왜냐하면 가격이 당초 약속했 던 대로 올랐고, 이는 곧 더 많은 수익을 뜻했기 때문이었다. 회사가 가격

---

12 *Reuters*, untitled, 1994. 09. 11.; Nikolai Andreev, "V ianvare — sapogi, v avguste — KPZ", *Chas-Pik*, 1994. 08. 10., p. 2. 더욱이, MMM이 이렇게 높은 배당금을 지속시킬 수 있었다 하더 라도, MMM은 레냐 골루프코프와 같은 소투자자들에게는 레냐가 광고 캠페인에서 사들였던 모 든 사치품들을 사기에 충분한 돈을 지급하지는 못했을 것이다(G. Demidov, "Lenia Golubkov bez telegrima", *Argumenty i fakty*, 31[1994. 08.], p. 5).

을 다시 올렸을 때, 입증된 수익률 실적은 새로운 구매자들을 유혹했고, 이들의 더 높은 투자액은 구舊 구매자들의 투자금 회수에 사용되었다. 다단계에서 구 투자자들은 새 투자자들 덕분에 투자금을 회수한다. 그렇지만 통상 다단계 방식은 새로운 주식에 대한 가격이 너무 높아져서 구매가 불가능해지면 구매자의 수가 감소하고 결국 주식의 가치가 떨어지면서 무너져 버린다. 주식 소유자들은 공포에 질리게 되고 자신들의 돈 상환을 요구하지만 회사는 그럴 의무가 없다. 주식은 일종의 물리적 승화를 거치게 되고 '보장된 현금화'는 증발해 버린다. 투자자들은 확실히 다단계를 통해 돈을 벌 수 있지만 오직 이들이 충분히 초기에 진입할 경우에만 그러하다. 왜냐하면 다단계 방식은 악성 인플레이션에 기반하고 있기 때문이다. 거칠게 표현하자면, 다단계 방식은 오직 적절한 시점에 빼야지만 불행한 결과를 피할 수 있는 불확실한 피임 방법과도 같다.[13]

2. 시장 조작

다단계 방식은 결과를 보여 줄 수 있는 경우에만 투자자를 매혹시키는 데 성공할 수 있다. 따라서 다단계 조직을 만들려 한다면 자신의 성공에 대한 좋은 소식을 일찌감치 퍼뜨려 두는 게 필수적이다. 텔레비전 광고

---

13 상스럽긴 하지만 성적인 비교가 부적절한 것은 전혀 아니다. 포스트소비에트 대중매체에서 자본주의적 성공과 성관계를 맺을 수 있는 젊은 여성 간에 형성되는 한결같은 시각적 연관성은 자유시장에 자유연애의 느낌을 불어넣었다. 더구나, 외국어 차용어와 야릇한 완곡어법을 사용하는 광고 언어 자체는 이중 의미 표현을 위해 안성맞춤인 것 같다. 추바이스의 국영기업 사유화 계획은 수많은 어색한 영어식 표현을 러시아어에 들여왔다. 무엇보다 눈에 띄는 것으로, 단어 바우처(voucher)를 들 수 있겠다. 특정한 일상적 금융 맥락에서, 이 용어는 문자 그대로는 '삽입하다'라는 의미인 러시아어 동사 'vlozhit''(투자하다)와 결합하여 사용될 때, 뚜렷이 '외설스런'(risqué) 함축의미를 지니게 되었다. 러시아인 남성이 러시아인 여성에게 "어디에 나의 바우처를 투자할 수 있을까요?"하고 진지한 얼굴로 묻는 것은 상상하기 어려운 일이다.

는 이를 위한 완벽한 수단이다. 초기의 수수께끼 같은 광고를 그만둔 이후 MMM은 "바로 당신과 같은" 투자자들의 성공 스토리로 전파를 채우는 데 거대한 재원을 쏟아부었다. 그러나 신의 한 수로 판명난 것은 MMM이 연속극 포맷을 사용한 점이었다. 비록 돌이켜 볼 때 이 장르의 선택이 과잉결정이었던 것 같지만 말이다. 소련에서 멜로드라마가 알려져 있지 않았던 것은 아니지만, 보통 말하는 통상적인 연속극이 제작되지는 않았다. 그리고 페레스트로이카 말기 이전까지 시청자 대중은 해외에서 수입된 연속극을 거의 본 적이 없었다. 국영 텔레비전이 멕시코 드라마 시리즈인 「부자들도 운다」Los ricos lloren tambien를 방영하기 시작했을 때, 거리를 떠돌다 부자의 아내가 된 마리아나의 시련과 고난에 온 나라가 너무도 빠져든 나머지, 노동생산성의 급작스런 하락을 피하기 위해 이 프로그램을 하루에 두 번 방송해야만 했다. 잘 모르는 이들을 위해 말해 두자면, 남미산 연속극은 미국의 연속극과는 확연히 다르다. 멕시코 및 브라질 연속극을 특징짓는 요소인 멜로드라마, 거리낌없는 감정, 운에 대한 의존 등은 미국 드라마인 「종합병원」General Hospital을 단연코 '해럴드 핀터'[14]의 작품처럼 보이게끔 했다. 아마도 MMM과 그 '파트너들'에게 더 불길했던 것은 남미의 텔레노벨라telenovela는 시간의 흐름을 다루는 데 있어서도 또한 미국 연속극과 달랐다는 점이다. 미국 연속극 「등대」The Guiding Light가 1948년 이래 쭉 인기 있었던 반면(라디오에서 텔레비전으로 성공적으로 전환되면서)[15], 남미 드라마들은 끝이 있었던 것

---

14 [옮긴이] 해럴드 핀터(Harold Pinter, 1930~2008)는 1960년대 이후 단순한 회화·이상한 상황·폭력·공포·웃음을 특징으로 하는 영국 부조리(不條理) 연극을 대표하는 배우, 극작가이다. 2005년 노벨문학상을 수상한 바 있다.

15 뮤리엘 캔터(Muriel G. Cantor)와 수잰 핀그리(Suzanne Pingree)에 따르면, 「등대」(The Guiding Light)는 아직도 방송되고 있는 유일한 옛날 라디오 드라마이다. 이 프로그램은 1937년 최초로 방

이다——비록 스토리의 끝에 다다르는 것이 오래전 잃어버린 여주인공
의 아들이 성장하여 자신의 여동생과 결혼할 뻔하는 이야기를 풀어나가
기 위해 10년, 20년의 세월을 훌쩍 뛰어넘는 것이었다 할지라도 말이다.[16]
남미 모델은 특히 다단계 방식에 적합하다. 왜냐하면 둘 다 피치 못할, 눈
물에 젖은 종말에 이르기 때문이다.[17]

송되었고, 1941년에 잠시 중단되었다가 (화난 애청자들이 편지쓰기 캠페인을 조직한 후 다시 재개
되었고) 1956년 라디오 버전이 끝날 때까지 4년간 텔리비전과 라디오에서 동시에 방송되었다. 상
상할 수 있겠지만, 인물의 배역들은 지난 60년 동안 크게 바뀌었다. Muriel G. Cantor & Suzanne
Pingree, *The Soap Opera*(Beverly Hills: Sage, 1983), p. 97.

16 미국 드라마의 열린 결말 구조는 러시아 텔레비전이 아직 완전히 소화하지 못한 부분이다. 가령
아나운서들은 시청자들에게 저녁 8시에 드라마 「산타 바버라」 271화를 볼 수 있음을 상기시켜 줘
야 한다.

17 근본적으로 다른 시간 틀 때문에, 몇몇 미국 학자들은 텔레노벨라를 연속극 드라마로 볼 수 없다
고 결론지었다. 캔터와 핀그리는 "8~9개월 동안 계속되는" 텔레노벨라와 미니시리즈, 그리고
'심야 연속극'을 함께 또 다른 장르 범주로 묶었다. "남미와 세계의 다른 지역에서는 각 국가에 의
해 그 지역에서 제작되는 텔레노벨라가 미국 연속극 드라마와 비교되어 왔다. 그러나 실제로 텔
레노벨라는 형식에 있어서 더 짧은 시리즈들을 닮았다"(*The Soap Opera*, p. 25). 또는, 매들린 에
드몬슨과 데이비드 라운즈가 주장하듯이, "드라마는 연속극이지만, 모든 연속극이 드라마는 아
니다". 이들에게 있어 연속극 드라마란 정의상 "미국인의 삶에 대한 이야기들"이다. 다음을 참조
하라. Madeleine Edmonson & David Rounds, *The Soaps: Daytime Serials of Radio and TV*(New
York: Stein and Day, 1973), p. 17. 시간에 대한 관념에 따라 장르를 규정하는 것이 설득력 있긴 하
지만(특히 바흐친의 크로노토프 개념에 깊이 빠져 있는 슬라브학 연구자들에게), 이러한 편협한 정의
는 경계가 거의 없다시피 하는 대중 오락물의 형식에 대한 어떤 국제적인 관점도 불가능하게 만
든다. 실제로, '연속성'(시장에 먹히는 동안 플롯이 계속 연장되고 인물들이 되풀이해 등장하는 것)
이 필수적이라는 것은 미국 텔레비전의 특별한 속성이다. 대부분의 다른 텔레비전 문화(구 소련
의 것을 포함하여)는 한 시리즈가 종결될 것을 전제한다. 더욱이, 북미 드라마의 시간 틀과 남미
텔레노벨라의 시간 틀이 다르다 할지라도, 둘 다 각각의 문화에서 유사한 기능, 곧 주로 여성 시
청자를 위해 낮시간대 대중 오락물을 제공하는 역할을 한다. 또한, 각 장르의 남녀 주인공들은 운
명과 우연이 중대한 역할을 하는 세계, 조직 범죄가 갑자기 급증하는 것이 때때로 가능한 그런 세
계에 살고 있다. 만약 로사 고메즈의 「텔레노벨라 장르의 주제」("Temas articuladores en el género
telenovela", *Telenovela/Telenovelas: Los relatos de una historia de amor*, ed. Marita Soto, Argentina:
Atuel, 1996, pp. 37~50)를 캔터와 핀그리의 글 「소프 오페라의 내용」("Soap Opera Content", *The
Soap Opera*, pp. 69~94)과 비교해 본다면, 우리는 차이점과 공통점 둘 다를 발견하게 된다. 언급
해 두어야 할 것은, 남미 학자들(미국 대중문화의 가차없는 수출 덕분에 낮시간대 드라마의 이 두 유
형을 아주 잘 알고 있을 가능성이 큰)이 일반적으로 연속극 드라마를 텔레노벨라와 구분해야 한다
고 주장하지 않는다는 것이다. "텔레노벨라, 텔레테아트로, 쿨레브론, 소프 오페라, 텔레바이즈
드 멜로드라마 — 이 모두는 사회가 일련의 시청각 내러티브 텍스트를 인식하기 위해 사용하는
이름들이다. 소비, 비평, 분류, … 그리고 심지어는 패러디마저도 이들을 유머 프로그램이나 다

그렇지만 MMM은 남미 연속극으로부터 외피를 통째로 빌려올 수는 없었다. 러시아 시청자들이 얼마나 마리아나에게, 또는 1994년 이름 최고의 인기 연속극이었던 「프로스토 마리야」Prosto Mariia(Simplemente Maria)의 여주인공에게 공감하는지와 상관없이, 러시아 시청자들과 멕시코 여배우들 사이에는 아무리 더빙을 해도 극복할 수 없는 부인할 수 없는 간극이 여전히 존재했다. 위에 언급했다시피, MMM이 연속극 포맷을 선택한 데에는 그럴 만한 이유가 있었다. MMM은 비슷비슷한 투자 성공 스토리의 환영을 반복적으로 보여 줌으로써 MMM 주식의 구매를 독려할 수 있었다. 그러나 MMM의 타깃 시청자들은 멕시코인도 브라질인도 아니었기에 회사는 텔레노벨라를 러시아식으로 바꾸었다. MMM 광고 캠페인의 창조자들은 특히 러시아적인 원천, 그 중에서도 민속이나 사회주의 리얼리즘에 의존했다. 공격적으로 자본주의적인 광고와 공식 소비에트 선전선동 사이의 연결은 될 법하지 않은 것처럼 보이지만, MMM은 영리하게도 다수의 사회주의 리얼리즘 수사(영웅으로서의 평범한 노동자, 개인적 성공과 집단적 성공의 융합)를 빌려왔다. 비록 이것들을 자신의 목적에 맞게 비틀긴 했지만 말이다. 게다가 MMM은 모방이라는 개념이 '실제' 삶을 예술에서 '정확히' 재현할 뿐 아니라 '실제' 삶이 예술을 그 모델로 이용할 수 있다는(그리고 아마도 그래야만 한다는) 기대까지 포함하던 사회주의 리얼리즘 대중문화 속에서 성장한 청중들을 이용할 수 있었다.

른 유형의 텔레비전 코미디와 드라마와 같은 다른 허구적 텍스트로부터 구별하는 일련의 공통된 특징들을 [그 근저에 가지고 있다]"(Gustavo Aprea & Rolando C. Martínez Mendoza, "Hacia una definición del género telenovela", in Soto, ed., Telenovela/Telenovelas, p. 17). 마지막으로, 남미의 텔레노벨라와 북미의 연속극 드라마가 현대 러시아에서 어떻게 수용되었는지 또한 고려해야만 한다. 비록 많은 시청자들이 이 두 가지를 구별할 수 있었을지도 모르지만, 이 둘은 대중 오락물의 동일한 형태의 변이형으로 논의되고 있다.

MMM은 엔지니어와 연금생활자들의 쥐꼬리만한 저금을 빨아들이고자 했기 때문에, 미니-멜로드라마 광고의 남녀 주인공들을 평범한 사람으로 세심히 기획했다. '신흥 러시아인'은 여기에 그려질 필요가 없었다. 이렇게, 새로운 민족적 영웅, 곧 MMM의 주 상징이었던 나비를 대체할 사람이 러시아에 소개되었다. 건설 노동자인 레냐 골루프코프가 바로 그 사람이었다.[18] 레냐 골루프코프는 러시아 동화인 호라티오 알게르 성공 스토리와 사회주의 리얼리즘 괴담이 혼합된 것이었다. 사회주의 리얼리즘 소설에서는 부당하게 비방당하는 주인공이 자신의 트랙터에 비정상적인 집착을 갖게 되는 것과 대조적으로, 소비에트 영웅의 자본주의적 후손인 기계 조작공 레냐 골루프코프는 너무나 기쁘게도 벼락부자가 되어 기꺼이 굴착기에 작별을 고한다. 우리가 처음으로 레냐를 만날 때, 그는 전형적인 노동자로 MMM 주식을 사고 요술처럼 손쉽게 돈을 버는 기회에 뛰어든다. 처음에 그의 목표는 소박하다. 레냐의 첫 광고에 나오는 자주 인용되는 후렴이 있다. "아내에게 장화를 사 줘야지…" 장화 다음에는 털코트, 여름별장 등이 뒤따르고, 그리고 끝내는 월드컵 축구 경기를 관람하기 위해 캘리포니아로 여행하기에까지 이른다. 실제로 레냐는 1993년 동안 자신의 급증하는 재산을 기록하기 위해 '가계 성장 차트'가 필요했다. 이 모든 것이 전적으로 MMM 덕분이었다. 당시 수많은 논평가들이 지적했듯이 레냐는 그 자신은 아무 노력도 들이지 않고 성공의

---

18 인터뷰에서 킬리바예프는 그의 주인공들과 타깃 시청자 간의 관계를 상당히 명쾌하게 보여 주었다. "우리는 텔레비전 시청자들이 우리 캐릭터들을 자신과 동일시하기를 원했습니다"(Dubitskaia, "Bakhyt Kilibaev", p. 14). 그러나 비평가들은 이러한 동일시가 있을 법하지 않다고 주장해 왔다. 콘스탄틴 에른스트(Konstantin Ernst)는 "시청자들은 이 캐릭터들을 자신과 동일시하는 것이 아니라 그들 옆에 살고 있는 다른 사람들과 동일시한다"고 주장한다("Prostota", p. 5). 투로프스카야는 이것을 더욱 분명히 표현한다. "레냐 골루프코프는 영구적인 미덕을 하나 가지고 있다. 그는 언제나 그 어떤 시청자보다도 더 멍청해 보인다"(Turovskaia, "Lenia Golubkov", p. 23).

비밀을 발견한 동화 속 주인공 '바보 이반'의 포스트모던적 현신이었다.[19]

레냐만큼이나 다채로운 조연들이 재빨리 그에 합세했다. 털옷을 입은 통통한 그의 아내와 문신을 한 그의 형 이반이 종종 그와 함께 방송에 나타났다. 하지만 다른 주인공들 또한 있었는데, 이들 각각은 상이한 시청자 층에 소구하기 위해 계획되었다. 니콜라이 포미치와 그의 아내 엘리자베타 안드레예브나는 겨우겨우 살아가는 연금생활자들이다. MMM 외에 과연 무엇이 그들을 구원할 수 있을까? 이고리와 율리야는 MMM-TV 세대의 파티를 좋아하는 젊은 사업가 지망생들이다. 이들은 자기 친구들에게 사업 빚을 갚을 돈을 마련하기 위해 MMM에 투자하라고 권한다. 그리고 물론, 나이 지긋한 외로운 독신 여성인 마리나 세르게예브나도 잊지 말아야 할 것이다. 그녀가 자신의 아파트를 떠나는 것을 보여 주면서, 아나운서는 우리에게 "마리나 세르게예브나는 아무도 믿지 않습니다"라고 말한다. 그녀는 지금 스베르방크에 가는 길이다. 그녀는 MMM 광고를 본 적이 있긴 하지만, 자신이 힘들게 번 돈을 고객들을 너무나 많이 사취해 온 이 국유 은행에 맡길 요량이다. 한 이웃이 그녀에게 자신의 MMM 투자 성공담을 들려준다. 결국 그녀는 돈 일부는 은행에 넣고 일부는 MMM에 투자하기로 마음먹는다. 안절부절 못하는 한 주가 지나고 마리아 세르게예브나는 약속된 수익을 받기 위해 그녀의 주식을 MMM 거래소에서 현금화한다. 그녀의 반응은 이렇다. "이것 좀 봐, 그 말이 진짜였네!" 이에 대해 아나운서가 대답한다. "맞습니다, 마리나 세르게예브나!" 마치 오즈의 마법사처럼 MMM은 모두에게 뭔가를 준다. 니

---

19 이 비교는 투로프스카야("Lenia Golubkov", p. 23), 마리나 샤키나("Sergei Mavrodi kak otets rossiiskoi mechty", *Novoe vremia* 31[1994. 08.], p. 25), 그리고 타르하노프("Prostota", p. 8)에 의해 제기되었다.

콜라이 포미치에게는 개 한 마리를, 레냐의 아내에게는 장화 한 켤레를, 심지어 마리나 세르게예브나에게는 새로운 사랑까지도. 마치 블라디미르 지리노프스키가 러시아의 모든 외로운 여성들에게 자기가 성적인 친절을 베풀어 위로해 주겠다고 약속한 것처럼, 마리나 세르게예브나는 너무나 필요했던 현금을 얻었을 뿐 아니라 또한 볼로댜라는 남자를 만나게 된다.

아나운서 마리나 세르게예브나는 친구의 생일 파티에 도착했습니다. 그렇지만 그녀는 혼자 온 것이 아닙니다. 축하하는 소리가 들렸습니다. 늘 그렇듯이, 그들은 먹고 마셨습니다. 그러고 나서 춤을 췄습니다. 그러고는 이야기했습니다. 남자들은 자기들만의 대화가 있었고 여자들 또한 그랬습니다.
여자 마리나, 너 얼마나 행운이니! 너무 부러워, 너무 부러워, 너무 부러워.
아나운서 마리나! 당신의 행운은 정말 부러워할 만합니다.
A/O[20] MMM.[21]

마리나 세르게예브나의 친구는 부러움을 세번이나 연달아 표현하지 않을 수 없었다. 혹자는 이 반복을 대본 작가의 게으름 탓으로 돌리고

---

20 "A/O"는 합자회사(aktsionernoe obshchestvo)를 나타낸다.
21 내게 자신의 『러시아 텔레비전 샘플 모음집』 비디오 카세트와 교사 가이드를 사용할 수 있도록 해준 레베카 스탠리에게 감사한다(Stanley, *Russian TV Sampler*, program 103, p. 8). 이 텍스트는 이 자료로부터 가져왔다. 보다 자세한 정보를 얻고자 한다면, 다음으로 연락하기 바란다. Rebecca Stanley, New York Network, P.O. Box 7012, Albany, NY, 12225; (518) 443-5333; stanlerm@nyn.sunycentral.edu.

싶을지도 모르지만, 이 민속조의 세 번의 부러움의 주문은 실제로 광고의 핵심이다. 사회주의 이데올로기에 대한 소구 중 히니는(호미에드의 실제 현실은 아닐지라도) 이 광고가 부의 차이를 해소함으로써 부러움을 없애겠노라고 약속한다는 점이다. 소련이라고 결코 박애주의적이었던 것은 아니지만, 포스트소비에트 신흥 러시아인의 과시적 소비는 최저생계수준을 맴도는 다수의 시민들의 경멸(그리고 질투)을 불러일으켜 왔다. 마리나 세르게예브나의 경제적 성공은 거의 그녀의 개인적 행복 차원에 한하여 그려진다. 이 행복은 '부러워할 만한' 것이지만 부가 자주 불러일으키는 적대감을 유발하지는 않는다. 더구나, 여자 친구가 마리나 세르게예브나를 '부러워' 할지라도 그녀는 또한 마리나를 축하해 주고 친구의 행복에 동참할 수 있다. 어느 정도 이것은 자신의 투자자들을 지칭하는 마브로디의 완곡어법인 '파트너'에 대한 간접적 부연 설명인 셈이다. MMM은 국가 사회주의의 가치와 '야생' 자본주의 사이에 에둘러가는 타협점을 발견한 것이다. 개인의 성공은 그 주변의 모든 이에게 행복을 퍼뜨린다.[22]

3. '공짜'의 주인공들

시간이 흐르면서 MMM 광고 캠페인의 연속극적 요소는 동시에 두 가지 차원으로 발전했다. 개인적 차원(즉, 레냐 골루프코프와 마리나 세르게예

---

22 이 주제는 또한 니콜라이 포미치와 엘리자베타 안드레예브나가 나오는 광고에도 존재한다. 이들은 은퇴한 연금생활자이기 때문에 삶에서 그리 많은 것이 필요하지 않다고 주장한다. MMM 덕분에 이들은 자신의 은퇴한 이웃을 포함하여 '다른 이들을 돕기' 시작했다(Stanley, *Russian TV Sampler*, program 102, p. 9).

브나 같은 MMM의 '파트너들'의 재정상, 연애상의 성공)과 회사 차원(MMM
이 망할 것이라는 루머를 떨쳐내는 것)이 그것이다. 우리는 이고리와 율리
야가 넓은 아파트에서 춤추며 돌아다니고 있는 것을 본다. 이들 특유의
배경음악이 흘러나온다. 아나운서가 그들에게 묻는다. "모두가 MMM을
비판하고 있어요. 당신은 걱정되지 않나요?" 율리야의 대답은 이렇다.
"왜 우리가 걱정해야 하죠? 우리나라에서는 언제나 사람들이 좋은 것을
비판하죠." 러시아식 노동윤리의 한심한 잔재에 대한 MMM의 수백만
달러짜리 도전에 관한 대중의 우려에 답하여 레냐는 자신의 이전 "가계
성장 계획"이 "틀렸다"고 결론을 내린다. 수익을 사치품에 낭비하는 대
신 그는 자신의 굴착기를 다시 사들이고 자기 자신의 사업을 시작할 것
이다. 뒤늦게 골루프코프는 사유화의 영웅으로 제시된다. 우리는 레냐와
그의 형이 빈 보드카병과 먹다 남은 안주에 둘러싸여 논쟁하는 광고에
서 레냐가 세운 계획의 초기 버전을 볼 수 있다.

아나운서 이 사람이 레냐 골루프코프입니다. 그리고 이 사람이 그의 형
이반이죠.
이반 너는 공짜만 좋아하는 녀석이야, 렌카! 바보같으니. 넌 우리 어머
니 아버지가 우리에게 가르친 것을 잊었니? 정직하게 땀흘려 일하라.
그런데 지금 너는 여기저기 돌아다니면서 법석을 떨고 주식을 사고 있
잖니. 너는 너무 공짜를 좋아해!
아나운서 레오니드는 잠시 생각하더니 말했습니다.
레오니드 형이 틀렸어. 나는 공짜를 좋아하는 것이 아니야, 형. 나는 내
돈을 정직하게 내 굴착기를 사용해서 벌고 있어. 형은 공장을 세우기 원
했어. 형은 형 스스로의 힘으로는 그럴 수가 없어. 그렇지만 우리 모두

가 합세하면 세울 수 있어. 공장은 우리에게 수익을 가져다 주고 우리 식탁에 음식을 가져다 줄 거야, 나는 공짜만 좋아하는 사람이 아니야. 나는 파트너야.

아나운서 맞습니다, 레오니드. 우리는 파트너입니다.

A/O MMM.[23]

이 특정 광고의 핵심은 물론 레냐의 진심 어린 호소이다. "나는 공짜만 좋아하는 사람khzliavshchik이 아니야. 나는 파트너야." 여기서 MMM에 대한 점점 증가하는 공격은 부엌에서 술취해서 벌어지는 논쟁의 친숙하고 코믹한 차원으로 옮겨진다(이반의 발음은 불분명하고 레냐는 논리정연한 문장을 만들어 내려고 애를 쓰고 있다). 그리고 이들의 대화는 텔레비전에 나오는 전문가나 일반인들이 가장 불쾌하게 여기는 MMM의 측면을 부각시키고 있다. 쉽게 번 돈에 의해 제기되는 도덕적 진퇴양난이 그것이다. MMM의 수익의 원천이 호기심을 끄는 원인이었던 한편, 마브로디의 다단계 방식의 합법성은 일차적 관심사가 아니었다. 또한, 다른 '파트너들'의 희생의 대가로 수익이 만들어진다는 윤리적 파문도 다단계가 결국에는 무너질 수밖에 없다는 것을 잘 알고 있었던 투자자들에겐 문제가 되지 않았던 것 같다.[24] 대신, 자신에 대한 광고 말고는 아무것도 생

23 Stanley, Russian TV Sampler, program 103, p. 8.
24 실제로, 마브로디의 옹호자들은 MMM이 돈을 어떻게 벌었는지 설명할 의무가 없다고 주장하곤 했다. 라리사 피야제바는 『독립 신문』(Nezavisimaia gazeta)에 실린 그녀의 악명높은 마브로디 변호 칼럼에서 "이 모든 것은 그의 비즈니스이고 그는 사회, 국가, 그리고 그의 주주들에게까지도 이것을 말하거나 말하지 않을 자유가 있다. 결국, 마브로디가 과묵한 것이 싫은 주주는 좀 더 말수가 많은 또 다른 마브로디를 선택하면 된다"(Larisa Piyazheva, "Position: Free Sergei Mavrodi! On Entrepreneurial Ethics and the State's Zeal", Nezavisimaia gazeta, 1994. 09. 27., p. 1, 4; trans. in Current Digest of the Post-Soviet Press 46, no. 39[1994. 10. 26], p. 12).

산하는 것 같지 않은 회사 MMM은 포스트소비에트 탈산업화 세계에서 노동의 개념에 대한 대중의 불안에 초점을 맞췄다.[25] 다단계 전략을 차치하더라도, 1990년대 초기 러시아인들은 무역과 서비스 산업이 소비에트 산업경제를 대체하기 시작하는 것을 불편한 마음으로 지켜보았다. 완고한 공산주의자들은 그들의 종말론적 비전이 실현되는 듯 보이는 것을 공포에 떨며 지켜보았다. 러시아 공장 조립 라인들은 서서히 중단되었고, 반면 스니커즈 바를 파는 캔디 가판대는 놀랄 만한 속도로 여기저기서 나타났다.[26] MMM은 공식 소비에트 문화의 가장 중요한 신화 중 하나에 정면으로 도전했다. 생산이 급감하는 반면 소비재의 유통이 증가하는 상황은 노동자의 노동이 물자부족 외에는 아무것도 생산해 내지 못하던 소비에트 삶의 일상 경제만큼이나 역설적이었다.[27] 또는, 블라디슬라프 토도로프가 주장했듯이, 소비에트 공장들은 "물자를 생산하기 위해 지어진 것이 아니라" "상품의 부족과 상징적 의미의 과잉생산"을 초래한 "산업화의 비유적 형상"이었다.[28] 소비에트 노동의 비효율성이 끊임없는

25 1994년 여름까지 MMM 간부들은 자신들의 유일한 상품이 광고라는 것을 결코 인정하지 않았다. 킬리바예프가 명백한 회사 도산에도 불구하고 새로운 MMM 광고 시리즈가 나올 것이라고 발표했을 때, 그는 새로운 광고가 "사람들을 진정시키고 그들에게 MMM이 건재하며 새로운 광고들을 만들고 있음을 보여 주도록 계획되었다"고 말했다(Mikhail Dubik, "Lyonya Seeks New Life as a Small Businessman", *Moscow Times*, 1994. 07. 29., p. 2).

26 마르스 사(社)의 공격적인 마케팅 덕분에, 스니커즈는 외국 수입품의 홍수에 대한 대중의 불만에 있어 비난의 표적이 되었다. 1993년과 1994년에 마르스 사는 과자류에 대한 모든 텔레비전 광고시간의 80%와 63%를 각각 차지했다. 1993년 12월 블라디미르 지리노프스키는 심지어 스니커즈를 방송 금지하자는 캠페인을 벌이기도 했다. 다음을 참조하라. Ellen Mickiewicz, *Changing Channels: Television and the Struggle for Power in Russia*(Oxford: Oxford University Press, 1997), pp. 236~237.

27 노동에 대한 소비에트식 태도를 광범위하게 살펴본 연구로 다음을 참조하라. Mikhail Epstein, "Labor of Lust: Erotic Metaphors of Soviet Civilization", *After the Future: The Paradoxes of Postmodernism in Contemporary Russian Culture*(Amherst: University of Massachusetts Press, 1995), pp. 164~187.

28 Todorov, *Red Square, Black Square*, p. 10.

조크의 대상이었다 할지라도("우리는 일하는 척하고 그들은 우리에게 봉급을 주는 척한다"), 실제 노동을 수행하고 싶은 열망이 억압됨과 동시에 노동이라는 개념에 대한 존중이 심어졌다. 토도로프가 주장하듯이, 소비에트 경제는 당연하게도 바로 그 시작에서부터 흉내에 불과했다. 그러나 MMM은 노동의 환상마저도 인정사정없이 없애버림으로써 열심히 일하는 것이 더이상 쓸모없다는 대중의 잠재적 불안감을 불러일으켰다. 이는 또한 이전에 구어적 속어로 여겨지던 단어인 '공짜'를 '복권'시켰다.

'공짜'Khaliava란 그게 돈이 되었든 소유물이 되었든 간에, 노력 없이 얻어질 수 있는 모든 것을 가리킨다. 이 단어는 전혀 외설적이지는 않지만, 적어도 확실한 것은 MMM 사건 전에는 『이즈베스티야』Izvestiia나 『문학신문』Literaturnaia gazeta과 같이 수준 있는 신문에는 절대로 눈에 띄게 사용되지 않았다는 것이다. 이 용어 자체가 노동의 운명에 대한 대중의 불안의 초점이 되었다. 왜냐하면 이 용어가 조소의 표현으로 종종 사용되었던 한편, 많은 시사논평자들은 '공짜'라는 말이 그들이 '러시아의 영혼'이라 여기는 것에 대해 유혹적인 매력을 지니고 있음을 인지했기 때문이다.[29] 옐레나 이바니츠카야는 MMM 사태가 절정에 달했을 때 이러한 다단계 조직이 도스토예프스키의 질문을 떠올리게 한다고 쓴 바 있다. "러시아식 무도한 행동과 정직하게 일해서 돈을 저축하는 독일식 방법 중에 뭐가 더 끔찍한 일인지 정말 모르겠다." 이바니츠카야에 따르면, 바우처 사유화 캠페인은 애초부터 "글러먹었다". 왜냐하면 "이런 웃기

---

29 니콜라이 안드레예프는 "MMM 광고에서 자본주의는 무위도식자와 의지박약자들의 천국으로 묘사된다"라고 통탄한다. 그러나 그는 또한 "우리의 러시아적 기질을 고려한다면, 존재의 이러한 이미지는 그야말로 적절하기 짝이 없다"라고 인정한다(Nikolai Andreev, "Khorosho li dlia Rossii to, chto prekrasno dlia 'MMM'?" Chas-Pik, 1994. 08. 03., p.2).

지도 않는 걸 심각하게 받아들이는 것은 우리가 가진 러시아식 허세와 우리 영혼의 폭과 우리가 사랑해 마지않는 분노를 떠올릴 때 부끄러운 일"이기 때문이다.[30] MMM의 지지자들 쪽에서는 어떠했는가 하면, 쉬운 돈벌이에 대한 '러시아식' 열망을 받아들이고 대신 이들을 게으른 자들로 규정하는 것에 이의를 제기했다. 세르게이 바르딘이 당시 MMM의 가장 든든한 옹호자 중 하나였던 『독립신문』Nezavisimaia gazeta에 썼듯이, "탐욕스럽고, 음흉하고, 멍청한 우리는… 공짜로na khaliavu 부자가 되고자 하는 열망 앞에서 유죄이지만, 우리의 모든 부정적인 품성에도 불구하고 얼마간의 긍정적인 품성도 여전히 지니고 있다".[31]

레냐와 이반의 '부엌 논쟁'은 단지 '공짜' 문제를 정면으로 다루는 것 이상의 의미가 있었다. 이 논쟁은 MMM을 비판하는 이들의 불만을 광고 자체에 포함시키고 즉시 그 불만을 새로운 사업가적 신화로 대체함으로써 비판자들을 무장해제시키려는 시도였다. 그렇다 하더라도, 생일 파티에 간 마리나 세르게예브나에 대한 광고처럼, 이 광고는 새로운 '남의 도움 없이 스스로의 힘으로'식 윤리를 사회주의적 가치 위에서 성장한 청중이 이해하고 수용할 수 있을 만한 표현으로 포장해 제시했다.[32]

---

30 Elena Ivanitskaia, "Metafizika aktsii. Piat' podstupov k teme", *Obshchaia gazeta*, 1994. 08. 5~11, p. 9.

31 Sergei Bardin, "Nas reshili sdelat' plokhimi, chtoby ne reshat' nashi problemy?" *Nezavisimaia gazeta*, 1994. 08. 12., p. 7.

32 블라디미르 마군은 레냐가 '공짜'를 부인한 것을 "이 광고 시리즈의 전반적인 친−자본주의적 지향에 반하는 구시대 가치에 대한 특이한 양보로서 잘못된 행동"이라고 본다("Prostota", p. 11). 이 광고들이 확실히 사회주의적 가치에 대한 양보이긴 하지만, 그렇다 하더라도 공장을 짓고 싶어하는 레냐의 열망을 "친자본주의적 지향"에 반하는 것으로 보기는 어렵다. 여기서 마군 자신은 자본주의를 '공짜'와 동일시하는 것처럼 보인다. 투로프스카야는 보다 미묘한 견해를 보인다. 그녀는 레냐의 새로운 계획이 "소비에트 선전 전통에 매우 잘 들어맞는다"는 것을 인정한다. 그렇지만 그녀는 또한 새로운 레냐는 "'공짜'의 이데올로기가 여전히 충분히 존경할 만한 것은 아니다"라는 것을 MMM이 자각한 결과라고 본다(Turovskaia, "Lenia Golubkov", p. 23).

레냐의 이야기는 이제 단순히 개인적인 성공(언제나 질투와 억울함을 불러오는) 차원이 아니라 집단적 노력의 차원으로 표현되었다. 투자자들을 지칭하는 MMM의 영리한 완곡한 표현이 반복적으로 언급된다. 바로 '파트너들'이다. 어떤 것도 개인적으로는 성취되지 않으며 심지어 레냐가 보드카의 취기에 힘입은 색조로 그리고 있는 사적 소유권의 천국 또한 실제로는 오히려 일종의 협동조합이다. 그 꿈 자체는 묘하게도 '탈산업화' 시대 이전의 가치를 반영한다. 이반과 레냐는 공장을 짓고 싶어한다. 공장의 종류는 전혀 중요하지 않다. 단지 공장이라는 사실(토도로프의 "산업화의 비유적 형상")이 레냐의 가치관이 비뚤어져 있지 않다는 것을 보여 주기에 충분하다.

4. 예비내각으로서의 MMM

물론, 골루프코프의 창조자들에게 가장 큰 도전은 1994년 여름에 일어난 다단계 조직 붕괴였다. MMM 주식의 가치가 계속 오르자 정부는 회사 경영에 대한 정밀조사를 강화했다. 7월 18일, 국가 독점 방지 위원회는 텔레비전 방송국들로 하여금 MMM 광고 방송을 중단하도록 촉구했다. 그렇지만 그 요청에 아무도 귀기울이지 않았다. 1994년 3월, 4월, 그리고 5월에 2,666건의 MMM 광고가 러시아 텔레비전 전파를 탔고 재정적으로 궁지에 처한 방송국들에게 긴요한 현금을 가져다 주었다.[33] 훨씬

---

33 Julia Wishnevsky. "MMM", *RFE/RL Daily Report*, 1994. 07. 19.; "Na TV emotsii perevodiatsia v tsifry", *Izvestiia*, 1994. 06. 17., p. 9, as quoted in Mickiewicz, *Changing Channels*, p. 237. 광고비가 사전에 미리 지불되었기 때문에 텔레비전 채널들이 MMM 광고 방송을 중단하는 데 애를 먹었을 수도 있다(Otto Latsis, "Chto eto za istoriia?" *Izvestiia*, 1994. 08. 06., p. 2).

더 중요한 사건은 3일 후 나온 세금 사찰단의 발표였다. MMM의 자회사 인베스트-컨설팅은 당장 지불해야 할 세금 채무가 4억 9천 9백만 루블이나 있었다. 마브로디는 다음날(7월 22일) 더 센 베팅으로 응수했다. 만약 강제로 지불하도록 요구받는다면, 그는 MMM을 문닫고 정부로 하여금 그의 성난 주식소유자들을 상대하도록 할 것이었다. 7월 26일 MMM이 모든 거래소의 문을 닫았을 때쯤에는 이미 공포가 여기저기서 터져나오고 있었다. 거대한 군중이 바르샤프카 가에 있는 MMM 본사 밖에 운집했다——7월 26일에는 2천에서 3천의 사람들이, 다음날에는 1만 3천 명으로 추산되는 군중이 모였다. 이미 26일에 독립 딜러들은 사태 시작 전에는 115,000~125,000루블 하던 MMM 주식을 65,000~75,000루블에 사들이고 있었다.[34] 늘 그렇듯이, 정부와 MMM은 다루기 힘든 군중들을 진정시키기 위해 각각 자기 방식대로 조치를 취했다. 마브로디는 진정시키는 메시지를 녹화한 반면, 당국은 그리스 비극에서의 합창단만큼이나 모든 포스트소비에트 대중 위기 상황에서 필요불가결한 '특별 기동대'인 오몬OMON[35]을 들여보냈다. 7월 29일 MMM은 공황상태에 대한 책임을 전적으로 정부에 돌리면서 상황상 어쩔 수 없이 MMM 주식을 115,000 루블에서 950루블로 절하한다고 발표했다. 저녁께까지 군중은 바르샤프카 가의 교통을 마비시켰고, 오직 오몬만이 질서를 재확립시킬 수 있었다.[36] 다음날 마브로디는 새로운 MMM '티켓'을 발행했고, 재무성은 이를 승인하지 않겠다고 선언했다. MMM쪽으로서는 이 티켓들을

---

34 Andrei Kniazev & Alina Kazakova, "AO 'MMM': a ved' vse moglo byt' inache…", *Russkii biznes*, 1994. 08. 01~07., p. 14.

35 [옮긴이] 오몬(OMON, otriad milicii osobogo naznačeniia)은 러시아 국가근위대 소속의 특수기동대를 가리킨다.

36 Ibid., p. 14.

'판촉물'이라고 명시했는데, 이것은 거짓광고는 아니었다. '판촉물' 표기가 오지 깨알 같은 세부조항에 들어 있긴 했지만 말이다.[37] 새 티켓들은 또한 세르게이 마브로디의 초상이 인쇄되어 있다는 점에서 이전 것들과 달랐다. 이것은 미학적인 관점에서는 아닐지라도 홍보를 위한 관점에서 현명한 행동이었다. 왜냐하면 이것은 MMM의 창립자가 러시아를 몰래 빠져나가려는 계획이 없다는 것을 암시했기 때문이다. 티켓의 공식 가격은 1,065루블이었다. 그리고 MMM의 평판에 대한 공격에도 불구하고 활발한 거래가 시작되었다.[38]

혹자는 중앙 정부와 일개 사영 회사 간의 싸움의 결과가 뻔하다고 생각할지도 모른다. 그럼에도 불구하고 정부의 반 MMM 캠페인은 좌초되고 있었다. 이는 적어도 부분적으로는 정부가 실체보다는 전적으로 이미지에 의존하는 적과 어떻게 싸워야 할지 몰랐기 때문이었다. 내러티브 게임의 법칙에 대한 정부의 이해 결여는 MMM의 활동을 단속하려는 뒤늦은 시도에 확실한 장애로 작용했다. 그리고 이러한 이해 결여로 인해 마브로디는 매 행보에서 적들의 허를 찌를 수 있었다. 그 결과, 정부는 회사뿐 아니라 회사의 허구적 창조물과의 전쟁에 뛰어듦으로써, 스스로를 웃음거리로 만들어 버리게 되었다. 더더욱 잊지 못할 순간 중 하나는, 수상 빅토르 체르노미르딘이 국영 텔레비전에 출연하여 마리나 세르게예브나와 레냐 골루프코프를 언급하며 그들에게 자신의 돈 씀씀이에 더 주의하라고 경고했을 때였다.[39] 마브로디는 그때 체르노미르딘에게 형

---

37 Andrei Koleshnikov, "Aktsii otchaianiia", *Moskovskie novosti*, 1994. 07. 21., p. 1; Otdel ekonomicheskoi politiki, "Kommentarii", *Kommersant*, 1994. 08. 10., p. 15.

38 Louisa Vinton, "MMM Pyramid Comes Crashing Down", *RFE/RL Daily Report*, 1994. 08. 01.

39 "우리는 레냐 골루프코프와 마리나 세르게예브나와 같은 사람들에게 시장 경제에서 쉽게 돈버는 기회들이 곧 사라지기 시작할 것이라고 경고해 주어야만 한다"(다음에 방송되었음. Michael

3장 _ 주식공모 **107**

세를 역전시켰다. "그러니까, 당국은 레냐 골루프코프와 마리나 세르게예브나를 안 좋아한답니다"라고, 그는 국영 신문지상에서 응수했다. "그렇지만 레냐 골루프코프와 마리나 세르게예브나는 당국을 좋아할까요? 아무도 그에 대해 물어본 적이 없죠. 아직까지는 말입니다."[40] 만약 수상과 마브로디가 언어의 전쟁을 치르고 있었다고 한다면, 체르노미르딘은 이미 패배로 가는 길에 들어서 있었다. 그는 MMM의 주인공들을 마치 실제 인물인 것처럼 들먹임으로써 이미 중요한 수사적 입지를 양도해 버린 셈이었다. 답변에서 마브로디는 또한 레냐와 마리나 세르게예브나를 이름으로 거명하였지만, 그들의 적, '당국'은 추상적인 존재로 남겨 놓았다. 그 결과 MMM의 인물들은 비인간적인 관료적 강제력에 의해 희생당하는 고전적인 '작은 인간'으로 비쳐졌을 뿐 아니라, 또한 그들의 반대편에 있는 이름없는 정부 당국보다 훨씬 '실제'인 것처럼 보였다. 더구나 마브로디의 화법은 아주 은근한 협박을 포함하고 있었다. 만약 정부가 MMM을 폐쇄시킨다면, 마브로디의 '파트너들'이 투표장에서 보복할 것이었다.

실제로, 다음 두 해 동안 사태가 진행되면서 더욱더 분명해진 것은 MMM과 그의 '파트너들'이 스스로를 현재의 '집권당'뿐 아니라 러시아 정부 자체에 대한 하나의 대안으로 일컫고 있었다는 것이다.[41] 마브로디

Shuster, "Russian Investor Rocked by Pyramid Scam", *National Public Radio Morning Edition*, 1994. 08. 03., transcript 1404).

40 Sergei Mavrodi. "Ob''iasnenie v neliubvi", *Kuranty*, 1994. 07. 27., p. 11.

41 당시 러시아 논평자들이 MMM의 자기 표현에 나타난 이 새로운 전환을 이해하지 못한 것은 결코 아니었다. 발렌틴 알렉산드로비치는 1994년 8월 12일에 다음과 같이 썼다. "자본은 이제 권력까지 요구하고 있다. A/O MMM은 여론을 형성하고, 그 자신의 신문을 발행하고, 아무런 외부 제재를 받지 않을 권리를 가지고 당과 정부의 기능을 통합하는 독립된 권력 개체로서 취급받기를 원한다"(Valentin Aleksandrovich, "Chastnyi sluchai ili krizis politki?" *Nezavisimaia gazeta*, 1994. 08. 12, p. 7).

는 MMM이 현 정부와 헌법에 대해 국민투표를 실시하는 데 필요한 백만 서명을 모을 수 있을 만큼 큰, 전 러시아연방에서 가장 강력한 정치세력임을 주장했다. 옐친 정부는 그 점에 있어서 특히 취약했다. 정부는 국가의 헌법 위기상황을 해소하기 위해 전국을 거의 끝날 것 같지 않은 4문항짜리 국민투표 과정에 몰아넣었지만 결국 실패로 끝나고 말았다.[42] 8월 8일경 마브로디의 '파트너들'은 마브로디를 대통령으로 지명하는 것에 대해 공개적으로 얘기하고 있었다. 겨우 몇 년 전만 해도 옐친 정부의 가장 큰 위협이 공산주의자들로부터 오는 것처럼 보였다면, 이제 MMM이 그 대항의 역할을 거의 넘겨받는 듯 보였다. 8월 19일 골수 공산주의자들이 실패한 반-고르바초프 쿠데타 기도를 기념하는 데모를 조직했을 때, 같은 날 열린 MMM 집회에는 훨씬 더 많은 참가자들이 운집했다.[43]

MMM의 신문 광고는 회사와 정부가 동등한 세력으로 제시되도록 강력히 조장했다. 8월 16일자의 이러한 광고 중 하나에서는 MMM의 대표들이 회사가 "러시아 선전기관의 타깃"이 되었다고 주장했다. 이 광고는 싸움이 정부에게 유리하도록 불공평하게 편중되었다는 암시를 주고 있었다. 그러나 이 '불의'는 정부에 대한 것이라기보다는 라이벌 회사에 더 적절할 표현으로 묘사되었다. 광고는 "당국으로부터의 정보는 발표된 바로 당일 완전히 무료로 신문에 즉각 실렸다"고 분노를 표현했다.

---

42 실제로 일어날 수도 있었을 이 국민투표는 나중에 깨닫고 보니 훨씬 더 위협적인 드문 경우들 중 하나였다. 러시아연방안전위원회의 수장은 1997년 일련의 다단계 조직 실패 이후 일어났던 알바니아 중앙 정부의 붕괴를 인용하면서, 이것이 1997년 3월 20일 MMM에 관한 서류들을 대검찰청에 보내도록 결정한 이유 중 하나였으며, 이렇게 함으로써 마브로디에 대한 형사 소송 가능성을 사실상 연장할 수 있었다고 말했다(Natalia Gurshina, "Pyramid Scheme Documents Given to General Prosecutor", OMRI Daily Digest, 1997. 03. 30.).

43 Julia Wishnevsky, "August 1991 Anniversary Roundup", RFE/RL Daily Report, 1994. 08. 22.

"하지만 MMM으로부터 나온 정보는 신문에 내기 위해 돈을 지불해야 만 했다."[44] 어느 경우든, MMM의 "파트너들"은 재빨리 회사가 이끄는 대 로 따라서 정부 입지에 손상이 가는 쪽으로 정부와 MMM을 계속해서 비 교했다. 8월 14일 『콤소몰스카야 프라브다』Komsomol'skaia pravda에 실린 한 광고에서는 "만약 정부가 A/O MMM이 우리 힘없는 보통 사람들을 위 해 한 일의 십분의 일이라도 했다면" 오래전에 정부에 환호를 보냈을 것 이라는 내용의 네 가족이 서명한 편지가 실렸다.[45] 특히 당시 상황을 효 과적으로 보여 주는 것은 투자자들의 제안이었다. 두흐네비치라는 이름 의 경제학자는 8월 5일에 다음과 같이 썼다. "이제 MMM이 자신의 신문 과 은행을 가지고 주택 건설과 같은 사회 문제를 해결하는 데 보다 적극 적으로 나서야 할 때다. 만약 MMM이… 달력, 티셔츠, 모자 등을 생산한 다면 좋겠다." 말하자면, MMM은 소련 몰락 이후 방치되어 온 모든 국가 기능을 가져야 한다는 것이다. 더욱이, MMM이 소비에트 시대에 특별 한 지위를 지녔던 사회 범주에 특별한 대우를 해주어야 한다는 일반적 인 기대가 있었다. MMM이 1994년 7월 거래소의 문을 닫은 후 이 회사 가 은퇴한 사람들과 전쟁 참전 용사들에게 먼저 지불해야 한다는 제안 이 반복적으로 제기되었다.[46] 두흐네비치의 희망사항 목록은 다음과 같

44 "V istorii s 'MMM' nezavisimaia pressa okazalas' zavisimoi ot vlastei", Komsomol'skaia pravda, 1994. 08. 16., p. 4.

45 "Pis'ma v MMM", Komsomol'skaia pravda, 1994. 08. 14.

46 일례로 다음을 참조하라. Bardin, "Nas reshili", p. 8. 도산 직후, 루이자 빈튼의 보도에 따르면, MMM이 "보다 친절하고 보다 신사적인 다단계 조직의 이미지를 투영하려는" 시도로서, 만약 주 주들이 장례식, 결혼식, 또는 다른 응급상황 비용으로 돈이 필요하다는 것을 증명할 수 있다면 도 산 이전 가격으로 "선택된 '어려운' 투자자들"의 주식을 현금 교환해 주겠다고 제안했다. 곧, 즉 석에서 조직된 투자자 위원회가 "아프간 전쟁 상이 용사들과 체르노빌 희생자들 또한 옛 가격으 로 주식을 현금화할 수 있을 것"이라고 발표했다(Louisa Vinton, "…While MMM Builds Good Guy Image", RFE/RL Daily Report, 1995. 08. 02.).

이 계속된다. "만약 MMM이… 특별 영화 상영회나 연극 또는 특별 문학을 보여 주는 자리를 마련하여 참전 용사들이 시장적 관계에서 자리를 잡을 수 있도록 도와 준다면 정말 좋을 것이다."[47] 만약 소비에트 국가가 사회주의하에서 노인들을 돌보아야 했다면, 시장 경제에서 이들을 돕는 것은 MMM이 해야 할 일이었다.

MMM의 약속을 믿는 사람들의 수는 마브로디를 공직에 선출하기에 충분했다. 1994년 10월 31일, 마브로디는 국가 의회(두마)에 선출되었다. 의회에서 그는 MMM 사무소들이 다음해까지 폐쇄된 채로 있을 것이며 회사에 있는 모든 현 주식이 무효라고 선언함으로써 자신이 대중으로부터 얻고 있던 지지의 대부분을 잃어 버렸다. 확실한 것은, 겨우 2주 전에 감옥에서 풀려난 마브로디는 단지 의회 면책 특권을 얻기 위해 공직에 출마했다는 것이다.[48] 전 '1992년도 미스 자포로제'였던 그의 아내 옐레나는 의회에 입성하기 위한 선거에서 두 번이나 실패했다. 첫번째는 1995년도였고, 다음에는 1997년이었다(그녀의 경쟁자들 중에는 체스 챔피언 아나톨리 카르포프와 옐친의 전직 경호원이었던 알렉산드르 코르자코프 등이 있었다).[49] 만약 1994년도가 MMM이 정치적 세력으로 나타

---

47 "Pis'ma v 'MMM'", *Pravda*, 1994. 08. 09.
48 실제로, 1995년 4월 7일 마브로디로부터 면책 특권을 박탈하려는 시도는 실패했고 한 달 후 그에 대한 형사 소송 절차는 중단되었다.
49 코르자코프가 끝내 승리한 이 경쟁은 MMM의 정계 진출 시도에서 재미있는 보충 설명이 될 것이다. 1994년 MMM은 회사 이익 이상의 것을 염두에 두고 있는 것처럼 보이기 위해 혼신의 노력을 다했다. 그러나 1997년 옐레나 마브로디의 툴라에서의 캠페인은 다단계 조직 그 자체와 다를 것이 없었다. 마브로디 부인을 위해 '선거운동원'이 되기로 계약서에 서명한 시민들은 3,000루블(당시 약 55센트)씩 받을 수 있었고, 선거 후에는 '자기 투표구역의 선거결과'에 따라 최고 5천만 루블(당시 9,000달러)까지 받을 수 있었다. 선거운동원들은 자기가 모집한 선거운동원 한 명당 부수적으로 3,000루블을 더 받았다(laura Belin, "Yelena Mavrodi's Election Pyramid Scheme in Tula", *OMRI Daily Digest*, 1997. 01. 06). 옐레나 마브로디의 후보 등록은 선거 전날 취소되었다(Anna Paretskaya, "Korzhakov Wins Duma Seat", *OMRI Daily Digest*, 1997. 02. 10).

나는 것을 목도했던 해라면, 1995년은 마브로디의 정치적 야심이 꺾인 해였다. 9월, 당원에게만 MMM 주식 배당금을 지불하겠다는 마브로디의 결정 때문에, 중앙 선관위는 그의 '인민 자본당'의 등록을 거부했다. 200여 명에 불과한 시위대가 선관위 앞에서 시위를 벌였다. 이는 1994년 영광의 날들과는 완연히 다른 상황이었다.[50] 마브로디는 12월 재선출 시도에서 실패했다. 그러고 나서 그는 1월에 러시아 대통령 선거 출마를 선언했다. 그러나 그때쯤 마브로디는 새로운 범죄 기소에 직면하고 있었고, 선관위는 그를 대통령 후보로 등록하기를 거부했다. 마브로디는 또 다른 다단계 조직(MMM-1996)을 런칭했지만, 이것은 그가 한때 익숙했던 관심 비슷한 것도 결코 끌어내지 못했다. 명백히, 마브로디의 시대는 끝났다.[51]

5. 파트너들의 무제한적 역할

어떻게 MMM이 러시아 정부 기관에 대해 약간이라도 믿을 만한 대안으로까지 여겨질 수 있었는지 이해하기 위해서는 체르노미르딘이 허구적 인물들을 공격하는 것을 그만두고 마브로디 자신에게 주의를 돌리게 된 바로 그 중대한 순간으로 되돌아가 볼 필요가 있다. 마브로디의 연행은 주의깊게 연출된 언론극으로서, 명백히 MMM을 그것이 차지하고 있던 금융 중심 위치로부터뿐 아니라 방송에서의 지배적 위치로부터도 축

50 Laura Belin, "MMM Shareholders Picket Central Electoral Commission", *OMRI Daily Digest*, 1995. 10. 05.
51 Alaistair Macdonald, "Russian Pyramid King Back in Business", *Reuter European Business Report*, 1997. 01. 13.

출하고자 하는 시도였다. 그러나 다시 한번 말하지만, 당국이 취한 조치는 섬세함을 결여하고 있었다. 정부는 MMM의 연속극에 허술한 대본의 경찰 드라마(오몬의 마브로디 아파트 급습)로 대응했던 것이다. 오히려 연행은 마브로디를 순교자로 만들었고 그는 이 이미지를 감옥에 있는 동안 어느 정도 성공적으로 써먹을 수 있었다. 미국인들이 LA 경찰이 오 제이 심슨을 느릿느릿 쫓아다니는 것을 구경하던 그 해 여름 동안, 러시아 텔레비전 시청자들은 특별 기동대의 대원들이 금융 마법사의 커튼 뒤에 있는 이 신체적으로 보잘것없는 작은 남자를 잡기 위해 마브로디의 건물 측면을 기어오르는 것을 지켜보았다. 결과적으로 이 정부 주도의 텔레비전 드라마는 실패였다. 이는 부분적으로 당국이 전반적으로 혼동을 하고 있었기 때문이었다. 「결혼해서 아이가 있는」Married with Children에 나오는 번디 가족을 연행하기 위해 「뉴욕경찰 24시」NYPD Blue에 나오는 경찰들을 보내기로 결심한 제작자는 아마도 새로운 직장을 찾아야 할 것이다.

　　MMM의 반격은 언제나 그렇듯이 고무적이었고, 연속극이 통상적으로 익숙한 경계 훨씬 너머로 확장되었음을 보여 주었다. MMM의 광고 캠페인이 시청자 대중과 연속극 포맷 간의 화해를 나타냈음을 상기해 보라. 한때는 모든 연속극 주인공들이 이국적이었던 곳에서 이제 그들은 거의 웃길 정도로 친밀한 캐릭터가 되었다. MMM은 자기 '파트너들'에 대한 신뢰를 고취시키고자 시도하면서 한 걸음 더 나아갔다. 회사는 당시 여전히 러시아에서 방영중이던, 엄청난 인기 연속극 「프로스토 마리야」의 스타, 빅토리아 루포를 섭외했다.[52] 하루 만에 MMM의 스튜디오는

---

52 1993년 12월, 「프로스토 마리야」는 유사한 미국 프로그램 「산타 바버라」와 더불어, 러시아에서

프로스토 마리야가 MMM 연속극의 모든 주인공들을 각각 만나는 일련의 광고들을 찍어냈다.[53] 루포가 러시아어를 전혀 할 줄 모른다는 사실은 거의 장애가 되지 못했다(그녀가 말할 수 있던 유일한 단어인 "시, 시!"Si, si! 는 러시아인의 귀에는 마치 그녀가 자기 몸의 두드러지는 특징 중 하나에 주의를 끌고 있는 것처럼 모호하게 들렸다). MMM의 광고에 항상 존재하는 예의 아나운서는 언제나 대사의 반절을 담당한다.

아나운서 이고리와 율리야는 마리야 주변에서 조금 수줍어했습니다. 그래서 이들은 신변잡기에 대해 가벼운 대화를 나누었습니다. 날씨와 젊은이들의 패션, 영화, 음악, 좋아하는 연기자들에 대해서. 그리고 나서 마침내 그들은 사인을 받기까지 합니다. "이고리와 율리야의 추억을 기념하여 — 프로스토 마리야."
A/O MMM.[54]

같은 시리즈의 또 다른 광고에서 마리나 세르게예브나와 프로스토 마리야가 각자의 남자 친구, 볼로댜와 빅토르의 사진을 바꾸어 보는 순간 볼로댜가 직접 도착한다.

마리나 세르게예브나 오, 마리야, 나는 이 사람을 너무 사랑해요! 겁날

가장 인기 있는 10대 오락 프로그램 중 하나였다(Mickiewicz, *Changing Channels*, p. 234).
53 나중에 인용된 바에 의하면, 루포는 MMM에 대해 아무것도 모른다고 말했으며 자신의 이미지가 사람들을 "속이는" 데 사용되고 있는 것에 대해 우려를 표현했다(ITAR-TASS, "Ruffo ne znakoma s Marinoi Sergeevnoi", *Rossiiskaia gazeta*, 1994. 08. 17., p. 3). 또한 루포가 MMM을 상대로 소송을 제기할 계획이었다고 전해지지만, 실제로 아무 일도 일어나지는 않았다("Bakhyt Kilibaev—otets Leni Golubkova", *Argumenty i fakty* 33[1994], p. 8).
54 Stanley, *Russian TV Sampler*, program 102, p. 9.

정도로… 어떻게 생각해요. 내가 그를 신뢰할 수 있을까요?

아나운서 … 마리나 세르게예브나는 프로스토 마리아에게 묻습니다. "재밌는 남자네요" 하고 프로스토 마리야가 생각했습니다. "그렇지만 빅토르가 낫네요". "네, 빅토르는 정말 핸섬하죠" 하고 마리나 세르게예브나가 생각했습니다.

마리나 세르게예브나 이 사람이 볼로댜예요!

아나운서 이렇게 해서 볼로댜와 프로스토 마리야가 만나게 되었습니다. A/O MMM.[55]

먼저 연속극의 외국인 주인공들은 보다 친숙한 러시아인 캐릭터로 대체되었다. 러시아인 주인공들은 보다 쉽게 시청자를 대표할 수 있었고, 따라서 투자하고픈 모방 심리를 끌어냄으로써 시청자들을 '파트너'로 전환시키고자 시도할 수 있었다. 만약 광고가 효과가 있다면, 본질적으로 시청자는 광고의 주인공이 되는 것이다.[56] 이제, 특별 선물로 러시아 주인공들은 자신들에게 영감을 주었던 멕시코 주인공들을 만나게 된다. 이렇게 러시아 시청자들은 자신의 대리인들이 외국 영화 스타들을 만나는 것을 지켜보았다. 프로스토 마리야가 마리나 세르게예브나의 아파트로 걸어들어왔을 때, 그녀는 시청자의 집에도 역시 들어온 것이다. 성공적으로 연속극을 러시아화시킨 후 MMM은 자기네가 만든 평범한 주인공들과 그들의 이국적 모델들 간의 간극을 메웠다.[57] 러시아 시청자들은

---

55 Stanley, *Russian TV Sampler*, program 102, p. 9.
56 Cf. 알렉세이 타르하노프. "감독은 자기 광고의 주인공들이 아니라 광고의 소비자를 자신의 캐릭터로 만들었다"("Prostota", p. 6).
57 마이야 투로프스카야는 루포의 역할이 특히 많은 것이 시사하고 있음을 발견했다. "빅토리아 루포를 자신의 시리즈물에 초대함으로써, 바히트 킬리바예프는 공공연히 자신의 청중을 A/O MMM

연속극 여주인공 자신이 되는 것으로부터 단지 한 발짝 떨어져 있을 뿐이었다.

그러나 MMM의 '파트너들'이 회사 내러티브에 전적으로 참여하는 데에는 두 가지의 예상치 못한 전환이 필요했다. 하나는 매체에 대한 것이고 하나는 장르에 대한 것이었다. 텔레비전에서 신문으로의 전환과 국내 멜로드라마에서 성자전聖者傳으로의 전환이 바로 그것이다.[58] 당국이 마브로디를 연행하는 것이 텔레비전으로 방송되면서 마브로디에게 스포트라이트가 비춰졌을 때, 마브로디는 그 자신의 이야기를 했다. 이는 현대판 아바쿰의 자서自敍 성자전이 되려는 능란한 시도였다. 1994년 8월 정치적 신조를 막론하고 모든 주요 신문들에 실린 전면 광고에서 마브로디는 감옥으로부터의 편지를 연재했다. 이 편지들에서 그는 자신의 동기를 설명하고 자신의 '파트너들'에게 회사 총수에 대해 보다 분명한 이해를 가지도록 했다. 그의 전략의 두 요소가 즉시 명확히 드러났다.

이 소구하는 계층이라고 정의했다"(Turovskaia, "Lenia Golubkov", p. 23). 그러나 콘스탄틴 에른 스트는 루포를 포함시킨 것을 "완전히 부자연스러운" 것으로 본다. "우리의 광고 주인공들은 아마도 '날씨 얘기' 말고는 그녀와 함께 얘기할 거리가 아무것도 없었을 것이다. 나는 이것이 감독의 잘못이라고 보지 않는다. '마리야'는 우리와 다르고 다른 세계에서 왔기 때문에 이 같은 접촉은 원칙적으로 일어날 수가 없는 것이었다"("Prostota", p. 6). 루포 시리즈 전반(그리고 특히 프로스토 마리야가 이고리와 율리야를 만나는 장면)에 대한 에른스트의 해석은 핵심을 놓치고 있다. 이들의 대화가 부자연스러운 것은 스타에게 반한 청중이 그녀를 면대면으로 만났을 때 보임직한 반응과 완전히 일치한다는 바로 그 사실 말이다. 어떤 경우든, 프로스토 마리야는 여기서 생각하는 주체라기보다는 살아 있는 아이콘으로 취급되고 있다. 만약 인물들이 그녀에게 너무 가까이 다가갔다면, 그녀의 스타덤의 아우라를 손상시켰을 것이다. 마지막으로, MMM 인물들의 대화에 놓인 한계는 ('수줍음' 때문이거나 또는 아나운서의 대사 독점 때문이거나 간에) 명백한 실질적 목적을 가지고 있었다. 러시아인 캐릭터들이 적게 말할수록 우리는 마리야 자신이 러시아어를 한 마디도 못한다는 사실을 덜 인지하게 된다.

58 이것은 MMM이 1994년 여름 이전에 신문 광고를 발간하지 않았다는 얘기는 아니다. 오히려 반대로, 소박하게 그려진 만화가 실린 전면 광고를 모든 주요 신문에서 찾아볼 수 있었다. 그러나, 이 인쇄 광고는 레냐와 그의 친구들이 했던 것 같은 방식으로 대중의 상상력을 매료시키지 못했다. 따라서 이 지면광고들은 러시아 논평가들에게 거의 언급되지 않으며 또한 본고의 범위를 벗어난다.

마브로디는 순교자이다, 마브로디는 성인이다. 'MMM의 회장, 세르게이 마브로디의 전기'는 심지어 어린 시절의 기적도 포함하고 있었다. 8학년일 때, 어린 세료자는 혼자 힘으로 고등수학을 공부했다. 그리고 선생들이 아팠을 때, 세료자는 대신 학급을 가르치도록 부탁받았다. '양심의 빛 속에서'라는 제목의 편지에서, 마브로디는 그의 연행을 "기만적"이라고 지칭했다. "'조국을 위해 고난받는 것은 쉽고도 즐거운 일이다'. 단기 독방 감금 동안에야 나는 비로소 이 말이 옳다는 것을 진정으로 이해하게 되었습니다." 편지는 마브로디의 대중에 대한 호소로 끝을 맺고 있다. "약해지지 마십시오, 그리고 그들이 당신을 다시 속이도록 내버려 두지 마십시오, 우리는 함께 승리할 겁니다. 결국 우리는 파트너들입니다."[59] 이렇게 마브로디의 고난은 우리의 고난이 되고 마브로디의 승리는 우리의 승리가 되었다. MMM의 모든 광고 캠페인에 숨은 의미는 적절한 금융 계획을 통한 역경의 극복이었다. 그리고 마브로디는 그 자신의 이야기를 성자전 전통으로부터 자유롭게 차용해 메시지에 맞도록 고쳐썼다.

MMM이 그 '파트너들'을 회사의 중심 내러티브에 완전히 포함시키는 데 성공한 것은 바로 이 지면 광고를 통해서였다. 만약 러시아인 투자자들을 상징하는 레냐 골루프코프가 텔레비전에서 프로스토 마리야를 만날 수 있었다면, 방송을 타지 않는 '진짜' 투자자들은 전국에 걸쳐 신문지상에서 마브로디와 공간을 공유하고 있었던 것이다. 1994년 8월 러시아 신문들은 'MMM에게 보내는 편지'에 온 지면을 할애했다. 이 편지들에서는 '파트너'들이 잇달아 마브로디의 처우에 대한 분노와 마브로디의 회사의 기적 같은 힘에 대한 믿음을 표출하고 있었다. 마브로디의

---

59 Sergei Mavrodi, "Pri svete sovesti", *Nezavisimaia gazeta*, 1994. 08. 18., p. 6.

기적에 대한 이들의 믿음은 겉보기에 완벽했고, 이전의 단호한 반자본주의적 문화가 요구했던 믿음을 몹시도 상기시켰다. 연금생활자 드미트리는 "당신의 주식은 현실을 바꿨습니다. 마치 옛날이야기의 꿈에서처럼요."라고 썼다.[60] 아마도 그는 의식하지 못했겠지만, 그의 말은 1930년대 소비에트 학생들이 불렀던 노래, "우리는 동화를 현실로 바꾸기 위해 태어났다"를 반영하고 있다. 또 다른 투자자는 보다 개인적인 얘기를 풀어놓았다. "내 인생의 가장 중요한 순간에 MMM은 나를 가난으로부터 구원했습니다. 나는 모피코트나 휴양지에 대해 얘기하는 것이 아니라 일용할 빵에 대해 얘기하는 겁니다. 왜냐하면 방위산업에서 35년간이나 일했지만 정부는 나에게 고작 월 15,000루블밖에 지급할 수가 없었으니까요. 나는 은퇴할 때까지 1년 남짓 남았습니다. 그래서 직장을 그만두거나 새로운 직장을 찾는 것은 현실적인 얘기가 아닙니다. 게다가 나는 여성입니다."[61] 이쯤 되어서는 MMM의 광고 감독들의 천재성이 일상의 러시아 삶을 너무나 잘 그려내는 데 있는 것인지, 아니면 이들이 창조한 일련의 내러티브 전통이 너무나 강력한 나머지 청중이 무의식적으로 그 편지들의 공식을 복제하도록 유도된 것인지 헷갈리기 시작한다. 편모가 돌보는 페름 출신의 무카베프 가족은 레냐 골루프코프의 초기의 보다 소박한 성공을 자기 나름의 버전으로 쓰고 있다. MMM 덕분에 딸은 가죽 재킷을 샀고, 가족이 우유와 수프, 고깃국을 매일 먹을 수 있다. 심지어는 때때로 시장에서 바나나를 살 수도 있다. 이러한 이야기들은 물론 감동스러우며, 이는 곧 MMM이 지면 광고에 이것들을 싣는 가장 명백한 이유

---

60 "Pis'ma v MMM", *Nezavisimaia gazeta*, 1994. 08. 11.
61 "Pis'ma v MMM", *Sovetskaia Rossiia*, 1994. 08. 09., p. 4.

이다. 그러나 이 이야기들은 또한 투자자들과 '연속극' 주인공 간의 완전한 동일시를 나타내고 있다. MMM 주식을 사는 행위가 광고 캠페인에서 끊임없이 변화의 순간으로 그려지고 있었던 것과 마찬가지로, 광고 자체도 그 마법을 광고 대상에 작동시켜서 연속극 주인공을 투자자로, 텔레비전 시청자를 '파트너'로, 그리고 '파트너'를 MMM 내러티브의 참여자뿐 아니라 심지어 궁극적으로는 내러티브의 공동 작가로 바꾸어 놓았다. 수없는 정부 수사의 표적이 된 회사에게 이 전략은 타당한 것이었다. 만약 시청자들(동시에 투표자들)이 주인공이자 작가가 된다면 회사의 각본에 대한 이들의 투자는 적어도 회사 주식에 대한 투자만큼이나 클 것이다. 그들은 자신의 스토리가 반드시 해피 엔딩으로 끝나도록 최선을 다할 것이다.

* 이 장의 초고에 대해 논평해 준 마르크 리포베츠키와 프랜시스 베른스타인에게 감사한다.

4장

가가린과 레이브 키즈

포스트소비에트 밤문화와 권력, 정체성, 미학의 변형

알렉세이 유르착

그렇게, 그 성가시고 따분한 소비에트 시대가 망각 속으로 가라앉았다. 저녁과 밤에 갈 데가 아무 데도 없었던, 그리고 할 수 있는 유일한 일이라곤 재치 있는 친구들과 부엌에서 무의미하게 보드카를 마시거나 공공 아파트 방구석에서 갈망해 마지않는 가짜 서구 디스코 분위기를 만들어 내기 위해 스웨터를 테이블 램프에 씌워 놓고 멋진 음악에 맞춰 춤을 추는 것뿐이었던 그 시대가 말이다. 오늘날 유일한 문제는 스스로를 위해 밤 유흥을 즐길 적절한 장소를 선택해야 한다는 것이다. 필요한 것은 약간의 돈, 열정, 그리고 밤에 자지 않고 마치 화살의 전율처럼 육체를 꿰뚫는 새로운 진동음의 리듬에 맞춰 아름답고 우아한 방식으로 움직일 수 있는 지구력뿐이다. 어디서 밤을 보낼 것인가? 섹스톤, 에르미타쥬, 맨하탄, 펜트하우스, LSDance, 재즈 클럽? 거의 모든 곳에서 밤새 마실 수도, 그리고 심지어 그밖의 다른 것을 살 수도 있다. 마치 정상적인 나라에서 그러하듯이. 나는 아직도 이 새로운 생활에 놀라고 있다. 왜냐하면 나는 가장 가까운 나이트 클럽이 어디냐는 외국인의 질문에

조소적으로 "아마도 헬싱키에 있겠지요"라고 답하던 나라에서 자랐기 때문이다.[1]

1. 포스트소비에트 밤문화: 신흥 러시아인과 신청년들

댄스 클럽에서 비싼 카지노에 이르기까지 밤 하위문화의 출현은 포스트소비에트 첫 10년 동안 러시아 청년문화에서 일어난 가장 주목할 만한 변화 중 하나이다. 러시아의 많은 도시에서 나이트 클럽과 밤샘 댄스파티는 중요한 문화 형태가 되었다. 나이트 클럽과 댄스파티를 중심으로 음악, 패션, 언어 등의 영역에서 다양한 유형의 문화 생산체계가 형성되었고, 나이트 클럽과 댄스파티는 젊은 세대들이 구 소비에트 문화 상징들과 의미들을 재해석하고 새로운 포스트소비에트 정체성과 권력관계를 실험하는 장으로 기능하게 되었다. 적어도 러시아 대도시에서는 젊은 세대의 삶에 있어서 밤문화 씬scene이 대단한 중요성을 띠고 있기 때문에, 나는 먼저 이 하위문화의 내적 미학을 집중적으로 분석한 후, 이 하위문화를 분석도구로 삼아 이른바 국가 사회주의로부터의 전환과 새로이 나타나고 있는 사회적 정체성, 관계, 이데올로기에 대해 이 전환이 지니는 함의를 보다 광범위하게 분석하고자 한다. 나의 분석은 러시아에서 가장 큰 도시인 상트페테르부르크(레닌그라드)와 모스크바에 국한되어 있다. 전통적으로 이 도시들은 러시아의 다른 곳들에 비해 공식 문화, 비공식 문화 및 외국 문화의 영향, 여러 형태의 정보들, 그리고 자금조달 기

---

1 작가인 예고르 라도프가 『프튜츠』(Ptiuch) 2호(1995), 13쪽에 모스크바의 밤문화 씬에 대해서 기고한 글.

회들에 더 많이 노출되어 있었다. 당연한 얘기지만, 이곳의 밤문화 씬 또한 다른 어느 곳보다 더 우세하고 영향력 있으며 최첨단이다.

현대 밤문화는 세 가지 주요 영역으로 나뉜다. 라이브 음악이 있는 록 클럽 및 재즈 클럽, 값비싼 클럽이나 레스토랑 및 카지노, 그리고 댄스 클럽과 밤샘 댄스파티가 그것이다. 라이브 록과 재즈 음악이 나오는 첫번째 유형의 나이트 클럽은 다양한 고객층이 있고 상대적으로 저렴한 경우가 많으며 1980년대에 러시아의 인디 록 운동에 의해 시작된 전통을 계승하고 있다. 두번째 유형의 나이트 클럽들은 레스토랑과 카지노를 가지고 있으며 주로 신흥 러시아인(러시아의 신흥 부유계층에 대한 관용적 명칭)을 고객으로 삼고 있다. 자기 본업으로부터 휴식을 취하고 싶은 마피아 집단의 일원들도 자주 출입한다. 이러한 클럽은 매우 비싸다. 몇몇 이벤트의 입장료는 미화 100달러 혹은 그 이상이다. 값비싼 키치스런 디자인[2]과 도박, 스트립 쇼, 그리고 종종 공공연히 일어나는 매춘 때문에 다른 두 유형의 클럽의 젊은 단골들은 이러한 두번째 클럽에 대해 경멸적으로 얘기하곤 한다. 상트페테르부르크 신흥 부유층의 값비싼 취향을 만족시키기 위해 '엘리트 아파트'를 만들어 낸 한 부동산 딜러에 따르면, 그의 고객 중 몇몇은 "매일 밤 또는 한 주에 며칠씩 카지노에 갑니다. 그들이 거기서 하루에 잃는 금액은 [1995년 여름 기준] 200만 루블[500달러]이지요". 한 고객은 그에게 웃으며 말했다. "어제 아무개가 얼마나 잃었는지 아시오? 1500만 루블[3700달러]이오. 그는 이제 앞으로 두 주 동안 카지노에 나타나지 않을 거요."[3]

---

2 신흥 러시아인과 마피아 일원들이 가끔 비싼 클럽과 카지노를 떠나 젊은이들을 위한 최신 댄스 클럽에 갈 때도 있지만, 그 반대 방향의 이동은 극히 제한적이다.
3 필자의 인터뷰. 나의 정보제공자들 중 다수는 신분노출을 방지하기 위해 이름이 언급되지 않았다.

이 장에서는 밤문화 씬의 세번째 유형에 초점을 맞출 것이다. 이 세 번째 유형은 댄스 클럽과 밤샘 댄스파티와 레이브 파티를 중심으로 형성되어 있다. 현재 모스크바와 상트페테르부르크에서 이 유형의 밤 하위문화를 대표하는 것은 수십 개의 나이트 클럽들과 수많은 참석자를 모으며 빈번히 열리는 나이트 파티들이다. 이 파티는 종종 클럽 외 장소(극장, 영화관, 문화의 집, 박물관, 야외 등)에서 조직된다. 이들 이벤트에 참여하는 대중들은 보통 디제이나 테크노 그룹이 틀거나 연주하는 '하우스 뮤직'에 맞춰 춤춘다.[4] 이 나이트 댄스 씬이 소구하는 층은 주로 젊은 포스트소비에트 세대와 예술인 커뮤니티로서, 이들은 신생 청년문화 매체에서 보통 '트렌드족'modniki, '신청년들'novye molodye, 또는 '레이브족'reivery 이라고 지칭하는 부류이다.[5] 이 하위문화는 현재 모스크바와 상트페테르부르크에서 주도적인 위치를 차지하고 있으며, 러시아의 다른 지역으로 급속히 확산되고 있다. 이 문화는 레이브, 테크노 또는 하우스 문화라고 불리는 것, 그리고 특정 유형의 음악(세계의 다른 모든 곳과 동일한 테크노 및 하우스 스타일), 언어(서구에서 이 하위문화에 사용되는 영어 표현들을 대거 차용하는 언어)[6], 의상, 마약, 인테리어 디자인, 생활양식, 사회적 관계들과 관련되어 있는 특유의 뚜렷한 스타일을 가지고 있다. 젊은 집단에 속해 있다는 느낌이 특히 중요했던 1970년대 소비에트 디스코텍이나

---

4 대부분의 디제이는 서구 하우스 밴드의 레코드를 틀고 때때로 '새로운 작곡자들'(Novye kompozitory)과 같은 밴드의 러시아 댄스 음악을 틀기도 한다.
5 이 매체들은 모스크바에서 발행되는 잡지 『프튜츠』(발행부수 8만)와 『OM』(두 잡지 모두 1995년부터 발행되고 있다), 모스크바 기반의 FM 방송국 '라디오방송국'(Radiostantsiia, 106.8Mhz)과 '은비'(Serebriannyi dozhd', 100Mhz), 페테르부르크 FM 방송국 '항구'(Port), 그리고 'Muz-TV'와 다른 채널들에서 방영되는 서너 가지의 텔레비전 프로그램을 포함하고 있다.
6 예를 들어 '페이스-컨트롤'(feis-kontrol', 입장 규칙), '칠 아웃'(chil-aut, 클럽 내 'chil-out' 룸), '디제이'(di-dzhei) 등이 있다.

1980년대의 인디 록과는 달리, 밤샘 댄스파티는 모종의 원자화와 자족自足을 고무한다. "집단으로 춤추면 안 된다는 것을 잊지 말라!"고 새로운 최신 유행 잡지 『프튜츠』Ptiuch는 알려준다.[7]

이 하위문화에서 문화 생산의 몇몇 요소를 분석하기 위해 나는 폴 윌리스의 '상징적 창의성'이란 개념에 기대려고 한다.[8] 상징적 창의성이란 후기 자본주의 시장 환경에서의 (의복, 음악 레코드, 잡지 등의) 창의적 소비 과정을 의미한다. 후기 사회주의 및 초기 탈사회주의 환경은 후기 자본주의와는 별로 상관이 없기 때문에[9] 나는 윌리스의 개념을 조금 다른 방식으로 사용할 것이다. 본 논의에서 상징적 창의성이란, 시장 및 비-시장 테크닉을 통해 국가주도 문화 영역과 공식적 포스트소비에트 시장, 그리고 공식적 통제를 벗어나 있는 다양한 하위문화와 암시장으로부터 문화적 상징을 창의적으로 전유하는 과정을 의미한다. 사회주의 국가가 몰락하고 특수한 포스트소비에트 권력관계들이 출현하면서, 청년 문화는 새로운 구조적 제한과 통제 형태를 경험했지만, 또한 과거에는 절대 상상할 수조차 없었던 상징적 창의성의 새로운 형식들을 발견하기도 했다.

이 장은 주로 지난 10년간 밤 하위문화의 생산을 담당해 왔던 일군의 사람들에게 초점을 맞추고 있다. 이들 중에는 파티 주최자, 클럽 소유주, 디자이너, 디제이, 음악인, 음향 및 조명 아티스트 및 테크니션, 스폰

---

7 "Pis'mo redaktora", Ptiuch, no. 3(1995).

8 Paul Willis, Common Culture: Symbolic Work at Play in the Everyday Cultures of the Young(Boulder: Westview Press, 1990).

9 여기에서 '후기 사회주의'라는 표현이 의미하는 것은 1960년대 중반에서 1980년대 중반 사이의 시기이다. 다음을 참조하라. A. Yurchak, "The Cynical Reason of Late Socialism: Power, Pretense, and the Anekdot", Public Culture 9, no. 2(1997), pp. 161~162.

서, 저널리스트 등이 포함되어 있다. 이들의 대부분은 후기 소비에트 세대에 속해 있다. 즉, 이들은 1950년대 중반에서 1970년대 초 사이에 태어나 소비에트 시대에 성장했고, 이들이 조직하는 행사에 가는 파티꾼들보다 통상 5살에서 20살 정도 더 나이가 들었다. 이들은 페레스트로이카가 불러온 변화 이전 시기에 인디 록 음악과 예술 하위문화의 일원으로서 비공식 소비에트 문화를 활발히 생산하는 것으로 자신들의 창의적 활동을 시작했으며 현재까지 계속 이러한 분야에 관여해 오고 있다. 그러나 오늘날 이들의 활동의 내용과 문화적 의미는 이전의 비공식 지위로부터 완전히 탈바꿈하여 새로운 것이 되었다.

이 책에 수록된 록 음악에 대한 장에서 저자 줄리아 프리드먼과 애덤 와이너는 1980년대부터 1990년대까지 러시아 록이 지니는 문화적 연속성을 지적한다. 이것은 특히나 보리스 그레벤시코프(아크바리움)와 유리 셰프축(DDT)과 같은 음악인의 노래 가사의 경우에 그러하다. 그러나 몇몇 록 서정시에 나타나는 친숙한 러시아적 주제와 영감의 영속성이 록 운동이 1990년대 초 페레스트로이카 끝 무렵 심각한 위기에 시달리는 것을 막아 주지는 못했다. 이 위기에 반영된 러시아 청년문화의 전환은 현대 밤문화에 대한 논의에 매우 유관하다. 청년문화의 한 독립적 형태로서 나이트 댄스 씬은 1980년대 소비에트 인디 록 현상을 상기시킬 뿐 아니라, 1990년대 초 한동안 문화적 실험의 지배적 방식으로서 실제로 록을 대체했다. 록으로부터 댄스 씬으로의 탈바꿈은 1990년대 동안 많은 국가의 청년문화에서 일어났던 현상이다. 러시아 작곡가 유리 오를로프는 다음과 같이 일반적인 시각을 표현하고 있다. "오늘날, 두 개의 턴테이블을 다루는 디제이가 어떤 음악가나 작곡가보다 더 중요해졌습니다", "신세대는 록 콘서트에 만족하지 않습니다. 오늘날 우리는 더 이상 무대 가까이 뛰어오를 필요가 없습니다. 요즘에는 자기 자신 속에 머물면서 춤으로 자신을 창조해 낼 수 있습니다".[10] 그러나 러시아적 맥락에서 이러한 문화적 변형은 특별히 중요하고 드라마틱했다. 이것은 후기 사회주의의 상징적 질서가 1990년대 초 극적으로 무너지고, 그 결과로 그 상징적 질서에 특정한 역할을 담당했던 인디 록이 위기를 맞는 상황에서 일어났다.

상징적 창의성의 장으로서, 나이트 댄스 문화는 빈 자리에서 솟아난 것이 아니었다. 왜냐하면 이것은 후기 사회주의의 문화적 역학관계와 계통적으로 연결되어 있기 때문이다. 이 중 많은 부분이 특정한 시간과 장소—1988년에서 1991년까지, 페레스트로이카 후기의 상트페테르부르크, 폰탄카 거리 145번지의 한 불법 아파트—에서 일어난 행사들에 연원한다는 것은 놀랍지 않다. 그 역사적 순간과 장소, 그리고 후기 사회주의(1960년대 중반~1980년대 중반) 문화에 존재하는 그 근원을 분석하지 않고는, 현대 나이트 댄스 하위문화의 여러 트렌드도, 사회주의 비공식 문화와 포스트소비에트 청년문화 간의 연속성도 이해할 수 없을 것이다. 이러한 이유로, 나는 현대 나이트 댄스 씬에 대한 논의로 옮겨가기 앞서, 후기 사회주의서부터 시작하여 유별나게 급속적이고 실험적이었던 1980년대 후반의 문화 생산에 특별한 주의를 기울이고자 한다.

2. 후기 사회주의의 문화논리: 공식 및 비공식 영역

소비에트 문화 분석에서, 흔히 지배적 국가 문화와 '반反-문화' 간의 대

---

10 *Ptiuch*, no. 2(1995), pp. 15~16.

립에 대해 이야기하곤 한다. 예를 들어, 토머스 쿠시먼은 1970~80년대 레닌그라드의 인디 록 음악가 커뮤니티에 대한 자신의 풍부한 민족지적 연구에서 소비에트 문화를 "소비에트 산업 사회의 '정상적' 문화"와 그에 반하는 '반문화'의 이분법으로 묘사한다. 쿠시먼은 이 반문화를 "문자 그대로, 사회의 지배적인 지식 집적체에 역행하는 지식 집적체"라고 정의한다.[11] 비록 이 모델이 여러 면에서 유용하기는 하지만, 이것은 적어도 한 가지 점에서 문제가 된다. 이 모델에 따르면, 사회주의 국가에서는 공식적으로 선언되는 행위와 의미에 부합되지 않는 행위와 의미를 필연적으로 수반하는 독립적 문화 생산의 논리가 공식적 행위와 의미에 대항하고 있었다고 할 수 있다.

그러나 나는 후기 사회주의에서 비공식 담론과 행위의 논리는 무엇보다도 국가의 압제에도 불구하고 의미있는 삶을 영위하려는 시도들에 기반하고 있었다고 주장한다. 따라서, 비공식적(또는 '반문화적') 행위는 국가권력에 대항하거나 저항하거나 혹은 반대하는 것이라기보다는, 단지 그것을 회피하고 그로부터 멀리 떨어져서 상징적으로 유의미한 공간과 정체성을 개척해 내는 것이었다. 이러한 회피는 국가권력에 수동적으로 순응하기, 국가권력을 지지하는 척하기, 국가권력의 이데올로기적 메시지를 망각하기, 그리고 동시에 국가권력 뒤에서 그것과 완전히 부조화되는 행위와 의미에 참여하기 등을 포함하고 있었다. 대부분의 인디 록 음악가들로 하여금 그들이 정치에 무관심하다는 입장을 견지하도록 한

11 Thomas Cushman, *Notes from Underground: Rock Music Counterculture in Russia*(Albany: State University of New York Press, 1995), p. 8. 또한 다음을 참조하라. Elena Zdravomyslova, "Kafe Saigon kak obshchestvennoe mesto", in *Civil Society in the European North*, Centre for Independent Social Research, Materials of the International Seminar(St. Petersburg, 1996), pp. 39~40.

것은 바로 이 회피와 가장에 근간한 권력관계의 논리였다.[12]

후기 사회주의에서 국가권력은 공산주의 이데올로기에 대한 소비에트 시민의 신념에 점점 덜 의존하게 되었고, 대신 그 신념의 가장에 더욱더 의존하게 되었다. 이러한 권력관계의 논리는 권력자와 비권력자 모두에게 관련되어 있었으며, 국영 산업의 생산관계에 대한 1970년대 우스개 금언에 잘 요약되어 나타나 있다. "그들은 급료를 지불하는 척하고 우리는 일하는 척한다." 그 결과, 후기 사회주의의 소비에트 문화는 공존하면서 종종 부조화하는 두 개의 일상 삶의 영역, 곧 공식 영역과 비공식 영역을 가지게 되었다. 공식 영역에서의 행위는 국가에 의해 관찰되고 통제되었으며 공식 이데올로기에 대한 진정한 지지와 가장된 지지를 포함하고 있었다. 비공식 영역에서의 행위는 통상 국가에 의해 관찰되지 않았고, 종종 공식 이데올로기와 공존 불가능한 문화적 형태와 의미들을 만들어 냈다. 거의 모든 소비에트 시민들이 매일같이 두 영역 모두에 참여했다.[13]

이와 같이, 종종 '반문화'로 일컬어지는 것은 사실상 비공식 영역의 요소였으며, 따라서 국가에 반하는 '지식의 축적체'가 아니라 이 소비에트 국가 일상 문화의 유기적이고 분리 불가능한 부분이었다. 이와 유사하게, 러시아 철학자 레프 티모페예프는 소련의 비공식 경제에 대한 논의에서 '제2 경제'라는 용어가 전체 그림을 혼동시킬 수 있다고 주장했다. 비공식 경제에서 '제2의, 분리된, [또는] 독립적인 것'이란 없었다. 공식 경제와 '제2의' 경제는 '통합되고 불가분한 것'이었다.[14]

---

12 예를 들어 다음을 보라. Cushman, *Notes from Underground*, p. 93.
13 Yurchak, "The Cynical Reason".
14 Lev Timofeev, "Novaia teoriia sotsializma", *Moscow News*, 1996. 12. 08~15., p. 16.

이러한 상황에서, 피할 수 없고 변하지 않는 공식적 현실로 인지되던 것이 내부에 비공식적 존재를 개척해 내기 위해서 문화계의 비공식적 부분에 대한 관여를 극대화하는 것이 중요해졌다. 비공식 문화 행위——독립 미술에서부터 어디에나 있는 연줄체계('블라트' 등), 문화재 및 소비재 암시장에 이르기까지——의 논리는 정확히 바로 그 문화적 동력이라는 관점에서 이해되어야 한다. 이러한 행위들은 불변하고 종종 강압적인 관료주의를 피하고 그것에 지지자로서건 반대자로서건 참여하지 않을 수 있는 방법을 제공해 주었다. 간단히 말해, 시스템에 공공연히 저항하지 않고 단순히 무시하는 것이 (특히 마지막 소비에트 세대의 성원에게 있어서) 더욱 적절해졌다. 친-공식적이든 반-공식적이든 어떤 정치적 입장도 취하지 않는 것이 공식 의미에 대해 생각할 필요 없이 그 의미들을 회피하면서 동시에 그 안에 존재하는——그리고 심지어 그것을 지지하는 척하는—— 방책이었다. 현대의 청년 밤문화를 포함하여 후기 소비에트 및 포스트소비에트 초기 몇 년 동안 나타난 많은 비공식 문화 현상들은 바로 소비에트 세계의 이 양면적인 문화논리에 의해 일어났다. 어떻게 그것이 가능했는지 이해하기 위해 우리는 과거를 다시 살펴볼 필요가 있다.

3. 스틸랴기(Stiliagi)와 엑스레이 감광판

비공식 문화 영역은 소비에트 역사의 모든 시대에 존재했다. 제2차 세계대전 동안 소비에트 비공식 문화 영역은 미국의 무기 대여 같은 전시 경험과 수백만의 소비에트 병사들이 겪은 유럽 국가 경험을 통해서 서구의 강렬한 영향을 받게 되었다. 전후 몇 년 동안 소비에트 극장에서 상영된 영화의 대부분은 헐리우드와 독일에서 만들어진 전승기념 영화였다.[15] 1950년대 초, 레닌그라드의 문화 궁전들은 서구 음악에 맞춰 댄스 파티를 열었고, 레스토랑의 오케스트라들은 미국 재즈를 연주했다. 듀크 엘링턴의 「카라반」이 인기곡이 되었다. 곧, 새로운 유형의 젊은이들이 대도시에 나타났다. 이들은 이국적 음악의 첫 신봉자이자 대안 양식의 첫 주창자였으며[16], 한 소비에트 신문이 조소적으로 들리도록 만들어 낸 '스틸랴기'stiliagi('스타일'을 의미하는 러시아어 'stil'로부터 만들어진 단어)라는 명칭으로 알려지게 되었다. 댄스와 복장이 그들의 정체성의 핵심이었다.

레닌그라드의 스틸랴기들은 자신들이 뉴욕의 브로드웨이를 따 '브로드'라는 별명을 붙인 중심가 네프스키 대로에 모였다.[17] 많은 소비에트 도시들은 고유의 '브로드웨이'를 가지고 있었다. 가령, 모스크바에서는 모스크바 호텔에서 푸슈킨 광장에 이르는 고리키 가의 오른쪽 부분이 바로 그러했다.[18] 이후 몇 십 년 동안 매우 중요해진 서구화된 청년 하위문화의 초기 요소들이 이 세대의 상징적 창의성으로부터 생성되었다. 스틸랴기의 차림새의 모든 부분이 일상생활의 공식 영역에서 사용되는 상징들과 차이를 드러내고 있었다. 좁은 바지, 큰 신발, 긴 체크무늬 재킷, 그리고 색이 화려한 넥타이는 단순히 서구적인 것이 아니라(사실상,

15 Maiia Turovskaia, "The Tastes of Soviet Moviegoers during the 1930s", in *Late Soviet Culture: From Perestroika to Novostroika*, ed. Thomas Lahusen & Gene Kuperman(Durham: Duke University Press, 1993), pp. 104~105.

16 Artemy Troitsky, *Back in the USSR: The True Story of Rock in Russia*(London: Omnibus Press, 1987), p.2.

17 Vasily Aksyonov, In *Search of Melancholy Baby*(New York: Random House, 1987), p. 18.

18 A. Fain & V. Lur'e, *Vsio v kaif!*(St. Petersburg: Lena Production, 1991), p. 172; Troitsky, *Back in the USSR*, p. 3.

많은 경우 이런 의복들은 집에서 만든 것이었다), 드러내 놓고 비공식적인 것이었다.[19] 공시 소비에토 언론들은 이것을 즉각 눈치챘다. 풍자적 잡지 『악어』Krokodil에 실린 스틸랴기에 대한 한 전형적 비난에서는 "이들의 의복 스타일의 가장 중요한 부분은 일반인들을 닮지 않았다는 것"임을 강조했다.[20] 이러한 비판에도 불구하고, 이후 10년 동안 미국 재즈, 서구화된 의복, 그리고 어니스트 헤밍웨이의 저작들은 확대되어 가는 비공식 청년문화의 일부가 되었다.

서구로 여행하는 것이 불가능했기 때문에, 대부분의 문화적 정보는 단파 방송을 통해[21], 또는 상선을 타고 해외로부터 돌아온 소비에트 선원들을 통해, 혹은 외국 관광객과 외교관들로부터 흘러들어왔다. 1960년대 초, 라트비아의 공장들은 소비에트 단파 트랜지스터 라디오를 생산하기 시작했다. 그리고 젊은 소비에트 시청자들은 윌리스 코노버의 프로그램 「재즈 아워」Jazz Hour를 '미국의 소리' The Voice of America 방송을 통해 처음 접하게 되었다.[22] 미국 재즈의 수요 증가에도 불구하고 공식 영역에서 이 문화상품이 부재했던 상황은 결국 테이프 레코더 이전 시대의 기발한 발명을 가져왔다. 이 발명은 곧 자가로 만든 음악 레코드인데 '갈비뼈 위의' 음악으로 알려지게 되었다. 아르테미 트로이츠키는 이 기발한 비공

19 Aksyonov, In Search, p. 13.

20 Richard Stites & J. von Geldern, eds., Mass Culture in Soviet Russia: Tales, Poems, Songs, Movies, Plays, and Folklore, 1917~1953(Bloomington: Indiana University Press, 1995), pp. 450~451.

21 제20차 당대회(1956) 이후 소련은 '미국의 소리'(the Voice of America)와 BBC의 러시아어 방송을 방해하는 것을 그만두었다. 방송 방해는 1968년 체코슬로바키아 사태 동안 재개되었다. 다음을 참조하라. M. Friedberg, "Russian Culture in the 1980s", Significant Issues 7, no. 6(Washington, D. C.: Center for Strategic and International Studies, Georgetown University, 1985), p. 18.

22 Aksyonov, In Search, p. 18.

식적 기술을 다음과 같이 설명한다.

이것들은 사실상 흉부 공동, 척추, 부러진 뼈 등을 찍은 엑스레이 감광판 가장자리를 가위로 둥글린 것으로 중앙에 작은 구멍이 있고 표면에 보일락 말락 하는 홈들이 나 있었다. 이 '플렉시디스크'를 만들기 위해 왜 이렇게 기상천외한 원료를 선택하게 되었는지는 쉽게 설명된다. 엑스레이 감광판은 레코드를 만드는 데 필요한 플라스틱을 가장 싸고 가장 손쉽게 구할 수 있는 원천이었다. 사람들은 몇 코페이카를 주고 병원과 클리닉으로부터 이 판들을 수백 장씩 샀다. 그리고는 특수한 기계를 사용하여 홈들을 새겼다(이 기계들은 숙련된 공모자들이 손으로 낡은 축음기를 개조해서 만들었다고 한다). 이 '갈비뼈'들은, 당연하게도, 비밀리에 거래됐다.[23]

테이프 레코더와 음유시인들

비공식적 문화 생산은 1960년대에 걸쳐 극적으로 확대되었다. 소련은 소비시장을 위해 오픈릴 식 테이프 레코더를 생산하기 시작했으며 이것들은 금새 서구 음악과 비공식 소비에트 음악을 복제하는 데 가장 효과적인 수단이 되었다. 레코더 생산은 매년 꾸준히 증가하여 1960년에는 12만 8천 대였던 것이 1985년에는 470만 대 이상의 레코더가 생산되었다. 총합하면, 이 시기에 소비에트 시민들은 약 5천만 대의 소비에트제 테이프 레코더를 산 셈이다.[24] 거기에다, 소비에트 선원들과 가끔 방문하는 여행자들에 의해 들어온 수천 대의 서구 및 일본제 레코더들이 중고

---

23 Troitsky, *Back in the USSR*, pp. 7~8.

가게나 암시장을 통해 팔렸다. 후기 사회주의에서 소련은 표트르 바일과 알렉산드르 게니스가 전국의 테이프 레코더화[化]magnitofikatsia라고 불렀던 현상을 겪게 된다.[25]

테이프 레코딩된 음악은 대부분의 젊은이, 레코더를 소유하지 않은 이들조차도 쉽게 접할 수 있었다. 음유시인 ──어쿠스틱 기타에 맞춰 노래하는 시인들──의 노래들은 자가 테이프 레코딩에 의해 수백만 카피로 복제되어 전국으로 퍼진 첫번째 비공식 문화 대상이었다. 공식 문화 영역의 수호자들은 이 혁신의 심각성을 감지했다. 1965년 소비에트 작곡자 이반 제르진스키는 『문학신문』Literaturnaia gazeta에 다음과 같이 썼다. "1960년대의 음유시인들은 마그네틱 테이프로 무장했다. 이것은 배포가 아주 쉽기 때문에, 어떤 위험성을 … 내포하고 있다. 이 중 상당수 곡들은 수치감과 쓰라린 모욕감을 우리 안에 불러일으키며 젊은이들의 훈육에 매우 해를 끼친다."[26] 이 기술은 '사미즈다트'(비공식 텍스트의 자가 출판)에 비유하여 '마그니티즈다트'magnitizdat[마그네틱 테이프의 불법 제조—옮긴이]라고 알려지게 되었다. 그러나 사미즈다트와 달리 마그니티즈다트는 그 기술적 접근성과 은밀성 덕분에 국가의 통제를 빠져나갈 수 있었다. 비공식 문화 상품들은 재빨리 복제되어 친구와 친지 네트워크를 통해 전국에 배포되었다.

---

24 *Narodnoe khoziaistvo SSSR v 1970 g. Statisticheskii ezhegodnik* (Moscow: Statistika, 1970), p. 251; *Narodnoe khoziaistvo SSSR v 1985 g, Statisticheskii ezhegodnik* (Moscow: Statistika, 1985), p. 169.

25 Petr Vail & Aleksandr Genis, *60-e, Mir sovetskogo cheloveka* (Ann Arbor: Ardis, 1988), p. 114.

26 *Ibid*, p. 114.

4. 서구 록과 소비에트 록

마그니티즈다트의 궁극적 효과는 서구 록 음악이 1970년대 소비에트 젊은이들이 향유한 비공식적이지만 지배적인 문화 형태로 확대되었다는 점이었다. 서구 밴드들의 음악을 담은 레코드들이 공식적으로는 유통되지 않았지만, 비틀즈, 레드 제플린, 딥퍼플, 도나 서머의 녹음본들은 전국 곳곳에 널리 유포되었다. 이러한 비공식 문화 상품들의 엄청난 다양성과 접근성은 청년문화에서 비공식적인 상징적 창의성의 새로운 형식이 발전하는 데 자극을 주었다. 1970년대에 국내 록 운동이 폭발적으로 일어났다.

이 시기에 대부분의 비공식 문화는 그 생산자가 공식 영역을 능숙하게 조종하는 능력에 의존하고 있었다. 이 능력은 후기 사회주의 문화논리에서 핵심적인 요소였다. 1970년대에 모스크바에만도 수천 개의 아마추어 밴드들이 존재했는데, 이들은 심지어 콤소몰이 조직하는 댄스파티에서도 정기적으로 연주했다.[27] 1970년대 후반, 한 레닌그라드 연구소 콤소몰 위원회의 위원 하나가 유명한 언더그라운드 밴드들의 록 콘서트들을 조직했다. 여기에는 모스크바의 마쉬나 브레메니(타임머신), 레닌그라드의 미피(신화들), 아르고나프티(모험가들), 그리고 나중에 아크바리움(아쿠아리움)이 된 그룹 등이 참여했다. 사실상 이 행사들은 당 지역위원회raikom의 이데올로기 부처 부의장이 승인한 것이었다. 이 모든 것들은 흔히 서로를 잘 알고 있었던 비공식 문화 생산자와 지방 콤소몰 활동

---

27 S. Frederick Starr, *Red and Hot: the Fate of Jazz in the USSR, 1917~1980* (Oxford: Oxford University Press, 1983), p. 201.

가 양편 모두에게 있어서 복잡한 허위 전략을 통해 가능하게 되었던 것이다, 예를 들어 이 반#-공식적 록 콘서트들은 밴드들의 사상적으로 이심스러운 가사와 사운드들에도 불구하고 종종 "콤소몰 문화-대중 행사"로 표현되곤 했다. 당 관리들은 보통 이들의 가사와 사운드의 사상적 측면에 신경을 쓰지 않았다.[28]

5. 스토프(Stiob)의 미학

1980년대까지 비공식 문화 영역은 소비에트 청년들의 일상생활에서 중요한 부분을 차지했다. 이와 동시에, 공식 이데올로기 메시지들은 더욱 희미해졌으며, 지지를 가장하는 행위들은 무관심과 결합되어 어디에나 만연하게 되었다. 메시지들 간, 그리고 공식 및 비공식 영역의 문화적 형식들 간의 거대한 부조화에 근간한 일상 경험은 부조리의 미학에 기반한 특정 유형의 후기 사회주의 유머들을 만들어 냈다. 이 유머들은 1970년대 중반 이후 속어로 '스토프'stiob라고 불려지게 되었다. 겉보기에 '불변하는' 체제에 대해 정면으로 비판하는 것은 정치적 행동주의뿐 아니라 진부함과 취향 결여의 풍미가 느껴졌기 때문에, 스토프의 한 유형은 이데올로기의 열성적 지지자의 가면을 쓰기도 했다. 이데올로기적 상징에 대한 이러한 반어적 취급은 후기 사회주의 특유의 문화적 현상이었으며 풍자나 조소와는 다른 것이었다. 이것은 이런 취급에 노출된 이데올로기적 상징들과의 모종의 과過-동일시를 필요로 했다. 이러한 반어

---

28 1995년 여름 필자의 인터뷰. 또한 다음을 참조하라. A. Yurchak, "The Cynical Reason of Late Socialism: Language, Culture, and Ideology of the Last Soviet Generation"(Ph.D. diss., Duke University, 1997).

적 취급은 종종 미묘한 조소가 그 상징을 지지하고 있는지 또는 전복시키고 있는지 구별하기가 거의 불가능할 지경에 이르기도 했다.

이와 유사한 미학이 1970~80년대에 많은 사회주의 국가의 비공식 문화에 나타났다. 예를 들어, 유명한 슬로베니아 록 그룹 라이바흐가 벌인 모호하게 '파시스트적인' 공연들, 레닌그라드 록 그룹 아비아가 연출한 공산주의 축전, 그리고 독립 소비에트 평행 영화parallel'noe kino의 작품들이 좋은 예이다.[29] 슬라보예 지젝의 설명에 따르면, 라이바흐의 예술 전략 논리는, 이것이 "반어적 모방이 아니라 시스템(지배 이데올로기)과의 과-동일시인 한, 시스템을 '좌절시키게 된다'——시스템 저변의 지겨운 초자아를 까발림으로써 과-동일시는 시스템의 효과를 일시 정지시키게 된다"는 것이다.[30] 이 미학은 다양한 공식·비공식 문화 영역의 상징들을 갑작스럽고 부적절한 방식으로 섞는 것 또한 포함하고 있었다. 이는 사회주의 쇠퇴기에 동유럽과 소비에트의 수많은 비공식 예술가들에 의해 수행되었다. 예를 들어, 지젝은 당시 라이바흐의 예술을 "스탈린주의, 나치주의, 그리고 '피와 대지' 이데올로기[31]의 공격적이고 모순적인 혼합물"이라고 묘사한다.[32] 이와 유사하게, 1980년대 중반 세르게이 쿠료힌

---

29 1980년대 초 비공식 영화에 나타난 스토프의 예는 알레이니코프 형제의 3부작 영화 「트랙터 기사들」(Traktory)에서 찾아볼 수 있다. 1부는 트랙터의 공학에 관한 교육적 영화의 패러디이고, 2부는 땅에 대한 트랙터의 열정을 그리고 있으며, 3부는 한 여성 트랙터 기사의 자기 트랙터에 대한 애정을 묘사하고 있다. 이것은 트랙터가 중요한 역할을 했던 집단농장에 대한 공식 소비에트 영화예술 신화의 스토프이다. 이 영화는 그 신화를 대놓고 비판하지도 조소하지도 않는다. 그럼으로써 이 영화는 계몽된 젊은 청중에게 있어 더욱더 웃기고 전복적인 것이 되었다. 다음을 참조하라. Viktor Matizen, "Stiob kak fenomen kul'tury", Iskusstvo kino, no. 3(1993), pp. 59~62.

30 Slavoj Žižek, "Why Are Laibach and NSK Not Fascists?" MARS 3~4(1993), pp. 3~4.

31 [옮긴이] '피와 대지'(Blut und Boden)는 민족 혈통과 영토에 근거한 민족성에 주안한 이데올로기를 가리킨다. 독일 나치즘의 핵심적 이데올로기 중 하나가 되었다.

32 라이바흐의 프로젝트는 역설적 거리두기를 통한 지배 이데올로기의 전복에 기반한 것이 아니었다. 왜냐하면 후기 사회주의에 존재했던 '전체주의 이데올로기'의 유형은 이미 그 주체의 역설적

의 팝-메카니카는 공식적 소비에트 이데올로기 상징들(군대 오케스트라, 키로프 발레 무용수, 사회주의 리얼리즘 연극의 등장인물들)을 언더그라운드 문화의 비공식적 상징들(록 음악가, 실험적 패션쇼, 투소프카[33]의 유명 캐릭터들)과 혼합했다. 후기 사회주의의 마지막 10년 동안, 레닌그라드 록에서 모스크바 개념 예술과 소츠아트에 이르기까지 비공식 예술 생산의 많은 부분이 스툐프 미학의 원리를 포함하게 되었다.

6. 상징적 질서의 허점과 임시자치구역

권력의 재해석과 정면 대결

1980년대 후반, 페레스트로이카는 비공식 문화 생산의 정치적·상징적 맥락을 드라마틱하게 바꾸어 놓았다. 소비에트 국경은 점차 허술해졌고

거리를 전제하고 있었기 때문이다. 성공적으로 기능하기 위해 이 이데올로기는 주체들이 마치 이 것을 액면 그대로 받아들이는 듯이 행동하기를 요구했다. 주체들이 이 이데올로기에 대한 믿음이나 관심을 냉소적으로 결여하고 있는 것과는 상관없이 말이다. 이것이 바로 라이바흐의 반-이데올로기 프로젝트가 오히려 그 이데올로기와의 '과동일시'였던 이유이다. 다음을 참조하라. Slavoj Žižek, *The Metastases of Enjoyment*(London: Verso, 1994), p. 72; Slavoj Žižek, "Why Are Laibach and NSK Not Fascists?" 록 그룹 아비아(AVIA) 또한 시스템의 이데올로기적 절차와 과동일시되었지만 이는 다른 방식을 통해서였다. 라이바흐가 파시스트이기엔 너무 파시스트적으로 보였던 반면, 아비아는 진정한 "공산주의의 젊은 건설자들"이 되기엔 약간 미친 게 아닌가 싶을 정도로 너무 낙관적이었다. 아비아의 공연에서는 노동자의 작업복을 걸친 20여 명의 배우들이 슬로건을 외치고 인간 피라미드를 쌓았다. 이 그룹은 1920년대와 1970년대의 공식 소비에트 예술에 의존했으며 자기들의 스타일을 "소비에트 행진-록"이라 불렀다. 라이바흐의 경우와 마찬가지로, 청중의 모두가(특히 나이 든 세대의 경우) 아비아의 행위의 의미가 무엇인지 확신했던 것은 아니었다. 1987년 키예프에서 아비아의 콘서트가 끝나자 한 나이 든 커플이 이 그룹에 감사의 말을 전하기 위해 무대 뒤로 왔다("오늘날 사회주의 건설의 정신에 이렇게 헌신적인 젊은이들을 보는 것은 참 드문 일이에요!"). 그날 밤 좀 더 나중에 또 다른 나이 든 커플이 그룹에게 찾아와 자기들이 소비에트 시스템의 부조리함을 비웃는 것을 얼마나 즐겼는지 얘기했다. 그 커플은 스탈린 캠프에서 살아남은 사람들이었다.

33 투소프카(tusovka)는 '파티, 비공식적 모임'이라는 의미를 지니지만 이 맥락에서는 소비에트 말기의 언더그라운드 문화 및 그 집단이 모이는 장소를 가리켰던 속어 표현이다.

소비에트 마지막 세대의 많은 사람들이 서구로 여행하기 시작했다. 이슬비처럼 가늘고 꾸준하던 비공식 문화의 수입은 갑작스런 호우로 변했다. 이와 동시에, 당, 이데올로기, 국가권력기관에 대한 가차없는 공공의 비난은 최고조에 달했다. 이러한 요소들은 비공식의 상징적 창의성을 위한 독특한 질료와 여건을 제공했으며, 상트페테르부르크에서 일단의 비공식 예술가, 음악가, 그리고 그들의 벗들에 의해 조직된 새로운 유형의 청년 하위문화의 출현을 유도했다. 이들은 소비에트 시대 최초의 밤샘 댄스파티를 조직하고 궁극적으로 상트페테르부르크의 나머지 지역과 모스크바, 그리고 다른 도시들로 이런 파티를 확산시킨 장본인들이었다.

상트페테르부르크의 비공식 문화 씬의 성원들 중 많은 이들은 서구를 여행한 최초의 사람들이었다. 이러한 여행을 위해서는 러시아 출국 비자와 외국 입국 비자를 얻기 위해 해외의 누군가로부터 발행된 합법적 초청장이 필요했기에, 이 여행자들은 특권적인 위치에 있었다. 이러한 예술가와 음악가 중 상당수는 외국 예술 학생, 저널리스트, 심지어는 페스티벌 주최자와 전시회 큐레이터 등, 소련을 방문한 적이 있는 외국인 친구가 있었다. 서구인들 또한 새로이 짧게나마 엿보았던 소비에트 비공식 예술에 대해 더욱 관심을 가지게 되었다. 서유럽을 여행하는 많은 소비에트 예술가들 쪽에서는 댄스 클럽과 밤샘 레이브 클럽 등 소비에트 시대에는 비공식 영역에서조차도 존재할 수 없었던 청년문화 형태들을 마주치게 되었다. 이러한 문화 형태들이 존재할 수 없었던 이유는 다양했으며, 그 중 가장 중요한 것은 시공간에 대한 국가의 통제였다. 최초의 러시아 댄스 클럽인 '터널'Tonnel'(1993년 5월 상트페테르부르크에서 개장했음)의 창립자인 알렉세이 하스(사진 4-1)는[34] 자신이 처음으로 서구를 접했던 경험을 내게 다음과 같이 묘사했다. "1988년 스톡홀름에서

〈사진 4-1〉 디제이 알렉세이 하스, 자신의
장비와 레코드들이 있는 자택에서. 알렉세
이 유르착 촬영.

나는 옛 지하철 역에 자리잡은 마르스라고 하는 클럽에 갔었죠. 그 곳은
트랜스베스타이트[복장도착자—옮긴이]로 가득했어요. 모두가 즐거워
보였죠. 나는 디제이가 어떻게 레코드를 트는지 밤새 지켜보면서 페테르
부르크에도 이런 게 꼭 있어야겠다고 결심했습니다." 러시아 언론이 '청
년문화의 사상가'라는 별명을 붙인 예술가이자 비평가 티무르 노비코
프 또한 유사한 경험을 했다. "1988년 내가 처음으로 외국에 가서 나이
트 클럽들을 방문했을 때, 나는 러시아에 없는 것들 중 이게 가장 재미있
는 것이라고 생각했어요."[35] 외국 여행을 할 수 있는 능력과 비공식 문화

34 다음을 보라. *Ptiuch*, no. 3(1997), p. 18.
35 Timur Novikov, "Kak ia pridumal reiv", *OM*, 1996. 03., p. 67. 노비코프 및 푸슈킨스카야 10번
　지 밤문화 씬의 다른 예술가들이 상트페테르부르크의 언더그라운드 예술에서 수행했던 역할에

형식의 전달자라는 특별한 지위를 통해, 이 예술가들은 어떤 서구 문화 재료를 이용할지 식별하는 한편 기존의 러시아 문화 수요와 국가권력의 일시적 진공상태에 들어맞게 그 재료를 변형시킴으로써, 새로운 하위문화의 생산자로 부상할 수 있었다.

1980년대 말의 유토피아적 장소

페레스트로이카 말기에 나타난 또 하나의 현상은 도시에 새로운 유형의 의사擬似-사적 공간이 출현한 것이었다. 사회주의 도시의 중앙집중화된 공간에서 중심부의 더 오래된 건물들은 언제나 중앙에서 감독하는 계획에 따라 수리되곤 했다. 도시 행정부는 거주자들을 통상 교외에 위치한 새 아파트에 이주시키는 것으로 건물의 수리 과정을 시작했다. 그러나 페레스트로이카 말기 동안 도시 행정부는 예기치 않게 엄청난 혼란과 전도를 겪게 되었다(일례로, 1989년 첫 자유선거 기간 동안 레닌그라드 도시 위원회는 투표에 의해 축출되었다). 전국이 공식 국가기관의 상당한 권력 축소로 특징지어지는 전환기에 돌입했다. 이리하여, 이전에 수리를 위해 소개되었던 많은 건물들이 정부당국으로부터 '잊혀졌다'. 그렇지만 이 시기의 전반적 혼란 속에서 전기, 난방, 그리고 수도물 공급은 종종 끊기지 않은 채 남아 있었다.

폰탄카 강 제방 145번지에 있는, 도심과 가까운 한 오래된 아파트 건물은 이러한 '잊혀진' 건물 중 하나였다. 1988년 일단의 예술가, 음악가, 그리고 그들의 친구들이 이 건물의 수많은 큰 아파트 가구 중 두 개에 들

대한 최근의 논의에 대해서는 다음을 참조하라. Bruce Sterling, "Art and Corruption", *Wired*, 1998. 01., pp. 125~140.

어와 살기 시작했다.[36] 아파트들은 어느 누구에게도 속해 있지 않았고 사실상 철거될 예정이었기 때문에, 이 예술가들은 마음대로 구조를 변경했다. 이들은 방을 나누고 있던 벽을 허물어 약 10×20미터 크기의 커다란 댄스 홀을 만들고 벽을 칠하고 천장의 몰딩을 재건했다. 기본적으로, 이들은 신흥 러시아인이 몇 년 후 하기 시작한 일(공공 아파트를 사들여 자신들을 위한 크고 쾌적한 공간으로 변경시키는 것)을 한 셈이었다.

건물에는 여전히 전기, 난방, 수도가 연결되어 있었지만, 그 소비량을 계속 체크하는 시 기관도 없었다. 이 새로운 입주자들은 심지어 뜰에 전화선을 연결해 놓고 이곳에서 전화를 걸 수도 있었다. 이들은 다양한 서구 하우스 음악들을 듣기 시작했고 이 장소의 디자인을 바꾸어 서구 나이트 댄스 클럽의 분위기를 재현하려고 노력했다. 곧 이들은 친구과 친구의 친구들, 즉 '신나게 놀기 좋아하는 젊은이들'을 하우스 음악을 트는 최초의 밤샘 댄스파티에 초대하기 시작했다.[37]

폰탄카 145번지같이, 정부나 시장, 또는 이전에는 어디에나 존재했던 소비에트 공동체의 시선에 통제되지 않는(다른 아파트들은 모두 비어 있었으므로) 유토피아적 장소의 탄생은 오직 1980년대 말에서 1990년대 초까지만 가능한 일이었다. 이 짧은 기간 동안 낡은 제도적 권력관계들은 거의 완전히 중단되었고 새로운 권력관계들은 아직 낡은 것들을 대체하지 못했다. 페레스트로이카 동안의 사회 전반적인 비판적 성향과 국가 제도의 혼란은 경찰마저도 당혹시켰다. 알렉세이 하스의 기억에 따르

---

36 최초의 정기 거주민 중 이후에 디제이가 된 알렉세이 하스와 그의 형제, 예술가인 티무르 노비코프, 세르게이 부가예프(그룹 '아프리카'), 게오르기 구랴노프, 또 최초의 러시아 테크노 그룹 '새로운 작곡자들'의 음악가인 발레리 알라호프, 이고리 베리체프와 이후 레이브 파티 기획자가 된 이반 살마크소프가 있었다.
37 "Iz istorii otechestvennogo reiva. Interv'iu s Alekseem Haasom", Ptiuch, no. 2(1994).

면, 특히 시끄러웠던 몇몇 파티 동안 두 명의 경찰관이 소음을 듣고 아파트 문을 노크하고는 이곳의 새로운 거주민들에게 볼륨을 줄이라고 요청했다. 그 경찰관들은 거의 사과하다시피 하였다. 그들은 모든 것이 합법적이라고 생각했기 때문에 어떤 거주 증명서류도 요구하지 않았다. 그들에게는 무단 입주자의 개념이 아직 전혀 없었으며, 테크노 음악과 마약이 연관되어 있으리라는 생각 또한 꿈에도 하지 못했다.

이러한 유토피아적 장소는 하킴 베이의 '임시자치구역'temporary autonomous zones, TAZ이라는 개념을 통해 더 잘 이해할 수 있다. 베이의 정의에 따르면, 임시자치구역들은 국가 통제 사회의 합법적 틀 바깥에 존재하는, 중앙으로부터 분산된 실험으로서 느슨하고 가변적인 멤버십을 통해 비공식적인 커뮤니케이션 네트워크로 연결되어 있다. 이러한 구역들은 비공식 영역에 존재하며 종종 특이한 '지고至高체험'에 집중되어 있다. 베이는 이것을 국가에 직접적으로 맞서지 않는 '미니-혁명'에 비유한다.

임시자치구역은 국가를 직접적으로 연루시키지 않는 반란과도 같다. 즉, 임시자치구역은 (지대나 시간이나 상상력의) 한 지역을 해방시키고 국가가 그것을 진압하기 전에 해산하여 다른 곳, 다른 장소에 다시 형성되는 게릴라 작전 같은 것이다. 국가는 주로 실체보다는 시뮬레이션에 신경을 쓰기 때문에, 임시자치구역은 은밀히 이 지역을 점유하여 자신의 유쾌한 목적을 상당히 오랫동안 비교적 방해받지 않고 실행할 수 있다… 이것의 가장 큰 강점은 보이지 않는다는 것에 있다──국가는 이것을 인지할 수 없다. 왜냐하면 공식 역사가 이것을 정의한 바가 없기 때문이다. 임시자치구역은 자신이 명명되자마자 (혹은 표현되거나 영향을 받자마자) 빈 껍질을 남기고 사라졌다가 다른 곳에서 다시 또 휙 나타날 것이다. 이때 역시 임시자치구역은 '스펙터클'Spectacle이라는 면에서 정의불가능한 고로 보이지 않는다. 이와 같이, 임시자치구역은 국가가 편재하고 무소불위인 동시에 틈과 간극으로 구멍이 숭숭 뚫린 시대를 위한 완벽한 전술이라고 하겠다.[38]

자치에 대한 베이의 정의는 너무 이상적이고 심지어 유토피아적일 수도 있다. 사실상, 일시적인 자치 구역은 국가로부터 결코 그다지 자유롭지 못하다. 그러나 이러한 자유가 특정 시공간에서 유별나게 많았다는 사실을 고려할 때 베이의 개념은 우리의 분석에 매우 효과적인 도구가 된다. 폰탄카 145번지의 아파트는 이러한 임시자치구역의 장, 곧 제도적인 국가권력의 밖에 떠 있는 공간, 새로운 창조적 실험을 위한 이상적 장소가 되었다.[39]

폰탄카에서의 실험

폰탄카 아파트의 거주자들은 음악, 조명, 디자인, 옷, 댄스 스타일, 마약, 그리고 대규모 밤샘 댄스파티를 조직하는 방식을 실험했다. 파티들은 주로 토요일마다 열렸는데, 첫 일 년 동안은 비공개적이고 배타적으로 운

---

38 Hakim Bey, "The Temporary Autonomous Zone", in *Automedia*.
39 이러한 임시자치구역의 또 다른 유명한 예로 푸슈킨스카야 가 10번지의 거대한 건물을 들 수 있다. 이 건물 또한 정부로부터 '잊혀진' 것으로 1980년도 후반부터 동시다발적으로 생겨난 독립 예술가들의 스튜디오와 아파트 수십 개가 여기에 자리잡았다. 이 장소는 상트페테르부르크에서 포스트소비에트 시기 인디 문화 발전에 지대한 역할을 했다. 예를 들어 다음을 보라. "Fond Svobodnaia Kul'tura. Pushkinskaia, 10"(St. Petersburg: Gumanitarnyi fond Svobodnaia Kul'tura, 1998); "Liudi i skvoty: peterburgskie ugly", *Ptiuch*, no. 11(1996), pp. 22~27; Sterling, "Art and Corruption".

영되었고, 입구에서 엄격한 입장 규제 방침을 고수함으로써, 아파트의 특이하게 개인적이고 편안한 분위기와 거리낌 없는 창조적 과정을 위한 필수적 여건들을 유지했다. 이 장소는 커다란 전용 클럽으로 기능했다. '하우스 파티'hauz-vecherinki라고 알려지게 된 파티들은 1989년 봄부터 1991년까지 계속되었고, 너무나 인기가 있어서 수용할 수 있는 인원보다 더 많은 사람들이 입장하고 싶어할 지경이었다. 결국 파티 주최자들은 입구에서 3루블(나중에는 2~3 달러)의 입장료를 빋기 시작했다. 이 최초의 파티들은 주최하는 데 실질적으로 돈 한 푼 들지 않았다. 아파트 임대료와 전기가 무료였고, 설비와 음악 테이프, 나중에는 레코드와 디자인 재료들이 통상 서구 여행으로부터 조달되거나 외국인 방문객으로부터 선물로 들어왔다. 이 상황은 조금씩 변화했고 첫 대규모 공공 레이브 파티가 열릴 무렵에는 주최자들이 신흥 비즈니스 및 유사-범죄 집단들과 복잡한 재정적 관계에 놓이게 되었다.

원조 단골 파티꾼 중에는 수십 명의 예술가와 록 음악가, 그리고 이들의 러시아인 및 외국인 친구들이 포함되어 있었다. 이들은 도시의 비공식 문화 씬의 한 가시적 부분을 대표했다. 파티에 참석한 많은 이들의 모습은 바깥의 소비에트 공중과는 눈에 띄게 달랐다. 이들은 귀걸이와 코걸이를 했고, 머리를 염색했으며, 이상하고 화려한 색깔의 옷들을 입었다. 공식 영역에서 눈에 띄지 않게 살도록 강요받았던 게이들은 이 곳에서 자신의 성향을 드러내고 편안하게 활보했다. 서구에서 클럽 문화의 표지와도 같은 트랜스베스티즘을 누구나 자유롭고 공공연하게 실험해볼 수 있었다. 디제이가 끊임없이 믹싱과 샘플링을 통해 창조적 역할을 하는 새로운 하우스 음악은 실험과 배움을 잠재적으로 가능케 했다. 처음에는, 파티에서 사용가능했던 유일한 하우스 음악은 유럽에서 가져온 테이프에 담긴 것들이었고, 밤새 단순히 테이프 레코더로 틀어놓을 따름이었다. 그러나 곧 (나중에 유명한 디제이들이 된) 몇몇 피디 참가자들이 오픈릴 식 레코더에서 트는 테이프 릴로부터 음악을 믹싱하기 시작했다.[40] 당시, 소련에서 유일한 진짜 디제이, 곧 릴이 아니라 레코드로부터 음악을 실제로 믹스한 사람은 라트비아 리가 출신의 야니스였다. 서독과 강한 문화적 관계를 맺고 있던 이 라트비아인들은 라트비아에서 누구보다도 먼저 레이브 문화를 알게 되었다. 야니스는 폰탄카에 디제이 활동을 위해 초대되었고, 자기 자신의 레코드와 턴테이블을 가져와 자신을 초대한 이들이 레코드 믹싱을 실험해 볼 수 있는 기회를 제공했다. 1년이 채 지나지 않아 1989년 폰탄카 145번지는 그 자신의 턴테이블과 스웨덴 친구들이 가져온 훨씬 더 다양한 하우스 레코드들을 갖추게 되었다. 이 무렵 이 문화 씬은 확장되어 십대 후반과 이십대 초반의 보다 젊은 사람들을 포함하게 되었다. 이들 중 많은 이들은 오늘날 나이트 댄스 하위문화의 활동적인 기획자와 디제이가 되었다.

플라네타리움: 밤문화 씬의 공개

러시아에서 자신의 일렉트로닉 댄스 음악 녹음을 실험했던 최초의 비공식 집단 '새로운 작곡가들'Novye kompozitory은[41] 폰탄카 145번지 거주민이자 거기서 열리는 음악 파티의 열성적인 참여자였다. 1990년대 초, 이 그룹의 멤버인 이고리 베리체프와 발레리 알라호프는 레닌그라드 플라네타리움에서 테크니션으로 일했다. 이들이 한 일은 우주에 대한 아동용

---

40 Haas, "Iz istorii: Interv'iu s Alekseem Haasom".
41 다음을 보라. "Novye kompozitory: skuchno slushat' pesni kak oni est'", *Ptiuch*, no. 4(1994).

쇼를 위해 음악 레코딩과 조명 장비들을 준비하는 것이었다(예를 들면 전세계에서 이러한 쇼에 전형적으로 연주되는 일련의 핑크 플로이드 곡들을 트는 일 등). 쇼와 쇼 막간에 이들은 이 장비들을 사용해 자신의 재료들을 믹스하고 샘플링하고 녹음했다. 엄격한 정부 통제가 없다는 사실을 십분 이용하여 '새로운 작곡가들'은 플라네타리움 디렉터를 설득하여 영업시간 이후 개인적 댄스파티를 위해 스튜디오와 거기 딸린 음향 및 조명 설비를 사용할 수 있도록 허락받았다. 이들은 근처 음악 홀의 테크니션들로부터 레이저를 두 개 빌렸고 다시 야니스를 초청했다. 1991년에 열린 이 파티는 막 움트고 있는 밤문화 생활에서 비-개인적 공간에서 개최된 최초의 비공식 이벤트였다. 참가자 수는 여전히 상대적으로 적었고(약 150명), 행사는 돈을 요구하는 범죄집단의 출현으로 망쳐 버렸다. 하지만 그럼에도 불구하고 이 창의적 실험이 일어났다는 것이 중요하다. 파티 조직자들은 어떻게 대중 파티를 조직하고, 자금을 조달하고, 광고하는지(예를 들어, 최초로 서구식 전단지가 도시 곳곳에 뿌려졌다), 그리고 어떻게 클럽다운 공간을 창조하고 대중을 즐겁게 하는지를 배우고 있었다.

플라네타리움에서의 첫 실험은 곧 서베를린 출신의 유명 디제이 웨스트 밤과 더불어 훨씬 더 큰 스케일로 재연되었다. 이 행사는 러시아에서 최초로 열린 널리 광고된 대규모 하우스 파티였다. 홍보가 어마어마했고 행사가 여전히 상대적으로 밀회적 성격을 지녔기 때문에(그래서 더욱 매력적이었다), 기획자들은 이 파티를 일상적인 디스코텍으로 오해할 만한 사람은 오지 못하도록 했다.[42] 이를 위해 그들은 입장료를 60루블

---

42 예를 들어, 당시에 상트페테르부르크에서 가장 인기있던 디스코텍 쿠리에르(Kur'er)는 주류 서구 팝과 록을 틀었고, 종종 (핀란드 TV에서 녹화한) MTV의 비디오를 트는 경우도 있었으며 일찍 문을 닫았다(약 밤 11시경).

(당시 9달러)로 지정했는데 이는 페테르부르크의 여느 디스코텍의 입장료보다 서너 배나 비싼 금액이었다. 그러나 600~700명의 피디 침석자들 중 다수(주로 비공식 문화 씬의 적극적인 참여자들)는 연줄을 통해 혹은 게스트 리스트에 이름을 올려서 무료로 입장하였다. 웨스트 밤과 역시 베를린 출신인 그의 친구 디제이 록키는 플라네타리움에서 이틀 밤 연속으로 공연했다. 이 이벤트는 끊임없는 관심을 불러일으켰다. 도시 전역의 수천 명의 젊은이들이 이 이벤트에 대해 듣고는 하우스 음악을 녹음하고 테이프를 교환하면서 앞으로의 이벤트를 위해 준비하기 시작했다. 이 행사는 밀회적 현상으로서의 상트페테르부르크 하우스 파티 씬에 종지부를 찍음과 동시에 하우스 파티 씬을 청년문화의 대중적 현상으로 론칭하는 역할을 했다.

7. 전복된 스툐프와 언더그라운드 록의 위기

1990년대 초에 이르자, 한때 불변하는 것 같아 보였던 소비에트 시스템을 표상했던 공식 이데올로기적 상징들이 글라스노스트의 담론에서 공공연하게 비판되거나 조소되었다. 그러한 나머지, 이 상징들을 공개적으로 파괴하는 것이 그 자체로 공식 문화 현실의 주류가 되었을 지경이었다. 이러한 공공연히 비판적이고 적대적인 입장은 페레스트로이카 시대(1986년 이후)에 새로이 생겨난 것으로, 공식 이데올로기에 대한 가장된 지지, 그리고 이와 동시적으로 일어나는 공식 영역으로부터의 이탈에 근간했던 후기 사회주의 문화의 역동성과는 현저히 다른 것이었다. 점진적으로 이 새로운 현상은 소비에트 시대에 발달한 많은 비공식 하위문화를 부적절하거나 구식으로 만들었다. 이것은 1990년대 초 인디 록 음악이 겪은 큰 위기의 주요 원인이 되었다. 인디 록은 1980년대에 걸쳐 러시아에서 유행하다가 그 문화적 논리의 상실이 가져온 상징적 공동空洞상태에 빠져 버렸다.

대부분의 록 그룹은 사라져 가는 후기 사회주의 미학——이것이 스툐프든(AVIA, Zvuki Mu, NOM, Auktsion, Pop Mekhanika, Nol'), 정치적 비판이든(Televizor, Brigada S, Alisa, DDT), 또는 이 둘의 모종의 조합이든 간에(Akvarium, Kino, Nautilus Pampilius)——에 기대고 있었다. 이러한 의존은 그들로부터 동시대적인 문화적 호소력을 대거 앗아가는 결과를 가져왔다. 그 당시의 인디 록 음악가들이 직면했던 주된 문제는, (몇몇 연구에서 제안한 것처럼) 그들이 자본주의 시장의 갑작스런 공세를 헤쳐 나가지 못했다는 것보다는[43], 모든 비공식 예술의 영감의 원천이자 그 적절성의 근간이 되었던 문화적 논리의 변화에 있었다. 갑자기, 공식·비공식 상징과 의미가 똑같이 부적절한 것이 되었다. 문화 평론가 타티아나 체레드니첸코가 언급한 바와 같이, 이들은 "어린이 피오네르 노래에 대해서와 마찬가지로 록 음악에 대해서도 과거시제로 써야" 했다.[44] 인디 록의 이러한 위기로 생겨난 공동상태는 댄스 파티와 레이브의 나이트 댄스 하위문화를 포함하여 새로운 청년문화 움직임이 빠르게 확산되는 데 강력한 촉매제가 되었다.

이러한 변화가 단번에 비공식 문화 미학 전체를 바꿔 놓은 것은 아니다. 그 몇몇 요소들은 지속되었다. 예를 들어, 스툐프는 계속해서 유의미하게 남았지만, 새로운 방식으로, 문화적 전복을 통하여 살아남았다.

---

43 가령, 다음을 보라. Cushman, *Notes from Underground*.
44 Tatiana Cherednichenko, *Tipologiia sovetskoi massovoi kul'tury*(Moscow: RIK "Kul'tura", 1994), p. 222.

이제 스툐프는 공식 소비에트 신화학이 아니라, 최근에 신성화된 상징적 재료들에 대한 새로운 포스트소비에트의 공공의 주수(똑같이 공시적이고 편재적인)를 향하게 되었다.[45]

스툐프에 기반한, 공식 주류 담론에 대한 주체의 관계에서 주체는 이 주류 담론을 너무 심각하게 받아들이는 척함으로써 이것을 전복하게 된다. 이러한 관계는 포스트소비에트 시대에도 또한 재생산되어 왔다. 이는 특히 마지막 소비에트 세대의 성원들에 더욱 해당된다. 이들은 권력관계에 대한 스툐프 기반의 논리가 두드러지게 나타나던 사회주의 시대 말에 성년이 되었다. 피에르 부르디외의 실천이론에 의하면, 이 세대의 아비투스habitus는 일련의 전이가능한 성향들로서(즉, 실천과 지각, 사고방식을 그것들이 원래 생겨났던 영역이 아닌 곳에서 생산할 수 있는 원칙으로서), 이들이 피치 못하게 노출되는 어떤 종류의 주류 담론에 대해

---

45 1990~91년 동안 이전에는 소비에트 상징의 가장 신성한 부분이었던 레닌의 형상에 대해 아리송하고 비딱한 뭔가를 드러내는 데 집착하는 출판과 루머가 쏟아져 나왔다. 이 공공의 조소의 한 예가 일어난 것 역시 이때였다. 스타니슬라프 고보루힌 감독의 1991년작 다큐멘터리 영화 「우리가 잃어버린 러시아」(Rossiia kotoruiu my poteriali)가 국영 텔레비전에서 방영되었는데, 이 영화는 레닌이 혁명 동안 독일 스파이였다는 루머를 확증하는 듯한 기록들을 제시하고 있었다. 이 영화는 레닌의 비-러시아계 민족적 계통을 츄바슈, 칼믹, "스웨덴 피가 섞인" 독일, 그리고 유태인 혈통의 혼합으로 자세히 묘사한다. 이 새로운 전복된 지배 이데올로기에 대해 스툐프는 재빠르게 반응했다. 1991년 그 자신이 비공식 문화 씬의 적극적 일원이기도 했던, 상트페테르부르크의 저널리스트 세르게이 숄로호프는 자신의 정기 텔레비전 프로그램 「고요한 돈강」(Tikhii dom)에서 음악가 세르게이 쿠료힌을 유명 정치적 인사이자 영화배우, 그리고 최근에 사회 혁명에서 환각버섯의 역할을 광범위하게 연구한 과학자로서 소개했다. 쿠료힌은 철학 논문들을 인용하고 도표를 가리키면서 세계 혁명의 지도자이자 환각버섯의 엄청난 애호가였던 레닌이 환각버섯을 너무 많이 복용한 나머지 결국 그 자신이 일종의 환각버섯으로 변해 버렸다고 완벽히 과학적인 방식으로 설명했다. 쿠료힌은 계속해서, 이 현상은 위대한 10월 사회주의 혁명의 주요 미스터리에 해결의 가능성을 던져 주는 바, 오늘날 대단한 과학적 흥미의 대상이 되고 있다고 설명했다. 그 해 신비주의, 초심리학, 그리고 '설명할 수 없는 현상'에 대한 관심의 물결이 전국을 휩쓸었다. 숄로호프는 나중에 이야기하기를, 몇몇 나이 든 시청자들은 경악하여 이 이야기가 사실인지 묻기 위해 스튜디오에 전화를 해왔다고 한다(Tikhii dom, St. Petersburg channel, spring 1991; 세르게이 쿠료힌과의 인터뷰는 1995년 여름 상트페테르부르크에서 행해졌다).

서도 (그 담론이 반사회주의 비판에 대한 것이든, 시장 개혁에 대한 것이든, 또는 서구 페미니즘에 대한 것이든 상관없이) 특정한 스툐프에 기반한 일련의 관계들을 가지게끔 유도한다.[46] 이러한 사회주의 말기 문화 성향은 1990년대 초 비공식 예술가들이 내린 많은 창조적 결정(모스크바에서 열린 최초의 대규모 레이브 파티 계획에 대한 아이디어를 포함하여)에 영향을 미쳤다.

8. 상징의 재창조와 미봉책

가가린 파티

플라네타리움에서 디제이 웨스트 밤과 함께한 1991년도 밤샘 파티는 참석자들에게 강한 인상을 심어 주었다. 폰탄카 씬 출신의 주요 기획자였던 제냐 비르만과 이반 살마크소프는 "모스크바에서 뭔가 거대한 것을 하자고 제안했다. 단 이번에는 **프로페셔널한** 방식으로 말이다".[47] 이 대규모 밤샘 파티는 모든 면에서 유례없는 것이어야 했다. 준비과정이 시작되었을 때, 기획과 물리적 짜임새의 모든 요소를 흠잡을 데 없고 의미심장하고 충격적으로 만드는 데 세심한 주의가 기울여졌다. 소비에트 수도를 주최 도시로 선택한 것은 너무 당연한 결정이었고 파티의 효과를 강화시키는 데 기여했다. 소비에트 시스템의 몰락에서 살아남은 상징적

---

46 Pierre Bourdieu, *Outline of a Theory of Practice*(Cambridge: Cambridge University Press, 1993), p. 72. 서구 페미니즘 담론에 대한 러시아와 동유럽 페미니스트들의 관계에 대해서는 다음을 보라. Larissa Lissyutkina, "Soviet Women at the Crossroads of Perestroika", p. 277; Hana Havelkova, "A Few Prefeminist Thoughts", pp. 65, 68, 두 논문 모두 다음에 실렸음. *Gender Politics and Post Communism*, ed. Nanette Funk & Magda Mueller(London: Routledge, 1993).

47 Haas, "Iz istorii"; 강조 표시는 필자.

재료들을 이용하기로 한 기획자들은 댄스파티를 위한 무대로 저 유명한 인민경제성과 소비에트 박람회vDNKh에 있는 코스모스 파빌리온을 선택했다. 이 장소는 '밝은 미래'에 대한 소비에트 신화학의 중심 성전이었다. 스푸트닉 호와 우주를 비행한 최초의 인간 유리 가가린을 태우고 날았던 우주선을 포함하여 우주선들로 가득차 있는 이 파빌리온은 소비에트 영웅, 탐험가, 미래적 기술에 대한 메타포로 넘쳐났다. 이 행사에서 테크노 음악과 공상과학 미학을 사용하여 포스트소비에트적이고 미래적인 새로운 밤문화와의 이상적 연결고리로 탐색하고자 했던 것은 바로 이러한 메타포들이었다.

폰탄카 145번지에서 소규모 나이트 파티를 조직하는 데에는 많은 재원이 필요하지 않았지만, 1991년 12월 14일[48]에 열린 대규모 가가린 파티는 완전히 다른 이야기였다. 장소 대여, 설비, 전기, 난방 시스템(그해 겨울은 특히나 추웠다)에 상당량의 자금이 필요했고, 가가린 파티는 레이브 씬에서 최초로 재정적 협약이 이루어진 주요 행사가 되었다(사진 4-2). 적정한 자금을 확보하기 위해서, 제냐 비르만은 몇몇 신흥 사영 회사로부터 스폰서를 받아냈다. 자신의 매력적인 포스트소비에트 이미지를 가지고(정장과 타이를 걸친 그는 논리정연한 지식인과 돈 있는 신흥 사업가의 중간쯤으로 보였고 또 그렇게 말했다), 그는 사영 기업의 여러 사장들에게 깊은 인상을 주는 데 성공했고, 자신의 색다른 프로젝트를 위해 그들로부터 재정적 지원을 받아냈다. 어떤 기업들은 스폰서십을 광고의 수단으로 사용했다. 다른 기업들의 경우, 이것은 그들이 1980년대 후반 동

---

48 이 행사에 초대되어 공연한 디제이들 중에는 야니스, 프랑스에서 온 조아킴 가로, 그리고 레닌그라드 그룹인 '새로운 작곡자들'과 '발견되지 않은'이 포함되어 있었다. 다음을 보라. *Ptiuch*, no. 3(1997), p. 18.

<사진 4-2> 1991년 모스크바 1차 가가린 파티 전단. 식품회사 크린이 스폰서 기업이었다. 알렉세이 유르착 촬영.

안 재빠르고 반불법적인 거래를 통해서 축적한 돈을 세탁하는 방법으로 사용되었다. 식품회사인 크린은 1991년도의 첫 가가린 파티를 후원했는데(이 회사의 대표들은 제냐에게 행사를 위해 1만 루블이 현금으로 담긴 가방을 주었다. 이 금액은 1991년 환율로 1만 달러에 근접한 액수였다), 그 대가로 모스크바 곳곳에 배포된 2,000장의 전단에 회사 이름이 찍히도록 했다.

코스모스 파빌리온에서 열린 행사의 창의적 기획은 인상적이었을 뿐 아니라 유례가 없는 것이었다. 이 행사는 우주선과 로켓 부품들, 천장에 매달려 있는 펼쳐진 태양 전지, 그리고 이 행사를 위해서 특별히 제작된 가가린의 거대한 초상화로 꾸며져 있었다. 공군복을 입은 실제 우주비행사들이 돈을 받고 초대되어 바에 앉아 파티 참석자들과 담소를 나누었다.

알렉세이 하스는 가가린 파티라는 이름을 선택한 데 대해 이렇게 묘사했다. "페레스트로이카가 시작되고 지난 세월의 모든 영웅들이 산산조각이 나 먼지가 되어 버렸을 때, 남은 유일한, 진정한, 실재하는 영웅은 우주공간을 비행한 최초의 인간이자 노소 모두가 신뢰할 수 있는 선한 사람인 가가린뿐이었습니다. 어떤 이가 '가가린'이라고 말했을 때 [연상의] 고리가 갑자기 연결되었죠. 새로운 작곡자들, 스푸트닉, 가가린, 마지막 영웅, 페레스트로이카, 코스모스."[49] 나이트 파티에 정기적으로 참석하던 한 참가자는 당시에 파티 씬에 만연했던 암묵적 합의를 다음과 같이 설명했다. "겉보기에는 가가린이 우스꽝스러워 보일지라도, 나는 여전히 그를 인민 영웅으로 여기고 있습니다. 그를 향한 아이러니는 유쾌하고 온화한 종류의 것입니다."

소비에트 상징과 레이브 상징을 나란히 놓는 것은 역설적이고 터무니없는 것처럼 보이지만, 사실상 가가린과 우주비행 프로그램에 붙여졌던 상징적 의미를 그들이 지녔던 소비에트적 파토스로부터 해방시키고, 이 상징들을 새로운 문화 생산에 이용가능하게 만듦으로써, 이들을 재발명한 셈이었다. 이 상징들은 소비에트 이데올로기적 신화와 그 신화에 대한 페레스트로이카 후기의 끊임없는 공공의 조소 모두의 맥락에서 벗어나 신흥 포스트소비에트 청년문화에 적합하게 보이도록 만들어졌다. 가가린 파티는 포스트소비에트 세계의 의미심장하고 긍정적인 문화적 연속성을 제공하고 또 기념하는 문화 행사였다.

---

49 "마지막 영웅"이란 빅토르 초이(키노)의 1870년대 후반 인기곡 「마지막 영웅」(Poslednii geroi)을 가리킨다. Haas, "Iz istorii".

파티에 모인 군중은 야간 열차를 타고 온 수백 명의 상트페테르부르크 씬 멤버들과 2천 명 이상의 모스크바 예술 커뮤니티 성원들로 이루어져 있었다. 모스크바에 소개된 새로운 상징적 창조성의 요소들 중 '페테르부르크의 환각제'라는 것이 있었다. 이는 곧 산酸과 펜타클로로페놀, 그리고 페테르부르크 특제품인, 근교 숲에서 가을에 채집되는 환각유발 버섯에 이르기까지 다양한 마약들이었다.[50]

가가린 파티 입상권은 약 10달러 정도 했으나 기자인 아르테미 트로이츠키는 자신의 저녁시간대 텔레비전 프로그램에서 파티를 소개하면서 색다른 상상력을 발휘한 차림을 한 젊은이들은 무료로 입장할 수 있다고 덧붙였다. 이 약속은 창의적으로 차려입은 모스크바의 젊은이 무리들을 끌어들였다. 파티는 1992년에 '가가린 파티 II'라는 제목으로 다시 열렸다. 이번에는 폰탄카 145번지의 또 다른 설립 멤버였던 알렉세이 하스가 조직했다. 두 파티 모두 러시아 나이트 댄스 씬의 공식 역사 속에 '가가린 파티들'Gagariny이라고 알려져 있으며, 이 명칭은 오늘날 신흥 청년문화 잡지들에서도 사용되고 있다.

가가린 파티들 이후로, 대형 이벤트들이 상트페테르부르크와 모스크바에서 더욱더 정기적으로 조직되었다. 파티 '고리키 돔'(씬/고리키의 집)이 1992년 상트페테르부르크의 고리키 문화의 집에서 열렸다. 가가린 파티와 마찬가지로, 이 프로젝트 또한 페레스트로이카와 국가 붕괴를 거쳐 살아남은 상징들에 초점을 맞추고 있었다. 이 초점은 새로운 포스트소비에트의 상징적 창조성에 기반과 연속성을 부여했다. 상징의 혼합

---

50 포스트소비에트 청년문화에서 마약 사용에 관한 논의를 위해서는 다음을 참조하라. "Liudi I skvoty"; Sterling, "Art and Corruption".

은 행사의 명칭 속에도 다시 뚜렷이 나타나고 있다. 여기서 '고리키'gor'kii 라는 표현은 사회주의 리얼리즘의 창시자인 소비에트 작가 막신 고리키와 '쓴' 마약 둘 다를 동시에 의미하도록 사용되었다. 돔(집) 또한 소비에트 '문화의 집'과 '하우스 음악' 둘 다를 동시에 지시하고 있다. 파티는 자정에 제2차 세계대전 참전군인 합창단 공연으로 시작되었다. 이들은 젊은 레이브족 청중들이 어린 시절부터 친숙히 알고 있던 군가를 불렀다. 청중들은 이 공연을 완전한 경의를 가지고 아무런 냉소 없이 받아들였다. 우주 상징들처럼, 전통적인 애국적 상징들은 레이브 파티의 맥락 속에 놓여질 때 처음에는 역설적인 것처럼 보인다. 그러나 전복된 스탸프의 논리에 따르면, 이 절차를 통해 이러한 전통적 상징들은 이전에 결부되었던 이념적인 소비에트 파토스로부터, 그리고 몇몇 도덕적 인텔리겐치아 집단이 가하던 공개적 파괴로부터 (가령, 영화 「우리가 잃어버린 러시아」에서처럼) 해방되었다.

다시금, 상징은 재해석되어 미래지향적 포스트소비에트 청년문화에 유의미하게 되었다. 최근까지 국가가 소유했고, 이데올로기적으로 의미가 충전되었던 상징들의 적극적인 재해석이 많은 레이브 파티에서 발생했다. 새로운 맥락 속에서 끊임없이 재혼합되고 샘플링되고 인용되는 하우스 음악이 그러하듯, 여기서는 과거의 공식 상징들이 또한 새로운 맥락 속에서 신선한, 비선형적 형식으로 재혼합되어 제시되었다. 이러한 샘플링은 종전까지 통합되어 있던 상징적 태피스트리의 조각들을, 소비에트 상징 문화 내에서 그것들이 차지하고 있던 전통적 위치로부터, 그리고 반 소비에트 비판 내에서의 새로운 위치로부터 잘라냄으로써 이루어졌다. 이와 같이, 과거와 현재의 소비에트적 의미로부터의 인용을 포함하고 있는 새로운 '상징적 샘플'들은 역동적인 새로운 문화적 맥락 속

에 놓여졌다.[51]

정치권력의 진공 시대에 이 역동적인 상징적 창조성은 새로운 사회 체제를 위한 새로운 문화 형식과 의미를 생산하는 데 중대한 역할을 했다. 예술가와 디자이너 집단들은 재빨리 이 운동 주변에 모였고, 모든 이벤트의 준비과정에 많은 창조적 작업이 들어갔다. 각 나이트 댄스 파티는 모든 이가 안달하며 고대하고 대규모의 예술 자원들이 투자되는 중요한 문화 행사로 취급되었다. 이 현상은 점차 크게 성장하여 1991~92년에는 대부분의 예술 전시회가 상트페테르부르크에서 중단되고 그 자리를 가장 진지하고, 세심하게 준비되고, 대규모인 예술 프로젝트로서 나이트 파티들이 대신하기에 이르렀다.[52]

오늘날에도 이 과정은 덜 역동적이기는 하지만 계속되고 있다. 가장 최근의 예들 중 필자의 조사연구 기간 동안 (1996년 여름) '동쪽으로의 나토 확장 반대'Net rasshireniiu NATO na vostok라는 제목하에 기획되고 있었던 대규모 나이트 댄스 파티를 들 수 있다. 이 제목은 곧 구 사회주의 블록의 몇몇 동유럽 국가의 나토 가입 예정에 항의하기 위해 기획된 러시아 정부의 최근 이데올로기적 슬로건이다. 이 주제에 대한 러시아 정부의 정치적 수사는 소비에트 시대의 패권적 수사를 상기시켰고, 청년문화 씬의 문화 생산자들은 익숙한 스탸프식 태도로 이 종잡을 수 없는 전환에 반응했다. 이 파티의 기획자들은 파티의 주제를 나에게 다음과 같이 설명했다. "우리 모두는 계속 매체에서 이 새로운 슬로건 '동쪽으로

---

51 이러한 상징적 창의성의 또 다른 예로 소비에트 시대에 이데올로기적 의미가 부여되었던 고급문화의 전통적 상징 재해석을 들 수 있다. 제냐 비르만과 이반 살마크소프는 바라노바 발레학교의 발레리나 반을 초청하여 레이브 파티 동안 고전적인 스텝을 발코니에서 연기하도록 했다(1996년 필자의 마진, 하스와의 인터뷰).
52 이 현상은 평론가 빅토르 마진과 올레샤 투르키나에 의해 관찰되었다(필자의 인터뷰, 1996).

의 나토 확장 반대'를 듣고 있습니다. 그래서, 얼마 후 우리는 결심했습니다——이 제목으로 파티를 열지 못할 게 뭐 있는가? 이것은 물론 우리가 나토의 확장에 무신경하다는 의미가 아닙니다. 그러나 우리는 사실우리가 그것을 반대하는지 지지하는지 또는 전혀 개의치 않는지 공공연히 말하는 것에 별로 관심이 없습니다." 문화 행사로서의 파티는 거만한정부의 수사를 문화적으로 진부한 것으로 만들고, 동시에 군대의 상징을비군국주의적이고 익숙하고 거의 가족 지향적인 것으로 탈바꿈시키도록 기획될 것이었다. 이러한 변형은 스튜프 원리에 따라, 이데올로기적국가 수사와 그것의 군사적 상징물들(주제 면에서 이 행사가 과동일시되고 있는)을 군대와 연관된 일상의 평범한 상징들(야전취사장, 오트밀, 기타에 맞춰 부르는 군가 등)과 나란히 놓음으로써, 그리고 이 두 가지를 모두 밤샘 레이브 파티의 맥락에 위치시킴으로써 성취될 것이었다. 기획자는 심지어 상트페테르부르크 수비대로부터 행사를 위한 윤리적·재정적·기술적 지원을 확보하기까지 했다. "군대 수장들은 아무도 자신들을더 이상 존경하지 않는다고 불평하면서 우리의 관심에 대해 듣고는 기뻐했지요."[53]

이러한 예들이 보여 주듯이, 밤샘 댄스 문화에서 작용하는 포스트소비에트 상징적 창의성은 이데올로기적으로 충전된 소비에트 및 포스트

---

53 이 기획자는 자신의 계획을 이렇게 묘사했다. "우리는 동계 스타디움에 세 개의 대형 무대를 설치할 겁니다. 사람들은 장갑차 사이로 걷게 됩니다. 위장망들이 도처에 걸려 있을 것입니다. 카페들이 야전 병원 텐트 아래 자리잡고 병사들이 오트밀을 야전취사장에서 요리합니다. 대중을 위한사격장도 있을 겁니다. 군악대가 연주하고 군대 가수가 사랑과 병역의 고난에 대해 노래할 것입니다. 이 모든 것이 저녁 6시까지 진행되는 거지요. 입장은 무료입니다. 6시 이후에는 모든 것이달라집니다——입장료를 내야 하고 유명한 록 그룹들과 레이저 쇼 등이 있을 겁니다. 그리고 자정에는 거대한 레이브 파티가 최고의 디제이와 함께 시작되면서 가격도 더 비싸지지요"(기획자와필자의 인터뷰, 1996).

소비에트 상징을 포함하여 다양한 상징적 재료를 결집시키고, 스툐프 미학 등 후기 사회주의 비공식 문화 영역에서 발전되고 완성된 다양한 문화적 절차들을 적용하여 그것을 재해석한다.

포스트소비에트 문화논리의 발달: 마피아와 하위문화

밤 하위문화는 단지 문화적 상징뿐 아니라 시간과 공간 같은 현대 도시생활의 주요 개념들 또한 재해석한다. 모든 파티는 밤 늦게 벌어진다——과거, 곧 소비에트 국가가 절대적으로 통제하던 시대에는 이 시간에 어떤 공공 행사도 일어날 수 없었다. 점점 더 파티들은 전통적으로 국가가 통제해 오던 공간에서 열리게 되었다. 예를 들어, 러시아 최초의 나이트 댄스 클럽 '터널'은 알렉세이 하스에 의해 (1992년 상트페테르부르크에서) 인근 공장에 딸린 예전 낙진 대피소에서 론칭되었다.[54] 포스트소비에트의 현실은 이렇다. 부도난 기업들, 연구소, 박물관, 문화궁전들은 이전에는 정부로부터 보조금을 받았지만 현재는 자신의 자산을 개인사업체들에게 임대함으로써 파산을 면하는 경우가 많다. 오늘날 밤샘 파티를 위해 거의 어떤 장소라도 임대 가능하다. 가장 비싼 장소 중 하나로 현재 국영 박물관으로 사용되는 19세기에 지어진 아름다운 슈발로프스키 궁전을 들 수 있다. 1996년 여름, 거기에서 파티를 개최하는 데 하룻밤에 7,000달러나 들었다. 그러나 모든 적당한 장소가 밤샘 파티를 위한 인기 있는 자리로 떠오르는 것은 아니다. 예의 그 기획자가 나에게 설명했다. "여러 좋은 장소들이 사용되지 않고 있습니다——일례로 아브로라

---

54 공장은 전쟁이 일어날 경우 클럽이 기적처럼 24시간 내에 낙진 대피소로 도로 바뀌어야 한다는 조건으로 대피소를 여전히 대여해 주고 있다(하스와 필자의 인터뷰).

영화관을 들 수 있지요. 이곳은 바로 페테르부르크 중심가에 위치하고 있기 때문에 인기 있을 수도 있겠지요. 그렇지만 이 영화관의 디렉터는 두려움 많은 구식의 **소비에트**(필자 강조) 여자입니다. 그녀에게 그런 밤샘 댄스파티는 아주 싫은 것이죠. 그녀의 영화관은 오늘날까지 정부 예산으로 재정이 충당되고 있고, 그녀는 매달 월급을 받습니다. 이러한 구체제 사람들은 그 지역 차르처럼 굴지요." 그렇지만 대부분의 디렉터들은 더 융통성이 있어서 종종 기획자들과 다양한 반ᴤ불법적 합의를 하곤 한다. 이 과정에서 또한 새로운 공식 및 비공식 시장의 현실에 의거하여 시공간에 대한 옛 국가 통제가 재해석된다. 합의는 항상 반불법적이고 디렉터 입장에서 매우 수익성이 좋기 마련이다. 기획자는 계속 말했다. "디렉터와 나는 우리가 마치 공동으로 이 행사를 조직하는 것처럼 보이는 가짜 계약서를 씁니다. 즉, 나는 장소대여비를 지불하지 않고 오직 수도와 전기에 대해서만, 가령 하룻밤에 9만 루블[1996년 여름 당시 20달러에 해당]을 지불하는 것이죠. 지불되지만 문서상에 언급되지 않는 실제 비용은 2,000달러 정도 하게 됩니다. 이 돈이 곧바로 디렉터의 호주머니로 들어가게 되지요. 이러한 합의 없이는 아무도 우리에게 어느 곳에서도 파티를 조직하도록 허락해 주지 않을 겁니다."

성문화되지 않은 계약은 소위 '지붕'kryshi, 즉 합의를 감독하는 마피아 집단에 의해 보증된다. 공갈협박에 기반한 조직 범죄 시스템은 포스트소비에트 시대 초기부터 나타났다. 오늘날, 담배와 캔디를 파는 작은 키오스크부터 나이트 클럽이나 큰 은행에 이르기까지 실질적으로 모든 비즈니스 사업체들이 '지붕'과 비공식적 비즈니스 합의를 맺고 있다. 한때는 무법적이고 무분별하게 폭력적이었던 이 시스템은 지금은 복잡한 조직 구조로 발전했다. 아무도 더 이상 '갈취당하는' 것에 대해 말하지 않는다. 대신, 사업가들은 그들 자신의 개인적 '지붕'을 가지는 것에 대해 이야기한다. 이 '지붕'은 각 사업체로부터 매달 월정액을 거둬들인다. 그 대가로, '지붕'은 각 사업체를 다른 범죄 집단으로부터 보호해 줄 뿐 아니라, 파트너들 사이에 맺어진 비성문화된 비즈니스 합의들이 지켜지도록 보장하고, 사업 파트너 사이에 분쟁이 발생하는 경우 중재자 역할을 한다(양쪽 사업체의 '지붕'들이 엄격하고 자세한 비성문 규약에 따라 분쟁을 모니터한다). '지붕'의 대표자들은 각 사업체가 얼마만큼을 어김없이 빼돌릴 수 있을지 측정해 자신에게 지불되어야 할 액수를 결정한다. 1996년 여름 상트페테르부르크에서 내가 인터뷰한 소규모 사업자들의 경우에는, 이 액수가 회사 수익의 15%에 달했다. 오늘날 '지붕' 없이 돌아가는 사업은 단 한 곳도 없다. 이렇게 '지붕' 시스템은 현대 러시아에서 대부분의 비즈니스에 침투해 있는 비공식 권력관계의 거대하고 복잡한 시스템을 형성하고 있다. 가령, 예의 그 상트페테르부르크의 나이트 파티 주최자는 공식적 조직, 그리고 '지붕' 조직 두 가지 모두를 통해 일을 진행시킨다. "나는 내 '지붕'과 함께 회의에 참석하고 그들[문화의 집, 극장, 박물관 등 파티 조직자가 다음 댄스 파티를 조직하고 있는 모든 장소의 관리자들]은 그들의 '지붕'과 함께 옵니다. 우리는 만나서 누가 무엇에 대해 책임을 질 것이며 어떤 일을 벌일 것인지 논의합니다. 문제가 발생하는 경우에는 그들의 '지붕'이 간단히 당신으로부터 돈을 가져가게 되는데, 만약 당신이 잘못한 거라면 당신의 '지붕'은 도와주지 않을 겁니다. 모두가 알고 있지요, 누군가를 속이는 것은 절대 있을 수 없다는 것을요. 이것은 정부조직도 아니고 모든 것이 당신의 약속에 기반하고 있습니다. 만약 그들이 당신의 약속을 들었다면 그걸로 충분한 거지요."

사업가들은 자기들 모두 현재의 시스템을 더 선호하고 사업을 하는 데에도 더 편안하다고 설명하곤 한다. 내가 1996년 여름에 들었던 전형적 설명은 다음과 같다. "'지붕'은 경찰도 아무런 보호를 해주지 못하는 상황에서 사업체로부터 임의의 액수를 요구하던 1990년대 초기의 무차별적인 마피아 그룹보다는 훨씬 더 문명화된 방식으로 행동합니다. 오늘날 모든 이들은 보호받고 있고 우리는 비즈니스를 할 수 있죠." 낸시 라이즈는 현대 러시아 마피아의 특징 중 하나가 "대체로 일상생활에서 정상적이고 필수적이고 심지어는 편안한 존재로서 구성되고 또 경험되고 있다"는 점이라 주장한다. 대부분의 사회 집단은 마피아를 사회 질서를 유지하는 힘으로 인지하는 편이다.[55] 캐서린 버더리는 더 나아가 대부분의 탈공산주의 동유럽에 팽배해 있는 마피아의 이러한 이미지는 아마도 "불안감의 다른 형태와 더불어, 무정부 상태에 대한 불안을 표현하고 있다"고 주장한다.[56] 마피아 '지붕'들은 매우 필요한 질서를 실제로 제공하고 있다. 특히 그 질서를 비즈니스 절차와 계약의 상대적인 안전과 신뢰성의 형식으로 제공한다.[57]

나아가 다음과 같은 점을 덧붙일 수 있겠다. 마피아가 현대에 질서를 유지하고 국가를 보조하는 힘으로 출현할 수 있었던 문화적 논리는 공식 소비에트 상징이 가령 나이트 레이브 파티에서 재해석되는 논리와

---

55 Nancy Ries, "'Honest Bandits' and 'Warped People': Russian Narratives about Money, Corruption and Moral Decay", in *Ethnography in Unstable Places*, ed. Carol Greenhouse, Elizabeth Mertz & Kay Warren(Ithaca: Cornell University Press, in press).

56 Katherine Verdery, *What Was Socialism and What Comes Next?*(Princeton: Princeton University Press, 1996), p. 216.

57 또한 다음을 참조하라. Jim Leitzel, Clifford Gaddy & Michael Alexeev, "Mafiosi and Matrioshki. Organized Crime and Russian Reform", *Brookings Review*, winter 1995, p. 28; Svetlana Glinkina, "K voprosu o kriminalizatsii rossiiskoi ekonomiki", *Politekonom. Russo-German Economic Journal* 1(1997), p. 49.

유사한 것 같지만 실상 정반대이다. 여기서 마피아의 역할은 국가의 제도 및 권력 구조에 있는 공동을 메우는 것이다(또는 적어도 이러한 역할을 수행하고 있다고 인지되는 것이다). 한편, 새롭게 재해석된 이데올로기 시스템의 역할은 새로운 탈사회주의 상징적 질서를 위해 의미 있고 위안이 되는 상징적 재료를 제공함으로써 국가의 상징 구조에 있는 공동을 메우는 것이다. 두 과정 모두 소비에트 시스템의 붕괴로 인해 생겨난 상징적·제도적 공동상태를 채우기 위해, 상이한 질료를 가지고 상이한 방향으로 국가라는 천을 직조해 내는 것으로 해석될 수 있다. 실제로, 이 과정들은 종종 서로서로를 증대시킨다. 예를 들어, 불법화된 합의 시스템과 공식 권력은 이상한 조합으로 보일 수도 있을 사안들에서 매우 자연스럽게 어울린다. 사회주의 말기에 나타난 권위에 대한 무관심한 태도, 1980년대 말에서 1990년대 초까지의 권력 공동상태, 그리고 뒤따른 '권력의 사유화'[58], 이 모든 것이 공식 권력이 범죄화되고 범죄 권력이 공식화되는 이중 과정에 기여했다. 이렇게, 특수 범죄단속반 경찰마저도 종종 '지붕' 규칙을 따르는 비공식적인 의사擬似 범죄 유형의 관계에 빠져든다. 동시에, 마피아 '지붕'들은 정기적으로 완벽히 점잖은 공식 비즈니스 간 합의를 얻어내곤 한다. 내가 인터뷰한 기획자는 사실 자기가 매우 세력 있는 '지붕'을 가지고 있음을 자랑했다.

매우 힘있는 '지붕'이랍니다 ——내무성 MVD이에요! 이것은 이중 합의입니다. 국가방범조직으로서 이들은 사람들과 기업에게 공식적인 안전을 제공합니다. 동시에 이들은 또한 당신의 '지붕'이 될 수도 있습니다. 그

---

58 이 용어는 다음 글로부터 빌려 왔다. Katherine Verdery, *What Was Socialism*, p. 216.

리고, 다른 모든 마피아 그룹과 마찬가지로, 이들은 사람들을 겁주거나 죽일 수도 있고 돈을 갈취할 수도 있고 모든 것을 할 수 있습니다. … 그 래서 나는 내무성과 공식적 계약을 맺고 있습니다. 나는 그들에게 국가 방범조직으로서 매달 5만 루블[1996년 여름 물가로 10달러]을 지불합니 다. 그러나 물론 이해하시겠지만 이것은 우스운 금액이죠. 그래서 나는 또한 그들과 구두 계약을 맺고 있지요. 내가 다른 어느 '지붕'과 계약을 맺는 것처럼 말이죠. 나는 파티를 조직할 때 보호를 제공받는 대가로 그 들에게 비공식적으로 500달러를 지불합니다. 이것이 '신사의 합의'라고 불리는 것이죠…. 나는 이러한 합의를 할 수 있어 운이 좋은 겁니다. 왜 냐하면 바로 이 사람들이 나를 공식 법으로부터 [변호사들이 바로 이 내 무성에 의해 고용되고 같은 돈으로 매수됩니다] 그리고 범죄자들의 법으 로부터 보호해 줄 테니까요. 나의 '지붕'으로서 그들은 다른 '지붕'들과 회의를 가지고 그들 방식대로 분쟁을 해결해 줍니다.[59]

9. 새로운 하위문화, 새로운 이데올로기, 새로운 상징적 질서

새로운 권력구조와 문화논리가 이렇게 공고화되면서, 창의적·비공식적 실험이 행해졌던 임시자치구역은 폐쇄되었다. 나이트 댄스 하위문화는 더 이상 일시적 권력 공동상태의 공간 내에서 통제되지 않은 상징적 창 조성이라는 특징을 가지지 않는다. 이제 이 하위문화의 많은 부분은 정 부, 시장, 마피아, 그리고 이들의 다양한 조합에 의해 통제된다. 그리고

---

59 또한 다음을 참조하라. Sterling, "Art and Corruption", p. 121; Leitzel et al., "Mafiosi and Matrioshki", p. 28.

또한 이것은 새로운 소비자를 가지고 있다──진정으로 새로운, 신청년들novye molodye의 포스트소비에트 세대가 바로 그것이다. 이 사람들은 사회주의 말기에 성년이 된 마지막 소비에트 세대의 성원이었던 하위문화 조직자와 생산자들보다 적어도 열 살 이상 어리다.

나이트 댄스 하위문화는 이제 그 자체의 지배적 이데올로기, 상징, 영웅을 가지고 있다. 이것들은 잡지 『프튜츠』와 『OM』, 하우스 음악 FM 방송국과 텔레비전 프로그램, 온갖 음반 가게 및 옷 가게 등 새로운 청년층 매체에 의해 표현되고 전파된다. 예를 들어, 『프튜츠』는 자기네 젊은 독자에게 포스트소비에트 신청년들의 올바른 욕구, 취향, 행동, 직업이 무엇인지를 가르친다. "트렌디한 생활이란 예술, 스타일, 행동거지이다. 트렌디한 사람들은 일할 수가 없다" 그리고 "모든 젊고 진보적인 사람들에게 있어 휴식의 주된 장소는, 의심할 여지 없이, 레이브 파티".[60] "아가씨 하나에 스타일 하나"와 같이 단골 문구에 나타나는 것처럼, 『프튜츠』는 젊은 트렌드족들을 인용함으로써 새로운 청년 하위문화에서 창의적 소비에 근간하고 있는 상징적 창조성의 새로운 포스트소비에트 형식을 묘사한다.

나는 차려입는 것을 좋아한다. 이것은 원하기만 하면 매일 즐길 수 있는 즐거움이다…. 옷을 고르는 것은 시간이 걸리지만 재미있고 창의적인 과정이다 …. 내가 가장 좋아하는 음악은 그것에 맞춰 춤출 수 있는 클럽 음악이며 … 예술적이고 유익한 음악이다. 나는 언제나 파티에 간다. 왜냐하면 이것이 나의 삶의 방식이기 때문이다. 나는 유행에 민감하고

---

60 "Pis'mo redaktora", Ptiuch, nos. 2, 3(1994).

아름다운 젊은이들 사이에 있는 것이 좋고 태평함과 재미가 넘치는 분위기가 좋다.

나는 스타일에 있어 잡식성이다. 나는 모든 것에 열려 있다. 어제 마음에 들지 않은 것이 오늘 마음에 들 수도 있는 것이다. 그 반대도 마찬가지다…. 파티는 음악과 빛의 축연이다. 나는 사람들이 재밌게 즐기는 법을 배웠으면 한다.[61]

1996년 여름, 상트페테르부르크에서 클럽에 자주 다니는 한 18살짜리 파티꾼은 나에게 이러한 '소비의 의례'의 몇몇 실질적 측면을 설명해주었다. "레이브 키즈reivery는 서로 옷 사는 것을 도와줘요. 내 남자친구의 베스트 프렌드는 디자이너 브랜드 옷을 많이 팔아요. 나는 어디서 그가 그 옷들을 구하는지 모르지만 그는 언제나 그래요. 이건 말하자면 비밀이죠. 그는 디젤, 리바이스, 베르사체, 아르마니 등등을 팔아요. … 클럽에 정기적으로 가는 사람들 중에 많은 이들이 직업이 없어요. 그들은 가짜 디자이너 옷을 사고 파는 것으로 생계를 잇죠. 그들은 아는 연줄이 있어서 옷을 사고 그걸 자기 친구들한테 다시 팔아요." 이 새로운 담론은 유행에 민감한 포스트소비에트 세대의 표지로 사용될 수 있는 그 자체의 상징과 의미를 가지고 있으며 현재 지배적인 위치를 차지하고 있다. 이 변화는 임시자치구역이 거의 완전히 끝났다는 것과 밤문화 및 밤문화로부터 생겨났던 다른 하위문화들이 제도화되었다는 것을 알려준다. 동시에, 이 과정은 온갖 경쟁적인 담론과 반론의 출현을 동반한다. 예를

---

61 *Ptiuch*, no. 7(1996) & no. 6(1995~96).

들어, 밤문화 씬의 최초의 조직자 중 많은 이들은 오늘날 밤문화 씬이 진부해지고 새로운 성원을 끌어들이고 있다는 사실에 대해 불평한다. "지금 진행되는 것들은 날카로운 감각의 정점에 있었을 때보다 덜 재미있어요…. 내가 가장 좋아하는 파티는 과거의 것들이에요. 그 파티들은 폰탄카, 플라네타리움, 그리고 그 시기의 모든 것에 있었죠."[62] 신세대 젊은 이들이 문화적 가치와 영감을 잃어버렸다고 불평하는 구 인텔리겐치아 세대의 목소리 또한 들려온다. 인텔리겐치이들로부터의 이러한 공격에 대한 반작용으로 가령 『프튜츠』는 다음과 같이 응수한다. "어떤 사람들은, 아주 영리하고 세련된 사람들을 포함해서 하는 얘기지만, 그들이 다음 세대를 교실로 몰아넣고 자신이 배웠던 삶의 지혜를 가르칠 수 없음을 이해하지 못하는 것 같다… 우리는 우리가 원하는 대로 우리 자신의 삶을 살 단 한 번의 기회만 가지고 있다…. 그리고 우리가 진실로 필요한 유일한 것은… 그들이 우리를 간섭 않고 내버려 두는 것이다."[63] 민족주의자, 애국자, 공산주의자, 그리고 강한 러시아 혹은 소비에트 정부를 지지하는 이들의 담론 또한 자주 들을 수 있다. 이들에게 서구화된 청년 하위문화는 세계에서 러시아의 정치적·과학적·예술적·군사적 위상이 상실되었음을 상징한다.

이데올로기적 담론의 이 새로운 이종어heteroglossia는 스퇴프의 낯익은 반작용을 일으켰다. 반작용은 특히 소비에트 말기 세대의 문화 생산자들, 즉 1970년대 이후로 권력 및 지배 이데올로기와 자신과의 관계에서 스퇴프와 특정한 냉소적 태도를 중심 패러다임으로 삼았던 이들로부

---

62 "Interview", *Ptiuch*, no. 5(1996).
63 Igor Shulinskii, "Zametki redaktora", *Ptiuch*, no. 7(spring 1996).

터 나타난다. 새로운 포스트소비에트 스툐프는 후기 페레스트로이카의 스툐프를 상기시킨다. 후자는 편재하는 소비에트 이데올로기의 상징들과 이 상징들에 대해 똑같이 편재하는 조소 모두에 대한 반작용이었다. 현대의 이데올로기적 이종어의 맥락에서 다른 점은 스툐프가 종종 한 텍스트 내에서 다른 이데올로기 담론 전체를 동시에 마주하여 자리잡고 있다는 점이다. 다음의 예는 이러한 점을 잘 보여 준다.

모스크바의 클럽과 디스코텍은 휴식과 오락을 위한 장소로 보인다.[64] 이런 넌센스가! 모스크바 시민들이 정말로 디스코텍이 춤과 즐거움을 위한 곳이라 믿고 있는가! 전통과의 연계가 이렇게 상실되고 있다니! 피테르(페테르부르크)에서 디스코텍과 잡지는 모여서 뭔가 더 그럴듯한 것에 대해 얘기하기 위한 구실에 지나지 않는다. 이것은 전통으로부터 온다. 사이공[65]에서 와인 한 잔을 놓고 단테와 추체프와 오가레프에 대해 이야기하는 것. 우리의 유행을 좇는 아이들은 그들의 사상의 아름다움과 그들의 성신적 충동에 별로 주의를 기울이지 않는다. 그보다 오늘날엔 이런 것들이 유행이다. 애국자, 지식인, 과학자, 군인, 정치가가 되는 것이 유행이다. 우주의 새로운 법칙을 발견하는 것이 유행이다. 자연의 삶을 탐구하는 것이 유행이다. 화석학, 광물학, 존재론, 인식론이 유행이 되고 있다. 쿠바에 자유를![66]

---

64 『프튜츠』나 『OM』 같은 잡지에서 통용되는 류의 밤문화 씬의 범위를 가리키고 있다.
65 1960년대에서 1980년대까지 비공식적 문화 씬의 트렌디한 단골 장소였던 네프스키 대로에 있는 한 유명 카페의 속어 이름.
66 Sergei Kuryokhin, "S novym godom zveria!" OM, 1996. 03., p. 69.

확실히 쉽게 식별가능한 다양한 이데올로기의 상징들이 이 텍스트 전체에 흩어져 있는 반면, 궁극적인 전도가 일어나고 있는 것은 바로 잘 알려진 소비에트 시대의 이데올로기적 호소를 본딴 마지막 문구에서이다.

10. 결론: 포스트소비에트 하위문화로서의 밤문화

사회주의 말기의 문화논리는 공식 영역과 비공식 영역 사이의 공생관계, 그리고 일종의 '냉소적인' 가장과 스탸프의(특히 마지막 소비에트 세대의 경우에 있어서[67]) 미학으로 특징지어진다. 이 문화논리는 1988년과 1992년 사이에 특별한 시공간에서 실험적 밤 하위문화를 창조하는 데 필수불가결한 것이었다. 이 시기를 특징짓는 것은 엄청난 권력 공동상태와 갑작스럽고 예기치 않은 시스템 붕괴로 귀결된 사회주의 상징적 질서의 위기이다. 이때, 러시아의 대도시들은 특정한 '유토피아적' 대중 공간──임시자치구역──의 출현을 목도했다. 이 공간은 이전에 편재하던 국가와 공동체의 통제로부터 자유로웠다. 이러한 공간에서 정보의 새로운 형태들이 자유롭게 유포되었고, 새로운 문화 형식과 사회관계들이 빠르게 발달했다. 이러한 자치구역들은 1980년대 후반과 1990년대 초반에 다양한 활동무대와 영역에서 우후죽순으로 나타났고, 말기 사회주의 시스템의 급속한 문화·사회 변형에 있어 특별히 생산적인 실험실이 되었다. 이 구역들에서 발달한 사회 현상은, 콤소몰 위원회와 국유 기관 내에서 진화하고 있던 최초의 준準-민영 비즈니스로부터 신흥 비즈니스

---

67 다음을 보라. Yurchak, "The Cynicl Reason".

및 국가안보기관들과 종종 긴밀한 관계를 맺고 있던 범죄 집단 조직의 공고화, 그리고 무수히 많은 청년 하위문화의 발달에 이르기까지 매우 다양하다.[68] 포스트소비에트 나이트 댄스 하위문화가 출현하여 그 양식적·구조적 정체성을 얻은 폰탄카 145번지의 실험적인 예술 씬은 이러한 임시자치구역의 산물이었다.

1990년대 초 이후 밤문화 씬은 커다란 변화를 겪었다. 비록 나이트 파티는 더욱 흔한 것이 되었지만 러시아에서 상징적 질서는 새로운 공식 및 비공식 조직 원리를 점점 더 얻어가고 있었다. 그리고 권력 공동상태는 새로운 권력관계와 새로운 통제 유형으로 빠르게 대체되고 있었다. 나이트 댄스 하위문화의 생산자들이 자기들에 대한 공식 및 비공식 권력의 무지를 이용하는 것이 예전같이 쉽지 않다. 국가, 경찰, 언론, 시장, 마피아, 그리고 이들의 다양한 조합이 임시자치구역에 재진입했다. 예를 들어 폰탄카 145번지와 푸슈킨스카야 10번지 같은 장소들은 오늘날 나타날 수 없을 것이다. 비록 몇몇 장소들이 여전히 존재하고 제한된 규모로 꽤 오랫동안 계속 기능하고 있을지라도 말이다.[69] 더이상 아무도 큰 공식적 공간을 갑자기 점유하고도 국가, 시장, 마피아 '지붕'의 통제를 면할 수는 없다. 변화하는 공식 법률, 보안 및 비즈니스 합의와 심지어 나이트 댄스 파티 후원에까지도 진입한 마피아는 응집된 하위문화의 형성에 중요한 역할을 했다. 나이트 파티 조직자들은 새로운 구조적 기회와 제한을 살펴봐야 했고 이러한 공식·비공식 권력들과 협상하고 이들을

---

68 조직 범죄집단의 수는 1990년과 1993년 사이에 4배 이상 증가했다. Leitzel et al., "Mafiosi and Matrioshki", p. 26. 예를 들어, 다음을 보라. Hilary Pilkington, ed., *Gender, Generation, and Identity in Contemporary Russia*(London: Routledge, 1996).

69 다음을 참조하라. "Liudi i skvoty"; Sterling, "Art and Corruption".

다루는 데 보다 사업적이고 창의적이 되어야 했다.[70] 순전히 그 지속성과 인기, 그리고 팝 문화 세계에 스며드는 능력 덕분에 원래의 폐쇄적인 레이브 씬은 변형을 겪을 준비를 갖추었다.

이 모든 내부적·외부적 요소들이 임시자치구역을 폐쇄하고 나이트 댄스라는 상대적으로 작고 실험적인 문화 현상을 그 자신의 트렌디한 상징과 추종자, 라이프스타일을 지닌 대규모의 제도화된 하위문화로 변형시키는 데 기여하였다. 종종 그렇듯이, 변형은 하위문화가 근원한 신성한 전당, 문화 유포의 주요 장소로 접근하려는 수요의 증가를 통해, 트렌디한 음악과 의복, 이미지, 아이디어에 대한 수요를 통해 일어났다. 그리고 이 과정은 결과적으로 서구 디자이너 의류와 음반을 수입하는 회사들과 불법 복제품을 만들어 파는 지역 해적 회사들에게 새로운 경제적 기회들을 만들어 주었다.

1990년대 중반 수십 개의 새로운 클럽이 모스크바와 상트페테르부르크에 우후죽순처럼 생겨났다. 많은 클럽들이 여전히 원조 폰탄카 씬과 연결되어 있을 수도 있다. 나이트 댄스 클럽은 구 소련 곳곳의 다른 큰 도시들에도 빠르게 나타나고 있다. 최근에 『프튜츠』는 많은 포스트소비에트 대도시와 중소도시에서 하우스 음악과 디제이가 있는 나이트 댄스 클럽이 개장되고 있다고 보도했다.[71] 나이트 클럽과 댄스 파티는 적극적인 문화 생산의 장으로 계속 기능하고 있다. 여기에서 포스트소비에트

---

70 잡지 『프튜츠』는 대중 파티 기획자들의 수많은 실패담에 기반하여 새로 기획자가 된 이들에게 다음과 같은 충고를 하고 있다. "절대로 정부 조직과 연루되지 않도록 해야 한다는 것을 잊지 말라"("News", Ptiuch, no. 3[1995], p. 2).

71 노보시비르스크, 야로슬라블, 블라디미르, 랴잔, 옴스크, 첼랴빈스크, 로스토프, 타간로그, 사마라, 케메로보, 민스크, 키예프, 하리코프의 나이트 댄스 씬에 대해서는 다음을 참조하라. "News", Ptiuch, nos. 3, 5, 6, 12(1997) & no. 2(1998).

〈사진 4-3〉
1996년 8월 10일 상트페테르부르크 스파르타크 영화관의 레이브 파티("하우스 뮤직 에너지")
광고 포스터. 두 FM 라디오 방송국―예브로파 플류스 및 라디오 막시뭄―이 파티의 스폰서
를 맡았다. 알렉세이 유르착 촬영.

세대는 패션, 음악, 언어, 섹스, 마약, 비즈니스의 문화적 영역 내에서 새
로운 정체성, 권력 위계, 취향, 영감, 그리고 시간과 공간, 일과 레저, 돈에
대한 이해를 형성해 내기 위해, 상이한 역사적 시기와 공간으로부터 상
이한 형태의 구조적 통제하에 나온 다양한 상징적 재료에 의존하고 있
다(사진 4-3).

* 리서치를 도와준 빅토르 마진, 알렉세이 하스, 마리나 알비, 렘 하이브라흐마노프, 이고리 비고딘,
DJ 피터 에이시드, '피쉬 파브리크'의 올레크와 파샤, 그리고 상트페테르부르크의 수많은 파티꾼
들에게 감사한다. 그리고 이 논문의 초고에 대한 값진 논평을 해준 데이비드 피셔, 토머스 캠벨, 세
라 필립스에게 감사한다.

5장

진퇴양난[1]

신성한 루시와 러시아 록 음악에 나타난 루시의 대안

줄리아 프리드먼, 애덤 와이너

마사 베일스는 저서 『우리 영혼의 빈자리: 미국 대중음악이 잃어버린 아름다움과 의미』에서 새로움에 대한 '비뚤어진' 근대주의 컬트가 과거의 가치와 절연하려는 끈질긴 충동성 때문에 서구 록 음악에 해로운 영향을 끼쳐 왔다고 주장한다.[2] 러시아 록은 이와는 다른 역학관계에 속해 있었다. 왜냐하면 러시아 록은 초기에는 서구 밴드들로부터 영감을 얻었지만 점차적으로 가사와 곡에 있어서 동쪽, 즉 모국 쪽으로 이동해 왔기 때문이다.[3] 러시아 록 아티스트들은 토착적·전통적 영향을 거부하지 않았

---

1 [옮긴이] 원문의 제목 'Between a rock and a hard place'(진퇴양난)는, 단어 'rock'을 사용함으로써 본 장에서 다루는 대상인 록 음악을 간접적으로 지시하는 동시에, 어구 전체의 관용적 의미에 의거하여 서구 지향과 토착적 러시아성 지향 사이에 위치한 현대 러시아 록의 특징을 제시하고 있다. 부제에 나오는 '루시'(Rus)란 9~12세기에 걸쳐 동슬라브 지역에 자리잡았던 고대 동슬라브의 지역, 민족, 공국 들을 일컫는 이름이다. 러시아라는 이름은 이 단어로부터 파생된 것이다.

2 Martha Bayles, *Hole in Our Soul: The Loss of Beauty and Meaning in American Popular Music* (Chicago: University of Chicago Press, 1994).

3 1960년대, 1970년대, 그리고 1980년대 초기에 러시아 록에 끼친 서구 록의 영향은 러시아인들이 더욱더 토착적인 형식과 주제를 발견하게 되면서, 즉 자기 실현의 과정이 계속 전개되면서 서서히 줄어들었다. 러시아 초기 록의 '파생적' 속성에 대한 디두로프(Alexei Didurov)의 언급을 보라.

으며, 대신 자신들이 외국의 것, 이질적인 것이라 지각하는 미학적 모델을 초월하고자 노력해 왔다. 이러한 상황은 곧 독창적인 예술은 오직 자신의 태생과 전통에 대한 철저한 이해로부터 창조될 수 있다는 T. S. 엘리엇의 경고를 떠올리게 한다. 1980년대 중반 무렵, 상당수의 독창적인 러시아 록 음악가들이 보다 '토착적' 전통을 찾아 서구 로큰롤의 그늘을 벗어나고 있었다. 이는 정통성을 탐색하기 위한 변화였다. 그 결과 예술적·문화적으로 대단히 흥미로운 노래 텍스트들의 생산을 가져오게 되었다. 몇몇 일류 작곡가들에게, 정통 러시아 록은 러시아성과, 그리고 가끔은 친러시아주의와 깊은 관련이 있었다.[4] 다른 이들은 자기 동포들 사이에 나타나는 친러주의적 경향에 이의를 제기하기 위해 자신의 음악을 사용했다. 그 결과로 나타난 것이 러시아 문화의 의미에 대한 일종의 록 논쟁이다. 록에서의 러시아성은 러시아 민속 음악의 모티프와 장치들을 단순히 그대로 흉내내는 것에 국한되지 않는다. 이것은 민족정체성과 운명에 대한 러시아의 영원한 '저주받은 질문들'의 전통적이고 혁신적인 해석들을 복잡하게 절충하는 것을 포함한다. 전통이란, 엘리엇이 말했듯이, "물려받을 수 있는 것이 아니며, 만약 그것을 원한다면, 엄청난 노력을 통해 획득해야만 한다".[5]

"Rocking in Russian, or Power Chords from the Underground", Kyoto Journal 29(1995), p. 107. 또한 다음에 나타난 러시아 록에 대한 서구 영향 논의를 참조하라. Sabrina Petra Ramet, Sergei Zamascikov, and Robert Bird, "The Soviet Rock Scene", in Rocking the State: Rock Music and Politics in Eastern Europe(Boulder: Westview Press, 1994), pp. 181, 183, and passim.

4 러시아의 "록 음악가들은 자신들을 단지 세계적인 록 전통뿐 아니라 자신의 토착 문화와 그 문화를 오랜 시간에 걸쳐 창조해 온 영적 잠재성의 후계자라고 여긴다"는 일리야 스미르노프(Il'ia Smirnov)의 관찰을 비교해 보라(Vremia kolokol'chikov: Zhizni smert' russkogo roka, Moscow: Into, 1994, p. 101).

5 T. S. Eliot, "Tradition and the Individual Talent", in Selected Essays, 1917~1932(New York: Harcourt Brace, 1932), p. 4.

조국의 이미지와 개념은 숙명적으로 록 음악에 영향을 주었고 그 자체가 상당한 정도로 음악의 'rok', 곧 '운명'──러시아 록에 대한 논의에서 만들어진 동음이의어 말장난──이기도 했다. 러시아성은 록의 구원의 은총인 동시에 가장 치명적인 유혹이다. 구원의 은총인 까닭은 록을 작곡가의 세계관의 의미심장한 표현으로서 심오하게 만드는 힘이 바로 러시아성이기 때문이다. 한편, 치명적인 유혹인 것은 어느 사이엔가 이 힘이 마트료슈카⁶-스타일의 진부화된 민예나 혹은 더 나쁘게는 볼썽사나운 민족주의로 점차 변화할 수 있기 때문이다. 두 경우 모두 음악이 만들어 내는 어떤 아름다움도 제한시켜 버릴 수 있다. 일리야 스미르노프는 이러한 주장을 다음과 같이 분명히 제시하고 있다. "어떤 관념을 공언해 버리면──특히나 우리가 '러시아적 관념'을 얘기할 경우── 그 관념은 직선적이고 평이한 것이 되어 버린다. 진정한 러시아성은 무미건조한 '루복'(판화)으로 변할 위험이 있다. '러시아의'라는 단어는 한 민족 집단의 명칭이 아니라 행동에 대한 촉구가 되어 버릴 염려가 있다. 영적 고난이 음울한 편협성을 가져올 때, 아마도 선의는 '칼리노프 다리'⁷의 격돌에서 그 첫 패배를 맛보게 될 것이다."⁸

이 장에서 우리는 알렉산드르 바슐라체프Aleksandr Bashlachev, 유리 셰프축Iurii Shevchuk(DDT), 콘스탄틴 킨체프Konstantin Kinchev(Alisa), 유리 나우모프Iurii Naumov, 야나 댜길레바Iana Diagileva(Ianka), 보리스 그레벤시코프Boris

---

6 [옮긴이] 마트료슈카는 나무로 만든 러시아의 인형으로 속이 빈 몸체 속에 조금 더 작은 몸체가 몇 겹으로 계속 들어 있는 구조로 이루어져 있다. 전통적으로 인형에는 여성이 그려져 있지만 요즈음은 정치인이나 연예인들이 그려진 경우도 많다.

7 [옮긴이] '칼리노프 다리'(Kalinov most)는 1984년 결성된 러시아 최초의 민속 록 밴드이기도 하다.

8 Smirnov, *Vremia kolokol'chikov*, pp. 256~257. '칼리노프 다리'는 민속 신화에서 러시아 서사시 영웅이 악의 힘을 맞닥뜨리고 격파하는 장소이다.

Grebenshchikov(Akvarium)와 같은 주요 러시아 로커들 모두 독창적 록 미학을 탐색하기 위해 자신의 조국을 환기시키는 비전을 창조해 왔음을 주장한다.[9] 우리는 방금 언급한 그룹 및 아티스트들로 논의의 범위를 한정하고자 하는데, 이는 다른 록 음악가들이 이 논쟁에 기여하지 않았다고 말하려는 것은 아니며(왜냐하면 그들 또한 기여했으므로), 이 논쟁에 전혀 끼어들지 않은 그룹들이 없다고 암시하려는 것도 아니다(왜냐하면 그런 그룹들이 존재하므로).[10] 우리는 또한 우리의 결론을 러시아 록에 대한 포괄적인 개관이나 1990년대 러시아 록에 대한 논평으로 제시하는 것이 아니다. 그보다는, 조국을 가장 생생하게 그려 내는 음악을 하는 예술가들에 대해서 논의하고자 한다. 이것이 성취되어야 할 이상적 모델이든 아니면 피해야 할 함정이든 상관없이 말이다. 러시아 록에서 이 주제가 생겨나고 그 자리를 확고히 한 것은 1980년대 후반, 바슐라체프가 주요 도시들에서 활동을 시작한 것과 때를 같이한다. 우리는 그 이후 1990년대 중반까지 이르는 동안 이 주제가 어떻게 발전되었는지 추이를 살펴볼 것이다.

비평가와 음악가들은 일반적으로 바슐라체프(~1988년)를 자신의 노래를 위해 직접 작시한 최초의 로커로 인정한다. 그리고 러시아 록에서 처음으로 러시아의 근원과 운명에 대한 질문을 제기한 노래를 부른

9 [옮긴이] 병기된 원어에서 괄호 안의 단어는 이들이 속한 그룹의 이름이다.
10 여기서 묘사하고 있는 이 경향은 1980년대 중반에 시작되었으므로, 우리는 스코모로히 (Skomorokhi), 마쉬나 브레메니(Mashina vremeni), 보스크레세니예(Voskresenie), 주파르크 (Zoopark)와 같은 더 이전 그룹들을 논의하지는 않을 것이다. 그러나 우리가 다루는 시기라 할지라도, 이 장에서 살펴보는 것처럼 주요 관심사가 러시아적 주제는 아니었던 주요 록 밴드들을 발견할 수 있다. 예를 들어, 키노(Kino), 텔레비조르(Televizor), 나우틸루스 폼필리우스 (Nautilus Pompilius), 브라보(Bravo), 브리가다 에스(Brigada S), 즈부키 무(Zvuki mu), 아우크치온(Auktsyon), 스트란니예 이그리(Strannye igry), 차이 에프(Chai F), 그리고 드바 사몰료타(Dva samoleta) 등이 이에 속한다.

이가 또한 바슐라체프라는 것도 단순한 우연이 아니었다. 그렇다면, 본 논의를 1980년대 중반까지 낭만적 겉치레나 반소비에트 풍자, 그리고 소위 스툐프[stiob, 4장 참조—옮긴이]의 막다른 골목 안으로 떠돌고 있던 록 음악을 거기로부터 끄집어 낸 이 시인에 대한 이야기로 시작하는 것이 적절할 것이다.[11] 러시아 록 음악 특유의 특징은 바로 언어에 특권을 부여했다는 점이다. 이것은 러시아 록 음악가, 팬, 비평가들이 한결같이 인정하는 특징으로, 바슐라체프에 의해 처음으로 적용되어 대단한 결과를 가져왔다. 이는 서구 록의 상대적으로 음악적인 정향과 대조를 이룬다.[12] 그러나 록의 '러시아화'는 단지 보다 언어적으로 풍부한 시학의 발견에 그치는 것이 아니다. 이것은 또한 러시아의 운명에 대한 그 특유의 유서깊은 논쟁에 뛰어드는 것이다. 최고의 록 음악에 존재하는 러시아 시의 정신은 심오하게 민족주의적인, 따라서 불가사의한 현상이라고 할 수 있다. 여기에서 우리는 소위 고급예술과 대중예술 간, 그리고 민족예술과 보편예술 간에 놓여 있는 간극의 가장자리에서 잠시 멈추게 된다.[13] 도스토예프스키가 러시아의 위대한 예술적 재능들은 모두 "필연적

---

11 이 책에 실려 있는 알렉세이 유르착의 스툐프에 대한 논의를 참조하라. 유르착은 스툐프가 "이데올로기적 상징에 대한 반어적 취급"으로 "풍자나 조소"와는 다르고, "이데올로기적 상징들과의 모종의 과(過)-동일시를 필요로 했다. 이러한 반어적 취급은 종종 미묘한 조소가 그 상징을 지지하고 있는지 또는 전복시키고 있는지 구별하기가 거의 불가능할 지경에 이르기도 했다"(이 책 135~136쪽)고 보았다.

12 러시아 록에서 가사가 지니는 특별한 중요성에 대해서는 다음을 참조하라. Artemy Troitsky, *Back in the USSR: The True Story of Rock in Russia*(Boston: Faber and Faber, 1988), p. 40; Didurov, "Rocking in Russian", p. 108; Thomas Cushman, *Notes from Underground: Rock Music Counterculture in Russia*(Albany: State University of New York Press, 1995), pp. 103~107; Smirnov, *Vremia kolokol'chikov*, p. 54.

13 왜 러시아 로커들이 자신의 음악을 '고급'예술의 한 형식으로 보았는지 쿠시먼(Thomas Cushman)의 논의를 보자. "록이 정통성을 지니기 위해서는 '정치를 넘어서' 인간이 처한 상황에, 인간의 정신과 영혼에, 그리고 존재의 거대한 문제들에 대고 이야기해야만 했다"(*Notes*, p.103). "러시아적 맥락에 있는 록 음악을 대중문화의 한 형식으로 치부하는 것은 자신의 활동을 근본적으로 또 본

으로 민족적 정서에 의지하게 되고, 이 민족과 함께하는 자, 곧 슬라브주의자가 된다. 이와 같이, 경박한 푸슈킨도 모든 키레예프스키들과 호먀코프들 앞에서는 갑자기 기적의 수도원의 연대기 사가가 된다"라고 썼을 때, 그는 아마도 문제를 너무 단순화시켰던 것 같다.[14] "기적의 수도원의 연대기 사가"는 (푸슈킨의 위대한 역사극 『보리스 고두노프』에 나오는) 수사 피몬이다. 도스토예프스키에게 있어서 수사 피몬은 민족성에 대한 깊은 통찰을 통해 얻어지는 러시아의 영적 지혜의 아이콘이었다. 종종 러시아의 예술적 천재성의 원천이 되었던 것은 슬라브주의적 정서 그 자체라기보다는 아마도 이러한 통찰일 것이다. 그렇기에, 바슐라체프는 키레예프스키와 호먀코프 스타일의 (피몬은 말할 것도 없이) 슬라브주의자가 아니었지만, 자신의 예술을 민족성의 미스터리를 향하게 함으로써 도스토예프스키의 원칙을 따른 셈이 되었다.

바슐라체프의 록 시는 그것이 표현하는 모든 고통, 수모, 어둠에도 불구하고, 러시아와 그 민족에 대한 호소력 강한 긍정을 보여 준다. 유명한 자유주의 소비에트 록 비평가 아르테미 트로이츠키가 바슐라체프를 그의 고향 체레포베츠에서 '발견'한 이후, 바슐라체프의 모스크바와 상트페테르부르크 진출은 록 시 장르에 있어 엄청난 변화의 전조가 되었다. 1984년 바슐라체프의 록 씬 출현과 그의 자살 사이의 몇 년 동안, 그

질적으로 비상업적인 것으로 여기는 페테르부르크의 반문화 음악가를 모욕하는 것이다"(Notes, p. 129).

14 1871년 5월 5일 스트라호프(N. N. Strakhov)에게 보내는 도스토예프스키의 편지에서 인용함(F. M. Dostoevsky, *Sobranie sochinenii v tritsati tomakh* [Moscow: Akademiia nauk, 1972], vol. 29, pt. 1, p. 207). 또한 도스토예프스키의 소위 「푸슈킨 연설」(vol. 26, p. 144)을 참조하라. 이반 키레예프스키(Ivan V. Kireevskii, 1806~1856)와 알렉세이 호먀코프(Aleksei S. Khomiakov, 1804~1860)는 19세기 슬라브주의 운동의 주요 창립자였다. 이 운동은 고대 러시아 전통, 특히 러시아 정교의 믿음과 농민 집단, 곧 미르(mir)의 사회구조를 이상화했다.

는 60여 편의 뛰어난 가사를 작시했다. 그의 텍스트들이 증명하고 있듯이, 바슐라체프는 표트르 1세에 의해 러시아에 수입되어 소비에트 시대로 물려내려 온 서구식 관료주의에 간신히 짓밟히지 않은(바슐라체프의 시는 그렇게 단언한다) 러시아의 숨겨진 도덕적 삶을 노래했다. 「작은 종들의 시대」Vremia kolokol'chikov[15]는 러시아의 도덕적 과거에 대한 찬가이다. 이 노래는 카샤[16], 자작나무, 종, 탄식, 축제일, 둥근 교회지붕, 트로이카, 보드카 등 서로 의미 있게 상호작용하는 러시아 토착 상징들의 복잡한 의미망을 배경으로 러시아의 도덕적 과거를 바라보고 있다. 이것이 다시 읽어 볼 만한 시면서 또한 노래이기도 하다는 것을 잊지 말아야 한다. 이 작품의 중심적 착상은 러시아의 영적 과거의 거대한 종의 메아리를 러시아 록의 기타와 스피커를 통해 듣는 것이다. 한편, 이 시의 가사에는 외부적·내부적 운율, 두운, 유사음, 그리고 기타 다채로운 소리가 조화롭게 울려퍼진다.

이 노래는 가까운 소비에트 과거를 먼 신화적 과거와 대비시키는 이중적 시선을 제시하면서 뚜렷한 대조 뒤에 두 시간 사이의 본질적 통합을 발견하고 있다. 시인은 다음의 첫 연으로 시작하여, 위대한 과거로부터 작게 오그라든 현재까지의 행로를 추적한다.

오랫동안 우리는 더위와 추위 속에서 가고 있었다,

---

15 바슐라체프는 이 노래의 제목과 텍스트에서 'kolokol'chikov'라는 단어를 가지고 언어유희를 하고 있다. 'kolokol'chik'은 작은 종(핸드벨)과 꽃 블루벨을 모두 의미할 수 있다. 우리는 바슐라체프가 자신의 음악을 연주할 때 언제나 손목에 종들이 달린 팔찌를 끼고 있었다는 점을 유의해야 한다. 「작은 종들의 시대」는 다음에서 인용했다. Aleksandr Bashlachev, Pososhok(ed. Aleksandr Zhitinskii[Leningrad: Lira, 1990], p. 15).
16 [옮긴이] 카샤는 물이나 우유에 곡물을 넣고 끓인 러시아 죽 요리이다.

그 모든 것을 견디어 내고 자유롭게 남았다,

자작나무 카샤와 함께 눈을 집어삼켰다,

그리고 종탑 높이까지 자랐다.

역사의 여정 첫 단계 동안 러시아인들은 고난을 견디는 능력 덕분에 자유롭게 되었다("자작나무 카샤"는 채찍질의 완곡한 표현이다). 궁핍과 고통을 먹고 살아감으로써, 이들은 인류 중 영적인 거인이 되었다. 이는 사람들 사이에, 그리고 그 사람들과 종을 칠 때 그 목소리가 들려오는 신 사이에 존재하는 이상적인 영적 교감(또는 공동체성)의 시대로 이어졌다. 먼 과거의 러시아인들은 예배와 슬픔과 축전과 위험 시에 정말로 종에 의해 통합되었다. 종은 이들을 적과 화재로부터 보호했고, 이들의 감정과 공명했으며, 이들에게 희망을 주었다.[17]

애통할 때 —— 우리는 소금을 아까워하지 않았다.

축제를 벌일 때 —— 설탕 입힌 당밀과자,

종치기들은 검은 굳은살로

청동 확성기의 신경을 잡아 뜯었다.

바슐라체프의 요점은, 슬플 때나 기쁠 때나 러시아인들은 한계가 없다는 것이다. 옛날 종치기들은 그들의 손이 검은 굳은살로 변할 때까지 중세 러시아의 거대한 종들을 침으로써 이러한 고대의 힘든 감정적·

---

17 다음에서 제임스 빌링턴(James H. Billington)이 논의한 러시아 문화에서 종이 지니는 의미를 비교해 보라. *The Icon and the Axe: An Interpretive History of Russian Culture*(New York: Vintage Books, 1970), pp. 39~42.

영적 삶의 아이콘이 된다. 종을 '확성기'라고 부름으로써, 시인은 경건한 과거의 내부로부터 나타날 불경한 현재를 놀라운 메타포로 예견한다. 나중에 나타나게 되는 바, 로커들은 옛날의 종치기에 상응하는 현대의 존재로서 고통스럽게 그들의 기타 줄을 뜯으며 잃어버린 과거의 영적 교감, 인간을 거인으로 만드는 정신적 조화를 재확립하고자 노력한다.

그러나 매일마다 시대가 바뀐다.
교회 지붕은 그 금박을 잃어버렸다.
종치기들은 세상 곳곳에서 비틀거린다.
종은 쓰러지고 금이 갔다.

종의 운명적 금은 또한 시대의 분립이기도 하다. 이것은 현재를 과거로부터, 영적 삶을 불경한 삶으로부터 갈라놓는다. 이 분열은 수많은 분립과 이단들, 표트르 대제 치세 때부터 현대에 이르기까지 러시아에 강요된 고통스런 서구지향적 개혁을 환기시킨다. 이 4행시에서 바슐라체프는 최근의 과거와 현재, 곧 부조화의 시간("우리는 더 이상 노래하지 않는다. 우리는 노래 부르는 법을 잊어버렸다"), 정체와 부진의 시간("단 하나의 바퀴도 기름칠이 되어 있지 않다. / 채찍이 사라졌다. 시간이 흐르면서 안장을 도둑맞았다"), 방탕의 시간("우리는 자고 마신다. 하루 종일 술을"), 불경의 시간("우리는 오랫동안 심사숙고해 왔다. 기도와 더불은 번갯불을"), 어둠의 시간("우리는 오랫동안 살아왔다 — 새카만 어둠 속에서") 속으로 도약한다. 그러나 가장 중요한 것은 현재가 종이 부재하는 시대, 곧 혼란과 고독의 시대이자 조화로운 삶의 잃어버린 비밀을 헛되이 찾아다니는 시대라는 것이다.

왜 이제 우리는 주변만 배회하는가

우리의 들에서 —— 마치 지하생활자처럼?

만약 우리에게 종을 주조해 주지 않는다면,

즉, 여기 작은 종의 시대가 온 것이다.

거대한 종 없이, 토착의 공동의 영적 삶에 대한 통합적 개념 없이, 러시아인들은 살던 곳에서 쫓겨나 길을 잃었다. 그들은 자기들을 안내하는 "작은 종들"에만 의지한 채 시간의 들판을 떠돌고 있다. 그러나 러시아어로 "작은 종들"은 또한 긴 겨울 끝에 해빙의 들판에서 자라는 '블루벨'을 가리킨다.[18] 이것은 탈문명화, 방금 상술한 러시아 역사 주기 전체를 선행하는, 보다 자연스러운 토착신앙의 삶으로의 탈산업적 복귀를 환기시킨다. 언어유희 "지하생활자"를 통해 바슐라체프는 도스토예프스키의 『지하생활자의 수기』에서 형상화된 19세기 은둔 유아론자와 20세기 비공식 조직들의 구성원 둘 다를 환기시킨다. 후자는 소비에트 반체제 인사들을 의미하며, 여기에는 물론 러시아 록을 생산하고 바슐라체프가 몸담았던 비공식 언더그라운드 문화가 포함된다. 과거의 공유된 문화적 가치의 쇠퇴와 더불어, 러시아인들은 고립과 개인주의, 이기주의라는 보다 서구적인 풍조에 빠지게 되었는데, 이는 시에서 묘사되는 고통으로 귀결된다.

과거의 조화라는 위대한 종의 파괴는 작은 종들의 시대가 도래했음을 알린다. 이 시대는 확실히 더 파편화되고 더 잔인한 시대지만 결코 희망이 없는 시대는 아니다.

18 [옮긴이] 블루벨은 청색이나 흰색의 작은 종 모양 꽃이 피는 야생 히야신스를 말한다.

너는 울려라, 심장아, 나의 셔츠 밑에서
다급하게 —— 까마귀가 황급히 날아 흩어진다.
에이! 마구를 채워 몰고나가라,
그러면 우리는 사방으로 달려나갈 것이다.

자신의 심장의 종소리를 아직 알아들을 수 있는 러시아인들은 위대한 과거의 비밀스러운 내적 메아리를 발견했다. 그리고 그 잃어버린 조화를 어디에서 찾아야 할지 알지 못한다 하더라도 만약 누군가 그 유명한 러시아적 자유분방함으로 사방으로 질주해 나간다면 그는 성공할 수 있을지도 모른다. 여기에서 바슐라체프는 종까지 포함하여, 『죽은 혼』의 마지막 단락의 삼두마차, 세계를 지옥이나 구원으로 인도할 러시아의 잠재력에 대한 고골의 상징을 장치해 놓는다. 트로이카는 끔찍한 황폐 상태로 축소되었다.

그러나 비 속에서 —— 모든 길은 무지개로 이어진다!
큰일이다. 지금 이게 웃을 일인가?
그러나 만약 종이 멍에 아래 달려 있다면,
그렇다면 된 거다. 장전해라, 가자!

이 구절은 러시아인이 그들의 육체 속에 있는 영혼, 영적 종소리를 들을 수 있는 한 ——그리고 예술가가 (고골이든 바슐라체프든) 이것을 공명하도록 만들 수 있는 한 —— 러시아에 희망이 있다는 것을 암시한다.

우리는 너무 오랫동안 기다리고 있다. 모두 먼지투성이가 되도록 헤맸다.

이것 때문에 우리는 똑같이 보이기 시작했다.

그러나 비 속에서 우리는 다르다는 것이 드러났다.

대다수는 정직하고 선하다.

소비에트식 영적 교감은 위대한 러시아 과거의 잃어버린 조화를 강제로 재확립하려고 했다. 그러나 그 방법은 모든 것을 인간성의 가장 낮은 공통분모로 축소하는 것이었기에 실패하고 말았다. 영적인 과거의 토양 속에, 서로간의 믿음과 사랑의 자유로운 형제애 속에 러시아인들을 다시 뿌리내리게 하는 대신, 소비에트의 삶은 이것들을 진창 속으로 짓밟아 버렸을 뿐이다. 노래는 민족의 놀라운 도덕적 갱생 능력에 대한 가수의 믿음에 대한 언급으로 끝을 맺는다.

아버지 황제 종[19]이 깨진다 해도―

우리는 우리의 검은 기타를 가지고 왔다.

…

로큰롤 ― 눈부신 이교여.

나는 작은 종들의 시대를 사랑한다.

여기서 역사의 주기가 닫힌다. 바슐라체프는 록 시 예술이 상상으로 만들어 내는 현대 문화의 정신이 이 시의 첫 행들에서 묘사된 러시아의 기독교 이전 태곳적 상태로의 회귀일 것이라 상상한다. 볼셰비즘의 왜

---

19 "황제 종"(Tsar'-kolokol)은 원래 모스크바 크렘린의 이반 대제의 종루에 매달려 있던 거대한 종이다. 이 종은 1737년 화재 때 떨어져 금이 갔다. 1836년 이후로 이 종은 이반 대제의 종루 옆 화강암 받침대 위에 놓여져 있다.

소함을 겪은 후, 러시아인들은 다시 한번 자신의 고난 속에서 선을 발견하고 그 결과로 영적으로 성장하기 시작했다. 이들은 방향감각을 재발견했으며, 형이상학적 은총의 탐색을 재개했다. 처음에, 이 정신적 추구를 전달하기에 가장 알맞은 예술적 매체는 갓 기독교화된 루시에서 신과의 직접적 소통 수단이었던 종이었다. 이후 분립의 시대에는, 조화의 이 음악적 표현이 상실되었고 조화 자체도 파괴되었다. 그때에는 고골의 서정적 산문과 같은 문학이 금간 옛 통합의 종에 대한 러시아인들의 슬픈 갈망을 가장 잘 실어나를 수 있는 간접적 매체가 되었다. 그러나 심지어 문학도 사회주의 리얼리즘의 이질적 (맑스주의의) 이상의 노예가 되었다. 록 시는 새로운 시대를 위한 매체이다. 음악과 시, 조화의 직간접적 암시를 결합함으로써 새로운 종——"청동 확성기"——은 가까운 과거의 거짓말을 고대의 영원한 진실에 대한 소리높은 확언으로 압도해 버린다. 바슐라체프는 과거를 불경한 현재를 평가하는 잣대가 되는 성스러운 시대로 제시하고 있다. 비록 그가 또한 옛 이상으로부터 현재의 고통 속으로 방황해 온 이들의 고난에서 구원의 가치를 발견하기는 하지만 말이다.

바슐라체프로부터 유리 셰프축을 위시한 그의 추종자와 동반자들로 논의를 옮기면서, 우리는 잠시 멈춰서 그들 간의 중요한 연관성과 차이점을 알아보고자 한다. 러시아 록이 실로 민족적 현상이 되면서 단지 상트페테르부르크(그레벤시코프)와 모스크바(킨체프) 두 수도에서뿐 아니라 지방 곳곳에서——체로포베츠(바슐라체프), 우파(셰프축), 노보시비르스크(다길레바 및 나우모프)——걸출한 옹호자들이 나타났다. 록의 토착적 원천을 찾고자 하는 열망으로 인해 바슐라체프와 셰프축 둘 모두 러시아의 위대한 음유시인 중 하나이자 "러시아 최초의 로커"인 블라디미르 비소츠키(~1980년)를 재발견하게 된다. 만약 우리가 러시아 평크-로커 '돼지'(Svin'ia)를 믿는다면 말이다(안드레이 파노프는 언제나 가장 믿을 만한 정보통은 아니지만 여기에서만큼은 아마도 진실에서 멀지 않은 듯하다).[20] 바슐라체프가 비소츠키의 노래를 특징짓는 휴머니즘, 희망, 시적 깊이, 그리고 표현의 투박함을 이어나갔다면, 셰프축은 비소츠키에게서 DDT의 음악을 특징짓게 된 그 모든 고통과 쉰 목소리, 그리고 나드리프(감정의 격발, 자기를 괴롭히는 지경까지 다가갈 만큼 감정적으로 충만한 표현 형태)의 모델을 발견했다. 바슐라체프 역시 나드리프를 가지고 노래했지만, 셰프축의 노래 「혁명」Revoliutsiia(1987년 앨범 『해빙』Ottepel'에 수록)에서처럼 청중을 사회적 자각과 행동주의로 불러내는 방식은 아니었다. "이 세계에는 우리가 원하는 것은 존재하지 않는다, / 그러나 우리는 우리가 세계를 바꿀 수 있다고 믿는다. 그렇다!" 조국에 대한 바슐라체프의 이해는 보다 멀리 내다보고 형이상학적인 것이었던 반면, 셰프축의 경우는 보다 시사적이고 구체적이었다. 하지만 둘 다 형식과 내용의 러시아성으로 주목할 만했다.

셰프축의 태도가 너무나 본질적으로 러시아적이었던 나머지, 러시아 록의 한 비평가는 DDT를 가리켜 "러시아 민속 그룹"이라고 부르기도 했다.[21] 셰프축의 노래의 힘과 매력은 겉으로 보이는 것만큼 원초적이거나 거칠지는 않은 심오한 민족적 감정에서 생겨난다. "노래를 작곡하기 위해서 VCR을 보는 것만으로는 충분치 않습니다. 클류체프스키[유명한 19세기 러시아 역사가]를 읽어야 하지요"라고 셰프축은 언젠가 말했다.[22] 앨범 『해빙』에 실린 셰프축의 노래 「교회」Tserkov'는 분명히 러

---

20 Smirnov, *Vremia kolokol'chikov*, p. 60.
21 *Ibid.*, p. 20.
22 *Ibid.*, p. 101.

시아 역사를 읽고 내면화한 이의 작품으로서 러시아의 민족적 정서를 설득력 있게 표현하고 있다. 짙은 스모키 보이스의 계속적인 외침으로, 셰프축은 기억을 환기시키는 길게 연속된 부정적 메타포를 만들어 낸다. 이 메타포들은 소비에트 러시아를 영적으로 텅 빈 과거의 유령에 홀린 거대한 공동으로 보는 비전으로 융합된다. 곤란하게도 러시아의 정서는 셰프축이 이것을 조국에 대한 그의 진정한 우려의 신중한 표현으로 담아내려 시도하자마자 거짓처럼 들리기 시작한다. 「몸집 큰 여자」Bol'shaia zhenshchina(『해빙』)는 "해변에서 세계의 1/6 면적의 커다란 여자가 졸린 듯이 울타리로 다리 사이에 금을 긋는다"라고 러시아를 표현하는 것으로 시작하여, 거기로부터 재빨리 어머니 러시아에 대한 장황한 클리셰 ── 학대받고, 훼손되었지만, 물론 여전히 사랑받는 ── 로 이어진다.[23] 앨범 『여배우 봄』Aktrisa vesna, 1993에 실린 셰프축의 「조국」Rodina은 러시아에 대한 또 다른 흥미로운 성찰을 제공한다.

나는 조국에 가고 있다.

그들이 소리치라지, "괴물 같아"라고,

그러나 우리는 조국이 좋다,

조국이 미녀가 아닐지라도,

악당들을 너무 신뢰할지라도.[24]

23 셰프축의 가사의 모든 인용은 키릴 마진의 DDT 웹 홈페이지(1996, 1997)에서 가져왔다.

24 셰프축의 「괴물/조국」("urodina/rodina") 연주는 이제는 존재하지 않는 그룹 놀(Nol')의 리더, 표도르 치스탸코프(Fedor Chistiakov)의 가사에 대한 암시이다. 이 그룹은 통상 러시아에 대한 가사보다는 러시아 전통 악기들의 사용(치스탸코프는 러시아식 아코디언인 바얀을 연주한다)과 멜로디로 더 잘 알려졌다. 치스탸코프의 앨범 『조국에 대한 응답 없는 사랑에 관한 노래』(Pesnia o bezotvetnoi liubvi k rodine, 1991)는 셰프축이 「조국」에서 패러디한 압운의 오리지널 버전을 담고 있는 곡 「레닌 거리」("Ulitsa Lenina")를 싣고 있다. "미워하는 만큼 또 나는 나의 조국을 사랑한다

이 가사들은 조국에 대한 공정치 못한 찬사라기보다는 자기가 사랑하는 대상의 단점을 완전히 잘 알고 있는 이가 말하는 사랑 고백이다. 『카자크 보병』*Plastun*, 1991은 새로운 시대의 문턱에서 나온 정치적 관심이 반영된 앨범이다. 이 앨범에서는 다채로운 가사를 셰프축의 커다란 폐활량의 전 볼륨으로 전달하는 DDT의 1980년대 중반 스타일로 회귀하고 있다. 확실히 정치적 논란은 소련과 함께 사라지지 않았고, 「조국전쟁의 예감」*Predchustvie grazhdanskoi voiny* 같은 노래들은 소련과 구 소비에트 인민의 정치적 폭력에 반하는 증오의 외침에 다름아니다. 이것은 곧 "민족은 피를 제안한다"라는 경고였다. 러시아의 의미에 대한 케케묵은 논쟁에 어떤 예술가가 가담한다고 해서 그것이 그의 애국주의적 정서나 정치적 편향성에 대해 무엇인가를 암시하는 것은 결코 아니라는 것을 강조해 두고자 한다. 바슐라체프가 맹목적 애국주의자가 아니었던 만큼이나 셰프축 또한 비애국적이진 않았다. 셰프축은 마지막에서 두번째 앨범 『이게 다야』*Eto vse*, 1995에서 계속적으로 러시아에 관한 주제를 추구했다. 선정적인 제목의 「러시아 탱고」*Rossiiskoe tango*는 바슐라체프의 메타포를 지겹도록 거의 그대로 반복하면서 러시아 영혼의 신성을 모독한 데 대한 분노를 터뜨리고 있다. 그러나 가사는 바슐라체프의 일관성과 시적 비전에 미치지 못하고 있으며, 가수는 자신의 혼란스런 비유들과 뒤섞인 메타포 속에서 길을 잃었음을 거의 인정하면서 "나는 이 모든 구조 속에서 길을 잃었네"라고 노래한다.

『여배우 봄』은 DDT의 진화에 있어 일종의 분수령이 된 복잡하고

네. / 그런데 동지여, 여기엔 정말이지 놀랄 만한 것이 없네. / 나의 조국은 정말로 그렇게 눈먼, 벙어리 괴물이라네. / 흠, 그러나 내가 사랑할 어떤 것도 없네."

모순적인 앨범이다. 음악적으로 볼 때 이 앨범은 매혹적인 멜로디와 복잡한 장치들을 가지고 어떤 돌파구를 제시하고 있다. 그러나 앨범 전체에 걸쳐 주제적 강조점이 시에 있었음에도 불구하고, 가사들은 종종 엉성하고 황당하다. 「마지막 가을」Posledniaia osen'은 푸슈킨과 시의 죽음에 대한 것이다. 「비」Dozhd'는 봄 소나기가 내리는 동안 열린 창문으로부터 시인을 휩쓸고 간, "내가 썼던 나쁜 시들을 날려 버린" 시적 영감을 묘사하고 있다. 이 나쁜 시들의 일부는 앨범에 온진히 살아남아 있는 것처럼 보인다. 이 앨범은 곳곳에서 일종의 음악적인 광시狂詩가 되어 완전히 서구 록처럼 들리는 에스트라다estrada(적절한 영어 대응 단어가 없는데, 이는 러시아 록의 변형 중 하나로 라운지 음악과 팝 음악의 혼합물 비슷한 것이다)로 전락할 지경이다. 문학적 영감과 문화적 전통의 내향적 표현도 이로부터 이 앨범을 구해 내지 못하고 있다. 타이틀 곡인 「여배우 봄」은 초기 『해빙』의 계절적 메타포를 계속한다. 이 노래의 자명한 해석은 소비에트의 겨울이 마침내 끝났다는 것이다(1950년대와 1960년대 소위 해빙기 동안에는 그러지 못했으므로). 시인은 1917년 이후 조국이 첫 봄을 막 맞으려는 참임을 느낀다. 온 나라가——그리고 실상, 마치 서기장처럼 발코니석에 앉아 있는 태양을 포함하여 전 우주가—— 기쁨에 넘쳐 여배우 봄이 공연하는 것을 지켜본다. 그러나 셰프축은 노래의 일관성을 해치는 부조화스러운 언급으로 끝을 맺는다. 성호를 그으며 러시아는 "75번째 극장 시즌"의 시작에 갈채를 보낸다. 여기에서 예기치 않게도 연속성의 느낌은 피날레까지 이르는 모든 구절에서 뚜렷이 드러난 이행과 변화의 주제를 약화시킨다. 사실상 봄은 희망을 주는 이 공연을 1917년에서 1991년까지 매년 열어 왔으며, 소련의 종말 이후에도 계속 그래오고 있는 것처럼 보인다. 겨울로부터 봄으로의 이행이 매년 새로워 보이는 것처럼, 차르 전제정에서 소비에트로의, 그리고 다시 자본주의 체제로의 이행도 러시아에 부활을 가져오는 것처럼 보일 뿐이며 실상은 부편적이고 영원한 봄의 의례에 들어맞는 것이다. 러시아적 삶의 끝없는 연속성을 넌지시 암시하면서 셰프축은 바슐라체프의 예지력에 아주 가까이 다가간다. 둘의 중요한 차이는 바슐라체프의 비전은 소련 뒤에 오는 러시아를 포착하는 이가 거의 없던 시대에 나타났던 반면 「여배우 봄」은 소비에트 시대가 끝난 이후에 나타났다는 것이다.

콘스탄틴 킨체프의 창조성은 셰프축의 경우처럼 러시아의 운명에 대한 숙고에서 비롯된 것이 아니다. 1990년대 초 그가 마침내 보다 러시아적인 록 형태를 시작했을 때, 그의 록은 분명히 바슐라체프의 직접적 영향을 받고 있었다. 그렇다 하더라도 킨체프는 록의 러시아화에 있어 중요한 역할을 담당했다. 그룹 알리사Alisa의 작곡자이자 리드싱어로서, 첫 앨범이었던 『에너지』Energiia, 1985를 필두로 그는 진정한 러시아 록의 고질적 문제들, 그 중에서도 동-서의 변증법과 시적 언어 및 음악적 언어의 발전에 초점을 맞추기 시작했다. 「음악광」meloman은 1980년대 중반에 러시아 록에 아직도 배어 있던 서구의 영향을 풍자한다. 이 노래의 주인공은 실제로 수많은 서구 음악 그룹들을 열거하면서 이들을 자신의 빠른 속도의 지껄임을 만들어 내는 데 중요한 영향을 미친 이들로 제시한다. 이러한 지껄임을 그는 노래의 끝부분에서 "r-r-r-ep"(즉, 랩)이라고 정의한다.[25] 이 장광설은 고전(비틀즈, 롤링스톤스, 에릭 클랩튼, 재니스 조플린 등)에서 하드-록khard-rok(블랙 사바스, 알리스 쿠퍼, 레드 제플린 등)으

---

25 「음악광」은 다음에서 인용되었다. Nina Baranovskaia, *Konstantin Kinchev. Zhizn' i tvorchestvo. Stikhi. Dokumenty. Publikatsii*(St. Petersburg: Novyi Gelikon, 1993), pp. 87~88.

로, 그리고 사이키델릭(킹 크림슨, 로버트 프립, 프랭크 자파, 브라이언 이노 등)으로, 또 펑크와 뉴웨이브(니나 하겐, 클래시, 섹스 피스톨스, 폴리스 등)까지 서구에 대한 강박이 진행되어 온 과정을 묘사한다. 마지막으로 우리의 '음악광'은 자신이 무대에 나섰음을 인정한다.

이제 내 자신이 노래하고 작곡한다, 그런데
…
짧은 시간 동안 나는 아주 많이 작곡했다
내가 쓴 그 많은 것들을 나는 이미 잊어버렸다.

이 노래는 자격과 재능이 서구 록 숭배에 한정되어 있는 러시아 로커들이 기억할 만하거나 오래 지속될 어떤 것도 생산해 낼 수 없음을 시사하는 듯하다. 같은 앨범의 첫번째 노래 「우리 함께!」My vmeste!는 자기 자신의 언어를 발견하는—즉, 로큰롤의 모국어라 할 수 있는 영어에서 러시아어로 전환하는— 러시아 로커가 겪는 통과의례를 묘사했다는 점에서 주목할 만하다. "나는 나의 모국어로 노래하기 시작했다./ 나는 이것이 갑자기 일어난 것이 아님을 확신한다."[26]

킨체프는 1989년 2월에 가진 인터뷰에서 자신이 이러한 발견들을 하는 데 있어 가장 중요한 가이드가 되었던 것은 바슐라체프였다고 설명했다. "(바슐라체프는) 무엇보다도 내가 전에 언어를 다뤘던 것과는 다른 방식으로 언어를 다루도록 가르쳤습니다. 나는 단어는 단어일 뿐이고, 별로 신경쓸 바 아니라고 여겼습니다. 단어를 잘게 썰어서 절 안에 쑤

26 「우리 함께!」는 다음에서 인용되었다. *Ibid*., p. 86.

셔 넣을 수 있다고 생각했지요. 그에게는 단어 하나가 생명의 한 조각이
었습니다."[27] 바슐라체프의 사망으로 인해 킨체프는 언어를 경외하는 러
시아의 전통에 부합할 필요가 있음을, 특히나 록 분야에서 그러하다는
것을 인식하게 되었다. 킨체프에 따르면, 알리사의 1991년 앨범 『안식
일』Shabash은 "사샤 바슐라체프의 죽음과 그의 장례식에 붙여진 송가이
다. 앨범 전체가 그에 대한 것이다".[28] 킨체프의 가장 시적인 노래 중 하
나인 「황혼」Sumerki이 처음으로 수록된 것이 여기 이 앨범이라는 사실은
놀랍지 않다. 「황혼」의 힘의 많은 부분은 이 곡이 간-텍스트적으로 연
결되어 있는 일련의 록 곡들로부터 나온다.[29] 이 곡은 비소츠키, 그레벤
시코프, 나우모프, 그리고 무엇보다 바슐라체프 등을 포함한 러시아 시
와 음악(민속적인 것과 문학적인 것 모두)의 반향으로 가득하다. 킨체프는
이 노래에서 상징과 단어들, 곧 바슐라체프의 시에서 특징적이었던 '삶
의 조각들'로 이루어진 그림의 퍼즐을 맞춘다. 그러나 어떻게인지 그 결
과로 만들어진 세계관은 바슐라체프의 세계관의 네거티브 사진과도 같
다.[30] "우리의 눈은 구름 속에 있지만 우리의 발은 늪에 빠져 있다"는 킨
체프의 가사는 바슐라체프의 구절 "하늘에 씨를 뿌리며 우리는 들을 짓
밟는다"와 공명하고 있지만 여기에는 두 가지 중요한 주의점이 있다.
첫째, 바슐라체프의 가사는 아마도 그의 가장 비관적인 노래로 여겨질
「악」Likho에서 나온 것이다. 둘째, 이 다소 시무룩한 맥락에서조차 바슐라

27 Zhitinskii, ed., *Pososhok*, p. 142.
28 Petr Kamenchenko, "Beseda s Kinchevym", in Baranovskaia, *Konstantin Kinchev*, p. 219.
29 다음과 비교해 보라. Baranovskaia, *Konstantin Kinchev*, p. 42.
30 [옮긴이] 사진 및 인쇄술에서 사진 원판을 뜻하는 네거티브(negative)는 연속된 투명한 플라스틱
    필름에 나타나는 이미지를 가리킨다. 이 필름상 이미지에서는 실제로 사진찍힌 물체의 가장 밝은
    부분이 가장 어둡게, 가장 어두운 부분이 가장 밝게 나타난다.

체프의 인간들은 천상의 수확을 거두려고 시도하면서 러시아의 대지를 파괴한다. 반면, 킨체프의 인간들은 단지 백일몽을 꾸며 늪으로 들어가고 있을 뿐이다.[31] 킨체프의 러시아는 의기소침한 침울함에 잠겨 있다. 까마귀가 맴돌고 시체가 사방으로 그림자를 드리우고 있다. 온 주위에 탁한 늪지와 죽은 숲들이 있다. 그리고 가수의 생각은 불분명하다. 우리가 곧 보게 되겠지만, 만약 킨체프가 이미지의 많은 부분들을 바슐라체프로부터 가져왔다면, 그 이미지들을 어둡게 냉소적으로 가공한 것은 보다 나우모프에 가깝다. 러시아를 늪으로 비유한 킨체프의 메타포와 노래의 마지막 두 행 "이콘들을 한번 바라봐라, 그들의 얼굴은 어둡다, / 그리고 돌아갈 길은 전혀 없다"는 나우모프 예술의 특징적 효과이다.

나우모프는 킨체프보다는 바슐라체프의 러시아에 대한 호의적 묘사를 훨씬 덜 받아들이고 있다. 러시아가 아니라 록 음악의 본고장인 미국이 그의 모국이다. 나우모프의 노래 「스티로폼 도시」Porolonovyi gorod는 "소리와 음악의 도시"가 그가 필요할 때 어떻게 안식처를 제공해 주었는지 얘기하고 있다. 나우모프는 그의 예술에서 언제나 언어보다 음악이 중요함을 주장해 왔다.[32] 그러나 이것은 그 자신의 록 가사의 심오함과 풍부함을 손상시키지 않는다. 그의 가사에는 러시아가 탐욕스러운 폭력과 영원한 공포의 나라로 섬뜩하게 그려져 있다. 나우모프의 서정적 주인공들은 러시아의 토양을 응시하고 그들이 거기에서 발견한 광포

---

31 「황혼」("Sumerki")은 다음에서 인용되었다. *Ibid*., pp.115~116.
32 예를 들어, 록 저널 『우를라이트』(*Urlait*, 1989, no. 23)와의 인터뷰를 보라. 거기에서 나우모프는 "나는 서구 록을 흡입하며 성장했다. 사람들이 비소츠키가 러시아 최초의 로커라고 말할 때, 그건 맞는 얘길지도 모르지만 내 안에 저항감을 불러일으켰다. 왜냐하면 나의 뿌리는 거기에 있지 않기 때문이다. 나는 언어가 아니라 사운드로부터 "생겨났다"(Aleksandr Zhitinskii, *Puteshestvie rok-diletanta: Muzykal'nyi roman*[Leningrad: Lenizdat, 1990], p. 265).

한 폭력과 악마적 냉소주의에 움츠러들어, 분별, 희망, 그리고 문명화가 있는 피난처로 서구에 희망을 걸고 눈을 돌린다. 그의 강렬한 「차스투슈키」Chastushki, 1986가 이러한 경향을 특징으로 하는 노래이다. 이 시는 러시아의 역사와 영적 삶의 음울한 비전을 나타내기 위해 유머러스하고 생동감 있고 종종 외설적인 시적 민속 장르 '차스투슈카'를 전용하고 있다. 나우모프의 러시아는 "너트"와 볼트로 "옭아매어진 늪"이며[33] 러시아의 "하늘은 어쩐지 악하다".[34] 과거는 러시아인들에 의한 모국의 가차없는 천년의 "윤간"으로 표현된다. 한편 "현재의 마늘 냄새"가 뭔가 불길한 것과 섞여서 앞으로 올 것들의 불길한 예감을 나타내고 있다. "기다려, 잠깐만 기다려 — 아침은 저녁보다 현명하다, / 저녁은 아침보다 더 강력하다, / 최악의 것은 아직 오지 않았다." 가수는 민속 격언인 "아침은 저녁보다 현명하다"를 풍자적으로 변조하여 분별없는 야만성이 러시아 역사가 가르쳐야 할 유일한 교훈임을 암시하고 있다. 심지어 러시아의 "진실은 사실상 검은 것보다 더 검은 눈을 가지고 있다". 여기서 진실은 특히 민족주의적·슬라브주의적 진실을 의미하는 것으로 의심해 볼 수 있는데, 이는 "배가된, 강화된"을 의미하지만 "더 반유태주의적인"의 의미를 내포하는 "pomakhrovee"라는 단어로 암시되고 있다. 이것은 나우모프가 러시아성과 러시아의 운명에 대해 바슐라체프, 그레벤시코프 등과 논쟁하기 위해 사용한 수단 중 하나이다. 각 곡들마다 —「5번가」Piataia aveniu, 「모스크바 부기」Moskovskii bugi, 「코스모스」Kosmos, 「망명자의 블루스」Emigrantskii bliuz(영어로 된 그의 최근 노래들은 말할 것도 없이) — 나우

---

33 [옮긴이] 여기서 "너트와 볼트"는 또한 '기본, 근본'이라는 의미로 해석될 수도 있다.
34 나우모프의 가사 인용은 모두 유리 나우모프가 우리에게 제공한 노래 원고에 의거한 것이다.

모프는 자신의 서구로의 비행, 곧 러시아로부터의 엑소더스와 러시아에 대한 염려의 포기를 그리고 있다. 나우모프의 뉴욕 이민 시기에 작곡되어 그 이민을 다루고 있는 「모스크바 부기」(1989)에는 다음의 두 특징적인 연이 포함되어 있다.

> 위대한 도시 ──카멜레온이여,
> 얼마나 많은 수백만 딜러가 너의 은행 구좌에,
> 너의 얼음 카타콤에 있는가?
> 오, 분별없는 당구, 잔인한 법:
> 당구대 두 가장자리로부터 나락으로 ──너, 나, 또는 그가…
> 루뱐카… 유럽으로의 관문이 오랫동안 부산하겠군.

> 너의 쥐들이 배로부터 달아나는 동안,
> 나는 줄달음쳐서, 번민 없이, 탕아에게 응당한 바대로,
> 피날 만큼 죄책감에 젖어,
> 나의 모국의 밀림을 통해 지나갈 것이다,
> 마지막 조국전쟁의 빈민가를 통해,
> 그리고 떠날 것이다 ──나를 재촉하지 마라.

이 노래에서 본국을 떠나는 것에 대한 두 주요 메타포는 ──가라앉는 배로부터 도망치는 쥐들과 탕아── 조국을 떠나 날아가는 시적 자아에게 '죄책감'을 불어넣는다. 서구화주의자들은 러시아 메시아주의의 개념을 배척하지만 죄책감을 느끼지는 않는다. 나우모프는 비꼬듯이, 페테르부르크 시대의 문학적 묘사인 '페테르부르크 신화'를 이후 소비에

트 야만성의 시대에 대한 새로운 '모스크바 신화'로 대체한다.

러시아의 '유럽을 향한 창'으로서의 푸슈킨의 페테르부르크 이미지는 나우모프의 경우 "유럽으로의 출구"로서의 루뱐카로 대체된다. 이 이미지는 서구로 가는 비행이 루뱐카 감옥에서의 죽음과 정신적인 대응을 이루고 있음을 암시한다. 그러나 이것은 최근의 스탈린주의 과거의 도덕적 진흙탕 위에 새로운 문화 체계를 건설하기를 거부하는 이에게 유일한 해결책이다.[35] 「코스모스」의 시적 자아는 "나는 이 땅에 아무 뿌리도 없다. / 나는 자유롭게 감금을 선택할 수 있다, / 자유롭게 날아올라 감금으로부터 떠날 수 있다". 나우모프에게 있어 비행은 폭력적인 억압의 고통스런 "늪"이자 동시에 예술적 가능성의 풍요로운 "토양"이었던 러시아 땅으로부터의 심오하게 양가적인 해방이다. 비행은 신체적으로 자유롭지만 영적으로는 텅 빈 서구로의 이민이다. 이것은 러시아 예술가의 전통적 순교에 대한 죄책감 들끓는 배신이며, 역설적으로 새로운 자살에 가까운 순교이다. 그러나 비행은 피할 수 없다. 나우모프의 초기 텍스트에서조차도 덧없이 짧은 조국 체류에 대한 음유시인의 심정이 명백히 드러나 있다. 예를 들어, 1985년 초의 기발한 노래 「카틀에 대한 동화」Skazka o Karle의 종결부를 생각해 보라.

나는 상처 입고 이상한 나라의 여행자였다,

거기서는 "예"가 팔리고 있고 "아니오"는 완전히 그 의미를 잃었다

---

35 푸슈킨의 서사시 『청동기마상』(Mednyi vsadnik, 1830)에서 온 구절은 "유럽을 향한 창을 내다"("V Evropu prorubit' okno")이다. 루뱐카는 러시아인들의 심장에 공포를 불러일으키는 단어이다. 루뱐카는 모스크바에 있는 중앙 소비에트 감옥이었다. 정치범들은 이 감옥을 거쳐 시베리아 유형길에 올랐다. 이곳은 무수한 고문과 처형의 장소이기도 했다.

거기서는 천 명의 잠자는 이들마다 십자가에 못 박힌 한 명이 있고,
벽을 따라 터벅터벅 걷고 있는 오백 명의 사람들이 있다.

자신의 조국에서 여행자이자 관찰자에 불과하다는 것을 암시함으로써, 나우모프의 인물은 삶의 세 양식 모두로부터 거리를 둔다. 곧 예술가-순교자, 잠자는(즉, 만족해 하는) 대중, 그리고 자신들이 "터벅터벅 걷고 있는" 러시아-소비에트의 삶에 불만을 가지고 억압받으며 "벽"의 저편에서의 삶에 목말라하지만, 순교자의 십자가를 받아들이거나 벽의 저편인 서구로 건너갈 용기를 절대로 갖지 못할 많은 이들이 바로 그 세 양식이다. 마지막 것은 나우모프가 택한 선택지이다. 이것은 이것 나름의 용기를 필요로 하며, 만약 러시아에 머무르는 것이 자신의 "예"를 팔거나 "잠자는" 것을 의미한다면 확실히 러시아에 머무르는 것보다 선호할 만한 선택이다. 자살한 바슐라체프에게 바치는 감동적인 헌사인 「야간비행」Nochnoi polet, 1988에서 나우모프는 허위로부터의 탈출 방법으로 자살, 이민, 그리고 '극복하기'를 비교하고 있다. "자살은 / 극복하는 것보다는 아마도 더 쉬울 것이다, / 하지만 알아 두라──배신하는 것은 훨씬 더 쉽다." 나우모프의 시 중에서 오직 이 시만이 꿈결 같은 서정성으로 러시아의 과거와 현재의 악몽으로부터 달아나는 것, 그러나 서구나 무덤으로가 아니라 더 이상적인 러시아의 미래로 가는 것이 어떤 것일지 예상하고 있다.

매일매일 대지의 진창은 포로를 잡는다.
만약 내가 날개가 있다면,
나는 한동안 나의 고향을 떠날 텐데.

저주를 풀 텐데. 무릎꿇은 이 지구를 일으켜 세울 텐데.

이처럼 무척 바슐라체프적이고 러시아적인 나우모프의 작품에서조차도 조국으로부터 저주를 풀어 러시아 자체를 일으키는 것이 (만약 '한동안'만이라면) '고향'을 떠나는 것에 기반하고 있다는 것은 나우모프만의 특징이다. 나우모프는 러시아인들이 러시아에서 그들의 문화와 민족의 구원에 이르는 비밀을 발견할 것이라는 생각을 거부한다.

야나 댜길레바(~1991년)의 노래에서는, 나우모프의 곡들에서와 같이, 모든 것이 비행과 탈출이다. 그러나 그녀의 비행은 러시아로부터라기보다는 삶 그 자체로부터의 비행이며, 그녀의 탈출 방법은 나우모프의 방식(상상력, 이민)이 아니라 바슐라체프의 방법(죽음)이었다. 여러 노래에 걸쳐 댜길레바의 인물들이 상상하는 비행은 "조국"이라고 불리는 장소로 가는 것이다(노래 「안게도니아_Angedonia에서). 그러나 이것은 러시아의 먼 과거의 조국(바슐라체프의 위대한 시대, 그레벤시코프의 '키테주'의 보이지 않는 도시)도 아니고 이민자의 제2의 고향(나우모프의 "5번가")도 아니다. 댜길레바가 앨범 『안게도니아』(1989)의 수록곡 「집으로!」Domoi! 에서 제시하듯이, 조국은 사후의 세계이며 죽음의 손이 "그 손가락을 뻗어 여기로부터 나가는 문을 가리킬 것이다 / 집으로!"[36] 댜길레바에 있어서, 이승의 삶, 특히 러시아에서의 삶은 감금이 되어 버리는 기형적인 여행으로서, 우리로 하여금 고향을 갈망하게 한다. 이 고향은 우리가 이승의 삶의 거짓되고 악한 꿈에 들어가기 위해 떠났고 이 악몽으로부터 "해

---

36 「집으로」("Domoi")는 다음으로부터 인용되었다. Marina Timashevoi, ed., *Russkoe pole eksperimentov*(Moscow: Diuna, 1994), p. 203.

방"된 후 돌아가게 되는 곳이다. "시간을 더하고 빼면 해방이 된다 / 집으로!" 이 세계는 "텅 빈 천체의 부조리한 조화", "눈으로 가득 찬 방과 연기", "부어오른 머릿속의 무감정한 시스템"이다──그리고 가수는 "번쩍거리고, 울리고, 눈부시게 빛나는 이 모든 말도 안 되는 것들로부터 / 집으로!" 달아나려고 한다. 댜길레바의 음악은 뇌리를 떠나지 않는 그녀의 시에 이상적인 반주가 된다. 바슐라체프처럼, 그녀는 기타를 '주먹으로' 연주했다. 그리고 그녀의 감정 풍부한 으스스한 목소리는 공포와 분노, 때로는 슬픔을 담아 이 세계를 노래했다. 그녀의 목소리는 묘사하고 있는 비극적인 장면 위로 멀리 솟아오르는 것처럼 느껴졌다.[37]

이러한 특징은 그녀의 첫 앨범 『안게도니아』의 타이틀 곡에서 단연 두드러진다. 눈에 띄는 이 신조어 제목은 댜길레바 시학의 정수를 보여 준다. '안게도니아'는 존재의 '괴로움'(anguish: '질식시키다, 괴로움을 야기하다'를 뜻하는 라틴어 단어 'anga'에서 온 단어)을 나타낸다. 죽음의 아고니아agonia[고통의 나라──옮긴이]는 더욱 그러하다. "그러나 망각과 고통의 위치를 바꿀 용기가 있는가 / 새벽까지 숲에서 길을 잃고 잠들 용기가 있는가."[38] 삶의 고통으로부터 달아나기 위해 망각을 불러와야 할 수도 있겠지만, 가수는 삶의 망각으로부터 벗어나기 위해 고통스런 죽음을 택하는 도전을 한다. 「안게도니아」는 노래에 등장하는 "시민들"이 겪는 "혈액 분석" 이면의 맥관학脈管學을 환기시킨다. "그리고 아침 8시, 손가락에서 뽑은 피, 시민들을 위한 분석 / 쌓인 먼지는 일하는 데 참고 넘길

---

37 "주먹으로 연주하다"("igrat' kulakami")라는 표현은 바슐라체프의 기발한 노래 「시베리아에서 일어난 일」("Sluchai v Sibiri")로부터 온 것이다. 이 표현은 바슐라체프가 사용하여 대단한 효과를 거두었던 어쿠스틱 기타 연주의 거칠고, 격렬하고, 에너지 넘치는 스타일을 떠올린다.
38 「안게도니아」는 다음으로부터 인용되었다. Timashevoi, ed., *Russkoe pole*, p. 211.

만한 수준." 그러나 가수가 마침내 노래의 중간쯤 가서 안게도니아를 정의할 때 진단은 피 속에 "쌓인 먼지"보다 훨씬 심각하다. 이 진단은 "일" 혹은 삶 자체를 계속하는 것을 허락하지 않는다. "안게도니아는 부재하는 기쁨의 진단이다." 따라서 안게도니아는 괴로워하는 영혼을 그 본향까지 에스코트할 죽음의 천사이다. 이 천사는 다른 노래로도 스쳐 들어가고 있다. 예를 들면, 「현명함으로 인하여」Ot bol'shogo uma라는 곡에서는 "검은 위성"으로 나타나고 있다. "궤도와 나란히 검은 위성이 날고 있다 / 위성은 위안과 구원을 줄 것이다——이것은 우리에게 평화를 가져다 줄 것이다."[39] 마지막으로, 안게도니아는 이 노래의 첫 구절에 나오는 "본향"이다. 이것은 러시아도 루시도 아니며 썩어서 쓴맛이 나는 지난해의 소나무 바늘잎으로 가득한 무덤이다.

> 짧은 성냥——조국에 돌아가야 할 운명이다
> 첫 눈을 맞으며, 오솔길의 적갈색 핏자국을 따라
> 작년의 쓰고 쓰고 쓴 바늘잎을 게걸스럽게 먹으며
> 뒤통수로 두들겨 부순 얼음 위에 황금빛 모래를 뿌리면서.

이 장에서 논의했던 다른 음악가의 경우에도 그랬듯이, 댜길레바는 예술적 충동을——비록 부정적인 것이긴 하지만—— 러시아에서 발견한다. 또한 러시아는 댜길레바가 '조국'의 지위와 위엄을 한 번도 부여한 적 없는 악마적 장소였다. 그녀의 러시아는 "철의 얼굴을 한 펠릭스 씨 [Dzerzhinsky]가 벽에 걸린 초상화에서 미소를 띠고 우리를 내려다 보고 있

---

39 「현명함으로 인하여」("Ot bol'shego uma")는 다음에서 인용되었다. Ibid., p. 206.

는" KGB 심문실이다.[40] 바슐라체프와 그레벤시코프의 노래에서 고통은 "조국"을 위한 것이었다. 이들은 조국이 영원히 구원되기를 바랐다. 댜길레바의 고통은 러시아로부터 온 것이었다. 나우모프와 마찬가지로, 그녀는 러시아의 침울함과 피투성이 역사, 그리고 개인에 대한 잔인성에 의해 짓밟혔다. 그녀는 러시아 문화라는 짐을 감내할 수 없었기 때문에 탈출의 예술로 답했다. 그러나 나우모프가 해방을 위해 서구를 향했던 지점에서 댜길레바는 매캐한 대지 그 자체를, 텅 빈 하늘을(「신성한 텅 빈 곳들—다리에서 하늘로」, 「안게도니아」), 1991년 그녀 자신의 무덤이 된 물 속을 들여다 본다. 댜길레바의 조국 러시아는 상징적이고 신화적이라기보다는 원시적이고 소박하지만(아마도 여성적인) 그럼에도 불구하고 러시아적이다. 러시아의 공포와 러시아로부터의 비행은 또한, 무척 역설적이게도, 표트르 차아다예프, 비사리온 벨린스키, 알렉산드르 게르첸, 세르게이 예세닌, 블라디미르 마야코프스키, 마리나 츠베타예바 등, 서구화주의 사상가에서부터 자살 시인에 이르기까지 위대한 문화 창조자들을 포함하는 토착적 문화 전통에 의해 새겨져 있다.

바슐라체프와 댜길레바의 사망(각각 1988년과 1991년)과 나우모프의 이민(1990년) 이후, 그레벤시코프(당시 20년 경력의 러시아 록 베테랑이었던)는 이 기원에 대한 탐색의 선두에 서게 되었다. 그레벤시코프의 1980년대 서정시는 톨킨의 중간계, 아서왕과 드루이드의 전설, 불교적 이미지, 그리고 은시대 상징의 특징들을 혼합한 대지의 그림을 그려낸다. 그는 소련의 해체와 더불어 바슐라체프의 영적으로 고양된 루시의 비전을 발전시키기 시작했다. 그레벤시코프의 1990년대 노래들은 '성스

---

40 "A s portreta budet ulybat'sia nam zheleznyi feliks" ("Po tramvainym rel'sam", 1988).

러운 루시'로 변화되기를 갈망하지만 비극적인 영적 결함 때문에 끊임없이 유혹에 빠져 '불경스러운 루시'에 보다 가까운 것이 되어 버리는 민족의 새로운 비전을 표현하고 있다. 그레벤시코프는 러시아성을 포용하는 데 있어서 바슐라체프보다 더 조심스러웠다(비록 나우모프만큼 조심스럽지는 않았지만). 그의 몇몇 시적 자아들은 러시아의 후진성을 세련된 서구 스타일의 경솔함으로 책망한다. 다른 자아들은 온갖 자연적 이단과 신비주의적 계시로써 러시아를 숭배한다. 또 다른 자아들은 이 양극단 사이에 놓여 있다. 앨범 『러시아 앨범』Russkii al'bom, 1991에 수록된 곡 「니키타 랴잔스키」에서는 러시아의 정신사를 고대 기독교 단일체가 "9,000개의 교회"로 파편화된 것으로 묘사한다. 이는 바슐라체프의 예술적 비전을 상기시킨다.[41] 제목과 동명의 신화적 주인공은 성 소피아(동방 신앙의 특이성——이교나 이단이 아니라 할지라도——을 암시하는 형상)와 함께 "웃고 기도"(정교에서 불경스러운 것으로 간주되는 행위의 조합)하기 위해 먼저 "도시"와 문명을 뒤로 하고 "떠난" 후 정교회의 "수장들을 남겨 두고 떠난다". 흥미로운 것은, 서구적·기독교적 문화 형식으로부터 보다 러시아적인 세계관을 향한 이 움직임이 바로 이 노래의 구성 자체를 지배한다는 것이다. 1991년의 인터뷰에서 그레벤시코프는 「니키타 랴잔스키」의 첫 습작의 대부분이 그가 읽었던 러시아 성자전에서 나온 "고대 교회슬라브어로 이루어져 있었"지만 마지막 버전에는 "오직 한 구절만 남았다"고 말했다.[42] 그레벤시코프 또한 자신의 서정적 주인공인 랴잔스

---

41 「니키타 랴잔스키」("Nikita Riazanskii")는 다음으로부터 인용되었다. Boris Grebenshchikov, *Pesni*, ed. B. Nikolaev(Tver: LEAN, 1996), pp. 207~208.

42 Ol'ga Sagareva, *Akvarium 1972~1992: Sbornik materialov*(Moscow: Alfavit, 1992), p. 314. "한 구절"은 아무래도 첫 절의 마지막 구절인 듯하다. "나이 든 이들을 떠나 젊은이는 가르치기 시작했다"("Ostavl' startsa i uchashe kto mlad").

키와 마찬가지로, 러시아의 운명을 이단적 또는 기독교 이전의 종교적 신앙에서 찾고 싶어한다. 이 시는 '키테주'의 보이지 않는 도시의 고대 전설을 환기시킨다. 이 도시의 주민들은 자신들을 포위하고 있는 황금 군단Golden Horde에 의해 도시가 점령되기보다는 차라리 호수 밑바닥으로 가라앉기를 신에게 기도한다. 신은 이들의 기도에 응답하고 도시는 파도 밑으로 사라진다. 그러나 전해지는 바에 의하면, 일 년에 한 번 호수 바닥으로부터 종소리가 울려퍼지는 것이 들린다고 한다. 그레벤시코프는 구교도 전통을 좇아 키테주를 러시아 심장부의 가장 내밀한 중심에 잠겨서 보존되고 있는 순수한 토착 신앙의 상징으로 만들었다. 이 영적인 키테주를 되살리기 위해서는 종교 분립(구교)과 이단(웃고 기도하기)을 깊이 탐구해야만 할 것이다. "보소서, 주여, 우리가 지금 바닥으로 가라앉고 있습니다, / 우리에게 물 밑에서 숨쉬는 법을 가르쳐 주소서."

「니키타 랴잔스키」와 마찬가지로, 역시 『러시아 앨범』에 수록된 곡 「늑대과 까마귀」Volki i vorony에서는 오랫동안 가라앉아 있다가 이제 러시아인들에게 다시 한번 손짓하고 있는 슬라브족의 영적 과거의 비전을 떠올린다. "여기 낯선 형상들을 가지고 온다, / 성상 앞 촛불이 어두운 물속으로부터 이들에게 길을 비춰준다."[43] 아마도 정교 신앙을 나타내는 이콘은 소비에트 "이콘들"(레닌, 스탈린 등)로 채워진 70여 년 동안 사용되지 않은 나머지, 러시아인들에게 "낯선" 것이 되어 버렸는지도 모른다. 그러나 보다 더 그럴듯한 해석은 정교 기독교가 그 모든 겉치장에도 불구하고 러시아에게 언제나 '낯설었다'는 것이다. 표트르와 레닌의 개혁

---

[43] 「늑대과 까마귀」("Volki i vorony")는 다음으로부터 인용되었다. Grebenshchikov, *Pesni*, pp. 211~212.

처럼, 기독교도 초기에는 러시아 토양에 심겨져 그 미심쩍은 뿌리를 내린 외국의 무엇이었던 것이다. 이 관찰은 새로운 것이 아니다. 19세기 포퓰리스트들은 수용된 기독교를 민중의 고유한 집단신앙과 병치시켰다. 그레벤시코프는 러시아의 열성적이고 비굴한 기독교 수용이 과거와 마찬가지로 현재에도 러시아 정신의 타고난 욕구를 도외시함으로써 러시아 정신을 죽이는 결과를 가져오고 말 가능성이 있다고 암시한다. 20세기에 러시아 땅을 진정한 묘지로 만들어 버린 소비에트인들에게 길을 열어 준 것은 아마도 바로 이러한 종교적 죽음의 상태였을 것이다. "허둥지둥 십자가들을 금칠하고 못박았다."[44] 「늑대와 까마귀」는 포스트소비에트 러시아를 영적 위기 상태에서 갈림길에 서 있는 것으로 묘사하고 있다. 러시아인들은 "신의 은총 혹은 우리를 잡기 위해 놓여진 올가미"를 숨기고 있는 "어둡고 이끼 낀" "키큰 삼림" 속에서 길을 잃었다(1연). 그들의 종교적 삶의 "사원"은 "높지만, 돔 아래에는 어둠이 있다"(2연). 그들은 영적인 빛으로 나아가는 길을 찾고 있지만 러시아의 높은 눈더미들이 "모든 네 방향으로의" 길을 막고 있다(2연). 이 노래는 이식된 인공적 기독교(사원, 이콘, 십자가들)와 토착의 러시아 자연(눈, 검은 물, 키큰 삼림, 늑대와 까마귀들, 러시아의 별) 간의 충돌을 되풀이하여 묘사하면서 마침내 다음과 같이 결론을 내린다. "그러나 어쨌든 오직 늑대와 까마귀만이 우리를 따뜻하게 덮혀 주었고 / 순결한 별에 가는 우리를 축복해 주었다." 이 노래의 제목과 후렴에 나오는 피에 굶주린 동물들은 러시아

44 그레벤시코프는 영적인 죽음이 죗값이라는 이 생각을 앨범 『네비게이터』에 실린 「묘지」("Kladbishche")라는 노래에서 발전시킨다. 이 노래는 다음과 같이 끝난다. "우리는 또한 우리의 피를 먹인다 / 포식한 천박한 개자식들에게 // 너무나 오랜 세월 동안—그러나 그들은 여전히 더 원한다. / 우리가 정말 그렇게나 죄가 많은 것일까? / 오, 태양이 곧 떠오르기만 한다면 / 나의 조국의 묘지 위로"(Grebenshchikov, *Pesni*, p. 289).

민속과 상상력에 생기를 불어넣는데, 이들은 그레벤시코프가 러시아 영적 삶의 골칫거리이자 축복이라고 파악하는 야만적인 토착적 요소와 이중신앙dvoeverie(이교 신앙과 기독교 신앙의 혼합으로서 러시아의 종교적 자의식을 정의하는 것으로 여겨진다)의 완벽한 상징이다.[45]

그레벤시코프의 인물들은 기독교 이전 슬라브 이교 신앙으로부터 정교적 이단까지, 악으로부터 선까지 비틀거리며 나아가면서 서구의 문명화된 유혹과 러시아의 어두운 운명에 굴복한다. 그의 노래 「번민한다」Maetsia, *Navigator*, 1995의 후렴은 어떻게 노래의 주인공이 번민하는지 묘사한다.

> 번민한다, 번민한다,
> 죄를 짓고 또 뉘우친다,
> 그러나 절대로 인정하지 않는다,
> 진실이 그의 안에 있음을.[46]

"그"가 누구인지는 의도적으로 모호하게 되어 있다. 텍스트가 노래로 불려지기 때문에 대문자 표기로는 "그"가 '신/그리스도'인지, '러시아 민족'인지, 또는 어쩌면 가수 자신의 '영혼'인지 명확히 알 수 없다. 보다 그럴듯한 견해는, 그레벤시코프가 이 세 의미 모두를 의도했다는 것

---

45 늑대는 러시아 민간설화에서 종종 나타나는 반면 까마귀는 러시아 민요에서 더 자주 나타난다. 「이반-차레비치, 불새, 그리고 회색 늑대의 이야기」("Skazka ob Ivane tsareviche, zhar-ptitse i o serom volke")에서 늑대는 주인공을 몇번이고 도와주며 마침내는 까마귀의 도움으로 그를 죽음으로부터 소생시킨다. 다음을 참조하라. *Divo divnoe: Russkie narodnye skazki*, ed. A. D. Shavkuta(Moscow: Sovremennik, 1988), pp. 205~213.
46 「번민한다」("Maetsia")는 다음으로부터 인용되었다. Grebenshchikov, *Pesni*, pp. 291~292.

이다. 노래의 애도하는 듯한 멜로디는 록 음악을 전통적 러시아 민속 애가와 아주 효과적으로 혼합함으로써 예술의 고대 토착 형식을 불러일으킨다. 러시아인들은 언제나 그들을 회피하곤 하는 진실을 찾도록 영원히 저주받은 민족으로 묘사된다.

> 너는 마치 집을 짓고 있는 것 같지만──그러나 모든 것은 산산이 날아가 버린다.
> 너는 마치 말하고 있는 것 같지만, 그러나 언제나 틀린 것에 대해서 말하고 있다.
> 만약 네가 모두 마시지 않는다면, 아무것도 제대로 되지 않을 것이다.
> 하지만 네가 모두 마신다면, 너는 늑대처럼 울부짖는다, 아무런 이유 없이,
>> 아무 목적도 없이.

불리어지는 다른 부분과 달리, 양식화된 민속시처럼 보이는 마지막 구절은 읊조려진다. 이처럼 확연히 두드러지는 종결부에서, 가수가 모국에 직접적으로 호소하면서 남성 젠더가 여성 젠더에 굴복하게 된다.

> 작고 하얀 손지갑 속에 구리 동전이 몇 닢 들어 있다,
> 금색 세례반에는 어둠과 감옥이 있다.
> 천상은 사슬에 매여 있지만 그것의 고리들은 닳아서 벌어져 있다;
> 당신이 그것을 고치러 갈 때 ── 당신 스스로 이해하게 될 것이다.

그레벤시코프의 조국은 출생(세례)과 죽음(러시아인들이 망자의 눈

꺼풀 위에 올려놓는 구리 동전), 신앙과 절망의 이미지로 짜여진 복잡한 양탄자이다. 루시의 기독교화는 그 민족에게 물리적·영적 고갈, 어둠, 그리고 노예화를 가져왔다. 이승의 고통이 다음 생에서 구원을 보장하는 것으로 인식될 따름이라면, 이 노래는 러시아인의 삶의 괴로움에 대해 얼마간의 보상이나 적어도 위로를 제공해 주었을지도 모른다. 그러나 정교 루시를 천상의 지복에 비끄러매는 사슬은 갈라져 있다.

이와 같은 나드리프의 강렬한 토착적 느낌은 앨범 『코스트로마 몽 아무르』Kostroma Mon Amour, 1994에 수록된 초기 노래에도 배어 있다. 아래에 전재하는 「8200」은 극히 간결하지만 구슬픈 노래로서 이 앨범에서 가장 진지한 곡이다. 이 곡을 조소적 장르 스툐프에 속하는 두 작품 사이에 배치시킨 것은 의미심장하다.

8200 베르스타의 빈 터,
그러나 그렇다 해도 너와 내가 밤을 지낼 곳은 없다.
나는 너만 아니라면 즐거울 텐데,
만약 너, 어머니 조국만 아니라면.

나는 즐거울 텐데, 그렇지만 이제 무슨 의미가 있나.
그저 여기는 붉다, 다른 모두에게는 파란 곳이.
바람 속의 은처럼, 심장 속의 낫처럼,
그리고 시린처럼 나의 영혼은 네 위로 날아갈 것이다.

「번민한다」처럼 「8200」도 러시아의 물리적 광대함과 엄청난 상실된 잠재력에 대한 의식을 전달하고 있다. 가수는 러시아의 공허함과 가난으로 인한 괴로움이 자신으로부터 삶의 기쁨을 앗아갔음을 이야기한다. 그럼으로써, 가수는 조국에 대한 자신의 사랑과 조국의 태곳적부터의 고난을 목도하는 자신의 고통을 앨범에서 이 곡 앞뒤에 위치한 노래들의 조소적 음조로부터 떼어내어 그 위로 드높이고 있다. 2연의 두번째 구절은 러시아가 황혼기에 이르렀으며(하늘이 다른——더 서쪽의—— 나라에서는 여전히 푸른색인 반면 러시아에서는 붉다) 따라서 러시아가 역사에서 메시아적 역할을 한다는 믿음(고골의 삼두마차)이 퇴색해 사라지고 있음을 제시한다. 소련 및 그보다는 더 오래 견뎌 온 러시아의 쇠락은 낫으로 벤 심장의 상처처럼 가수에게 영향을 주었고, 그의 영혼은 바람에 날려 버린 은처럼 이승의 육신으로부터 자유롭게 되기를 갈망한다. 주목할 점은 가수가 죽음에 직면한 자신의 영혼을 기독교적 표현을 통해서가 아니라 기독교 이전 시린(슬라브 이교 전설과 고대 러시아 문학에 나오는 신성한 창조물로서, 여인의 얼굴과 가슴을 가진 새를 의미한다)으로 상상하고 있다는 것이다. 죽어가는 조국에 대한 연민 속에서 가수는 죽음에 목말라하며, 러시아와 러시아인의 피투성이 운명은 천 년의 기독교 역사도, 한 세기를 지배한 공산주의도 제거하지 못한, 그들 내부의 고대 이교원리와 연결된다.

　　그레벤시코프의 노래, 특히 후기의 작품에서 서구는 의심스럽게 취급되기는 하지만, 그는 양가적 표현이나 아이러니, 또는 유보 없이 구원이 러시아 토양에 존재한다고 결코 단언하지 않는다. 1991년부터 지금까지 그의 음악의 전반적 경향을 살펴보면 이러한 원리를 발견할 수 있다. 『러시아 앨범』에서 러시아의 상황으로 인한 고통은 미친 이교적 러시아식 방식이 결국에는 선으로 이끌지도 모른다는 희망으로 완화된다. 『코스트로마 몽 아무르』와 『네비게이터』는 점점 더 절망스러워지고 가끔씩 록에서 애가(아마도 러시아식 블루스)로 형태를 미묘하게 바꾼다. 『눈 사자』Snezhnyi lev, 1996에서는 다시 한번 분위기가 어두워진다. 노래 「고대 러시아의 애수」Drevnerusskaia toska는 러시아의 방향과 운명에 대한 종종 인용되는 고골의 질문으로 시작한다. 하지만 여기서 이 질문은 앞선 바슐라체프나 그레벤시코프의 노래들에서처럼 진지한 방식으로 제기되는 것이 아니다.

> 어디로 달려가고 있는가, 삼두마차여?
> 어디에 너의 길이 놓여 있는가?
> 마부는 또 보드카에 취했거나
> 또는 그냥 낮잠을 자러 드러누웠는지도.
> …
> 성자들이 예언한 대로, 모든 것이 실 한 가닥에 매달려 있다
> 나는 고대 러시아의 애수에 잠겨 이 상황을 본다.[47]

이 조소적이면서 비극적인 음악에서 우리는 가수가 부끄러운 조국에 대한 자신의 격렬한 숭배를 감추기 위한 방편으로 냉소의 두꺼운 껍질을 덧입으려 하는 것을 감지할 수 있다. 노래는 이어서 러시아의 상업화와 정신성의 박탈을 한탄하면서 "모든 것이 관광객과 방문객들의 기념품으로 사라져 버렸기 때문에" "고대의 전장에 뼈도 창도 없는" 나라를 묘사하고 있다. 심지어 러시아의 서사시byliny와 신화의 주인공들마저 부끄러움도 없이 새로운 자본주의 질서에 순응했다. 도브리냐 니키티치

---

47 「고대 러시아의 애수」("Drevnerusskaia toska")는 다음에서 인용되었다. Ibid., pp. 288~292.

는 밀라노에서 일하고 있고, 알료샤 포포비치는 성화를 전당 잡혔다. 그
리고 (러시아의 서사시 『이고리 원정기』에 등장하는) 야로슬라브나 공주는
너무 긴 근무시간 때문에 자기 남편의 억류를 탄식할 시간이 없다. 이 노
래에서 러시아성의 대규모 착취의 묘사는 충격적이다.

> 텅 빈 모스크바 위 하늘로 비계가 기어오른다,
> 터키인들은 반 시간 만에 성스러운 루시의 모형을 만든다.
> 그리고 성물 수호자들의 손가락은 방아쇠 위에서 춤춘다.
> 신성한 얼굴 대신 10루블 지폐의 표지가 성상에 나타난다.

가수는 자신이 발휘할 수 있는 최대한의 조소적 냉정을 지니고 고도
의 불경을 표현한다. "그의 고대 러시아의 애수"는 방정맞은 선율과 적
당히 서구풍인 로큰롤 리듬, 그리고 역설적인 어조 속에 거의 들리지 않
는다. 마지막 구절은 냉담하게 "나는 고대 러시아의 애수에 질려 버린 것
같다"고 인정하며 러시아적 주제에 대한 록 앨범을 파는 것조차도 러시
아의 신성한 이상을 대가로 돈을 버는 또 다른 방법에 지나지 않음을 내
비친다. 그렇다면, 그레벤시코프의 마지막 몇 앨범의 냉소주의와 스툐프
는 그가 강력한 원래 선율의 유효성을 다 소진해 버리기 원치 않기에 그
로부터 물러나려는 시도일 가능성이 크다. 왜냐하면 결국 그의 슬픔은
너무도 심각한 것이기 때문이다.

러시아 최고의 록 아티스트들이 보여 준 삶과 커리어는 우리가 지금
껏 간단히 살펴본 패러다임을 확인시켜 준다. 바슐라체프와 댜길레바는
러시아에서 살고 죽었다. 나우모프의 행로는 계속 서쪽 방향으로, 어린
시절을 보낸 시베리아에서 러시아의 두 수도로, 그리고 그가 1991년 이

주한 뉴욕으로 향했다(그 이후로 그는 영어로 곡을 써 오고 있다). 마지막으로, 그레벤시코프는 페테르부르크의 경계지역에서 성장하고 유명해졌으며, 1980년대 말 이곳을 떠나 파리, 미국, 캐나다에서 장기간에 걸쳐 체류했고, 이제 러시아의 심장부, 볼가와 흑토지역에서 살고 있다(오늘날 그는 티벳과 러시아를 오가며 머물고 있다). 그러나 그들의 다양한 록 시학은 언어와 근원의 본질적 문제에서 합치된다. 바슐라체프의 「페테르부르크의 결혼식」Peterburgskaia svad'ba은 표트르 1세의 양가적 창조물이자 러시아의 정체성 위기를 상징적으로 나타내는 이 도시의 근간에 대한 탐구이다. 이 곡에서는 페테르부르크의 초석을 두 가지 제시하고 있다. 표트르가 "유럽을 향한 창을 내기로" 결심하고 서구의 외관을 가진 도시를 건설하여 이 새로운 수도로부터 러시아에 서구식 통치를 도입했을 때 역사에 의해 놓여진 것이 하나요, 푸슈킨이 자신의 위대한 시『청동기마상』에서 페테르부르크와 페테르부르크적 러시아의 민족적 신화를 창조했을 때 시에 의해 놓여진 것이 다른 하나다. "두 개의 머리를 가진 독수리는… 왕관을 나누어 쓸 수 없다"에 나타나듯이, 바슐라체프에게 있어서 문제는 어떤 버전의 페테르부르크, 곧 러시아가 꿋꿋이 견디어 낼 것인가 하는 것이었다. 즉, 차르의 서구식 통치방식인가 아니면 그에 대한 시인의 순수히 러시아적인 시작詩作인가?[48] 바슐라체프는 같은 노래에서 자신의 질문에 답하고 있다. "창문 너머로──예포가 울려퍼진다. 차르-푸슈킨이 새 액자 안에 있다." 첫 눈에 보기에 "차르-푸슈킨"은 유명한 대포 차르-푸슈카Tsar'-Pushka를 떠올리게 한다. 이것의 후손격 대포가

---

48 「페테르부르크의 결혼식」("Peterburgskaia svad'ba")은 다음으로부터 인용되었다. Bashlachev, *Poroshok*, pp. 26~27.

210 2부 _ 대중문화

바슐라체프의 노래에서 볼셰비키 혁명을 기념하는 축일 예포를 쏘고 있다.[49] 하지만 "차르-푸슈킨"은 보다 깊은 의미로는 민유의 천명이다. 바슐라체프에게는 어떤 정치적 독재자가 아니라 푸슈킨이야말로 차르였다. 일반적으로 러시아 록은 정치나 역사가 아니라 푸슈킨, 그러니까 시를 왕으로 선포해 왔다. 이 장에서 다루고 있는 록 시인들은 푸슈킨처럼 직접적이고 강력하게 러시아성과 외래성에 대해 가장 근본적인 질문들을 계속적으로 제기한다. 예술적 형태를 발견하는 러시아의 운명에 대한 영원한 질문을 제기하는 데 있어 최초로 종교와 정치를 연결시킨 것은 푸슈킨이었다. 그렇다면, 민족적 미학으로서의 진가를 인정받기 위해서 록은 러시아에 대한 사상으로 회귀해야 할 것이며, 바로 이러한 숙고를 통해 풍부한 시학의 록 음악을 발전시켜야 할 것이다.

---

49 '차르-대포' 또는 '차르-푸슈카'는 1586년에 주조되어 모스크바 크렘린에 보관되어 있는 거대한 대포이다.
* 버트 글리슨 교수에게 깊은 감사를 표한다. 러시아 민족주의에 대한 그의 고무적인 세미나가 없었더라면 이 글은 쓰여지지 못했을 것이다─줄리아 프리드먼.

포스트페레스트로이카 러시아의
대중 아동문화

순수와 경험의 노래[1] 다시 보기

엘리자베스 크리스토포비치 젤렌스키

황금빛 현관에 앉아 있었다

미키마우스, 톰과 제리

스크루지 맥덕, 그리고 아기오리 삼형제

폰카가[2] 그들을 데려갈 것이다.[3]

---

1 [옮긴이] 『순수와 경험의 노래』(Songs of Innocence and Experience)는 영국의 시인이자 화가 윌리엄 블레이크(William Blake, 1757~1827)가 지은 삽화가 곁들여진 시집이다. 이 시집은 19편의 시를 수록하고 1789년에 간행된 『순수의 노래』(Songs of Innocence)와 1794년 출판된 26편의 시로 이루어진 『경험의 노래』(Songs of Experience) 두 부분으로 구성되어 있다. 이 작품에서 유년시절은 원죄보다는 보호받는 순수의 상태이지만 타락한 세계와 그 제도의 영향을 받지 않을 수 없는 것으로 나타난다.

2 [옮긴이] 저자는 인용문의 러시아어 원문과 상당히 차이가 있는 영어 번역을 제시했는데 이는 러시아어 원문에 존재하는 각운을 영어로 유사하게 옮기기 위한 것으로 보인다. 여기에서는 러시아어 원문에 보다 충실한 한국어 번역을 싣는다. 이 한국어 번역에서는 러시아어 원문의 각운이 제거될 수 밖에 없었으므로, 운율을 보기 위해서는 각주 3에 제시된 원문을 참조하기 바란다. 마지막 행에서 원문의 'Ponka'를 저자는 'Pony'의 지소형으로 제시하였으나 미국 디즈니 만화 원작에서 이 여자아이 오리 캐릭터의 이름은 웨비게일, 또는 웨비이다.

3 "Na zlatom kryl'tse sideli / Mickey Mouse, Tom and Jerry. / Scrooge MacDuck i tri utiatka / A vodit' ikh budet Ponka." 나는 전통적인 러시아 숫자세기 게임 운율에 맞춘 이 변주를 1996년 코스트로마에서 아냐 말로바라는 12세 소녀로부터 알게 되었다. 이 노래는 서구 대중 아동문화의 러시아 침투에 대한 징후와도 같았다. 이 운율을 다음에 수록된 전통적 버전과 비교해 보라. S. K.

현대 러시아의 대중 아동문화에 대해 저술하는 것은 신나는 일이기도 하고 괴로운 일이기도 하다. 위에 제시된 숫자세기 노래의 운율은 나의 짧은 연구의 각 단계마다 불쑥 튀어나오던 모호성의 특징을 드러내고 있다. 미국 만화책과 토요일 아침 텔레비전 프로그램에 나오는 다양한 캐릭터들이 러시아 동화와 서사시 전통에 등장하는 금빛 현관에 앉아 까불며 장난치고 있는 이미지에 대한 나의 첫 반응은 제한된 기쁨이었다. 나는 고대의 시적 형식schitalka이 새로운 문화적 현실 ——곧 대중문화의 서구화라는 현실 ——을 표현하기 위해 창의적으로 변형되었다는 사실에 매료되었다. 그러나 운을 맞추기 위해 형용사 "금빛의"의 현대 러시아어 표현 'na zolotom' 대신 고대교회슬라브어 형태 'na zlatom'이 사용되었다는 사실은 나를 불편하게 했다. 이 두 형용사에 나타나 있는 '상위' 양식과 '하위' 양식 간의 기본적 구분은 러시아어의 기호학적 체계에 매우 중요한 것이며 어떤 러시아어 원어민 화자에게나 아주 자연스러운 제2의 천성이라고 할 수 있다. 이것이 여기서는 젊은 작가에 의해 원본의 운율 형식을 유지하기 위해 의도적으로 무시된 것처럼 보였다. 나는 러시아의 삶의 새로운 현실을 표현하기 위해 서구의 이미지를 사용하려는 조급증 속에서 그 밖에 또 무엇이 상실되고 있는지 궁금해졌다.

어린이는 불가사의할 정도로 주변 성인 세계의 모순이나 해결되지 않은 딜레마를 반영하고 심지어는 과장한다. 생태계에 존재하는 어떤 민감한 유기체들처럼, 그들은 사회 체계 내의 불균형의 효과를 누구보다

Iakub, *Vspomnim zabytie igry*(Moscow: Detskaia literatura, 1988), p. 13. "Na zolotom(황금빛) / Kryl'tse sideli(현관에 앉아 있다) / Tsar', tsarevich(차르, 차르의 아들이) / Korol', korelevich(왕, 왕의 아들이) / Sapozhnik, portnoi(구두장이, 재단사가) / Kto ty budesh takoi(너는 누가 되고 싶니?)"

도 먼저 표현하곤 한다. 어린이들은 또한 긍정적인 변화에 가장 먼저 호의적으로 반응하는 이들이기도 하다. 따라서, 어린이들은 현대 러시아의 대중문화에 미친 포스트페레스트로이카 시대의 정치적·경제적·사회적 변화의 영향을 연구하는 이들에게 자연적인 연구대상이 될 법하다. 그러나 사회적 구조물로서 아동기의 경계를 최종적으로 결정하는 것은 성인이다. '진정한' 아동기의 정의는 한결같이 성인의 경험, 성인의 과거의 기억과 미래에 대한 희망에 기인한다. 이러한 상호보완적이지만 또 분리된 문제들을 반영하기 위해, 이 장은 두 부분으로 나누어져 있다. 첫 부분에서는 러시아 성인들이 가지고 있는 '아동기'의 관념과 이것이 대중문화에 미친 영향을 제시한다. 두번째 부분에서는 러시아 대중 아동문화를 어린이 자신이 표현하는 대로 묘사할 것이다.

1.

서구의 제도로서의 '아동기'는 아마도 현대 세계의 베버적 각성[4]의 결과로서 유토피아주의의 최후의 보루 중 하나로 남아 있다. 아동기는 모든 이름 높은 성인들(종교적 인사나 세속적 인사 모두)이 보편적으로 인정하는 진정한 성역으로서, 통상 의식적으로 건설되고 비속한 세계로부터 보호된다.[5] 러시아의 서구화된 엘리트들은 1917년 전이나 이후에도 이러

---

4 '각성된'(즉, 완전히 세속화된) 세계라는 개념에 대해서는 다음을 참조하라. Max Weber, "Science as a Vocation" in *From Max Weber: Essays in Sociology*, trans./ed. H. H. Gerth & C. Wright Mills(New York: Oxford University Press, 1958), pp. 120~158.

5 단순한 생물학적 발달보다 문화적 발달의 특권적 단계로서 아동기를 정의하는 경향은 근대에 와서 출현했으며, 이 정의가 결과적으로 서구 사회 전반에 걸쳐 어린이에 대한 감상적인 태도를 만들어 냈다는 주장은 필립 아리에스(Philippe Aries, *Centuries of Childhood*[trans. Robert Baldick, New York: Vintage Books, 1962])에 의해 처음으로 제기되었고, 이후 로렌스 스톤(Lawrence Stone, *The*

한 아동기의 서구적 이해에 적극적으로 참여했다. 현대 러시아 인텔리겐치아——필자가 속한 집단——는 '올바른' 유년기를 정의하는 데 있어 러시아의 혁명 전 과거를 본보기로 삼는다. 부모의 경제적 자원이 허용하는 한도 내에서 사교댄스 수업, 음악 수업, 외국어 등은 모두 유년기 의제의 일부이다.

"나는 내 아이에게 동화 같은 환경을 만들어 주고 싶다"는 말은 러시아 부모들을 인터뷰하는 서구 관찰자들이 종종 듣는 '진심어린 호소'이다.[6] 관련된 주제인 '행복한 아동기' 또한 이 인생 단계에 대한 성인의 정의를 알려주는 단서이다.[7] 러시아의 소비에트 지배 첫 40년 동안 지속된 어려운 내외 환경 속에서, 성인 시민들은 그들의 공적·사적 삶을 어둡게 하는 셀 수 없이 많은 걱정들에 대한 부분적 보상을 아동기에 대한 이상화된, 심지어 목가적이기까지 한 관점 속에서 찾으려고 애썼다. 이것은 곧 아동기에 대한 서구식 특권부여를 강화하는 결과를 가져왔다. 아동기에 대한 이러한 이해는 다음의 규범들을 포함한다. 극단적으로 감정적인 부모-아이간 관계, 성인이 물리적·심리적으로 아이에게 의존성을 장려함으로써 아동기가 성년기 진입 이후까지 연장됨, 아이에게 어른이

Family, Sex and Marriage in England, 1500~1800[New York: Random House, 1977])에 의해 발전되었다. 최근에 이 주장에 대해서 특히 바버라 하나월트(Barbara A. Hanawalt, Growing Up in Medieval London[New York: Oxford University Press, 1993]) 등이 상정한 수정주의적 재해석에 의해 이의가 제기되어 왔다. 그러나 러시아의 경험은 아동기를 문화적 제도로 안정시키는 이 특정한 현상이 서구의 독특한 특징 중 하나라는 아리에스의 견해에 힘을 실어 준다. 서구식 '아동기'의 경험은 18세기 이후로 러시아 엘리트의 문화적 표지 중 하나였으며 그 소유자를 특권화하고 나머지 사람들로부터 구별시켜 왔다. 다음을 참조하라. Andrew B. Wachtel, The Battle for Childhood: Creation of a Russian Myth(Stanford: Stanford University Press, 1990). 이 책의 4장("M. Gorky: Anti-Childhood", pp. 131~152)은 '특권적인', 곧 서구적인 아동기의 경험과 결부된 계층 편견을 보여 주고 있다.

6 Clementine G. K. Creuziger, Childhood in Russia. Representation and Reality(Lanham, Md.: University Press of America, 1996), p. xii.

7 Ibid., p. 83.

정보를 주지 않음으로써 객관적인 현실로부터 아이를 의식적으로 분리시킴, 공상적 삶의 장려.[8] 스탈린 사후, 소비에트 대중문화는 동화적 아동기에 대한 이러한 어른의 열망을 쉽게 인지할 수 있는 문화적 토포스로 바꾸어 놓았다. "1950년대가 끝날 무렵 이 나라의 정신적 삶이 새로운 방향에 진입하면서야 비로소 어린이들이 동화에 대한 자신의 권리pravo na skazku를 단언하게 되었다"라고 「모이도디르」Moidodyr와 「수다쟁이 파리」Mukha-Tsokotukha와 같은 어린이 고전의 명망 있는 작가인 코르네이 추코프스키는 쓰고 있다. 그러나 물론 환상에 대한, 현실 세계의 일상의 필요에 의해 제한되지 않은 아동기에 대한 권리를 단언한 것은 어린이가 아니라 추코프스키 자신과 같은 어른들이었다.[9] 어린이 리조트, 클럽, 방과후 활동 등의 국가보조 네트워크를 통해 동화적 아동기에 대한 환상을 필요할 뿐 아니라 어느 정도 실현 가능한 것으로 만들었던 이 독재주의 복지 국가의 최근의 몰락으로 인해 현대 러시아에서는 아동-성인 간 관계의 매개변인이 변화하게 되었다. 대중문화라는 매체를 사용하여 나는 이 변화의 여러 차원과 결과를 살펴볼 것이다.

모스크바, 페테르부르크, 그리고 코스트로마에서 이 장의 연구를 진행하면서, 나는 문화 형성의 생생한 과정을 관찰했다. 사회경제적 변화와 문화적 변형 간의 관계가 문자 그대로 나의 리서치 데이터에서 튀어나왔다. 그러나 이 데이터의 출처가 대부분의 경우 아이들이었다는 사실

---

8 Urie Bronfenbrenner, *Two Worlds of Childhood: U.S. and U.S.S.R.*(New York: Russell Sage Foundation, 1970), p. 14; Landon Pearson, *Children of Glasnost. Growing Up Soviet*(Seattle: University of Washington Press, 1990), p. 110. "대부분의 관점에서 소비에트 학교의 학생들, 특히 십대 초반에서 중반에 이르는 학생들은 북아메리카 해당 연령 학생들보다 훨씬 더 어린 것처럼 보인다."

9 Kornei Chukovskii, *Ot dvukh do piati*(Moscow: Izdatel'stvo "Prosveshchenie", 1966), p. 208.

은 공감과 심지어는 불안한 우려마저 불러일으켰다. 나는 러시아 사회에서 가상 취약한 구성원들이 포스트페레스트로이기 문화의 재구성에 참여하는 특권에 대해 지불하고 있는 감정적·심리적 대가를 측정해 보지 않을 수 없었다. 러시아에서 정체성의 재정의가 어린이를 포함하여 모든 사회 집단 사이에서 일어나고 있다. 이 재정의는 상징의 새로운 어휘들을 필요로 하며 대중문화는 이 어휘가 형성되는 수단 중 하나이다. 러시아 사회학자인 두빈은 다음과 같이 주장한다.

> 집단적 상징의 낡은 전당의 구조에 일어난 최근의 변화들 때문에,⋯ 매년, 매달, 상징적 결속을 지닌 공동의 상위집단 영역의 구분선 간격이 훨씬 더 좁아지고 있다. ⋯ 새로이 습득된 지위 개념과 더불어 성별과 연령은 빠른 속도로 러시아에서 유일하게 남아 있는 정체성 지표가 되어 가고 있다. 현재 일어나고 있는 두번째 과정은 보편적으로 인식되는 권위의 협소화이다. 이러한 상황하에서 다양한 사회구성체의 지향점 통합을 목표로 하는 모든 주장에 공통적인 유일한 영역은 대중매체 시스템이다. ⋯ 대중문화는 발생하는 변화에 대한 상징적 적응, 일상화를 통한 변화에 대한 적응의 시스템이다.[10]

선진국에서 장난감, 텔레비전, 만화책은 어린이들의 공통어이다. 톰과 제리, 폰카, 휴이, 듀이, 루이와 같은 미국 어린이 하위문화의 상투적 캐릭터들이 러시아에서도 그 이름 자체가 '시골 벽지'를 함축하는 볼가

---

10 V. D. Dubin, "Kul'turnaia dinamika i massovaia kul'tura segodnia", in *Kuda idet Rossiia*, ed. T. I. Zaslavskaia & L. A. Akutinian(Moscow: Interpraks, 1994), p. 224.

강 유역 오래된 도시 코스트로마의 12세 아이가 즉석에서 만들어 낸 셈 게임에까지 들어가 있다는 사실은, 이 세계의 상업 문화에 러시아가 접근하는 데 중대한 변화가 일어나고 있음을 알려주는 지표라고 할 수 있다. 이것은 러시아 어린이가 어느 정도로 그 어휘에 정통한지 분명히 보여 준다. 이러한 이미지들의 원산지가 미국이라는 사실은 오늘날 러시아 대중 아동문화의 또 다른 중요한 측면을 드러낸다. 곧, 대중 아동문화의 미국화이다. 이는 거꾸로 대중 아동문화의 문제를 훨씬 더 널리 연구된 현상에 연결시킨다. 곧, 러시아 문화 내러티브 속에서 '서구화'의 기호학적 역할이다.[11] "대중문화는 우리에게 가능한 유일한 방식으로 자신에 대해 이야기하는 사회를 보여 준다."[12] 그렇다면 이 어린이들이 자신이 좋아하는 노래, 영화, 텔레비전 프로그램을 통해서, 그리고 의복, 장난감, 어휘를 창조적 방식으로 선택함으로써 우리에게 현대 러시아에 대해 얘기하려 하는 것은 이들의 나라 안에서 일어나고 있는 사회적·문화적 재구성의 과정을 이해하는 데 선명한 실마리를 던져 준다고 할 수 있다. 코르네이 추코프스키를 다시 인용하자면, "각 어린이의 발화는 그 역사적

11 러시아의 문화적 내러티브의 항시적 요소인 이성악(diglossia)은 기호학적 개별화의 기본 메커니즘인 경계의 개념과 결합되어 러시아인들로 하여금, 문자 그대로건 은유적이건 간에 '외국 것'이라는 표시를 그 주요 특징으로 하는 대중문화를 받아들일 수 있도록 만든다. 17세기부터 쭉 이 이성악은 러시아인들이 서구를 기술적으로 우월한 문명의 근원지로 인식하는 것과 꼭 들어맞았으며, 러시아의 문화적 내러티브 내에서 서구라는 개념에 모호하기는 하지만 특권적인 위치를 부여해 주었다. "이것은 실제로 외국에서 왔는가의 문제가 아니라 경계, 곧 대중문화가 제시하는 새로운 이미지를 일상생활로부터 분리시키는 장벽을 전경화시키는 문제이다"(Dubin, *Kuda*, p. 228). 또한 다음을 참조하라. Yuri M. Lotman, "The Notion of Boundary", in *The Universe of the Mind*, trans. Ann Shukman(Bloomington: Indiana University Press, 1990), pp. 131~142; B. A. Uspenskii & I. Lotman, "K semioticheskoi tipologii russkoi kultury XVIII veka", in *Khudozhestvennaia kul'tura XVIII veka*, ed. I. E. Danilova(Moscow: Institut istorii iskusstva, 1977), pp. 259~282.

12 James von Geldern, introduction to *Mass Culture in Soviet Russia: Tales, Poems, Movies, Plays and Folklore*, ed. James von Geldern & Richard Stites(Bloomington: Indiana University Press, 1995), p. xxvii.

순간을 선명하게 반영한다".[13]

이 프로젝트가 시작될 때부터 나는 심각한 인식론적 문제에 부딪쳤다. 나는 처음에는 현대 러시아의 대중 아동문화를 미국 아동문화의 유사성과 차이점에 비추어 정의하고자 하는 충동에서 이 일을 시작했다. 그러나 실제 러시아 자료를 연구하면 할수록, 그리고 더 많은 어린이들을 만나고 인터뷰할수록, 더욱더 나는 이러한 접근법이 기껏해야 왜곡이나 조잡한 단순화에 지나지 않게 될 것이며 최악의 경우에는 암암리의 '추악한 아메리카주의'가 될 것임을 깨닫기 시작했다. 나에겐 러시아인이 가지는 아동기 개념에 대한 이해가 전혀 없었고 그러한 이해 없이는 러시아 대중 아동문화와 그 안에서 일어난 변화 자체의 진가를 인식하는 것이 불가능할 터였다. 나는 내 자신을 러시아식 관점에 재적응시킬 필요가 있었다.

이러한 방향 재설정 과정을 시작하기 위해 나는 모스크바의 아동 발달 전문가와 교사를 여러 명 인터뷰했다. 나는 이 인터뷰들의 공통된 기반으로 「세잠 거리」Ulitsa Sezam의 첫 파일럿 시즌 방영분을 사용하기로 했다. 「세잠 거리」는 「세서미 스트리트」Sesame Street의 러시아어판으로 1996년 8월 내가 모스크바에 있었을 당시 텔레비전 첫 방송을 준비하고 있었다. 「세서미 스트리트」를 만든 원 제작사인 아동 텔레비전 제작소는 러시아 교사들이 이 쇼 프로그램 자체와 이것의 컨셉에 익숙해지도록 엄청난 노력을 기울여왔다.[14] 「세서미 스트리트」는 현재 90개 나라에서 방

---

13 Chukovskii, Ot dvukh, p. 176.

14 「세잠 거리」는 마침내 1996년 10월 22일에 방영되었다. 다음을 참조하라. Lee Hockstader, "Moscow's Moppets Meet the Muppets", Washington Post, 1996. 10. 23., p. 1. 내게 「세잠 거리」의 러시아 리서치 및 콘텐츠 팀과 접촉할 수 있도록 값진 도움을 준 아동 텔레비전 제작소의 샬롯 콜 박사에게 감사한다.

영되고 있는데, 대부분의 경우 미국 프로그램을 현지어로 단순 번역하여 방영하고 있다.[15] 그러나 러시아는 아동 발달 전문가들이 정의하는 현대 러시아 어린이들의 필요에 부응하기 위해, 아동 텔레비전 제작소가 세워 놓은 가이드라인을 따르긴 하지만 러시아의 문화적 표현양식에 근간하여 완전히 새로운 프로그램을 만드는 것을 택했다.[16] 내가 인터뷰한 모든 이들은 1996년 6월 「세잠 거리」 프로젝트의 러시아 리서치 부서가 조직한 교육 세미나에 참가했다. 따라서, 모두가 아동문화의 문제와 그 문제의 전파성에 대해 익히 알고 있었고 러시아 아동문화에서 무엇이 독특하고 대체불가능한지, 무엇이 바뀔 수 있고 바뀌어야 하는지와 같은 근본적인 질문에 관심이 있었다.[17]

내가 러시아연방 교육부의 미취학 교육 부문 디렉터인 리나 스테르키나에게 대중 아동문화를 정의해 달라고 요청했을 때 그녀는 다음과 같이 대답했다.

이건 매우 특이한 분류방식이네요. 내가 생각하기에 당신은 어린이의

15 National Public Radio, *Morning Edition*, 1996. 01. 31.; segment 15: "Bert and Ernie Take Moscow in Russian Sesame Street".

16 "커리큘럼 계획의 가장 근본적 목적 중 하나는 어린이들이 민주주의 사회를 이해, 존중하고 또 새로운 열린 세계에서 편안함을 느끼도록 돕는 것이었다"(「세잠 거리」 커리큘럼). 소로스 재단이 자기네 시민 사회 프로젝트의 일환으로 러시아판 「세서미 스트리트」 제작을 위한 초기 연구 활동 자금 마련을 도왔다.

17 나는 러시아 아동문화에 대해 관심을 가지고 있는 사람들에게 아동 텔레비전 제작소의 러시아 리서치 및 콘텐츠 부서가 출판한 「「세잠 거리」 첫 파일럿 시즌 방영분의 커리큘럼」을 읽도록 권하고 싶다. 리나 스테르키나와 「세잠 거리」 프로젝트의 러시아 리서치 및 개발 부서 디렉터인 안나 게니나가 쓴 「미취학 아동교육 기관의 교육자들을 위한 방법론적 제언」 역시 마찬가지이다. 대부분의 미국인들이 「세서미 스트리트」를 친숙하게 잘 알고 있기에 이 문헌은 무척 값진 자원이 된다. 왜냐하면 이 문헌은 이 미국 아동 프로그램의 어떤 특성들이 러시아 환경으로 그대로 이어져 적용되는지, 그리고 어떤 특성이, 문화적 관점에서 말하자면, 무의미한 것인지 분명히 기술하고 있기 때문이다.

의식에 영향을 끼치는 모든 것을 얘기하는 거지요? 그러한 것으로는 세계와 러시아의 예술, 문학, 음악에 근간한 고급문화가 있고, 민속문화도 있고요,[18] 또 어린이의 정신에 영향을 끼치는 것으로 대중문화, 대중음악, 대중 텔레비전 등이 있지요. 아이들이 스스로, 자기들 사이에서, 방금 언급한 모든 것의 요소를 사용하여 창조하는 아이들 자신의 하위문화는 분리된 영역이라 할 수 있습니다. 나는 이 하위문화를 '자연발생적 문화'stikhiinaia kul'tura라고 칭하고 싶습니다. 나는 지난 5년 동안 어린이들의 삶을 구축하는 여러 기본적 제도에 대한 어린이들의 태도에 획기적인 변화가 일어났음을 주목해 왔습니다. 어린이들은 더이상 등교 첫 날을 애타게 기다리지 않습니다. 왜냐하면 교육이 더이상 보편적으로 인식되는 가치 표지가 아니기 때문이죠. 부모들은 더이상 보편적으로 인정되는 권위를 가지고 있지 않습니다. 물질적 부의 수준의 뚜렷한 구별은 '부자놀이' 같은 게임에 반영되어 있습니다. 고급 장난감과 연계되어 완전한 지위 위계가 만들어졌지요. 이것은 어린이가 또래 친구들과 맺는 관계에 지금까지 우리가 이 나라에서 경험해 보지 못한 방식으로 영향을 미치고 있습니다. 남미와 미국 드라마에 의해 조장되고 또 그에 기반하고 있는 남녀관계에 대한 외설적 관심은 성인 텔레비전 시청의 주요소가 되었습니다. 이것은 또한 어린이들의 게임이 취하는 형식에도

---

18 민속을 초기 아동기 교육의 중요한 구성요소로 취급하는 것은 아동기에 대한 미국과 러시아의 시각의 가장 놀라운 차이점 중의 하나이다. 「세잠 거리」 러시아판에서 원 미국 대본과 달라진 것 중 '민속적'인 다샤 아주머니를 인물군에 추가한 것을 들 수 있다. "아이들은 사람들[narod]로부터 언어를 배웁니다. 아이들의 유일한 선생은 사람들이죠." 추코프스키는 아동 언어 발달에 있어 민요, 경구, 동네 게임 등의 중요성을 설명하면서 이와 같이 쓰고 있다(Chukovskii, Ot dvukh, p. 88). 나는 러시아 텔레비전에서 민간설화에 근간한 수많은 만화영화를 보았다. 나는 기차에서 많은 어린이들이 십자말풀이를 하고 있는 것을 보았는데, 이러한 어린이 십자말풀이 잡지에서는 경구들이 자주 단어들의 원천으로 사용되고 있다. 이것은 이러한 잡지들이 타깃 독자로 삼고 있는 듯한 10~12세 아이들이 민속에 대해 대단히 잘 알고 있음을 보여 준다.

영향을 주고 있습니다. 5~6세 여자 어린이들은 특히 인기 있는 드라마 여주인공들의 모험에 바탕한 게임을 곧잘 하곤 합니다.

초등학교 및 고등학교용 윤리, 철학 교육 프로그램 개발을 돕고 있는 교육부 자문위원 엘레나 크라스니코바 또한 이러한 주제 중 여러 가지를 언급하고 있다. 모스크바 국립대학에서 '쾌락주의와 서구 문화'라는 제목으로 박사논문을 저술한 바 있는 크라스니코바는 집합적인 '우리'에서 개별적인 '나'로 취학아동들의 초점을 돌리려는 교육부의 의식적 시도에 따르는 어려움을 이야기한다. 긍정적인 목표로서 쾌락을 지각하는 것과 개별적 '나'의 발전 간의 관련성이 그녀에게 특히 흥미로운 문제이다. "쾌락이라는 단어는 4년 전만 해도 여전히 준외설적인 함축의 미를 가지고 있었습니다. 이것은 사람들이 공공연히 추구할 수 있는 무엇인가가 아니었고 학교에서 어린이들의 활동을 평가하는 데 허용될 수 있는 잣대가 결코 아니었어요."

우리는 1996년 8월 모스크바 텔레비전에서 끊임없이 방송되고 있던 스니커즈 초코렛 바 광고에 대해 이야기했다. 광고의 주인공은 사춘기 소년이었는데 클라이막스는 '스니커즈——천상의 쾌락'이라는 슬로건이었다. 모스크바의 광고회사는 쾌락과 아이들 간의 관련성을 인정하는 데 있어 확실히 교육부를 앞지른 셈이었다. 크라스니코바는 공식 기관보다 광고 구조가 대중문화의 변화에 더 민감하며 어린이와 청소년이 이 과정에서 선도자로 여겨지는 경우가 많다고 언급했다. "아이들이 볼 때 부모와 어른들은 전반적으로 많은 권위를 상실했습니다. 어린이들은 어른들이 러시아에서의 삶이 나날이 변화하는 놀라운 속도에 완전히 압도되어 무력해져 버린 것을 종종 봅니다. 많은 경우 교사들은 정보의 원천으로서 컴퓨터나 외국 텔레비전과 경쟁할 수 없습니다. 부모와 교사 모두 시대가 지나면서 신용을 잃어 왔습니다. 그렇기 때문에 어린이들은 변화에 대한 적응에 관한 한, 가족 내에서 선구자 역할을 하곤 합니다."

스테르키나와 크라스니코바 둘 다 러시아 교육자의 아동발달 접근 법에 있어서 주요한 사각지대는 어린이가 자신의 감정과 사회적 행위의 부정적 측면을 처리하는 것을 돕는 데 있다는 의견을 피력했다. 러시아 「세잠 거리」의 리서치 및 콘텐츠 부서 책임자인 안나 게니나 또한 같은 생각을 가지고 있었다. "전통적으로, 러시아 어린이들은 행복 말고는 어 떤 감정도 느낄 권리가 없었습니다. 모든 다른 느낌들은 인정될 수 없는 것으로 여겨졌고 억압되거나 또는 선심쓰는 양 취급되었죠.「세잠 거리」 가 미래 세대에게 큰 도움이 될 수 있는 것은 바로 이 지점입니다. 반권 위주의적, 민주적 사회에서 살기 위해 요구되는 훨씬 높은 수준의 자기 수양을 실행하기 위한 열쇠는 자신의 개인적 느낌을 잘 알고 제어하는 것, 그리고 강압하에서가 아니라 자발적으로 타인들과 건설적으로 상대 할 수 있는 능력입니다."

아동발달 전문저널 『미취학 교육』Doshkol'noe vospitanie의 부편집장인 갈 리나 트로스트냔스카야의 생각은 좀 다르다.

「세서미 스트리트」는 도심과 빈민지역에 사는 미국 어린이들을 위해 개발되었습니다. 이것은 제3세계 어린이들을 위해 개발되었죠. 우리의 문제는 다르며, 그렇기 때문에 지난 6월 아동 텔레비전 제작소가 조직 한 교육 세미나 동안 봤던 것에 대해 나는 동의할 수 없었습니다. 하지 만, 어린이들을 그들이 느끼는 감정에 대해 교육하도록 강조하는 것은 유익할 수도 있습니다. 러시아에서 우리는 언제나 어린이들이 어떻게 행동해야 하는지 강조해 왔으며 내부의 동기에는 신경쓰지 않았습니다. 또 다른 문제가 있는데, 곧 정보에 대한 접근 문제입니다. 자기 아이들의 정보 접근을 제한하는 것은 언제나 러시아 부모들의 특권이자 심지어는 의무라고 여겨져 왔습니다. 이러한 방식으로 가능한 한 오래 어린이를 어린이로 머물러 있게 하면서 말이죠. 이것은 어린이의 자유와 선택권의 필요에 대한 당신네 서구적 태도와는 잘 어울리지 않습니다. 어디에 한계를 두어야 할지는 알기 어렵습니다.

나는 많은 미국 어른들도 어린이의 특정 정보 접근을 제한하는 것이 상책인지 유사한 불안감을 느끼고 있다고 반박했다. 나는 특히 닐 포스트먼의 책 『유년기의 실종』The Disappearance of Childhood에서 제기된 주장을 언급했다. 이 책에서는 성인정보에 대한 제한된 접근은 르네상스에서 20세기 말에 이르는 동안 서구 문화에서 전제되던 유년기라는 사회적 산물의 특징 중 하나이며, 이 접근 제한이 현대 미국에서 실질적으로 사라진 것은 유년기라는 관련 개념이 실종될 전조라고 주장하고 있다.[19]

나는 이들에게 '기본적/자연적' 아동 하위문화의 특징들을 교육 활동에 포함시킬 계획이 있는지 물었다. 이들 모두는 한번도 그럴 생각을 해본 적이 없다고 대답했다. 즉, 현대 러시아의 개혁주의적 교육계에서 다의성이 필요하다는 것이 분명히 공감을 얻고 있지만, 어린이 자신의 문화를 실제로 교실로 끌어올 수 있는 심리학적·방법론적 유연성은 아직 발달되지 못했다.

게나나는 내게 「세잠 거리」의 시청자 표본의 비디오 클립을 볼 수

19 Neil Postman, *The Disappearance of Childhood* (New York: Vintage Books, 1994).

있도록 해주었다. 모스크바, 트베리, 비슈니 볼로쵸크, 스타리차 등의 도시에서 3살에서 7살의 어린이들이 「세잠 거리」를 시청하는 것이 녹화되었다. 이 비디오의 목적은 어린이 시청자들이 프로그램의 서로 다른 부분을 시청할 때 보이는 주의 지속 시간을 측정하는 것이었다. 나는 화면에 나타난 아이들을 보면서 옷, 머리모양, 버릇 등에서 남자아이와 여자아이들 사이에 뚜렷한 성 구별이 나타나는 것을 발견하고 충격을 받았다. 이 구별은 미국의 유아원 및 초등학교 연령대 아동들 사이에서는 거의 사라진 것이었다. 내가 관찰한 80여 명 중 어떤 여자아이도 바지나 청바지를 입지 않았다. 대부분의 여자아이들은 긴 머리를 하고 있었고, 짧은 머리를 한 아이들은 마치 여성성을 강조라도 하듯 예외없이 커다란 리본을 매고 있었다. 모스크바에서 더 멀리 떨어진 지역에서 녹화된 비디오일수록 여자아이들은 더 큰 리본을 달고 있었고, 비슈니 볼로쵸크와 스타리차에서는 커다란 리본으로 인해 심지어 양배추 같은 비율이 될 지경이었다. 아이들은 어른들이 방 안에 한 명도 없는데도 불구하고 거의 의자에서 일어나는 법이 없었다. 이들이 지루함을 보인 가장 확실한 방식은 꼼지락거리거나 다른 아이들에게 귓속말하거나 화면 대신 마룻바닥이나 천장을 응시하는 정도였다. 내가 보았던 것은 러시아 아동의 전통적인 이미지였다. 잘 훈육되고 순종적이며 주도성이 결여되고, 아동기 가장 초기부터 정적인 성 역할 및 사회적 역할에 확고히 귀속되어 있었다. 그러나 내가 인터뷰한 모든 아동전문가들은 지난 10년간 러시아 아동들이 얼마나 많이 변했는지 강조했다. 이러한 변화의 매개변인을 어디에서 찾아야 할 것인가? 나는 직접 어린이들에게 가야겠다고 결심했다. 아이들이 무엇을 사는지, 무엇을 읽는지, 어떻게 노는지 보기 위해 공원, 장난감 가게, 키오스크에 갈 것이다. 텔레비전에서 아동용 텔레비전 프로그램을 시청할 것이다. 그리고 마지막으로, 아이들에게 자신의 대중문화를 직접 내게 해석해 달라고 부탁할 것이다.

2.

이 글의 독자들에게 이 연구는 오직 주관적인 인상에만 의존한 개념적 연구임을 미리 말해 두어야 하겠다. 또한 나의 정보 풀에 대해 주의를 해 두고자 한다. 내가 인터뷰한 어린이들은 러시아 전체 어린이를 대표하는 것이 아니다. 이들은 주로 교육받고 도시에 거주하는 러시아 구ᅟ 중산층——'인텔리겐치아'——의 자녀로서 내가 그들의 부모, 선생, 또는 스카우트 지도자들을 개인적으로 아는 경우이다. 모스크바, 페테르부르크, 코스트로마의 지인과 친구의 아이들과 이야기하는 것 외에, 나는 또한 페테르부르크에 있는 크세니야 페테르부르크 러시아 스카우트 단원들과 코스트로마의 이파티예프 수도원 역사박물관이 후원하는 민족 여름 캠프 '캠프 41'에 참가한 아이들에게 설문지를 배포했다.[20] 설문지는 다음 질문들을 담고 있었다.

1. 이름.
2. 생년월일.
3. 전화번호 및 주소.
4. 자기 소개와 가족 소개.

20 설문지를 배포하는 데 귀중한 도움을 준 발렌티나 알렉산드로바와 타티아나 보이투크에게 감사한다.

5. 나중에 커서 무엇이 되고 싶습니까?

6. 여러분의 영웅은 누구입니까? 누구를 가장 닮고 싶습니까?

7. 여러분이 가장 좋아하는 동화는 무엇입니까? 간단히 줄거리를 요약
하세요. 언제 이 이야기를 처음으로 들었나요? (부모님이나 선생님이
읽어주셨습니까? 아니면 여러분 자신이 이 이야기를 읽었습니까?)

8. 여러분이 가장 좋아하는 책은 무엇입니까? 이 책을 몇 번이나 읽었습
니까? 누가 이 책을 소개해 주었나요? 왜 이 책을 좋아합니까?

9. 여러분이 가장 좋아하는 노래는 무엇입니까? 1절을 써보세요. 언제
처음으로 이 노래를 들었습니까? 왜 이 노래를 좋아하나요?

10. 여러분은 얼마나 자주 텔레비전을 시청합니까? 하루에 몇 시간이나
봅니까? 여러분의 부모님은 텔레비전 시청에 시간 제한을 두거나
특정 프로그램 보는 것을 금지하십니까?

11. 여러분은 어떤 프로그램을 가장 좋아합니까? 여러분이 제일 좋아하
는 프로그램 세 가지를 쓰고 왜 그 프로그램들이 좋은지 적으세요.
그 내용을 요약하세요.

12. 여러분이 가장 좋아하는 영화는 무엇입니까? 왜 그 영화를 좋아합
니까? 그 줄거리를 간단히 요약하세요.

13. 여러분은 얼마나 자주 영화를 보러 가거나 비디오를 봅니까?

14. 여러분이 가장 좋아하는 장난감은 무엇입니까? 누가 그 장난감을
주었습니까?

15. 어떤 새로운 장난감을 갖고 싶은가요?

16. 여러분은 친구들과 여러 게임들을 하나요? 어떤 게임들을 하나요?
묘사해 보세요.

17. 얼마나 자주 여러분은 친구들과 게임들을 하나요? 어디에서?

18. 누가 여러분에게 이 게임들을 가르쳐 주었습니까?

19. 여러분 혼자 하는 게임도 있나요?

20. 여러분이나 여러분 친구들은 새로운 게임을 만들어 내기도 하나요?

21. 게임들을 어떻게 만들어 내나요? 책이나 영화의 줄거리를 따라 만드나요? 아니면 단지 여러분의 상상력을 이용하나요?

22. 여러분은 숫자세기 운율을 게임에 사용하나요? 여러분이 가장 좋아하는 셈 운율은 무엇인가요? 그 운율을 적어보세요.

23. 게임을 할 때 여러분은 게임의 규칙을 따르나요?

24. 여러분은 친구들에게 이야기를 들려주나요? 여러분이 친구로부터 들은 가장 좋아하는 이야기의 줄거리를 간단히 적어 보세요.

25. 여러분 자신이 이야기를 만들어 본 적이 있나요? 있다면 그 이야기를 적어 주세요.

26. 여러분은 어떤 옷 종류를 가장 좋아합니까? 여러분은 유행하는 멋진 옷을 좋아하나요? 여러분의 학교 친구들은 어떤 옷을 입고 있나요? 여러분이 가지고 있지 않은 옷 중 어떤 옷을 가지고 싶은가요?

27. 여러분이 가장 좋아하는 색깔은 무엇입니까?

28. 여러분은 여자친구/남자친구를 가지고 있나요? 여러분은 그 친구들의 어떤 점이 좋습니까?

29. 여러분이 가장 좋아하는 음식은 무엇입니까?

30. 여러분이 가장 두려워하는 것은 무엇입니까?

31. 여러분이 가장 즐거웠던 날과 가장 슬펐던 날을 묘사해 보세요.

32. 여러분의 가장 소중한 소원은 무엇인가요?

내가 27명의 어린이들을 공식적으로 인터뷰하고 비공식적으로 12

명과 더 이야기를 나눈 결과로 얻은 정보는 극히 흥미로운 것이었다. 나는 어린이란 무엇인가에 대한 니의 관념에 맞추어 길문을 조직했다. 나는 어린이들은 아동기를 기호 시스템을 창조하고 그것을 다루는 것을 배우면서 보낸다고 믿는다. 이 기호 시스템을 능숙히 익힘으로써 어린이들은 그들 외부의 객관적 세계와 그들 내부의 주관적 세계에 대처하는 데 필요한 기술들을 습득하게 된다. 대중 아동문화는 개별적이지만 서로 연결된 세 가지 필요의 교차지점에서 발생한다. 아이를 사회의 구조 속으로 통합시켜야 하는 사회의 필요, 자신 주변의 사회적·물질적 세계를 이해하고 다루어야 하는 각각의 아동들의 필요, 그리고 시장 경제에서 사회 및 개인의 필요에 의해 제기되는 질문들을 조직하고 대답하고자 시도하는 상상의 세계를 창조하게끔 자극하는 상업적인 고려가 바로 그 세 가지이다. 대중문화는 대부분의 어린이에게 학습의 매개체가 된다. 내 아들 폴 젤렌스키의 아이의 말로 이것을 옮겨 보면 이렇다. "그것은 애들이 재미있다고 생각하는 것이에요. 그건 지루하지 않은 거예요. 그건 어린이들을 즐겁게 해주는 거예요." 나는 러시아 어린이들이 현대 러시아의 불안정한 경제·사회적 여건 속에서 자신의 내적 자아와 세계의 수수께끼들을 푸는 '어린이의' 임무를 어떻게 계속해 나가고 있는지 이해하고자 했다.

나는 내적 삶의 범주에 해당하는 설문 중 6번 질문에 대한 대답에 가장 크게 놀랐다. 대다수의 어린이들이 자기는 영웅이 없으며 자기 자신처럼 되기를 제일 원한다고 대답했다(설문에 답한 27명 중 16명). 이는 어린이들의 눈에 어른들이 권위를 잃었다는 아동 발달 전문가들의 인상을 확증하는 것처럼 보인다. 나머지 예외적 대답 또한 이와 유사한 결론을 입증했다. 왜냐하면 존경받는 어른 인물들은 모두 오래전 죽었거나 외국인이거나 허구인물이거나 또는 셋 다였기 때문이었다. 일리야 무로메츠(중세 러시아 서사시에 나오는 영웅)나 알렉산드르 수보로프(나폴레옹 시대 초기의 군대 사령관), 안나 파블로바(이것은 상트페테르부르크 발레학교에서 공부하고 있는 소녀가 선택한 대답임), 제인 에어, 트리스탄(프랑스 중세 서사시 「트리스탄과 이졸데」의 주인공), 몇몇 소비에트 시대 모험 영화와 책들에 그려진 어린이 인물들, 스티를리츠(소비에트 시대 텔레비전 스파이 시리즈의 일류 스파이 주인공), 브루스 윌리스, 장-클로드 반담, 마릴린 먼로(이것은 코스트로마의 10세 소녀가 한 대답임)가 아이들이 언급한 영웅 모델의 일부이다. 코스트로마 출신의 12세 소녀 한 명만이 자기 엄마처럼 되고 싶다고 말했다.

어린이들의 주관적 또는 내적 세계에 대한 또 다른 두 개의 문항, 30번과 32번에 대한 대답들 또한 매우 흥미로웠다. 30번 문항에 대한 대답에는 놀랄 만한 일치점이 있었다. 내가 방문한 세 도시 모두에서, 질문받은 9세에서 15세에 이르는 남자아이들 모두가 자기는 아무것도 두려워하지 않는다고 대답했다. 이와는 대조적으로, 소녀들 중 한 명(10세)만이 자기가 무엇을 두려워하는지 모른다고 대답했고 나머지는 다양한 구체적 대답을 제시했다. 전쟁, 그리고 미래의 불확실성이 가장 많이 나타난 대답이었고, 그 다음은 사랑하는 사람들을 잃는 것과 외로움이었다. 한 소녀(14세)는 지옥에 가는 것을 무서워했고, 또 한 소녀(13세)는 신을 두려워했으며, 또 다른 한 소녀(11세)는 러시아가 망할까봐 두려워했다. 나는 러시아 남자아이들에게 남성성의 표지로서 극기심이 상당히 놀라울 정도로 내면화되어 있음을 알게 되었다. 30번 문항은 질문받은 어린이 대부분이 자신과 주변 세계를 위한 소원에서 박애적임을 보여 주었다. 모스크바 국립대학에 입학하는 것, 언제나 행복한 가정생활을 영위하는 것, 집 없는 동물들을 도와주는 것, 그리고 모든 이가 언제나 진실을 말하길 바란다는 것이 소원 목록에 있는 전부였다. 아무도 "백만장자가 되는 것"이나 "디즈니 월드에 가는 것", "파리에 가는 것" 같은 대답을 하지 않았던 걸로 보아, 부나 쾌락에 대한 솔직한 욕망은 문화적으로 용납될 수 없는 것인 듯했다. 한 여자아이(코스트로마 출신의 매우 예쁜 14세 소녀)는 "미국인이나 독일인과 결혼하여 외국에서 살기를" 원한다고 썼다. 역시 코스트로마에서 온 한 남자아이(14세)는 그의 가장 간절한 소망은 볼보 자동차를 가지는 것이라고 썼다. 이들로 미루어 볼 때, 아마도 반쾌락주의적 편견이 사라지기 시작한 것 같다.

모스크바에 있는 동안 나는 여름별장으로 친구들을 방문했는데, 그들의 9세 손자와 이웃 별장에 사는 그 아이의 친구인 12세와 16세 소녀 둘에게 비공식적으로 질문할 기회가 있었다. 가장 좋아하는 만화, 만화책, 텔레비전 프로그램에 대해 물었을 때, 아이들은 신구 대중문화 간의 균형을 드러냈는데, 여기에는 반서구적·반상업적 정서의 암류가 뚜렷이 깃들어 있었다. 내가 가장 좋아하는 만화에 대해 물었을 때 9살짜리 세료자가 내게 이야기한 첫번째 것은 "위니 더 푸우예요, 아줌마네 것 말고 우리 거요"였다. 이 아이는 이 영국 고전의 러시아 만화 버전과 월트 디즈니 버전을 둘 다 본 적이 있었고, 자기가 러시아 버전을 더 좋아한다는 것을 내게 확실히 알리고 싶었던 것이다. 마샤와 아냐 또한 내게 말하기를 자기들은 보통 월트 디즈니 만화영화들을 좋아하지만(내가 만난 대부분의 러시아 어린이들은 「인어공주」, 「미녀와 야수」, 「포카혼타스」 등을 본 적이 있었다), 러시아판 위니가 더 낫다고 생각하며, 디즈니 작품들을 빼고는 통상 러시아 만화들이 미국 만화들보다 "더 선하다"고 했다. 세료자가 "뻔뻔스럽지만 웃기다"고 표현하는 우디 우드페커, 그리고 실베스터와 트위티 파이에 매료되어 있는 반면, 소녀들은 이 만화 캐릭터들이 거슬리고 쓸데없이 폭력적이라고 생각했다. 세 아이들 모두 자기들이 가장 싫어하는 만화는 중국산이며 그림이 조잡하고 지루하며 보기흉하다는 데 의견을 같이했다. 질이 낮거나 조잡한 장난감, 만화, CD의 원산지로서의 중국은 러시아 어린이들과 나의 대화에서 몇 번이나 등장했다. 나는 이것이 민족주의적 정서에 의해 불어넣어진 것인지 또는 중국산 상품의 실제 품질 때문인지 모른다. 나는 코스트로마에서 팔리고 있는 중국산 바비 인형을 보았는데, 무수히 많은 미국 바비 복제품들 어느 것보다 더 질이 나빠 보이지는 않았다.

세료자는 러시아 캐릭터가 나오는 것이든 외국 캐릭터가 나오는 것이든 모든 종류의 만화책을 좋아하노라고 말했다. 도날드 덕, 구피와 그의 친구들이 세료자가 가장 좋아하는 것들이었다. 그는 『삼총사』를 만화영화 시리즈로도 수많은 모험 만화책으로도 아주 즐겨 보았다. 이 텔레비전 만화영화는 우크라이나에 있는 키예프 아동 만화 스튜디오에서 러시아어로 만들어졌다. 「동물의 세계」라는 인기 과학 프로그램의 제작자인 타마라 니콜라예바에 의하면 키예프 스튜디오는 고품질의 아동 만화영화를 여전히 지속적으로 생산하고 있는 마지막 만화영화 제작소 중하나라고 한다. 나는 러시아 키오스크나 신문가판대에서 미국에서는 남자 청소년층을 겨냥해 팔리고 있는 극히 폭력적인 만화책들(가령, 울버린, 퍼니셔, 배트맨 등) 중 어떤 것도 보지 못했다. 그 대신, 보통 러시아 중세 기사들이 타타르인들과 싸우는, 만화책 형태의 역사소설들이 있었다. 나는 고전 문학을 각색한 만화들을 보았는데, 이것들은 1950년대 후반과 1960년대 초반에 미국에서 책을 좋아하는 어린이들 사이에서 인기 있었던 '만화 고전' 시리즈를 연상시켰다. 가장 놀라웠던 발견은 내가 코

〈사진 6-1〉 마샤 포추카예바와 세료자 콜로메츠. 니키타 젤렌스키가 촬영했음.

스트로마의 한 교회 입구에서 산 종교 만화책이었다. 『신이 우리와 함께 있다』라는 제목의 이 만화책은 성 블라디미르로부터 루시가 세례받는 이야기를 담고 있었다. 내 자신의 관찰과 부모들이 아이들이 만화책 읽는 것에 대해 내게 한 번도 불평한 적 없다는 사실에 근거하여 나는 만화책이 아직 러시아에서 전복적인 장르로서 완전한 잠재력을 얻지 못했다는 결론을 내렸다.

내가 마샤와 세료자를 처음으로 만난 것은 1994년이었다(사진 6-1). 나는 이후 2년 동안 텔레비전 시청에 있어 이들의 발전과정을 추적했다. 내가 처음으로 방문했을 때, 이 아이들은 수많은 텔레비전 광고들을 외우고 있었고 아주 조금만 부추겨도 조부모와 부모가 화를 낼 만큼 목청껏 큰 소리로 노래하곤 했다. 그때만 해도 아직 광고들이 매우 신기한 것이었고, 그런 만큼 이들의 감탄과 주의를 끌었던 것이다. 그러나 1996년 8월에 이르러서는 마샤와 세료자 둘 다 광고에 대한 거슬림과 반감을 표현했다. 사실상, 그들이 가장 좋아하는 텔레비전 프로그램 중 하나는 상업 광고에 대한 풍자 프로그램 「주차장」이었다. 이들의 텔레비전 시청 목록에서 드라마 또한 도중에 떨어져 나갔다. 이들의 할머니들은 계속해서 「산타 바버라」와 「부자들도 운다」 같은 드라마의 신실한 팬이었지만 마샤와 세료자는 이런 프로그램들이 "시시"하며 "나이 든 아줌마들"을 위한 것이라고 선언했다. 텔레비전 시청에서 이들이 선택한 것은 내가 인터뷰했던 어린이 대부분의 선택과 일치했다. 「별들의 시간」과 「누가, 어디서, 언제?」 같은 어린이 퀴즈쇼, 「소도시」, 「멜로디를 알아맞혀봐」, 「기적의 들판」 같은 콘테스트 쇼, 그리고 「자기 자신의 영화감독이 되어 보세요」 같은 코믹 홈 비디오 콘테스트들이 주된 시청 프로그램이었다. 16세인 아냐는 또한 프랑스판 「비버리힐즈 90210」인 「엘렌과 친구들」을 본다고 인정했다. 세료자는 이에 대해 아냐를 큰소리로 비난했다("어떻게 너는 그렇게 감상적인 시시한 걸 볼 수 있어?"). 러시아 어린이들의 텔레비전 시청에 대해 내가 내린 결론은 대부분의 어린 미국 텔레비전 시청자들과 달리, 러시아 어린이는 아직 이미지의 수동적 수용자가 되는 법을 배우지 않았다는 것이었다. 이들은 콘테스트, 알아맞추기 게임, 아마추어 장기 경연 등 간접적인 참여의식을 가질 수 있는 프로그램을 선호한다. 또한 텔레비전 시청량이 많을수록 물질문화를 포함한 서구 문화에 대한 친밀감이 더 큰 것 같아 보였다.

코스트로마에서 머무는 동안, 나는 이 도시의 두 어린 주민 마리아와 카탸와의 친분 덕분에, 옷, 머리모양, 사용 어휘에 나타나는 어린이들의 유행에 관해 집중적으로 연구할 수 있다. 14세인 마리아는 고등학교에서의 아이들 패션에 대한 정보를 주었고, 10세인 카탸는 초등학교에 관한 정보를 제공해 주었다. 마리아는 공립학교에 다녔고, 카탸는 사립 아카데미에 다니고 있었다. 두 학교 모두 교복이 없었다. "언제나 우리에게 교복을 입히겠다고 겁을 줘요" 하고 마리아는 몸서리를 쳤다. 두 학교 모두 드레스 코드에 대한 불문율이 있었고 그 불문율에 대한 해석은 통상 교사에 달려 있었다. "우리 반에서는 청바지를 입고 온 여자애를 집으로 돌려보냈어요. 하지만 다른 선생님들은 청바지를 허용해요"라고 마리아가 말했다. "레깅스나 타이트한 바지를 입는 것은 허용되지 않아요. 클래식한 스타일의 바지, 어두운 색 스커트, 하얀 블라우스, 재킷. 댄스 수업 말고는 학교에서 드레스를 입을 수 없어요. 화려하거나 도발적인 어떤 옷도 안 돼요. 3학년일 때 나는 귀걸이를 했다고 집에 보내졌어요. 그렇지만 그때 우리 엄마는 선생님에게 편지를 썼어요."

카탸 역시 자기 학교에도 이러한 드레스 코드가 있다고 동의했다. 다만 청점퍼만은 예외였는데, 입는 것이 허용되고 매우 인기 있다고 했다. "기본적으로, 진 종류는 다 인기 있어요. 청재킷, 청치마, 청점퍼, 이 모든 것이 다 매우 유행이에요."

"맞아요" 하고 마리아가 끼어들었다. "내 친구들은 데님으로 된 것은 모두 좋아해요. 우리는 단지 학교에 데님 의류를 입고 갈 수 없을 뿐이에요. 데님과 군화와 미니드레스 전부 다 지금 아주 세련되었어요. 긴 머리도 다시 유행이에요. 몇 년 전에는 모두들 머리를 자르고 다녔는데 말이죠. 그렇지만 지금은 더 러시아스럽거나 '민속적'인 차림이 인기 있어요."

나는 펑크 패션, 여러 개의 귀걸이 피어싱, 바디 피어싱, 그리고 특이한 머리 염색 등에 대해 물었다. 그리고 마리아의 고등학교에서는 오직 극소수의 남자아이들과 소녀 한 명만이 펑크 룩으로 입는다는 대답을 들었다. 카탸의 사촌 다닐은 15세 소년인데 귀걸이를 하고 있었다. 그렇지만 이것은 코스트로마에서 매우 특이한 것으로 간주되었다. 그는 또한 그가 다니는 사립학교에서 유일한 펑크족이기도 했다. 다닐은 찢어진 청바지를 안전핀으로 붙들어맨 것을 입고 다녔고 그의 재킷에는 작은 종들이 딸랑거렸다. 하지만 그는 이러한 옷들을 학교에 입고 가지는 않았다. 이런 옷들은 오직 친구들을 만날 때에만 입었다. 마리아와 카탸에 의하면, 청소년 남자아이들에게 있어 유행에 맞고 그런대로 괜찮다고 여겨지는 것은 두꺼운 창을 댄 스니커즈와 녹색 또는 붉은색 더블 버튼 재킷, 그리고 주름잡힌 바지였다. "'신흥 러시아인'[신흥 부유층]은 또 흰 양말에 검은 신발을 신기도 해요. 그렇지만 우리는 그건 좀 너무 지나치다고 생각해요" 하고 마리아가 말을 맺었다.

"우리는 그건 단지 바보같아 보인다고 생각해요" 하고 카탸가 맞장구를 쳤다. "'신흥 러시아인'에 관한 건 전부 바보같아요. 그래서 나는 그 모피코트를 입지 않아요." 그러자 카탸의 어머니가 설명하기를, 카탸에게 진짜 모피코트를 사주었지만 학교에서 '신흥 러시아인' 아이로 오해받는 것이 싫어 입기를 거부했다고 설명해 주었다.

카탸는 초등학교에서 가장 최신 유행은 미니드레스에 타이츠를 신거나 여름에는 나일론 팬티스타킹을 신는 거라고 말해 주었다. "긴머리가 다시 인기예요──하나로 땋은 스타일, 특히 '작은 용'이나 '옥수수귀'라고 불리는 스타일로요." 두 소녀가 한 목소리로 말하길, 아디다스는 유행이 지난 반면, 나이키와 리복이 인기였다. 마리아의 어머니에 따르면 이것은 수요와 공급 법칙 때문이었다. 아디다스는 코스트로마 시장에 이미 몇 년 동안 있었고 따라서 그다지 희귀하지 않았다. 나이키와 리복은 여전히 상대적으로 새로운 현상이었고 그런 만큼 갈망의 대상이었다.

두 소녀 모두 내게 최신 속어를 말해 주고 싶어 안달이었다. 먼저, 카탸는 자기 반의 모든 아이들이 알고 있는 특별한 수화를 보여 주었다. 카탸의 어머니와 이모는 자기늘이 20여 년 선 코스트로마에서 초등학교에 다닐 때 카탸가 내게 보여 준 것과 비슷하지만 똑같지는 않은 수화가 있었다고 확인해 주었다. 나에겐 이것이 가장 흥미로웠는데, 이는 카탸가 보여 준 수화가 내게 친숙한 미국 표준 수화와는 달랐기 때문이었다. 카탸는 승인의 보편적 용어로 "정확히"chetko라는 표현을 사용했다. 그러나 마리아는 이 표현은 더 나이 든 아이들 사이에서는 이미 구식이라고 했다. "고급의"klasnyi와 "엄청난"kruto이 카탸가 "정확히"라는 말로 의미했던 바를 표현하기 위해 이들이 가장 자주 사용하는 단어였다. 나는 마리아가 미국 청소년들이 1990년대 초 영화 「웨인즈 월드」Wayne's World로부터 가져와서 사용한 것처럼, 부정어를 문장 뒤에 두는 것을 듣고 매우 놀랐다. 마리아는 최신 속어 표현의 예로 "이 녀석은 똑똑하지… 않았어" 하고 말했다.[21] 내가 마리아에게 「웨인즈 월드」라는 영화에 대해 한번이라도 들어봤는지 물었을 때 그 아이는 들어본 적 없노라고 말했다.

마리아는 또한 특정 글자를 r의 진동음을 섞어 비음으로 발음하는 것이 유행이라고 얘기해 주었다. 이 사실은 나를 깜짝 놀라게 했는데, 왜냐하면 이런 발음 습관은 적어도 지난 70여 년간 혁명전 귀족계층과 결부된 것이었기 때문이다. 나 자신도 최근에 모스크바 텔레비전에서 민간 설화를 영상화한 만화를 본 적이 있는데, 거기에서는 두 상류계층 악당 모두 진동음을 섞어 말했던 것이다. 마리아에게 이러한 말투를 구 귀족계층과 연계시키고 있는지 묻자, 그녀는 그렇지 않다고 대답했지만, 자

---

21 [옮긴이] 영어와 러시아어는 부정어가 동사 앞에 오는데, 이 예시는 부정어를 문장 말로 옮겨서 사용한 것이다. 한국어는 부정어가 문장 말에 오기 때문에 이 예시의 한국어 번역은 오히려 자연스럽게 느껴진다.

기에게는 옛 러시아와 관련된 모든 것이 재미있다고 덧붙였다. 그리고 자기는 푸슈킨을 세상의 누구와도 맞바꾸지 않을 것이라고 했다.

두 소녀 모두 다양한 러시아 그룹뿐 아니라 마이클 잭슨, 머라이어 캐리, 휘트니 휴스턴, 비틀즈, 너바나를 좋아한다고 말했다. '페틀류라'Petlyura는 일종의 러시아 십대 취향 음악 그룹으로 좌절된 십대의 사랑에 대한 감상적 발라드를 특기로 하는데, 이 소녀들이 가장 좋아하는 그룹이었다. 내가 마리아에게 진짜 페틀류라(우크라이나 출신의 반-소비에트 게릴라이자 광적인 반유태주의자)가 누군지 아느냐고 물었을 때 그녀는 모른다고 답했다. 이 대답으로 보아, 아마도 이 그룹의 팬 대부분은 이 이름이 함축하고 있는 반체제 서브텍스트를 전혀 인식하지 못하고 있는 것으로 추측해 볼 수 있다. 마리아 반에서 좀 더 아방가르드한 학생들 사이에서 매우 인기 있는 또 다른 그룹은 '가자 지구'라 불리는 메탈 밴드였다.

카탸는 코스트로마와 러시아에 사는 대부분의 어린 소녀들과 마찬가지로 바비 인형을 좋아했다. 그녀 자신만 해도 거의 세 개나 가지고 있었다. 거의 세 개…, 왜냐하면 중국산 인형은 머리가 녹색으로 변해서 바비로 치기가 곤란하고, 또 다른 인형 '크리스틴카'는 미국 바비의 러시아 버전인데, 그래서 또한 진짜로 바비에 포함시키긴 어려웠다. 카탸는 또한 '켄'과 다양한 부속 장식품들을 가지고 있었다. 카탸의 친구 올레샤는 두 부모님이 모두 내과의사인데 일곱 개의 진짜(즉, 미국에서 만들어진) 바비를 가지고 있었다. 카탸로서는 진지한 경외감을 불러일으키는 일이 아닐 수 없었다. 내가 카탸에게 이 인형에서 그렇게도 좋아하는 점이 뭔지 물었을 때 카탸는 망설임없이 대답했다. "왜냐하면 바비는 정말 다르거든요. 왜냐하면 바비는 어떤 러시아 인형과도 비슷하지 않거든요. 왜냐하면 바비는 너무나 많은 멋진 것들을 갖고 있어요 ─장식품, 가구, 집, 차, 이런 것들을 사서 바비에게 갖춰줄 수 있어요.ˮ

"그럼 너는 바비가 외국 것이라서 좋은 거니?" 내가 물었다.

"네!"

카탸의 어머니는 바비가 아이들의 의식의 지평선 위에 출현한 것은 1991년이라고 말해 주었다. 바비의 오리지널 광고가 방영되기 시작했던 때다. 처음에는 바비 혼자만, 그리고 나서 켄이, 그리고 나서 다른 부속물들, 계속 증가하는 소비자 욕구의 네트워크가 이 장난감을 중심으로 형성되고 있었다. 바비 현상이 눈덩이처럼 커져 감에 따라 이 인형은 6세에서 13세에 이르는 러시아 소녀들 사이에서 정상적인 사회 생활을 위한 필수품이 되었다. 소녀들은 바비를 사용하는 게임만을 했고 다른 모든 장난감들은 잊혀졌다. 이러한 현상은 1993년, 바비 광고주들이 전국 콘테스트 '내 꿈의 인형'을 조직했을 때 절정에 달했다. 아이들 ─남자아이나 여자아이나 할 것 없이 ─은 자신과 자신의 바비 인형을 위해 의상을 디자인했고, 우승자는 가족과 함께 플로리다 올랜도에 있는 디즈니월드 여행을 상으로 받았다.

바비의 이국적 모습과 끝없이 나오는 이 인형의 부속품들은 서구의 풍요와 화려함의 표지로서의 바비의 기능을 강조하고 확증하는 것이었다. 바비를 소유함으로써, 러시아 소녀들은 서구 마법의 조그만 조각을 전유하고, 그것을 가지고 놀고, 그것을 자기 것으로 만들 수 있었다. 바비가 출시되었을 당시 매우 독특했다는 사실, 그리고 같은 유형의 러시아 인형을 밀어낸 것이 아니라는 사실 때문에 바비의 어린 주인들은 요즈음 몇몇 어린이로 하여금 국산품 대신 외국 상품을 선택하는 것을 주저케 하는 죄책감이나 상반된 감정 없이 바비를 소중히 여길 수 있었다.

몇몇 경우에 나는 바비 인형을 가지고 있는 소녀들에게 '바비'라는 이름이 사실 '바버라'라는 이름의 약칭이며 따라서 이들이 자기 인형을 '바류샤'(바버라의 러시아어 형태인 바르바라의 지소형)라고 불러야 한다고 설명해 보려 했다. 그때 나는 바비와 서구의 매력 간의 근본적 연관성을 깨닫게 되었다. 그 어떤 소녀도 이에 동조하지 않았고, 모두 보다 이국적인 '바비'로 부르기를 선호했다.

동물 봉제인형 또한 모든 연령대의 러시아 남녀 어린이들 사이에서 인기 있었다. 거대한 동물 봉제인형은 설문에서 가지고 싶은 것으로 가장 자주 꼽히는 장난감이었다(15번 문항을 보라). 십대 소년 소녀들은 봉제인형을 선물로 주고받았다. 자기가 좋아하는 사람으로부터 받은 봉제 테디베어나 아기 고양이를 지니고 다니는 것이 매우 멋진 것으로 간주되었다. 내가 몇몇 청소년들에게 왜 봉제인형을 좋아하는지 물었을 때 이들의 대답은 다소 애매했다. "왜냐하면 귀엽고 꼭 껴안을 수 있으니까요. 왜냐하면 아늑한 느낌을 주니까요. 왜냐하면 이건 너무나 오리지널한 거니까요." 내가 보기엔 이 대답들이 특별한 뭔가를 제시해 주는 것 같지는 않았다. 아마도 러시아 어린이들을 편안과 안전의 원형적 상징인 곰인형으로 회귀시킨 것은 단지 이들 어린이들의 삶의 불확실성 ─30번 문항에 대한 대답에 아주 명확하게 드러난 미래에 대한 두려움─ 일 것이다.

내가 인터뷰한 거의 모든 어린이들이 텔레비전을 시청하고 있었던 반면, 정기적으로 VCR을 이용하거나 극장에 갈 수 있는 아이들은 극소수였다. 그럼에도 불구하고 이들이 가장 좋아하는 영화로 고른 것은 매우 흥미로웠다. 세 도시 모두에서 13세 미만 남녀 어린이들을 통틀어 가장 인기 있었던 것은 뮤지컬 모험 코미디 「다이아몬드 팔」*Brilliantovaia ruka*

이었고, 이 영화에 나온 노래들이 이 연령 그룹이 가장 많이 언급한 노래들 중에 있었다. 두번째로 가장 인기 있었던 영화는 「카프카스의 포로」*Kavkazskaia plennitsa*였다. 이 선택에서 가장 충격적인 사실은 두 영화 모두 1960년대 중반에서 후반에 제작되었다는 것이다. 비유를 하자면, 1996년 여름 뉴욕, 워싱턴 D. C., 클리블랜드에 사는 미국 어린이들이 일관되게 「핑크팬서」*The Pink Panther*나 「이건 미친, 미친, 미친, 미친 세상이야」*It's A Mad, Mad, Mad, Mad World*를 가장 좋아하는 영화로 꼽는 것과도 같다.

나는 이러한 이례적 상황을 다음과 같은 방식으로 설명해 보려 한다. 비록 「다이아몬드 팔」과 「카프카스의 포로」 모두 아이들이 극적인 카타르시스를 맛보기에 필요한 위험과 폭력의 필수적 요소를 가지고 있기는 하지만(그 플롯이 밀수, 강도질, 납치를 둘러싸고 돌아가고 있기 때문에), 이 영화들의 이국적 배경(열대지방과 카프카스 산악지대)은 이들의 잠재직 위험성을 중화시킨다. 한편 이 영화들이 궁극적으로 전달하고 있는 소비에트적 생활양식에 대한 긍정적 메시지는 소련 중심외 질서라는 아이들의 시각을 다시금 확인해 준다. 두 영화의 극적인 액션들은 러시아인 인물들과 이방인 또는 외국인 인물들 간의 대립에 기반하고 있는데, 러시아인 인물들은 외국인들에 대해 승리자로 그려진다. 두 영화 모두 성인 감독과 시나리오 작가의 '동화적' 유년기 시나리오를 보여 줌으로써 아동-성인 관계의 오랜 패러다임을 확인하는 현실도피적 판타지이다. 보다 단순했던 시대의 유물로서, 이 영화들은 심장이 멎을 듯한 사회적·경제적 격변의 시대에 위안과 안전함을 제공한다. 이들 영화의 인기는 미래가 덜 위협적인 것으로 인식되고 과거가 그 황금빛을 잃어가면서 아마도 몇 년 안에 사그러들 것이다.

13세 혹은 그 이상의 아이들은 영화 선택에서 보다 모험적인 것을 선호했다.「다이하드」,「모탈 컴뱃」,「트웰브 몽키스」,「라비린스」,「대부」,「바람과 함께 사라지다」등은 모두 인기 있는 외국 영화였다. 러시아 산 영화로는 구식 로맨틱 스파이 스릴러「봄의 17가지 순간들」*Semnadtsat' mgnovenii vesny*과 현대 삶의 어려움을 다룬 최근 영화「다 괜찮을 거야」*Vse vudet khorosho, 1993*가 가장 자주 언급된 두 가지였다. 고골의 동명 고딕소설에 기반한 공포영화「비이」*Vii*는 코스트로마의 14세 소년에 의해 "이건 '우리의' 최초의 공포영화니까요"라는 평과 함께 가장 좋아하는 영화로 꼽혔다.

이 어린이들은 서구에서 어린이의 영화 및 비디오 선택에 큰 영향을 주는 "가장 새로운 것—가장 최근의 것—가장 좋은 것"이라는 원리에서 자유로운 것처럼 보인다. 30년도 더 전에 찍은「다이아몬드 팔」의 제작 연도는 어린이들이 이 영화를 수용하는 데 영향을 미치지 않았다. 나는 외국 영화 선택을 결정하는 것은 개인적 선호도의 실제 기준보다는 입수가능성과 성별 차이라고 추측한다. 폭력적인 서구 스릴러물 모두는 (가령,「모탈 컴뱃」) 어린 청소년 남자아이들이 선택한 것이었다. 이것은 남성성의 확인 때문으로 보인다. 이러한 영화들을 고른 소년 중 대부분이 페테르부르크와 모스크바 출신인 것을 보아 어쩌면 이 영화들이 코스트로마에서는 상영되지 않았을 것이라는 생각이 들었다. 소녀들과 13세 미만 남자아이들은 이들 영화 중 아무것도 선택하지 않았다. 이 사실로 인해 나는 폭력이라는 주제에 대해 생각지 않을 수 없었다. 내가 만난 러시아 어린이들은 스크린에 비춰지는 폭력에 대해 미국의 또래들에 비해 훨씬 덜 관용적이었다. 내가 인터뷰한 더 어린 소년들과 대부분의 소녀들은 '선한' 영화, 만화, 이야기에 대한 공통적인 바람을 표현했다. "그건 '선한' 영화예요"라는 말은「다이아몬드 팔」을 묘사할 때 가장 자주 사용된 수식어였다. 아이들의 국내 영화 선택에서 성별은 덜 중요한 역할을 하는 것처럼 보였다. 여자아이와 남자아이 모두 스빠이 스트끌리츠의 스릴러물을 가장 좋아하는 것들 중 하나로 꼽았다.

현재, 러시아와 서구 사이의 관계는 일반적으로 사람들이 지각하는 바와 같이 무척 애매하다. 러시아 대중 아동문화는 자연스럽게 이러한 상황을 반영하고 있다. 3년 전 내가 정기적으로 러시아를 방문하기 시작했을 무렵에는 어떤 미국 장난감 또는 미국산 옷이라도 그것을 소유한 자랑스러운 어린이에게 자동적으로 친구 무리에서 높은 지위를 보장해 주었다. 현재의 상황은 보다 복잡하다. 서구의 영화, 장난감, 또는 옷가지를 고르지 않는 것은 어린이들 사이에서 유효한 문화적 표현이 되었으며, 바로 그러한 것으로 또래 아이들로부터 취급되고 있다. 이러한 변화를 훨씬 더 흥미롭게 만들고 있는 것은 대중문화의 '서구' 물품들에 대한 의식적 거부가 순수하게 경제적인 지표에 기반하지 않는다는 사실이다. 부유한 부모의 아이들은 더 가난한 가정의 아이들이 '서구지향적'인 만큼이나 자주 '슬라브주의'적 선호 경향을 보이며, 그 반대도 마찬가지이다. 카탸의 가족은 그녀를 사립학교에 보내고 모피코트('신흥 러시아인'의 아이처럼 보인다는 이유로 카탸가 입기를 거부한)를 사 줄 만큼 부유하다. 하지만 카탸는 내가 자기에게 스니커즈 아이스크림 바를 사주는 것을 원치 않았다. "나는 우리 러시아산 아이스크림을 더 좋아해요"라고 카탸는 말했다. 그리고 코스트로마 시립 공원에서 우리와 함께 산책하던 다른 소녀들 모두 재빨리 그에 동의했다. 세료자가 러시아판 위니 더 푸우를 디즈니 버전보다 더 좋아한다는 것을 강조했던 것은 동일한 현상의 또 다른 징후였다. 아마도 외국/국산 물품 선호에 대한 질문이 나, 즉 외국 방문객으로부터 나왔기 때문에 이 어린이들은 외국 상품에 대한 선호를 보이는 것이 자기 조국의 이미지에 해가 될 것이라고 느꼈을 것이다. 만약 그렇다면, 이는 곧 9~10세 어린이들이 세계 무대에서 자기 나라가 가지는 지위의 문제에 아주 민감하다는 것을 보여 주는 셈이다.

좀 더 긍정적인 얘기를 하자면, 나는 러시아 대중문화가 서구의 대중문화와 달리, 더 큰 마케팅 효율을 추구하는 광고 산업의 필요에 의해 훨씬 더 작은 연령별 그룹으로 분화되는 과정을 아직 겪지 않았다는 사실에 충격을 받았다. 러시아에는 손자손녀들과 조부모들, 16세 아이들과 12세 아이들, 소년과 소녀들이 정도의 차이는 있지만 다 함께 동일한 대중문화에 참여하고 있다. 마샤(12세)가 주저하는 기색도 없이 "할머니와 나는 라디오 노스텔지어(Radio Nostalgie, 모스크바에 있는 '추억의 옛노래' 유형의 라디오 방송국)를 듣는 걸 더 좋아해요"라고 말하고 세료자(9세)가 "할아버지와 나는 그런 시시한 건 듣지 않아요"라고 응수하는 것을 들었을 때, 나는 얼마나 많은 것을 우리 자신의 어린이들이 잃었는지 생각해 보지 않을 수 없었다. 미국 대중문화가 아이들 사이에 그리고 세대간에 조장하고 있는 성별과 나이에 의한 거의 뚫을 수 없는 분리는 러시아에는 아직 미치지 않았다.

3. 결론

현대 러시아는 고통스러운 전환기를 겪고 있다. 대중 아동문화는 어른과 아이들이 이 상황에 대처하는 상이한 방식을 반영한다. 대중 아동문화는 그것을 출현시킨 사회의 거울 이미지가 되는 것이다. 이렇게 대중 아동문화는 미래에 대한 두려움과 이 나라와 서구와의 애매한 관계를 반영한다. 그러나 이러한 부정적인 요소들은 더 현실적이고 덜 유토피아적,

덜 이데올로기적인 삶의 비전이 나타남으로써 상쇄되고 있다. 현실도피에 빠지기보다는 현실을 해결하고자 노력하려는 욕구는 영웅적 모델을 거부하고 자기의 평소 모습 그대로이길 원하는 아이들의 선택에, 그리고 대중문화 영역에서 외국이나 러시아의 가상적 독점의 무비판적 수용으로 우르르 몰려가는 것에 대한 거부에 명백히 드러난다.

내가 인터뷰한 성인들은 이상화된 성인 버전의 심리적 욕구가 아니라 아이들의 진정한 심리적 욕구를 이해하고자 시도하면서 아동기에 대해 보다 진정한 이해를 갖고자 애쓰고 있었다. 이들은 점차적으로 사회주의 70여 년 동안 심어진 절대적인 반反상업적 편견을 포기하고 그 과정에서 시장의 힘에 의한 러시아 아동기의 '오염'을 받아들이기 시작하고 있다.[22] 상업화는 전통적인 러시아의 아동기 상을 산산조각내면서, 사회 전반에 있어 러시아 전체주의 패러다임의 구성 요소였던 세속적인 성인의 영역과 신성한 아이들의 영역 간의 이분적 대립관계를 불안정하게 만드는 데 일조하고 있다. 분명히, 러시아 엘리트들의 농촌 대중(곧, 민중)에 대한 전통적 안정책 또한 동일한 문화적 기호체계에 근간하고 있다.[23]

아동기에 대한 새로운 접근은 점차 진화하고 있다. 아동기를 잃어버

---

22 Ellen Sutter, *Sold Separately: Parents and Children in Consumer Culture*(New Brunswick: Rutgers University Press, 1993), p. 3. 아동발달에서 소비문화의 가치를 폄하하는 것이 일반적이긴 하지만, 선진국에서 성인문화가 소비지상주의의 이미지에 입각하고 있다는 사실로부터 아이들이 이러한 성인 소비 현상을 유발시킬 수 있다는 것이 자명해진다는 데 나는 수터와 의견을 같이한다. "현대 선진국 사회의 모든 성원들은 생존뿐 아니라 사회적 네트워크 참여—포함—를 위해 상품 소비에 크게 의존하고 있다…. 소비자 문화는 아이들에게 이미지, 캐릭터, 플롯, 그리고 주제의 공유된 보고를 제공해 준다. 소비자 문화는 잡담과 놀이의 근간을 국가적, 심지어 세계적 규모로 제공한다"(p. 9). "어린이들은 소비재와 매체를 전용하는 데 있어 창의적이다…. 아이들은 소비자 문화의 이야기와 상징들로부터 자기 자신의 의미를 창조한다"(p. 10).

23 다음을 참조하라. Cathy A. Frierson, *Peasant Icons. Representations of Rural People in Late Nineteenth Century Russia*(New York: Oxford University Press, 1993).

린 낙원의 동화적 상으로 여기기보다 인간 발달에 있어 중요한 단계로 취급하는 것이 점점 더 받아들여지고 있다. 이 변화는 아이에게 낙원 같은 환경을 보장하는 것을 스스로 의무로 삼고 있던 부모와 자신이 그 낙원의 수혜를 받을 자격이 있음을 끊임없이 증명해야 했던 어린이 모두로부터 무거운 짐을 덜어 준다. 이 새로운 리얼리즘은 러시아와 소련에서 언제나 삶을 풍부하게 만들어 왔던 전통적으로 심오하고 협력적인 인간관계와 결합되어 러시아 어린이들에게 좋은 영향을 줄 것으로 보인다. 내가 이 과정들을 목도하면서 이들의 순수와 경험의 노래를 들을 수 있어서 영광으로 생각한다.

* 이 논문을 쓰는 데 사용된 모든 자료는 인용한 출판물에서 가져왔거나 내가 1996년 8월에 수행한 러시아 현지연구 동안 직접 녹음한 것이다. 나는 수집한 모든 데이터를 보존하고 있다. 이 장의 연구를 위해 1996년 단기 여행 보조금을 지원해 준 국제 연구 및 학술교환 위원회와 인문학 국립 기금(Title III)에 감사한다. 여기 표현된 모든 견해에 대해서는 나 혼자 책임을 진다. 또한 이 프로젝트에 관심을 기울여 준 리처드 스타이츠에게 감사한다.

7장

시장, 거울, 그리고 대혼란
알렉산드라 마리니나와 신러시아 추리소설의 유행

캐서린 세이머 네폼냐시

영국 추리소설작가 줄리안 시먼스는 범죄소설의 역사에 대한 자신의 책 『피투성이 살인』의 1985년 판에서 다음과 같이 쓰고 있다. "범죄 문학은 거의 확실히 미국, 영국, 그리고 공산주의 치하가 아닌 다른 많은 나라들에서 다른 어떤 소설 장르보다 더 널리 읽히고 있다. 1940년 헤이크래프트는 미국에서 범죄 이야기가 신간소설 전체의 4분의 1을 차지하고 있으며 대부분의 책들이 도서 대여점이나 공공 도서관에 판매된다고 말한 바 있다. 이 비율은 아마도 오늘날 별로 변하지 않았을 것이다."[1] 그로부터 겨우 10년 후인 지금, 시먼스가 "공산주의 치하"인 나라들을 제외했던 것은 특별히 흥미롭게 느껴진다. 검열이 폐지되고 그 후 곧 소련 자체가 무너지면서 ──그리고 그와 더불어 수십 년 동안 러시아에 문학적 과정을 구체화했던 문화기관들이 붕괴되면서 ── 추리소설detektiv은 적

---

1 Julian Symons, *Bloody Murder: From the Detective Story to the Crime Novel: A History*, rev. ed.(New York: Viking Press, 1985), pp. 16~17.

어도 서구 못지 않게 포스트소비에트 러시아에서도 독자들이 열렬히 찾는 장르가 되었다.[2] 한 비평가가 현대 러시아 출판 씬을 관찰한 바와 같이, "자존심 있는 출판사라면 모두 추리소설 시리즈를 내놓고 있다".[3] 러시아 문화의 권력 재편성만큼이나 극적인 러시아와 소련의 추리소설 역사를 간단히 점검해 보면 현재 추리소설의 급등이 글라스노스트와 포스트소비에트 시대에 결실을 맺은 다른 문화적 과정들과 마찬가지로 실은 오래전부터 발달해 온 현상임을 알 수 있다.

러시아는 물론 영국이나 미국에 필적할 만한 추리소설 전통을 가지고 있지는 않다. 역사적으로 영국과 미국의 작가들이 추리소설 장르를 지배해 왔다. 그러나 『죄와 벌』과 『카라마조프의 형제』가 이 장르에 포함되기엔 너무 '진지한' 것이 아닌가 하는 골치아픈 문제와는 완전히 별개로, 1870년대경까지 니콜라이 드미트리예비치 아흐샤루모프와 A. S. 파노프 같은 지금은 잊혀진 작가들이 당시 범죄소설이라고 불렸던 작품들을 출판하고 있었다. 그리고 크라스놀리스토프가 말하는 바와 같이, "19세기 말과 20세기 초에 수십 편의 단편 및 장편 추리소설들이 신문, 저널에 실렸고, 단행본으로 출판되었다. 슈클라레프스키, 티모페예프, 게인체, 소콜로프, 파주힌 등이 추리소설 장르에서 가장 잘 알려진 작가로 거

---

2 러시아 독자들을 대상으로 한 1995년도 조사는 범죄 및 모험 소설이 러시아에서 단연코 가장 인기 있는 도서 장르라는 여러 평론가들의 추정을 확증해 주었다. 조사에 참가한 남성 응답자의 31.82%와 여성 응답자의 26.23%가 추리소설(detektivy), 모험소설(prikliucheniia)을 선호하는 독서 분야로 꼽았다. 공상과학소설이 전체 순위에서 2위를 차지한 반면(남성의 19.23%, 여성의 12.57%), 오직 애정소설(liubovnye romany)에 대한 여성들의 엄청난 수요(22.04%로 남성의 9.8%와 크게 대조됨)만이 추리소설의 아성에 도전장을 낼 뻔한 정도이다("Kto vy, pokupateli knig?" *Knizhnoe obozrenie*, no. 33[1996. 08. 03], p. 3).

3 T. Kravchenko, "Missis Kholms: Knizhnaia seriia Aleksandry Marininoi", *Russkaia mysl'* (1996. 10. 23).

명될 수 있을 것이다".[4] 그럼에도 불구하고, 추리소설은 일반적으로 서구로부터의 '수입품'으로 여겨졌고, 사회적으로 불안정한 선환기를 맞은 20세기 초 러시아에서 검열이 다소 완화되어 시장성이 주목을 받게 되면서 인기의 절정을 누렸다. 최초로 추리소설의 인기가 솟구친 것은 1905년 혁명적 대격변과 검열 폐지 직후였다. 셜록 홈즈, 나트 핑커톤, 닉 카터와 같은 인기 캐릭터들의 모험을 러시아어로 각색한 연재물에 의존한 '추리소설 붐'[5]은 얼마 가지 않았고, 1908년 절정에 달했다가 그 이후 급속히 사그러들었다.[6] 다른 나라에서와 마찬가지로 러시아에서도

4 O. Krasnolistov, "Ot sostavitelia", in *Staryi russkii detektiv: roman, rasskazy*, issue I(Zhitomir, 1992), p. 3. '옛 러시아 추리소설'(Staryi russkii detektiv) 시리즈는, 이 시리즈가 추리소설의 새로운 인기를 이용하고자 하는 시도임을 분명히 밝힌 짧지만 유익한 서문을 포함하여 이 장르의 초기 러시아 작품들의 재간행물들로 구성되어 있다. 나는 1~3권까지 발견했는데 모두 '지토미르' 출판사에서 발간된 것이었다. 마찬가지로, 1990년대 초에 나트 핑커톤, 닉 카터, 셜록 홈즈의 모험을 담은 초기 러시아 시리즈물의 팩시밀리 복사본들이 '러시아 길거리 문학 고전 선집'(Iz russkoi bul'varnoi klassiki)과 같은 시리즈로 나타나기 시작했다. 니콜라이 에두아르도비치 게인체(Nikolai Eduardovich Geintse)의 재간행물에 대해서는 다음을 참조하라. Sergei Kamyshan, "'Bul'var' vchera i segodnia", (special for) *Novaia Sibir'*.

5 A. F. Britikov, "Detektivnaia povest' v kontekste prikliuchencheskikh zhanrov", in *Russkaia sovetskaia povest' 20–30 kh gg.*, ed. V. A. Kovalev(Leningrad: Nauka, 1976), p. 422.

6 제프리 브룩스(Jeffrey Brooks)의 저서 『러시아가 읽는 법을 배웠을 때: 교육과 대중문학』(*When Russia Learned to Read: Literacy and Popular Literature, 1861~1917*[Princeton University Press, 1985])은 러시아 대중독서계에 대한 어떤 연구에 있어서도 필수적인 출발점이다. 그는 '붐'을 다음과 같이 묘사하고 있다. "'Pinkertonovshchina'이라고도 종종 알려진 핑커톤 열풍은 1907년 핑커톤과 홈즈에 대한 한두 편의 소설이 15코페이카와 20코페이카짜리 판본 5,000~10,000부로 출간되면서 불길하게 시작되었다. 1908년에는 가격이 5코페이카로 떨어졌고 종종 2코페이카나 3코페이카가 되기도 했다. 이 소설들은 잘 팔렸고 판본들의 규모는 50,000부, 60,000부로 급속히 증가했다. 1908년에 약 1천만 부에 이르는 추리소설들이 15코페이카 혹은 그 이하의 가격에 출판되었다. 추리소설 연재물은 1908년 이후 급격히 하락했다. 1909년 판매 부수는 절반으로 떨어졌고 1910년에는 훨씬 더 감소했다. 1911년, 1912년, 1913년에는 오직 몇 십만 부만이 출판되었고, 1914년에는 전혀 출판되지 않았다"(p. 142). 코르네이 추코프스키(Kornei Chukovskii)는 1908년 핑커톤 열풍에 대한 비판에서 다음과 같은 사실에 대해 개탄했다. "페테르부르크에서 … 공식 정보에 의하면 올해 5월에만도 추리(syshchitskoi) 문학이 622,300부나 팔렸다. 이것은 한해 만에 이 작은 책들이 약 750만 부나 페테르부르크에서 팔렸음이 분명하다는 것을 의미한다! 내가 기억하기로는 도스토예프스키 생전에 『죄와 벌』은 2천 부밖에 나오지 않았고 이 한심한 2천 부는 1876년부터 1880년까지 판매되고 있었는데 여전히 다 팔리지 않았다"("Nat Pinkerton", Kornei Chukovskii, *Sobranie*

대중소설의 인기상승은 지적 엘리트 사이에 공포나 다름없는 감정을 불러일으켰다. 「나트 핑커톤」이라는 제목의 특별히 통렬한 1908년도 논문에서 코르네이 추코프스키는 이 문제에 대해 확고한 입장을 표명했다. 추코프스키는 나트 핑커톤이 시대의 상징이자 셜록 홈즈의 조악한 후신으로서 그 전신인 셜록 홈즈가 '예술 자체를 위해' 퍼즐 푸는 예술에 바쳤던 헌신과 지성을 금전적 이익을 위한 욕심과 주먹으로 대체하고 있다고 보았다. 그는 도시 프티부르주아의 '야만적' 취향의 이 산물을 인텔리겐치아의 문화 주도권에 대한 도전으로 한탄스럽게 여겼다. 나아가, 지금 돌이켜 볼 때 거의 예언자적인 예리함으로, 그는 문화권력관계에서 어렴풋이 나타나고 있는 이 전환을 작가의 기능 변화, 곧 『나트 핑커톤의 모험』의 익명의 공동 작가들이" 셜록 홈즈를 그의 '창조자 개인'인 아서 코난 도일로부터 탈취한 것에 연계시켰다.[7]

추리소설에 대한 러시아인의 관심이 다시 비등한 것은 상대적으로 자유분방했던 NEP의 초기 몇 년 동안이었다. 이는 문학이론, 식자층 패러디, 꽤 경쟁적인 시장, 그리고 동시에 문맹률을 감소시키고 사상을 주입하려는 정치적으로 동기화된 열망이 일시적으로 불안정하게 조합된 결과였다. 형식주의자들이 대중소설의 플롯 구성을 연구한 반면, '세라피온 형제'의 레프 룬츠는 러시아 작가들에게 코난 도일과 같은 서구의 대가들로부터 플롯 구성법을 배우기를 촉구했다.[8] 1923년 니

  sochinenii v shesti tomakh, vol. 6[Moscow: Khudozhestvennaia literatura, 1969], p. 131).
7 Chukovskii, "Nat Pinkerton", pp. 136, 138. 브리티코프(Britikov)는 이 익명의 작가들을 "보이지 않는 작가들"(avtory-nevidimiki)이라 칭했다("Detektivnaia povest'", p. 423).
8 Lev Lunts, "Na zapad! Rech' na sobranii serapionovykh brat'ev 2-go dekabria 1922 g.", in Lunts, Zaveshchanie tsaria, Arbeiten und Texte zur Slavistik, vol. 30, ed. Wolfgang Kasack(Munich: Verlag Otto Sagner, 1983), pp. 115~126. 가령, 다음을 보라. Viktor Shklovskii,

콜라이 부하린은 민영 출판사가 발행하는 오락 문학과 아마도 노동자들을 혁명 운동으로부터 주의를 돌리노록 고안된 서구의 핑커톤 열풍 pinkertonovshchina에 대한 대항마로 '붉은 핑커톤'의 창조를 요구했다고 한다.[9] 부하린의 요청에 직접적으로 영향을 받은 게 명백한 이러한 '이데올로기적' 추리소설 중에서 가장 널리 홍보된 것은 짐 달러Jim Dollar라는 필명으로 출판된 마리에타 샤기냔의 『메스 멘드: 페트로그라드의 양키』 Mess-Mend: Yanki v Petrograde, 1923였다.[10] 연재물로 출판된 이 소설의 상업적 성공에도 불구하고 비평가들은 오락과 이데올로기를 융합하려는 이 시도를 (그리고 이것과 비슷한 다른 시도들 역시) 실패로 판단했다. 그리고 이 판단과 이 판단을 야기한 엄청난 문화적 편견 때문에 실제로 추리소설은 소비에트 문학의 주변부를 벗어나지 못했다.

추리소설은 스탈린 치하 소련에서 거의 자취를 감추었다. 이미 1920년대에서부터 코난 도일의 작품 같은 '고전'마저도 다른 불쾌한 "불리바드" 문학[길거리 문학―옮긴이]과 더불어 도서관에서 제거되었다. 그리

"Novella tain"; Boris Eikhenbaum, "V poiskakh zhanra".

9 1934년에 출간된 한 소비에트 백과사전에서는 핑커톤 열풍을 "혁명으로부터 주의를 흩트리는 그 기능"에 있어서 포르노에 비유하면서 다음과 같이 상술하고 있다. "'핑커톤 열풍'은 미국에서 자본주의 국가의 정치권력의 성장과 부르주아지의 경제적 발흥의 시기에 발생했으며 증대하고 있는 혁명적 노동자 운동에 대항하고 있다. 이것은 주저하는 프티부르주아 계층에 대한 영향력을 얻기 위한 부르주아지의 투쟁에서 사용된 무기였다"(P. Kaletskii, "Pinkertonovshchina", Literaturnaia entsiklopediia, vol. 8[Moscow: Sovetskaia entsiklopediia, 1934], pp. 645, 647~648).

10 '붉은 핑커톤' 전반과 특히 『메스 멘드』에 대하여는 다음을 참조하라. Britikov, "Detektivnaia povest'"; Robert Russell, "Red Pinkertonism: An Aspect of Soviet Literature of the 1920s", SEER 60, no. 3(1982), pp. 390~412; Kaletskii, "Pinkertonovshchina", pp. 645~649; Carol Avins, Border Crossings: The West and Russian Identity in Soviet Literature 1917~1934(Berkeley: University of California Press, 1983), pp. 48~60; Katerina Clark, Petersburg: Crucible of Cultural Revolution(Cambridge: Harvard University Press, 1995), pp. 173~182; Samuel D. Cioran, "Translator's Introduction", in Marietta Shaginian, Mess-Mend: Yankees in Petrograd, trans. Samuel D. Cioran(Ann Arbor: Ardis, 1991), pp. 7~21.

고 민영 출판사들이 문을 닫으면서 추리소설은 더 이상 출판되지 않았다.[11] 추리소설이 사라진 이유는 사회주의 리얼리즘 문화의 추진력에 깊이 뿌리박고 있었다. 범죄문학과 기타 대중소설의 억압은, 무엇보다도, 스탈린 치하에서 꽃피고 그 후임자들 치하에서 끈질기게 지속된 지식인 문화와 정치의 기이한 결합을 보여 주는 증거이다. 내가 앞에서 혁명 전 범죄소설의 급증에 대한 추코프스키의 논평과 관련하여 언급했듯이, 대중소설의 대중적 호소력은 인텔리겐치아의 문화 통제에 매우 실제적인 위협을 제기했다. 그리고 포스트소비에트 러시아에서 교육받은 엘리트의 우월한 지위가 사실상 무너졌다는 사실을 감안할 때 확실해지는 것은, 소비에트 체제하에서 인텔리겐치아 집단이 감내했던 의심할 여지 없는 고통에도 불구하고 소비에트 체제가 고급문화의 역할을 인위적으로 과장한 결과 이들이 소비에트 시기 내내 상당 규모의 응집된 집단으로 살아남았다는 사실이다. 당시 정치적 권력자의 관점에서 보았을 때 현실 도피적으로 보이는 문학은 독자들을 보다 진지한 이데올로기적 관심사에서 멀어지게 했고, 특히 추리소설은 해로운 가치들을 구현하는 것처럼 보였다. 많은 추리소설 해설가들이 지적해 온 바와 같이, 이 장르의 공식은 일탈을 노출시키고 제거함으로써 본질적으로 지배적인 사회질서를 옹호한다. 전통적인 서구 추리소설에서 범죄는 사유재산을 겨누거나 격정의 사적 영역에 근원한다. 전자의 경우, 범죄자를 밝혀내 처벌하는 것은 자본주의 구조를 긍정하는 것이 된다. 반면 후자의 경우에는, 범죄가 인간 본성의 보편적 측면으로 나타난다. 범죄의 이 두 근원 모두 소비에

---

11 소련의 추리소설이라는 주제에 대해 나와 함께 심도 있게 토의하면서 이 분야의 지식과 통찰력을 아낌없이 공유해 준 예브게니 도브렌코에게 감사한다.

트 사회주의 유토피아 이데올로기에 똑같이 반하는 것이다. 왜냐하면 이 이데올로기는 범죄의 근원을 사회적인 것, 따라서 '치유가능한' 것으로 파악하며, 더욱이 셜록 홈즈와 그의 동료들에 의해 유지되는 바로 그 자본주의 시스템의 불의에서 비롯되는 것으로 보기 때문이다. 그러나 추리소설은 아동문학이라는 안전한 피난처에서 그럭저럭 살아남을 수 있었다. 예를 들어 아나톨리 리바코프의 『단검』Kortik, 1948이 그러한 경우이다. 리바코프의 이 소설은 '붉은 핑커톤' 풍으로 모험으로 가득한 미스터리 플롯을 콤소몰의 기원에 대한 이야기와 결합한 것으로, 적어도 글라스노스트 시기 직전까지 소비에트 청소년 세대에게 확실히 각광을 받았다.[12]

스탈린 사후 문화적 '해빙'의 도래와 함께, 성인을 위한 추리소설 또한 소련에 다시 등장했다. 이 장르에서 가장 인기 있었던 소비에트 작가로 아르카디 아다모프와 율랸 세묘노프가 있는데 둘 다 1950년대 후반에 출판활동을 시작했다. 레프 오발로프의 경우『프로닌 소령의 모험』 *Prikliucheniia Maiora Pronina*이 1957년 출판되었다.[13] 아르카디 바이네르와 그리고리 바이네르 형제는 1960년대 후반 상당한 인기를 얻었다. 니콜라이 레오노프는 1970년에 자신의 첫 추리소설을 발표했다. 이들 작가들은 서구의 동종 작가들과 마찬가지로 시리즈에 걸쳐 등장하는 탐정 캐릭터를 창조했다. 오발로프의 프로닌 소령, 아다모프의 비탈리 로세프, 바이네르 형제의 팔 팔리치 즈나멘스키, 그리고 레오노프의 레프 구로프 등

---

12 스탈린 치하에서 범죄소설이라는 일반적 영역에서 레프 로마노비치 셰이닌(Lev Romanovich Sheinin)이 쓴 자전적 전집 『수사관의 기록』(*Zapiski sledovatelia*) 또한 주의해 볼 만하다. 셰이닌은 소련 검찰청에서 일했고 뉘른베르크 재판에 참여했다. 또한, 니콜라이 니콜라예비치 슈파노프(Nikolai Nikolaevich Shpanov)의 『소이탄』(*Podzhigateli*, 1949)과 같은 전후 냉전 스파이 소설도 눈여겨 볼 수 있다. 슈파노프는 1950년대에 추리소설 집필로 전향하여 시리즈 주인공 닐 크류치닌 대령을 창조해 냈다.
13 레프 세르게예비치 샤포발로프(Lev Sergeevich Shapovalov)의 필명.

을 예로 들 수 있다. 이 캐릭터들 중 가장 극적인 성공을 거둔 것은 (적어도 소비에트 시기에) 세묘노프의 이중간첩 막심 이사예프였다. 그의 모험을 연대기식으로 그린 정치 스릴러물에서 이사예프는 막스 오토 본 스티를리츠라는 이름으로 나치 상급 사령부로 잠입했다.[14] 배우 뱌체슬라프 티호노프가 연기한 이사예프-스티를리츠는 세묘노프의 1968년작 동명소설에 바탕한 텔레비전 시리즈 「봄의 17가지 순간들」에서 더욱 널리 알려졌다. 바이네르 형제의 작품들 또한 각색되어 스크린에 옮겨졌다. 가령, 전후 시기 소련에서 삶의 불결한 측면을 일별하고 있는 바이네르 형제의 1975년도 소설 『자비의 시대』*Era miloserdiia*에 바탕한 텔레비전 영화 「회합 장소는 변경될 수 없다」*Mesto vstrechi izmenit' nelzia*를 들 수 있다.

스탈린 사후 수십 년이 지나자 외국 작가들이 쓴 추리소설 또한 소련에 다시 나타났다. 1971년 『문학신문』*Literaturnaia gazeta*의 한 기사는 1966년과 1970년 사이 소비에트 저널에 애거사 크리스티의 작품만 하더라도 15편이나 출판되었음을 지적하면서 소비에트 저널에 출판되는 외국 문학이 사실상 전부 추리소설이라는 점에 우려를 표했다.[15] 한 평론가는 번역문학에서 추리소설이 우위를 점하고 있다는 사실은, 특히 "국산 추리

14 본명이 랸드레스(Lyandres)인 세묘노프는 소련에서 『페트로프카 38번지』(*Petrovka 38*, 1963)로 처음으로 넓은 대중적 인기를 획득했다. 이 소설의 제목은 모스크바 중앙경찰본부의 주소에서 따온 것이다. 세묘노프에 대해 리처드 스타이츠(Richard Stites)는 다음과 같이 쓰고 있다. "세묘노프는 엄청나게 인기가 있으며(그의 60여 권의 책은 3,500만 부 가량 출판되었고 그 중 여러 편이 영화화되었다) 대단히 부유하다"(Richard Stites, *Russian Popular Culture: Entertainment and Society since 1900*, Cambridge: Cambridge University Press, 1992, p. 152). 세묘노프에 관해서는 또한 다음을 참조하라. Walter Laqueur, "Julian Semyonov and the Soviet Political Novel", *Society 23*, no. 5(1986), pp. 72~80; A. Vulis, *V mire prikliuchenii: Poetika zhanra*(Moscow: Sovetskii pisatel', 1986), pp. 354~363; V. Kardin, "Sekret uspekha", *Voprosy literatury*, no. 4(1986), pp. 102~150.

15 G. Andzhaparidze, "Bogachi-filantropy i belye 'mersedesy'. Chto i kak my perevodim", *Literaturnaia gazeta*, 1971. 01. 20., p. 13.

소실"이 1960년대에도 이미 대규모 부수로 발행되고 있었음에 비추어 볼 때, 소비에트 독자 사이에 "추리소설 장르에 대한 커다란 수요"가 있음을 증명한다고 언급했다. 그는 샤기냔의『메스 멘드』같은 "붉은 핑커톤"이 "수십만 부"에 달하도록 여러 판을 거듭하여 팔려나간 때 이래로 이러한 작품에 대한 수요가 감소하지 않았을 뿐 아니라 증가해 왔던 것으로 보인다고 결론지었다.[16] 1986년 글라스노스트의 기운이 처음으로 어렴풋이 나타났을 시기 저작 활동을 한 카르딘은 다소 냉정한 통계를 내놓았다. 독서 수요가 주로 교육 프로그램에 의해 좌우되는 초등학생들까지 포함하여 독자의 오직 5~6%만이 정기적으로 고전, 곧 "문학의 선도자"를 읽는다는 것이다.[17] 이 기사는 다른 한편으로 소련에서 추리소설이 서구에서와 맞먹는 수준의 인기를 누리고 있음을 시사한다. 이어서 카르딘은 "추리소설이 전쟁 모험물, 공적功績 등과 같은 대량 시리즈물로 출판되어 엄청난 부수로 발행되고 있다는 사실에도 불구하고, 이러한 읽을거리에 대한 "서적상 주문량의 오직 10~15%"만이 충족되고 있다고 말하고 있다.[18] 요약하자면, 서구 학자들이 소비에트 러시아인들의 독서 습관에 대해 어떤 환상을 가지고 있든지 간에 ──필경, 독서 패턴에 대한 믿을 만한 통계의 부재와 국가 문학 출판을 독점하는 인텔리겐치아 쪽의 희망 사항에 의해 양산된 환상이겠지만── 글라스노스트 훨씬 이전에 러시아인들은 막대한 양의 추리소설을 읽고 있었고 더 많은 추리소설을 요구하고 있었다는 것이다.

글라스노스트 시대에 소비에트 출판 산업이 시장적 고려를 점점

16 Britikov, "Detektivnaia povest'", p. 434.
17 Kadrin, "Sekret uspekha", p. 103.
18 Ibid., p. 108.

더 지향하게 되면서 검열의 완화와 궁극적 철폐는 대중적인 읽을거리에 대한 수요를 만족시키는 데 유리한 환경을 만들어 냈다. 그러나 일찍이 명성을 확립한 소비에트 작가들은——그리고 그들의 추리소설 작품들은—— 변화하는 상황이 뜻밖의 횡재보다는 위기가 될 것임을 알아챘다. 세묘노프를 위시하여 몇몇 소비에트 추리소설 작가들이 글라스노스트 시류에 편승했음에도 불구하고[19] 이 장르의 작가들 대부분은 자신들이 존 르 카레와 같은 서구 냉전 베스트셀러 작가들의 상황과 어렴풋이 비슷하지만 의심의 여지 없이 훨씬 더 나쁜 상황에 놓여 있음을 깨달았다. 오락 문학을 경계하는 문화 기득권층에게 자신의 존재의 명분을 제시해야 했을 뿐 아니라 내무성의 엄격한 감독에도 순응해야 했기에,[20] 소비에트 추리소설은 이데올로기적으로 편향적이었고 정치 체제와 경찰을 대표하는 청렴한 '긍정적 주인공'이 등장했다. 현재 이 정치 체제는 의혹의 대상이 되어 버렸고 경찰은 부패로 만신창이가 되었지만 말이다.[21] '정격' 소비에트 추리소설 작가 중 오직 니콜라이 네오노프만이 자

---

19 리처드 스타이츠는 다음과 같이 말하고 있다. 글라스노스트 시대에 "세묘노프는 자신의 책들과 저널 한 종, 신문 한 종을 발행하고 다양한 사업으로 진출하기 시작했다…. 스트루가츠키 형제와 바이네르 형제를 포함하여, 추리소설 및 공상과학소설 작가들은 세묘노프가 편집하고 출판하는 『추리소설과 정치소설』(Detektiv i politika)의 세력에 참여했다. 여기에는 범죄소설, 스파이 스릴러물, 스탈린 대공포 시절 문서, 친–고르바초프 비평 등이 포함되었으며 따라서 자유주의 노선을 따르는 도시 대중소설 현역작가들을 뭉치게 했다"(Russian Popular Culture, p. 181). 세묘노프 사후 1994년에도 이 작가들의 작품의 재판본들은 여전히 그 해의 베스트셀러 목록에서 다섯번째 자리를 차지하고 있었다("Chempiony izdavaemosti 1994 goda", Knizhnoe obozrenie, no. 2[1995. 01. 10], p. 3).

20 두번째 논점에 대해서는 다음을 참조하라. Larisa Isarova, "Beskonechnye kilometry detektivov: Koe-chto o deval'vatsii populiarnogo zhanra", Literaturnaia gazeta, 1989. 04. 12., p. 3.

21 소비에트 및 포스트소비에트 러시아에서 변화된 정치적·사회적 환경에 의해 소비에트 추리작가들이 처하게 된 어려움에 대해서는 다음을 참조하라. Roman Arbitman, "Dolgoe proshchanie s serzhantom militsii: Sovremennyi rossiiskii detektiv: izdatel' protiv chitatelia", Znamia, no. 7(1995), pp. 201~207; 선집 『법의 이름으로: 현대 소비에트 추리소설』(Imenem zakona: Sovremennyi sovetskii detektiv[Moscow: Sovetskii pisatel', 1989])에 부치는 게일리 랴보프(Geilii

신의 수사관 레프 구로프를 마피아 세력과 맞서 분투하는 '슈퍼맨'으로 성공적으로 개조해 냄으로써 1996년 러시아에서 톱 베스트셀러 반열에 남았다.[22] 따라서, 1991년 여름까지 서구작가——무엇보다도 애거사 크리스티와 선풍적 인기의 영국 범죄소설 작가 제임스 해들리 체이스[23] —— 작품들의 날림 번역판이 망명 작가 및 해금解禁 소비에트 작가들의 '진지한' 문학을 서서히 모스크바의 가판대로부터 밀어내기 시작했을 뿐 아니라 또한 소비에트 추리소설보다 훨씬 더 인기를 얻었다는 것은 하등 놀랄 만한 일이 아니다. 그러나 번역문학의 초기 우세 이후에는 에두아르드 토폴과 프리드리히 네즈난스키와 같은 러시아 망명 작가들이

Riabov)의 서문; Viktor Toporov, "Pretenzii k poterpevshim"[바이네르 형제의 다음 저작에 대한 논평임. Ob''ezzhaite na dorogakh sbitykh koshek i sobak, Poterpevshie pretenzii ne imeiut], *Literaturnoe obozrenie*, no. 2(1987), pp. 65~69; Tat'iana Kravchenko, "Losev. Syshchik i dolgozhitel': Sovetskii sledovatel' i postsovetskoe vremia", *Literaturnaia gazeta*, 1995. 07. 12., p. 4. 보다 긍정적인 관점에 대해서는 크라프첸코(Kravchenko)의 논문과 더불어 출판된 룰리야 라티니나(Iuliia Latynina)의 논문을 참조하라(라티니나 자신 또한 남자 필명으로 추리소설을 쓰고 있다). "Plokhoi khoroshii detektiv: On podchiniaetsia zakonam rynka, no ne zakonam tusovki", *Literaturnaia gazeta*, 1995. 07. 12., p. 4.

22 한 평론가는 새로운 정치적 상황이 너무 협소한 소재로부터 해방을 가져오면서 레오노프가 그 덕을 보았다고 주장했다. 다음을 참조하라. Grigorii Revzim, "Sherlok Kholms i Sancho Pansa: Klassicheskii detektiv: igra po pravilam"[다음에 대한 논평임. Nikolai Leonov, *Polnoe sobranie sochinenii v 12 tomakh*], *Ex Libris NG*, no. 2(1997. 02. 20).

23 1992년 5월과 1994년 7월, 독자들에게 가장 좋아하는 작가들을 꼽도록 하는 조사에서 체이스와 크리스티가 최상위 작가 12명 중에 들었다(1992년 조사에 나타난 선호 순서는 푸슈킨, 솔로호프, 뒤마, 피쿨, 레프 톨스토이, 체이스, 불가코프, 예세닌, 크리스티, 체호프, 그리고 솔제니친이었다). 더구나 이 조사에서는 응답자의 연령에 따라 예상가능한 선호도 차이가 나타났다. 예를 들어, 24세 독자들에 비해 24세 미만의 독자들 중에는 체이스의 팬이 두 배 가량 더 많았고, 이들은 통상 집에 보유하는 장서가 가장 적었다. 1994년에는 체이스가 (응답자의 6.0%에 의해 가장 좋아하는 작가로 지명되었음) 푸슈킨을 (5.1%에 의해 지명됨) 앞질렀다. 다음을 참조하라. Tinatin Zurabishvili, "Liubimye pisateli rossiian", *Knizhnoe obozrenie*, no. 7(1995. 02. 14), p. 3. 1940년 영국에서의 체이스의 원래 인기가 그의 작품의 파시즘과 사디즘에 기인했다는 조지 오웰의 주장에 비추어 보았을 때, 젊은 러시아인들 사이에 나타나는 이 같은 체이스 선호는 충격적이다. 다음을 보라. George Orwell, "Raffles and Miss Blandish", in *The Collected Essays, Journalism, and Letters of George Orwell*, vol. 3: As I Please, 1943~1945, ed. Sonia Orwell & Ian Angus(New York: Harcourt, Brace & World, 1968), pp. 212~224.

쓴 작품들이 시장에 진출하기 시작했다.[24] 그러나 가장 흥미로운 발전은 1990년대 초에 시작된 '국내파' 러시아 신세대 작가들의 출현이었다. 이 신세대 작가들은 1990년대 중반 즈음에는 더욱더 자주 베스트셀러 목록 1위에 오르게 되었다(그들 자체가 곧 도서 시장 상업화의 산물이었다).[25]

  낸시 콘디와 블라디미르 파두노프는 모든 유형의 정형화된 소설에 대한 관심과 접근성이 급등하면서 나타난 러시아 문학 지형도의 급격한 변화를 "고급문화 컬트의 대규모 사회적 변위"라 적절히 명명한 바 있다.[26] 이전 문화 엘리트의 주변화와 이들의 표면적인 문화적 우위를 지지

---

24 토폴의 가장 최근의 정치 스릴러와 미국에서 선풍적 인기를 끌었던 『원색』(Primary Colors)의 비교에 대해서는 다음을 참조하라. Alessandra Stanley, "What's Like 'Primary Colors' and Read All Over?" New York Times, 1997. 05. 14., p. A4. 로만 아르비트만(Roman Arbitman)은 조국에 살고 있는 러시아 작가들이 소비에트 추리소설 전통의 영향으로부터 스스로를 해방시키지 못하고 있다고 주장하면서, 러시아에서 망명 작가들에게 이 장르의 미래에 대한 기대를 걸었다. 이러한 맥락에서, 그는 토폴과 네즈난스키 외에도 1995~96년에 출판된 소설 4권으로 등단한 레프 구르스키(Lev Gursky)를 거명했다. 다음을 참조하라. Arbitman, "Dolgoe proshchanie". 러시아 대통령을 사칭자로 바꿔치기하려는 음모를 다룬 구르스키의 정치 스릴러 『장소 변경』(Peremena mest)이 1995년도 말리 부케르(Malyi Buker) 상 후보군에 오른 사건은 큰 물의를 빚었는데, 그 이유는 이 책의 노미네이션이 러시아에서 여전히 굳건히 존재하는 "고급"문화와 "하급"문화 간의 구분에 이의를 제기하는 것이었기 때문이었다. 한 비평가에 따르면, "많은 사람들"이 아르비트만이 구르스키의 소설들과 "미국에 사는 러시아 망명자로서의 구르스키의 이미지"를 만들어 냈다고 믿고 있다(Anna Lapina, "Fokus udalsia: 'U nas tut chastnyi detektiv, a ne politicheskii triller', ili Bestseller dlia uzkogo kruga", Novaia Sibir', 1997. 04. 21.).
25 아르비트만은 출판사들이 저작권에 의해 보호되지 않은 서구 소설들의 재고를 소진한 데다가, 서구 작가들이 쓴 보다 최근의 작품들에 대해 높은 로열티를 지불하고 싶어하지 않았다는 사실이 이 현상의 원동력이 되었다고 주장한다("Dolgoe proshchanie", p. 202). 반면, 레프 구르스키는 러시아 독자들이 "외국 이름과 낯선 도시들, '매그넘'들과 '톰슨'들, 텍사스 기마경찰들과 다른 사람의 관행에 대한 처벌"에 완전히 질려 버렸다고 주장한다(Lev Gurskii, "Nol' tselykh piat' desiatykh"[비탈리 바벤코(Vitalii Babenko)의 「제로」("Nol'")에 대한 논평임], Literaturnaia gazeta, 1997. 06. 11.). 나는 비록 작은 양이라도 출판산업에서 급증하는 이윤이 분배될 가능성 또한 러시아인들이 추리소설에 손을 대도록 동인을 제공했음이 틀림없으며, 특히 경제적 변화로 인해 크게 타격을 입은 지식인들에게 그러했을 것이라고 생각한다. 전하는 바에 따르면, 많은 지식인들이 추리소설을 필명으로 집필하고 있으며, 어떤 경우에는 하나의 필명으로 출판되는 작품들이 실은 다수의 다른 사람들에 의해 쓰여지기도 한다.
26 Nancy Condee & Vladimir Padunov, "The ABC of Russian Consumer Culture: Readings, Ratings, and Real Estate", in Soviet Hieroglyphics: Visual Culture in Late Twentieth-Century Russia, ed.

했던 정부 후원 제도들의 붕괴 또는 붕괴에 가까운 몰락[27]은 새로운 출판사와 출판물의 선풍적인 급증과 더불어 러시아 독자들을 상이한 규칙과 익숙지 않은 도로 표지판이 지배하는 낯선 땅에 상륙시켰다(또는 좌초시켰다). 구 시스템하에서 자기가 얻을 수 있는 것을 취했던 독자들은 특히 책 가격은 급등하고 인플레이션으로 인해 임금은 침식되는 현 상황에서 선택하는 것에 익숙해져야 한다. 반면에, 대중 출판산업에서 큰 돈이 벌리게 되면서, 출판사들은 (아직 강매 전술에는 익숙지 않은) 독자들을 꾀어 돈을 쓰게 만들기 위해 앞을 다투어 새로운 상품을 찾으려 하고 있다.

예를 들어, 로키드 출판사의 '현대 러시아 추리소설'이나 엑스모 출판사의 '검은 고양이' 시리즈 같은 시리즈물에 뒤섞여 있는 잡다한 책 모음으로 정의되는 '추리소설'이라는 총칭(이 명칭은 아마도 비슷한 정도로 보편적인 시먼스의 용어 "범죄소설"로 가장 잘 번역될 것이다)은 스릴러물이나 심지어 수퍼 스릴러물, 정치 스릴러물에서부터 흥미진진한 플롯 소설, 살인 미스터리, 그리고 석어도 한 비평가가 '여성 흑수설'이라 분류한 장르에 이르기까지, 광범위한 정형화된 소설류들을 아우른다.[28] 물론 추리소설의 이러한 하위 유형 사이뿐만 아니라 추리소설과 판타지, 공상과학소설, 그리고 로맨스 소설 같은 대중 장르 사이에도 상당히 겹치는 부분이 있다. 그럼에도 불구하고 각 영역 전반은 너무 넓고 다양해서 하나의 표제로 묶이는 모든 작품이 모든 독자들에게 소구하기란 불가능하다. 어떤 비평가는 현대 러시아 대중소설 팬들이 처한 곤경을 아주 생생

Nancy Condee(Bloomington: Indiana University Press, 1995), p. 141.

27 예를 들면, '두꺼운' 저널이라는 취약한 관습은 거의 소로스 재단의 지원에 의해 명맥이 유지되는 형편이다.

28 Sergei Mitrofanov, "Samaia strashnaia skazochnitsa Rossii", *Ex Libris NG*, no. 3(1997. 03. 06.).

한 표현을 사용하여 개탄하고 있다.

어떤 책 가판대를 보더라도 일그러진 얼굴과 잠재적 독자의 이마를 정통으로 겨냥한 권총의 검은 총구에 눈이 부실 겁니다. 그리고 전부 똑같은 밝고 야단스러운 셀로판 표지… 금색과 빨강-파랑-검정 색으로 되어 있지요. 그런데, 표지의 사진은 바로 그 표지 밑에 있는 텍스트와는 아무 관계도 없는 경우가 아주 비일비재합니다. 그리고 시리즈물에서 이름의 선택은 그 형식만큼이나 터무니없어요. 같은 시리즈의 책을 산다 해도 때로는 매우 훌륭한 추리소설을 만나게 되기도 하지만 얼떨결에 이상한 '뭔가'를 사게 될 수도 있어요. 정말이지 빅토르 도첸코와 알렉산드라 마리니나가 서로 나란히 책가판대에 똑같은 셀로판 양장으로 꽂혀 있다니 안타까운 일이에요. 만약 어떤 초보자가 어쩌다 도첸코를 사게 되면 그는 5페이지쯤에서 어깨를 으쓱하고는 그 시리즈 중 다른 어떤 책도 더 사지 않을 겁니다. 참 유감스런 일이죠. 그 시리즈에는 도첸코 작품만 있는 건 아닌데 말이죠. 반대의 경우도 일어날 수 있어요. 마리니나의 지적인 추리소설들은 도첸코의 잠재적 독자의 취향에는 거의 맞지 않을 거예요.[29]

빅토르 도첸코와 알렉산드라 마리니나는 사실상 오늘날 러시아에서 추리소설에 포함되는 영역의 양극을 대표하고 있다. 비평가들과 마리니나의 출판사 광고 문구가 마리니나를 "러시아의 애거사 크리스티"라고 부르고 있는 반면, 도첸코의 시리즈 소설의 중심에 자리잡고 있는 주

---

29 Kravchenko, "Missis Kholms".

인공──러시아 마피아 세력과 홀로 싸우는 사벨리 고보르코프라는 이름의 아프간 참전군인("그는 렉스예요. 과격하죠"on zhe Reks, on zhe beshenyi)이다──은 지속적으로 '러시아 람보'라고 불려왔다.[30] 이러한 번드르르한 클리셰들은 혼란스런 새로운 도서시장 환경에서 러시아 독자들의 길잡이로 서구 모델을 들먹이는 것이 효과적임을 보여 주는 외에도, 도첸코의 슈퍼 스릴러물과 마리니나의 살인 미스터리들 간의 간극이 어떤 것인지 비록 아주 정확하지는 않더라도 대강의 감을 잡게 해준다.[31] 더욱

---

30 예를 들어 미트로파노프의 「가장 끔찍한」(Samaia strashnaia)과 그녀의 보다 최근 소설 중 하나의 어떤 판본 말미에 실린 마리니나 전집 광고를 참조하라. "러시아의 애거사 크리스티──마리니나의 전집을 당신 앞에 내놓습니다"(Aleksandra Marinina, Svetlyi lik smerti[Moscow: Eksmo, 1997]). 도첸코는 1996년의 한 인터뷰에서 자신의 주인공에 대해 언급했다. 인터뷰어의 질문("사람들은 당신의 주인공을 '러시아 람보'라고 부릅니다. 이에 대해 어떻게 생각하십니까?")에 도첸코는 다음과 같이 답했다. "처음에 나는 의식적으로 그 이미지를 옹호했습니다. 내 책들에 대한 몇몇 글들이 그러한 제목으로 나왔습니다. 당시 그것은 계산된 행동이었습니다. 어쨌든 나의 주인공은 아직 잘 알려져 있지 않았고 따라서 독자들이 그가 어떤 종류의 주인공인지 알게 하는 것이 필요했습니다. 만약 그가 전직 '아프간 참전 용사'이며 마피아와 싸우고 반역자들──경비부대와 법무관 등을 위해 일하는── 등과 싸운다고 상세히 설명한다면 그건 길고 따분할 겁니다. 그러나 '러시아 람보'라고 말한다면, 즉시 모든 이들에게, 더욱이 모든 나라의 독자들에게 명확해집니다. 싱가폴에서 사람들이 내가 작가이자 감독이란 걸 알게 되자 무엇에 대해 쓰는지 물었던 적이 있습니다. 나는 이렇게 답했죠. '러시아 람보'에 대해 쓴다"([G. Nezhurin & O. Pogorelova], "Viktor Dotsenko: 'Esli by seichas Khristos vernulsia k nam na zemliu… vriad li on stal by podstavliat' vragu vtoruiu shcheku". Knizhnoe obozrenie, no. 30[1996. 07. 30.], p. 10). 1998년도 마리니나의 한 인터뷰는 완전히 이 러시아 작가와 영국 추리소설의 거성의 비교를 중심으로 하고 있었다. 그러나 인터뷰의 질문들과 이에 대한 마리니나의 대답들은 두 작가들 사이의 전기적인 유사성과 차이점에 대한 것이었을 뿐 작품에 대한 것이 아니었다. Vlada Vasiukhina, "Dva litsa Aleksandry Marininoi", Ogonek, no. 37[1998. 09. 14].

31 유감스럽게도 지금까지 각 작가에 대한 선호도를 조사한 러시아 독자 조사는 없다. 그러나 도첸코는 자신에게 가장 "고마워하는 독자들"이 아프간 전쟁의 참전군인들이라고 했다(L. Goriunova & G. Borisov, "'Samyi blagodarnyi moi chitatel' – 'afganets' …'", Knizhnoe obozrenie, no. 15, 1997, p. 3). 여성 추리문학 전문 출판사(알라 슈테인만[Alla Shteinman]은 이 회사를 남자들이 "할망구 출판사"[tetki-press]라고 부른다고 주장한다) 디렉터인 알라 슈테인만이 한 인터뷰에서 스릴러물의 주 독자층은 남자들로 이루어져 있다고 말한 것은 놀라운 일이 아니다.(G. Nezhurin, "Alla Shteinman: 'Umenie vzglianut' na situatsiiu s iumorom i samoironiei tol'ko pribavliaet nam shansov vyigrat'", Knizhnoe obozrenie, no. 35[1996. 09. 03.], p. 6). 그러나 도첸코와 마리니나의 작품들 모두 비록 매우 다른 방식이긴 하지만 포스트소비에트 러시아 사회에서 변화하는 성 역할에 대한 불안을 반영하고 있다고 할 수 있다.

흥미로운 것은, 신문『서평』Knizhnoe obozrenie에 따르면 1997년 4월 무렵 마리니나와 도첸코가 러시아의 최다판매 작가의 지위를 놓고 "베스트셀러 경주"에 몰두하고 있었다는 점이다. 더구나, 도첸코가 이전 3년여간 그 자리를 실질적으로 아무도 넘볼 수 없게 지켜 왔지만, 이제는 마리니나가 앞서기 시작한 것으로 보였다.[32]

알렉산드라 마리니나는 법학 박사학위 소유자이자 최근까지 모스크바 법대에서 범죄분석 및 범죄예측 분야에서 일했던 경찰 중령 마리나 알렉세예바의 필명이다. 마리니나는 1991년 마약 마피아에 대한 추리소설을 공동집필하면서 소설을 쓰기 시작했다. 이 소설은 1992년 저널『경찰』Militsiia에 출판되었다. 그녀가 단독으로 집필한 첫 두 작품 또한 『경찰』에 실렸다. 마리니나의 주인공이 된 여자 경찰이 이 작품들에서 처음으로 소개되었다. 1995년 말에서야 추리소설계의 메이저 출판사인 로키드와 엑스모가 마리니나에게 접근했고, 그녀의 첫 두 책이 1995년 봄에 출간되었다. 현재까지 그녀는 18권의 소설 및 단편소설을 출판했으며 이 소설들은 러시아에서 도합 수천만 부에 달하는 판매고를 올렸다.[33] 다른 많은 추리소설작가들과 마찬가지로, 마리니나는 엄청난 속도

32 신문『신 시베리아』(Novaia Sibir')는 다음과 같은 작자 미상의 보도를 실었다. "4월 중순 신문『서평』(Khnizhnoe obozrenie)은 몇 가지 특이한 잠정적 결론을 내렸다——이 신문의 베스트셀러 목록(양장 소설)이 발표되어 온 전 기간 동안(1995년의 첫 호부터) 어떤 작가들이 이 목록에 올랐는지 집계했다. 빅토르 도첸코가 우승자가 되었고 그 뒤를 코레츠키(D. Koretsky), 글로바초프(V. Glolvachev), 레오노프(N. Leonov), 네잔스키(F. Nezhansky), 마리니나(A. Marinina)가 따랐다. 마리니나는 작년 8월에 소설『사형집행인을 방해하지 마시오』(Ne meshaite palachu)로 목록에서 안정적인 위치를 차지했고 현재에는 확실히 1위 또는 2위로 올랐으며 이전에 앞섰던 도첸코와 성공적으로 경쟁하고 있다.『서평』의 기자가 표현했듯이, 진정한 '베스트셀러 경주'가 이 두 작가들 간에 시작되었다"(Novaia Sibir'). 1년 뒤 마리니나는 자기 책의 번역판 출간을 위해 서구 출판사와의 계약서에 사인하기 시작했고,『뉴욕타임스』는 그녀를 "현재 러시아의 가장 성공적인 범죄소설가"로 칭했다(Alessandra Stanley, "Russia Solves Its Crime Problem", New York Times, 1998. 03. 15., p. 4).

로 글을 써내고 있다. 직장에서, 집에서, 그리고 휴가지에서 컴퓨터로 책을 쓴다. 그리고 "그녀는 러시아워에 공공교통수단을 누 번이나 길아디고 출근하면서(가고 오는 데 각각 1시간 반이 걸린다)" 대단히 난해한 플롯의 전개를 숙고한다. "동시에 이 시간 동안 그녀는 독자들이 그녀의 책을 빨아들이듯 읽고 있는 것을 관찰한다."[34] 마리니나는 초기 인터뷰들에서 자신은 고정된 고료를 받기 때문에 엄청난 출판 부수가 정작 그녀 자신에게는 거의 영향을 주지 않는다고 주장하면서, 최근 현저해진 문학적 명성이 자신의 생활을 거의 전혀 바꾸지 않았다고 말했다. "마리니나-알렉세예바는 예전처럼 9시경에 직장에 도착하고 7시에 퇴근합니다. 지하철을 타고, 경찰 환경의 일반적 풍경에서 전혀 튀지 않는 스타일과 색깔의 민간 복장을 합니다. 그녀의 말에 따르면, 작가로 번 돈에서 자신에게

---

33 1998년 초까지 『뉴욕타임스』는 그 수를 천만 부로 잡았다(Stanley, "Russia Solves Its Crime Problems", p. 4). 여기에 실린 대부분의 전기적 정보는 해설과 함께 『불꽃』(Ogonek)에 실린 마리니나와의 인터뷰에서 가져온 것이다(Igor' Semitsvetov, "Aleksandra Marinina: 'Prestupnikov ia opisyvaiu osobenno liubovno'", Ogonek, no. 19[1997. 05. 12.]). 여러 판본의 급증과 의도적인 것이 분명한 출판사 쪽의 혼동으로 인해 마리니나의 책들이 쓰여진 순서를 파악하는 것은 거의 불가능하다. 더욱이, 마리니나는 최근의 인터뷰에서 자신의 처녀작 『여섯 날개의 세라핌』(Shestikrylyi Serafim)을 알렉산드르라는 이름의 동료와 공동 저술했으며 두 사람은 자기들의 이름에서 조합해 낸 공동의 필명, 곧 알렉산드라 마리니나를 사용하기로 결정했다고 밝혔다(Vasiukhina, "Dva litsa Aleksandry Marininoi"). 마리니나가 지금까지 출판한 18권의 작품은 다음과 같다. Chernyi spisok, Chuzhaia maska, Ia umer vchera(이 글이 쓰여지고 있는 현재 가장 최근작), Igra na chuzhom pole, Illiuziia grekha, Imia poterpevshego: nikto, Muzhskie igry, Ne meshaite palachu, Posmertnyi obraz, Prizrak muzyki, Rekviem, Shesterki umiraiut pervymi, Smert' i nemnogo liubvi, Smert' radi smerti, Stechenie obstoiatel'stv, Svetlyi lik smerti, Ubiitsa ponevole, Ukradennyi son, Za vse nado platit'.

34 "Aleksandra Marinina: 'Prestupnikov'." 『죽음의 빛나는 얼굴』(Svetlyi lik smerti)에서 러시아 내무성의 상트페테르부르크 지부 상임수사관으로 일하면서 또한 타티야나 토밀리나라는 필명으로 베스트셀러 추리소설을 쓰고 마리니나 자신처럼 '러시아의 애거사 크리스티'라고 불리는 단역 캐릭터 타티야나 오브라초바(Tat'iana Obraztsova)는 나중에 살인 희생자가 되는 한 여자가 지하철에서 자기 책 중 하나를 읽고 있는 것을 본다. 이를 보고 그녀는 자신의 독자들에 대해 곰곰이 생각하게 된다. "전체적으로, 그녀의 독자 범주는 대략 40세 이상의 모든 여성과 남성이었다"(Aleksandra Marinina, Svetlyi lik smerti[Moscow: Eksmo, 1997], pp. 36~37).

허용한 유일한 것은 새 모피코트를 산 것뿐입니다."[35] 작가로서 일약 유명해졌음에도 불구하고 마리니나의 삶이 평범하고 심지어는 금욕적이기까지 하다는 주장은 비평가들로 하여금 그녀를 그녀 책의 주요 주인공들과 비교하게끔 한다. 이러한 맥락에서 한 평론가는 다음과 같은 관찰을 내놓는다. "나는 사실상, 이 베스트셀러 작가가 자기의 이미지를 말 그대로 그때 그때 상황 봐 가며 만들었을 가능성을 배제하지 않습니다. 그녀의 출판사들이 완전히 멍청이가 아닌 바에야 잠재적으로 영화 판권까지 노리면서 그녀를 제대로 이용해 먹을 게 분명하죠."[36]

그렇다면 마리니나는 오늘날 러시아의 다른 베스트셀러 작가들과 마찬가지로 자신을 잘 팔릴 만한 상품이 되게끔 만든 셈이다. 마리니나의 작품들의 10권짜리 신판 전집을 소개하는 최근의 '프레젠테이션'에 참석한 한 저널리스트는, 마리니나의 생애에서 "믿을 수 없이 감동적인 디테일들"이 밝혀지는 등 마리니나 자신이 그 행사의 매우 중요한 부분이 된 반면, '소개되는' 책들에 대해서는 거의 아무것도 얘기되지 않았다고 말했다.

끝으로… 부페 리셉션에서 예의 그 저작권 대리인이자 내무성 법대의 학장보인 나단 자블로츠키스가 이 프레젠테이션이 대규모 엑스모 광고 캠페인의 일부이며, 책이 아니라 전적으로 작가에 관한 것임을 공표했습니다. 마리니나가 올레니이코프의 「나의 영화」에서부터 화장품 쇼에 이르기까지 지극히 다양한 성격의 텔레비전 프로그램에 출연한 것과

---

35 Mitrofanov, "Samaia strashnaia". 1998년 초, 소설가로서 알렉세예바의 인기는 결국 그녀가 자기 직장을 사직하도록 했다(Stanley, "Russian Solves", p. 4).
36 *Ibid*.

여러 출판물에 그녀의 자전적 스케치가 실린 것 등이 행사의 주된 구성 요소였습니다. 이 행사의 주요 목표는 독자 대중에게 그녀를 각인시키는 것이었습니다. 놀라운 우연의 일치로 저널리스트 대상의 마리니나의 프리젠테이션은 '톨스토이' 홀에서, 그리고 이후의 부페는 '푸슈킨' 홀에서 열렸습니다. 아마도 엑스모 사람들은 이 패셔너블한 숙녀 추리 작가분께서 글의 고전적 우수성이란 의미에서가 아니라 자동적인 연상 법칙에 의해 이 대가들의 반열에 자리잡아야 한다고 생각했나 봅니다. 과일하면 사과가 떠오르듯 추리소설하면 마리니나가 떠오르는 거죠.[37]

이 작가의 상품화는 20세기 초에 추코프스키가 개탄했던 저술의 익명성이라는 동전의 또 다른 면을 보여 준다고 할 수도 있다(최근 마리니나가 '공동작업체'가 되었다는 소문이 돌았던 것이 이를 효과적으로 뒷받침한다).

더구나, 이미지 게임에서는 작가의 이미지가 자신의 시리즈물 탐정의 이미지를 닮을수록 좋다. 마리니나의 경우 우연하게도 그러하다. 마리니나의 '여주인공'은 아나스타시야 카멘스카야이다. 이 인물은 자신의 창조자처럼 분석가로 일하고 있는 경찰 중령이다. 그러나 카멘스카야는 대학에서 일하는 것이 아니라 페트로프카 38번지, 모스크바 중앙경찰본부에서 일한다. 카멘스카야의 캐릭터는 그녀의 남자동료들이 증거를 수집하고 용의자를 심문하는 온갖 발품파는 일을 하는 반면 그녀 자신은 커피를 연달아 마시고 줄담배를 피우며 자신의 페트로프카 사무실

---

37 Aleksandr Gavrilov, "Radost' uznavaniia: Izdateli vygodnee torgovat' liud'mi, chem knigami", *Ex Libris NG*, 1997. 05. 19.

에 머물러 있다는 전제에 기반하고 있다. 그녀는 통상 지독히 복잡한 범죄들을 남자동료들이 모아온 자료를 탁월한 상상력과 결합한 냉정하고 기계 같은 논리에 적용시킴으로써 해결해 낸다. 이러는 과정에서 그녀는 증거에 바탕하여 몇 가지의 시나리오를 (재)구성해 내고 궁극적으로 '올바른' 스토리에 도달한다. 카멘스카야가 사무실 밖에서는 단독으로 일한다는 전제는 어려운 상황일수록 사실상 더욱 명예스러운 일이 된다. 한편, 그녀의 범죄소탕은 언제나 힘보다는 지성의 기능이며 그녀가 총을 쏘는 것은 오직 생각을 집중하기 위해 사격연습을 할 때뿐이다. 사실, 그녀의 신체적 약점은 그녀가 만성 요통과 주기적으로 도지는 저혈당 증세로 고통받고 있다는 사실로 강조된다. 카멘스카야는 범인을 쫓을 때는 끈덕지지만 자신의 일에서 떠나 있을 때는 병적으로 게으르다. 우리는 그녀가 아침에 거의 침대에서 나오지 못하며 그녀를 움직이게 만들기 위해서는 좋아하는 커피를 다량 마시고 샤워하면서 어학 연습을 하는 게 필요하다는 사실을 반복해서 주입받는다(카멘스카야는 5개국어에 유창하며 자신의 휴가를 서구 추리소설을 러시아어로 번역하는 데 쓴다). 그녀는 '여성의 일'이라 명명될 수 있는 그 모든 것, 특히 요리에 대해 아주 '게으르고' 대개 무능하다. 그녀 인생에 있는 모든 남자는 그녀보다 부엌일에 훤한 것처럼 보일 뿐 아니라 실제로 그들 모두——그녀의 남편, 휠체어 신세를 지는 그녀의 전 연인, 그리고 그녀의 양아버지에서 그녀의 동료들과 심지어는 그녀가 추적하고 있는 범죄자에 이르기까지—— 결국 그녀에게 요리를 해주게 된다. 그러나 카멘스카야의 가장 독특한 자질은 철저하게 특징없는 그녀의 외모이다. 이는 그녀가 신체적으로 (그리고 적어도 암시되는 바로는 성적으로도) 매력적이지 않다는 그녀 자신의 확신을 통해 강조되는데, 이러한 판단은 그녀가 보통 첫 만남에서 남자들에게 아무런 관심도 불러일으키지 못한다는 사실로 확인된다. 다른 한편, 그녀의 얼굴은 "백지 석판"으로, 곧 그녀가 화상과 모빙, 멋진 옷으로(그녀는 통상 청바지와 스웨트셔츠, 스니커즈 차림이다) 그야말로 말 그대로 알아볼 수 없을 만큼 놀랍도록 매혹적인 또 다른 자신으로 변신하는 것을 가능케 하는 "재능"이다. 그러나 카멘스카야는 자신의 재능을 경찰 업무에서 "변장"(즉, 그녀는 화장을 이용한다)하기 위해서만 사용하며, 그녀와 가까운 사람들(어머니든 그녀 인생의 남자들이든 간에)을 위해 차려입는 것을 거부한다. 신체적 외양 문제건 삶에서 우선 순위를 매기는 방식이건 간에 그녀가 남들이 자신을 있는 그대로 받아들여 주기를 요구한다는 점에 있어 카멘스카야는 '평범한' 러시아 여성들과 상이한 것으로 일관성 있게 분류된다.

마리니나가 자기 여주인공을 구상하는 데 자신의 자전적 이야기에 의존하고 있음이 분명한 한편, 그녀가 평생 좋아해 왔다고 주장하는 추리소설로부터 몇 가지 힌트를 얻었음 또한 명백하다. 한 인터뷰에서 그녀는 자신이 시드니 셸던 식으로 추리 미스터리를 로맨스 소설과 결합시키고자 한다고 주장했으며, 그녀의 장르에서 가장 좋아하는 작가로 조지 시메논과 바이네르 형제를 거명했다.[38] 그러나 마리니나의 텍스트는 그녀의 인물들과 플롯 구조에 각인되어 있는 다른 서구 모델들에 대해 잠깐 언급하고 지나갈 뿐이다. 카멘스카야는 확실히, 범죄와 범죄자들의 바깥 세계로부터 격리되어 있는 실내 공간에서 안전하게 추리하는 정적인 지성인으로서의 이미지를 부분적으로 셜록 홈즈의 '더 영민한 형'인 마이크로프트로부터 빌려왔다. 또 부분적으로는 렉스 스타우트의 네로

---

38 "Aleksandra Marinina: 'Prestupnikov.'"

울프로부터 그의 육중한 덩치나 고상한 미각은 아닐지라도 익히 알려진 그의 게으름을 물려받은 것이 분명하다. 마리니나의 캐릭터들이 계속 발전한다는 점, 그리고 특히 지적 중추인 카멘스카야와 더불어 수사활동을 벌이는 경찰 팀('특수 강력 범죄 부서')이 강조된다는 점에서 우리는 카멘스카야가 경찰 업무에서 휴가 중일 때 번역하곤 하는 에드 맥베인 Ed McBain의 '제87구역' 경찰 수사물을 떠올리게 된다. 여성 모델에 있어서 평론가들이 끊임없이 애거사 크리스티에 소구하는 것은 마리니나를 퍼즐 살인 미스터리의 여성 작가로 정체성을 규정하면서 '브랜드 이름'을 붙이는 것에 지나지 않을 수도 있다. 아마도 더 적절한 것은 훨씬 덜 알려진 미국 미스터리 작가 샬럿 암스트롱에 대한 일시적 언급이다. 이 맥락에서 특히 흥미로운 것은 거의 노골적으로 자기의 추리소설들을 재가공된 동화로 만들어 내는 암스트롱의 테크닉이다.[39] 카멘스카야 시리즈의 최초의 작품으로 여겨지는 소설 『우연의 일치』*Stechenie obstoiatel'stv*에서 내성적이고 성적으로 매력 없는 신체적으로 별볼일 없는 사람에서 팜므 파탈로 변신하는 카멘스카야의 능력은 한스 크리스티안 안데르센의 못생긴 새끼오리가 백조로 변하는 동화 같은 변신이나 신데렐라(졸루슈카)가 왕자의 매력적인 파트너로 변하는 것에 암암리에 비교된다.[40] 카멘스카야(적어도 성적 매력에 관한 한, 종종 수퍼맨의 또 다른 자아 클라크 켄트의 여자 버전과 거의 닮아 보이는)의 묘사에 존재하는 이 동화적 요소는

---

39 에드 맥베인의 매튜 호프(Matthew Hope) 소설들 또한 제목만 몇 개 훑어봐도 알 수 있듯 재구성된 동화로서의 추리 이야기이다. *Goldilocks*(1978), *Rumpelstiltskin*(1984), *Snow White and Rose Red*(1985), *Cinderella*(1986). 추리 내러티브들은 해피엔딩을 약속한다는 점에서 어떤 의미에서 어른들의 동화라고 해도 무방할 것이다.

40 이 텍스트에는 '졸루슈카'(Zolushka)가 명시적으로 언급되어 있다. 그리고 카멘스카야의 '필명'은 라리사 레베데바(백조)이다.

시리즈 전체를 관통하고 있으며 분명히 마리니나의 소설이 여성 독자에 대해 지니는 호소력의 일부분을 설명해 준다.

마리니나를 '페미니스트' 작가로 규정하는 것은 이 단어의 그 어떤 서구적 의미에서도 문제가 되겠지만, 그녀의 작품들을 페미니스트 추리소설에 대한 일련의 서구 학문적 맥락에 비추어 살펴보는 것은 현대 러시아 독자들 사이에 그녀가 왜 그렇게 인기가 있는지 설명하는 데 도움이 될 수 있을 것이다. 예를 들어, 샌드라 톰크가 1980년대에 수 그래프턴과 세라 파레츠키가 쓰기 시작한 하드보일드 페미니스트 추리소설을 자신이 1990년대 초의 "페미니즘 이후의 페미니스트 미스터리"라고 명명한 소설들(가령, 영국 텔레비전 시리즈 「유력 용의자」Prime Suspect, 패트리샤 콘웰의 소설 『검시』Postmortem, 그리고 미국에서 대히트한 영화 「양들의 침묵」The Silence of the Lambs 등을 들 수 있다)과 대조시킨 것은 매우 시사적이다.[41] 샌드라 톰크는 범죄의 근원을 가부장적 사회 구조에 두는 것이 페미니스트 추리소설의 가장 중요한 원칙임을 지적하는 것으로 시작한다. "메타포적 혼동 또는 정체성 착각의 순간들"이 살해 희생자 여성과 여성 탐정을 "위험스럽게도 교체가능"하게끔 만든다. "이러한 페미니스트 논쟁의 범위 내에서 '모든' 여성들은 종속된 대상에 불과한데, 이는 곧 미스터리 이야기에서 지식과 권위의 전통적 보고인 탐정과 자신의 지식이 완전히 무력화되는 살해 희생자 여성이 혼동됨으로써 확연해진다. 종종 혼동은 탐정 자신이 살인자의 타깃이 됨으로써 문자 그대로 실현된다.

---

41 톰크의 주장은 그녀가 예시로 선택한 서구 작품들의 맥락에서도 문제의 소지가 없지 않다. 예를 들어, 그녀는 그래프턴과 파레츠키가 1990년대에도 계속하여 집필활동을 했다는 사실에 대해 아무 언급 없이 지나가고 있다. 그렇지만 이러한 과실 및 다른 착오들이 이 논의에서 그녀의 주장의 적용가능성에 영향을 미치는 것은 아니다.

탐정은 자신이 구하려고 애쓰고 있는 바로 그 살인 희생자가 된다."[42] 톰크의 주장에 따르면, 그래프턴과 파레츠키의 탐정인 킨제이 밀혼과 워쇼스키는 사설 탐정, 고독을 즐기는 아웃사이더가 됨으로써 이러한 억압적 제도에 저항한다. 레이먼드 챈들러와 대실 해밋과 같은 보다 앞서 나온 남자 탐정들의 허구적 세계에서처럼, 페미니스트 추리소설에서 범죄는 사회 기본 구조에 고질적인 것으로서, 일탈, 곧 영국 고전 추리소설에서 셜록 홈즈나 그의 후임자들의 지적 승리에 의해 재건되는 질서의 일시적 혼란이 아니다. "하드보일드 탐정은 자신이 그 혼돈의 요소의 작은 부분을 통상 이 장르의 개인주의 전통대로 일대일로 물리치는 것에 만족한다." 여성 "탐정"들은, 매번 범죄자를 패배시킴으로써 혼자서 살고 일하는 것 같은 선택지들을 가질 수 있다. 왜냐하면 이것이 그녀가 자신이 희생자가 되는 환경을 변화시킬 수 있다는 가능성을 그녀와 우리에게 보여 주기 때문이다.

이와는 대조적으로, 1990년대의 '페미니즘 이후의 페미니스트 미스터리'에서는 여성 탐정이 아웃사이더가 아니라 거대한 법률집행기관의 성원으로 기능한다고 톰크는 말한다. 여성 탐정의 취약성은 범죄 자체의 속성, 곧 여성에 대해 남성들이 저지르는 섹스와 폭력의 상습적 행위(섬뜩하게 자세히 묘사되는)에 의해 강조된다. 예를 들어 「양들의 침묵」에서 클라리스 스털링은 혼자서 수사의 실마리를 좇다가 결국 범죄자와 만나게 되는데, 이 위험한 '자립성'은 그녀를 희생자의 위치에 몰아넣을 뻔하

---

42 Sandra Tomc, "Questing Women: The Feminist Mystery after Feminism", in *Feminism in Women's Detective Fiction*, ed. Glenwood Irons(Toronto: University of Toronto Press, 1995), p. 46. 보충적 논증을 위해서는 다음을 참조하라. Glenwood Irons, "New Women Detectives: G is for Gender-Bending", in *Gender, Language, and Myth: Essays on Popular Narrative*, ed. Irons(Toronto: University of Toronto Press, 1992), pp. 127~141.

며, 그녀가 "더 '정상적인' 아버지 형상을 띠는 자신의 '정상적인' FBI 조직"의 보호의 날개 밑으로 돌아오는 동기를 제공한다. 톰크의 주장에 따르면, 이러한 스토리의 교훈은, "범죄행위에 맞닥뜨린 여자 탐정의 무력함에 대한 강조와 더불어 범죄행위의 위협적이고 심지어 고딕적이기까지 한 속성은 그녀가 직장을 그만두고 떠나는 것이 절대로 실질적 선택지가 될 수 없음을 확실히 보여 준다"는 점이다. "우리는 탐정이 살고 있는 세계가 스토커, 연쇄살인범, 인육을 먹는 사람들로 가득 차 있으며 한 여성이 혼자서 일하기에는 너무 위험하다고 주입받는다". 1990년대에 여성 탐정이 보호받기 위해 치러야 하는 대가는 남자들과의 위협적이고 모욕적인 관계에 의해 손상된 그녀의 개인적 삶을 직업적 삶을 위해 희생하고, 여성으로서의 자기인식을 전문적 법률집행관, "그 남자들 중 하나"로서의 자기인식을 위해 희생하는 것이라고 톰크는 결론짓는다. 또한 톰크는 남성 기득권층과의 이러한 비일관적인 타협으로 인해 여성 탐정은 갑갑한 공간에 갇혀서 밀실공포증으로 고통받게 된다고 결론짓는다.

나는 지금까지 톰크의 주장을 상당히 자세히 재논의했는데 이는 내가 마리니나의 작품들이 톰크가 묘사한 패러다임들을 따르고 있는—아마도 더 적절하게는 출발점으로 삼고 있는— 방식들을 살펴봄으로써 이 작품들이 표현하고 또 동시에 상쇄시키고 있는 불안의 형태에서 이들 작품의 호소력의 원천 중 하나를 발견할 수 있을 것이라 믿기 때문이다. 카멘스카야는 확실히 서구의 여성 탐정들과 공통적으로 잠재적 희생자로서 여성 탐정의 취약한 지위를 지니고 있다.『우연의 일치』에서 살해당한 희생자는 명백히 카멘스카야의 또 다른 자신이다. 뿐만 아니라 책의 후반부에서 카멘스카야는 그녀의 첫 현장 임무로 보이는 사건에서 직업적 청부살인자를 잡기 위한 함정수사의 미끼가 되어 하마터면 살인자의 다음 희생물이 될 뻔했다. 마리니나의 두번째 책 『낯선 영역에서 놀기』에서 살해 희생자들 중 하나는 분명히 카멘스카야의 대용물이었다. 『죽음을 위한 죽음』에서 그녀는 다시 직업적 청부살인자의 표적이 된다. 카멘스카야가 오랜 남자친구와 결혼하는 『죽음과 약간의 사랑』에서는 카멘스카야가 결혼 예식 절차를 전부 다 거치는 것을 거부하고 있는 동안 호적등록소ZAGS의 줄에서 그녀의 자리를 차지한 신부가 살해당한다. 이 소설들에서는 여성에 대한 잔혹한 범죄가 많이 등장하며, 적어도 두 경우에 카멘스카야의 실패에 대한 잊혀지지 않는 증거로 남게 된다. 즉, 『타자의 가면』의 말미에서 카멘스카야가 지독히 영리하고 난해한 연쇄살인사건을 뛰어난 솜씨로 풀고 난 후, 한 강간 사건이 미결로 남는다. 이것은 사회에 무작위적인 여성 대상 폭력이 횡행하고 있음에 대한 제유이다. 더욱 충격적으로, 『죽음과 약간의 사랑』에서는 한 여성 강간 희생자가 잔인하게 다루어지며 카멘스카야와 남자 살인자가 지력 대결을 펼치는 동안 인질로 잡혀 있다. 이 살인자는 이 여자의 몸에서 천천히 피를 빼냄으로써 그녀를 죽이기로 결심한다. 카멘스카야는 영리하게 범죄자가 자신과 계속 전화통화를 하게끔 묶어둠으로써 그의 주의를 돌려 남성 특수 기동대 팀이 그를 불시에 덮칠 수 있게 한다. 카멘스카야의 용맹한 노력에도 불구하고 범죄자도 그의 희생자도 구할 수 없었다. 그러나 중요한 것은, 카멘스카야가 분명히 희생자 여성보다는 살인자 남성과 동질감을 느낀다는 사실이다. 또한 그녀는 그의 죽음에 더욱 슬퍼한다.

바로 이 에피소드에서 명백해지듯, 마리니나의 작품은 페미니스트 추리소설에 대한 톰크의 패러다임 중 어떤 것에도 편안히 맞아들어가지 않는다. 비록 그녀의 작품들이 톰크가 살펴본 1990년대 텍스트들과 보다 가까운 친연성을 보여 주고는 있지만 말이다. 카멘스카야는 결국 시설 탐정이 아니라 경찰의 대표자이다. 더욱이 그녀는 자신을 보호하는 남성 집단에 둘러싸여 있다. 톰크는 여성 탐정이 처음에는 여자를 혐오하던 남자 동료들에게 받아들여지기 위해 힘겹게 애써야 한다고 주장했다. 그러나 카멘스카야의 경우에는 우리가 소설에서 그녀를 만날 때 즈음에는 이미 같은 부서의 남자들에 의해 적의나 심지어 단순한 인내심이 아니라 존경을 가지고 묘사되고 있다. 특히 부서장이자 카멘스카야의 멘토——그녀의 재능을 알아보고 그녀를 교외의 경찰에서 자기 팀으로 데려와 부모 같은 현명한 충고로 커리어를 지도해 주는 아버지 같은 형상——인 (그의 부하들이 "작은 빵"이라는 애칭으로 부르는) 빅토르 알렉세예비치 고르데예프가 그렇다. 카멘스카야의 가장 가까운 동료인 유라 코로트코프는 자신의 애정 생활의 변덕스런 변화를 그녀에게 털어놓는다. 팀의 가장 어린 멤버인 미샤 도첸코는 카멘스카야의 탁월한 지성에 너무나 큰 경외심을 가지고 있는 나머지, 그녀의 다른 남자 동료들이 부르는 대로 나스챠, 아샤, 나스텐카 등과 같은 지소형으로 감히 그녀를 부르지도 못할 뿐 아니라 그녀와는 친밀한 호칭 형태를 사용하지도 못한다.[43] 시사적인 것은, 카멘스카야가 부서 밖에서 동료들로부터 경험할 수 있는 어떤 적대감도 그녀의 성별에 기인한 것이 아니라 현장에 투입되는 대신 정신적 노동을 하며 자기 사무실에 처박혀 있는 분석가라는 그녀의 낯선 위치의 속성에서 나온다는 점이다. 카멘스카야가 위험에 처하게 되

---

43 [옮긴이] 러시아어에서는 친밀감의 정도에 따라 경칭(vy '당신')과 평칭(ty '너')을 구분하여 사용하며 이에 따라 술어의 형태도 달라진다.

는 것은 오직 그녀가 자기 사무실의 보호의 범위를 벗어날 때뿐이다. 더욱 중요한 것은, 카멘스카야가 잠재적 희생자가 되는 것은 거의 언제나 그녀가 성적으로 매혹적인 여성으로 '변장'할 때라는 점이다. 여성을 희생자로 만드는 것은 특히 여성이 자신의 여성성을 부각시키는 성적 자율성이라는 것이 암시적으로 나타나 있다.

아무튼, 카멘스카야가 위험에 처할 때면 언제나 편리하게도 적어도 한 명 이상의 남자가 가까이에 있어서 곤경을 면하게 된다. 그리고 그녀가 일대일로 악당과 맞설 때에는 그녀를 보호하는 남성 집단이 결코 멀리 떨어져 있는 법이 없다. 예를 들어, 『우연의 일치』에서 그녀를 죽이려고 계획하는 청부살인자와 그녀의 철야 대치나 『죽음과 약간의 사랑』에서 그녀의 사무실이라는 안전한 곳에서 살인자와 전화로 이루어지는 말대결을 그녀의 남자 동료들이 모니터하고 있다. 톰크가 주장하듯, 1990년대의 서구 여성 탐정들이 남성 위주 제도적 구조 내에서 함정 수사에 속박되어 밀실공포증에 시달렸다면, 카멘스카야는 광장공포증으로 힘들어한다. 즉 그녀는 군중 속에 있는 것을 견디지 못한다. 사실을 말하자면, 카멘스카야는 그녀를 염려하는 남자들에 둘러싸여 자신의 사무실에 안전하게 있을 때 자기 본연의 활동 범위 안에 있는 셈이다.

카멘스카야의 개인적 삶에 대한 마리니나의 묘사는 톰크의 페미니스트 탐정 패러다임으로부터 더욱 두드러지게 벗어난다. 자신의 올케인 다샤, 코로트코프의 여자친구인 루샤와의 관계는 화기애애하지만 카멘스카야는 가까운 여자 친구가 없다. 자기 어머니인 저명한 언어학자 나데쥬다 로스티슬라브나와의 관계는 두 배로 멀다. 이는 무엇보다도 어머니가 대부분의 시간을 스웨덴에서 보내기 때문이고, 둘째로는 어머니가 러시아에 올 때마다, 자기 딸의 외모에 대한 무관심, 그리고 사교행사와

'올바른' 식습관에 대한 반감을 고쳐 보려고 끈덕지게 노력하기 때문이다.[44] 이와는 대조적으로, 그녀의 인생에 있는 남자들에 관해서만큼은 카멘스카야는 매우 축복받은 셈이다. 동화 속 사악한 새어머니 대신 그녀에게는 좋은 새아버지가 있다. 새아버지 역시 평생 경찰에서 일했으며, 마치 고르데예프가 직장에서 그러하듯 집에서 카멘스카야의 멘토로서 그녀에게 부재한 아버지의 공백을 메워 주는 것 이상을 해주고 있다. 초기 작품들에서는 카멘스카야의 남자친구였고 나중에는 그녀의 남편이 되는 명석한 수학자 알렉세이 치스타코프는 학창시절 이들이 만난 이래로 그녀에게 헌신해 왔다. 그는 카멘스카야의 일생에서 단 한 번 있었던 열정적 애정사를 의연히 견디어 냈다. 그 자신 또한 (적어도 결혼 전에는) 이따금 욕정의 분출에 빠지곤 했으나, 2~3일 후에는 자신의 섹스 파트너에게 권태를 느끼고, 비록 카멘스카야가 15년여의 기간 동안 그와의 결혼을 완고하게 거절해 오고는 있지만 그래도 그에게는 유일한 여자임을 다시금 깨닫곤 한다. 그리고 카멘스카야의 친아버지가 두번째 부인에게서 낳은 이복 남동생 알렉산드르가 있다. 성공한 사업가이자 신체적으로 자신의 이복 누나와 꼭 닮은 남자 복사본인 알렉산드르는 카멘스카야의 새아버지와 남자친구/남편만큼이나 그녀에게 헌신적이다. 이 남자들, 특히 치스타코프는, 직장에서 남자 동료들이 하는 것처럼, 사무실 밖에서 카멘스카야 주위에 동일한 유형의 보호 완충 장치를 형성한다. 직장에서 떠나 있을 때 카멘스카야의 신체적 취약성을 특히 강조하는 것은 그녀의 만성적 요통이다. 이 요통은 그녀가 뭔가 무거운 것(보통 식료

---

44 『스타일리스트』에서 카멘스카야의 어머니는 영구적으로 러시아와 그녀의 남편에게로 돌아온 것처럼 보인다.

품 쇼핑백)을 나를 때면 언제나 한바탕 시작되어 그녀로 하여금 아파트 바닥에 쓰러져 때로는 며칠씩 꼼짝도 못하고 치스타코프의 시중에 의존하게 만든다. 더욱이, 카멘스카야는 처음에는 그녀와 치스타코프가 결혼 후에도 각각의 아파트를 유지해야 한다고 주장하면서 혼자 살았으나(이후 작품들에서 이 계획은 도중에 포기하게 된다), 지리적 자율성에 대한 이러한 시도로 인해 그녀가 처하게 되는 위험은 아파트의 문이 그녀가 들어설 때 폭발하도록 조작되는 대목에서 강조된다.

카멘스카야는 그녀 인생의 남자들을 기쁘게 하기 위해 화장을 하거나 멋진 옷을 입는 것을 거부한다. 그녀는 그들이 자신을 있는 그대로 받아들여줘야 한다고 고집하며, 이들 모두는 기꺼이 그렇게 한다. 사실상, 치스타코프, 새아버지, 그리고 이복 남동생은 때때로 그녀를 그녀 자신보다도 더 잘 아는 것처럼 보이며 예측가능하리만큼 규칙적으로 그녀의 모든 필요를 예상해 내곤 한다.[45] 카멘스카야는 결국 치스타코프에게 항복하고 그와 결혼하는 데 동의하지만, 이것은 그녀가 갑자기 그에 대한 열정적인 사랑에 압도되어서가 아니라 카멘스카야가 그들의 휴가 비용을 그녀 일에 필요한 컴퓨터를 사는 데 쓰기를 더 원한다는 것을 치스타코프가 깨달았기 때문이다. 더구나, 그는 그녀가 여행보다는 컴퓨터를 선택하리라는 것을 너무 확신한 나머지, 그녀의 대답을 듣기 전에 나가서 컴퓨터를 사온다. 그가 이 사실을 알렸을 때, 카멘스카야는 이 컴퓨

---

45 이러한 맥락에서, 여성이 로맨스 소설에 의존하게 되는 이유 중 하나에 대한 재니스 라드웨이(Janice A. Radway)의 추측이 마리니나의 여성 독자들에게도 적용될 수 있다. "[여성이] 마치 여주인공이 그러하듯, 자신의 특별한 위치와 독특한 정체성을 재확인시켜 주는 남성에게 관심과 시중을 받는 판타지 세계를 창조하기 위해 로맨스 소설 독서에 의지하게 되는 것은 무리가 아니다"(Janice A. Radway, "Women Read the Romance: The Interaction of Text and Context", *Feminist Studies* 9, no. 1[1983], p. 62).

터가 확연히 상징적으로 보여 주듯, 그녀의 일이 언제나 일순위에 온다는 것을 이해하는 것을 포함하여, 아무도 치스타코프만큼 그녀를 사랑할 수 없으며 그녀를 용인하지 못하리라는 것을 깨닫는다. 이 모든 그들의 양립성(치스타코프는 카멘스카야만큼이나 일벌레이다)과 상호 이해에도 불구하고 그들의 결혼은 기껏해야 성적인 활기가 없으며 불임의 것임이 암시적으로 나타난다.

여성의 성적 매력이 비인격화의 추동력이 될 뿐이라는 것은 『스타일리스트』에서 카멘스카야가 결혼한 지 정확히 1년 후 범죄수사를 하는 중에 그녀 인생에 유일한 열정적 사랑이었던 자신의 옛 애인과 재회하면서 분명해진다. 그녀는 처음에는 예전의 끌림을 느낀다. 불구가 되어 휠체어 신세를 지고 있는 그녀의 전 연인은 이제 그녀를 사랑한다고 고백한다. 그러나 그럼에도 불구하고, 카멘스카야는 그녀가 진정으로 어떤 사람인지 그가 이해하지 못하기 때문에, 즉 그녀의 일에 대한 헌신을 이해하지 못하기 때문에 자신이 그에게 더이상 흥미를 느끼지 않는다는 사실을 발견한다. 같은 이유로, 그녀는 『우연의 일치』에서 자신이 하룻밤을 같이 보낸 사설 탐정이 그녀에게 매력을 느꼈다고 고백한 것을 별로 믿지 않고 그 매력을 그녀의 변장 때문이라고 무가치하게 여긴다. 카멘스카야는 성적 매력이 그녀를 독특하다기보다는 대체가능한 존재로 만들기 때문에 이를 기피하는 것처럼 보이기도 한다. 오직 그녀의 직업적 페르소나만이 그녀에게 보호와 뚜렷이 구별되는 정체성을 부여한다.

마리니나의 작품에서 범죄의 원천을 카멘스카야의 직업적·개인적 삶을 추동하는 바로 그 불안에서 찾을 수 있다는 것은 별로 놀랍지 않다. 그리고 이 지점에서 마리니나는 주인공들이 마피아와 부패 경찰들과 싸우는 데 에너지를 쏟는 러시아 남성 동종작가들뿐 아니라 서구 페미니스트 동종작가들과 가장 명확하게 구별된다. 지금까지 살펴본 바와 같이, 톰크는 여성 탐정과 살해 희생자 여성과의 호환성이 가부장적 제도에 근원한 범죄에 대한 여성의 취약성의 지표로 기능한다고 주장했다. 그와는 대조적으로, 종종 진정한 악당이 살인자 자신이 아닌 경우가 있으며 범죄의 동인이 다양하고 분명치 않을 때가 많은 마리니나의 복잡한 플롯에서는 비록 성별이 관련성이 없는 것은 아니지만 범죄자와 희생자를 성별로 범주화하기가 더 어렵다. 마리니나의 작품에서 살인은 사실상 결코 단일 사건으로 일어나지 않는다. 비록 미치광이에 의한 연쇄살인처럼 보이는 것도 겉으로 보이는 것대로인 적이 결코 없지만 말이다. 그렇다면, 마리니나의 소설에서 연쇄살인 플롯의 기능은 여성에 대해 남성이 저지르는 성적으로 동기화된 연쇄 범죄(톰크가 지적하듯, 여성 탐정의 취약성을 노출시키는)의 기능과는 다소 다르다고 할 수 있다. 마리니나의 소설에서 고전 추리소설에 나타나곤 하는 단일 살인사건에 대한 집중을 포기하게 되는 동인 중 하나가 여러 줄거리를 종합하고 겉보기에 공통점이 없는 행동들 간에 논리적 연결고리를 찾아내는 카멘스카야의 특정한 능력을 보여 주는 것임은 분명하다.[46] 그러나 보다 깊은 차원에서는, 마리니나의 작품에서 연쇄살인은 범죄의 근원의 피치 못할 결과이자 그것의 가장 적절한 증거이다. 거의 예외 없이, 카멘스카야의 세계에서 살인이란, 사람은 성별 불문하고 신체적 외양에 따라 대체가능하다는 비인간화의 전제를 악당이 수용하고 있는 것과 불가분하게 연결되어 있다. 『낯선 들판에서의 유희』에서 희생자들은 모두 '스너프 영화'의 '스타'들인데, 이들이 선택되는 것은 영화들을 주문하는 '고객'에게 살인적

---

46 이 관찰에 대해 리처드 보든(Richard Borden)의 도움에 힘입은 바 있다.

인 분노를 불러일으킨 여자 친척들과의 신체적 유사성 때문이다. 『타인의 가면』에서는 세 건의 살인 모두 일란성 쌍둥이 중 하나가 다른 하나를 대체하는 것과 관련되어 있다. 『죽음과 약간의 사랑』에서는 희생자들은 똑같이 흰옷을 입은 신부이기 때문에 선택된다. 『스타일리스트』에서는 남색과 살인의 희생자 14명 모두 서로 놀랄 만큼 신체적으로 닮은 유태인 외양의 십대 소년들이다.

마리니나를 정치적 작가로 간주하기는 어렵다. 특히 그녀의 남자 동료작가들에 의해 쓰여지고 있는 섬뜩한 정치 스릴러의 맥락에서 볼 때 그러하다. 그럼에도 불구하고, 그녀의 몇몇 작품에서는 살인이 비롯되는, 타인을 비인간화시키려는 충동의 원천이 포스트소비에트 현재와 금전적 이득이라는 맥락으로 연결되어 있는 소비에트 과거의 시간으로 암암리에 거슬러 올라간다. 이전엔 정치적으로, 나중에는 경제적으로, 두 시대의 조직적 악폐 사이에 충격적인 연속성이 드러난다. 정치적 비판은 『죽음을 위한 죽음』에서 가장 날카롭다. 이 작품은 마리니나답지 않게 디스토피아 과학 소설에 아주 근접한다. 자신의 새 컴퓨터로 카멘스카야는 모스크바의 한 지역의 높은 범죄발생률이 이에 상응하는 또 다른 지역의 낮은 범죄발생률과 대칭적으로 균형을 이루는 특이한 패턴을 보이고 있음을 발견한다. 두 지역은 완전한 8자 모양을 형성하고 있으며 중심부에 연구소가 하나 자리잡고 있다. 카멘스카야는 연구소가 테스트하고 있다고 주장하는 유익한 광선이 평범한 시민을 폭력적인 범죄자로 변화시키는 반대의 효과를 내고 있다고 의심한다. 그녀의 의심은 사실로 드러난다. 체첸에서 싸우고 산산조각난 제국을 재건할 사나운 병사들을 필사적으로 구하고 있는 포스트소비에트 군산업 복합체와 이 프로젝트에 자금을 투자한 마피아는 실험의 무고한 희생자들에 대한 무관심에 있어서나 광선의 부정적 효과의 비밀을 카멘스카야의 탐색으로부터 보호하는 데 있어서나 똑같이 앞을 다투고 있다. 광선이 실패한 소비에트 유토피아 실험의 알레고리이며 이것이 과거의 정치적 권력과 현재의 경제적 권력 간의 연결고리를 만들어 내고 있다는 것을 눈치채지 못한다 하더라도, 이 프로젝트의 책임연구자가 비좁은 소비에트 막사에서 유년기를 보내면서 타인에 대한 증오를 기르게 된 매서운 염세가라는 사실에서 이를 확인할 수 있다. 광선을 최고가격 입찰인에게 팔아 얻는 돈으로 그는 자신의 소비에트 과거의 경험을 통해 경멸하게 된 인간들로부터 은둔할 수 있을 것이었다. 『죽음과 약간의 사랑』에 나오는 살인자의 정신분열증 또한 똑같이 알레고리를 암시한다. 이 살인자는 뛰어난 지적 능력에도 불구하고 초기 단계의 정신병 때문에, (카멘스카야에 따르면) 오물과 타협의 수렁에 빠져 있던 경찰에 받아들여지지 못했다. 선과 악이 분명하고 뚜렷이 구별되었던 유년시절의 세계를 떠나지 못한 그의 뒤틀린 정의감으로 인해 그는 특별히 사디스트적인 범죄를 저지르게 되었다. 『낯선 들판에서의 유희』에서 과거의 불의와 현재의 범죄 간의 연계는 명백하다. 스너프 영화 산업 뒤의 우두머리는 실상 겉보기에 무해한 할머니인 불구 유태인 피아노 선생님이다. 책 말미에 가서 우리는 스탈린 치하에서 그녀가 자신의 불구 때문에 콘서트 피아니스트로서의 빛나는 커리어를 박탈당했고 반 세계주의 캠페인과 '의사의 음모'[47] 동안 자신의 유태인 출신 때문에 고통받았음을 알고 당혹하게 된다. 적의와 금전적

---

47 [옮긴이] '의사의 음모'(delo vračej)는 스탈린 치하 소련에서 일어난 반유태주의 사건을 말한다. 1952~53년에 일단의 저명한 모스크바 의사들(주로 유태인)이 소비에트 지도자들을 암살하려 공모했다고 기소된다. 언론에서는 시온주의 위협을 거론하며 반유태주의적 기사들을 실었고 많은 의사들이 즉각 해고, 연행되었다. 스탈린 사망 몇 주 후 새로운 소비에트 지도부는 이 사건이 증거부재로 기각되었음을 발표했으며, 뒤따라 사건이 조작된 것임을 공표했다.

필요 때문에(그녀는 오직 재능 있는 학생들만을 가르치고 대가를 받지 않으려 했기에) 그녀는 특히 잔혹한 범죄를 저지르게 된다. 똑같이 재능 있는 공범인 천부적 재능을 지닌 작곡가이자 영화제작자에 대해 회고하면서 카멘스카야는 수사적이지만 날카로운 질문을 던진다. '이러한 재능을 사용할 수 없는 사회는 뭐가 잘못되어 있는 거지?' 메시지는 명확하다. 과거의 정치적 해악들이 폭력적이고 경제적으로 동기화된 범죄의 형태로 계속해서 현재에 고통을 주고 있는 것이다. 정치와 마찬가지로 경제도 인간의 가치를 평가절하하며 인간을 소비가능하고 대체가능한 것으로 만든다. 다르게 말하자면, 구 소비에트 시스템이 사람들을 정치적 소유물로 전락시켰다면, 새로운 시장 혼란은 개인들을——마리니나의 작품에서는 아마도 특히 여성과 작가들을—— 판매가능성에 따라 가치가 매겨지는 상품으로 변환시킨다.

그러나 만약 현재의 범죄를 해결하기 위해 과거의 범죄들을 파헤치려는 카멘스카야의 시도가 정치적 비난을 담고 있는 것이라면, 그것은 대체로 대단히 개인화되고, 심리학적으로 고찰되고, 성별화된 것이다. 마리니나의 작품에서 선호되는 살해 무기인 권총을 잡고 있는 손은 거의 언제나 남성의 것이다.[48] 더욱이, 많은 경우에 살인자 남성은 자신의 악행에 대해 여성에게 누명을 씌우려고 한다. 『타인의 가면』에서 자신의 쌍둥이 형제를 죽이고 그 신원을 취해 출판사와 고압적인 어머니를 피해 다니고 속이는 로맨스 소설 작가는 자신에게 푹 빠져 있는 정신적으로 불안정한 여성 팬을 속여 살인을 저지르게 만든다. 『죽음과 약간의 사랑』의 살인자는 자신이 신부들을 죽이는 동기가 완전 범죄를 저지

---

48 칼과 주사기를 포함하여 다른 '남근적'인 무기들 또한 그렇다.

름으로써 경찰이 자신을 거부한 것이 잘못임을 입증하기 위해서라고 주장한다. 이 살인자는 경찰이 어떤 나이 많은 여성에게 다다르도록 하는 사악한 시나리오를 만들고, 그녀가 그의 키스를 기다리며 눈을 감은 사이 입안으로 총을 쏘아 그녀가 자살한 것으로 꾸민다. 이와 같이, 여성들은 희생자로서뿐 아니라 남성 폭력의 잠재적 제물로서 더 큰 위험에 처해 있다.[49]

전통적인 여성 역할에 의해 제기되는 위험들을 고려할 때, 카멘스카야가 양성구유의 안전지대로 도피하는 것은 별로 놀랍지 않다.[50] 결국, 카멘스카야의 독특함, 교체불가능성을 이루는 것은 바로 그녀가 다른 여자들처럼 보이거나 행동하는 것을 거부한다는 데 있다(물론 그녀의 탁월한

---

49 필자가 이 논문 집필이 끝난 후에야 읽을 수 있었던 1997년 소설 『남자의 게임』(*Muzhskie igry*)에서 마리니나는 1990년대에 대한 톰크의 패러다임에 매우 근접한 방식으로 범죄를 남성으로 분명히 성별화한다. 이야기가 시작되면서 고르데예프는 승진하여 새로운 남자 부서장으로 대체된다. 겉보기에 일련의 연쇄살인들로 보이는 사건의 수사로 특유의 복잡한 플롯이 시작된다. 카멘스카야의 의심은 안나 라자레바라는 이름의 여성 전직 농구선수에게 향한다. 그러나 수사가 진행되면서 그녀는 라자레바가 유죄인지, 그리고 심지어 살인들이 실제로 한 명에 의해 저질러졌는지 의문을 갖기 시작한다. 카멘스카야는 자신의 사랑하는 새아버지에게로 곧바로 연결되는 것처럼 보이는 유사한 살인사건 수사에 휘말리게 되고 새로운 보스에 대한 적대감이 너무나 압도적으로 커지자(주로 그가 그녀가 현장에 뛰어드는 대신 사무실에 남아 정신적 노동을 하도록 허락하지 않기 때문에) 직장과 심지어 직업 자체까지도 떠나는 것을 고려하게 된다. 이와 함께 플롯은 복잡해진다. 결국, 그녀는 모든 살인사건이 정부가 지원하는 특수 연구소에 자리잡고 있는, 러시아에서 권력을 획득하려는 복잡한 하나의 음모에 연결되어 있다는 것을 발견한다. 그녀의 새아버지가 아니라 새 보스가 연루되어 있음이 밝혀지며, 그녀가 끝에 가서 알게 되듯이 단지 부서를 떠나는 척 가장했던 고르데예프와 반복되는 또 다른 아버지-멘토 형상인 자토츠니 장군은 그녀 자신이 음모의 실마리를 파헤치고 있다는 것을 모르는 채로 그녀를 이용해 왔던 것이었다. 새아버지에 대한 카멘스카야의 신뢰의 정당성은 입증되었지만, 그녀는 자신이 소설 중간에 죽는 라자레바와 하등 다를 것 없이 "남자의 게임"에 하나의 장기말이 되었다는 사실을 발견한다. 이 소설에서 카멘스카야가 최악의 저조 상태에 빠진 순간 거울 앞에서 "자신을 리메이크"하는 것을 눈여겨 볼 만하다. 초기의 책에서 알게 된 바와 같이 카멘스카야에게 자신이 평범하며 동시에 그 평범함이 변장의 재능을, 따라서 범죄 간파의 재능을 나타내고 있음을 알려 주는 "거울 속의 목소리"가 원래 카멘스카야의 새아버지였다는 것을 유념할 때 이 에피소드는 특히나 흥미롭다.

50 모성과 커리어와 심지어는 요리하는 재주까지 함께 결합할 수 있는 긍정적인 여성 캐릭터들——다샤, 루샤, 그리고 고르데예프의 부인——의 존재를 언급하는 것이 정당할 것이다. 그렇지만 그들은 가끔씩 일화적으로만 등장하는 인물들이다.

지성도 여기에 한몫 하고 있다), 카멘스카야의 성별에서의 모호성은 『죽음과 약간의 사랑』에서 자신의 결혼식에 대한 태도에서 특히 두드러지게 나타난다. 그녀는 자기 결혼식에 검은 옷을 입겠다고 주장한다. 살인자의 뒤틀린 논리에서 검은색은 신부의 흰색과 대조적으로 남성의 색으로 여겨진다. 그녀는 또한 호적등록소 예식 절차를 모두 치르는 것을 거부한다. 암묵적으로 '정상적' 여성의 행위로 여겨지는 것으로부터의 두 일탈 덕분에 호적등록소 줄에서 그녀의 자리를 차지한 여성이 명백히 그녀 대신 살해되면서 카멘스카야는 목숨을 구할 수 있었다. 더구나, 결혼식 직전에 카멘스카야는 이복 남동생 알렉산드르와 대화를 나누는데, 이 장면은 "놀랄 만큼 서로 닮은"[51] 두 남매가 얼굴을 마주보고서가 아니라 거울에 비친 상대의 모습을 향해 말하도록 의미심장하게 연출된 것이었다. 샌드라 길버트와 수전 구바는 『백설공주』에서 거울 속에서 말하는 자가 누구인지에 대해 브루노 베텔하임에게 이의를 제기할 수도 있겠지만[52], 이 책에서 상징은 명확하다. 알렉산드르 카멘스키는 아나스타시야의 남성 자아이다. 알렉산드르는 카멘스카야가 결혼을 유감스럽게 생각하는지, 그녀가 사실은 호적등록소에 가기보다는 경찰 수사에서 단서들을 추적하고 싶은 게 아닌지 날카롭게 묻는다. 이 질문에 카멘스카야는 거짓말하지 않아도 되도록 대답을 거부한다. 바로 그 뒤 코로트코프는 호적등록소 살인자가 실제로 노린 희생자가 카멘스카야였음을 확신하고 그녀의 반대에도 불구하고 그녀에게 자신의 리볼버 권총을 가지

---

51 *Smert' i nemnogo liubvi*, p. 23.
52 [옮긴이] 미국 페미니스트 비평가 샌드라 길버트와 수전 구바는 공동저서 『다락방의 미친 여자』 (*The Madwoman in the Attic*)에서 백설공주 이야기를 새롭게 해석하는데, 이때 분석의 토대가 되는 것이 브루노 베텔하임의 『옛이야기의 매력』(*The Uses of Enchantment*)이다.

고 다니라고 강권한다. 카멘스카야는 갓 결혼한 남편에게는 자신에게 드리워져 있을지 모르는 위험을 숨기면서도 알렉산드르에게는 다음과 같이 털어놓는다.

> "내 지갑에 권총이 있는 걸 기억해 둬. 나는 거의 그걸 쓸 수 없을 거야."
> "왜?"
> "나도 몰라", 그녀는 어깨를 으쓱했다. "내가 아마 당황하고 겁먹을지도 모르지. 뭐가 됐든… 난 권총에 익숙지가 않아."
> "누나는 내가 그걸 사용하기 바라?"
> "세상에! 어떤 경우에도 그렇지 않아. 단지 내가 그걸 갖고 있다는 걸 기억해 둬. 그리고 만약 무슨 일이 생기면 내 지갑이 나에게서 멀리 떨어져 있는지 아니면 내가 그걸 어딘가 스스로 던져 버리지 않았는지 살펴봐. 내가 공포에 질려 무슨 일을 할지 누가 알겠니. 그런데, 다시 한번 말해 두는데, 만약 어떤 일이 생기면 ——권총이 든 채로 이 지갑을 머리에 가격하는 것이 매우 효과적이라는 것을 기억해. 나는 그렇게 못할 것이 분명하지만 너는 해낼 수 있을 거야."[53]

이상하게도, 처음에 그토록 많이 이야기되었던 이 권총은 다시는 언급되지 않고 이 플롯에서 더는 아무런 역할도 하지 않는다. 일단 무대에 나온 권총은 극 중에 반드시 발포되어야 한다는 체호프의 유명한 격언을 명백하게 위반하는 셈이다. 사실상 이 플롯은 발사되지 않은 또 다른 권총과 함께 끝난다. 숙녀의 지갑 속에 숨겨졌으나, 그럼에도 불구하고

53 *Smert' i nemnogo liubvi*, p. 40.

오지 남성에 의해서만 휘둘러질 수 있는 하드보일드 사설 '탐정'의 남성성의 전형적인 남근 상징을 명백히 무력화시키는 것은 여성 남성이 수사상의 무력함뿐 아니라 내러티브로도 고통받고 있다는 의심을 불러일으킨다.

만약, 길버트와 구바가 도발적으로 제안하듯이, 펜이 메타포적 남근이라면, 우리는 의도된 것이든 우연이든 간에 여기에서 메타포를 혼동하고 있는 것일까? 만약 권총이 남성의 손에 속한 것이라면 필기구는 어떤가? 다른 말로 하자면, 톰크가 제안하는 것처럼 여성 탐정의 취약성이 그의 권위를 잠식할 우려가 있다면 우리는 여성 추리소설 작가의 '작가적 권위'에 대해, 특히 러시아 작가의 전통적 역할이 문학의 상업화에 의해 잠식되고 있는 현대 러시아의 상황에서 어떤 말을 할 수 있는가?[54] 마리니나의 소설 대부분에서는 창의적 인텔리겐치아——우리가 이제껏 살펴본 바와 같이 가끔 불구자로 묘사되는——의 성원이 중요한 역할을 한다. 뿐만 아니라, 보다 중요한 저자의 문제들이 그녀의 많은 작품들에서 두드러지게 형상화된다. 『우연의 일치』에서 살인동기는 표절, 곧 살인 희생자 여성이 쓴 글의 작가를 자처하는 한 남자의 주장에 연유한다. 이 희생자 여성은 "차에 치이는데", 이는 현재 고위직에 있는——밝혀지듯이, 국제 마약 범죄단의 권력자이기도 한—— 정치인이 자기 박사논문을

---

54 지면의 한계 때문에 마리니나의 작품뿐 아니라 여성 탐정들을 창조해 낸 다른 여성 작가들의 작품에서 나타나는 탐정 역할과 스토리텔링 간의 아주 흥미로운 관계에 대해 여기서 더 논의할 수 없지만, 카멘스카야의 탐정 재능이 이성만큼이나 상상력——증거에 들어맞도록 다양한 플롯들을 상상해 낼 수 있는 능력——에 의한 것으로 반복적으로 묘사되고 있다는 점은 주목할 만하다. 더구나, 우리는 카멘스카야가 어렸을 때 시를 썼음을 알게 된다. 그리고 『우연의 일치』에서, 가짜 전기에서 그녀는 자신의 시를 살인 희생자 여성 덕분으로 돌린다. 『스타일리스트』에서 그녀는 자신의 전 애인에게 이 시들을 돌려달라고 요구한다. 본문에서 논의한 바와 같이, 표절과 저자의 문제는 두 작품 모두에서 핵심적이다.

직접 쓴 게 아니라는 그녀의 폭로로 인해 그의 다른 과거의 거래들에까지 정밀조사가 미치는 것을 막기 위한 것이었다. 아주 흥미롭게도, 기만을 폭로하는 여성 작가의 동기는 저자의 자긍심이 아니다. 그녀는 자신의 독립된 거주공간에 관한 만성적인 문제들을 해결하여 자기의 애정생활이 제대로 굴러가게 해줄 금전적 대가를 약속 받고 그녀 자신의 박사논문이 되었어야 하는 것을 다른 사람 이름으로 썼다. 그녀의 분노는 자기 원고가 다른 사람의 이름으로 된 것 때문이 아니라, '주문자'가 돈을 떼먹음으로써 성공적인 애정생활에 대한 그녀의 꿈을 깨버렸다는 사실 때문에 불러일으켜진 것이다. 그러나 마리니나는 박사논문과 저자의 살인 두 경우 모두, 주문한 자에 대해 동일한 용어 '주문자'를 되풀이하여 사용하는데, 이는 문자 그대로 뿐 아니라 흥미로운 ——그리고 비非-바르트적인 —— 은유적 '작가의 죽음'을 암시한다. 어떤 의미에서, 이 작가는 애정생활을 위해 자신의 커리어를 희생하고 저작권을 팔아넘김으로써 스스로를 죽음에 처하게 만든 것이다. 글은 더 이상 '고유한' 재능의 산물이 아니라 단지 그것이 그 소유주에게 주는 지위에 따라 가치 매겨지는 상품이 된다. 여기서 그 소유주는 글의 내용을 조리 있게 되풀이할 능력조차 없는 경우가 대부분이다.

포스트소비에트 출판산업이 정의하는 작가의 속성은 『타인의 가면』과 『스타일리스트』 두 책의 내러티브에서 중요한 위치를 차지한다. 그리고 두 작품 모두에서 살인을 일으키는 추동력은 베스트셀러 책들이 만들어 내는 거대한 이윤에서 작가의 정당한 몫을 사취하려는 출판사들의 시도에 의해 만들어진다. 『타인의 가면』에서 성별과 작가성의 상호연관 문제가 다시 개입된다. 이 경우 '헷갈리게 하는 기제'로 지속적으로 나타나는 것은 살인 희생자로 추정되는 인기 높은 러시아 로맨스

소설 작가가 자기가 쓴 것으로 되어 있는 책들을 실제로 썼을 리가 없다는 암시이다. 왜냐하면 남자가 여성 심리를 그토록 민감하게 이해할 리가 없기 때문이다. 실제로 그의 아내는 겉보기에 분명한 남편의 죽음 이후 출판사와 협상하면서 책들의 진짜 작가가 자신이라고 주장한다. 그녀는 자기 남편이 단지 간판일 뿐이었으며 매력적인 남성으로서의 그의 이미지가 책의 주요 판매 포인트였다고 주장한다. 그러나 마리니나는 우리의 실재론적 편견을 부채질하여 끝에 가서 폭발시킨다. 책들은 정말로 그 남자가 쓴 것이었고, 그는 살해된 것이 전혀 아니라 단지 '타인의 가면'을 강탈했을 뿐이었다. 『스타일리스트』에서는 카멘스카야의 옛 애인이 서구 추리소설이 아니라 동양 추리소설 번역가로 일한다. 그러나 나중에 밝혀지듯이, 그는 아주 느슨한 관점에서만 번역가일 뿐이다. 작품들을 러시아어로 옮기면서, 그는 줄거리 짜는 기술은 있으나 문학적 재능은 없는 경이스러우리만치 다작을 하는 일본인 서광書표 환자의 텍스트를 완전히 고쳐 쓴다. 함께, 그리고 서로가 모르는 사이에, 작가와 그의 '번역가'는 환상적으로 성공적인 베스트셀러 일본 '작가' 오토리 미티오가 되었다. 나중에 밝혀진 바와 같이, 러시아로부터 이민가지 못하도록 이 '스타일리스트'를 구타하여 거의 무력한 불구와 다름없게 만들도록 사주한 것은 그의 출판사들이었다. 그는 도망치도록 허용하기에는 너무나 가치 있는 상품이다. 작가와 번역가 사이의 미세한 선을 이용한 이 이야기가 강조하듯이, 신러시아에서 저작이란 위험하고 잠재적으로 폭력적인 사업이다. 작가가 말해야 하는 것 때문이 아니라 그가 팔아야 할지도 모르는 것 때문에 말이다.

마리니나 소설의 세계는 표면상으로는 싸구려 대중소설의 독자들에게 안락을 줄 것 같지 않다. 친절한 이웃과 사랑하는 남편의 허울 뒤에 잔인한 연쇄살인범이 도사리고 있을지도 모른다. 그리고 진정한 사랑의 여로는 해피엔딩보다는 환멸이나 살인으로 끝날 가능성이 높다. 독자들이 이국적인 지역으로 도피하게끔 해주기는 커녕, 마리니나는 오늘날 러시아의 사면초가에 몰린 일상의 삶, 곧 정치가들은 부패했거나 무력하고 경찰은 자신들의 빈약한 급료가 인플레이션 때문에 더 줄어드는 것을 지켜보며 그날 벌어 그날 살기 바쁜 현실에 자신의 플롯과 인물들을 굳게 뿌리박도록 한다. 그러나 우리가 대중소설을 교육받지 못하고 지적으로 게으른 대중을 위한 진부한 책으로 일축해 버리는 식자층 평론가들을 향한 대답, 즉 반대로 대중소설이 어떤 필요를 만족시킨다는 대답을 받아들인다면, 마리니나 책들의 판매 급증은 이 책들이 성별과 계층의 경계를 넘어 광범위한 독자들에게 그들이 원할 뿐 아니라 필요로 하는 무언가를 제공한다는 것을 시사한다.[55] 그녀의 작품의 인기의 열쇠는 적어도 부분적으로는 현대 러시아에서의 삶의 불안정성이 야기하는 불안과 위협에 대한 명시적 대면에 있다고 하겠다. 이러한 대면으로써 현실의 불안과 위협은 감당 가능하고 따라서 덜 무서운 것이 된다. 움베르트 에코가 지적한 바와 같이, 정형화된 소설이 불안하게 만드는 실재realia로부터 한숨 돌릴 수 있는 유예를 가능하게 만드는 것은 이러한 소설의 바로 그 '반복적' 속성과 예측가능성 덕분이다. 이러한 논거는 나아가 왜 사회가 불안정할 때 이러한 소설들이 특히 인기를 누리는지 설명해 준다.[56] 결국, 범죄자들을 정의의 심판에 맡기기 위해 사설 경호직에 제의

---

55 가령, 다음의 논문과 책에 나타난 로맨스 소설에 대한 라드웨이의 논거를 참조하라("Women Read the Romance"; *Reading the Roamnce: Women, Patriarchy, and Popular Literature*[Chapel Hill: University of North Carolina Press, 1984]). 최근의 새로운 보고서에 따르면 마리니나의 독자의 60%가 여성이다(Stanley, "Russia Solves", p. 4). 1998년 초 『뉴욕타임스』는 이 수를 천만 부로 추산했다.

되는 큰 보수를 포기하고 기꺼이 장시간 동안 일하고자 하는 정직한 경찰들이 있다는 것은 불안감을 덜어준다. 더구나, 언제나 무고한 이를 구하기에 충분히 빠른 속도로 사건들을 해결하는 것은 아니라 하더라도, 카멘스카야는 반드시 끝내 올바른 해결책을 찾아낸다. 그리고 그녀가 풀어 내는 문제들은——모든 진정한 추리소설에서 그러하듯—— 정체성의 수수께끼들로, 공공의 가면 뒤에 숨어 있는 진짜 얼굴을 폭로한다. 이는 급속히 변화하는 가치들이 자아의 정의에 대해 오랫동안 지속되어 오던 전제들을 뒤흔드는 시대에 특히나 위안이 되는 메시지이다. 로맨스의 취향이 있는 독자들을 위해서는, 마리니나는 아무리 평범한 사람이라도 진정한 소울메이트를 발견할 가능성이 있다는 희망을 드러내고 있다. 그리고 지적인 도전을 좋아하는 독자들을 위해서는 기만적이고 복잡한 플롯들이 가득하다. 인텔리겐치아적 신념을 가지고 있는 것이 분명한 어떤 남성 비평가에 따르면, 그가 마리니나의 책들에 처음으로 주의를 기울이게 된 것은 다음과 같은 순간이었다.

어느날 지하철에서 두 젊은이가 '포켓 북' 시리즈로 출판된, 그리고 어느 모로 보나 여성이 쓴 것이 분명한, 새 책을 열성적으로 읽고 있는 것이 힐끗 눈에 띄었다. 나를 놀라게 한 것은 외양으로 보건대 이 젊은이들이 여성 작가의 소설은커녕 그 어떤 책도 전혀 읽을 것 같지 않게 보였다는 점이었다. 아니, 나는 이들이 읽을 줄 모르는 것처럼 보였다는 얘기를 하려는 게 아니다. 이들이 미장공 안내서라든지 잡지 『라디오』

---

56 다음을 참조하라. Umberto Eco, "The Myth of Superman", in *The Role of the Reader: Explorations in the Semiotics of Texts*(Bloomington: Indiana University Press, 1979), pp. 117~122.

를 읽고 있는 것을 상상하는 것이 훨씬 쉬웠을 것이며, 어떤 경우라도 '대중소설'chtivom을 읽을 성싶지는 않았던 것이다.[57]

그는 흥미가 동해 스스로 이 '여성의' 소설들을 전부 읽었다. 그리고 결론지었다. "이제 모든 사람이 마리니나를 읽는다."[58]

57 Mitrofanov, "Samaia strashnaia".
58 Ibid.
* 이 글에 사용된 자료를 찾기 위한 '인터넷 서핑'에 귀중한 도움을 준 나의 남편 뱌체슬라프 네폼냐 시에게 감사한다.

8장

관객을 찾아서
화해의 신러시아 영화

수전 라슨

> 국민 관객이 없는 국민 영화가 무엇이겠는가?
> ── 앤드류 힉슨, 「국민 영화의 개념」[1]

오락이나 상품, 예술 형식, 국가적 위신의 상징, 또는 여론 형성의 수단 등 어떤 것으로 간주되든지 간에 현대 러시아의 대중영화는 소멸 직전 상태에 처해 있다. 작금의 위기의 원인은 여러 가지겠지만, 러시아 영화제작자들과 평론가들은 이 사태가 러시아 영화산업이 직면하고 있는 경제적 난관보다는 현대 영화의 사회적 적절성과 문화적 중요성에 대한 관객의 인식이 대대적으로 하락한 데에서 비롯되었다고 점점 더 의견을 같이하고 있다. 매년 더 적은 수의 러시아 영화들이 완성되고 있기는 하지만 영화 제작은 계속되고 있다. 그러나 러시아 영화를 보든 외국 영화를 보든, 영화관을 찾는 관객의 수는 급격히 감소해 왔다.

---

1 Andrew Higson, "The Concept of National Cinema", *Screen 30*, no. 4(1989), p. 46.

구 소련에서 연간 장편 극영화 제작은 1990년에 절정에 달해 300편의 영화가 만들어졌고, 그 후 1991년에는 213편, 1992년에는 172편, 1993년에는 152편, 1994년에는 68편, 그리고 1995년에는 46편으로 감소했다.[2] 1996년에 대해서는 여러 자료들이 상충되는 데이터를 제시하고 있지만 그래도 러시아연방에서 완성된 장편 극영화가 30편 미만이며 다른 공화국에서는 훨씬 더 급격한 감소를 보이고 있음을 알려 준다.[3] 1996년에 완성된 영화의 편수가 대략 1990년 총 영화 수의 10분의 1로 하락한 한편, 영업 중이던 영화관들은 평균적으로 객석의 3~8%밖에 관객을 채우지 못했다. 데이터에 의하면, 1995년 러시아는 1인당 영화 티켓 판매에서 유럽 국가 중 가장 저조하여 시민 1명당 1장에 못 미쳤다. 또 다른 최근 조사에 따르면, 1996년에는 국가 영화산업의 중심지인 모스크바의 시민들 중에서 영화관에 한 번이라도 갔던 사람은 평균적으로 다섯 명 중 한 명에 불과했다.[4] 더욱이, 러시아 영화관에서 상영되는 영화 중 오직 10%만이 러시아에서 생산되었으며, 이 중에서 단지 5%만이 최근 제작물이었다.[5] 각 영화 당 티켓 판매 급감은 특히나 시사하는 바가

2 1990~95년의 통계자료는 다음에서 찾아볼 수 있다. Sergei Zemlianukhin & Miroslava Segida, *Domashniaia sinemateka. Otechestvennoe kino, 1918~1996* (Moscow: Dubl'-D, 1996), p. 6. 이 문헌의 편집자들에 따르면, 이 수치들에는 러시아연방에서 제작된 영화뿐 아니라 독립국가연합(CIS)의 성원으로 남아 있는 비-러시아 구 소련 구성 공화국에서 만들어진 영화도 포함되어 있다. 이 글을 쓰는 시점에서 1996년도 데이터는 아직 입수 불가능하지만, 이쪽에 밝은 추산에 따르면 총 편수는 기껏해야 30편 남짓일 것으로 보인다. 다음을 참조하라. Daniil Dondurei, "Rynok vmesto sobesa", *Iskusstvo kino*, no. 10(1996), p. 28.

3 *Katalog fil'mov stran SNG i Baltiki 1996~97. Informatsionnyi biulleten'* (Moscow: Fond 100-letiia mirovogo kino konfederatsiia soiuzov kinematografistov, 1997). 이 카탈로그는 1996년에 러시아에서 완성된 28편의 장편 극영화를 수록하고 있다. 또 다른 자료에 따르면 1996년에 단지 20편의 장편 극영화가 개봉되었으며 1997년에는 기껏해야 27편이 개봉될 것이라고 추정된다. 다음을 참조하라. "Spasi i sokhrani", *Kino-glaz*, no. 16(1997), p. 4.

4 Nataliia Venzher, "Vyzhivat' ili zhit',vot v chem vopros", *Iskusstvo kino*, no. 7(1997), p. 7.

5 Dondurei, "Rynok", pp. 28~30. 러시아 청년들을 대상으로 한 최근 조사에서는 이들이 소비에트

크다. 1985년에는 그 해 만들어진 150편의 소비에트 영화 중 40편이 5백만 장 이상의 티켓을 팔았으나, 1994년에는 50만 장 이상의 티켓을 판매한 러시아 영화는 전무했으며, 심지어 헐리우드 블록버스터들조차도 러시아 관객에게 2백만에서 3백만 장 이상 팔지 못했다.[6] 고리키 영화 스튜디오 소장인 세르게이 리브네프 감독은 1996년 4월에 다음과 같이 언급했다. "나는 1천 5백만 이하의 관객을 모은 영화가 실패작으로 여겨지던 때가 있었음을 기억한다… 지금은 10만 관객조차도 드문 일이다."[7]

신러시아 영화들은 텔레비전이나 비디오 카세트를 통해 광범위한 관객에게 다가갈 수 있는 아주 좋은 기회를 가지고 있지만, 여기서도 역시 러시아 영화는 외국 수입영화들에 수적으로 훨씬 열세에 놓인다. 외국 수입영화의 방영권은 러시아 영화가 물어야 하는 비용의 10분의 1에서 3분의 1밖에 되지 않는 수수료로 러시아 시장에서 '헐값에' 팔리고 있다.[8] 러시아 영화촬영기사 협회의 초대 회장이었던 세르게이 솔로비요프는 1996년 러시아 영화 제작 평균 비용이 1백만 달러인 반면, 러시아 영화를 중앙 러시아 텔레비전에서 방송하는 데 지불해야 하는 평균 수수료가 1만 달러라고 추산했다.[9] 더구나, 저작권 보호 협회 회장인 볼코프

시대 영화를 미국 영화와 1991년 이후에 만들어진 러시아 영화보다 선호한다는 것을 보여 준다. 다음을 보라. "Pokolenie delaet vybor!" *Kino Park*, no. 0(1997. 03.), p. 7.

6 Daniil Dondurei, "Posle imperii: Kinorynok po-russki", *Iskusstvo kino*, no. 11(1993), p. 7; Dondurei, "Kinodelo: Na puti k rynku", in *Rossiskoe kino: Paradoksy obnovleniia*, ed. A. G. Dubrovin & M. E. Zak(Moscow: Materik, 1995), p. 132.

7 "V poiskakh molodogo", proceedings of the Meeting of Young Filmmakers, 1996. 04. 23., *Iskusstvo kino*, no. 7(1996), p. 26.

8 러시아 영화 제작에 끼친 텔레비전 방송 프로그램 편성의 영향이 다음에 약술되어 있다. Dondurei, "Rynok", pp. 28~37.

9 "In''ektsiia real'nosti", proceedings of the Special Session of the Collegium of the Russian State Committee on Film, 1996. 07. 02., *Iskusstvo kino*, no. 10(1996), p. 26.

는 1990년대 초 이래로 러시아 영화와 외국 영화 둘 다 불법 상영 및 방송이 상당히 감소해 왔음을 인정하면서도, 러시아 영토 내 2천여 텔레비전 방송국의 약 80%가 해적판 영화를 계속해서 방영하고 있다고 주장한다.[10] 결과적으로, 러시아 텔레비전에서 방영되는 얼마 안 되는 러시아 영화들조차도 제작 비용을 회수할 기회가 거의 없다.

러시아 영화산업의 암울한 지평선에서 그나마 가장 밝은 지점은 비디오 시장이다. 비디오 시장은 판매 가능한 러시아 영화가 거의 없고 그 중 대부분은 해적판이었던 1995년 이래로 극적으로 향상되어 왔다. 외국과 러시아의 영화제작자 협회로부터의 압력으로 인해 비디오 불법복제를 금지하는 새 법안이 1995년 7월 통과되었다. 그 이후로 러시아 영화제작자들은 합법적 비디오 시장으로 점점 옮겨갔고 종종 이전 불법복제자들과 비공식적으로 독창적인 타협을 일구어 냈다. 예를 들어, 모스트-미디어는 지역 비디오 배급자들에게 마스터 테이프 하나와 영화의 '공식' 로고와 제작 정보가 쓰인 수천 개의 빈 '인가' 비디오 커버를 공급함으로써 제한적인 권리를 판매한다. 그러면 지역 배급자들은 실제 비디오 테이프를 자기 설비를 이용해서 만든다. 모스트-미디어 회장 미하일 샤틴의 말에 따르면, 이러한 방식은 모스트-미디어 사로 하여금 배송비용을 최소화할 수 있게 해주며 또한 회사가 판매된 각각의 테이프에 대해 지불받을 수 있도록 보다 확실한 보장을 제공한다. 그러나 중요한 것은, 모스트-미디어가 '상대적으로 약한 상업적 잠재력'를 지닌 러시아 영화 다섯 편을 담은 팩을 가지고 이러한 비디오 배급 형식의 첫 실험을 성공적으로 수행했지만, 앞으로는 유럽산 영화에 노력을 집중할 계획이

10 I. S. Volkov, "Piratstvo na regional'nom televidenii", *Kinoproizvodstvo*, no. 2(1996), p. 77.

라는 점이다.[11]

　비록 최근 저예산 영화 몇 편이 텔레비전과 비디오 판매로 제작비를 회수하긴 했지만, 국내 시장은 새로운 프로젝트의 자금을 대거나 스튜디오들이 노후화되고 있는 구식 설비를 개선시킬 수 있을 만한 이윤을 아직 내지 못하고 있다.[12] 동시에 러시아의 비디오 시장은 극장 티켓 판매를 훨씬 더 잠식할 것 같다. 1997년 여름 합법적인 비디오 카세트가 모스크바에서 2만 3천~3만 루블에 팔리고 있었다. 반면 동일한 영화에 대한 극장 티켓 가격은 2만~3만 루블이었다. 더구나, 대다수 러시아 영화는 극장 개봉 이전이나 개봉과 동시에 비디오 카세트로 나온다. 이것은 "곧바로 비디오로 출시되는" 저급 영화 얘기가 아니다. 키라 무라토바의 「세 가지 이야기」*Tri istorii*, 1997와 스타 옐레나 사포노바와 세르게이 지노프가 출연하는 빌렌 노바크의 인기 영화 「콩 위의 공주」*Printsessa na bobakh*, 1997와 같은 '예술' 영화들이 모스크바 극장에서 상영되기 시작하자마자 비디오 카세트로 판매된다. 영화제작자들은 비디오 출시 러시는 극장 티켓 판매 부진과 비디오 해적판 증가의 필연적 결과라고 설명한다.[13] 자신의 영화로 적자를 면하거나 이윤을 내고자 하는 러시아 영화제작자들의 유일한 희망은 해외 배급권과 텔레비전 방영권을 파는 것이다. 그러나 오직 소수만이 국내시장에서 외국시장으로 건너뛸 수 있다. 영화 제작을 위한 러시아 자본이 점점 줄어듦에 따라 해외 판매는 점점 더 중요해졌

11 Mikhail Shatin, "Drang nach video, ili Pochemu kompaniia sobiraetsia smenit' orientatsiiu", *Kinoproizvodstvo*, no. 2(1996), p. 13.

12 러시아 비디오 시장에 대한 생생한 논의를 위해서는 다음을 참조하라. Dmitrii Komm, "Shedevry po-prezhnemu ostaiutsia piratskimi"; Sergei Kudriavtsev, "Kholodnaia video-voina". 둘 다 『상영』(*Seans*, no. 12[1996], pp. 114~123)에 부속물로 출판된 『상영 신문』(*Seans gazeta*, no. 1[1996. 04.], p. 8)에 수록되었음.

13 Murad Ibragimbekov, 개인적 교신, 1997. 08. 22.

다. 1997년 감독 콘스탄틴 로푸샨스키는 자신의 계획과 활동에 대해 질문을 받자 인터뷰어에게 다음과 같이 말했다. "만약 여러 외국에서 내 영화에 대한 회고전이 없었더라면, 그리고 주요 영화제 심사위원으로 초대받지 못했더라면, 나는 분명히 굶어죽었을 것입니다."[14]

1. 위기 대응

1990년대 초, 러시아 영화제작자들은 자신의 영화가 제작과 인기에서 하락한 원인을 영화 외적인 요소에 돌렸다. 값싼 외국 영화와 텔레비전 연속극의 보급, 중앙화된 영화배급 시스템의 붕괴, 영화관의 물리적 노후화, 영화 제작·스튜디오 설비 개선·광고 캠페인 조직·영화관 리노베이션 등을 위한 전반적 자금 부족 등이 그것이다. 전형적으로, 러시아 영화제작자들이 경제적 어려움에 대응하는 방식은 정부에게 외국 영화 수입, 상영, 방영에 대해 쿼터제나 특별 관세를 부과하고 국내 영화 제작 지원금을 증액하도록 요구하는 것이었다.[15] 이러한 논의 저변에 암묵적으로 상정되고 있는 것은, 만약 러시아 영화가 제작·상영되는 환경이 향상

---

14 『상영』(no. 15[1997], pp. 128~145)에 부속물로 출판된 『상영 신문』(Seans gazeta, no. 3[1997. 03.], p. 5)에 수록되었음.
15 일례로 다음을 보라. Aleksandra Golutva, "Den'gi eto vse!" Iskusstvo kino, no. 9(1993), pp. 79~81; 「현실의 주입」("In''ektsiia real'nosti", p. 26)에 실린 "정부 자금의 체계적인 투자"의 필요성에 대한 세르게이 솔로비요프의 언급. 400명의 주요 영화감독, 촬영기사, 대본작가, 배우, 평론가들을 대상으로 한 1994년도 여론조사에서 질문받은 96%의 사람들이 "정부는 러시아 영화 발전을 보장할 책임이 있다"고 답했으며 "92%의 사람들이 자금 제공을, 80%가 무료 영화 복사본 프린트를, 62%가 광고 자금 조달을, 61%가 미국 영화에 대한 특별세 도입을, 65%가 수입 영화에 대한 높은 관세 도입"을 정부의 책임이라고 답했다. 여론조사 결과에 대한 요약·분석은 다음에 나타나 있다. Daniil Dondurei, "Shag vpered, dva shaga nazad: O modernizatsii kinoindustrii v Rossii", Iskusstvo kino, no. 7(1994), p. 18.

된다면 이 영화들이 확실히 관객을 끌 수 있으리라는 것이었다.[16] 그러나 이러한 입장은 점점 더 공격을 받아 왔다. 성부시원금은 줄어들고 있으며, 영화산업의 많은 저명인사들이 영화제작자들이 아무도 보고 싶어하지 않는 영화를 만들고 있는 데 대해 더 많은 재정적·도덕적 책임을 져야 한다고 주장하기 시작했다.

현재의 영화 제작 정부지원 시스템을 가장 강경하게 비판하는 사람들 중에서는 러시아 공식 영화저널 『영화 예술』*Iskusstvo kino*의 편집장이고 따라서 자동적으로 러시아 영화 국가위원회 위원으로 활동하고 있는 사회학자 겸 문화평론가 다닐 돈두레이를 꼽을 수 있다. 돈두레이는 또한 '정보-분석' 회사 두블-디를 운영하고 있다. 이 회사는 정부와 산업계, 뉴스매체에 현대 러시아 영화에 관련된 양적 정보의 주요 원천이 되고 있다. 돈두레이는 영화제작자들이 자신의 작품을 "그것의 잠재적 소비라는 관점에서 다른 모든 상품 또는 서비스와 동일하게" 고려하기 시작하는 것이 현 위기 상황의 유일한 탈출구라고 되풀이하여 주장했다.[17] 그와 다른 비평가들은 러시아 영화제작자들이 "관객, 영화관, 투자, 광고, 시장조사를 매우 세속적이고 저급한 고려사항으로 취급하면서 불가피하지만 경멸할 만한 문화생활의 상업화 때문에 마지못해 참작해야 하는 것으로 여기는 경향을 개탄한다.[18]

소위 젊은 세대 러시아 영화제작자 중 많은 이가 돈두레이와 같은

---

16 예를 들어, 1994년 '엘리트 영화 제작인' 협회 회원 400명 중 57%가 만약 최근 러시아 영화가 영화관에서 상영된다면 관객들은 영화관을 다시 찾게 될 것이라고 확신했다. 그리고 56%는 규제되지 않은 시장은 미국 수입 영화가 러시아 영화를 완전히 대체하는 결과를 가져올 것이라고 믿었다. 다음을 참조하라. Dondurei, "Shag vpered", pp. 14, 19.

17 Dondurei, "Rynok", p. 33.

18 Dondurei, "Kinodelo", p. 136.

입장을 취했다. 이들 대부분은 1980년대 후반에 영화 경력을 쌓기 시작했다. 이들 중 자립 영화 제작의 필요성을 가장 열렬히 공개적으로 옹호한 사람들로 리브네프와 영화감독 발레리 토도로프스키를 들 수 있다. 두 사람 모두 자신들이 세운 새로운 저예산 영화사 협회가 러시아 국가 영화위원회(구 로스콤키노Roskomkino가 현재 고스키노Goskino Rossii로 개칭되었음)에 최근에 제출한 기획안 입안을 도왔다. 이 기획안은 연간 저예산 영화 열 편의 제작, 개봉, 배급에 대한 청사진을 그리고 있다. 각 영화에 1천만 루블(약 20만 달러) 이하의 예산이 할당되어 있으며 영화들은 제작 비용 회수 가능성을 바탕으로 승인된다.[19] 이 제안서는 특히나 노감독들 사이에 상당한 논란을 불러일으켰지만, 그 첫 프로젝트 영화들이 이미 개봉되었다. 가장 눈에 띄는 것으로 1997년 소치에서 열린 오픈 러시아 필름 페스티벌에서 최우수 영화상과 최우수 배우상을 받은 알렉세이 발라바노프의 「형제」Brat, 1994~96를 들 수 있다.

발라바노프의 경력은 1990년대 후반에 러시아 영화계에서 진행중이던 상전벽해의 변화를 보여 준다. 그가 만든 최초의 영화 두 편은 사무엘 베케트와 프란츠 카프카의 작품을 느슨하고 환각적으로 각색한 「행복한 날들」Schastlivye dni, 1991과 「성」Zamok, 1994이었다. 이 영화들은 고급예술의 반열에 오르고자 하는 도전적이리만치 비상업적인 열망을 띠고 있었다. 그러나 「형제」는 본질적으로 갱스터 영화로서, 한 매력적인 시골

---

19 "In''ektsiia real'nosti", p. 27. 아르멘 메드베데프(Armen Medvedev) 국가영화위원회 의장과 더불어, 원로감독들과 영화기구 관료들은 "[영화계의] 재정자립은 유토피아"이며 영화산업은 정부의 재정 지원이 있어야만 살아남을 것이라고 주장할 가능성이 더 크다(Ibid., p. 22). 또한, 다음 자료에 나타난 감독 알렉산드르 로고슈킨과 발레리 루빈치크(Valierii Rubinchik)의 논평을 참조하라. "Kino kak sredstvo massovoi nekommunikatsii", proceedings of a Round-table at the Kinotavr International Film Festival in Sochi, 1996. 06, Iskusstvo kino, no. 10(1996), pp. 13~14.

뜨기가 자신의 형이 '신흥 러시아인' 범죄자 보스들에게 고용된 청부살인자로서 가지고 있는 노련한 면모에 동화되어 가는 과정을 그린 이야기이다. 현대 러시아 소비문화를 탐색하는 앳된 얼굴의 주인공(세르게이보드로프)의 긴 클로즈업은 영화의 관객으로 하여금 주인공의 전통적 천진함과 나이브한 외국인 혐오증, 그리고 가족의 가치를 냉담한 인간생명 경시와 결합시키는 유능한 암살자로서 주인공이 거두는 궁극적 승리에 공감하도록 북돋는다. 이렇게 공격적으로 상업성을 띤 재료를 발라바노프가 선택한 것은 돈두레이, 리브네프, 토도로프스키와 같은 영화 비평가 및 감독들이 러시아 영화산업이 살아남기 위해 영화제작자가 이루어 내야 한다고 주장했던 초점 변화의 전형적 사례라고 할 수 있다. 이들은 러시아 영화가 감독의 창조적 자유 보존에 대한 강조를 포기하지 않고, 리브네프의 말마따나, "관객이 박스오피스에 가져오는 돈에 의존하여 운영해 나갈 수 있는 관객지향 시스템"을 만들어 내지 않는다면, 러시아 영화는 소멸될 것이라고 확신한다.[20] 이는 「젊은 영화제작자 협회로부터 영화제작자 조합 총회에 드리는 호소문」에도 다음과 같이 표현된 바 있다. "러시아 영화는 단호하게 관객을 향해 돌아서지 않으면 안 됩니다. 영화산업은 (전혀 충분하지 않은) [정부] 지원금의 얼마 안 되는 분배금에 중점을 둔 산업으로부터 수익 메커니즘과 관객의 애정에 근간한 번창하는 산업으로 탈바꿈되어야만 합니다. 관객의 애정이야말로 미래에 러시아 영화에 대한 지원의 근본적이고 가장 자연스러운 형식이 되어야 할 것입니다."[21]

20 "V poiskakh molodogo", p. 28.
21 이 '호소문'은 감독 발레리 토도로프스키에 의해 1996년 4월 23일 발표되었다. 다음을 참조하라. "V poiskakh molodogo", p. 33.

관객에 대한 이 새로운 강조는 단순히 경제적 염려에서만 나온 것이 아니라 영화가 러시아 사회에서 중심적이거나 또는 '필수적인' 역할을 더 이상 담당하고 있지 않다는 우려에서 나온 것이기도 하다.[22] 영화감독 겸 제작자인 세르게이 셀랴노프는 자신의 영화 「천사의 날」_Den' angela, 1986 을 찍을 때 "우리 자신을 위해서뿐 아니라 이 나라의 대기를 변화시키기 위해서도 뭔가 큰 일을 하고 있는 듯한" 기분이 들었다고 회상한다. "그 때는 정말 수익을 내고 싶다는 특별한 파토스가 있었습니다. 그러나 지 금 우리 분야는 사실상 죽어가고 있습니다."[23] 1980년대 말과 1990년대 초의 이른 도취감 속에서 영화제작자들은 새로이 얻은 검열로부터의 자 유를 만끽하며 흥청댔다. 그러나 이제 젊은 세대의 많은 이들은 1996년 소치 필름 페스티벌에서 세르게이 리브네프가 한 말에 동의한다. "개인 적으로 지금 내게 중요한 것은 공개적으로 말하는 것이 아니라 내 말이 전달되게 하는 것입니다… 나는 가능한 한 넓은 무리의 사람들, 이 나라 의 주민들과, 우리에게 공통으로 중요한 문제들에 대해 논의하는 데 흥 미가 있습니다. 내게는 이것이 가장 옳고 재미있는 것으로 여겨집니다. 바로 그것이 우리의 일과 그 일의 인간적 가치, 미학적 가치, 그리고 모 든 다른 가치의 의미입니다. 영화 언어에 혁신을 도입하는 것이 아니라 요."[24]

---

22 영화의 중요성 상실에 대한 제작자들의 불안은 낸시 콘디와 블라디미르 파두노프가 후기 소비 에트 및 포스트소비에트 러시아에서 일어난 "초유의… 고급문화 컬트의 전면적인 사회적 추 방"이라 묘사한 훨씬 더 광범위한 문화적 현상의 징후이다. 다음을 참조하라. Nancy Condee & Vladimir Padunov, "The ABC of Russian Consumer Culture: Readings, Ratings, and Real Estate", in *Soviet Hieroglyphics: Visual Culture in Late Twentieth-Century Russia*, ed. Nancy Condee(Bloomington: Indiana University Press, 1995), p. 141.

23 "V poiskakh molodogo", p. 30.

24 이에 동조하는 의견들에 관해서는 「수단으로서의 영화」("Kino kak sredstvo", pp. 13, 19~20)에 나 타난 알렉세이 발라바노프, 파벨 룬긴, 세르게이 우르술랴크 감독의 진술을 보라.

이와 같은 진술들은 전능한 영화감독 숭배로부터의 점진적 이탈과, 영화가 모든 예술 중에서 '가장 중요하고' '가장 대중적'이라는 소비에트 시대의 신념으로부터 주로 파생된 영화의 사회적 역할에 대한 관점의 부활을 예고하는 것이었다.[25] 현대 러시아 영화제작자들은 과거의 정치적 유산을 배척하는 한편으로 한때 자신의 작품이 이 나라의 공적 삶에서 향유했던 명성으로 복귀하기를 갈망했다. "나는 [인기 있는 브라질 텔레비전 시리즈] 「열대 여인의 비밀」Sekret tropikanki과 그런 종류의 다른 드라마들을 만드는 감독들이 부럽습니다"라고 세르게이 우르술랴크는 언급했다. "그들은 사람들 사이에 진정한 공명을 불러일으키는 이른바 대가들이지요."[26]

이처럼 "사람들 사이의 공명"을 불러일으키려는 열망 덕분에 영화 감독과 비평가들은 종종 영화 비평가와 영화제 관객을 위해서만 제작되고 상영되는 것처럼 보이는 현대 러시아 영화의 '은둔화'를 더욱 비판적인 눈으로 바라보게 되었다.[27] 영화 비평가이자 모스크바 영화 센터의 문화 프로그램 책임자인 뱌체슬라프 슈미로프의 말을 빌리자면, "자기 껍질 안에 있는 연체동물처럼, 영화는 수요가 많지도 않고 아무에게도 소구하지 못한다는 사실로 인해 질식하고 있습니다. … 아무리 모순적으로 보일지라도, 오늘날 관객의 개념은 그에 대한 고려 없이는 영화 제작에 들어간 돈을 회수하는 것이 불가능한 경제적인 개념에만 그치지 않습니

---

25 대중문화, 인텔리겐치아 문화, 열망의 구분이 불가피하다는 주장을 고수해 온 평론가 타티아나 모스크비나(Tatiana Moskvina)조차도 현대 러시아 영화는 "민중적 인기[narodnost']이 아니면 죽음"이라는 양자택일을 둘러갈 "제3의 길"이 없음을 인정한다. 다음을 참조하라. Tatiana Moskvina, "O narodnosti v kinematografe", Seans, no. 12(1996), p. 156.

26 "Kino kak sredstvo", p. 20.

27 이 용어는 감독 파벨 룬긴의 말에서 나왔다. Ibid., p. 13.

다. 그것은 또한 영화계에서 일하는 각 사람의 개인적 자존감을 확보해 주는 미학적이고 심지어는 윤리적인 개념입니다".[28]

영화제작자의 미학적 책임과 윤리적 책임 사이의 관계는 현대 러시아 영화에 대한 러시아 대중의 무관심과 소외를 둘러싸고 1995년과 1996년에 진행된 논의 내내 되풀이되었다. 지금 비평가들은 러시아 관객의 러시아 영화 배척을 영화계의 페레스트로이카 초기에 영화 제작에 대한 정부 통제의 폐지와 함께 얻은 자유를 러시아 감독들이 남용하는 것과 더욱 빈번히 연관짓는다. 예를 들어, 영화 비평가 이리나 실로바는 포스트소비에트 영화가 "노예, 하찮은 자, 부랑자, 마약중독자"의 종말론적이고 우울한 초상에 집착하는 것을 "국가적 이익에 대한 배신"이라고 비난한다. 왜냐하면 영화는 "단지 희망을 주어야만 하기" 때문이다.[29] 돈두레이도 의견을 같이하여 영화제작자의 작업에 대한 예술적·경제적·정치적 통제의 폐지가 "영화감독들을 자유롭게 내버려두었지만" 이 새로운 자유가 감독들이 충분한 창조의 자유와 재원만 주어진다면 만들 수 있노라고 큰소리쳤던 걸작들의 생산으로 이어지지 못했다고 주장한다. 그는 이들의 실패가 영화제작자들이 "러시아 인텔리겐치아가 일반적으로 그랬던 것처럼… 오늘날 가장 중요한 능력, 곧 안전하고 압박없는 환경 속에서 미래를 위한 전형과 모델을 창조하는 능력을 소유하고 있지 않은 것 같다"는 사실 때문이라고 여긴다.[30] 실로바, 돈두레이, 그리고 많은 영화제작자들 스스로 영화계가 국민 관객에게 지는 책임이

28 "V poiskakh molodogo", p. 25.
29 Ibid., p. 31.
30 "Katastrofa ili pauza", proceedings of a Round-Table Discussion among Leading Film Critics, *Iskusstvo kino*, no. 8(1996), pp. 5~6.

라 여기는 것을 현대 영화제작자들이 포기함으로써, 감독 파벨 룬긴의 표현을 빌리자면 "집단적 느낌, 곧 민중 및 그들의 고락과의 연결의 절대적 부재"가 초래되었다.[31] 역설적이게도, 현대 영화의 잠재적 관객들로부터의 고립을 한탄하는 오늘날의 수많은 목소리는 소비에트 시대의 예술위원회와 영화 제작의 품질과 내용에 대한 스튜디오 통제를 향수 속에 상기시키고 있다.[32]

2. 1994년 이후의 러시아 영화: 화해인가 항복인가?

환멸을 느낀 관객과 불만을 품은 비평가와 권리가 박탈된 감독들의 이 시대에 만들어지고 있는 것은 어떤 종류의 영화일까? 포스트소비에트 영화계에 어떤 새로운 '굉장한 계획'도 나타난 바 없긴 하지만, 1994년과 1997년 사이에 완성된 많은 러시아 영화들은 필자가 잠정적으로 '화해의 영화'라고 명명하고자 하는 방향으로 움직여 갔다. 주제적 측면에서, 이 영화들은 과거의 죄에 대한 '참회의 영화'와 현재의 '불신의 영화'로부터 출현하여 그것들을 넘어서고자 분투한다. 이 두 종류의 대표적 예로 텐기즈 아불라제의 「참회」_Pokaianie, 1984년 완성, 1986년 개봉_와 바실리 피출의 「작은 베라」_Malen'kaia Vera, 1988_(또는 "불신")를 각각 들 수 있다. 1980년대 말과 1990년대 초의 이른바 체르누하_chernukha_('어두운') 영화의 요소들이 남아 있지만, 스타니슬라프 고보루힌의 「그렇게 살면 안 된다」_Tak_

---

31 "Kino kak sredstvo", p. 13.
32 예를 들어, 다음을 보라. Dondurei, "Rynok", p. 37; Aleksei German, "Mne stalo skuchno", _Iskusstvo kino_, no. 10(1996), p. 65. 이른바 "민중적으로 인기 있고" "관객 지향적인" 소비에트 과거의 영화에 대한 최근의 향수 열풍이 틀렸음을 밝히려는 반대 주장들을 위해서는 다음을 참조하라. Andrei Plakhov, "Inorodnost' i narodnost'", _Seans_, no. 12(1996), pp. 157~160.

zhit' nel'zia, 1990와 파벨 룬긴의 「택시 블루스」*Taksi-Bliuz*, 1992와 같은 영화가 보여 주는 현대 러시아 삶의 암울한 전망은 알렉산드르 로고슈킨의 「러시아 사냥의 민족적 특성」*Osobennosti natsional'noi okhoty*, 1995과 세르게이 셀랴노프의 「슬픔의 때는 아직 오지 않았다」*Vremia pechali eshche ne prishlo*, 1995와 같은 영화의 보다 서정적이고 종종 코믹한 톤에 가려져 왔다. 심지어 콘스탄틴 로푸샨스키의 「러시아 교향곡」*Russkaia simfoniia*, 1994조차도 적어도 어떤 한 비평가로부터 「죽은 자의 편지」*pis'ma mertvogo cheloveka*, 1986와 「박물관 방문객」*Posetitel' muzeia*, 1989에 나타난 이 감독의 초기 종말론적 비젼의 자기 패러디로 해석된 바 있다.[33]

양식적 측면에서, 이들 영화 및 다른 최근 영화들은 국가적·사회적 화해를 향한 가능한 방안을 계획하고 전반적으로 영화 관람에 ——특히나 현대 러시아 영화 제작물에 —— 흥미를 잃은 시민들과 러시아 영화제작자들을 재결합시키려 노력함으로써, 이른바 작가주의 영화와 대중영화 사이의 간극을 메우고자 시도한다.[34] 변방으로부터 실재하지 않는 '주류'로 널리 여겨지는 것으로 나아가려고 시도하면서 블라디미르 호티넨코의 「마카로프」*Makarov*, 1993와 「무슬림」*Musul'manin*, 1995, 바딤 아브드라시토프의 「승객을 위한 연극」*P'esa dlia passazhira*, 1995과 같은 영화들은 초자연적 스릴러의 요소나 갱스터 영화를 사회적 함의가 있고 캐릭터 중심인 '진지한' 드라마틱한 플롯으로 짜넣는다.[35] 반대로, 안드레이 미할코프-

33 Mikhail Trofimenkov, "Pokaianie", *Iskusstvo kino*, no. 2(1995), pp. 60~63.
34 1990년 이래 러시아에서 영화관 관람의 감소에 대해서는 다음을 보라. Dondurei, "Kinodelo", pp. 126~140. 최근 러시아 영화의 미학적·기술적 측면에서 인지되는 질적 하락에 대한 탁월한 논의를 위해서는 다음을 참조하라. "Katastrofa ili pauza", pp. 4~23.
35 현대 러시아 영화의 '존재하지 않는 주류'와 대중 장르 영화의 부재에 대해서는 「현실의 주입」("In''ektsiia real'nosti" p. 25)에 실린 러시아 중앙 텔레비전 영화 프로그램 제작자인 아나톨리 막시모프(Anatolii Maksimov)의 논평과 「수단으로서의 영화」("Kino kak sredstvo", p. 21)에 나타난

콘찰로프스키는 자신의 소비에트 시네마 베리테[36] 고전인 「사랑했으나 결혼하지는 않은 아샤 클랴치나의 이야기」*Istoriia Asi Kliachkinoi, kotoraia liubila, da ne vyshla zamuzh*, 1968년 완성, 1988년 개봉의 속편 「암탉 랴바」*Kurochka riaba*, 1994를 노골적인 코미디 익살극으로 찍기로 결정했다. 상업영화와 '작가주의' 영화 사이를 잇겠다고 자칭한 가장 이상한 시도 중 하나로, 평단의 혹평을 받았지만 대중적으로는 환영받았던 드미트리 아스트라한의 「제4의 행성」*Chetvertaia planeta*, 1994을 들 수 있다. 이 영화는 "[레이 브래드버리의] 「화성 연대기」*Martian Chronicles*의 모티프에 근간한 아스트라한 식의… 미니-솔라리스"라고 치켜세워졌다.[37]

또한, 이 영화들은 스베틀라나 보임과 다른 비평가들이 명명한 것처럼 글라스노스트 시대 직후의 영화들에서 나타난 절정기 스탈린주의의 '거대 양식'과 '거대 주제'를 향한 '전체주의 노스탤지어'와의 결별을 보여 준다.[38] 아스트라한, 블라디미르 멘쇼프, 알라 수리코바의 다른 대중영화들은 스탈린 시대 또는 스탈린 이후 시대 작가주의 감독들의 '거대 영화'가 아니라 1960년대와 1970년대에 나온 좀더 소박한 코미디와 멜로드라마를 모델로 삼았다. 예를 들어 멘쇼프의 「뒤죽박죽」*Shirli-Myrli*, 1995은 한 치밀한 다이아몬드 강도를 둘러싼 복잡한 플롯을 가지고 있는데, 레오니드 가이다이의 코미디들, 특히 「다이아몬드 팔」*Brilliantovaia ruka*, 1969에 주로 빚지고 있다. 이와 유사하게, 아스트라한의 「다 괜찮을 거야」*Vse budet*

비평가 겸 감독인 올레크 코발로프의 논평을 참조하라.

36 [옮긴이] cinéma vérité: 사실주의 영화.

37 이 표현은 1996년 여름 모스크바에서 널리 판매된, 이 영화의 합법적 비디오 테이프의 커버에서 찾아볼 수 있다.

38 Svetlana Boym, *Common Places: Mythologies of Everyday Life*(Cambridge: Harvard University Press), p. 247.

khorosho, 1995는 멘쇼프의 1979년 히트작 「모스크바는 눈물을 믿지 않는다」*Moskva slezam ne verit*의 멜로드라마적인 신데렐라 플롯을 업데이트한 것이다.[39] 평단의 성공보다 대중적 성공을 누렸던 또 다른 1995년도 영화인 수리코바의 「모스크바의 휴일」*Moskovskie kanikuly*에는 모스크바에서 휴가를 보내고 있는 러시아계 이탈리아인 여주인공이 등장하는데, 윌리엄 와일러의 1953년도 고전 「로마의 휴일」*Roman Holiday*의 플롯에 포스트소비에트식 전개를 가미한 것이다.

1990년대 중반에 나온 러시아 영화들은 소비에트 역사에 대한 태도에 있어서 글라스노스트 시대에 나온 대다수 영화보다 더 융화적인 입장을 취한다. 가장 심한 예로 동정적인 시선으로 한 적군 사령관을 비극적 영웅으로 그린 니키타 미할코프의 오스카상 수상작 「위선의 태양」*Utomlennye solntsem*, 1994을 들 수 있다. 아불라제의 「참회」 같은 영화와는 극히 대조적으로, 이 영화에서는 비밀경찰 체카(KGB의 전신)의 활동에 대한 지지가 만약 그것이 공포보다는 의무감에 의해 동기화된 것이었다면 도덕적으로 정당한 것으로 그려진다. 부부관계 후 행복한 순간에 제시되는 이 설명은 사령관 부인의 연민을 체카에 복무하도록 매수된 전직 음악가이자 지식인인 첫사랑으로부터 더 투박하고, 겉보기에 두려움을 모르는 것처럼 보이는, 보다 남성적인 남편으로 다시 옮기기에 충분하다.

이 영화들 모두는 '민족적인'과 '대중적인' 둘 다로 번역될 수 있는 러시아어 표현 'narodnoe'의 모든 의미에서 성공을 열망하고 있다. 이 최근 영화들은 플롯 구조와 주제적 측면 모두에서 러시아 국민들에게

---

39 다음을 참조하라. Anna Furticheva, "Astrakhan schitaet, chto schinil skazku na urovne 'Moskva slezam ne verit'", *Vecherniaia Moskva*, 1996. 04. 09., p. 7.

호소력을 발휘하고 있다. 최근 많은 영화가 정말로 '대중적'인 관객을 얻기 위해 진정으로 '대중적'인 문제들을 다루고자 하면서 '러시아성'이라는 개념을 중요 관심사로 가져오고 있다. 이러한 관점에서 의미심장한 것은 1990년과 1996년 사이에 제작된 러시아 영화들의 제목에 '사랑'(54편), '러시아(인)의'(27편), 그리고 '죽음'(22편)이라는 세 단어가 가장 빈번히 등장했다는 사실이다. 비교해 보자면, 1917년에서 1996년까지 소비에트 및 포스트소비에트 영화에서 제목에 가장 빈번히 등장한 단어 세 가지는 '사랑'(221편), '날(하루)'(69편), 그리고 '행복'(61편)이었다.[40]

3. 최근 러시아 영화에 나타나는 민족적 열망과 민족정체성

러시아성에 대한 이 새로운 관심은 1995년에 완성된 로고슈킨의 「러시아 사냥의 민족적 특성」과 호티넨코의 「무슬림」 두 영화에서 가장 두드러지게 나타났다. 필자는 이 두 영화가 러시아 민족정체성의 포스트소비에트적 비전과 포스트소비에트 관객의 마음속 틈새를 만들어 내려 시도하는 매우 다른 방식들을 명확히 설명하기 위해 두 영화를 자세히 살펴보고자 한다.[41] 「러시아 사냥의 민족적 특성」은 가장 중요한 러시아 영화제인 1995년 소치 필름 페스티벌에서 그랑프리를 받았으며 다른 영화

---

40 전체적으로, 1917년과 1996년 사이에 '러시아(인)의'라는 단어는 총 34편의 영화 제목에 등장하고, '죽음'은 46편의 제목에 나타났다. 다음을 참조하라. Zemlianukhin & Segida, *Domashniaia sinemateka*, p. 8.

41 나는 러시아 단어 'musul'manin'을 'Muslim'보다는 'Moslem'으로 번역하기로 했는데 이는 부분적으로 영화제작자들 자신이 이 영화를 영어로 정관사나 부정관사 없이 'Moslem'이라고 부르기 때문이며, 또한 이 러시아어 용어에 깃들어 있는 약간 경멸적인, 구식의, 식민주의적인 함축을 보존하고 싶었기 때문이다. 이 영화에 이 이름을 선택한 이유에 대한 제작자들의 논평을 보기 위해서는 다음을 참조하라. "Musul'manin kak probnyi kamen' russkoi deistvitel'nosti", interview by Elena Stishova & Lev Karakhan, *Iskusstvo kino*, no. 9(1995), pp. 14~15.

제에서도 많은 상을 수상했다.[42] 이 영화는 또한 1995년에 제작된 러시아 영화 대다수와 비교하여 상업적인 성공을 더 많이 거둔 것으로 보인다. 렌필름 스튜디오가 제공한 정보에 따르면, 1995년에 이 영화는 러시아 영토의 85%에 걸친 배급계약을 충족하기 위해 복제본 75부가 제작되어 전국에 배급되었다. 「러시아 사냥의 민족적 특성」의 텔레비전 방영권을 놓고 입찰 경쟁이 벌어졌으며 결국 중앙 채널 러시아 공공 텔레비전이 이를 따냈다. 그리고 해외 방영권이 독일, 폴란드, 헝가리, 발트, 우크라이나, 벨라루스, 그리고 카자흐스탄 텔레비전에 팔렸다.[43] 저널 『조커』Joker가 수집한 정보에 따르면, 이 영화는 1995년 10월부터 1996년 1월까지 모스크바 광역권에서 판매된 비디오 중 최고 인기작 7편 안에 들었다.[44]

이 영화가 이렇게 히트를 친 요인은 무엇이었을까?[45] 우선, 이 영화는 플롯이 러시아식 사냥의 '특성'을 중심으로 펼쳐지고 있기는 하지만, 종종 슬랩스틱에 가까운 코미디를 사용하고 폭력을 거부한다는 점에서 「체크포인트」1989, 「제3의 행성」1990, 「체카 장교」1991, 「바보와 함께하는 삶」1993과 같은 로고슈킨의 '어두운'(체르누하) 전작들과 결별하고 있다.[46]

---

42 이 영화가 받은 다른 상들로는 1995년도 카를로비-바리 및 비보르그 영화제의 상들과 1995년 소치에서 열린 러시아 영화 저널리스트 시상식 최우수 영화상, 그리고 골든 오스타프 상이 있다. 다음을 보라. Zemlianukhin & Segida, Domashniaia sinematika, p. 307.

43 Georgii Mautkin, "Lenfilm on the Market: The Peculiarities of the National Hunts", Seans Newsletter, no. 1(1996. 04.), p. 4, appended to Seans, no. 12(1996).

44 Zemlianukhin & Segida, Domashniaia sinemateka, p. 307.

45 이 영화에 대한 대표적인 러시아의 논평으로 다음을 꼽을 수 있다. Sergei Dobrotvorskii, "'I nemedlenno vypil…'", Iskusstvo kino, no. 12(1995), pp. 77~79; Lev Karakhan et al., "Osobennosti natsional'noi okhoty: Kritiki o fil'me", Seans, no. 12(1996), p. 25; Irina Liubarskaia, "Utinnye okhoty na plenere", Seans, no. 12(1996), p. 27; Tatiana Moskvina, "Istochniki zhizni eshche ne issiakli", Seans, no. 12(1996), p. 26.

46 로고슈킨의 전작(全作)에 대한 흥미로운 개관, 그리고 「러시아 사냥의 민족적 특성」과 그의 이

이 영화의 사냥꾼들은 단 한 마리의 동물도 죽이지 못할 뿐 아니라 어떻게든 서로나 다른 사람을 쏘지 않고 넘어간다.

이 영화의 러시아어 제목은 이 영화에서 로고슈킨의 트레이드마크인 스크린 폭력이 거부된다는 것을 갑절로 의미심장하게 만드는 이중적 의미를 가지고 있다. '사냥'을 뜻하는 러시아 단어 'okhota'는 또한 '열망', '바람', '성향'으로도 번역될 수 있다. 필자가 생각하기에 이 제목은 러시아 사냥의 환경 또는 '특성'을 러시아의 민족적 열망을 위한 메타포로 변형시킨다. 이른바 '러시아식 오락'의 특징인 폭력의 거부는, 영화 전체에 걸쳐 통상 폭력적인 재난의 잠재적 전조를 보여 주지만 결국 그 '바람을 빼 버리는' 결과를 가져오는 장면들에서 강조된다. 이것은 사냥꾼들이 헛간에서 우연히 부풀려져 친구 중 한 명을 깔아뭉갤 뻔한 고무보트에 엽총을 쏘아 보트의 바람이 빠지는 장면처럼 가끔 문자 그대로 나타나기도 한다.

이 영화는 플롯이 거의 없으며 오직 일련의 개그가 전개되는 상황만 있을 뿐이다. 개그 중 대부분은 사냥꾼들이 어떤 실제 사냥감 짐승이 아니라 행복한 만취의 이상적 상태를 추구하는 데서 생겨난다. 심지어 헬리콥터에서 떨어진 '탄약'이라고 딱지가 붙은 상자조차도 풀어 보니 끝없는 보드카 술병 보급이었음을 알게 된다. 이 사냥꾼 대다수는 군인이며, 이들이 캠프를 차리는 오두막은 특수 군사 훈련 지정 구역에 위치해 있다. 그러나 영화는 러시아 군사력을 심각한 해를 일으킬 능력이 없는 것으로 묘사한다. 군대의 기이한 무해성은 사냥꾼들이 젖소를 군사 지정

전 작품들 간의 비교를 위해서는 다음을 참조하라. Sergei Dobrotvorskii, "I nemedlenno vypil"; Mikhail Trofimenkov, "Poet klaustrofobii: Aleksandr Rogozhkin", *Seans*, no. 12(1996), pp. 111~114.

구역 밖에 있는 젖소의 '친척들'에게 돌려보내기 위해 두 명의 폭격기 조종사들을 꾀어 젖소를 전투기 격실에 싣게 하는 에피소드에서 특히 뚜렷이 나타난다. 기지 사령관이 그 계획을 알아채고 조종사들에게 돌아오라고 명령하자, 이들은 자신의 불법적 소 화물을 투하해 버리기로 결심한다. 그러나 이들이 돌아와 사령관에게 거기에 아무것도 없다고 장담하면서 폭격기의 격실을 열었을 때 이들은 젖소가 여전히 매우 쌩쌩하게 살아서 격실 가장자리에 걸터올라앉아 있는 것을 발견한다. 젖소는 공포에 질려 도망치지만 나중에 사슴으로 오인받아 결국 사냥꾼들에게 총을 맞는 것처럼 보인다. 그러나 한 사냥꾼이 젖소를 구워먹지 말고 묻어줘야 한다고 주장하는 동료들의 항의를 무시하고 나이프를 꺼내 젖소를 스테이크와 갈비로 각을 뜨려고 하자 젖소는 다시 살아난다. 이 각각의 장면에서 영화는 관객을 폭력의 잠재적 가능성으로 놀리다가 그 순간을 우스운 농담으로 만들어 버린다.

영화는 19세기 초 러시아 사냥으로 보이는 장면과 현대의 사냥 대용품 장면들의 시각적 병치에서 가장 '융화적'이다. 이 장면들은 영화 초기에 젊은 핀란드인 학자가 러시아 사냥 전통을 보는 꿈으로 제시된다. 영화는 19세기 사냥과 함께 시작되는데 그 다음에 이 핀란드인이 자신의 러시아 친구의 밴에서 졸다가 깨어나는 장면으로 바뀐다. 뒤따르는 '진짜' 사냥 장면들은 젊은 핀란드인의 낮잠이나 『러시아의 황제 사냥』이라는 제목의 삽화가 든 책을 그가 음미하는 틀로 표현된다.[47] 즐겁지만 무

---

47 이 책은 니콜라이 쿠테포프(Nikolai Kutepov)의 『10세기에서 19세기까지 러시아 사냥의 역사』 (History of the Russian Hunt from the Tenth through the Nineteenth Centuries, Imperatorskaia okhota na Rusi, konets XVIII i XIX vek[St. Petersburg: Ekspeditsiia zagotovleniia gos. bumag., 1911])의 제4권으로 출판되었다. 이 책은 바스네초프(V. M. Vasnetsov), 사모이시(N. S. Samoish), 레핀(I. A. Repin), 수리코프(V. I. Surikov), 랑세르(E. E. Lansere), 파스테르나크(L. O. Pasternak), 베누아(A.

해한 현대 사냥꾼들의 술취한 엉뚱함과는 대조적으로, '전통적' 사냥의 장면들은 보르조이 사냥개, 정교한 의상을 입고 말등에 올라앉아 프랑스어로 말하는 귀족들, 이국적 음식들의 호화로운 진수성찬 등으로 완벽하게 표현된 다채로운 파노라마를 제공한다.

두 시대 간의 차이를 강조하기 위해 1982년과 1992년의 장면들을 병치한 카렌 샤흐나자로프의 「꿈」Sny, 1993 같은 영화와는 대조적으로, 로고슈킨의 영화는 혁명 전과 탈공산주의 시대 간의 연속성을 주장하고 있다. 종종 주장되는 탈공산주의 시대의 미학적·정신적 빈곤에도 불구하고 말이다. 로고슈킨이 포스트소비에트 러시아의 오락과 제정 러시아의 오락 간의 부정적 비교를 배격하고 있다는 것은 그가 이 영화의 임시 제목이었던 「가을철 러시아 사냥의 민족적 특성」Osobennosti natsional'noi okhoty v osennii period을 줄인 데에서도 드러난다.[48] 처음 버전의 제목이 이 영화를 러시아 민족적 오락의 쇠퇴와 '가을'의 묘사로 읽어내는 것을 제시했던 반면, 단축된 제목은 이 영화가 화면에서 묘사하는 두 사냥 간의 어떤 부정적 비교도 암시하고 있지 않다.

영화의 마지막 장면에서 현대의 사냥꾼들은 19세기 사냥꾼들이 그림 안으로 말을 타고 들어가자 한숨 돌린다. 그리고 젊은 핀란드인이 영화에서 처음으로 러시아어로 "좋은 사냥이었어"라고 말한다. 그의 논평은 전통 사냥과 현대 사냥 장면 둘 다에 대한 것이지만, 또한 단어 'okhota'[사냥/열망―옮긴이]의 이중적 의미에 관한 것이기도 하다. 이

N. Benua) 같은 화가들과 19세기 말과 20세기 초의 다른 유명 화가들이 그린 그림을 포함하고 있다.

48 이 제목은 이 영화가 세계 초연된 1995년도 소치 오픈 러시아 필름 페스티벌 카탈로그에 수록되었다. Otkrytyi rossiiskii kinofestival. Sochi, 1995. 06. 1~13. Katalog fil'mov, p. 14.

사냥꾼들에게 행동을 촉발하고 이 영화의 인기를 부채질한 욕망의 열쇠는 영화의 긴 음주 장면들에 간간히 끼어드는 짧은 건배사에서 찾을 수 있다. "미를 위해", "우정을 위해", "형제애를 위해", "정의를 위해". 이 장면들은 코믹하고 확실히 비감상적인 장면들이긴 하지만 이 건배사들은 이 영화가 그 일화적 구조를 관통하여 기리고 있는 가치들을 나타내고 있다. 풍경의 아름다움, 사냥꾼들의 우정과 장난기 많은 형제애, 그리고 사냥꾼들의 안전뿐 아니라 이들이 의도적·우연적으로 사냥감의 안전 또한 보장하는 '정의'가 그것이다.

그러나 이 영화는 아름다움, 우정, 형제애, 정의를 찾는 사냥이 일어나는 공간이 동화나 환상의 공간임을 제시한다. 결국, 동화의 세계 속에서만 젊은 핀란드인은 영화 말미에 나오듯이 갑자기 러시아어를 말하기 시작할 수 있었고, 그의 상상의 세계가 천천히 시야에 말을 달려 들어올 수 있었다. 이 점을 가장 명확히 보여 주고 있는 장면은 가공할 눈사람이나 빅풋이 젊은 핀란드인을 지나 달려간 후 핀란드인이 자기가 방금 본 것을 러시아어 화자인 자기 동료들에게 설명하지 못하는 장면이다. 다른 동화적 요소로는 오두막 관리인이 자기 정원에서 만들어 낸 파인애플과 경찰 리볼버 권총이 요술같이 사라졌다가 다시 돌아오는 것, 그리고 새끼곰이 사냥꾼의 마스코트로 변하는 장면을 들 수 있다. 새끼곰의 첫 등장은 사냥꾼들을 공포에 질리게 했지만, 일단 곰이 무해하다는 것을 깨닫고 나자 이들은 일련의 코믹한 사진을 찍기 위해 곰과 포즈를 취하고 곰에게 알코올의 폐해에 대한 글을 읽어 준다. 이 모든 장면들의 누적된 효과는 칼을 쟁기날로 바꾸는 영화적 제련이다. 내부자와 외부자, 동과 서, 과거와 현재 간의 차이는 술취한 러시아 사냥 오두막 관리인이 불교식 정원을 가꾸며 거기서 명상하고 가끔 파인애플을 따는 이 영화에서

모두 미묘하게 흐릿해진다.[49]

　이 영화의 중심을 이루는 것은 젊은 핀란드인과 건청하인 러시아 농부muzhik인 관리인 쿠즈미치 간의 상호작용이다. 영화에서 핀란드인이 러시아 민족정체성의 구성요소에 대한 '문명화된' 외부 세계의 선입견을 대표하고 있다면, 쿠즈미치의 지독한 주취상태는 민족적 정신의 대안적 형태로 기려진다. 젊은 핀란드인은 책을 통해 얻은 정적인 러시아성의 개념을 갖고 있는데, 이 개념은 19세기 사냥의 생생한 이미지 속에, 그리고 핀란드인이 마치 레프 톨스토이의 『안나 카레니나』에 나오는 콘스탄틴 레빈마냥 건초베기를 해보는 장면에 제시되어 있다. 그는 진짜 사냥 혹은 '추적'이 자기들을 군사기지로부터 고립된 사냥 구역으로 데려간 보트에서 사냥꾼들이 첫 잔을 마셨을 때 이미 시작되었음을 깨닫지 못하고, 끊임없이 자기 친구들에게 "언제 사냥이 시작되죠?"라고 묻는다. 핀란드인은 또한 그가 담배꽁초를 줍기 위해 밴을 세웠을 때, 술마시기를 거질했을 때, 그리고 야영지를 돌아다니며 쓰레기를 주울 때 그의 동료들이 조소적으로 언급한 것처럼, '문명'을 대표한다. 그가 영화에서 처음으로 러시아어로 말하는 마지막 논평은 그가 참가한 '사냥'이 그가 꿈꿨던 것만큼이나 '좋았음'을 상징적으로 인정했다는 것을 나타낸다.

　이와 대조적으로, 쿠즈미치는 민속문학에 나오는 야만적이며 교활한 '악한' 농부로 이른바 포스트소비에트 시대의 플라톤 카라타예프라고 할 수 있다. 빅토르 비치코프의 탁월한 연기는 이 역을 코믹한 스테레오타입으로부터 자신의 불교식 정원을 가꾸고 동물을 사람처럼 대하며

---

49 나탈리야 시리블랴(Natal'ia Sirivlia)는 다음 문헌에서 이 영화에 대한 유사한 독해를 보여 준다. "Pole chudes", *Seans*, no. 12(1996), pp. 164~165.

길고 활기차고 종종 웃기는 '대화'를 젊은 핀란드인과 러시아어로 나누는 일종의 러시아 민족 영웅으로 변형시켜 놓았다. 쿠즈미치는 자기 세계의 모든 창조물을 동등한 존재이자 동포로 대한다. 쿠즈미치에게 있어 러시아성은 인간다움의 척도임을 이 영화는 제시한다.

블라디미르 호티넨코의 「무슬림」은 러시아성과 관련하여 매우 다르고 좀더 논란의 여지가 있는 관점을 젊은 러시아인 콜랴 이바노프 (예브게니 미로노프 분)의 이야기를 통해 제시하고 있다. 콜랴 이바노프는 아프가니스탄에서 전쟁 포로로 7년을 보내면서 이슬람교로 개종하고 자기 어머니 소냐(니나 우사토바 분)와 알콜중독자 형 페댜(알렉산드르 발루예프 분)와 함께 살기 위해 자신의 고향 마을로 돌아온다.[50] 영화의 시작 장면은 젊은 정교 사제가 찬송가를 부르며 들판을 가로질러 성큼성큼 걸어가는 롱 쇼트로, 관객이 이 영화가 바실리 슉신의 「칼리나 크라스나야」Kalina krasnaia, 1974와 유사하게 시골 생활에 기반을 둔 영적 갱생 스토리일 거라고 기대할 만한 무대를 조성해 놓는다.[51] 그러나 영화가 전

---

50 비록 「무슬림」이 로고슈킨의 「러시아 사냥의 민족적 특성」이나 미할코프의 「위선의 태양」의 성공에는 미치지 못한 것처럼 보이지만, 이 영화는 러시아 언론에서 엄청난 주목을 받았으며 러시아 텔레비전에서 방영되었고 러시아와 국제 영화제에서 많은 상을 휩쓸었다. 이 영화는 또한 1995년 아카데미 최우수 외국어 영화상의 러시아 후보작이었다. 「무슬림」이 받은 상 중에 1995년도 몬트리올 국제 영화제 은메달이 있으며 러시아 영화 기자 협회가 선정하는 그 해의 3대 최우수 영화 중 하나로 선정되었고 또한 많은 연기상들을 수상하기도 했다. 니나 우사토바 (Nina Usatova)와 알렉산드르 발루예프(Aleksandr Baluev)는 1995년 소치 영화제에서 최우수 연기상을 받았으며 우사토바와 예브게니 미로노프(Evgenii Mironov)는 「무슬림」에서 맡은 배역에 대해 영화 기자 협회가 선정하는 '올해의 배우'로 지정되었다. 이 영화에 대한 수많은 평론에서 나온 대표적 발췌 모음은 다음을 보라. "'Musul'manin': Pressa fil'ma", Chital'nyi zal: Kritiko-bibliograficheskii zhurnal o kino, no. 2(1995~96), pp. 114~128.

51 영화가 개봉되자마자 평론가들은 이 작품과 슉신 및 니키타 미할코프의 작품들 간의 친연성에 대해 언급했다. 호티넨코는 미할코프와 영화학교에서 동문수학했으며 그의 영화 「다섯 밤」(1978), 「오블로모프」(1979), 「친척」(1982)에서 조감독으로 일한 바 있다. 다음을 참조하라. Andrei Plakhov, "Predstavlenie o zhizni vsegda bednee zhizni", Kommersant-Daily(Moscow), 1995. 03. 24., p. 13; V. Belopol'skaia, "'Musul'manin': da, aziaty my…", Ogonek, no. 23(1995. 06.),

개되어 감에 따라, 슉신이 만든 영화나 '농촌산문' 유파 작품에서 나타나는 시골 '민속' 가치들의 이상화된 묘사에 만돈을 세기히는 현대 러시아 농촌 삶의 전망이 제시된다.[52] 이전의 영화나 소설 작품들이 농촌의 삶을 전통적·영적 가치의 보고로 제시하는 반면, 호티넨코의 영화는 러시아 농촌과 러시아 정교를 현대 러시아가 처해 있는 교착 상태로부터의 출구로 비신화화한다. 몇몇 비평가들이 주장하듯, 이 영화는 '무슬림' 콜랴를 '최고의 기독교인'으로 제시하고 있지도 않다.[53]

　많은 러시아 비평가들이 재빨리 눈치챈 바와 같이, 「무슬림」은 서로 대립하는 종교적 신앙 체계 간의 경쟁에 대한 것이 아니다. "[「무슬림」]에서 종교적 갈등은 무의미하다"라고 자라 아브둘라예바는 자신의 논평에서 주장한다. "이것들은 이데올로기적 대립이 아니라 … 단지 다양한 문화의 일상적 대립에 대한 가명일 뿐이다."[54] 드미트리 비코프와 V. 벨로폴스카야 둘 다 콜랴의 열성적인 이슬람교 예배를 그의 러시아성의 증거로 보고 있다. 비코프는 다음과 같은 이유로 이 영화가 이슬람교와 기독교 사이의 갈등과는 무관하다고 주장한다. "이 무슬림은 그 자신이 러시아인이며 … [그리고] 러시아인은 뭐든지 극단적으로 한다. 만약 그가 무슬림이라면 그는 [무슬림 중에서] 가장 규율 바르고 열성적인 무슬

pp. 68~69; Liudmila Dziubenko, "Kto tam na puti k bere?" Moskovskaia pravda, 1995. 04. 07., p. 3.

52 농촌산문에 대해서는 다음을 참조하라. Kathleen Parthe, Russian Village Prose: The Radiant Past(Princeton: Princeton University Press, 1992). 농촌산문 작품들에 근간한 소비에트 영화들에 대한 간단한 논의를 위해서는 다음을 보라. Anna Lawton, Kinoglasnost': Soviet Cinema in Our Time(Cambridge: Cambridge University Press, 1992), pp. 35~36.

53 예를 들어, 다음을 참조하라. Oleg Goriachev, "Odin Khristianin, i tot musul'manin…", Artfonar', no. 7(1995), p. 2; Anton Charkin, "Patrioticheskaia tragediia. Novye fil'm Vladimira Khotinenko: ideia edinogo Boga", Kul'tura(Moscow), 1995. 05. 20., p. 7.

54 Zara Abdullaeva, "Zhivye i mertvye", Iskusstvo kino, no. 9(1995), p. 9.

림이 될 것이며 그의 믿음으로부터 한치라도 물러서는 것을 거부할 것이다."[55] 이와 유사하게, 벨로폴스카야는 콜랴의 종교적 열의가 "단지 저항의 수단, 태어날 때 축복으로 부여받은 어떤 내부의 버팀목을 보존하기 위한 수단일 뿐이다… 기도하는 콜랴의 형상 안에는 대귀족 부인 모로조바와 대주교 아바쿰의 정열, 금욕적 독립성, 그리고 자기 희생적인 갈망이 뚜렷이 보인다"라고 주장한다.[56] 이 두 사람과 다른 평론가들에게 있어 이 영화는 근본적으로 '러시아적 기질'의 편협성에 대한 것이다. 또는 발레리 투로프스키의 말을 빌리자면 「무슬림」에서 [우리가 보는 것은] 남들 모두와 같은 사람들과 그들을 닮지 않은 사람 간의 분투이다".[57] 간단히 말해서, 이 영화는 특정한 차이들에 대한 것이라기보다는 차이 자체에 대한 러시아인들의 편협성과 더 관련이 있다. 몇몇 평론가와 영화제작자들 스스로 언급한 바와 같이, 이 영화에서 문제가 되는 가장 주요한 차이는 어떤 신을 '독실하게' 믿는 인물들과 그렇지 않은 이들 간의 차이이다. 그 신이 불리는 정확한 이름은 중요치 않다.[58]

비록 평론가 레프 안닌스키가 '지정학적 현실'인 갈등을 경솔하고 은유적으로 사용한 데 대해 영화제작자들을 비난했지만, 호티넨코와 그의 대본작가 발레리 잘로투하는 분명히 ── 그리고 부끄러움 없이 ── 콜랴의 이슬람 개종은 단지 '도발'이었으며 "[우리는] 무슬림에 대한 영

55 Dmitrii Bykov, "Perekhod v Indiiu", *Ekran i stsena*, 1995. 04. 6~13., p. 4.
56 Belopol'skaia, "'Musul'manin': da, aziaty my…", pp. 68~69. 대귀족 부인 모로조바와 대주교 아바쿰은 잘 알려진 종교적 순교자들로 17세기 중반 러시아 정교의 의례와 예배식의 개혁에 저항했기에 추방, 투옥, 죽음을 겪었다.
57 Valerii Turovskii, "Khristianin 'Makarov' i 'Musul'manin' Ivanov", *Izvestiia*, 1995. 04. 04., p. 7.
58 가령, 다음을 참조하라. Aleksandr Shpagin, "Novyi Vavilon", *Kul'tura*, 1995. 08. 05., p. 9. 또한 다음 문헌에 나타난 평론가 옐레나 스티쇼바, 호티넨코, 대본작가 발레리 잘로투하의 논평을 보라. Khotinenko & Zalotukha, "Musul'manin kak probnyi kamen'", p. 15.

화를 만들려고 의도한 것이 전혀 아니며 무슬림에 대해서도 거의 알지 못한다… 우리는 완전히 다른 어떤 것에 대한 영화를 만들었다. 주인공 자신은 이데올로기적이지 않다. 그는 단지 규칙에 따라 산다"라고 말했다.[59] 잘로투하는 자신들이 "그 누구도 —무슬림도, 러시아 정교 신자들도— 모욕하고 싶지 않았다"고 주장한다. 대신, 그들은 자신의 영화를 "오늘날 러시아 정신의 연구, 러시아 영혼의 상태 연구"로서 구상했다.[60]

'러시아 영혼의 연구'로서 「무슬림」에는 처음에는 "화해'라고 할 만한 것이 많지 않아 보일 수도 있다. 콜랴의 새로이 발견한 종교적 믿음과 그 신앙에 대한 전념적 고수는 콜랴를 그의 마을과 가족, 특히 폭력적인 전과자 형 페댜와 불화하도록 만든다. 한 결정적 장면에서 소냐는 자신의 두 아들 간에 화해를 가져왔으면 하는 바람에서 영화의 시작 장면에 나왔던 젊은 정교 사제를 저녁식사에 초대한다. 페댜는 가족 화합의 중요성을 말하는 사제의 설교에 감화되어 그들의 형제애를 새로이 다짐하는 표지로 콜랴가 집안의 이콘에 입맞출 것을 제안한다. 콜랴의 거절은 영화에서 가장 거친 싸움 장면 중 하나를 촉발시킨다. 훨씬 더 몸집이 큰 페댜가 자기 동생의 얼굴을 이콘 쪽으로 떠밀면서 성상을 보호하는 유리를 깨뜨린다. 콜랴는 돌아서서 도끼를 잡더니 밖으로 걸어나가 분노에 차 장작을 쪼개기 시작한다. 콜랴는 형이 자기 토착 교회의 원리에 충실한 것보다 더 자신의 비정교적 종교 원리에 충직했던 것이다.

---

59 Lev Anninskii, "Grustno zhit' na etom svete, gospoda…", *Iskusstvo kino*, no. 9(1995), p. 5; Khotinenko & Zalotukha, "Musul'manin kak probnyi kamen'", p. 15. 이 영화에서 이슬람교를 메타포로서 사용한 데 대해 안닌스키의 의견보다 더 긍정적인 해석을 위해서는 다음을 보라. Dmitrii Bykov, "Perekhod v Indiiu", p. 4; Antonina Kriukova, "Iavlenie, 'Musul'manina' narodu", *Nezavisimaia gazeta*(Moscow), 1995. 03. 31., p. 7.

60 Khotinenko & Zalotukha, "Musul'manin kak probnyi kamen'", p. 15.

이 영화에서 그 분노가 콜랴를 위협하는 살기등등한 '형제'는 페댜 뿐이 아니다. 영화 전반에 걸쳐 정체불명의 낯선 사람이 콜랴의 뒤를 밟는다. 마지막 장면에서 이 낯선 이는 그의 과거 '전우' 중 한 명, 다시 말해 콜랴의 아프가니스탄 주둔 소속 부대에서 정치 교육을 담당했던 중위로 밝혀진다. 이 익명의 전직 중위는 콜랴를 사로잡은 아프간 병사들로부터 그를 구출하려다가 죽은 한 군인의 복수를 위해 콜랴를 죽이고자 했던 것이었다. 콜랴가 일부러 사로잡혔다고 믿고 중위는 처음에는 그를 배신자로 여기지만 콜랴를 한 달간 관찰한 후에는 그를 죽이지 않기로 결심한다. 중위는 자신의 심경 변화가 그가 최근 러시아 정교로 개종하고 신약성경을 읽게 되면서 일어났다고 주장한다. 그러나 콜랴에 대한 자신의 화해를 숨기기 위해 중위는 콜랴가 "모든 정상적 사람들처럼" 성호를 긋기를 원한다. 왜냐하면 그것이야말로 그들 둘 모두를 "구했기" 때문이라고 그는 말한다. 콜랴가 이를 거절하자 중위는 괴로워하며 자기 머리를 움켜잡고 리볼버 권총으로 콜랴를 위협한다. 여전히 자기 머리를 움켜잡고 손에 쥔 권총으로 눈을 가린 채 무릎을 꿇을 때, 중위는 방아쇠를 당겨 탄환을 발사한다. 비록 총을 겨누고 있지 않은 것처럼 보이지만, 또는 심지어 쏘려고 의도한 것 같지 않지만, 중위는 콜랴의 종교적 신념이 자신이 새로 얻은 취약한 신앙체계의 안위에 가하는 위협에 저항하는 거의 우발적이고 반사적인 방어의 제스처로 콜랴를 죽인다.

이 영화는 콜랴의 신앙과 명목상 러시아 정교도인 마을 사람들, 그의 가족, 그리고 전직 중위의 신앙 간의 갈등을 어떤 단일 규범 코드를 토대로 공동체를——지역 공동체든 민족 공동체든 또는 특정 종파 공동체든 간에 —— 건설하려는 시도의 위험스런 무익함에 대한 우화로 제시하고 있다. 전직 중위가 자기는 모든 일을, "심지어 사격도", 왼손으로 하기 때문에 성호도 (러시아 정교에서 전통적으로 하듯이) 오른손이 아니라 왼손으로 긋는다고 설명할 때, 그의 신앙이 생명을 주는 것이라기보다는 죽음을 초래하는 것임이 확실해진다. 이와 비슷하게, 중위가 그 "작은 책" 곧 신약성서에 들어 있는 원칙 중 많은 것이 "시대에 뒤떨어졌다"고 주장하고 사람들이 서로 "때릴" 때 손보다는 총을 사용하는 세계에서 "다른 뺨을 돌려대는 것"의 무의미함을 예로 들 때, 그의 말은 이 영화의 인물들 대부분이 삶의 지침으로 따르고 있다고 주장하는 신앙과 그들의 행동 사이에 존재하는 어마어마한 거리를 보여 준다.

호미 바바가 논의한 민족정체성의 '교육'과 '수행' 간의 거리는 특히 호티넨코의 「무슬림」에서 두드러지게 나타난다.[61] 영화의 인물들 중, 오직 콜랴만이 자신의 종교적 믿음에 부합하는 생활을 한다. 그는 훔치거나 보드카를 마시거나 혼전관계를 맺는 것을 거부하며, 또한 대부분의 경우 자기 형과 싸우기를 거부한다. 그의 행동은 죄를 피하려는 열망과 "모든 것이 그래야 하는 바대로 되도록" 만들고자 하는 열망에 의해 동기화된다. 그가 자신의 전 여자친구이자 현재는 마을의 탕녀가 된 베라에게 말하듯이, "[사람들이] 신의 진짜 이름을 알게 되면 모든 것이 달라질 것이고 모든 것이 좋아지고 모든 것이 올바르게 될" 것이었다. 콜랴는 언제 이것이 일어날지 알지 못함을 인정하지만 "이것이 확실히 일어날 것"이라고 말한다.

현재보다 나을 미래에 대한 콜랴의 확신은 특정한 신앙에 대한 입에 발린 말보다는 어떤 것을 믿을 수 있는 능력의 결여로 특징지어지는

---

61 Homi Bhabha, "Dissemination: Time, Narrative and the Margins of the Modern Nation", in *The Location of Culture*(London: Routledge, 1994), pp. 139~170.

그의 가족과 마을 사람들로부터 그를 더욱 구별시킨다. 이러한 믿음 결여의 근원과 치명적 결과는 페댜의 캐릭터에서 가장 두드러지게 나타난다. 자기 아버지처럼 알콜중독자인 페댜는 자기 아버지가 몇 년 전 목을 맸던 바로 그 고리에 목 매려고 시도한다. 겉보기에 이는 페댜 역시 살아야 할 이유를 찾지 못하기 때문이다. 콜랴는 아슬아슬한 타이밍에 줄을 끊어 그를 내린다. 그러고 나서 알라에게 힘을 달라고 기도하며 천장으로부터 고리를 확 잡아당겨 뽑는다. 그리고 모인 마을 사람들에게 "더 이상" 스스로 목매달지 말라고 촉구한다.

역설적으로, 콜랴는 더 나은 미래에 대한 믿음과 "스스로를 목매달 이유가 없다"는 확신을 자신이 "태어난" 환경으로부터 소외됨으로써 얻게 된다. 이 영화에서 마을은 대단한 자연적 아름다움을 지녔지만 부패한 관리에 의해 군용 헬리콥터를 탄 이름도 얼굴도 없는 인간들에게 미국 달러를 얻기 위해서 문자 그대로 "강 하류 쪽으로 팔아넘겨"지는 곳으로 묘사된다.[62] 관리가 말한 것처럼 이 인간들은 "실질적으로 사람들이 아니라 신들"이다. 어느날 저녁, 달러가 가득 든 서류가방을 들고 집에 오는 길에 이 관리는 잠깐 수영하러 멈춘다. 거대한 돼지 머리가 물 속에서 솟아오르고 관리 위를 맴돌자 그는 공포에 질려 서류가방을 떨어뜨리고 그 내용물이 쏟아져나와 강에 떠내려간다. 다음날 아침, 마을 주민 모두가 ─콜랴를 제외하고─ 누군가의 표현처럼 "하늘에서 내려온 만나"처럼 나타난 마술 같은 달러들을 수거하기 위해 황급히 강으로 달려간다.

---

62 [옮긴이] '강 하류 쪽으로 팔아넘기다'([도와주기로 약속해 놓고] ~를 홀대[박대]하다)라는 표현은 미국 미시시피 강변의 대농장들에서 노예를 매매하던 관습에서 나온 것이다. 말썽을 피운 노예는 조건이 더 안 좋던 강 하류 쪽의 농장주에게 팔아 버릴 수가 있었다.

한편으로, 이 장면들에서 영화는 서구 물질주의가 전통적인 러시아 농촌과 종교의 가치를 대체했음을 아주 명백하게 보여 준다. 영화는 세속적인 것과 영적인 것 사이의 이 혼란을 서구 자본과 문화의 영향이 러시아 시골에 침투한 탓으로 돌리고 있다. 다른 한편으로, 돼지 머리의 상은 마을 사람들의 탐욕을 소비에트 과거와 연결시킨다. 돼지 머리가 떠오른 곳은 1930년대에 지역 소비에트 정권이 호수를 만들기 위해 이 지역을 수몰했을 때 수장된 교회가 끝없이 깊은 물 속에 감추어져 있기 때문에 마을 사람 중 아무도 수영하려 하지 않는 호수였다.[63]

이 영화는 이렇게 소비에트 시대에 자행된 마을의 도덕적 전통 파괴가 서구의 문화적·사회적 가치에 의해 마을 사람들을 "악령 들리게" 하는 토대를 마련해 놓았음을 암시한다.[64] 중위의 마지막 대사는 이 나라

---

63 이 물에 잠긴 교회 이야기는 1934년 모스크바에서 있었던 악명높은 구세주 성당 파괴를 떠올린다. 이 교회가 있던 곳에 스탈린은 거대하고 높은 소비에트 궁전을 세우려고 했다. 이 계획은 결코 실현되지 못했으며 거대한 야외 수영장이 대신 들어섰다. 이 수영장은 그 표면에서 솟아오르는 물안개에 숨어 벌어지는 불법적 성행위들로 모스크바에서 악명이 높았다. 모스크바 시장 유리 루슈코프의 주도로 원 교회보다 조금 더 작은 버전이 옛 터에 다시 재건되었다. 캐틀린 파르트(Kathleen Parthe)가 언급한 바와 같이, 물에 잠긴 시골 마을과 풍경들의 이미지는 그녀가 말한 "시골의 흐로노토프"의 실종에 대한 상징으로서 농촌산문에 되풀이하여 나타난다. 이 이미지의 사용은 발렌틴 라스푸틴의 『마초라와의 이별』(*Proshchan'e s materoi*, 1976)에서 가장 두드러진다. 이 작품과 다른 유사 작품들에 대한 논의는 파르트의 『러시아 농촌산문』(*Russian Village Prose*, pp. 64~65, 71~75)을 참조하라. 필자는 「무슬림」에서 수장된 교회가 농촌산문에서 물에 잠긴 풍경들과는 다른 상징적 기능을 수행하고 있다고 주장하고자 한다. 후자의 경우에는 일반적으로 물에 잠기긴 했지만 그럼에도 불구하고 눈에 보이는, 잃어버린 것을 애수 어리게 상기시키는 기제 역할을 한다. 「무슬림」에서 교회는 너무나 오래전에, 너무 깊이 물에 잠겨서 가장 집요한 잠수부를 제외하고는 누구에게도 보이거나 만져질 수 없다. 더구나, 돼지 머리가 호수의 물 속으로부터 솟아오를 때 이것은 교회를 전적으로 대체한 것으로 나타나는데, 이는 교회의 어떤 것도 남아서 부활할 수 없으며 교회의 부재로 만들어진 공백이 최종적으로 악마에 의해 채워졌음을 시사한다. 이 악마는 사라진 삶의 방식과 그것을 지탱했던 종교적 가치에 호소하는 것으로는 더 이상 이길 수 없다.

64 서구 매체의 잠식은 영화 전반에 걸쳐 분명히 드러난다. 가령, 베라의 금방이라도 무너질 듯한 오두막 벽에 도배된 액션 영화 포스터들과 마을 점원이 영화 전체에 걸쳐 때때로 흥얼거리는(한 장면에서 "아무도 그런 걸 더이상 부르지 않기"에 구식 민요 애가를 부른다고 소냐를 조롱하면서 흥얼거리는) 「파괴자 아메리카」("Amerika razluchnitsa")라는 팝송 가락에서 드러난다.

가 1991년 공산주의 지도부와 함께 쫓아내 버렸다고 생각한 악마보다 훨씬 더 나쁜 악마에 인물들이 홀려 있다는 이 영화의 의미를 강조한다. 중위는 두서없는 장황한 비판에서 자신을 신약 우화에 나오는, 원래 들려 있던 마귀가 '빈 곳'을 남기고 나가 버린 남자와 비교한다. 이 첫번째 마귀는 자기의 '빈' 집으로 다시 돌아오는데 자기보다 '더 악한' 일곱 마귀를 데리고 온다.[65] 중위는 콜랴가 자신의 '빈' 집에 "자기보다 더 나쁜 일곱 마귀를" 데리고 돌아온 원 마귀라고 주장하지만, 이 영화는 오히려 중위와 마을 사람들을 영화에서 도덕적 혼란으로 묘사되는 상태로 던져 넣은 것은 소비에트 권력의 붕괴에 의해 생겨난 도덕적·문화적 권위의 공백임을 보여 준다.

심지어 니나 우사토바가 원형적인 농민 어머니 대지로서 연기한 콜랴의 어머니조차도 콜랴가 아버지 무덤가에서 전통적으로 필요한 술 석 잔을 마시는 "우리의 법"을 이행하기를 거절하자 그의 얼굴에 보드카를 끼얹는다. 그녀는 또한 콜랴가 남아 있는 한 그녀가 페댜로부터 콜랴를 보호할 수도, 페댜를 페댜 자신으로부터 보호할 수도 없기 때문에 그가 마을을 떠나야만 한다고 말한다. 우사토바는 자신의 어머니가 자기 아들을 이런 식으로 떠나보내는 것을 상상할 수 없었기 때문에 이 장면이 가장 연기하기 어려웠다고 말한다.[66] 사실상, 이 장면은 모두 용서하고 사랑하는 농민 어머니라는 러시아의 스테레오타입에 어긋나며, 그렇기에 더더욱 러시아 영화와 소설이 전통적으로 관객에게 제공해 왔던 공식적 도시 문화의 부패와 타락으로부터 막아 주는 이전의 모든 피난처가 파

---

65 그가 언급하는 우화는 「마태복음」12장 43~45절과 「누가복음」11장 24~26절에 나온다.
66 Nina Usatova, "Zametki o russkom", *Iskusstvo kino*, no. 4(1996), p. 43.

괴되었음을 강조한다 우사토바의 연기는 슉신의 「칼리나 크라스나야」
와 미할코프의 「친척」 *Rodina, 1981* 같은 영화들과 솔제니친의 『마뜨료냐
의 집』 *Matrenin dvor, 1963*, 발렌틴 라스푸틴 Valentin Rasputin의 『마쵸라의 이별』
Proshchan'e s materoi, 1976 과 같은 농촌산문 작품들에서 잘 알려진 농민 어머니
의 상징적 이미지를 재창조한다. 그러나 이 영화 대본은 이들 이전 작품
들이 농민 여주인공들의 속성으로 묘사했던 도덕적 권위와 영적 확신을
우사코프에게 부여하지 않는다. 예를 들어, 솔제니친의 강박적으로 정직
한 마트료나와 달리 콜랴의 어머니는 집단 농장에서 훔치는 것을 가족
부양 의무의 문제로 본다. 콜랴가 자기네 소를 먹이기 위해 사료 몇 푸대
를 빼내러 형과 같이 가는 것을 거절하자 소냐 자신이 페댜와 함께 간다.
비록 소냐는 자신의 두 아들 다 사랑하지만, 영화는 그녀가 살고 있는 세
계에서는 콜랴의 아프간 수양아버지가 콜랴가 발견할 것이라고 말했던
"어머니 발치의 천국"을 발견하는 것이 더 이상 가능하지 않다고 주장한
다. 영화는 자기 아들들에게 그들이 찾는 피난처를 주지 못하는 농민 어
머니의 무력함에 대해 러시아 정교의 종교적 의례에 대한 그녀 자신의
무지라는 측면에서 부분적으로 설명하고 있다. 소냐는 자신의 두 아들을
화해시키기 위해 사제에게 달려가지만 그것은 어떤 심오한 종교적 믿음
에서 나온 것이라기보다는 필사적인 마음에서 나온 행동이다. 영화는 그
녀가 교회 예배에 참석하지 않고 그녀도 페댜도 교회력에 규정된 단식
일을 지키지 않는다는 것을 보여 주는데, 이는 그녀가 사제의 방문에 경
의를 표하기 위해 준비한 닭구이를 사제가 거절할 때 고통스러우리만치
명확히 나타난다.

이 모든 장면에서 영화는 마을 사람들의 러시아 '정교' 표방을 이들
의 삶의 방식에서 어떠한 변화의 가능성도 배제시켜 버리는 깊이 뿌리

박힌 외국인 혐오증에 대한 피상적 설명으로서 제시한다. 이와 동시에, 이 영화의 제작자들이 러시아 혐오증이 있다고 단정하기도 어려운 것은, 이 영화의 시각적 스타일이 영화의 플롯과 어긋나기 때문이다. 따뜻하게 비춰진 니나 우사토바의 클로즈업과 들판과 숲의 길게 이동하는 쇼트 등 촬영기법은 러시아 농민 어머니와 러시아 시골의 목가적 아름다움을 강조한다.

이 영화에서 '러시아 영혼'의 현 상태에 대한 해석을 이해하는 열쇠는 콜랴의 전직 중위가 인용하는 일곱 마귀에 다시 들리는 사람에 대한 신약성서 우화의 마지막 줄에 있다. "그 사람의 나중 상태가 처음보다 더 악화되었더라. 이 악한 세대도 그러하리라."[67] 호티넨코의 「무슬림」은 포스트소비에트 러시아의 영혼을 소비에트 과거사의 악마들에 의해 내장이 빼내지고, 물질적 이득에 대한 부패하고 무원칙적인 갈망의 악마들에게 새로이 사로잡혀서, 민족정체성의 그 어떤 의미 있는 개념으로도 구속되거나 인도받지 못하는 것으로 표현한다. 좌절된 화해의 많은 장면들과 신앙성서에 대한 지시는 이 영화의 중심부에 있는 역설을 강조한다. 격변의 시대에 보편적인 도덕적 규범이 지니는 강력한 호소력, 그리고 그 어떤 행동 규범도 모두를 위한 보편적 호소력이나 '권위'를 가질 수 없다는 것이 바로 그것이다.

이 영화는 풍성한 들판을 가로질러 성큼성큼 걸어가는 사제의 이미지와 더불어 시작하지만 마치 이곳과 이곳의 사람들을 사로잡고 있는 모든 악마를 쫓아내려는 듯 시골 소치기가 긴 채찍으로 공중을 힘차게 휘갈기는 장면으로 끝난다. 그러나 이 영화의 전체적 움직임은 그의 제

---

67 「마태복음」 12장 45절.

스처를 엑소시즘의 행위라기보다는 무력한 분노의 헛된 표현으로 읽어야 한다고 암시한다. 이 소치기는 중위 같은 외부인은 그기 무슨 말을 하는지 알아들을 수 없는 언어 장애를 가지고 있다. 그러나 수장된 교회가 있는 저주받은 호수의 전설을 얘기하는 것은 다름아닌 그이다. 러시아 농촌 삶의 잃어버린 목가적 전원을 상기시키는 장치인 소치기는 그 상실을 표현하거나 치유할 능력이 없다.

「무슬림」은 현대 러시아 문화를 「러시아 사냥의 민족적 특성」의 관점과는 전혀 다른 각도에서 살펴보고 있다. 두 영화 모두 과거와의 관계 속에서의 러시아 민족정체성에 주된 관심을 기울이고 있으며 둘 다 '외부인' 캐릭터를 행위의 촉매로 사용하고 있다. 그러나 로고슈킨의 태평스러운 사냥꾼들이 젊은 핀란드인을 자기네 무리로 흡수하여 자신들과 같은 사냥꾼으로 변모시키는 반면, 호티넨코의 독선적인 마을 사람들은 종교의 선택에서라기보다는 말과 행동이 유기적인 통합체를 이루는 삶을 살기를 고집한다는 점에서 자기들과 다른 인물이 자기들 사이에 존재하는 것을 참지 못하여 콜랴를 내친다. 「무슬림」은 국가 및 민족정체성의 실재론적 개념과 맹목적 애국주의 개념 둘 다 붕괴시킨다. 그러나 동시에 이는 러시아성 개념의 매개변인 밖에서 러시아의 문화적 정체성의 새로운 형태를 조직하는 것이 불가능함을 보여 준다. 러시아성의 개념은 이 영화에서 언어관습과 위협적인 '타자들'에 대한 방어로서 외에는 더이상 존재하지 않는다고 제시된다. 이 영화는 교회와 교회가 대표하는 가치들이 역사에 의해 유실된 나라에서 민족적, 가족적, 또는 사회적 화해가 가능하다는 환상을 지속시키기를 거부한다.

더욱이 로고슈킨은 집단적 취중 지복이라는 자신의 비전을 일상적 삶의 주변부에 놓는다. 그의 사냥꾼들은 가족, 직장, 국가, 그리고 도덕적 의무의 요구로부터 고립되어 있다. 호티넨코는 자기의 '무슬림' 주인공을 러시아가 지니고 있는 러시아 자신에 대한 전통적 개념, 곧 러시아의 시골 풍경의 한복판에 던져넣는다. 그러나 이 두 영화 모두 필자가 '화해의 영화'라고 부르는 것의 중심부에 있는 상반된 경향들을 매우 강력하게 전달하고 있다. 「러시아 사냥의 민족적 특성」은 판타지나 동화 비슷한 것으로 반복적으로 표현되는 과거와의 화해의 비전을 제시하고 있다. 한편, 「무슬림」의 파토스는 바로 인물들이 서로와의 화해를 자기파괴적으로 추구하는 데에서 오는데, 이들의 공유된 역사가 끊임없이 표면에 떠올라 이 화해를 가로막는다.

* 이 글을 위한 연구는 1994~97년 여름에 열린 소치의 국제 필름 페스티벌, 모스크바 국제 필름 페스티벌, 상트페테르부르크 국제 필름 페스티벌의 조직자들의 너그러운 환대와 샌디에이고 캘리포니아 주립대학교 대학 평의원회의 연구위원회가 수여한 여행 보조금에 크게 힘입은 바 있다. 나는 또한 초고들에 대해 지지와 세심한 논평을 보내 준 아델 바커, 헬레나 고실로, 블라디미르 파두노프에게 감사하며 이들이 제안한 흥미로운 연구 방향들을 언제나 따르지는 못했음을 유감스럽게 생각한다. 사실이나 해석상의 실수에 대한 모든 책임은 전적으로 필자에게 있음을 밝혀 둔다.

행성 러시아에는 규칙이 없다

포스트소비에트 관중 스포츠

로버트 에덜먼

소련이 무너지기 전, 대규모 관중 스포츠는 소비에트 대중문화의 독특한 한 유형이었다. 관중 스포츠는 필연적으로 자연발생적인 것이기에 통제하기가 결코 쉽지 않았고 공산주의 당국의 용인 또한 불러일으키지 못했다.[1] 대신, 관중 스포츠는 강력하지만 결코 전능하지는 않은 국가와 다채롭지만 질서 있지는 않은 사회 간의 '경쟁의 장'이었다.[2] 주로 남성들

---

1 Robert Edelman, *Serious Fun: A History of Spectator Sport in the USSR*(Oxford: Oxford University Press, 1993), pp. 7~25.

2 Stuart Hall, "Notes on Deconstructing 'the Popular'", in *People's History and Socialist Theory*, ed. R. Samuel(London: Routledge, 1981), pp. 227~240. '경쟁의 장'이라는 아이디어를 사용한 여러 가능한 예들 중 하나로 다음을 참조하라. A. Klein, "Sport and Culture as Contested Terrain", *Sociology of Sport Journal* 8(1991), pp. 79~85. 파시즘하에서의 스포츠와 여가활동에 대해서는 다음을 보라. Victoria de Grazia, *The Culture of Consent: Mass Organization of Leisure in Fascist Italy*(New York: Cambridge University Press, 1981); Richard D. Mandell, *The Nazi Olympics*(New York: Macmillan, 1971); John Hargreaves, *Sport, Culture and Power*(Cambridge: Polity, 1986), p. 118; Eric Hobsbawm, "Mass-Producing Traditions: Europe, 1870-1914", in *The Invention of Tradition*, ed. Hobsbawm & Terence Ranger(Cambridge: Cambridge University Press, 1983), p. 283; Pierre Bourdieu, "Sport and Social Class", *Social Science Information* 17, no. 6(1978), p. 830.

로 이루어졌던 소비에트 스포츠팬들은 국가가 그들에게 관람시키고자하는 스포츠가 아니라 자기들이 보고 싶은 스포츠를 관람했다. 그들은 당의 공식적 영웅이 아닌 자신의 영웅을 선택했고, 종종 공식적으로 허용된 행동의 좁은 반경을 넘는 불손한 방식으로 국가가 제공하는 스포츠 행사들을 소비했다.[3] 서구에서는 올림픽이라는 뒤틀린 프리즘을 통해 소비에트 스포츠를 알고 있었다. 국제적 차원에서, 당은 공산주의의 우월성을 과시하기 위해 올림픽 게임에서 '이기려고' 애썼다. 국내적으로는, 소비에트 운동선수들은 규율과 복종의 모델로서 공식적 가치를 고양해야만 했다. 이러한 차원에서 승리를 위해서는 주류와 비주류 종목을 막론하고 모든 국제 스포츠의 범주에 걸쳐 운동선수의 육성이 필요했다. 그러나 '거대한 붉은 기계'로부터 생산된 체조 선수, 피겨스케이트 선수, 역도 선수, 육상 스타들에게 진지하고 지속적인 관심을 쏟는 소비에트 스포츠팬은 거의 없었다. 올림픽 스포츠는 소련에서 관중 스포츠가 아니었다. 올림픽 종목 중 대부분이 관중의 흥미를 끌지 못한다는 단순한 이유에서였다. 오직 축구, 하키, 그리고 남자 농구만이 정기적으로 관중——주로 남자——을 스타디움과 텔레비전 앞으로 끌어모았다.[4] 올림픽 스포츠 시스템은 계획경제의 고전적 산물로서, 소련을 산업 대국으로 만들었지만 대중이 원하지도 필요하지도 않은 물건들을 생산해 낸 많은 댐과 공장들과도 같았다. 이와 대조적으로, 관중 스포츠는 그 만성적 실패가 소비에트 권력의 쇠퇴에 아주 중대한 역할을 했던, 우선순위가 한

---

3 Peter Stallybrass & Allon White, *The Politics and Poetics of Transgression*(Ithaca: Cornell University Press, 1986), p. 18; Michel de Certeau, *The Practice of Everyday Life*(Berkeley: University of California Press, 1984), pp. xii~xiii, xv, xvii.

4 비록 세 스포츠 모두 올림픽 프로그램에 있지만, 불가해하고 늘 바뀌는 올림픽 자격 규정 때문에 다른 대회들(월드컵, NHL, NBA)이 이 스포츠들의 가장 중요한 챔피언십 대회가 되었다.

참 낮고 오랫동안 저조를 견뎌 온 소비자 부문의 일부로 보는 것이 가장 적절할 것이다.[5]

관중 스포츠는 의도된 대로 체제에 대한 동의를 불러일으키는 대신 남성 소비에트 시민들에게 부적절하게 행동하고 소리높여 응원하고 자기들끼리 농담을 주고받는 장소를 제공했다. 1926년에서 1991년까지 축구 폭동은 소비에트 스포츠 씬의 일부였다. 운동선수들은 종종 필드에서 서로 싸웠다. 여러 공화국에서 자국 팀을 응원하는 것은 민족주의 정서에 대한 안전 장치 역할을 했으며, 소련 전역에 걸쳐 스포츠 인사에 대한 자유로운 비판이 대부분의 다른 활동 영역에서는 상상할 수 없었던 방식으로 가능했다.[6] 당국이 이러한 행위들을 소비에트 삶의 불만을 잠재우는 안전밸브로 조성한 것은 아니었다. 스포츠는 대단히 교훈적인 메시지를 가지고 있기 때문에 바흐친식 카니발의 오아시스로서 국한될 수 없었다. 팬과 선수, 임원들의 나쁜 행동은 끊임없이 문제가 되었고 못마땅해하는 언론과 실망한 당은 계속 이를 유감스러워했다.

그러나 소비에트 대중문화의 다른 많은 형태와는 달리, 좋은 보수를 받는 재능 있는 운동선수들이 뛰는 경기들은 고도의 기술로 수행되는 상대적으로 정직한 볼거리를 제공했다. 스포츠 행사에 대한 신문과 방송의 묘사는 현실의 가장 핵심적 부분을 드러내 보여 주었다. 소비에트적 맥락에서 이러한 차이는 중요했다. 올림픽 스포츠 시스템이나 거대한 체육의 날 퍼레이드와 달리(둘 다 스탈린 시대의 산물이다) 관중 스포츠는 어느 정도의 자율성을 얻었고 찾기 힘든 즐거움, 자발성, 재미를 위한 공

---

5 Edelman, *Serious Fun*, p. 250.
6 소비에트 스포츠 팬의 자율성과 민족주의 방패막으로서의 스포츠 사용에 대해서는 다음을 보라. Simon Kuper, *Football against the Enemy*(London: Phoenix, 1994), pp. 46~47.

간을 시민들에게 제공했다. 관중 스포츠가 공산주의 당국에 대해 체제전
복적이었다고 주장하는 것은 너무 멀리 가는 얘기겠지만, 돌이켜 볼 때
관중 스포츠가 체제를 좀먹는 효과가 있었다고 표현하는 것이 정당할
것이다.[7]

　그러나 오늘날 관중 스포츠는 그 예외적 성격을 상실했다. 현대 러
시아에서 '경쟁의 장'이 아닌 공적 또는 사적인 삶의 부문을 하나라도
생각해 내기란 어렵다. 모든 종류의 경계 일탈이 흔한 것이 되어 버리자
'일탈적 행위' 또한 특별한 정치적 또는 문화적 의미를 지니지 않게 되었
다. 포스트소비에트 대중문화는 소비에트 대중문화보다는 덜 독특한 것
임이 드러났다. 스포츠에 대한 강한 잠재적 흥미가 남아 있음에도 불구
하고 이제 스포츠를 관람하는 러시아인은 거의 없다. 대부분 외국 것이
지만 그렇다고 전적으로 그렇지만은 않은 현대 영화, 텔레비전, 라디오,
음악, 비디오 게임들이 수많은 후기 소비에트 오락[곧 관중 스포츠—옮
긴이]이 누렸던 것보다 더 큰 인기를 얻고 있다. 가장 큰 관중 스포츠 소
비자 그룹인 젊은 남자들은 다른 흥미거리들을 발전시켰다. 이전에 소련
이라 불렸던 이 나라에는 즐거운 시간을 보내는 수많은 방법이 있다. 스
포츠는 포스트소비에트 오락 산업의 한 부분에 불과하게 되었다. 여기에
서 특히나 러시아인들은 점점 더 균질화되는 글로벌 대중문화의 강력한
영향을 뿌리치기 어려워하고 있다.[8]

　러시아 스포츠 행사와 그에 참여하는 운동선수들은 극도로 경쟁적

7 Richard Stites, *Russian Popular Culture: Entertainment and Society since 1900*(Cambridge:
　Cambridge University Press, 1992); Svetlana Boym, *Common Places: Mythologies of Everyday Life
　in Russia*(Cambridge: Harvard University Press, 1994).
8 러시아 텔레비전 해설가 빅토르 구세프와의 인터뷰. 미국 텔레비전 회사 ESPN에 의해 1996년 6월
　11일에 모스크바에서 진행되었음.

인 세계 시장에서 생산되고 소비되는 상품이 되었다. 운동선수의 재능에 대한 국제적 수요는 '운동선수 국외유출'을 가져왔고 러시아 국내 스포츠 리그로부터 스타들을 빼앗아갔다. 그 결과 경기 수준은 떨어지고 관객 수는 줄어들게 되었다. 경기 수준 하락을 악화시킨 것은 완전히 반대되는 종류의 과정, 곧 소련의 해체에 아주 핵심적인 역할을 했던 원심적 민족주의였다. 오늘날, 각각의 신생 독립국가는 자기네 스포츠 리그를 가지고 있는데, 이 리그들은 구 전全-소련 리그들을 대체하고 나아가 모든 곳에서 경기의 질을 낮추는 결과를 가져왔다.[9] 이렇게, 글로벌 상업화와 지역 민족주의의 모순적인 힘들은 제각기 국내 스포츠의 매력을 감소시켰다. 국내 스포츠는 이제 대중문화의 보다 다이나믹한 형태들과 관객을 놓고 경쟁하고 있다.

이러한 문제들에도 불구하고, 구 소련 안팎의 강력한 힘들이 오락산업의 이 부문에서 우위를 점하기 위해 경쟁하고 있다. 민영화론자들은 팀과 리그의 지배권을 놓고 지방 및 중앙 정부 관료들과 싸우고 있다. 상업적 기업가들과 스포츠 에이전트들은 러시아의 수많은 스포츠 인적 자원으로부터 이윤을 얻기 위해 애쓰고 있다. 이 모든 비즈니스 활동 뒤에 숨어 있는 것은 조직범죄인데, 이것의 정확한 역할을 특정하기는 불가능하지만 여러 설에 따르면 그 어떤 비즈니스 영역에서만큼이나 만연해 있다고 한다.

흥미롭게도 두 힘 중에서 민족주의는 포스트소비에트 관중 스포츠의 초기에 더 큰 영향을 주었다. 1990년 초 민족 독립 투쟁과 더불어 조지아인들과 리투아니아인들은 자기네 운동 클럽이 더 이상 전-소련 스

---

9 Komsomol'skaia pravda(Moscow), 1962. 04. 25.

포츠 리그에 참가하지 않을 것이며 자국 선수들이 국제 경기에서 소련을 대표하지 않을 것이라고 선언했다. 거의 2년 후, 소련이 해체되었을 때, 각 신생 국가들은 각자의 스포츠 리그를 구축했다. 특히 가장 인기 종목이던 축구에서 그러했다. 유럽의 예를 융통성 없이 따르다 보니, 러시아 리그를 포함한 각 신생 리그들은 약 스무 개의 팀을 필요로 했다. 그러나 민족주의적 열정의 첫 분출 후, '대규모' 축구를 지원할 만큼 충분히 큰 도시도 충분히 재능 있는 선수들도 충분하지 않다는 것이 곧 분명해졌다. 관중 수는 거의 모든 곳에서 급락했다. 왜냐하면 팬들이 옛 다국가 소비에트 리그가 실상 높은 수준의 경기력을 제공했다는 것을 알게 되었기 때문이다.

민족주의는 제쳐두고라도, 모든 스포츠에 대한 흥미가 페레스트로이카 시대 동안 내내 스러져 가고 있었다. 1987년까지도 소비에트 리그 축구는 여전히 게임당 평균 2만 7천 명의 팬을 끌어모으고 있었다. 그러나 경제 위기가 악화된 1991년 즈음이 되자 대부분의 소비에트 시민들은 먹고 사는 데 너무 바빠서 경기장에 나타날 수 없게 되었다. 소련 붕괴 후에는 관중 수가 더더욱 곤두박질쳤다. 포스트소비에트 경기 첫 해에는 평균 6천 명 이하의 팬들이 신생 러시아 리그의 경기들을 관람했다. 다른 곳에서는 수치가 훨씬 더 나빴다.[10]

증발하다시피 사라진 팬들의 흥미는 오늘날 고르지 못하게 회복되었다.[11] 임원들이 자기들의 리그를 재조직하고 자본주의 오락 시장에서 경쟁에 대한 교훈을 얻게 됨에 따라 팬들이 돌아오기 시작했고 몇몇 선

10 *Komsomol'skaia pravda*, 1992. 06. 30.
11 *Sportekspress*(Moscow), 1995. 11. 11., 1996. 05. 17.

수들은 고국으로 복귀했으며 자본 또한 스포츠 쪽으로 움직였다. 마침내 1996년에는 축구 관중이 마지막 소비에트 시즌의 결코 인상적이지는 않았던 평균치에 근접하게 되었다. 농구에서는 1994년 작지만 견고하게 조직된 성공적인 리그가 확립되었다. 반면 하키는 큰 문제들에도 불구하고 모스크바 밖에서, 특히 지방 공장들이 성공적으로 민영화된 도시들에서 팬들을 계속적으로 끌어 왔다.

1. 운동선수 디아스포라

역사적으로 관중 스포츠가 재미있는 오락이었던 이유는 전세계에 걸쳐 관객 대중이 재능 있는 소수의 비범한 재주를 목도하는 데서 즐거움을 얻었기 때문이다. 1917년 혁명 직후, 이 내재된 엘리트주의 때문에 스포츠 관람은 초기 소비에트 체육 이론가들에게 문제가 있는 것으로 여겨졌다. 이들은 수동적 관전 행위에 의해서 야기되는 운동선수들의 프로화와 상품화에 반대했던 것이다.[12] 그러나 20여 년간의 논쟁 끝에 그러한 거리낌들은 1930년대 중반 문화·사회의 스탈린주의적 위계화를 거치며 극복되었다.[13] 제2차 세계대전 이후 관중 스포츠는 특히 축구가 대중 구경거리로 급격히 인기를 얻게 되면서 더욱 확장되었다. 이전에는 노동 계급에 의해 배타적으로 애호되었던 축구는 그 사회적 기반을 드라마틱하게 확장하여 경기당 평균 3만 5천 명의 관중을 동원하게 되었다. 전쟁

---

12 James Riordan, "Worker Sport within a Worker State: The Soviet Union", in *The Story of Worker Sport*, ed. Arnd Kruger & James Riordan(Champaign, Ill.: Human Kinetics Press, 1996), p. 54.

13 Moshe Lewin, "Society, State and Ideology during the First Five-Year Plan", in *Cultural Revolution in Russia*, ed. Sheila Fitzpatrick(Bloomington: Indiana University Press, 1978), p. 50; Fitzpatrick, "Stalin and the Making of a New Elite", *Slavic Review* 39(1979), pp. 377~402.

으로 인한 대대적 손실과 스탈린 시대 후기의 억압에도 불구하고 소비에트 팬들은 문자 그대로 스타디움을 터져나가도록 메웠고 삶의 다른 면에서는 거의 찾아보기 힘든 즐거움과 자발성으로 스포츠 경기를 소비했다.

축구의 대표적 선수들──레프 야신, 프세볼로드 보브로프, 니키타 시모냔, 이고리 네토, 에두아르드 스트렐초프──은 공공 대중에 의해 숭배되었다. 1970년대 동안 발레리 하를라모프와 알렉산드르 야쿠셰프 같은 최고의 하키 인재들은 다수의 농구 선수들이 받은 것과 유사한 대우를 받았다. 그러나 이들이 상대적으로 특권을 받기는 했지만 서구식으로 사치스런 삶을 누린 것은 아니었다. 공식적으로는 아마추어인 소비에트 남녀 운동선수들은 서구의 프로 팀으로부터 여러 번 거듭하여 초청되었다. 그러나 이들은 자기 국적을 버리지 않고서는 외국에서 뛰도록 허용받지 못했다. 국적 포기는 1989년까지 아무도 감히 택하지 못했던 행동이었다.

페레스트로이카 기간 동안 선수들은 서구에서 큰 돈을 위해 경기를 하고 또 그 돈을 서구에 보관하고 싶은 열망을 표현할 수 있었다. 동시에 스포츠 임원들은 선수들이 달러의 중요한 원천이 될 수 있다는 것을 깨닫게 되었다. 시험적으로, 몇몇 베테랑 축구 선수들이 1987년 한 해 동안 오스트리아에 가는 것이 허용되었다. 다음 해 소비에트 선수들이 유럽 축구 선수권대회 결승전에 진출했을 때 이들에 대한 수요는 압도적으로 높아졌다. 몇몇 톱 플레이어들이 강력한 스페인 및 이탈리아 리그의 팀들과 계약을 체결했을 때 수백만 달러가 건네어졌다(이 중 운동선수 자신에게 돌아간 것은 거의 없었다). 하키와 농구 선수들도 곧 그들의 선례를 따랐다.[14]

페레스트로이카 마지막 시기에 정부는 이 과정을 통제하려 시도했지만 선수들, 서구 에이전트, 자본주의 팀들로부터의 압력이 그 제야을 약화시켰다. 그럼에도 불구하고, 선수 유출은 수십 명의 확실히 정평이 난 사람들에게만 한정되었다. 그러나 1992년 후에는 그 가느다란 흐름이 홍수가 되었다. 러시아에서도 신생 독립국가에서도 선수 시장에 대한 모든 통제가 걷혔다. 1995년경에는 300명 이상의 축구 선수, 700명 이상의 하키 선수, 그리고 100명 이상의 농구 선수들이 북아메리카, 아시아, 서유럽 및 동유럽에서 뛰고 있었다.[15] 라틴아메리카와 아프리카에서 그렇듯이, 포스트소비에트 국내 리그는 자본주의 스포츠를 위한 '농장 팀'이 되어 버렸다.[16] 이 새롭고 불편한 종속적 상태 때문에 러시아인이 국제 경기 출전을 위해 자기 선수들을 모으고 이적료를 챙기고 자기 클럽을 수익성 좋은 유럽 경기에 출전시키는 것이 어려워졌다.[17]

1992년에서 1994년 사이에 구 소비에트 출신 선수들은 거의 어떤 급료로라도 어떤 곳에서든 일할 용의가 있었다.[18] 러시아와 신생 독립국가들은 아주 다양한 정도의 용의주도함을 지닌 수백 명의 자본주의 선수 사냥꾼들에게 침략을 당하고 있었다.[19] 18세 축구선수들과 15세 하키 천재들은 에이전트를 얻었다. 서구의 팀들이 러시아인 스카우트 담당자를 고용하자 모스크바뿐 아니라 가장 깊은 내륙의 시골 무대에서도 선

14 *Sportekspress*, 1995. 12. 07.

15 *Sportekspress*, 1995. 12. 27.

16 *Sportekspress*, 1996. 02. 08.

17 *Komsomol'skaia pravda*, 1992. 03. 17., 1992. 04. 08., 1992. 05. 30.; *Sportekspress*, 1996. 03. 01., 06. 01.

18 *Sportekspress*, 1995. 12. 07., 1996. 01. 30.

19 *New York Times*, 1995. 07. 08.; *Sportekspress*, 1995. 11. 17., 1996. 01. 23., 1996. 03. 02.

수들이 발굴되었다. 대부분의 구 소비에트 클럽들이 공공 지원을 잃게 되면서, 관련된 개인들에게나 스포츠의 미래에 미칠 결과와 상관없이 생존하기 위해서는 재능 있는 선수들의 대량 이적에 참여하지 않을 수 없었다.[20]

이러한 인재 조달 시스템의 가장 눈에 띄는 효과는 스파르타크 모스크바 축구팀에 나타났다. 이전에 대규모 스포츠를 지배했던 군이 아니라 민간인에 의해 1935년에 창립된 스파르타크는 모스크바 대중이 가장 좋아하는 팀이자 러시아를 통틀어 가장 인기 있는 클럽이었고 지금도 그러하다. 이 팀은 신생 러시아 리그의 첫 5년 동안 리그에 군림했으며 오직 1995년에만 챔피언십을 따지 못했을 뿐이다. 이 팀은 또한 국제 경기에서도 좋은 성적을 냈고 그 선수들은 국가대표팀의 중추 역할을 했다. 매년 스파르타크의 스타들은 유럽 클럽들의 주목을 받았기에 매년 팀은 구 소련 전역에서 뽑힌 젊은 선수들로 재충원되어야 했다.[21]

대규모의 엑소더스에도 불구하고 러시아 팬들은 러시아를 떠난 구 소비에트 선수들에 대해 강렬한 관심을 계속 가지고 있었다. 서구에서 스타덤에 오른 축구선수는 몇 되지 않았지만 북미의 하키 '외인부대원'들은 훨씬 더 잘했고 하키 '소비에트 파'에 대한 엄청난 자부심을 불러일으켰다. 그러나 이러한 발전은 러시아 팬들에게 (다양한 정치적 견해를 막론하고) 뒤섞인 복잡한 감정을 맛보게 했다. 스포츠 인적자원 글로벌 시장에 참여하는 것이 '보통의 문명화된' 세계에서 사는 것의 일면으로 여

20 글로벌라이제이션으로 인해 지역들에 미쳤을 수 있는 결과들과 지역들의 저항 능력에 대해서는 다음을 참조하라. J. Maguire, "Sport, Identity Politics and Globalization: Diminishing Contrasts and Increasing Varieties", *Sociology of Sport Journal* 11(1994), pp. 398~427.

21 *Sportekspress*, 1995. 12. 08.

겨지는 만큼, 다수의, 특히 친시장주의의 대중들은 만족해했다. 그러나 스포츠 글로벌라이제이션의 과정은 세계에서 러시아가 지니는 천개의 종속적 지위를 확증하는 것이었으며 따라서 그 효과가 의문시되었다. 한편으로, 운동선수 디아스포라는 미국에 근거지를 둔 국제 매니지먼트 그룹IMG이나 스페인 에이전시 도르나 같은 다국적 거대조직에 반해 세계 곳곳에서 표출되고 있는 것과 동종의 민족주의적 분개를 러시아인들 사이에 불러일으켰다. 이 두 조직은 러시아인 운동선수들을 사고 파는 데 적극 개입하고 있었던 것이다.[22] 다른 한편으로는, '운동선수 국외유출'은 애증이 공존하는 포스트소비에트 스포츠팬들로 하여금 옛 국경 밖에서 오락거리를 찾게 만드는 문화적 균질화 효과를 가지고 왔다.

1994년 중반까지 경제가 어느 정도 안정을 찾게 되면서, 러시아 관중 스포츠는 느리고 변덕스럽긴 해도 회복되기 시작했다. 글로벌 시장에 대한 조용한 저항이 가능하긴 했지만 러시아 선수 사냥을 추진하고 있는 외부 기업 세력의 방식을 차용함으로써만 가능했다. 합법적으로든 비합법적으로든 '비즈니스' 부가 형성되고 있었고 이 '새로운' 돈의 일부가 스포츠로 움직여갔다. 허세스럽게 부유한 '신흥 러시아인'은 부의 상징들을 획득하기 시작했고 스포츠는 그들의 돈을 유치하는 (또는 숨기는) 한 장소가 되었다. 증가한 후원을 통해 ——그리고 몇몇 경우에는 부유한 개인이 실제로 소유주가 되어 —— 대중 스포츠계에서 러시아 클럽은 그들의 스타 중 일부를 보유할 수단을 얻게 되었다.

러시아 팀들이 다른 구 소비에트 공화국들로부터 최고의 선수들을

---

22 Peter Donnelly, "The Local and the Global: Globalization and the Sociology of Sport", *Journal of Sport and Social Issues* 20, no. 3(1996), p. 248.

끌어오는 것도 가능해졌다. 러시아가 서구에 대해 약체라면, 러시아는 신생 독립국가들에 대해 유리한 위치를 누리고 있었다. 다양한 러시아 리그의 톱스타들이 여섯자리 달러 급료를 받는 것이 가능해지면서 주요 러시아 클럽들은 기이한 네오-소비에트식 계급제도를 시행했다. 축구에서 스파르타크는 정규적으로 우크라이나인들을 고용했으며, 반면 부유한 북오세티아 도시 블라디카프카스 팀인 1995년 챔피언 알라니야는 조지아 선수 몇 명과 일단의 중앙 아시아 유명선수들로 이루어진 라인업을 자랑했다. 더 좋아진 급료와 경기력을 갖춤으로써 러시아 리그는 아직 서구 스카우트 담당자들의 관심을 끌지 못한 젊은 선수들에게 매력적인 대안이 되었다. 그러나 러시아에게 좋은 상황은 우크라이나와 조지아에게는 불리한 것이었는데 이는 그 지역과 그 외 다른 곳들의 국내 경기가 계속해서 침체되었기 때문이다.

향상된 재정상태 덕분에 다수의 스타들을 다시 러시아로 불러 오는 것이 가능해졌다. 러시아 농구 '수퍼 리그'의 두번째 시즌 동안 유럽 클럽에서 뛰던 몇 명의 국가대표팀 선수들이 모스크바에서 뛰기 위해 돌아왔다. 이들의 출현은 팀 전력과 관중동원에 예상대로 긍정적인 영향을 끼쳤다.[23] 같은 방식으로, 스파르타크는 1995년 축구 시즌 후반기 동안 이전 자기네 스타들 중 세 명을 다시 뛰게 하는 데 성공했다. 이로 인해 이 팀은 유럽 챔피언 리그에서 좋은 실적을 올릴 수 있었다.[24] 2급 선수들도 또한 재정이 덜 탄탄한 유럽 리그보다는 본국에서 뛰는 것이 더 수익이 높고 편안하다는 것을 알게 되었다.[25] NHL에 나갈 만큼 기량이 뛰어나지 않은 하키 선수들은 고국에서 다시 뛰는 것이 실행가능한 방안이 되었음을 일게 되었다. 디트로이트 레드 윙 포워드인 뱌체슬라프 고즐로 프는 미국 인터뷰어에게 다음과 같이 말했다. "이제 러시아에서 급료를, 좋은 급료를 지불하기 시작하고 있습니다. 어떤 이는 여기로 [미국에] 마 이너 리그를 뛰러 오는 것을 원치 않습니다. 왜냐하면 러시아에서 충분 히 돈을 벌고 있기 때문이지요. 여기서 선수들이 커리어를 끝낼 때 러시 아에서는 몇 년 더 뛸 수 있거든요."[26] 코즐로프의 팀 동료인 뱌체슬라프 페티소프는 이 새로운 트렌드가 러시아 국내 하키에 긍정적인 영향을 주었다고 확인해 주었다. "지난 5년간은 경제적으로 힘든 상황이었습니 다. 사람들은 가족에 대해 걱정해야 하고 생계를 이으려 애씁니다…. 이 제 러시아에서 상황은 보다 안정되었고 사람들은 하키에 더 많은 관심 을 가지고 하키 경기를 관전하러 옵니다."[27] 향상된 여건의 증거로, 더 이 상 NHL 로스터에 낄 수 없는 노장 수비수 알렉세이 카사토노프가 미국 에서 몇 년을 보낸 후 1996년 육군 중앙 스포츠 클럽TsSKA에서 뛰기 위해 돌아온 것을 들 수 있다. 그리고 스파르타크 하키 팀의 예전 멤버 다섯 명은 유럽에서 한동안 뛴 후 모두 삼십대에 러시아로 돌아왔다.[28]

팬들이 좋아하는 옛 선수들을 다시 데려오는 것 외에도 러시아 클럽 들은 제한된 수의 외국 선수들을 데려올 만큼 재정이 충분하게 되었다. 재조직된 농구 리그의 첫 해(1994~1995) 동안 열두 명 이상의 미국인들 이 재미있는 미국식 경기를 러시아에 선보였다. 팬들은 '이국적 수입선 수들'을 보기 위해 경기장을 찾았지만 초청 선수들 중 아주 출중한 기량

26 Viacheslav Kozlov, 1996. 06. 03. 디트로이트에서 ESPN과의 인터뷰.
27 Viacheslav Fetisov, 1996. 07. 11. 디트로이트에서 ESPN과의 인터뷰.
28 Sportekspress, 1996. 09. 14., 1996. 09. 19.

을 보인 선수는 거의 없었다. 모두 미국 흑인이었던 초청 선수들은 코트 안팎에서 수위 높은 인종차별을 받았고, 그들의 러시아인 경쟁자들보다 별로 나을 것이 없음이 드러났다.[29] 리그의 두번째 해에는, 임원들은 외국 선수들을 데려오는 대신 예전 소비에트 스타들을 다시 끌어들이는 데 돈을 투자했다. 관람객 수는 계속 증가했고 러시아 클럽들은 국제 경기에서도 선전했다. 이와 유사한 방식으로 브라질 선수와 나이지리아 선수들이 몇몇 러시아 축구 클럽의 라인업에 자리를 차지했다.[30]

이 거래들 중에서 어떤 것도 러시아와 외부 세계 간의 스포츠 무역의 균형을 급작스럽게 바꾸지는 못했다. 구 소련은 여전히 운동선수 자원의 純-수출국이었다. 그럼에도 불구하고 새로운 계약들은 초기 포스트소비에트 몇 년간의 하락 경향이 역전되었음을 보여 주었다. 러시아는 더 이상 모두의 먹잇감이 아니었지만, 이러한 전환이 맹목적 애국주의를 불러일으켰다고 말할 수는 없다. 오히려, 새로운 발전들은 과도하게 서구 위주인 스포츠 비즈니스 세계에 대한 공산주의적·민족주의적 비판을 둔화시켰다. 그리고 스포츠의 퇴조가 1995년 동안 완화되기 시작하자, 시장의 반대자들은 자신의 비판을 다른 비-스포츠 타깃으로 돌렸다.

그러는 동안, 새로운, 고르지 않은 안정 속에서 오랫동안 사랑받아 온 이 오락들은 개선된 흡입력에 힘입어 또 다른 종류의 타깃으로 변모했다. 비즈니스계뿐 아니라 정부에 있는 다양한 지방 실력자들이 스포츠 산업에 다시 개입해 대규모 대중 스포츠와의 연계 특권 일부를 되찾으려고 애썼다. 다시 한 번, 관중 스포츠는 '경쟁의 장'이 되었다. 그러나 이제

29 *Sportekspress*, 1995. 02. 07.
30 *Sportekspress*, 1996. 07. 30.

는 경쟁이 훈시적인 중앙 국가와 즐거움을 좇는 경계일탈적 대중 간의 것이 아니었다. 대신, 경쟁하는 엘리트들 산에 지배권 분쟁이 나타났다.

2. 리그의 재조직과 팀의 재설계

소련 붕괴 후, 세 가지의 대중 관중 스포츠는 새로운 환경에서 리그를 조직하는 과제를 각각 다른 방식으로 처리했다. 이미 언급한 바와 같이, 축구에서는 완전히 러시아만의 리그가 구 소비에트 리그와 같은 규모로 형성되었다.[31] 1994년 농구 수퍼 리그가 조직되었는데 이 리그는 갑자기 비싸진 여행경비를 줄이기 위해 지리적으로 밀집된 지역에 위치한 재정이 탄탄한 여섯 팀에 국한되었다.[32] 하키에서는 구 소비에트 리그를 국제 하키 리그로 개칭하는 믿을 수 없이 간단한 방법을 취했다. 러시아인들이 언제나 하키계를 지배해 왔기 때문에 우크라이나, 벨라루스, 라트비아, 카사흐스딴의 클럽들은 새로운 방식에 따라야 했다. 리그는 규모 면에서 두 배가 되어 28개 팀에 이르렀고, 이 팀들의 대부분은 성공적으로 민영화된 공장들이 강팀들을 지원하면서 모스크바의 오랜 스포츠 독식에 도전장을 던진 야로슬라블, 마그니토고르스크, 톨리야티 같은 지방 도시의 팀들이었다.[33] 이러한 방식은 선수들의 대규모 유출에도 불구하고 특히 변방 지역에서 팬들의 흥미를 유지하는 데 성공적인 것으로 나타났다. 그러나 클럽들이 시즌의 중요한 시점에 주력 선수들을 국제 경

31 *Sportekspress*, 1995년 11. 11., 1996. 03. 19., 1996. 04. 12., 1996. 05. 17., 1996. 07. 19.
32 *Komsomol'skaia pravda*, 1992. 01. 14.; *Sportekspress*, 1995. 04. 16.
33 *Sportekspress*, 1996. 10. 31., 1995. 11. 13., 1995. 11. 30., 1995. 12. 16., 1996. 01. 13., 1996. 01. 23., 1996. 04. 04., 1996. 07. 12.

기에 빼앗기게 되자 리그와 신생 국가연방들은 곧 관할권 분쟁에 휘말리게 되었다. 1996년이 되자 이 네오-소비에트 방식은 실행불가능한 것으로 판명되었고 순수히 러시아만의 리그로 대체되었다.[34]

이 세 가지 접근방식 중에서 농구의 경우가 적어도 얼마 동안은 가장 성공적이었다. 리그 경기의 텔레비전 방송은 종종 주간 NBA 하이라이트 프로그램보다 더 높은 시청률을 올리곤 했다. 러시아 팀들은 유럽 클럽 대회에서 선전했고 팬들이 가득찬 자기네 작은 경기장에서 지속적으로 국제 경기를 열었다. 이 진전은 새로운 집단과 개인들로부터 유입된 에너지 및 자금과 더불어, 신러시아의 제한된 스포츠 발전가능성에 대한 현실주의를 통해 가능했다. 새로운 리그의 추동력은 블라디미르 로디오노프라는 사라토프의 백만장자였다. 그는 자신의 고향 팀 아프토도로쥬니크(1997년도 챔피언)의 소유주이자 동시에 수퍼 리그의 회장으로서 전형적인 러시아식 이해의 충돌에 처해 있었다.

다른 비즈니스 이익단체들은 육군 중앙 스포츠 클럽TsSKA이나 디나모 모스코 같은 오랜 소비에트 리그 클럽들의 스폰서가 되었다.[35] 그러나 이 성공은 오래가지 못했다. 육군 중앙 스포츠 클럽과 디나모 모스코의 스폰서들은 다음 두 시즌 동안 클럽을 버리고 떠났다. 선수들 급료가 지불되지 않았고 파업 조짐이 보였다. 육군 중앙 스포츠 클럽 소속의 강팀은 1997년 강력한 오넥심 은행에 인수될 때까지 금방이라도 없어질 위기에 놓였다. 1997~98년도 시즌 직전 재정적으로 건전한 소규모 리그라

---

34 *Sportekspress*, 1995. 10. 05., 1995. 11. 02.

35 *Sportekspress*, 1995. 11. 01., 1995. 11. 18., 1995. 11. 09., 1995. 11. 25., 1996. 05. 31., 1996. 07. 24. 그러나 1996~1997년도 시즌 초, 몇몇 오랜 스폰서들이 지원을 철회하면서 디나모는 재정 위기에 직면하게 되었다.

는 원칙이 포기되었다. 농구 연맹이 각 경쟁 팀으로부터 상당액의 회비를 징수해 자기네 재원을 충당하려고 도모하면서 18개의 클럽들은 지리적으로 구별되는 두 개의 지부로 나뉘었다. 너무나 많은 약한 팀들로 인해 관중수는 경기 수준과 더불어 하락했다.

이와 대조적으로 하키와 축구에서는 지도부가 훨씬 더 연속성을 보였다. 하키 리그는 장기간에 걸친 세력 분쟁 이후 1995년에 오랫동안 소비에트 스포츠 임원이었던 발렌틴 시츠에 의해 인수되었다. 축구는 뱌체슬라프 콜로스코프의 관리하에 남았다. 그는 1986년부터 구 소비에트 축구 연맹의 회장이었고 국제 축구 감독 기구인 FIFA의 부회장이었다. 콜로스코프는 소비에트 축구 연맹을 대체한 새로운 조직인 러시아 축구 연합을 넘겨받았다. 연합은 형식적으로는 국영 기관이 아니었으며 국내 경기들을 관리하는 비즈니스 기업인 프로 축구 리그와 불편한 관계에 놓여 있었다.[36] 1997년 초 시츠는 담배 수입을 둘러싸고 벌어진 조직 범죄 분쟁처럼 보이는 사건에 휘말려 살해되었다(스포츠 연맹들은 담배 수입에 비과세로 참여할 수 있도록 허가되어 있었다). 그러나 디나모 모스코 하키 팀의 회장이었던 고도로 노련한 스포츠 임원 알렉산드르 스테블린이 하키 리그 회장으로 임명되면서 하키 지도부의 연속성은 유지되었다. 상황이 특이하게 전개되면서 누군가가 실제로 시츠 살해에 대해 기소되었다. 음모 가담자 중 하나는 포스트소비에트 국제 하키 리그의 초대 회장이었다가 시츠에 의해 권좌에서 쫓겨난 로베르트 체렌코프였다.

축구 리그는 또한 디나모 모스코 축구 클럽의 회장이기도 했던 니콜라이 톨스티흐가 이끌었다. 로디오노프의 이중 지위가 러시아 농구에 중

---

36 *Komsomol'skaia pravda*, 1992. 01. 03., 1992. 02. 11.; *Sportekspress*, 1995. 11. 21.

대한 문제를 일으키지는 않았던 반면, 톨스티흐의 경우는 달랐다. 디나모의 지도자로서, 톨스티흐는 자기 팀에 불리한 방향으로 논란의 소지가 있는 판정을 내린 심판들을 협박했다. 리그가 자기네 경기의 심판들의 경력을 관리하고 있었던 것을 감안할 때, 톨스티흐의 행동은 승부 조작, 심판 매수, 그리고 다른 더 미묘한 형태의 부패를 포함하여 스포츠계의 커다란 문제들을 드러내는 것이었다.[37]

이러한 종류의 문제들은 더 드러내놓고 부정직했던 포스트소비에트 시대의 현상만은 아니다. 소비에트 스포츠 씬은 의심스런 관행이 판치는 전통적으로 악명 높은 무대였다. 귀중한 해외 여행 특권을 가진 운동선수들은 통상적인 공급 부족 물품들을 사오기 위해 종종 암시장에서 달러를 샀다. 이들은 일반적으로 세관을 그냥 통과하도록 허용되기에, 종종 이 물품들을 조직범죄의 도움을 받아 처리하곤 했다. 이 과정을 통해 관계가 구축되었고 운동 커리어가 끝난 이후 많은 '스포츠맨'들이 마

---

37 톨스티흐는 1996년 3월 24일에 열린 1995년도 챔피언 알라니야와 디나모의 경기 도중과 그 이후에 심판을 협박한 사건에 개입되었다. 심판 니콜라이 체보타레프가 디나모에게 의심쩍은 페널티를 줌으로써 알라니야가 동점을 만들게 되자, 톨스티흐는 경비 없는 심판 탈의실로 쳐들어가 체보타레프가 디나모의 라커룸에 가서 디나모 선수들에게 사과할 것을 요구했다. 몇 분 후 체보타레프가 한쪽 입술이 찢어지고 손에 피를 흘리며 디나모 라커룸을 뛰쳐나오는 것이 목격되었다. 커다란 스캔들이 뒤따랐고 회의들이 소집되었다. 많은 이들이 톨스티흐의 축출을 요구했다. 톨스티흐는 재정이 탄탄한 알라니야가 심판을 매수하여 승부를 조작하는 것으로 악명 높다는 널리 퍼진 루머를 들먹이면서, 자신이 러시아 축구의 '범죄적 요소들'에 맞서 싸우고 있었노라고 스스로를 변호했다. 이 스캔들은 잠시 경기의 더 광범위한 부패의 덮개를 들어올리는 듯했으나 얼마 후 소란은 차츰 잦아들었다. 톨스티흐는 콜로스코프의 지원을 받아 권좌에 남았다(Sportekspress, 1996. 03. 26., 1996. 04. 17.). 시즌 직전, 톨스티흐는 '범죄의' 또는 '더러운' 돈에 대한 한 텔레비전 인터뷰어의 질문에 대답하면서 그러한 돈의 역할을 암묵적으로 인정했다. 그는 팀들이 탄탄한 재정적 토대를 확립하면서 '더러운' 돈의 영향이 줄어들 것이라 주장했다(러시아 공공 텔레비전 [ORT], 1996. 03. 01.). 관중 스포츠에 대한 조직범죄의 영향에 관한 루머가 넘쳐났던 반면, 아무도 (뻔한 이유로) 공공연히 구체적인 어떤 것도 공개적으로 인정하거나 밝히지 않았다. 아울러 언급해 둘 점은, 러시아가 범죄적 요소들이 스포츠에서 한몫을 하고 있는 유일한 국가가 아니라는 것이다. 마지막으로, 러시아 비즈니스 세계에서 합법적인 것과 불법적인 것 사이의 경계선이 뚜렷이 그어져 있는 것이 아님을 기억해야 한다.

피아 인사들의 보디가드가 되었다. 소비에트 스포츠 클럽들은 또한 자기만의 합법적 재원을 누렸는데, 이 중 수위 섯은 티깃 핀메였다. 부유한 후원자를 두어 재정이 탄탄한 팀들은 소위 법이라고 하는 것의 양쪽에서 편리한 대로 규정을 바꿀 수 있었다. 사회의 다른 영역에서의 부패와 마찬가지로, 스포츠 산업에서 매수, 돈세탁, 그리고 불법적 영향력 행사는 1992년 이래로 계속 그 범위가 확대되어 왔다. 그리고 이 변화의 일부분만이 중앙 정부의 직접적 관여 결여로 설명될 수 있다. 이 계속된 부패는 스포츠 기업의 민영화 속도를 늦추었고 소위 신규 자금도 팀 운영 방식에 완전한 구조적 변혁을 일으키지 못했다. 기존에 관여하던 사람들 중 많은 이들은 달라지긴 했지만 여전히 불분명한 규칙에 따라 운영하려 노력했다. 이 과정에서 이들은 이 규칙들이 대체 어떤 것일지 (언제나 예의바르지는 않은 방식으로) 계속 논쟁해 왔다.

리그들은 스스로를 비공개 합자회사로 조직하는 것과 소위 사회적 (즉, 비영리적) 조직으로 구성하는 것 사이를 계속 왔다갔다했다. 보다 성공적인 클럽들 중 일부는 주주들이 곧 팀 임원인 기업이 되었다.[38] 정반대로, 침체된 많은 팀들은 도시나 지역에 보조금을 요구했다. 또 어떤 팀들은(강하건 약하건 간에) 시영화市營化라고 할 수 있을 과정을 통해 완전히 지방 정부 기구에 예속되었다.[39] 전 러시아에서 오직 두 팀, 축구의 로토르 볼고그라드 팀과 농구의 아프토도로쥬니크 사라토프 팀만이 부유한 개인의 소유물이었다. 심지어 로디오노프조차도 사라토프 시장에게

---

[38] *Sportekspress*, 1996. 11. 26. 톨스티흐에 의하면, 러시아의 172개 프로 축구 팀 중 44%는 합자회사이고 33%는 사회 단체이며 12%는 시립 기관, 6%는 비영리 조직이며 4%는 국가(연방) 지원을 받는다.

[39] *Sportekspress*, 1995. 09. 30., 1995. 11. 10., 1995. 11. 11., 1995. 11. 25., 1995. 12. 05., 1995. 12. 16., 1995. 12. 20., 1995. 12. 26., 1996. 02. 02., 1996. 05. 15., 1996. 07. 20., 1996. 07. 26.

도움을 요청해야 했다.[40]

스파르타크 모스크바 축구 팀은 여러 번 재조직되었으며 선수 판매와 유럽 선수권 리그 참가자들에게 주어지는 푸짐한 상금으로부터 수익을 뽑아냈다. 그러나 팀은 모스크바의 정치적으로 강력한 스포츠 애호가 시장 유리 루슈코프로부터의 거듭된 지원 제안을 거절했다.[41] 1997년 가을, 팀 회장인 리디아 네차예바가 살해당했는데, 이는 텔레비전 중계권 분쟁 때문이라는 루머가 있다. 1995년 챔피언인 블라디카프카스의 알라니야 팀은 정반대로 북오세티아 공화국 대통령으로부터 풍부한 지원을 받으면서 부패와 시합 조작에 대한 비난을 불러일으켰다. 이러한 비난은 그 자체로 반-카프카스 인종주의의 망령을 불러오는 것이었다.[42] 이 시대의 또 다른 징후로, 1996년 여름 모스크바의 가장 오래된 축구 클럽 중 하나인 토르페도의 주인이 바뀌었다. 여러 해 동안 이 팀은 거대기업 ZIL 자동차가 후원해 왔다. 그러나 침체된 공장은 더 이상 팀을 유지할 수 없었기 때문에 팀을 광대한 루쥬니키 스포츠 단지를 지배하는 민영회사에 팔았다.[43]

가장 기이한 포스트소비에트 분쟁 중 일부는 모스크바 북서부에 거

---

40 *Sportekspress*, 1996. 03. 13., 1996. 05. 22.

41 *Sportekspress*, 1995. 12. 18.

42 알라니야를 겨냥한 비난 중 다수가 부정직하고 돈에만 관심 있다고 여겨지는 카프카스 출신 유색인들을 향한 인종주의적 함축을 담고 있다. 팀 선수들의 거의 절반 가까이가 러시아인임에도 불구하고 알라니야의 성공에 대해 러시아인들은 무척 분개하고 있다. 이 지역의 석유로 얻어진 부는 팀에게 탄탄한 재정적 기반을 가져다 주었고, 또한 공화국 정부로부터의 자금도 재정을 보충해 주었다. 알라니야는 구 소련 전역, 특히 조지아로부터 최고 선수들을 사올 수 있었다. 뿐만 아니라, 블라디카프카스의 팬들이 고정적으로 팀의 3만 8천 석 규모의 스타디움을 채웠기 때문에 알라니야는 관중 수에서 리그 선두를 달리고 있었다. 다음을 참조하라. *Sportekspress*, 1995. 10. 18., 1995. 11. 13., 1995. 11. 26., 1996. 04. 02.

43 *Sportekspress*, 1995. 12. 07., 1996. 01. 12., 1996. 02. 29., 1996. 07. 11., 1996. 08. 03., 1996. 08. 13.

대한 구장을 가지고 있는 유명한 육군 중앙 스포츠 클럽을 둘러싸고 일어났다. 소련이 붕괴하자마자 예산 삭감이 육군의 대규모 스포츠 사업을 방해했다. 이에 대응하여 육군 클럽은 광범위한 비즈니스 사업에 뛰어들게 되었다. 몇몇 연습시설들이 잡화점으로 바뀌었다. 거대한 도매시장이 실내 축구 스타디움을 점령했고 메르세데스 대리점이 클럽의 새 하키 경기장 로비를 차지했다.[44] 각 스포츠의 육군 팀들은 자기자신만의 거래를 하기 시작했고 이는 종종 상반된 결과를 가져왔다. 1995~96년도 시즌 직전, 육군 중앙 스포츠 클럽의 농구 팀은 국제산업은행과 백만 달러짜리 스폰서십에 합의했음을 선언했다. 그 돈으로 팀이 스타 선수들과 맺은 몇몇 여섯 자리 액수 계약을 충당하기로 되어 있었지만, 시즌 시작 후 두 달이 되자 은행은 거래를 어겼다. 그만큼 후한 스폰서를 찾기란 어려웠고 선수들은 시즌이 끝날 때까지 급료를 받지 못했다. 그들은 급료를 받지 못했지만 코트에서 또 골대 앞에서 매우 성공적으로 경기했다.[45] 1997년 육군 중앙 스포츠 클럽, 디나모, 스파르타크 페테르부르크의 농구선수들이 몇 달 동안 월급을 받지 못하자 파업을 하겠다고 협박했을 때 이와 유사한 문제가 발생했다. 이들의 경기력은 확실히 이에 영향을 받았으며, 위에 언급한 바와 같이 육군 중앙 스포츠 클럽 농구 팀은 1997~98년 시즌 초기에 붕괴 직전에 놓였다.

가장 극적인 거래는 육군 중앙 스포츠 클럽 하키 팀과 NHL의 피츠버그 펭귄스 간의 계약이었다. 육군 중앙 스포츠 클럽은 영원한 소비에트 챔피언이었지만 1991년 이후 확연한 재정 문제에 직면했다. 1993년

---

44 알렉산드르 바라노프스키 대령과의 ESPN 인터뷰, 1996. 06. 21., 모스크바.
45 *Sportekspress*, 1995. 11. 29., 1996. 02. 01., 1996. 02. 29., 1996. 07. 17.

9장 _ 행성 러시아에는 규칙이 없다 **347**

펭귄스는 팀 홍보 및 지원의 막대한 비용을 떠맡는 대가로 육군 하키 클럽 마케팅 권리의 절반을 넘겨받았다. 독재적이지만 매우 성공적이었던 육군 중앙 스포츠 클럽의 소비에트 시절 코치 빅토르 티호노프와 팀 총매니저 발레리 구쉰은 하키 사업의 지배권을 유지했다. 팀은 형식적으로 육군으로부터 독립했지만 육군 시설을 빌려 연습하고 경기했다.[46] 펭귄스는 현대적인 서구식 홍보 테크닉을 육군 중앙 스포츠 클럽 사업에 적용하여 육군 중앙 스포츠 클럽의 만성적으로 취약한 관중 수를 신장시키고 수많은 스폰서십 합의를 통해 팀의 수익성을 강화했다. 클럽 셔츠와 다른 용품들은 서구에서 성공적으로 상품화되었고, 한때는 디즈니 사가 폭넓고 다면적인 비즈니스 관계를 맺으려 했던 적도 있었다.[47]

유감스럽게도 팀의 최우수 선수들은 외국에서 뛰기 위해 계속 떠나갔고 빙상에서 팀의 경기력은 하락했다. 러시아측 파트너와의 계속된 난항으로 인해 피츠버그는 1995년 시즌 이후 개입을 줄였다. 디즈니 또한 수백만 달러 거래였던 것에 대해 갑자기 겁을 냈다. 미국인들이 떠나고 나자 1996년 4월 육군은 자기네가 단독으로 팀을 재소유하고 있음을 선언했다. 티호노프와 구쉰은 쫓겨났고 대령이었던 티호노프는 육군에서 면직되었다. 새 코치와 임원들이 임명되었다. 선수들 대부분은 새로운

---

46 *Sportekspress*, 1996. 09. 11. 이 인터뷰에서 티호노프는 실제로 자신과 육군의 합의를 계약이라고 부르지 않았다. 그와 국방부 관료들과의 합의 중 어떤 것들은 순전히 구두로 된 것이었다. 그는 또한 육군 중앙 스포츠 클럽 링크를 임대하는 협약에 서명하기를 거부했다. 그의 주장에 따르면 이것은 그가 1992년에 돈을 돌려받지 못했기 때문이었다.

47 당시 서구에서의 용품 판매에 아주 많이 기대고 있던 이 관계의 역설은 육군 하키 팀이 팀 셔츠 등의 판매가 가능할 만큼 서구에 충분히 잘 알려진 유일한 러시아 팀이었다는 사실이다. 그러나 이 팀이 잘 알려진 것은 바로 서구에서 가장 혐오스럽게 소비에트적이라 여겨진 모든 것을 이 팀이 구현하고 있었기 때문이다. 그러한 의류들을 걸치는 것이 미국 틴에이저들 사이에 포스트소비에트적인 짜릿한 전율을 주었을 수도 있었겠지만, 피츠버그나 디즈니가 곧 알게 된 바와 같이, 포스트소비에트 육군은 결코 친-기업적 태도의 피난처는 아니었던 것이다.

팀에 합류했다. 그 중 몇몇은 병역을 수행하고 있었다.

티호노프는 자신의 팀을 조직하여 선수들을 고용했고, 하기 리그의 승인을 얻어냈다. 그러고 나서 그는 문제를 법정에 가져갔다. 그와 구쉰은 승소했다. 그러나 그때쯤에는 이미 한때 수익성 있었던 피츠버그와의 관계는 시들어 버린 상황이었다.[48] 미국인들의 도움이 사라지고 나서, 1996~97년도 시즌의 관중 수는 옛날 수준으로 돌아갔다. 역설적으로, 오랫동안 소비에트 하키에서 가장 스탈린주의적인 인물로 여겨졌던 티호노프는 이제 (그 자신의) 사유 재산의 옹호자이자 러시아의 지극히 빈약한 계약법의 지지자가 되었다.[49] 육군은 자기네 '새로운' 팀을 육군 중앙 스포츠 클럽이라 칭하고, 티호노프가 어쩔 수 없이 그의 팀을 육군 중앙 하키 클럽KhK TSSKA이라 명명하도록 만들었다. 리그는 육군 팀에게 1996~97년도 시즌을 러시아 2부에서 경기하라고 요구했고, 여기로부터 육군 팀은 엘리트 리그로의 승격을 일궈냈다. 이 성공으로 1997년 시즌에는 자신을 육군 중앙 스포츠 클럽이라 칭하는 두 팀이 러시아 빅 리그에 참가하는 어이없는 광경이 연출되었다.[50]

그러나 육군은 경험에서 교훈을 얻지 못했다. 1997년 초, 육군 중앙 하키 클럽을 되찾으려는 캠페인을 이끌었던 바로 그 사람들이 육군 축구 팀의 지배권을 얻은 민간 러시아 투자자들을 몰아내려고 시도했다.

---

48 러시아 펭귄스 판매 및 마케팅 담당 부사장인 스티븐 워쇼(Steven M. Warshaw)와의 전화 인터뷰. 1996. 09. 09.
49 *Sportekspress*, 1996. 04. 19., 1996. 08. 08., 1996. 09. 11.
50 두 팀 중에서 티호노프의 클럽은 빙상에서 훨씬 성적이 안 좋았다. 이 클럽은 또한 금세 재정 문제를 안게 되었다. 1997년 9월, 연방 세금관료들은 이 클럽을 4백만 달러 가량의 체납세금에 대해 고발했다. 11월, 몇 주 동안 임금을 받지 못한 선수들은 파업에 돌입했다. 티호노프의 팀은 육군 링크에서 계속 경기했다. 이 링크에서는 그의 팀 경기 중에 원인불명의 조명 및 난방 문제들이 발생하곤 했다.

다른 코치와 선수들을 지닌 두 경쟁 팀들은 둘 다 육군 중앙 스포츠 클럽의 현수막 아래서 1997년도 시즌을 준비하기 시작했다. 그러나 이번에는 육군이 '민영화 추진자'들을 몰아내는 데 성공했으며 이 문제가 법정까지 가는 일도 없었다. 대신, 이 싸움에서 진 코치와 그의 선수들 중 다수가 최근에 민영화된 토르페도로 무더기로 이적해 갔다.[51]

스포츠에서 민영화 경향은 1994년과 1995년에 가속화되는 것 같았으나 1997년경에는 둔화되었다. 오늘날 러시아 프로 스포츠 팀의 약 3분의 1이 적정 수준을 유지하면서 번창하고 있다. 나머지 중 3분의 1은 빚지지 않을 정도로 해나가고 있고 그 나머지는 파산지경에서 왔다 갔다 하고 있다. 계속되는 재정 문제들 때문에 결과적으로 새로운 종류의 정부 개입에 대한 요청이 발생했다. 이번에는 전국이 아니라 지역 차원에서였다. 지방의 정치적 우두머리들과 지역 마피아들은 새로운 스포츠 후원자가 되고 있으며, 이들은 음식과 오락[대중의 마음을 잡는 임시방편—옮긴이]을 현대 러시아의 남루한 버전으로 제공하는 주체로서 자신들의 특권을 강화하고 있다.[52]

3. 상업화, 홍보, 스폰서십, 그리고 매체

소비에트 스포츠 클럽들은 국가 보조금 외에 사업 재정을 충당할 수단들을 가지고 있었기 때문에 소련의 관중 스포츠는 정부에 결코 전적으

---

51 *Sportekspress*, 1997. 01. 21., 1997. 01. 24.
52 로토르 볼고그라드 팀의 회장이자 '소유주'인 블라디미르 고류노프는 국가 두마 의원이다. 러시아의 가장 강한 축구팀 중 하나에 대한 그의 지배권이 그의 인기에 누가 될 것 같지는 않다 (*Sportekspress*, 1995. 11. 04.).

로 의존하지 않았다. 국가가 관중 스포츠에 부과한 훈시적 임무들에도 불구하고, 관중 스포츠는 몇몇 수입원을 통해 제한된 재정적 독립을 보장받음으로써 어느 정도의 자율성을 가질 수 있었다. 이 수입원 중 두 가지는 티켓 판매와 해외 투어였다. 오늘날 러시아 중앙 정부는 거의 스포츠 산업에서 물러나 있다. 심지어 올림픽 시스템조차도 더이상 스포츠 부처의 일부가 아니다. 대신 공식적으로 독립된 러시아 올림픽 위원회가 올림픽 시스템을 운영한다. 이 위원회는 대부분 소비에트 시대의 잔존자들로 이루어져 있으며 주로 상업적 스폰서에 의해 재정이 충당된다. 사실, 대단한 역사적 아이러니인 것은, 러시아의 하계 스포츠 연맹들이 러시아에서 대규모 사업과 판매를 벌이고 있던 거대 스포츠 의류 및 신발 회사인 리복과 수백만 달러짜리 계약을 맺음으로써 애틀랜타 올림픽을 치러낼 수 있었다는 것이다.[53] 옛 스포츠 시스템 방식으로 훈련된 많은 선수들, 코치들, 임원들은 계속 일할 수 있었다. 혹자는 대규모 관중을 이전에 한 번도 누려본 적이 없는 이 스포츠들이 새로운 시장 여건하에서 더 악화되고 아마도 사라질 것으로 예측했을지도 모른다. 대신, 포스트 소비에트 러시아에서 시대착오적인 스탈린주의 유물인 올림픽 스포츠 시스템은 글로벌 자본주의의 거대 회사들 중 하나 덕분에 살아남을 수 있었다.

다른 한편, 염치없게도 관중 스포츠는 점점 더 글로벌화되는 오락 시장의 노예가 되고 있다. 국제 매니지먼트 그룹IMG 모스크바 지부의 알

---

53 리복은 사실 1994년에 여기에 가담했다. 그 전에는 소비에트 올림픽 팀들은 주로 아디다스 제품을 사용했는데, 1992년도 올림픽 게임 직전에 그 관계가 무너졌다(Komsomol'skaia pravda, 1992. 01. 01., 1992. 03. 05.). 증거에 따르면, 리복은 러시아 올림픽 선수들에 대한 후원으로 리복 신발을 팔아왔던 것 같다(익명의 리복 판매직원과의 인터뷰, ESPN, 모스크바, 1996. 06. 20.).

렉산드르 바인슈테인은 이 연관성을 미국에 근거지를 둔 케이블 스포츠 네트워크 ESPN과의 인터뷰에서 아주 분명히 밝혔다. "우리는 지금이 정말 여기 러시아에 문명화된 스포츠 시장을 개시할 적기라고 생각합니다. 왜냐하면 이전에는… 정부로부터 재정이 충당되었기 때문이지요. 이제는… 큰 상업 조직 또는 어떤 독립 회사가 개입되어야 할 때입니다. 서구 기업들과의 우리의 경험은 아주 성공적인 것이었습니다. 유감스럽게도 러시아 기업들은 아직 스포츠가 세계 어디에서나 가장 효과적인 광고주임을 이해하려고 하지 않습니다"(원문 영어).[54] 소비에트 시스템 방식으로 훈련된 많은 코치와 임원들은 이렇게 노골적인 자본주의 이데올로기 선언을 달가워하지 않는다. 그러나 대규모 스포츠 세계에서 대부분의 매니저, 선수, 매체는 자신들을 '신' 러시아의 승리자라고 여긴다. 좋든 싫든, 이 '산업'에 연루된 모든 이들이 이제 이것이 비즈니스임을 인정하고 있다.

싼 티켓을 제공하는 소비에트식 관행은 단지 가끔씩 일회성으로만 예외를 두어 왔고 관중 수는 여전히 결코 탄탄하지 않은 상태이다. 텔레비전 중계에서 나오는 돈은 여전히 제한적이다. 그렇기 때문에 매년 러시아 클럽들은 스폰서를 찾아야 한다. 스폰서 없이는 살아남을 수 없다. 가장 흔한 계약은 회사 이름을 팀 셔츠와 경기장 광고판에 인쇄해 넣는 것이다.[55] 모든 국제 스포츠화 대기업들은 팀 스폰서십에 관여하고 있다. 그리고 거의 모든 클럽의 장비에는 잘 알려진 회사 로고가 눈에 잘 띄게

54 알렉산드르 바인슈테인, ESPN과의 인터뷰, 모스크바, 1996. 06. 26.
55 *Sportekspress*, 1995. 11. 04., 1995. 11. 13., 1995. 11. 25., 1996. 02. 27., 1996. 03. 06., 1996. 04. 18., 1996. 07. 09.; 「'스포츠의 7일'」, 러시아 공공 텔레비전(ORT), 1996. 03. 01., 1996. 03. 27., 1996. 05. 31.; 알렉산드르 마라노프스키 대령과의 ESPN 인터뷰, 모스크바, 1996. 06. 21.

새겨져 있다. 이탈리아 거대 유제품 기업 파르말라트, 홀스텐 맥주, 그리고 삼성은 전형적인 외국 스폰서이다. 반면, 가장 많이 개입된 러시아 회사들은 주로 에너지 부문 회사들이다.

오랫동안 소련의 경기들은 자본주의 국가들의 경기와 확연히 달랐다. 특히, 소비에트 관중의 시선은 서구에서는 오래전부터 수용되어 온 대규모 광고에 내려앉지 않았다. 그러나 1980년대가 되자 소비에트 토양에서 개최된 국제 경기들은 달러를 거둬들이는 기회로 취급되었다. 그리고 오늘날 러시아의 경기들은 다른 어디에서 치러지는 경기와도 똑같아 보인다. 대개 광고판들은 키릴문자로 전사되지도 않는다. 국내 소비에트 리그 행사들의 옛 순수함은 치어리더들(그리고 곰들), 레이저 쇼, 경품 등 현대 자본주의 스포츠 행사의 통상적인 야단법석으로 대체되었다.

그러나 관중 스포츠의 문화적 관습은 경기 관람에만 국한되어 있지 않다. 팬들은 텔레비전 중계를 보고, 신문과 잡지를 읽고, 그들이 오랫동안 해왔듯이 아파트 안마당에서 자기들끼리 경기들을 분석한다. 오늘날 이러한 담론은 변화했다. 심지어 사적인 토론조차도 어렵다. 글라스노스트 전에는, 팬들이 육군 중앙 스포츠 센터 팀의 센터 포워드가 주정뱅이라는 루머들을 교환할 때면 언제나 반항의 스릴이 있었다(그 자체도 보드카를 마시며 일어날 수 있을 법한 가십 교환이었다). 오늘날엔 똑같은 그 선수가 위스키 광고에 나타날지도 모른다. 실제로 스포츠 인사가 제품을 홍보하는 관행이 러시아에 도래했다. 원조 스탈린주의자 빅토르 티호노프마저도 '비크'의 기침약 광고에 출연했다.

소비에트 시대에 스포츠 매체는 그 모든 왜곡에도 불구하고 정직성의 어떤 핵심을 보여 주었다. 전국 일간지 『소비에트 스포츠』*Sovetskii sport*는 경기의 솔직한 묘사에 적어도 한 페이지를 할애했고, 텔레비전은, 특히 국내 스포츠 행사를 다룰 때, 거의 전적으로 비-정치적이었다. 소비에트 리그 경기의 텔레비전 라이브 중계를 시청하는 팬은 자신이 실제로 일어나고 있는 사건을 보고 있다고 확신할 수 있었다. 또한 그 팬은 상업광고에 종속되지 않았다. 당을 위한 '광고'라고 여겨질 수 있는 해설도 포함해서 말이다. 마지막으로, 소비에트인들이 부인들을 축구 과부[56]로 만들기란 어려웠는데 그것은 미국과 달리 텔레비전으로 중계되는 스포츠가 결코 넘쳐나지 않았다는 단순한 이유 때문이었다.

이와 대조적으로, 포스트소비에트 매체는 그 자체가 관중 스포츠 상업화의 참여자이다. 비록 시험적인 참여자이긴 하지만 말이다. 세계의 모든 곳에서 텔레비전 중계료는 대규모 스포츠의 생명선이다. 그러나 러시아 텔레비전은 그것이 겪은 많은 변화에도 불구하고 이 분야에서는 앞장서지 않았다. 채널이 더 많아지고 방송일이 늘었지만 오늘날 시청 가능한 생방송 스포츠는 소비에트 시대보다 더 적다.[57] 특히 브레즈네프 치하에서는 당 지도자들이 너무나 스포츠에 관심이 많은 나머지 정기 방송 스케줄이 종종 대규모 스포츠 행사에 맞추어 바뀔 정도였다. 이와 대조적으로, 현재의 국영채널 및 독립채널 책임자들은 주로 예술, 비즈니스, 또는 저널리즘 분야 출신이다. 유명 축구 아나운서 빅토르 구세프에 따르면 오늘날의 텔레비전 경영간부들은 그 전임자들보다 스포츠에 관심이 덜하다고 한다.[58]

오늘날 라이브 텔레비전에서 보여 주는 게임들은 국내 경기가 아

---

56 [옮긴이] 축구 과부(football widow)란 축구 시즌 동안 남성 축구 팬들이 자기 부인보다 축구 경기에 더 관심을 쏟을 때 그 부인을 이르는 표현이다.
57 ORT, 1996. 03. 02., 1996. 04. 09., 1996. 04. 10.
58 빅토르 구세프, 전화 인터뷰, 1996. 09. 16..

니라 국제 경기일 가능성이 많다. 그리고 경기 방송은 국제 배급자들이 미리 만들어 놓은 다양한 종류의 총괄 및 하이라이트 쇼로 대체되었다. 러시아인이 제작한 스포츠 쇼들은 모스크바 밖에서 치러진 국내 리그 경기들보다 유럽 축구와 NHL 하키 자료화면을 입수하기가 더 쉽다는 것을 알아챘다. 오직 장수 프로그램인 주간 「축구 종합뉴스」Futbol'noe obozrenie만이 정기적으로 지방 경기의 하이라이트들을 보여 주고 있다.[59] 더 나쁜 것은, 러시아에서 만들어진 프로그램들이 성공적일 때, 이 프로그램들이 내부 권력 분쟁의 대상이 될 수 있다는 것이다. 인기 있는 일일 프로그램 「스포츠의 7일」은 러시아 공공 텔레비전ORT이 이 프로그램의 독립 제작자로부터 지배권을 빼앗아 오려고 하는 바람에 방송이 중단되었다.[60]

비록 방송 가능한 광고의 숫자와 유형에 제약이 있기는 하지만, 모든 러시아 스포츠 방송은 상업광고를 내보낸다. 대부분의 텔레비전 회사들은 사실상 상업광고를 제공하는 독립 제작자들에게 방송시간을 파는 것을 선호한다. 국제 매지니먼트 그룹은 프로축구 리그와 최초의 정규 프로그램 「금주의 경기」의 러시아 텔레비전 방송 거래를 협상하여 협약을 맺었다. 이 협약으로 프로축구 리그는 1년에 3백만 달러의 개런티를 받는다. 국제 매니지먼트 그룹이 텔레비전 광고와 경기 광고판을 아주 다양한 외국 기업에 팔고 있지만 주 스폰서는 스티모롤 껌이다.

1993년에서 1995년까지 육군 중앙 스포츠 클럽의 하키 경기들이 전국 텔레비전에서 방송되고 피츠버그 펭귄스가 질레트, 코카콜라, 델타항

---

59 "Futbol'noe obozrenie", ORT, 1996. 03. 24.
60 Ibid.

공 등 서구 기업에 광고를 팔았음에도 불구하고, 하키에서도 유사한 거래를 성사시키려는 시도들은 성공하지 못했다. 피츠버그의 이 수익성 좋은 계약은 피츠버그가 러시아에서의 활동을 접은 1996~97년도 시즌에 종료되었다.[61] 대신 러시아 공공 텔레비전이 새로 조직된 유럽 하키 리그의 경기들을 방송하기로 결정함으로써 한때 성공적인 비즈니스 관계였던 것에 종지부를 찍었다.

포스트소비에트 스포츠 텔레비전은 다른 형태의 대중문화에서 나타났던 것과 동일한 종류의 글로벌라이제이션과 균질화를 촉진했다. 운동선수 디아스포라로 인해 국내 리그 경기들이 시청자들의 흥미를 덜 끌었기에 러시아 경기들은 방송시간을 얻는 데 더 어려움을 겪는다. 역설적으로, 지방 하키 팀 출신의 젊은 천재가 NHL에서 뛰면서 러시아 텔레비전 데뷔를 할 수도 있었다. 팬, 선수, 코치, 임원, 저널리스트 모두 이러한 경향이 사기를 저하시킨다는 것을 안다. 정치적 민족주의자들에 국한되지 않은 감정인 러시아 스포츠 민족주의는, 세계 강대국으로서의 러시아의 하락과 글로벌 스포츠 시장에서 러시아의 종속적 지위를 강조하는 국제 대중문화 발전 때문에 손상을 입었다.

텔레비전과 달리, 인쇄매체는 새로운 여건에 적응하는 데 보다 공격적이었다. 여기서 가장 큰 변화는 전국대상 스포츠 일간지의 성격에 일어났다. 1924년부터 『소비에트 스포츠』는 시민들에게 스포츠에 대한 뉴스를 공적인 정치적 선언들과 생산체조[1928년 제1차 5개년 계획이 출범하면서 대규모로 실행된 직장에서의 체조운동—옮긴이] 교습 사이에 끼워 넣어 제공했다. 『소비에트 스포츠』는 당시 세계에서 가장 널리 읽히는

61 스티븐 워쇼, 전화 인터뷰, 1996. 09. 09.

스포츠 출판물로 최대 5백만 부 이상의 판매부수를 자랑했다. 그리고 여기에서 일하는 사람들은 상당한 명예와 자존심을 지니고 전문 커리어를 추구할 수 있었다. 그러나 이 신문은 당이 선호했던 올림픽 스포츠 전 범위를 망라했기 때문에, 정말 인기 있는 관중 스포츠에 관한 즉각적이고 완전한 뉴스에 대한 팬들 대부분의 허기를 만족시키지 못했다. 1991년, 5년간의 글라스노스트 이후, 십여 명의 『소비에트 스포츠』 전속작가들(이들 거의 모두가 관중 스포츠를 담당했다)은 신문의 내부 정치가 페레스트로이카 말의 변화하는 매체 기류를 따라가지 못했다고 결론지었다. 이들은 역사적으로 '체육'이라고 불려 온 것에 대한 기사들과 지면 다툼을 벌이는 데 싫증이 났다. 이 이탈 집단은 대신 공격적이리만큼 국제적인 관점에서 대중 스포츠에 집중하는 신문을 만들 계획을 세웠다. 쿠데타 직전 설립된 이들의 새로운 일간지는 『스포츠 익스프레스』*Sportekspress*라고 불렸다.

『스포츠 익스프레스』의 편집장 블라디미르 쿠츠미에 따르면 "우리가 그만둔 이유는 단지 정치적인 것이 아니라 또한 직업적인 것이었습니다. 『소비에트 스포츠』는 네 페이지밖에 안 되는 작은 신문이었습니다… 팬들을 위한 스포츠 뉴스는 오직 한 페이지밖에 없었습니다. 기자들이 정상적인 전문적 방식으로 일하는 한 페이지 말입니다".[62] 시장 논리에 따라 『스포츠 익스프레스』는 가장 큰 독자층을 얻을 수 있는 스포츠에 집중했다. 이 신문은 또한 강력한 전지구적 접근을 취하여 전국 농구 협회와 전국 하키 리그뿐 아니라 메이저 유럽 축구 리그들을 전부 다루었다. 그러나 포스트소비에트 텔레비전과 달리 『스포츠 익스프레스』

62 *New York Times*, 1995. 12. 04.

는 국내 스포츠에도 또한 상당한 관심을 할애하였으며 신러시아와 세계 스포츠 커뮤니티의 관계에 대한 모든 복잡한 이슈를 논했다. 특히 우크라이나 축구 같은 가까운 해외의 스포츠 이벤트들 또한 다루었고, 테니스와 프로복싱, 그리고 포뮬라 원 자동차 레이싱 같은 신흥 부자들의 애호 스포츠도 다루었다.

5년 동안 『스포츠 익스프레스』는 경쟁하던 『소비에트 스포츠』를 무너뜨렸다. 『소비에트 스포츠』는 지금 가끔씩만 출판된다. 1994년 말에 이르자 『스포츠 익스프레스』는 기로에 다다랐다. 이 신문의 일간 부수는 40만으로 증가한 반면 편집자들은 더 성장할 수 있는 가능성이 있다고 보았다. 확장을 위한 자본을 얻는 데 있어, 『스포츠 익스프레스』는 정부 지원과 러시아 은행으로부터의 대출 둘 다 피했다. 이는 신문사의 독립성을 유지하기 위해서였다. 대신 소유주들이 자기 지분의 51퍼센트를 유명한 프랑스 스포츠 일간지 『팀』*L'Equipe*의 출판사에 팔았다. 원 편집자들은 49%를 보유했다. 『스포츠 익스프레스』의 판매부수는 90만으로 성장했고 하루에 여덟 페이지로 규모를 확장했다(화요일에는 16페이지). 폰섹스와 마권업자 광고가 주요 국내외 기업을 위한 대규모 광고로 대체되었다. 『스포츠 익스프레스』의 기자들과 편집자들은 러시아 스포츠에 대한 글로벌 자본주의의 영향에 대해 의구심을 표명할지도 모른다. 하지만 이 신문 자체가 철저히 국제주의적, 자본주의적인 사업이다.

4. 민족주의와 국가대표팀

어디서나 스포츠 민족주의의 가장 격렬한 표현은 국가대표팀의 퍼포먼스를 둘러싸고 발생한다. 에릭 홉스봄의 말을 빌리자면, "자신의 민족이나 나라를 대표하는 스포츠맨은 그들의 상상적 공동체의 주요한 표현 [이다]".[63] 그러나, 러시아의 국가로서의 지위와 민족정체성의 역사적 취약성은 스포츠 민족주의와 정치적 민족주의 간의 관계를 극도로 희미하게 만든다.[64] 다민족 제국의 지배 집단으로서, 러시아인들은 1917년 전후 한결같이 억압되고 종속된 집단들과는 아주 다른 방식으로 민족주의의 개념에 접근했다. 오늘날, 식민지들을 잃은 상태에서, 모든 종류의 러시아인들은 자신들이 이제 대체 어떤 종류의 공동체(들)를 이뤄 낼 수 있을지 상상하는 과정에 놓여 있다.[65] 따라서, 종합 팀에 대한 지지는 공공연히 민족주의적인 정치가나 그의 추종자들에게 국한되어 있지 않다. 반대로, 국가대표팀의 부침에 대한 관심은 정치적 노선을 초월하는 것으로 자본주의 사업가 중 가장 국제주의적인 사람일지라도 러시아 팀들의 열렬한 지지자가 될 수도 있다. 이 정치적으로 '자유로운' 지지는 시장 경제에 철두철미하게 얽혀 있는 가장 인기있고 프로화된 스포츠에서 특히 흔히 나타난다. 그러나 올림픽 스포츠와 대립되는 관중 스포츠에서 국세 경기상에서의 성공은 쇼비니즘을 부채질한다기보다는 사실상 현재

63 Eric Hobsbawm, *Nations and Nationalism since 1870*(Cambridge: Cambridge University Press, 1990), p. 143; Benedict Anderson, *Imagined Communities: Reflections on the Origins and Spread of Nationalism*(London: Verso, 1973).

64 러시아 민족주의와 소련을 무너뜨린 원심적 민족주의 간 관계의 모호성에 대해서는 다음을 참조하라. Ronald G. Suny, *The Revenge of the Past: Nationalism, Revolution and the Collapse of the Soviet Union*(Stanford: Stanford University Press, 1993), pp. 1~19. 혁명 전 러시아 민족주의의 독특한 성격에 대해서는 다음을 보라. Hans Roger, *Jewish Policies and Right-Wing Politics in Imperial Russia*(London: Macmillan, 1986), pp. 188~232; Robert Edelman, *Gentry Politics on the Eve of the Russian Revolution: The Russian Nationalist Party, 1905-1917*(New Brunswick: Rutgers University Press, 1980), p. 104.

65 민족주의 전반에 대한 논의로는 다음을 보라. L. Greenfield, *Nationalism, Five Roads to Modernity*(Cambridge: Harvard University Press, 1992); Ernst Gellner, *Nations and Nationalism*(Ithaca: Cornell University Press, 1983).

느슨하게 스포츠 산업을 통제하고 있는 소위 개혁적 힘들에게 유리하게 작용할 수 있다.

축구, 하키, 농구에서는 단기간 내에 승리를 얻어내기가 어려운데, 대중 스포츠에서 러시아인들의 경기력은 아마도 다음 세대에서야 향상될 것이다. 소비에트 인재 풀이 거대하긴 했지만, 그것은 40종 이상의 동계 및 하계 올림픽 스포츠 종목에 걸쳐 널리 퍼져 있었다. 이 무차별적 접근법은 사실 축구, 하키, 농구의 성공을 방해하는 요소였다. 젊은 선수들이 보다 덜 알려져 있지만 메달이 산출되는 스포츠에서 능력을 발휘하면서 수많은 최고 선수들이 축구, 하키, 농구 같은 종목들로부터 멀어지게 되었다. 이와 대조적으로 자본주의 국가에서는 젊은 운동선수들이 훨씬 더 소수의 수익 좋고 눈에 잘 띄는 스포츠 주위에 밀집해 왔다. 이제 자신의 종목을 마음대로 택할 수 있게 된 젊은 러시아 선수들은 이전보다 더 많이 축구, 하키, 농구를 선택하고 있다. 선수 유출에 있어 적극적이고 유능한 참여자들이 부족한 적이 없었다는 것이 이러한 전환의 증거라고 할 수 있다. 사실상 어디에서나 엘리트 러시아인 운동선수들은 두드러지게 눈에 띄는 글로벌 하이 퍼포먼스 스포츠의 참가자들이다.

그러나 계속적인 개별 스타들의 생산이 국제 경기에서 러시아 팀의 성공을 함께 가져오지는 못했다. 사실, 최근 몇 년 동안 어마어마한 실패들이 몇 번 발생했다. 1994년 축구 월드컵과 1996년 유러피안 컵에서 러시아의 경기력은 형편없었고 결국은 재앙, 즉 1998년 월드컵 결선 진출 실패로 끝났다. 한때 군림했던 하키 팀은 1996년 이 종목 첫 월드컵의 준결승에서 나가떨어졌다. 그리고 1994년 세계 농구 선수권대회에서 뜻밖의 은메달을 따낸 이후 러시아인들은 다음해 유럽 선수권대회에서 7위에 그쳐 애틀랜타 올림픽 진출 자격을 얻지 못했다. 재능에 관계 없이 러시아 운동선수들을 단결되고 효과적인 대표팀으로 만드는 것이 어렵다는 것이 드러났다. 이 문제의 중심부에는 점점 더 개인주의적이 되어 가는 젊은 선수들과 중년 혹은 노년의 코치 간의 심각한 문화 충돌이 자리 잡고 있다. 이 운동선수들은 부유하고 특권을 지닌 엘리트 선수라는 국제적 단일문화의 일부이다. 그러나 러시아를 위해 뛰기 위해 이들은 소비에트식 태도와 습관을 버리지 못한 코치, 임원들과 함께 일해야 한다. 기숙사에서가 아니라 혼자 살며 자신의 새 클럽의 보살핌을 받는 선수들은 독재적인 코치 밑에서 국제 경기를 준비하기 위해 스파르타식 설비를 지닌 구식 훈련 캠프로 돌아가기를 주저한다.

1996년 하키 월드컵 이전에는 선수들이 국립 훈련 센터가 아니라 모스크바 한복판의 비싼 호텔에서 지내겠다고 주장했다. 하키 연맹과 1년간의 분쟁 끝에 선수들은 결국 목적을 달성했다.[66] 그러나 분노는 사라지지 않았고 이로 인해 몇몇 스타선수들은 1998년 동계 올림픽에 러시아를 위해 뛰기를 거부하기에 이르렀다. 1994년에, 그리고 다시 1996년에, 축구선수들은 큰 경기에 대한 보너스 규모를 놓고 들고 일어났다.[67] 성격 갈등으로 인해 가장 뛰어난 농구선수 몇 명이 국가대표팀에서 뛰지 못하게 되었다.[68] 패배가 거듭되자 일부 관찰자들은 애국심이 없다고 운동선수들을 비난했다. 빅토르 구세프는 ESPN과의 인터뷰에서 다른 이들의 견해를 열거하면서 다음과 같이 말했다. "많은 이전 팀들은 이 민족 감정을 갖고 있지 않다고 비난받았습니다. 가장 좋은 예가 비엔나에

66 Sportekspress, 1996. 04. 05.; 뱌체슬라프 코즐로프, ESPN과의 인터뷰, 디트로이트, 1996. 06. 03.
67 Sportekspress, 1996. 08. 02., 1996. 09. 20.
68 Sportekspress, 1996. 01. 16.

서 [1996년] 경기한 우리 아이스 하키 팀이지요. 그들은 캐나다 팀에게 졌고, 미국인들에게 졌고… 이들은 대부분 NHL 출신 선수였어요. 아무도 이들의 기술에 대해 혹평할 수 없었습니다. 그렇지만 미국 팀과 캐나다 팀의 코치들은 러시아 팀이 열정 없이 경기하는 데 놀랐노라고 말했습니다"(원문 영어).[69] "1996년 유럽 축구 선수권대회에서의 러시아의 엄청난 실패 이후 극히 국제주의적인 『스포츠 익스프레스』조차도 다년간 외국에서 뛰었던 선수들이 자기의 '러시아 영혼'을 잃고 '자기 나라의 명예를 위해 싸우는 것'을 원치 않게 되었는지 질문을 제기했습니다."[70] 나이 든 팬들은 소비에트 스포츠 역사의 많은 부분을 무시하며, 이전 시대와의 대조적 모습을 애통해한다. 유명한 코믹 배우 유리 니쿨린은 죽기 얼마 전에 축구 월간지 『매치』Match에 다음과 같이 말했다. "우리 선수들은 결코 그들이 예전에 그랬던 것처럼 경기하지 않습니다. 팀의 구성은 좋습니다. 이들은 모두 '백만장자'들이지만 팀 플레이도, 기백도 없습니다. 이들은 축구 외의 다른 뭔가에 대해 생각하고 있지요."[71]

소비에트 시스템의 산물인 대부분의 러시아 코치들에게 이 생경한 새로운 세계의 스포츠 질서를 상대하는 것은 어려운 일이다. 1960년대 하키 스타이자 나중에 코치가 된 보리스 마요로프는 『스포츠 익스프레스』와의 인터뷰에서 그가 연맹을 대표하여 NHL 선수들을 다루게 되었을 때 느꼈던 불쾌함에 대해 이야기했다. "지금 우리는 모든 것을 빌리고 있는 것처럼 보입니다. '딜러'와 '브로커'라는 단어들이 우리 언어에 나타났습니다. 대체 어떤 상황에서 이 새 단어들이 러시아어에 들어왔

69 빅토르 구세프, ESPN과의 인터뷰, 모스크바, 1996. 07. 11.
70 Sportekspress, 1996. 06. 21.
71 Match(Moscow) I, nos. 11~12(1996), p. 58.

나요? 지금 나는 영어로 생각하지 않는 사람에게 모종의 연민을 느낍니다."[72] 낡은 태도가 사라지고, 국경에 별 의미를 느끼지 못하는 포스트모던 운동선수들의 사고방식을 이해할 수 있는, 새로운, 완전히 포스트소비에트적인 코치와 임원 세대가 나타나기까지는 확실히 많은 세월이 걸릴 것이다.

스포츠계 밖에서 러시아 국가대표팀 경기력의 더 넓은 정치적 함의는 왜곡되어 있고 부정확하다. 지금과 다른 시대와 장소에서는 국제 경기장에서의 성공이 민족주의적 자부심을 부채질해 정치적 권리의 혜택까지 받게 했다. 그러나 러시아에서는, 옐친 정부는 어떤 승리라도 있게 되면 이득을 볼 수 있도록 국가 종합sbornye 팀이라는 방식을 받아들였다. 그들은 올림픽 스포츠와 달리 관중 스포츠에서는 국제 경기가 자본주의 규칙에 따라 운영된다는 것을 이해한다. 세계 선수권대회는 특정 스포츠를 마케팅하기 위해 고안된 수익창출 행사이다. 몇몇 코치와 임원은 예외로 하더라도, 러시아 스포츠 '산업'에 관여하는 거의 모든 사람이 이 현실을 이해하고 있다.

따라서, 1996년 대선 동안 대부분의 엘리트 운동선수들은 옐친을 지지했다. 당시 체육부 장관이었던 샤밀 타르피셰프는 국가대표팀의 모든 멤버가 대통령에 대한 지지를 표명했다고 주장하며 집회에서 청원서들을 과시해 보였다. 선거 준비기간 동안 러시아 공공 텔레비전에서 방송되는 축구 경기 텔레비전 해설가들은 그 날 경기하는 팀의 선수들이 옐친에 대한 지지를 표명했다는 '기쁜 소식'을 꼭 포함시키곤 했다.[73] 공

---

72 *Sportekspress*, 1995. 10. 05.
73 러시아 공공 텔레비전(ORT), 축구 경기 **로토르** 대 알라니야, 1996. 06. 25.

산당 후보에 대한 지지 선언은 방송을 타기가 훨씬 어려웠다. 농구 해설가 블라디미르 고멜스키는 한 미국 텔레비전 인터뷰어에게 자기가 공산당 후보 게나디 지우가노프에게 투표하려고 하는 국가대표팀 선수들을 알고 있다고 말했다. 고멜스키는 윗사람들로부터 그의 보고서에서 그 정보를 제외시키라는 압력을 받았다고 주장했다.[74]

따라서 러시아 민족주의와 국가대표팀 경기력 간의 상호작용은 러시아 민족주의 자체만큼이나 확실히 모호하다. 옐친 정부는 자본주의적 관행을 수용하고 외국인 혐오를 배격하고 있음에도 불구하고, 적절하다고 여겨질 때에는 민족주의적 공감대에 맞춰 행동을 취해 올 수 있었다. 그러나 현대 국제 스포츠에서의 성공은 전세계적인 '황금률'(금을 지닌 자가 규칙을 만든다)을 따른다. 헌신적인 코치와 선수들에 의해 돈을 아주 적게 들이고 성취했던 소비에트의 승리의 날들은 소련의 종말 훨씬 전에 끝났다. 미래의 승리가 있다면 그것은 자본주의 스포츠 비즈니스의 절차들을 거부하는 것이 아니라 그것을 통달하는 데서 나와야 할 것이다. 만약 어떤 '밝고 빛나는' 미래에 국제 무대에서 실제 승리를 거두게 된다면, 그 영광은 무엇보다 시장 지지자들에게 갈 가능성이 크다.

1996년 올림픽의 결과로, 글로벌 스포츠가 이제 철저히 상업화되었다는 사실에는 의심할 여지가 없다. 글로벌 스포츠의 관행은 심지어 경기장 위에서조차 바뀌었다. 스폰서들은 텔레비전과 제휴하여 운동선수들에게 싫든 좋든 팀 플레이를 잊고 계약을 좇아 스스로를 홍보하는 개인주의자들이 될 것을 종용한다. 이 과정에서, 롤 모델이라는 문제 많고 정치적으로 보수적인 개념은 그것이 미미하나마 자본주의 관중과 소비

74 블라디미르 고멜스키, ESPN과의 인터뷰, 모스크바, 1996. 06. 25.

에트 관중 모두에게 가지고 있었을지도 모르는 모든 의미를 상실했다. 영웅들을 대규모로 생산해 냈던, 계획경제의 산물 소비에트 올림픽 스포츠 기계는 결코 시민들의 마음을 진정으로 사로잡지 못했다. 이와 대조적으로, 소비에트 관중 스포츠는 위선으로 가득했을지는 모르지만 자신을 자본주의 스포츠와 스탈린주의적 스포츠 둘 다로부터 차별화하려고 애썼다. 바로 이 위선에 대한 응답으로, 소비에트 시민들은 인간적이고 진실한, 자발적이고 즐거운 대중문화의 장을 만들어 냈다.[75] 글로벌화된 스포츠의 소용돌이 속에서 그 차이는 이제 상실되었다. 이전에 소련이라고 알려졌던 이 나라에서, 그들은 우리와 마찬가지로 스니커즈를 사고 팔고 있다.

75 Edelman, *Serious Fun*, pp. 249~250.

10장

'레닌'이라 말하면서 '당'을 의미하기

소비에트 및 포스트소비에트 사회의 전복과 웃음

안나 크릴로바

'레닌'이라 말할 때 우리는 '당'을 의미한다.

'당'이라 말할 때 우리는 '레닌'을 의미한다.

70년 동안 우리는 무엇인가를 말하면서 다른 것을 의미해 왔다.

1. 서문: 1994년 여름 모스크바

모스크바에서 예로페예프의 연극 「모스크바-페투슈키」는 페레스트로이카 시대의 가장 주목할 만한 이벤트 중 하나였다. 이 연극에서는 친절하고 내성적이며 대음주가인 베니츄카와 그가 우연히 만난 친구들의 관점에서 소비에트 국가의 과거와 현재를 살펴본다. 나는 이 연극을 1988년 처음으로 관람했다. 연극은 10월 사건들, 소비에트 업적사, 현재의 정치 상황, 그리고 소비에트식 맑스-레닌주의 교의에 대한 미묘한 체제전복적 공격을 기꺼워하는 관객들의 웃음소리에 압도될 지경이었다.

나는 1991년에 소련을 떠나 1994년에 러시아에 돌아왔다. 그 해 여름, 나는 같은 연극을 보기 위해 똑같은 티켓에 2천 루블을 지불했다. 나는 즐기기 위해서라기보다는 그 연극에서 현대 관객들에게 어필하는 것이 무엇인지 알아보기 위해 연극을 보러 갔다. 나는 레이먼드 윌리엄스가 '거리'라고 불렀던 것을 가진 관찰자로서 극장에 갔다. 이 '거리'를 둠으로써 나는 관객들의 소리를 경청할 수 있었고 관객의 움직임이나 폭소에 주의를 기울일 수 있었다. 나는 내 자신이 관객의 일부이면서 동시에 그로부터 분리되어 있는 것을 보았다. 나는 내 자신이 대상을 관찰하는 동시에 그 대상의 일부가 될 수 있도록 하는 그 경계적 위치를 차지하고 있다고 상상했다. 그러나 나는 스스로를 속인 것이었다. 1막 동안 나는 내가 경계적 위치에 있지 않다는 것을 깨달았다. 실상 나는 관객으로부터 쫓겨나 있었다. 1980년대에 웃음을 통해 표출된 반항의 집단적 행위 속에서 느껴졌던 관객에 대한 즉각적 이해와 연대의 느낌은 단지 기억일 뿐이었다. 나는 관객의 웃음에 화합할 수 없었다. 관객은 웃고 있었지만, 그것은 내가 기억하고 기대하고 원했던 방식으로 웃는 것이 아니었다. 관객이 바로 직전의 농담으로부터 헤어나오지를 못해서 배우들이 연기를 지체하도록 만들었던 1980년대의 그 활기넘치는 웃음은 단지 내 마음 속에서만 울리고 있었다. 그 관객들은 엄청난 변화, 이 새롭고 낯선 웃음 속에서 내게 모습을 드러낸 변화를 겪었다. 반면에 나는 이방인 같은 느낌을 받았다──나는 언제 웃어야 할지를 몰랐다.

2. 사회적인 것과 합당한 것을 넘어?

작자불명인 도시와 도둑들의 노래와 더불어, 농담은 아마도 도시 산업 사회에서 구전 문화의 가장 마지막으로 남은 부분이리라. 농담은 구어를 통해 온 사회를 돌아다니면서 사람들의 마음속에 깃든다. 농담은 그것이 사용되고 있는 한, 그것이 웃음을 불러일으키는 한 생명력을 지닌다. 농담은 생산자도 홍보자도, 이동 수단도 생산 공간도 필요로 하지 않는다. 그것이 가는 곳마다 그 뒤에는 소란스럽든 조용하든, 조소적이든 진심어린 것이든, 웃음이 따라온다. 웃음이 그저 그런 무심함인 적은 거의 없다. 웃음은 즐거움이자 위안이고 앙갚음이요 도전이다. 농담과 웃음의 다양성과 풍부함은 농담의 기만적인 다형多形성 뒤 그 근저에 숨겨진 공통분모를 배제해 버리는 것처럼 보인다. 그럼에도 불구하고, 농담의 수수께끼를 풀거나 농담을 사회문화적 분석에 포함시키려는 모든 시도는 농담과 농담의 사회적 기능에 대해 정의를 제시하거나 그에 대한 추정을 담고 있다.

지그문트 프로이트는 농담이 "모든 정신적 기능 중 가장 사회적"인 동시에 반사회적인 것이라고 여겼다.[1] 농담을 하는 행위와 그것에 웃는 행위는 적어도 두 사람 간에 필연적으로 나뉘어 있다. 한 사람은 농담을 전달하고 다른 사람은 웃음 ─성공적인 농담의 인정과 증언─ 을 제공한다. 농담은 또한 언제나 어떤 사회문화적 사건, 과정, 물건, 또는 사람에 대한 반작용이다. '농담가'shutnik는 자신과 청중이 동일한 해석 체계를 공유하고 있으며 농담의 내용이 이해가능하다는 것을 상정한다. 비록 농담이 단순하고 알기 쉽게 보인다 할지라도 농담은 수수께끼를 제기한다. 우리는 우리가 무엇에 웃는지 알지만 왜 그것이 웃긴지는 모른다. 프로이트에 따르면, 우리가 모르고 있는 것은 농담하는 행위가 비판적이고 강제된 판단으로부터, "수치심와 체면의 억제"로부터, 사회·가족·결혼

---

1 Sigmund Freud, *Jokes and Their Relation to the Unconscious*, trans. James Strachey(New York: Penguin Books, 1976), p. 238.

제도의 구속으로부터, 그리고 '합당한' 말과 '옳은' 행위로부터 자신을 해방시키고자 하는 보편적 욕구에 기여한다는 사실이다. 농담은 성공적인 사회화의 결과——정연하게 조직된 삶——로부터, 신체가 아직 완전히 묘사되거나 즉각 반응하거나 훈육되지 않았던, 정신이 문명화되기 이전 시간으로의 탈출이다.[2]

넌센스의 영역으로의 탈출은 승리한 즐거운 웃음, 곧 정신과 신체를 문명화된 사고와 행위의 제한 속에 붙들어 두도록 기능하는 에너지의 방출을 수반한다. 혁명——탈출——은 언제나 무산되고 해방은 순간적이며 그 이후에는 질서와 의미로, 정상 상태로 돌아간다. 프로이트가 언급하기를, '농담'은 "소량의 즐거움을 거두는 것"을 추구하며 사회적 제약을 전복하려고는 하지 않는다.[3] 사실상, 프로이트의 저작에는 농담의 어떤 체제전복적 잠재력에 대한 고려도 담겨 있지 않다. 프로이트 주장의 논리에 따르면, 정상 상태로의 귀환은 유감스럽거나 바람직하지 않은 것이 아니라, 사회적 억제에 순응하는 것 외에 다른 선택지가 없고(왜냐하면 이것이 사회에 받아들여지는 유일한 방법이므로), 동시에 농담을 함으로써 사회화의 압력을 완화시키는 사회적 존재에게 있어 오히려 필연적이고 본질적인 것이다.[4] 프로이트 이론적 틀 안에서 농담은 반항이지만 이유가 없는 반항이다. 이것은 안전밸브이며 즐거움의 제공자이며 또 민간치료사이다. 즉, 이것은 사회조직의 최초의 형태들만큼이나 오래된 인류의 진정한 동반자인 것이다.

---

2 *Ibid.*, pp. 183, 174~177.

3 *Ibid.*, p. 238.

4 이 점에 대한 보다 자세한 설명을 위해서는 다음을 참조하라. Sigmund Freud, *The Interpretation of Dreams*(New York: Avon Books, 1965), pp. 626~648; Samuel Weber, *The Legend of Freud* (Minneapolis: University of Minnesota Press, 1982).

프로이트의 연구 전반, 그 중에서도 특히 농담의 속성에 대한 그의 연구들은 앞으로의 탐구를 위한 여러 가지 가능한 출발점을 제공해 준다. 메리 더글러스는 자신의 대단히 흥미로운 논문 「농담」에서 농담을 '구조'로부터 '비-구조'로의 순간적 탈출, "이성과 사회의 구속 너머의" 즐거움의 순간, 사회 구조의 "일시적 중단"과 "작은 장애"로 개념화하고 있다.[5] 많은 페미니스트 정신분석 평론가들은 인간의 체제전복적 잠재력에 대한 더글라스의 비관적 견해라고 여겨지는 것에 대해 의문을 제기한다. 예를 들어, 엘리자베스 그로스는 정신분석학이 개진한 주체 이론을 묘사하면서 이것이 "어떻게 객체가 그들에게 기대되는 바에 순응하는지"뿐 아니라 "왜 객체가 이러한 기대에 저항하는지" 또한 설명해 준다고 말한다.[6] 철학, 인류학, 그리고 정신분석학의 교차점에 서서 주디스 버틀러는 젠더 패러디의 문화적 관습이 이성애적 정상 상태의 범주를 전복하고 부자연스럽게 만들 수 있으며 젠더 정체성의 복수성과 유동성을 드러낼 수 있다고 주장한다.[7]

그렇다면 농담과 웃음의 속성에 대한 이원적 관점이 존재하는 것 같다. 유머는 사회를 강화하거나 아니면 불안정하게 만드는 데 기여한다는 것이 그것이다. 그러나 역사를 초월한 고정된 농담을 상정하는 것이 역사적으로 옹호할 만한 주장인가? 소비에트 및 포스트소비에트 맥락에서

---

5 Mary Douglas, "Jokes" in *Rethinking Popular Culture*, ed. Chandra Mukerji & Michael Schudson(Berkeley: University of California Press, 1991), p. 305. 또한 『베를린 카바레』(*Berlin Cabaret*, Cambridge: Harvard University Press, 1993), 2, 6, 7장에 나타난 피터 옐라비치(Peter Jelavich)의 현대 사회에서 풍자가 지니는 다른 역할들의 분석을 참조하라.

6 Elizabeth A. Grosz, *Sexual Subversions: Three French Feminists*(Boston: Allen and Unwin, 1989), pp. 40, 43.

7 Judith Butler, *Gender Trouble: Feminism and the Subversion of Identity*(New York: Routledge, 1990), pp. 128~149.

농담의 역할은 안전밸브나 급진적 전복자로 축소될 수도 없을 뿐 아니라 그것이 작동하는 사회적 환경 밖에서 완전히 이해될 수도 없다. 농담은 다양한 기능을 수행하며 학문적 범주처럼 손쉽게 사회적·문화적 경계를 가로지르거나 의미와 사용을 보존할 수 없다.

나는 오직 정치적 농담에 초점을 맞추기로 한다. 왜냐하면 소비에트 대중 유머의 세계 내에서 정치 아넥도트가 뚜렷이 구별되고 특히 전복적인 장르로 인정되었기 때문이다.

최고의 정치 농담을 뽑는 대회가 공고되었다.
1등상은──15년형이다.

정치 아넥도트는 비록 소비에트 시기 전체에 걸쳐 존재했지만 '아넥도트의 시대'라고 가끔 불리곤 하던 1970년대와 1980년대에 상징적 표지의 지위를 획득했다. 브레즈네프 시대 동안 농담은 사람들의 집과 부엌에서, 직장 내 흡연구역에서, 학교와 대학의 복도에서 열심히 얘기되었다. 상사와 피고용인들을 결합시킨 이러한 웃음은 종종 장관부처나 당 조직에서도 들을 수 있었다.[8] 정치적 농담은 너무나도 널리 통용되었다. 소련 붕괴 전에는 아넥도트들이 결코 공식 매체를 통해 유포되지 않았고, 에스트라다 무대에서 코미디언들이 절대로 입에 올리지 않았으며,[9]

---

8 1960~80년대의 농담 구술 기술과 그 해석에 대해서는 다음을 참조하라. Alexei Yurchak, "The Cynical Reason of Late Socialism: Power, Pretense and the Anekdot", *Public Culture* 9(1997), pp. 174~176.

9 [옮긴이] 에스트라다(Estrada)는 소규모의 음악이 곁들인 극작품을 의미하는데, 소련 및 러시아에서 코미디 만담은 전형적으로 두어 명의 만담가가 아코디언 같은 악기를 가지고 연주하면서 공연했다.

『악어』Krokodil나 『문학신문』Literaturnaia gazeta의 유명한 「열두 의자 클럽」Klub dvenadtsat stul'ev 같은 국영 풍자 발행물의 지면에 결코 출판된 적이 없다는 사실에도 불구하고 말이다. 농담들은 사람들의 입에서 입으로 돌아다녔고 소비에트 비공식 구전 문화의 필수적인 한 부분을 이루었다.

당면한 현 포스트소비에트 시대는 사라지는 소비에트 문화와 신흥 포스트소비에트 문화 간의 전환기로서 농담과 그것의 사회문화적 맥락 간의 복잡한 관계를 탐색하는 독특한 기회를 제공한다. 초기 포스트소비에트 시기는 소비에트 정치 유머의 르네상스를 목도했다. 거기에서는 정치 아넥도트들의 사용 양상과 의미가 바뀌었으며 승리의 노골적 선언, 상실된 소련에 대한 애도, 그리고 소비에트 역사의 해석에 대한 공개적 논의를 포함하고 있었다. 현 포스트소비에트 맥락에서 번성하고 있는 소비에트 농담은 소비에트 경험의 의미를 뒤돌아보고자 하는 대중적 시도였다. 학자들의 입장에서 볼 때, 포스트소비에트 맥락에서 소비에트 농담 현상은 소비에트 정체성 형성 과정의 비판적 재해석을 불가피하게 만드는 것이었다.

소비에트 및 포스트소비에트 유머 분석은 미하일 바흐친이 사회의 "비공식적 의식意識"이라 불렀던 것의 학문적 탐색을 위한 커다란 잠재적 가능성을 지니고 있다.[10] 농담은 사회적 삶의 바로 중심부에 위치하고 있으며, 특정한 사회의 산물이자 그것의 표현 기제가 된다. 농담은 '권위의 담론'을 반영하고 내면화하며, 동시에 그것을 공격하고 재해석하고 재상상한다. 농담은 사회에 대해 내부로부터의 독특한 관점을 제공하는데, 이는 공식 영역에서 인정되지 않은 관점이며, 일반적으로 소비에

---

10 Michael Holquist, "The Politics of Representation", in *Allegory and Representation*, ed. Stephen J. Greenblatt(Baltimore: John Hopkins University Press, 1981), p. 178.

트 및 포스트소비에트 사회·문화를 연구하는 학자들에게 포착되지 않은 관점이다. 특히 흥미로운 것은 공식·비공식 담론이 수렴하는 지점뿐 아니라 소비에트 농담에서 포스트소비에트 농담으로의 이행에서 구현된 공식·비공식 의식 간의 변화하는 간극이다. 소비에트 및 포스트소비에트 맥락의 농담은 공정한 전복자는 아니었다. 사실상 이것은 그 타깃에 있어 매우 편파적이었다.[11] 이것은 체제전복적 농담으로 여겨질 수 있는 영역의 경계, 조소의 대상이 될 수 있는 것과 농담으로 마음속에 상상할 수조차 없는 것 사이의 선을 그어 놓았다.

3. 포스트소비에트 혼란 속의 소비에트 농담

현 포스트소비에트 시대는 '소비에트 정치 아넥도트'sovetskii politicheskii anekdot의 폭발적 증가를 목도했다. 이 아넥도트들은 새로운 영역을 침범하여 소비에트 시대에는 일반적으로 허락되지 않던 구체성을 띠게 되었으며, 더 이상 친구와 동료의 소그룹에 제한되지 않고 콘서트 홀이나 극장 무대에서도 들을 수 있었다. 포스트소비에트 라디오와 텔레비전 프로그램은 '소비에트 정치 아넥도트'에 대규모의 시간을 할애함으로써 대중매체로부터의 아넥도트 추방에 종지부를 찍었다. 예를 들자면, 텔레비전 쇼 「앵무새」Popugai는 유명한 소비에트 익살꾼이자 배우인 유리 니쿨린이 진행했는데, 많은 시간을 포스트소비에트 시대의 '소비에트 정치 아넥도트'들을 얘기하는 데 할애했다. 신문과 잡지도 기사에 소비에트 농담을 포함시켰다. 포스트소비에트의 경제적 궁핍에서 살아남기 위

11 Douglas, "Jokes", p. 297.

해 분투하면서, 풍자 및 유머 잡지인 『악어』는 「턱수염을 가진 아넥도트」Anekdot s borodoi와 「턱수염 없는 아넥도트」Anekdot bez borody 두 새로운 특집으로 독자들이 보내온 농담을 출판하기 시작했다.[12] 최고의 농담을 보내온 사람들은 상금을 받았으며 잡지에 감사의 글이 실렸다. 상업적 오락의 영역에 진입하면서 농담은 그 자율성과 발견하기 힘든 특유의 비非-물질성 ──소비에트 코미디언 로만 카르체프의 말을 빌리자면 '농담가'와 청자 간에 생겨나는 즉각적인 '친밀감' ──을 잃고 새로운 포스트소비에트 기업가들이 좌지우지하는 수익성 있는 상품으로 변모했다.[13] 최근까지 농담은 카르체프의 표현을 쓰자면 "새장에 가둘 수 없는 새"와 비교되었다. 그러나 1991년 이후로는 농담은 노변에서, 지하도에서, 버스 정류장 옆에서, 그리고 지하철과 기차 역에서 팔리는 소책자와 책들에서 손쉽게 읽을 수 있게 되었다. 농담은 바로 그 포스트소비에트 공간을 침범했다.

왜 소비에트 정치 농담은 포스트소비에트 시기에 그렇게 인기 있는 상품이 되었는가? 아넥도트가 반대담론으로서 순환되기를 멈추고 사상의 '자유시장'에 들어섰을 때 이것의 사회문화적 사용과 의미에 어떤 일이 일어나는가?

소비에트 시스템의 해체로 인해 소비에트 농담은 체제전복적인 저항적 가치를 박탈당했다. 소비에트 특유의 공식·비공식 영역 간 차이가 말소되고 권위주의적 소비에트 담론이 사라지면서 '소비에트 정치 아넥도트'는 그 자양분의 원천, 타깃, 그리고 상징적 공간을 잃었다. 그럼에도

---

12 "턱수염이 있는/없는"은 나이를 나타내며 통상 젠더를 함축하지 않는다.
13 로만 카르체프(Roman Kartsev)와의 인터뷰, "Anekdot trebuet intimnosti kak seks", *Krokodil*, no. 4(1995), pp. 6~7.

불구하고 이것은 새로운 기능과 의미를 전용함으로써 명맥을 이어왔다. 소비에트 정치 농담을 말하는 행위는 자유 선언의 특별한 방식이자 '농담가'들이 이전에는 '통제자'로 인식하고 표현했던 시스템의 사회적 해체에 대한 축하가 되었다. 어떤 면에서는 포스트소비에트 초기의 경험은 하나의 지배 시스템이 해체되고 또 다른 시스템이 아직 만들어지고 있는 중에 생겨난 자유(곧 사회적 해체) 상태와 거의 유사했다. 그 시대를 특징짓는 특유한 농담들을 여러 번 다시 말하면서 대중은 이 해방의 느낌을 선명하게 다시 체험할 수 있었다.

그러나 상응하는 긴장 또한 간과하면 안 될 것이다. 신생 전前-소비에트 사회는 소비에트 시스템의 붕괴에 대해 진심으로 웃는 반면, 동시에 그것을 애도하고 있었다. 친숙한 삶의 방식의 갑작스런 증발——그 실체성의 파괴, 사람들이 알아볼 수 있었던 친숙한 일상, 사회적 역할, 지위의 붕괴——은 포스트소비에트 농담의 성격을 노스탤지어로 물들였다. 새로운 포스트소비에트의 공공 영역과 개인적 영역에서 이렇게 향수에 어려 옛 소비에트 농담을 말하는 행위는 애도하는 포스트소비에트 주체들에게 치유 효과를 가지고 있었다. 이것은 상실을 정상화하는 것, 곧 그것을 지배하는 것을 도왔다. 1990년대의 소비에트 농담 르네상스는 복잡사회에서 농담이 수행하는 다면적 역할의 강력한 예시이다. 당면한 포스트소비에트 시기 동안 농담들은 고통스런 전환을 겪고 있는 사회의 복잡한 감정적 삶에 주의를 기울였다.

그러나 과거에 대한 갈망을 삶의 친숙한 구조에 대한 노스탤지어만으로 여겨서는 안 될 것이다. 이것은 또한 소비에트 주체의 잃어버린 지위에 대한 노스탤지어——언뜻 보이는 이 명제의 부조리에도 불구하고——를 나타낸다. 소비에트 농담에 표현되어 있듯이, 적어도 소비에트의 주체는 소비에트 사회의 작동방식과 그 사회의 권력관계들에 대한 확실한 이해를 가지고 있었다. 농담을 통해, 소비에트인들은 공식 언어에 대한 자기들의 지배력과 그 언어가 스스로를 배신하게끔 만드는 자신들의 능력에 대해 자부심을 가지고 있었다. 그들은 시스템을 어떻게 다루고 또 거기서 피할 수 있는지 알았다. '어디서나 지배하고 있다'는 이미지는 오직 포스트소비에트 사회의 방향감각 상실을 악화시킬 뿐이며 왜 포스트소비에트 유머가 모종의 노스탤지어적 특성을 가지는지 보여 준다.

언어 유희

소비에트 시대의 '소비에트 정치 아넥도트'의 이해는 농담의 청중이 공식 언어에 대한 고도의 능숙성을 지니고 있을 것을 전제했다. 소비에트 '농담가'들과 그들의 아넥도트 임무는 공식 표현 시스템과 소비에트 일상 현실 간의 격차를 노출시키는 것이었다. 공식 슬로건, 클리셰, 내러티브 양식, 문체적 유형들은 물질적 현실과 유리된 말로 지어진 공중누각, 카드로 지은 집임이 밝혀졌다.

유명한 소비에트 슬로건 "레닌이 우리와 함께 있다"Lenin s nami를 소비에트 농담의 측면에서 고찰해 보자. 여기에 뭔가 문제가 있는가? 이것이 어떤 점에서 "레닌이 묘에 있다"Lenin v mavsolee라는 문장과 다른가? 문법적으로 이 두 문장들은 실제로 동일하다. 비트겐슈타인의 유명한 진리 중 하나인 "단어의 의미는 그 사용에 있다"[14]를 적용하여, 한 익명의 평론

---

14 다음을 보라. Ludwig Wittgenstein, *Philosophical Investigations*, trans. G. E. M. Anscombe(New York: Macmillan, 1958), pp. 118, 255, 309, 312.

가는 이 슬로건을 가상적인 일상 상황에 집어넣었다.

새로 결혼한 커플들은 이제 3인용 침대를 살 수 있다.
레닌이 우리와 함께 있다.

일상 현실의 맥락에서 이 슬로건은 부조리한 것이 되어 아무 의미도, 지시체도 없는 것이 된다. 이 슬로건은 오직 그것이 포스터에, 기사 제목에, 또는 텔레비전 해설가의 입술 위에 단독으로 있을 때만 의미 있어진다. 다시 말해서, 소비에트 관청어의 일관성과 중요성은 그것이 문자 그대로 해석되지 않는 경우에만 가능해진다. 또 다른 예를 보자.

왜 안과 의사에게 그렇게 긴 줄이 서 있지?
어제 라디오에서 말하더군. "당신은 소비에트 인민들의 복지가 얼마나
증가하고 있는지 볼 수 있습니다."

"당신은 볼 수 있다"na glazakh라는 말을 한 관료가 그 축어적 의미인 "눈으로 지각하다"를 되돌려받는 순간, 문장 전체 ──"당신은 소비에트 인민들의 복지가 얼마나 증가하고 있는지 볼 수 있다"──의 의미는 사람들이 찾지만 발견하지 못하는, 말의 감지불가능한 영역에 속해 있음이 드러난다.

과거와 현재의 재해석: 무질서 대 질서

공식 언어를 가지고 하는 겉보기에 악의없는 농담-놀이는 공식 이데올로기 프로젝트의 성공에 있어 아주 중요한 의의를 지니는 것으로 판명

되었다. 장난스럽게 농담하는 것은 소비에트 현실을 묘사하는 적법한 언어로서의 관청어에 대한 존경심을 떨어뜨리는 데 일조했다. 농담은 표현의 공식 체계와 현실 간의 분리상태를 폭로함으로써, 표현의 반反-체계라는 발상을 가능케 하고 그것의 필요성을 분명히 표현했다. 현실을 재해석하려는 시도의 일환으로, 농담은 새로운 언어를 만들어 내고 광범위한 역사적·정치적·사회적·문화적 이슈들——공식 매체에서는 '이미' 공개적으로 논의되고 재가된 것으로 표현되는 이슈들——에 대한 비공식 공공 담론을 구축했다. 비공식 담론으로서 농담은 공공 커뮤니케이션의 자율적 수단이 되어 대중매체의 소외시키는 속성에 이의를 제기했다. 이는 모든 현대 사회에 특징적인 현상이다.

소비에트의 경우, 농담은 단지 지배 시스템의 압력을 완화하는 일시적인 안전밸브(물론 이 기능을 부인할 수는 없다)였을 뿐 아니라 커뮤니케이션과 토론을 위한 장이 되는 건설적 기능이기도 했다. 이들 기능의 대립은 공식 언어 및 시스템 자체의 전복과 대안적 의미에 대한 탐색 둘 다로 실현된다. 반체제 언더그라운드 노래, 사미즈다트 및 타미즈다트(외국에서 출판되고 나서 다시 소련으로 역수입되는 소비에트 문학)와 더불어, 농담 담론은 주체들을 권위주의적 담론의 수동적 용기가 되게끔 하는 현대 사회의 경향에 대한 사회적 저항의 특수한 형태로, 그리고 반-체계를 창조함으로써 공식적 해석 체계를 탈출하려는 시도로 볼 수 있다. 사미즈다트, 타미즈다트, 그리고 아넥도트들이 소비에트 시스템에 유사한 도전을 했지만 나는 농담이 언더그라운드 문학보다 더 중요한 역할을 했다고 제안하고 싶다. 왜냐하면 언더그라운드 문학이 좁은 계층에 한정되어 있었던 반면 농담은 훨씬 더 널리 순환되었기 때문이다.

정치 아넥도트는 대대적 규모로 소비에트의 거대 내러티브의 재해석에 참여했다. 농담은 정치적 지도자와 같은 쉽고 뻔한 타깃에 대한 공격을 넘어서 소비에트 역사, 소비에트 시스템의 조직과 작동, 그리고 소비에트 사회에서 소비에트 주체의 위치에 대한 논쟁에 불을 붙였다. 진정한 수정주의 역사학자로서, 농담들은 소비에트 경험에 대해 자신만의 시대 구분과 의미를 만들어 냈다. 비록 농담이 대부분의 주제에 대해 의견의 일치에 이르지는 못했지만 농담의 해석에서 부인할 여지 없이 뚜렷했던 주제가 하나 있었다. 곧, 혼란, 통제나 지도의 부재가 그것이다. 침체되거나 특정한 방향 없이 종잡을 수 없는 존재로서의 소련의 이미지는 소비에트 시대 전체와 특정한 역사적 시기들 모두에 대해 해석적 모델로 기능했다.

군인들이 논쟁하고 있었다. 무엇이 가장 파괴적인 병기인가? 한 명이 핵폭탄이라고 말했다. 또 한 명이 수소폭탄이라고 말했다.

"아냐, 제군들, 당신들은 틀렸어"라고 파괴 병기 전문가가 말했다. "가장 파괴적인 무기는 순양함 오로라 호의 대포야. 공포탄 한 번 쏘니 72년 동안 폐허가 되었지."[15]

이 농담에서, 소비에트 시대는 그 자신의 역사를 빼앗기고 세계의 역사적 흐름으로부터 변화, 움직임, 혹은 발전이 없는 영원한 영역으로 쫓겨나 있다. 소비에트 시대는 공포탄이 되어 그 성취나 실패 모두를 부인당한다. 이러한 비역사성은 소비에트 국가의 근원을 해석하는 농담들

---

15 순양함 오로라 호는 10월 혁명에 대한 소비에트 공식 내러티브에서 중요한 상징이다. 공식 언어를 다른 말로 바꾸어 표현하면, 착취자 계급에 대한 노동자 계급의 승리로 귀결된 1917년 페트로그라드 군대 내란에 신호를 보냈던 것은 이 배의 대포였다.

에서 더욱 발전되어 나타난다.

> 스몰니에서 전화벨이 울린다.[16]
> "여보세요, 스몰니죠?"
> "네, 스몰니입니다."
> "맥주 있으세요?"
> "아뇨."
> "그럼 누가 갖고 있죠?"
> "겨울궁전에 있는 이들이 갖고 있죠."
> "만세! 겨울궁전으로 쳐들어갑시다!"[17]

여기서, 소비에트 역사 교과서와 영화들에 나오는 혁명 노동자와 병사들의 조직은 맥주나 뺏으러 다니고 조직화되어 있지 않은 술주정뱅이 무리로서 어쩌다가 겨울궁전을 점령하기로 결정한 것으로 등장한다. 아넥도트의 역사수정주의에 따르면, 소련의 기원은 우연적이고 무계획적인 혼돈스러운 것이었다. 더 나아가 이러한 특징들은 계속 유지되어 소비에트 사회 전반에 스며들게 된다. 농담 담론 내에서 무無-체계는 소비에트 삶의 해석에서 중심 주제 중 하나가 되었다. 농담들에서 상상된 바와 같이, 소련은 그 세력이나 결속력 때문이 아니라 오직 무체계, 혼란, 행동의 의도되지 않은 무작위적 결과를 통해 계속 존재하고 있다. 가령,

---

16 '스몰니'(Smol'nyi)는 볼셰비키가 1917년 내란 본부로 사용했던 상트페테르부르크 교양학교였던 스몰니 대학을 이른다.
17 겨울궁전은 차르 가족의 거주지였다. 공식적 내러티브에서 노동자와 병사들의 겨울궁전 탈취는 10월 혁명의 가장 결정적인 순간이다.

한 미국 스파이가 모스크바에서 죽는데, 이것은 국가방위기관의 활동의 결과가 아니라 이 '정상의', '문명화된' 미국인이 소비에트 환경에서는 난 하루도 생존할 수 없기 때문이다.

CIA가 어떤 군사기지들이 모스크바 근처에 위치하고 있는지 알아내기 위해 요원 한 명을 파견했다. 그는 잘 훈련되었고, 많은 지시 사항을 받았다. 요원은 배가 고파져서 숲에서 나왔다. 그는 한 모스크바 가게에서 피로그를 산 후 죽었다. CIA는 걱정이 되어 다른 요원을 보냈다. 그는 모스크바에 안전하게 도착했지만 군중 속에서 길을 잃고 전차를 탔다. 거기서 그는 밟혀 죽었다.

이러한 유형의 농담에 나타난 전복 작용에 대해 자세히 분석해 볼 만한 가치가 있다. 사회와 역사의 공식적 묘사를 해체시키고 그것이 부과하는 이데올로기적 구조를 탈피하려는 이 노력에서, 체제전복적 아넥도트들은 효과적인 생략을 통해 간접적으로 '정상의' 문명화된 질서에 대한 아주 유사한 열망을 보여 준다. 공식 언어가 현실과 괴리된 것임을 폭로하고 공식 레토릭 아래에 있는 무체계와 혼돈을 적발해 내면서, 농담 담론의 참여자들은 공식 상징이 질서, 통제, 일관성을 결여하고 있음을 비판하며 그것의 성공적 해체에 대해 웃고 자축했다. 비非-구조로의 탈출은 동시에 구조에 대한 요구였다. 소비에트의 역사적 발전은 반역사적인 혼돈이나 지도자 부재를 향한 점진적 변화로 그려졌다.

열차 사고가 있었다. 기차가 선로를 이탈했다. 레닌의 시대에는 수보트 닉subbotnik[자발적 토요노동—옮긴이]이 조직되었을 것이며 선로가 청소되었을 것이다. 스탈린 시대에는 엔지니어, 철도역 책임자, 전철원이 총살당하고 선로가 청소되었을 것이다. 흐루시초프 시대에는 선로를 기차 뒤에서 뜯어다가 기차 앞에 깔았을 것이다. 브레즈네프 시대에는 기차가 움직이고 있다는 착각을 만들어 내기 위해 기차를 흔들고 기차 역에 방송을 했을 것이다. 페레스트로이카 정점에서는 다음과 같은 명령이 접수되었다. 모든 사람은 창문에서 내다보면서 외쳐야 한다. "선로 침목이 없다! 선로를 다 써버렸다! 심연이 앞에 있다!"

이 농담은 소비에트 역사의 일반적인 정치적 시대 구분을 재현하여 러시아를 지휘했던 각각의 지도자의 능력에 따라 각 역사적 순간을 평가한다. 이 농담은 이전 농담들에서는 허점이었던 것들을 소비에트 역사 발전에 대한 내러티브로──1920년대의 촉지가능한 성취로부터 1970년대의 허구적 존재로, 또 페레스트로이카 시기의 완전한 실패의 공공연한 인정으로── 변화시킨다. 효과적인 리더십이라는 장치를 잣대로 사용하여, 아넥도트-역사가는 이 농담을 도덕적으로 모호한 것으로 내버려 둔다. 인간 생명을 희생하며 이루어진 1930년대의 전진 운동은 통제하는 이도 없고 위급한 상황에 처한 이도 없는 움직인다는 착각보다는 아마도 나은 것이었으리라고 암시된다. 그러나 비공식적 해석자는 페레스트로이카의 취급에 있어서는 모호하지 않다. 심연을 향한 무질서한 움직임이라는 페레스트로이카의 이미지는 소비에트 시스템의 자기개혁 능력에 대한 농담 청자의 환멸을 보여 준다. 이것은 소비에트 역사의 가장 마지막 단계, 곧 얼굴도 지도자도 없는 것으로 특징지어지는 순간이다.

농담 담론은 고르바초프를 국가의 지도자로 규정하지 못하고 그를 "그들 중 하나", 수많은 쓸모없는 기계조작공apparatchiki-공산주의자 중 하나로 제시한다. 고르바초프가 조소의 주요 인물로 나타나는 다음의 농담은 여러 버전으로 존재한다. 우리는 농담의 의미를 바꾸지 않고도 리가초프나 리슈코프 같은 중앙 위원회의 다른 성원들을 손쉽게 대체해 넣을 수 있다.

> 고르바초프가 시골에 왔다. "어떻게 되어 가고 있나?"
> "잘 안 되고 있습니다, 미하일 세르게예비치. 소들이 죽어 나가고 있고 사료가 없습니다."
> "정말? 외양간을 녹색으로 칠해 보았나? 알다시피… 한 번 해보게! 다른 지역에서도 이게 매우 도움이 되었다네."
> 집단 농장 농부들이 모든 것을 녹색으로 칠했다. 한 달 후, 고르바초프가 전화했다. "이제 어떻게 되어 가고 있나?"
> "잘 안 되고 있습니다. 미하일 세르게예비치, 모든 젖소가 죽었습니다."
> "정말, 모두가? 걱정 말게, 나한테 더 재미있는 생각들이 많이 있네!"

농담의 내러티브 구조가 페레스트로이카 시기의 소비에트 조직에 대한 보편적 해석 모델로 기능하는 반면, 고르바초프를 손쉽게 다른 공산주의 지도자로 바꿀 수 있다는 것은 중앙 권력의 소실과 유능한 지도자의 부재를 의미한다. 고르바초프도, 리슈코프도, 리가초프도 1980년대의 재앙적 상황을 이해하거나 개선하지 못했다. 의미없는 충고로 가득 찬 이들은 국가와 국민들을 가지고 노는 어린애 같은 지도자였다.

우리는 어떠한가? 행동하는 것과 아는 것

비공식 공공 논의는 역사적·언어적 이슈에 대한 연구에만 국한되어 있지 않았으며 또한 소비에트 시스템 및 그 시민들과의 상호작용에 대한 분석에도 관여하고 있었다. 비공식 논의는 나아가 아넥도트를 뛰어난 언어학자–철학자이자 해체적 역사가, 그리고 통찰력 있는 사회과학자로 다양화하고 미화했다. 농담 담론은 비공식 공공 담론에 고유한 분석적·해체적 가능성들의 정점이었다. 농담 담론은 표현의 공식 질서를 넘어 사회 현실을 또렷이 기술하고 딱지를 붙였을 뿐만 아니라 또한 소비에트 사회의 작동과 소비에트 공식 언어 자체의 생산에 대한 연구를 떠맡았다.

비공식 사회 분석에서 비지시적인 공식 언어는 소비에트 주체들의 생산물로 나타내어진다. 이것은 일상생활 활동들에서뿐 아니라 텔레비전 스크린에, 라디오에, 신문에 존재했다. 이것은 소비에트 공장들, 공장 단지들, 집단 농장들을 침범했다. 이러한 곳들에서 사람들은 의식적으로 가짜 숫자들을 서로 주고받으면서 존재하지 않는 사실들을 만들어 내고 또 그걸 가지고 이런저런 장난을 쳤다.

한 집단 농장에서 돼지가 새끼돼지 세 마리를 낳았다. 당 위원회 회의가 열렸다. "어떡하지? 셋은 아무것도 없는 것보다 그리 더 좋지 않은데…" 이들은 생각하고 또 생각한 끝에 지역 위원회에 돼지가 다섯 마리의 새끼를 낳았다고 보고하기로 결정했다.

지역 위원회는 데이터를 분석한 후 농림부에 새끼돼지 일곱 마리가 태어났다고 보고했다.

농림부는 생각한 끝에 중앙위원회에 다음과 같이 보고했다. "당해 계획이 초과달성되었습니다──열두 마리의 새끼돼지들이 조국에 주어졌습니다!"

중앙위원회 사람들은 생각한 후 브레즈네프를 기쁘게 만들어 주기로 결정하고 보고했다. "국가가 열두 마리의 새끼돼지들을 추가로 더 받았습니다!"

"매우 잘 됐군!"이라고 레오니드 일리치가 말했다. "세 마리는 레닌그라드의 노동자들에게 주고 셋은 영웅 도시 모스크바에, 다섯은 수출, 또 다섯은 아프리카의 불쌍한 사람들에게 보내고, 그리고 나머지는 전략적 비축물로 하지. 그건 아무도 건드리지 못할 거야!"

이 아넥도트는 다시 이중 역할을 하고 있다. 이것은 사회적 터부의 엔터테이너이자 발화자인 동시에 그 청중에게 소비에트 시스템의 작동을 드러내 보여 주는 평론가이다. 소비에트 사회의 유일한 활기를 주는 힘은 소비에트 주체 그 자신이다. 사회 전반에 부유하는 상상의 돼지들은 소비에트 주체의 발명품이며 시스템을 계속 돌아가게 만든다. 이 아넥도트는 소비에트 주체를 복잡하고 솔직하지 못한 것으로 제시한다. 한편으로, 공식 언어의 생산자이자 사용자로서 소비에트 주체는 공식 언어를 강화하지만, 다른 한편으로는 시스템을 진지하게 받아들이기를 거부함으로써 그것을 전복한다. 관청어를 만들어 내면서 주체는 그것의 허위를 의식적으로 재생산해 낸다. 이 특정한 농담에 있어 특별히 흥미로운 것은 이것이 현실과 비현실 간의 구별을 매우 좋고도 싫은 양가적인 것으로 만든다는 점이다. 이 농담에서 공식 언어와 사회적 현실의 어떤 면들은 정말 일치한다. 관청어와 실제는 둘 다 비현실적이다. 관청어를 만들어 냄으로써 소비에트 주체는 이 비현실성을 재생산한다.

농담 담론이 소비에트 및 동유럽 반체제 인사들——그들 자신이 인텔리겐치아의 성원들이다——에 의해 제기된 비판들을 반영하고 있다는 것은 그 청중이 동일한 사회 계층 출신임을 시사한다.[18] 이중적 존재와 이중적 의식이란 주제는 1920년대의 러시아 철학자이자 문학 평론가 미하일 바흐친뿐 아니라 슬라보예 지젝, 바츨라프 하벨, 알렉산드르 솔제니친, 그리고 안드레이 아말리크와 같은 현대 작가들의 사유 속에 스며들었다.

마이클 홀퀴스트의 주장에 따르면, 바흐친은 또한 공식·비공식 이데올로기/의식 간의 간극과 상호작용을 이론화하는 과정에서, "자신의 딜레마, 곧 자신의 종교적·형이상학적 생각"과 소비에트 공식 언어 간의 "증가하는 격차"를 다루고 있었다.[19] 뒤따른 인텔리겐치아 세대 또한 '전체주의' 사회가 두 영역으로 나누어져 있다고 인식했다. 하벨, 아말리크, 그리고 솔제니친은 소비에트 주체들의 이중 생활을 폭로했으며, 하벨의 유명한 말을 인용하자면, 그들에게 "진실 안에서 살기" 시작할 것 ─ 그들의 진정한 정체성과 존엄성을 공공연히 보여 줄 것 ─ 을 촉구했다.[20] 아말리크는 이중 인격 현상을 특정한 사회 그룹과 동일시했다. '전문가 계급' 또는 '창조적인 인텔리겐치아'가 그것이다. 아말리크는 다음과 같이 쓰고 있다. "가끔 내게는 이른바 소비에트의 '창조적 인텔리겐치아' ─ 곧 하나의 것을 생각하면서 다른 것을 말하고 또 다른 것을 행하는 데 익숙한 사람들 ─ 전체가 그들을 만들어 낸 체제보다도 훨씬 더 불쾌한 현상처럼 보인다." 이 반체제 작가들의 체계 내에서 비공식 농담 담론은 '거짓말 안에서 살기'의 또 다른 표현 ─ 부엌 테이블에서의 전

---

18 농담 청중에 대한 논의를 더 보기 위해서는 다음을 참조하라. Anna Berchidskaia-Krylova, "The Rise and Fall of Soviet Ideology"(master's thesis, Johns Hopkins University, 1995).

19 Holquist, "The Politics of Representation", p. 180.

20 Václav Havel, *Living in Truth*(London: Faber and Faber, 1989), p. 55.

복적 웃음과 공공장소에서의 수동적 순종 ——이다.[21]

비록 반체제 인사들이 통상 수동적으로 농담하는 소비에트 인텔리겐치아에 대하여 자신 ——위험을 감수하는 능동적인 저항자들——을 대치시키고 심지어 그에 대한 경멸을 표현했음에도 불구하고, 이들은 소비에트 인텔리겐치아와 많은 공통점이 있었다. 동일한 사회문화적 계층 출신으로 이들은 '전체주의' 사회에 대해 동일한 개념화를 공유하고 있었을 뿐 아니라 또한 동일한 정치적 의제를 옹호했고 동일한 열망(곧 자신을 공식 언어와 관례로부터 해방시키는 것)을 간직하고 있었다. 반체제 글과 비공식 농담 담론 간의 두드러지는 차이는, 반체제 인사들은 시스템이 거짓임을 공공연히 드러낸 반면 농담의 청중은 오직 그에 대해 공상을 펼쳤다는 것이었다. 반체제 인사들은 '진실 안에서 살았지만', '농담가'들은 단지 그 안에서 농담할 따름이었다.

브레즈네프가 노동자들 앞에서 연설하고 있다. "동지들! 곧 우리는 더욱더 잘 살게 될 겁니다!"
청중 속에서 한 목소리가 물었다. "그럼 우리는요?"a my?

이것은 이전 농담과 확연히 대조된다. 이전 농담에서의 주체가 존재하지 않는 새끼돼지 증식의 보호막 뒤로 수동적으로 후퇴하고 있는——이는 농담 텍스트 내에서 직접적으로 도전되지도 명쾌하게 비판되지도 않는다——반면, 이 농담은 주체가 공식 담론에 맞서고 진실을

---

21 Andrei Amarlik, *Will the Soviet Union Survive until 1984?*(New York: Harper and Row, 1970), p. x; Havel, *Living in Truth*, p. 45.

얘기하려고 시도하는 것을 그리고 있다. 체제전복적인 '농담가'는 소비에트 사회의 이중적 존재, 공식적 '우리'와 비공식적 '우리' 간의 차이를 단언하는 공공의 공간을 상상하고 있다. 이 격차를 공공연히 드러냄으로써 이 '농담가'는 공식 주체성을 묵인하거나 비공식의 한계 내에 머무르기를 거부한다. "그럼 우리는요?"라는 항의에 의해 벌어지는 공공 쟁론의 환상은 이중성을 철폐하자는 간청이자 새로운, 단결된, 모두를 포괄히는 '우리'에 대한 청원이다. 달리 말하자면, 이것은 공식·비공식 주체성 간의 차이가 소멸되는 새로운 표현 체계에 대한 요구이다. 모든 형식의 역사수정주의처럼, 사회적 농담은 절대적인 의제이다. 자신의 공상에서 공식 표현의 허위성을 드러내고 그것과의 접촉을 최소화하는 방법을 배움으로써, '농담가'는 공식 레토릭과 관례의 보호막을 떠나 새로운 전체에 포함되기 바라는 자신의 열망을 공공연히 인정한다. 이와 같이 농담과 반체제 담론 모두, 가능하고 또 바람직한 것으로 내적 모순이 없는, '진실 안에서 살고 있는' 통합된 주체를 상정한다.

소비에트 농담에서 사회 질서의 해체와 건설 간의 이 역학은 비-구조로의 탈출 또는 분열된 다수의 정체성이라는 자유로의 탈출로 체제전복을 재개념화할 것을 요구한다. 소비에트 농담 담론의 작동은 절망적인 냉소가로서의 현대 주체에 대한 이론——슬라보예 지젝이 가장 완전히 발전시킨 관점——에 이의를 제기한다. 맑스의 주체, 허위의식의 희생양이——"그들은 그것을 모르지만 그것을 행한다"—— 시대에 뒤떨어졌다고 주장하면서, 지젝은 '왜곡된 표현', 현실과 표현된 것 간의 간극을 잘 알고 있을 뿐 아니라(농담에서 이것이 드러나고 있다는 자각) 또한 왜곡을 당연한 것으로 여기는 냉소적인 현대적 주체의 관점을 제안한다. "그들은 자기가 그것을 하고 있음을 아주 잘 알고 있지만, 그래도 여전히 그것을 하고 있다."[22] 지젝의 주체는 진정 포스트모던하다. 이는 그 주체가 현실과 이데올로기적인 것 간의 간극을 알고 있어서가 아니라, 그 자신의 분열적 속성에 걸맞게 이러한 이중 존재, 이중 의식의 상황과 고통 없이 화해하기 때문이다. 이것은 전복적이다. 이것은 농담 안에서 표현의 시스템을 해체하며, 그 결과로 초래된 상징적 폐허를 비웃고, 분해되어 버린 허위의식적 통합에 대해 어떤 불안도 느끼지 않는다. 지젝의 주체는 근대의 단일한 자아에 대해 어떤 노스탤지어도 가지지 않는다. 지젝의 논리를 따르면, 냉소적 주체는 변화하지 않는다. 간극이 모순이 아니라 탈피할 수 없는 기정사실로 인지되기 때문에, 냉소적 주체는 영원히 자신의 분열된 실체 속에 갇혀 있다. 주체성에 대한 이러한 정적 관점은 주체 안의 무의미와 의미 간 갈등, 항상 존재하지만 특정한 사회문화적 맥락에서 다르게 나타나는 긴장을 고찰하지 않는다. 소비에트의 경우에, 분열은 필요한 것이자 두려운 것이다. 아넥도트는 언제나 일관성 있는 내러티브를 해체하고 동시에 새로운 내러티브를 요구한다. 소비에트 '농담가'들은 냉소자와 이상주의자의 역할 사이에서 끊임없이 진동했을 뿐 아니라 또한 소비에트 관청어에 반하는 표현 체계를 일구어 내려고 시도했다.

반-질서

이러한 반-헤게모니적 시도들의 역설은 이 시도들이 권위주의적 담론의 한계 내에서 근원한다는 점이다. 공식적 표현에서 부정적인 '타자'로 지정된 서구 및 소비에트 이전 시대는 재미있는 전도를 겪는다. 이것은

---

22 Slavoj Žižek, *The Sublime Object of Ideology* (London: Verso, 1989), p. 33.

비공식 반-내러티브에서는 긍정적이고 바람직한 자아가 된다. 전복적인 대안적 담론은 세계를 서구와 동구로, '자본주의자들'과 '공산주의자들'로 양분하는 공식 소비에트 냉전 사고방식을 내면화하면서 단지 그 가치만 바꿨다. 공식 거대 내러티브는 완전히 뒤집힌 채로 농담 속에 살아남아서 심지어 포스트소비에트 시대에까지 계속되고 있다.

농담에서 서구, 특히 미국의 이미지는 환멸을 느낀 소비에트 주체들에게 소비에트 시스템을 평가하고 현실과 표현된 것 간의 간극 없이 사회적 현실을 구성하는 새로운 해석틀을 제공했다. 이 농담들에서 바람직한 자본주의적 타자는 자유와 부, 기회가 현실과 유리되지 않고 서구 일상생활의 바로 그 정수를 구성하고 있는 균질적 시스템으로 제시된다.[23]

인민대표들이 고르바초프에게 와서 물었다. "미하일 세르게예비치, 당신은 사회주의를 어떻게 이해하고 계십니까?"

"그것은 모든 이가 자기 봉급으로 먹고 살고 침묵하는 때입니다."

"우리가 인민들에게 완전한 자유를 주고 그들이 부유해지도록 허용하면 어떨까요?"

"그러면 그것은 자본주의가 될 겁니다──그러나 자본주의는 우리 방식이 아니죠."

이 농담에 따르면, 균질적인 자본주의 사회에는 언젠가 국가의 족쇄

---

23 소비에트 언론에 비친 미국의 이미지에 대해서는 다음을 보라. Jeffrey Brooks, "The Press and Its Message: Images of America in the 1920s and 1930s", in *Russia in the Era of NEP: Explorations in Soviet Society and Culture*, ed. Sheila Fitzpatrick, Alexander Rabinowitch & Richard Stites(Bloomington: Indiana University Press, 1991), pp. 231~252.

로부터 해방되어 자신의 진정한 능력을 보여 주는 자유롭고 자족적이고 단일한 개인들이 살고 있다. 이 타자 세계의 주체는 사회적 여건과 사회석 관계로부터 독립적이며, 이상적이고 갈등이 없다고 상상되는 사회에 살고 있는 것으로 묘사되어 있다. 개인의 자유와 일관되고 통합된 사회라는 주제는 바로 아넥도트가 소비에트 시스템에 결여되어 있다고 인식하는 자질인 질서와 조직에 대한 농담들에 반영되어 있다. 미국/서구의 삶의 편의, 질서, 기술적 기량과 소비에트 삶의 불편, 혼란, 낙후성 간의 대조는 많은 농담들의 내러티브를 이루고 있다.

> 라비노비치는 모스크바로부터 즈메린카에게 전화하려고 애쓰고 있다.
> 교환수: "12시 넘어서야 연결해 줄 수 있어요."
> 라비노비치: "뉴욕에 연결해 줄 수 있나요?"
> 교환수: "글쎄요, 해보죠."
> 라비노비치: "헬로, 뉴욕인가요? 즈메린카에게 연결해 줄 수 있나요?"
> 미국인 교환수: "네, 그럼요. 잠시만 기다리세요."

조직, 기강, 좋은 서비스, 발전된 기술에 대한 이러한 갈망은 반-시스템을 창조하려는 비공식적 시도를 만들어 내는데 이는 종종 공식 담론으로부터 차용하는 시도이다. 소비에트의 전복적 주체는 반-상징적인 것의 현혹적이고 이상화된 속성에 대해 질문하지 않고 새로이 건설한 자신의 꿈 속으로 도피한다. 주체는 불신되고 전복된 공식 표현 시스템의 대체물을 발견하려는 건설적 노력을 기울이면서 자신의 냉소적 정신과 폭로의 충동을 상실한다. 서구는 사람들이 그곳으로 도망치고 이민가려고 영원히 발버둥치고 있는 금지된 이상향으로서 상상되고 또 제시된다.

만약 국경이 개방되면 뭘 하겠나?

나무에 올라갈거야.

왜?

밟혀죽지 않으려고.

서구로의 도피가 비공식 공공 담론에 존재하는 유일한 반-내러티브는 아니다. 소비에트 이전, 혁명 전 과거로의 도피는 또 다른 반-상징의 토대를 형성했다. 농담은 풍요와 자유의 또 다른 이상향을 제시했다. 농담은 소비에트 시대를 러시아의 자연적인 역사적 길의 방해물이자 그로부터의 일탈로, 1917년 이전에 국가가 향하고 있었고 또 볼셰비키만 아니었으면 벌써 도달했을 목적지에 도달하기 위한 불필요한 우회로로 해석했다.

공산주의란 무엇이지?

그것은 누구라도 어떤 것이라도 살 수 있는 시대지. 니콜라이 2세 시대처럼 말이야.

소비에트 후기에 비공식 공공 담론은 의미의 대안적 시스템을 명료히 제시하려는 노력으로 인텔리겐치아의 경향과 반체제 해법의 단순화된 거울 이미지를 제공한다. 보리스 카갈리츠키는 소비에트 인텔리겐치아에 대한 자신의 연구에서 소비에트 인텔리겐치아와 반체제 움직임 내에서 지배적이었던 두 경향을 언급하고 있다. 물리학자 안드레이 사하로프로 대표되는 서구 자유주의자들과 작가 알렉산드르 솔제니친이 이끄는 보수-민족주의자들이 그것이다. 나는 인텔리겐치아 간의 이 분열과 농담 담론의 분기 사이에 모종의 관계가 있음을 제안하고자 한다. 이것은 더 숙고해 볼 가치가 있는 연관관계이며, 이 장의 범위를 넘어서는 과제이다. 그럼에도 불구하고, 소비에트 인텔리겐치아들이 농담 청중의 대부분을 이루고 있었으며 농담을 통해 자신들이 소비에트 시스템을 지지하지 않음을 드러냈을 가능성이 크다. 카갈리츠키가 설득력 있게 주장하듯이, 1968년 프라하 침공 이후 인텔리겐치아의 신념 상실은 1980년대 페레스트로이카 실패의 핵심 요소였다. 1980년대 말에 이르러 시스템은 더이상 교육받은 계층의 광범위한 지지에 의존할 수 없었으며, 대신 서구로부터 유입되거나 비공식 반체제 및 공공 담론에서 인텔리겐치아 자신이 만들어 낸 러시아 민족주의 운동으로부터 발생한 서로 경쟁하는 다양한 이데올로기들에 직면하게 되었다.[24]

4. 포스트소비에트적 농담: 새로운 열망의 대상?

지금까지 우리는 농담이 다양한 모순과 전도를 내면화하기에 그것의 기능을 요약하는 것이 불가능함을 보았다. 농담은 똑같은 자발성과 예술적 기교로써 전복하는 동시에 건설하고, 부자연스럽게 하는 동시에 자연스럽게 만들고, 정상적 상태를 제거하면서 그것을 다시 새겨넣는다. 이러한 체제 전복에서 농담은 전복된 대상으로부터 차용한다. 농담은 권위주의적 담론을 수많은 전도와 재해석을 겪게 만든다. 동일한 농담이 다른 사회문화적 맥락에서 상이한 의미를 얻는다. 농담은 비공식 공공 담론과

---

24 다음을 보라. Boris Kagalitsky, *The Thinking Reed: Intellectuals and the Soviet State, 1917 to the Present* (London: Verso, 1988).

집단적 애도 둘 다가 될 수 있다.

포스트소비에트 시대에 소비에트 농담은 또 다른 전위를 겪는다. 현저히 짧은 기간 내에 비공식 전복 담론은 사실상 새로운 공식 이데올로기가 되었다. 한때 도달불가능한 꿈으로만 보였던 것이 분명히 실재하는 현실이 될 것을 기약했다. 사실상, 국가 주도 시장 개혁의 환경에서 "우리가 사람들에게 완전한 자유를 주고 부자가 되게 허용하면 어떻게 될까?"와 같은 농담은 공식 선전선동처럼 들리기 시작했다. 역사수정주의자이자 사회 분석가로서 농담은 소비에트 역사와 사회를 공공연히 재해석하고 대부분의 경우 그 둘 다를 규탄하려는 포스트소비에트의 집단적 노력에 참여했다. 수많은 출판사, 신문, 잡지에 보내진 수천 건의 농담에 나타난, 소비에트 과거에 대한 포스트소비에트 시기의 집단적 기억은 어떤 의미에서는 소비에트 역사를 공공 포럼 내에서 (다시) 쓰려는 종합적 시도라고 할 수 있다.

비공식적이고 반항적인 것이 공식적이고 수용가능한 것으로 변형되는 포스트소비에트 환경에서, 소비에트 정치 아넥도트는 정치적·사회적 터부를 지적하고 체제전복적인 비공식적 목소리를 또렷이 내는 역할을 박탈당했다. 소비에트 정치 농담은 소련 해체 후 그것이 선택한 새로운 기능 ─ 애도, 축하, 또는 공공연한 폭로 ─ 과는 상관없이, 1990년대 중반까지 새로운 포스트소비에트 현실에 관한 새로운 농담으로 대체되었다. 분명한 것은, 포스트소비에트 농담에 대한 어떤 역사적 해석이라도 오직 일차적이고 다소 추정적일 수밖에 없다는 것이다.

농담 담론에서 가장 흥미로운 최근의 발전은 포스트소비에트에서 일어난 금지된 것, 비공식적인 것의 관행화이다. 달리 말하자면, 1990년대 초기와 중반에 통제 시스템으로 여겨졌던 것 말이다. 만약 소비에트 정치 아넥도트를 참고기준으로 사용한다면, 포스트소비에트 아넥도트 시기는 정치적 내용이 없는 것처럼 보인다. 그리고 전복적인 웃음의 사회적 한계는 사라졌다. 소비에트 시스템 전체와 그것의 특정한 징후들을 공격했던 소비에트 농담 담론과 달리, 포스트소비에트 농담은 보다 넓은 맥락으로부터 분리된 개별적인 포스트소비에트 변화들에 대해 무질서한 공격을 가하는 데 머무르고 있다. 포스트소비에트 농담에서는 소비에트 농담이 서구와 소비에트 이전 시대라는 타자에 대해 환상을 가졌던 것과 상당히 흡사하게 새로운 현실을 인지한다. 즉, 표현된 것과 일상 현실 간의 모순이 없는 것처럼 인지한다. 이 둘 간의 간극의 문제는 현재로서는 거의 생각할 수도 없는 것처럼 보인다. '자유 시장', '자유로운 기회'라는 레토릭은 의문시되지도 또 다른 공식 언어로 인식되지도 않으며, 따라서 현실 자체처럼 인지된다. 농담은 전반적으로 정치적·사회적 이슈에서 성과 가족의 문제로 그 타깃을 옮겨간 것처럼 보인다. 일에 대한 농담은 사회 조직 전체와의 관계 속에서 구축되지 않고 가족 및 결혼 생활과의 관계 속에 형성된다——그리고 사실상 가족의 속박에 대한 농담이 된다.

"세상에! 정말 내 일이 지긋지긋해! 매일마다 같은 일, 같은 일이야."
"나는 일이 세상에서 가장 즐거운 것은 아니라는 데 동의해. 그렇지만 이걸 다른 각도에서 보라구. 매일마다 아내로부터 벗어나기 위해 갈 수 있는 장소가 있어야 하지 않겠어."

포스트소비에트 농담은 신흥 러시아인에 대한 농담에 있어서 비공식적인 정치적 전복과 비판의 전통에 근접한다. 신흥 러시아인이란 새로운 시장 자본주의 여건하에서 '성공한' 일단의 사람들을 (통상 아첨하는 느낌 없이) 지칭하기 위해 현대 러시아에서 널리 사용되고 있는 포스트소비에트 사회문화적 범주이다. 비록 신흥 러시아인이 그들의 출현을 가능케 했던 사회적 여건을 고려하지 않은 채 공격을 받고 있기는 하지만, 이 주제는 실제 사회 양극화를 나타낸다. 포스트소비에트 사회는 콜랴와 바샤로 양분된 것으로 표현된다. 콜랴는 가죽 재킷을 입고 메르세데스를 몬다. 반면 바샤는 수수하게 입고 소련제 자포로제츠를 몬다.

> 메르세데스 한 대가 빨간불에 선다. 브레이크가 끼익 소리를 내며 자포로제츠가 메르세데스의 뒤를 전속력으로 들이받는다. 한 신흥 러시아인이 메르세데스에서 내려서 비웃으며 자포로제츠에게 다가간다. 볼품없는 무직[muzhichek: 남자를 소박하게 이르는 말—옮긴이]이 거기 앉아 있다가 마치 토끼가 뱀을 쳐다보듯 신흥 러시아인을 쳐다본다.
> "들어봐, 무직, 두려워 말고", 신흥 러시아인이 말한다. "이거 한 가지만 말해봐——내가 여기 없다면 어떻게 신호등에 멈추지?"

포스트소비에트 사회의 사회적 위계는 이 농담에 즉각적으로 뚜렷이 나타나 있지만 비판되고 있지는 않다. 그것은 농담의 타깃이 아니다. 그것은 농담의 배경이 되고 있는 명백한 사회적 현실이다. 이 농담은 주인공이 누구든 상관없이 웃겼을 것이다. 직접적으로 신흥 러시아인을 공격하는 농담 또한 포스트소비에트 사회를 당연한 것으로, 비이데올로기적인 것으로 그리고 있다. 신흥 러시아인은 문맹이고, 무식하고, 무례한 것으로 조소된다. 포스트소비에트 '농담가'는 암묵적으로 자신의 문명화된 행동과 온건한 소비 습관, 그리고 역사, 지리, 문학, 연극, 음악에 대한 학식을 포스트소비에트 경제의 새로운 수혜자와 대비시킨다. 신흥 러시아인은 전형적으로 마음이 좁고 천박한 사람으로 그려진다.

한 신흥 러시아인의 아내가 키오스크에 붙어 있는 포스터를 보고 자기 남편한테 말한다.
"모차르트를 들으러 갑시다."
"왜지? 모차르트가 여기 분명히 쓰지 않았소, 이 콘서트가 우리를 위한 것이 아니라 플루트를 위한 것이라고?"

신흥 러시아인의 언어적 결함 또한 포스트소비에트 유머에서 끊임없이 타깃이 된다. 더욱이, 그들의 언어는 농담에서 또렷이 표현되고 조소되는, 포스트소비에트 사회의 유일한 언어이다.

한 신흥 러시아인이 파리에서 돌아왔다. 그의 아내가 그에게 묻는다.
"그래서 파리는 어땠어요?"
"제길, 너무 좋아, 사실상… 씨발! 그, 잡년의 탑이… 제기랄, 흠 정말 좋던데! 완전히, 제길, 멋져, 사실상, 씨발! … 당신 왜 우는 거야?"
"믿을 수 없을 정도로 아름다워요!"[25]

25 농담 담론에서 표현된 바와 같이, 이 신흥 러시아인들의 말은 번역불가능하다. 왜냐하면 신흥 러시아인이 사용하고 있는 단어들은 완전히 틀리게 발음되어 그 친숙한 의미를 빼앗겼기 때문이다. 따라서 이 농담이 보여 주는 것은 일련의 단어들이다. blin(팬케이크), klassno(아주 좋은), v nature(사실상), tvoiu mat'(러시아 욕 중 가장 상스러운 것 ── 어미와 붙어먹을 ── 의 두번째 부분), nishtiak(대단히 좋은), klevo(대단한/아주 좋은) 등은 어떤 특정한 의미도 결부될 수 없는 방식으로 연결되어 있다. 이러한 탄성의 흐름은 이 신흥 러시아인이 파리에서 본 것에 대한 황홀경을 나타낸다. 그러나 그 감정은 '교육받은' 사람들이 그 느낌들을 표현할 만한 방식으로 명료하게 표현되지 못한다. 만약 현대 표준 러시아어의 사용이 그 사람이 사회에 통합되었음을 나타내는 표지라면, 이 신흥 러시아인은 여전히 사회화 이전 단계에 머물러 있는 것으로 표현된다. 잘 교육된

자신의 느낌을 표현할 능력이 없고, 외마디 감탄사로 채워진 원초적인 언어의 감옥에 갇혀 있으며, '제길', '사실상', '씨발' 등의 기식어에 쫓기는 신흥 러시아인의 언어는 완전한 속어로 제시된다.[26] 신흥 러시아인은 암암리에 그의 불분명한 발음과 반문맹에 대해 비난받는다. 이는 사회적 비판이라기보다는 개인주의적 비난이다.

신흥 러시아인에 대한 농담은 자유 시장과 '독립적 개별' 가치 시스템에 기반한 새로운 포스트소비에트의 상징적 질서를 전복시키려 시도하지 않는다. 이 농담들은 극적인 사회 양극화와 사회적 지위 전도를 특징으로 하는 현재 상태에 대해 어떤 대안도 내놓지 않는다. 반대로, 포스트소비에트 농담은 '부유하고 무식한' 자들의 삶에 대한 엄청난 매혹을 보여 준다. 국내와 해외의 새로운 생활양식, 사치스런 의류, 섬세한 음식에 대한 상세한 묘사는 농담에서 열망되는 타자가 된다. 다음은 한 긴 아넥도트로부터 발췌한 것이다.

얼마 전, 나는 태국으로부터 돌아왔다네. 그 멋진 음식들이라니! 나는 샥스핀 수프를 먹었네 ──실로 놀라운 것이었지 ── 나는 두 그릇을 비웠어. 파리에서도 또한 사람들이 어떻게 요리하는지 알더군. 뼈를 발라낸 개구리 다리가 아주 향긋한 맛이더라고…. 그렇지만 내가 결론내린 것은 이거라네 ──러시아 음식보다 좋은 것은 없다는 걸세. 자네도 알겠지만 말야. 캐비어, 철갑상어, 신 양배추를 넣은 시치[27], 보드카를 곁들

사람이라면 아마도 신흥 러시아인을 이해하지 못할 것이다. 이 농담은 신흥 러시아인 언어 같은 것이 존재하며, 이 언어는 두 사람이 그 언어로 그럭저럭 서로 이해하고 소통하는 것으로 보아 어떤 의미를 가지고 있는 게 틀림없다고 암시하고 있다.

26 예: nishtiak(대단한), gonish(거짓말하다), Vashche opukh(미치다).

27 [옮긴이] '시치'는 양배추 수프로서 러시아에서 가장 즐겨 먹는 첫번째 코스이다.

인 버섯 —— 황홀 자체지!

　　포스트소비에트 농담 담론은 새로운 시스템에 대한 사람들의 불만을 표현하는 것이 아니라 거기에 끼고 싶은, 그 자신이 신흥 러시아인이 되고 싶은(비록 '교양 있는' 신흥 러시아인이 되고 싶은 거지만) 그들의 열망을 뚜렷이 나타내는 듯하다. 현대 '농담가'들은 신흥 러시아인과 비교하여 자신의 주변적 위치를 인정하고, 이목을 끄는 소비로 유명한 새로운 유한계급의 한계와 약점을 노출시키며, 암묵적으로 자신을 새로운 사회의 혜택을 누릴 자격이 훨씬 더 있는 존재로 표현한다. 포스트소비에트 농담에 깔려 있는 선망으로 판단하건대, 포스트소비에트 주체는 자신의 실제 사회적 위치와 상관없이, 새로운 시스템에 대해 거의 무조건적인 지지를 보낸다. 공식 내러티브와 아넥도트가 사회를 보는 시각에서 수렴되는 현상은 현대 관청어가 극히 최근에 반-담론의 핵심이 되었다는 사실로 일부분 설명될 수 있다. 새로운 현실을 비판적으로 파악하기 위해 '농담가'들은 소비에트 시대에 그들의 금지된 꿈이 무엇이었는지 질문을 던져야 한다. 권력이 분산되고 퍼져 있는, 그리고 상업주의가 공식·비공식 영역 간의 경계를 잠식하도록 작동하면서 점점 일상생활의 모든 면을 종속시키고 있는 새로운 러시아 사회의 복잡성 때문에 이들의 질문은 제기되지 못하고 있다. 권위주의적 담론이 쉽게 식별가능했고 사회조건에 대한 권위주의적 담론의 지배와 책임이 요란하게 선포되었던 소비에트 시대와 달리, 포스트소비에트 시스템은 정치적 목소리들의 명백한 다성악과 권력 분산으로 특징지어진다. 어떤 집단이나 정당도 삶의 모든 면에 대해 완전히 통제하고 책임을 지고 있다고 주장할 수 없다. 따라서, 헤게모니 담론을 명징하게 표현하고 사회의 권력관계를 드러내는 것은 새로운 질서하에서 훨씬 더 어렵다.

현대 포스트소비에트 러시아에서 농담은 많은 사람들에 의해 타락하고 천박한 것으로 여겨지고 있다. 대중 풍자 소비에트 텔레비전 프로그램 「웃음 주위에」Vokrug smekha의 전 편집자, 타티야나 푸호바는 『악어』와의 '향수어린 인터뷰'에서 소비에트 전체주의 농담에 대한 자신의 친밀감을 공공연히 표현했으며, 포스트소비에트 유머를 "약간의 천박함, 힌 방울의 유머, 그리고 대양 같은 야심"으로 특징지었다.[28] 학문적 관점에서 포스트소비에트 농담은 소비에트 농담이 구 질서에 대해 그러했던 것만큼이나 새로운 질서에 대해 폭로적이다. 포스트소비에트 농담이 택할 새로운 형식과 주제를 예측하는 것은 불가능하고 또 현명치 못한 일이다. 그러나 소비에트 농담의 운명은 확실하다——이것은 지금의 현실에 대한 이해를 잃고 있다. 언더그라운드 매체로부터 일상적 상품으로 변형된 지금, 소비에트 농담은 인공물로 향하는 마지막 이행 단계에 있으며, 풍부한 역사 자료의 보고를 이루고 있다.

28 타티야나 푸호바와의 인터뷰("Vokrugsmekha: Nostal'gicheskoeinterv'iu", *Krokodil*, no. 8[1996], p. 9).

* 필자는 1994년 여름 모스크바에서 리서치를 수행하도록 자금을 지원해 준 존스 홉킨스 대학의 문화, 권력, 역사 글로벌 연구소에 감사한다. 또한, 소비에트 및 포스트소비에트 농담 출판을 전문으로 하는 모스크바 기반 출판사 루나(LUNA)에게 농담 수집을 도와준 데 대해 감사한다. 나의 농담 컬렉션은 약 2천여 건으로 이루어져 있으며 그 중 500건이 이 장을 위해 분석되었다. 2천여 농담의 약 60%는 1994년 여름 (i) 루나를 통해, 그리고 (ii) 필자가 수행한 인터뷰와 대화를 통해 수집되었다. 40%는 1970년대 초부터 시작된 개인 컬렉션에서 나온 것이다. 인터뷰에 응한 대부분의 사람들과 농담 컬렉션의 소유자들은 기술, 창작 분야의 인텔리겐치아들이다.

11장

엄망이 되다[1]

신러시아에서의 애완동물의 삶

아델 마리 바커

이 개는 살인 무기입니다. 이 개는 끝까지 싸웁니다. 이것은 무서운 개입니다. 이 개는 당신의 집, 당신의 차, 당신의 가족을 지킬 겁니다. 그리고 이 개는 아이들과 사이좋게 지냅니다. ──강아지 광고

신러시아에 나다닌 시대의 틀림없는 표지 중 하나로 애완동물 산업의 유례없는 붐을 들 수 있다. 애완동물과 애완동물 장비에 아낌없이 퍼부어진 관심만을 보자면 러시아는 갑자기 프랑스, 영국, 미국의 가공할 라이벌이 된 듯하다. 모스크바 전역에 걸쳐 세련된 애견 미용실, 애견가 협회, 그리고 특화된 개 그룹들이 갑자기 생겨났다. 사육자들, 특히 목양견과 마스티프를 사육하는 이들은 강아지를 350달러에서 4,000달러까지 받으며 불티나게 팔고 있다. 이전에는 빈곤한 상상력으로 꾸며진 수

---

1 [옮긴이] '엉망이 되다'로 번역된 원제 "going to the dogs"(개들에게 가다)는 이 장의 내용과 호응을 이루고 있다.

조 몇 가지와 사냥 도구를 팔던 국영 동물가게는 '랴나'부터 '베토벤'에 이르기까지 다양한 이름이 붙은 동물살롱으로 대체되어 개와 고양이의 수입 사료부터 독일제 개 가죽끈과 영국 및 프랑스제 부츠와 방수재킷에 이르기까지 온갖 것을 팔고 있다. 토요일마다 새로운 애완동물 미용실 중 가장 큰 '도카트'에는 사람들이 최신 개 향수와 화장품을 선전하는 비디오 앞에 모여 있는가 하면 유행하는 개, 고양이, 토끼 사료("우리의 작은 친구를 위한 완벽한 먹이"라는 독일어 문구가 토끼 먹이 밑의 표지판에 쓰여 있다)를 쳐다보고 있다. 노숙자들이 증가하고 있는 나라에서 신흥 러시아인의 개들은 주인들이 여행 가 있는 동안 모스크바에 있는 애견 호텔에 체크인하고 '애견 대학'에서 며칠을 보낼 수 있다. 남성의 (그리고 여성의) 네발 달린 친구들을 전문으로 다루는 잡지들이 가판대 곳곳에 흩어져 있다. 잡지와 신문 두 가지 버전으로 발행되는 인기잡지 『고양이와 개』Kot i pes, 이탈리아에서 출판되는 잡지 『콰트로 잠페』Quattro Zampe의 러시아어판 『네 발』Chetyre lapy, 한 시리즈는 개에 대한 것이고, 한 시리즈는 고양이, 그리고 또 하나는 새를 다루고 있는 잡지 『친구』Drug. 모스크바 전화번호부뿐 아니라 이제 애완동물 전화번호부 또한 구매 가능하다. 이 전화번호부는 개부터 파충류에 이르기까지 애완동물을 위한 모스크바의 다양한 애완동물 서비스를 수록하고 있는 300쪽짜리 두꺼운 책이다. 1991년 이후의 러시아인의 삶의 많은 부분을 반영하는 이 전화번호부에는 또한 아파트와 데이트 서비스에 대한 광고들이 두서없이 실려있다. 비록 이런 광고들이 애완동물 세계와 무슨 관련이 있는지 언제나 분명한 것은 아니지만 말이다.[2] 간략히 말해, 대부분의 러시아 도시 주민들이 동물에 대한 애정을 잡지에서 찢어내어 공공 아파트 벽에 핀으로 붙여 놓은 사진들에 국한시켜야만 했던 동안 서구에서 발달할 대로 발달한 애완동물 산업은, 이제 맹렬한 기세로 러시아의 대도시 지역에 상륙했다. 애완동물 산업은 이전에는 상상할 수도, 입수할 수도 없었던 애완용불 물품들을 제공할 뿐 아니라, 애완동물 소유자에게 잠재적인 지위를 가져다 주며, 상품 페티시즘을 화려하게 과시함으로써 새로운 소비생활을 마음껏 즐기도록 러시아의 소비자들을 부추긴다.

　　애완동물 마니아들이라면 재빨리 지적하겠지만, 러시아의 애완동물에게 부여되는 엄청난 관심 ——곧 내가 애완동물 문화라 명명한 것——은 사실 전혀 새로운 것이 아니다. 러시아의 혁명 전 과거로부터의 문화적 기념비들은 사랑하는 네 발 달린 친구들과 일하고 노는 러시아인의 이미지로 가득차 있다. 19세기 화가 발렌틴 세로프는 러시아 제국이 저물어가던 무렵 자신의 우아한 양단 소파에 똑같이 우아한 포메라니언과 함께 앉아 있는 유소우포바 부인의 형상을 통해 곧 사라질 고귀함을 그림에 남겼다. 혹자는 투르게네프의 『사냥꾼의 수기』*Zapiski okhotnika*에 나오는 사냥꾼이 자신의 개와 함께 길을 떠나 들과 시내를 헤쳐 가던 것을 애틋한 마음으로 기억할 것이다. 사냥꾼은 아룔 근방의 러시아의 시골을 이 개와 함께 돌아다녔다. 심지어 니콜라이 고골 또한, 19세기 화가 볼코바의 그림 속에서 지방 삶의 도덕적 불결함에 대한 묘사를 잠시 멈추고 사랑스런 개들에게 둘러싸여 자신의 시골집 현관에 명상에 잠긴 모습으로 앉아 있다. 이 그림에서 개들은 개다운 방식으로 주인의 관심을 차지하려고 경쟁하고 있다.

　　소비에트 시대는 애완동물을 기르기 좋지 않은 시대였다. 공간과 경

---

2 *Spravochnik dlia liubitelei zhivotnykh*, 3rd ed., comp. Aleksandr Vasil'ev(Moscow: Izd. "Mir Biznesa", 1996).

제적 제약 때문에 애완동물을 기르는 것은 많은 이들에게 무리였다(역설적으로 지금도 그렇듯이). 그러나 그 당시에도 일부 러시아인들은 애완동물이 있었다. 이는 그들이 동물을 사랑했을 뿐 아니라 명백히 너무 작은 아파트에 동물을 수용한다는 것이 소비에트 시민들이 국가의 공간을 길들이면서 또한 조용히 시스템을 경멸하는 한 방식이었기 때문이었다. 그러나 국가사회주의의 붕괴는 정치적 삶만큼이나 애완동물에게도 그 흔적을 남겼다. 사유화, 더 큰 아파트, 그리고 일부 사람들이 새롭게 얻은 부는 서구 및 서구 생활양식에의 접촉 증가와 더불어 애완동물 숫자의 급증과 애완동물 산업의 성장을 가져왔다. 현재 모스크바에는 130종 이상의 1백만 마리 이상의 개(12인당 1마리 꼴)가 있는 것으로 추산되며, 이는 개 사육에 대한 엄격한 통제의 결과로 기껏해야 30가지의 공식 품종만이 존재했던 소비에트 시대에 비해 엄청난 증가라 할 수 있다. 잡종견이 거의 아무런 지위를 부여받지 못하는 사회에서 이 개 숫자 조사에는 잡종이건 순혈종이건 간에 들개 무리들이 포함되어 있지 않을 수도 있다. 이 사실은 소비에트 시대와 혁명 전 시대 둘 다에 대해 많은 러시아인들이 가지고 있는 흥미로운 노스탤지어를 시사한다. 지위와 특권은, 출생과 함께 물려받은 것이든 접촉을 통해 얻은 것이든 상관없이, 금세기 대부분의 러시아인들에게 좀처럼 얻을 수 없는 것이었다. 따라서, 현대의 사회적·경제적 환경이 또 다시 많은 이들에게 새로 얻은 부의 한 몫을 허락치 않는 상황에서, 모스크바의 순종견들이 그 소유주가 엘리트 지위를 얻는 방편이 되고 있다는 것은 놀랄 일이 아니다. 반면, 잡종견은 서구의 소비상품만큼이나 무한히 이용가능해지고 있다.

이 장은 오늘날 모스크바의 애완동물 산업을 살펴보고 어떻게 이 산업이 포스트소비에트 러시아에서 대중문화가 취하고 있는 방향의 일부를 반영하고 있는지 알아볼 것이다. 나는 이 장을 작은 단락들로 나누어 독자들을 애완동물 문화와 산업이 번창하고 있는 다양한 장소들로 인도할 것이다. 각 장소는 애완동물 문화와 그에 동반되는 산업이 계급과 지위의 문제, 공공 및 개인의 문제, 그리고 언제나 그렇듯이, 이 새로운 문화가 파생되어 나온 서구의 편재의 문제와 얽혀 있는 상이한 방식을 보여 준다.

아마도 노소 모두 좋아하는 여섯 가지 이상의 동물 쇼가 매주 방송되는 러시아 텔레비전 앞에서 우리의 포스트소비에트 '애완동물 장소' 투어를 시작하는 것이 좋을 듯하다. 러시아 공공 텔레비전과 NTV에서 방송되는 가장 인기있는 쇼 중에 니콜라이 드로즈도프가 출연하는 「동물의 세계」В Mire zhivotnykh와 「애견 쇼」Dog shou가 있다. 「애견 쇼」에는 전국 도처에서 온 혈통이 확실한 개 출연자들이 등장한다. 이들은 심사자 패널 앞에서 다양한 재주를 선보이며 경쟁한다. 상품은 '차피' 개 사료로부터 개 샴푸에 이르기까지 다양하다. 이러한 쇼는 개 자체를 보여 줄 뿐 아니라 애완동물 소유에 따르는 사회적·경제적 지위 또한 암묵적으로 강조한다. 「애견 쇼」의 어느 방송분에서는 미니 콜리가 독일 셰퍼드와 경쟁했다. 소유주와의 인터뷰에 따르면, 미니 콜리는 애완동물로 길러진 반면, 전직 국경 경비대원 소유의 독일 셰퍼드는 전혀 다른 목적을 위해 훈련되었다. 경비견 소유가 암시하는 것은 경비할 무언가가 있다는 것이며 따라서 소유주에게 특별한 지위를 부여한다. 실제로, 모스크바에서는 핏불 테리어, 다양한 종류의 셰퍼드(독일 셰퍼드, 카프카스와 중앙아시아 셰퍼드를 포함하여), 로트와일러, 도베르만 핀셰르 같은 개들을 많이 발견할 수 있는데, 모스크바에서 전문적인 개 훈련사들이 개에게 무는 법을 가르치는 데 한 수업 당 50달러 혹은 그 이상을 받기도 한다. 전투견 훈련사인 콘스탄틴 쿠즈네초프가 배포하고 있는 홍보 비디오에서는 배경음악으로 깔리는 헤비메탈 록과 함께 전투견들이 속을 채운 옷을 입힌 범죄자 마네킹들에게 달려들고 있는 것을 보여 준다.

신 모스크바에서 혈통의 사회적·경제적 의미에 대해 더 이해하고 싶다면 인근 공원에 가보기만 하면 된다. 거기에는 산책하고 있는 사람의 수가 그들 옆의 개 숫자와 일치한다. 1997년 3월 한 주 동안, 나는 다양한 수입의 사람들이 사는 동네 인근의 두 공원에서 다음과 같은 견종들을 볼 수 있었다. 블랙 테리어, 요크셔 테리어, 스태퍼드셔, 도베르만, 독일 셰퍼드, 콜리, 불독, 달마시안, 샤페이, 보르조이, 그리고 내가 파악할 수 없었고 그 주인이 정보를 주는 것을 내켜하지 않던 한 종이 그것이다. 이 중에는 잡종이 하나도 없었다. 순수혈통견은 신모스크바에서 지위의 상징일 뿐 아니라 역설적으로 개 외에는 경제적으로 또는 사회적으로 공유하는 것이 거의 없는 사람들을 평등하게 만들어 주는 역할을 하는 것 같았다. 세계 대부분 지역에서 그러하듯이, 애완동물 소유는 가시성을 통해 소유주에게 지위를 부여한다. 그러나 모스크바에서는 그 지위의 가시성이 소비에트 시대에 지위와 특권이 부여되던 방식과는 확실히 다르다. 이전에는 지위와 특권이 돈보다는 누구를 아는가에 따라, 곧 연줄에 따라 결정되었다. 더욱이 소비에트 사회는, 적어도 이론적으로는, 사회적·경제적 불평등의 문제를 해결했기 때문에, 특권이 광고될 수 없었다. 그러나 신러시아에서는 특권이 점점 더 연줄보다는 경제적 자산에 의해 결정되고 있다. 애완동물은 경제적 자산의 가시적 표지 중 하나이다. 애완동물은 또한 1991년 이후 개인적 공간과 공공의 공간에 일어난 변화의 표지가 되고 있다. 소비에트 사회는 공공의 세계와 개인적 세계의 매우 분명한 구분을 특징으로 했다. 이 둘 간의 교차점이 거의 없다는 사실은 최악의 경우 일종의 국가적 정신분열증을 만들어 냈고, 최선의 경우 국가로부터의 침해에 대한 취약성 때문에 개인적 세계를 보다 열성적으로 보호하고 키우는 결과를 낳았다. 소련 붕괴 이후 일어난 러시아 사회의 많은 역전 중 하나는 공적 영역과 사적 영역 간에 일어난 것이었는데, 후자는 이제 전자의 영역 내로 진입하고 있다. 특히, 개들은 어떻게 사적인 것이 공적인 영역을 침범하는지 보여 주는 표지로 기능하기 시작했다. 개 소유는 소유주의 주거 공간이 애완동물을 감당할 수 있음을 암시한다. 아마도 개가 더 클수록, 그 주인이 사용할 수 있는 면적이 더 크리라. 이와 같이, 단지 소유 사실뿐 아니라 개의 크기도 경제적 특권의 척도가 되었다.

그러나 여기에 또한 반전이 있다. 어떤 정보의 장에도 그렇듯이 ─문신 새기기에서부터 러시아 매체에 이르기까지─ 애완동물 소유는 이 새로운 무검열 시대에 정보와 허위정보를 전달할 수 있다. 배회하는 들개 무리 ─그 중 많은 개가 순수혈통이다─나 모스크바의 동물 보호소의 위기상황을 보면 일부 모스크바 주민들이 의도적이든 아니든 간에 자신의 사회적·경제적 특권의 거짓 표지들을 내보내고 있음을 알 수 있다. 이들은 탐나는 개를 사지만 이내 개를 유지할 형편이 안 된다. 1990년대 초 이후로 생활에 약간의 물질적 향상을 경험한 사람들은 새로운 경제적 엘리트 문화를 즐기고 싶어한다. 애완동물을 얻는 것은 엘리트적 지위를 과시하는 가장 쉬운 방법이다. 왜냐하면 개들은 지프 체로키나 카르티에 시계보다는 가격이 감당할 만하기 때문이다. 다른 한편, 애완동물 산업이 권장하는 종류의 먹이를 먹이며 그 애완동물을 유지하고 키우는 것은 여전히 많은 이들에겐 감당하기 어렵다. 실제로, 1998년 봄 모스크바의 평균 임금은 월 1백 달러 미만이었다. 비숙련

노동자는 약 60달러를 벌었고 박사학위 소지자나 그에 준하는 사람들은 150달러를 벌었다. 물론 민간 부문에서 임금은 천차만별이어서 어떤 사람들은 매우 빠른 속도로 엄청나게 부유해질 수 있었다. 이 시기 동안 개 미용은 한 번에 50달러가 들었고, 스태퍼드셔 강아지는 350달러에 팔렸으며, 도베르만을 훈련시키는 수업 한 번에 평균적으로 약 50달러가 들었다. 다음은 모스크바 동물살롱에서 구매 가능했던 품목이다.

토끼 사료 1박스: 15,200루블(약 2.45달러)

고양이 침대 1개: 55,000루블(9달러)

도마뱀 운반 케이스 1개: 45,200루블(7.30달러)

타이티 캣 고양이 배설상자용 모래 1박스: 37,800루블(7달러)

개 외투 1벌: 187,500루블(30.25달러, 일부 노동자들의 한 달치 임금의 절반)

안에 털을 댄 개 외투 1벌: 250,000루블(40.35달러, 대학에서 일하는 박사학위 소지자의 일주일치 임금)

따라서, 설사 털을 댄 개 외투를 사지 않기로 결정한다 하더라도, 개에게 동물살롱의 사료와 육류를 먹이는 것은 하루에 평균 3,000루블이든다. 이것은 평균 일당의 약 4분의 1에 해당한다. 이러한 상황으로 인해 애완동물 소유는 대부분의 사람들에게 불가능한 것이 되지만, 많은 이들은 어쨌거나 여기에 뛰어든다. 그 이유는 『고양이와 개』의 편집자가 내게 말해 준 것처럼, "러시아인들은 언제나 그들의 애완동물을 사랑해 왔기" 때문이기도 하고, 아마도 이와 동등한 정도로, 특정 종류의 애완동물을 소유하는 것은 특권 표지의 외면화가 점점 더 두드러지고 있는 새로운 엘리트 문화에 대리 참여하는 하나의 방법이기 때문이기도 하다. 역설적으로, 많은 모스크바인들이 자신의 경제적·사회적 지위의 진정한 속성에 대해 내보내는 허위정보는 금세기의 대부분 동안 소비에트 사회의 커다란 특징이었던, 자기 자신의 공식적 표현과 개인적 삶 간의 골만 더 깊게 만들 뿐이다.

또 다른 종류의 깊은 분열을 감지할 수 있는 곳이 '베토벤' 같은 애완동물 가게인데, 여기서 느껴지는 분열은 애완동물 문화를 애완동물 산업으로부터 분리하는 것이다. 정문 옆 벽에는 "집없는 개와 분실된 개를 위해"라고 쓰여진 표지가 달린 작은 나무 기부 상자가 못으로 고정되어 있다. 러시아에는 아직까지 국가가 지원하는 동물 보호소가 없다. 다행스럽게도 집단농장의 오랜 전통이 비록 만병통치약은 결코 아니지만 모스크바의 고통스러워하는 애완동물들에게 도움이 되고 있다. 몇몇 개인들은 자진해서 주인 없는 동물들을 자신의 아파트로 데려와서 포스트소비에트의 집단적 삶을 극적으로 연출하기도 한다.[3] 베토벤 가게에서 자기네 서비스를 광고하던 보호소는 알고 보니 모스크바 교외에 있는 누군가의 여름별장으로, 내가 문의했을 시점에 시내 거리에서 데려온 58마리의 개들이 수용되어 있었다. 상트페테르부르크의 상황도 똑같이 암울하다. 상트페테르부르크 교외에 있는 어떤 개 사육장은 현재 2백 마리 이상의 개와 고양이를 최대 50마리를 위해 설계된 울타리 안에 수용하고 있다. 동물 보호소가 현재 당면하고 있는 위기상황은 효과적인 국

---

3 1997년 러시아 신문에 흐루셰프키 아파트 건물 중 하나에 살고 있는 가족의 이야기가 보도되었다. 이들은 네 아이들 외에 염소 한 마리, 고양이 서너 마리, 앵무새 한 마리, 개 다섯 마리, 기니피그들, 거위 서너 마리, 그리고 암컷 곰 한 마리를 키우고 있었다. 다음을 참조하라. Aleksandr Dobrovol'skii, "Chetyre lapy na kvadratnyi metr", *Argumenty i fakty*, no. 23(1997), p. 2. 이와 같은 이야기는 신문지상에서 흔히 볼 수 있다.

가 통제가 여전히 결여된 초보 시장 경제를 반영하고 있다. 동물 세계에서 소비와 통제 간의 관계가 어떻게 작용하는지 보여 주는 예로 1866년 미국에서 동물의 고통, 공포, 괴로움을 덜어 주기 위해 설립된 미국동물학대방지협회ASPCA를 들 수 있다. 미국동물학대방지협회의 설립 추동력을 제공한 것은 미국 대도시의 이민자 유입 증가에 수반되는 공중위생과 건강 문제를 우려한 동부와 중서부 대도시 진보주의자들이었다. 이민자 유입 증가는 동물 수 증가를 초래했기 때문이다. 그러나 포스트소비에트 러시아는 아직 그러한 통제력을 가지지 못하고 있으며 동물들의 사용 방식은 효과적인 정부와 경제적 통제가 아직 자리잡지 못한 시장 경제에서 과시적 소비에 일어나는 현상과 전적으로 일관된 양상을 띤다. 사람들은 자신이 소비를 다 끝낼 때까지 또는 자신이 더 이상 상품을 살 능력이 없게 될 때까지 구매하고 소비한다. 많은 모스크바 시민들이 지위의 상징으로 애완동물을 사고, 그렇게 그들을 과시하고 나서는 자기가 사료도 의무 예방접종도 지불할 능력이 없음을 깨닫게 되면 이들을 버린다. 이와 같은 유기행위는 소비자 행위와 완전히 일관되는 행동이다.

현 모스크바 애완동물 문화의 많은 부분이 러시아 밖에서 만들어진다. 미국, 다른 유럽 국가들, 그리고 일본은 모스크바 엘리트 애완동물 주인들이 구입하는 상품의 대부분을 수출한다. 미국을 포함해서 몇몇 나라들은 상품을 수출하고 있을 뿐 아니라 최근에 모스크바 외곽에 세워진 마르스 공장이 보여 주듯 현지에서 상품을 제조하기도 한다. 오랫동안 초콜렛과 마르스 초코바로 유명한 마르스 사는 페디그리 개 사료 또한 생산하고 있다. 모스크바 애완동물 문화와 기타 다른 소비 영역의 엄청난 서구 상품 유입은 러시아 시장에 자기네 상품을 과잉 공급해 온 서구에 러시아인들이 반응하고 소비하는 방식을 보여 주는 증거이다.

표트르 대제 시대 이후 러시아의 문화사는 서구와 길고 또 종종 고통스러운 관계를 맺어 왔다. 러시아가 서구화를 통해서가 아니라 자신의 내부를 응시하고 그 자신의 위대함의 근원(무엇보다 특히 정교와 농민)에 의지함으로써 바깥 세계와 가장 잘 경쟁할 수 있으리라는 암암리의 믿음이 오랫동안 존재해 왔다. 이 믿음을 현재 많은 러시아인들이 지지하고 있다는 사실은 놀라운 일이 아니다. 많은 러시아인들, 특히 금세기의 도시 주민들에게 문제는 19세기 슬라브주의자 알렉시스 호먀코프부터 20세기 작가 알렉산드르 솔제니친에 이르기까지 사상가들이 러시아의 근본적인 풍요함을 이루고 있다고 여겼던 농민 문화를 이들이 불신하고 평가절하고 심지어 수치스러워해 왔다는 점이다. 현재 모스크바에서 러시아 농촌과 호먀코프 등이 옹호했던 슬라브주의 가치들은 러시아 도시지역, 신흥 엘리트, 그리고 소비주의의 새로운 이데올로기와 불화하고 있다. 그리고 애완동물 문화는 정확히 이 충돌이 일어나는 장소 중 하나이다.

어떻게 신구 러시아가 현대 모스크바에서 서로 절충하고 있는가를 살펴보기 위해, 어느 토요일 아침 모스크바의 애완동물과 연관된 장소 세 군데를 방문해 보도록 하겠다. 첫번째 두 장소는 타간카 거리로부터 한 블록 떨어진 곳에 위치한다. '도카트'라는 이름의 동물살롱과 오래된 '새 시장'이다. 세번째 장소는 '모스크바 고양이 극장'이다.

토요일 아침, 모스크바 동물살롱 중에서 가장 큰 도카트는 서구 기준으로는 한심할 만큼 비좁긴 하지만 세계 곳곳에서 온 최신 동물 비디오와 애완동물 용품을 살펴보려고 밀쳐대는 사람들로 빈틈없이 꽉 차 있다. 작년에 평균 70%에 달하는 감당하기 어려운 세금에도 불구하고 도카트는 주로 사냥장비들을 파는 동물가게에서 모스크바의 급증하는 동물 왕국에 사료 조달을 하는 최신식 가게로 성공적으로 전환할 수 있었다. 미국에서 가장 큰 애완동물 가게인 펫스마트와 달리, 가게 안에 사람들이 너무 빽빽이 들어차서 그 사이를 비집고 지나가는 것도 힘들 지경임에도 불구하고 계산대에는 길게 늘어선 줄이 없다. 대부분의 사람들은 빈손으로 이 가게를 떠난다. 그것은 사고 싶은 욕구가 없어서가 아니라 상품들을 살 능력이 없기 때문이다. 바로 옆에 있는 '새 시장'에서는 가격은 좀 더 감당할 만하며 옛 소비에트 경제를 떠올리게 하는 방식으로 물물교환도 가능하다.

그 이름에도 불구하고 모스크바 '새 시장'에서는 개와 고양이 장사가 번창하고 있다. 비록 내가 여기를 방문하기 시작했을 때인 1970년대 초에 그랬던 것처럼 여전히 살 가치 있는 새들이 있긴 하지만. 이 오래된 명물, 주말에만 장사하는 노천 시장은 소비에트 시대 동안 모스크바 애완동물 문화의 중심지였다. 새부터 개, 토끼, 그리고 고양이에 이르기까지 온갖 종류의 애완동물을 사고 팔러 오는 곳이 바로 여기였다. 시골사람들은, 오늘날 여전히 그렇지만, 수입을 보충하고 경제적으로 어려운 시기를 헤쳐나가기 위한 수단으로 외딴 지역으로부터 강아지와 새끼 고양이를, 그리고 어떤 경우에는 귀여워하던 가족 애완동물을 팔러 왔다.[4] 내가 1970년대 초 모스크바에서 공부하고 있었을 때, 새 시장은 모스크바에 거주하는 미국 학생들이 의례적으로 꼭 들르는 곳이었다. 러시아 농촌의 이국적 풍경 ——우리 중 많은 이들은 이것을 찾아 러시아에

---

4 내가 소련에서 처음으로 공부하고 있었던 1970년대 초 무렵에는 외국인이 모스크바 밖으로 40킬로미터 이상 나가는 것이 금지되어 있었다. 농촌마을의 삶에 대한 소식을 입수하는 것이 어려웠기 때문에 나는 종종 새 시장과 카잔 철도역을 찾았다. 나는 새 시장에서 팔리고 있는 강아지와 카잔역에서 시베리아 횡단열차에 실리는 식료품들의 수를 관찰함으로써 경제적 어려움에 대해, 그리고 지방의 공급부족 물품에 대해, 논문을 읽고 배운 것보다 더 많은 것을 알게 되었다.

왔지만 도시 권역 밖 여행 제한 때문에 실제로 마주하기 어려웠다——을 한 곳에 모아 놓은 다양한 채소시장처럼, '새 시장'은 우리 손이 닿는 곳에 러시아 농촌을 가져다 주었다. 여기서 괴상한 시골 악센트와 우리 중 아무도 이해할 수 없는 단어들을 사용하는 시골사람들이 우리에게 가족 애완동물이 될 만한 동물을 만지고 안아 보라고 권했다. 사실상, 그 당시에 족보는 중요치 않았다. 종에 상관없이 애완동물 하나를 찾아 내는 게 목표였다. 지금까지도, 족보에 관심 있는 잠재 고객들은 새 시장보다는 사육자나 애견가 협회와 거래한다.

새 시장은 특유의 매우 시골스런 분위기를 유지하고 있지만, 역시 신러시아의 숨길 수 없는 변화의 징후를 보여 주고 있다. 손으로 만든 표지판들은 행인들에게 동물들을 '만지지 말라고' 권고하고 있는데, 이 표지판들은 진열된 동물들이 더이상 잠재적 가족 애완동물이 아니라 치명적인 제지로 기능할 수 있는 보안 시스템임을 분명히 경고하고 있다. 늘어선 가판열들을 따라 한참 더 가다 보면 온 가판이 개 입마개를 팔고 있는 곳에서 또한 새로운 실서에 대한 봉인을 확인할 수 있다.

도카트와 새 시장이 서로 이웃하고 있다는 사실 그 자체가 도시와 지방——도회지 대 시골—— 간의 해결되지 않은 딜레마를 보여 준다. 이 딜레마는 현대 러시아 대중문화의 많은 부분에 영향을 미치며 대중문화가 소비되는 방식을 형성한다. 러시아인들은 세련된 개 품종을 사는 것과 같은 이유로 도카트에 끌린다. 왜 그럴까? 대답의 일부는 단순히 소비에트 소비생활의 일부가 아니었던 상품의 이국적 느낌과 그것이 갑작스럽게 이용 가능해진 데 있다. 그러나 나는 러시아인들이 이러한 엘리트주의 상품에 매료되고 그럴 여유가 거의 없음에도 그걸 위해서 엄청난 돈을 지불하는 또 다른 이유가 러시아 사회의 많은 부분, 그리고 종종 자신의 출신의 지방적 속성에 대한 러시아인들의 양가적 태도라고 주장한다. 이 책 서문에서 기술했다시피, 1930년대에는 농민들이 강요된 집단농장화로부터 벗어나 스탈린의 국가산업화계획에 따른 노동자 수요에 부응하여 시골로부터 이주해 오면서 모스크바의 선거구 전체가 변화를 겪었다. 그 결과로, 모스크바의 인구는 고도로 농촌화되었다. 오늘날 많은 모스크바 시민은 자신의 시골 출신이나 1930년대에 도시생활을 오염시키기 시작한 시골의 편협성이라고 인식되는 것들에 대해 아주 거북해한다.[5]

나는 베르사체부터 강아지 샴푸에 이르는 엘리트주의 문화에 대한 모스크바 시민들의 매료를 잘 설명해 주는 것은 서구상품에 대한 매혹뿐 아니라 바로 많은 모스크바 시민이 시골 생활의 결점으로 인지하는 것에 대한 이러한 심리적 불편함이라고 주장한다. 관점을 불문하고, 모스크바의 새 시장은 도시와 지방 사람들이 하나가 되는 장소로 기능하는 것처럼 보인다. 그렇지만 이는 오직 우연의 일치에 불과하다. 외국인들의 경우, 이곳이 러시아 농촌을 알고자 하는 자신의 열망을 충족시킬 수 있는 곳이므로 꼭 들러야 한다. 모스크바 시민들은 이를 다르게 본다. 이들은 거리 위쪽 번듯한 가게와 달리 감당할 만한 가격이기 때문에

---

5 최근의 한 인터뷰에서 예술가 일리야 카바코프(Ilya Kabakov)는 이러한 불쾌감에 대해 논의하고 어떻게 자신의 예술에서 농촌적인 것과 대도시적인 것이 만나는 교차점, 어색한 '지방성'이 포착하기 힘든 '중심'(맞닥뜨리게 되면 전혀 '중심'이 아닌 것이 되어 버리는)과 만나는 교차점을 발견하려고 애쓰는지 얘기했다.
"수도와 시골의 대립은 내 작품뿐 아니라 문학과 예술의 전 장르를 통틀어 가장 중요한 주제 중 하나입니다. 내가 관심 있는 것은 '증류한' 순수한 지방성이라기보다는 이것과 수도의 맞닥뜨림, 이 둘이 만나는 교차점이죠. 나는 자신의 '지방성'에 대해 당혹해 하는 사회 부문들에 한없이 끌립니다. 그리고 나는 그들이 도달하기 원하는 일종의 중심, '중앙'이 있다고 상상합니다. 당신과 나는 압니다. 누군가 이 꿈을 성취하여 수도에 도달했을 때 그는 국가의 나머지 부분이 그 주위를 돌고 있는 '중심' 같은 건 존재하지 않으며, 중심은 확실히 거기 있지 않다는 것을 즉시 발견하게 된다는 것을요"("Palace" Builder Goes Overseas", *Moscow News*, 1998. 05. 14~20., p. 9).

거기에 간다. 그러나 이곳은 또한 많은 사람들이 불편한 관계를 맺고 있는 세계이기도 하다.

우리가 방문할 세번째 장소는 모스크바 시민들이 애완동물 산업에 반응하는 또 다른 방식을 보여 준다. 내가 앞서 애완동물 문화라 명명한 것, 곧 시장의 관심사에 뚜렷하게 결부되지 않은 방식으로 동물을 향유하고 사육하는 것으로 돌아가 보자. 모스크바에서 이것이 가장 현저하게 나타나는 장소 중 하나가 쿠투조프스키 대로 25번지에 있는 모스크바 고양이 극장이다. 여기서 유리 쿠클라체프와 그의 고양이 연예인 1백 마리는 주말마다 하루에 두 번 꽉 들어찬 사람들 앞에서 공연한다. 쿠클라체프는 모스크바 서커스에서 자신의 광대 커리어를 시작했다. 여기서 우연히 그는 통상 조련이 불가능하다고 여겨지는 고양이들을 자기가 조련시킬 수 있다는 것을 알게 되었다. 비록 자기 자신의 고양이 극장을 연 것은 최근이지만, 그는 모스크바에서 수십 년 동안 자신의 고양이 쇼를 공연해 왔다. 그의 쇼에는 고양이들 ——몇몇은 세일러복으로 치장한——이 출연하여 장대를 기어오르고 조그만 발판 위에서 균형을 잡고 수레를 밀면서 모든 연령대의 관객들에게 사랑받는다. 만약 새 시장이 극히 일부 사람들이 노스탤지어를 느끼는 농촌스러운 장소라면, 고양이 극장은 다른 종류의 노스탤지어, 소비에트 시대를 가득 채웠던 종류의 오락을 위한 장소를 제공하고 있다. 이곳은 모든 이들에게 열려 있다. 비록, 마치 소비에트 시대에 그랬듯이, 이 쇼가 매우 인기 있는 바람에 티켓을 구하기 어렵긴 하지만 말이다. 고양이 극장은 또한 소비에트 시대에 중요시되었던 밝고 활기찬 어린이용 방송 프로그램을 떠올리게 한다. 비록 간접적이긴 하지만 모스크바인들이 새로운 엘리트 문화에 끌려들어가고 있는 이 상황에서, 고양이 극장과 같은 시설의 존재는 모든 것이 시장의 힘으로 녹아들어가지는 않았던, 그리고 엘리트적이건 아니건 간에 오락이 사람들에게 세상 모든 것이 잘 돌아가고 있다는 착각을 주었던 시대의 노스탤지어적 매력을 보여 준다.

애완동물 산업은 신모스크바의 포스트소비에트 문화생활에서 두드러지는 문제 중 몇 가지를 반영하고 있다. 이 애완동물 산업이 모스크바에서 발전하는 양상은 계급층성이 형성되는 방식과 도시생활과 농촌생활 간의 전통적 긴장관계들이 신러시아에서 절충되고 있는 방식에 많은 면에서 맞추어져 있다. 소비에트 시대에서 그랬던 것처럼, 엘리트와 대중 간의 엄청난 간극이 여전히 존재한다. 비록 지금의 엘리트들은 소비에트 치하에서와는 매우 상이한 방식으로 형성되지만 말이다. 우리가 목도하고 있는 것은 경제적인 특권에 기반하여 대중이 엘리트 및 비엘리트 집단으로 나누어지는 과정이다. 신엘리트는 당 엘리트에도 인텔리겐치아에도 뿌리를 두지 않고 대중 자신을 세분하여 그들 자신의 계층 내에서 계급적(경제적) 특권 위계를 만들어 냄으로써 형성되고 있다. 그리고 이 새로운 엘리트주의는, 애완동물 산업이 우리에게 시사하는 바와 같이, 러시아의 지방스러운 과거와 그에 대한 자기 자신의 관계에 관해 애증의 양가적 느낌을 갖고 있는 많은 러시아인들에게 강력한 매력이 된다.

신러시아에서의 애완동물 산업의 운명은 또한 문화 소비 방식에 대한 문화 포퓰리스트들의 이론들을 전체주의 과거로부터 최근에야 벗어난 사회에 적용하는 것이 한계가 있을 수 있음을 보여 준다. 존 피스크와 그 학파에 따르면, 소비자들은 생산자가 의도한 것과는 매우 다른 방식으로 소비하며, 그럼으로써 의도했건 아니건 간에 소비 행위에 전복적인 특성을 부여하게 된다. 그러나 1991년 이래 모스크바의 애완동물 산업의 향방은 모스크바 소비자의 내재적 열망이 오히려 자신에게 기대되는 바로 그 방식으로 소비함으로써 엘리트 층에 간접적으로 편입되는 것임을 보여 준다. 이 엘리트 층은 상품들이 겨냥하고 있는 대상이면서도, 이전에 그랬듯이 대부분의 러시아인에게 있어 그 일원이 되기가 여전히 어려운 계층이다.

끝으로, 현대 모스크바의 애완동물 산업과 애완동물 문화는 시장의 힘과 그에 수반되는 과시적 소비가 통제 없이 이루어지도록 허용하는 그 어느 사회에나 내재하고 있는 잠행적 문제들을 보여 주고 있다. 어느 날 구입되어 그 다음날 특권적 지위의 상징으로 '소비되는', 이 전환의 시대의 피도와 쥬츠카⁶의 운명은 이들이 살고 있는 신생 국가의 운명만큼이나 극도로 허약한 것인지도 모른다.

6 [옮긴이] '피도(Fido)와 쥬츠카(Zhuchka)'란 각각 영어와 러시아어에서 사용되는 전형적인 개 이름으로서 개 일반을 지칭하기 위해 사용되는 표현이다.
* 이 장의 집필에 도움을 준 다음 분들에게 감사한다. 베토벤 상점의 알렉세이, 노아 바커, 나탈리야 드미트리예바, 에일린 메한, 라리사 모로조바, 예카테리나 스테첸코, 발레리 바를라코프.

3부

성적 취향

12장

공개적 동성애

정체성의 부재 속 동성애 주체 및 주관성의 표현

로리 에시그

대중문화에 대한 책에서 우리는 어떻게 성적 타자성, 동성애성queerness 에 대하여 동성애를 정체성이나 하위문화 같은 용어에 고정시키지 않고 얘기할 수 있을까?[1] 미국에서는 대중적으로나 이론적으로나 동성애성을 동성애자로 정체성을 규정받거나 스스로를 규정하는 사람들이 만들어 낸 하위문화에서 찾을 수 있는 것으로 상상한다. 성적 타자성은 대중문화의 일부가 될 수 없다. 만약 그렇게 될 수 있다면 그것은 '기묘한'queer(동성애적인) 것이 아닐 것이다. 그러나 이러한 관점은 어떻게 동

---

[1] 미셸 푸코(Michel Foucault)와 다른 성적 취향 관련 이론가들에 따르면, 동성애성은 서구에서 19세기 법적·정신의학적 담론을 통해 일련의 행위로부터 사람으로 변형되었다. 이와 같이, 푸코의 말을 빌리자면, "동성애 종이 태어났다". 다음을 참조하라. Michel Foucault, *The History of Sexuality*, vol. I(NewYork: Vintage Books, 1990). 딕 헵디지(Dick Hebdige)에 의하면, "종속 집단들"은 지배 문화에 의한 자신의 정의에 끊임없이 이의를 제기해야 한다. 문화와 하위문화 간 경쟁의 결과로 나타나는 것이 지배적 문화와 하위문화 모두에 의해 인지될 수 있는 양식이다(가령, 의복, 화법 등의 양식). 다음을 보라. Dick Hebdige, *Subculture: The Meaning of Style*(London: Routledge, 1979). 러시아에는 확실히 동성애 양식이라는 것이 있다. 그러나 동성애 하위문화가 있는가? 헵디지 자신도 지적한 바와 같이, 하위문화는 실제로는 끊임없이 움직이고 경계가 없는 환경이었던 것으로부터 경계지어진 영토를 만들어 내는 용어이다. 다음을 참조하라. Dick Hebdige, *Hiding in the Light: On Images and Things*(London: Routledge, 1988), p. 212.

성애성이 공개적으로 그리고 대중적으로 자신을 드러내는지, 어떻게 이것이 다양한 방법으로 대중문화 속에 스미는지 놓치고 있다.

동성애성은 어느 대중문화에서든 그 일부로 존재하는데, 러시아에서 특히 그러하다. 러시아에서 성적 타자성, 동성애성은 기존의 엄격한 정체성 구조에 들어맞지 않는다. 그보다는, 동성애성은 그 소비자를 영구적이고 안정된 타자의 범주 안에 두지 않는 산만한 체제라고 할 수 있다. 서구에서와 같이, 러시아에서 동성애성 담론은 전문가에 의해 생산되어 왔고 동성애적 열망을 가지고 있는 사람들에게 수용되어 왔다. 그렇지만 그 결과로 얻어지는 것이 꼭 '성정체성'은 아니었다.[2] 성적 타자성을 '게이와 레즈비언' 또는 '성소수자'로 파악하는 것은 일련의 행위, 곧 동사를 명사의 고형적 자질들을 띠도록 만드는 것이다. 만약 우리가 러시아에서 오직 '게이와 레즈비언'만을 찾는다면, 우리는 정체성 없는 동성애적 행위에 눈을 감게 될 것이다. '게이와 레즈비언' 정체성은 일반적으로 서구에서 유입되었다. '성소수자'는 공식적 범주화이다. 이 용어들은 만약 사용되는 일이 있다 하더라도 일인칭으로는 거의 사용되지 않는다. 성적 타자성은 통상 성정체성에서 발견되지 않는다. 동성애 관계에 참여하고 있는 개개인들이 꼭 자신을 '타자'로 규정짓는 것은 아니다. 실상, 동성애 파트너 중 한 명, 또는 심지어 두 파트너 모두 자신을 '이

---

2 러시아에서 성적 취향은 서구에서와는 다른 방식으로 발전했다. 성적 행위의 의미가 유사한 산만한 영역에서 성립되었음에도 불구하고, 러시아에서 동성애성은 결코 동성애 종으로 발전되지 못했다. 오히려, 남자들 사이의 성적 행위는 범죄로 간주되어 1993년까지 법령 121조 하에 처벌대상이었다. 레즈비언의 성적 행위는 전기쇼크나 약물처방을 통하거나 성전환 수술을 통해 ── 그럼으로써 여성에 대한 욕망을 (만들어진) 남성 신체에 옮기는 것이다 ── '치료되어야' 할 병으로 여겨졌고 지금도 가끔은 여전히 그렇게 여겨지고 있다. 두 경우 모두 동성애성은 일련의 행위로 여겨졌고 자기정체성의 바뀔 수 없는 핵심으로 간주되지 못했다. 동성애에 대한 법적·정신의학적 담론에 대해 더 알기 위해서는 다음을 보라. Laurie Essig, *Queer in Russia: A Story of Sex, Self, and the Other*(Durham: Duke University Press, 1999).

성애자'로 생각하거나 어떤 방식으로든 성행위에 기반하여 자신을 규정하기를 거부하는 경우는 드물지 않다.[3] 다른 성적 타자성은 성행위보다는 젠더 이월과 더 긴밀히 연관되어 있다. 예를 들어, 남자와 동침하지만 젠더 수행 규범을 깨뜨리지 않는 남성은 종종 자신을 '이성애자'로 규정한다. 오직 '남성적' 여성과만 성관계를 가지는 전형적인 '여성적' 여성 또한 이성애자로 스스로를 규정하고 또 규정될 수 있다. 레즈비언 커플에서는 종종 젠더 이월적 파트너가 자신을 '성전환자'로 여기는 경우가 있는데, 이들이 반드시 남성 젠더를 가지는 것만큼 남성의 몸을 가지는 데 관심 있는 것은 아니다.[4] 이렇게 러시아의 성 실태는 동성애와 기타 비규범적 성행위에 참여하는 사람들로 가득하다. 그들 중 일부는 자신을 '게이'나 '레즈비언'으로 규정하고 또 일부는 '성전환자'로 규정한다. 그러나 그들 대다수는 매우 산만하고 번역하기 애매한 방식을 제외하고는 자기를 규정하는 것을 아예 거부한다(예를 들어, 사람들은 '우리 중 하나'nash라거나 '그 주제에 대한'na teme이라는 표현을 쓴다). 분명한 것은, 사람을 이성애나 동성애 중 하나로 보는 표준적인 미국식 범주화는 그리 유용하지 않다는 점이다. '퀴어'queer라는 단어는 미국 영어에서 위험한

---

3 이것은 1백 명 이상을 대상으로 한 조사와 '성소수자들'과 연관된 30명 이상의 문화·정치 인사들과의 심층 인터뷰에 기반하고 있다.

4 예를 들어, 내가 인터뷰한 몇몇 '성전환자들'은 남성 신체(특히, 페니스)를 가지는 데 관심이 없노라고 말했다. 한 성전환자는 남자에게만 한정된 직업을 얻기 위해, 또 자기 여자친구와 결혼하기 위해 그 진단을 받아냈노라고 내게 말했다. 또 다른 성전환자는 자신은 결코 남자의 벗은 몸을 본적이 없으며 페니스를 가진다는 생각 자체조차 역겹다고 말했다. 성전환에 대한 이러한 보다 메타포적인 이해는 사람의 법적 정체성을 변경하기 위해서는 성전환자 진단을 요구하는 소비에트/러시아의 정신의학적·행정적 관례와 긴밀히 연관된다. 실제 성전환 수술은 필요하지 않다. 미국에서는 법적 정체성을 바꾸려면 수술을 한 후여야 한다. 1994년 8월 드미트리 이사예프와의 인터뷰(이사예프는 성전환 진단을 할 수 있는 극소수의 러시아 정신의학자 중 한 사람이다), 1991년과 1994년 10명의 여성-남성 성전환자와의 수차례의 인터뷰. 미국에서의 성전환에 대한 정신의학적·법적·의학적 이해에 대해서는 다음을 보라. Elizabeth Cohen, "Biberpeople", OUT. 1995. 05., pp. 87~90.

단어로 의도하지 않은 온갖 의미를 지니고 있다. 그렇지만 나는 이 글에서 이분적 대립과 안정적 범주화에 대한 거부를 포착하기 위해 이 단어를 사용한다. 또한 '퀴어'라는 단어가 일인칭으로 사용될 수 있고, 따라서 이 단어가 '게이'나 '레즈비언' 정체성의 영속성에 스스로를 결속시키지 않으면서도 '우리 중 하나' 같은 용어의 유동성과 순간적인 자기 규정의 일면을 포착해 낼 수 있는 표현이기에 사용한다.

정체성의 안전이 보장되지 않음에도 불구하고, 동성애성은 특별하고도 대중적인 방식으로 그 자신을 나타내고 신호한다. 동성애자들은 공공 장소에서 비밀리에 모인다──이들의 동성애성은 그 존재가 인정되지 않기 때문에 비밀스럽다. 때로는 동성애성이 눈에 띄기도 한다. 이것은 대중의 상상의 일부가 된다. 동성애 연극을 많은 사람이 관람한다. 동성애 가수가 매우 인기 있다. 이러한 것들은 '대중적'이다. 비록 동성애자라는 것은 대중적이지 않다 하더라도 말이다. 통상적인 정체성을 결여한 사람들이 통상적인 관습과 이벤트에 참여한다(가령, 극장 공연에 참석하는 것). 그러한 통상적 관습과 이벤트는 설사 다성악적일지라도 통상적인 동성애성의 언어에 의존한다. 만약 정체성과 하위문화가 이 통상적 언어에 대한 유용한 묘사가 아니라면, 주관성subjectivity이 이에 걸맞는 표현이다.

소비자와 생산자는 '동성애적'이라고 인식되는 동성애 주관성──일련의 신호, 상징, 의례, '스타일'──에 의존하고 있다. 동성애 주관성은 동성애적 '하위문화'나 '정체성'과 달리 명확히 정의된 집단에 한정되지 않는다. 동성애 주관성은 개별적 개체에 귀속되지 않는 무정형의 구조를 구축한다. 대신, 개별적 개체들은 동성애 주관성을 창조하고 소비하는 데 참여하면서, 때로는 자신을, 때로는 타자를 대변한다. 동성애 주관성은 문화이자 하위문화이며, 대중적이면서 동시에 특별하다. 동성애 주관성은 인간 집단 공간을 형성하는데, 이 공간에서 성적 타자성은 혼잣말하는 주체들에 의해 표현되며 동성애자로서 말하지 않거나 말할 수 없는 자들에 의해 꿈꾸어지고 심지어 열망되기까지 한다. 본 장은 정체성이나 하위문화로서가 아니라 주관의 유연하고 순간적인 공간 안에서 어떻게 동성애성이 공개적인 것이 되는지 살펴볼 것이다. 첫 절에서는 지엽적인 동성애 주관성을, 두번째 절에서는 대중적 상상 속으로 동성애성이 누출되는 것을 살펴보도록 한다.

1. 지엽적 동성애 주관성

지엽적인 동성애 주관성의 순간적 속성이 의미하는 것은 동성애 주관성을 발견하기도 어려울 뿐 아니라 일단 발견되고 기록되고 퍼뜨려지는 순간 이미 사라져 버린다는 것이다. 그러나 지엽적 동성애 주관성은 이것이 대량의 (문화적, 경제적, 또는 교육적) 자산을 필요로 하지 않는다는 점에서 중요하다. 지엽적 차원에서 동성애는 대가를 치르지 않고 공개될 수 있다. 다음은 내가 1989년과 1994년 동안, 그리고 1991년과 1992년 여름 동안 기록한 몇몇 지엽적 동성애 장면들이다.

다른 리듬에 맞춰 춤추기[5]

1994년 무렵 러시아의 대도시에는 각기 자신만의 특정한 스타일과 고객층을 지닌 디스코장과 클럽들이 넘쳐났다. 이 디스코장들의 일부는 오

---

5 [옮긴이] "다른 리듬에 맞춰 춤춘다"는 표현은 주위 사람들과는 다른 방식으로 행동함을 의미한다.

로지 25달러짜리 기본 좌석료와 한 잔에 8달러나 하는 와인 값을 지불할 수 있는 신흥 부유층을 겨냥한 것이었다. 다른 클럽들은 '패셔너블'한 젊은 층(가령, '레이브족')을 타깃으로 했다. 그리고 물론 어떤 디스코장들은 동성애자를 위한 것이었다. 1994년 모스크바와 상트페테르부르크에는 동성애 디스코장이 3개 있었다.[6]

'프레메라'와 '샨스'는 모스크바의 중심가에 위치해 있었다. 두 디스코 클럽 모두 극장 안에 있었고 주말 밤마다 여기에 모이는 300여 명의 흥청거리는 사람들을 수용하기에 충분한 공간을 가지고 있었다.[7] 중심가 디스코 클럽 가격은 상대적으로 비쌌다(당시 2만 5천 루블 또는 약 12달러). 그 안에서 내가 가장 자주 들었던 언어는 러시아어였지만 독일어와 영어 또한 상당히 자주 들리곤 했다. 젊은 층(30살 이하)이 대부분이었지만 중년임이 분명해 보이는 사람들도 언제나 몇 명씩 있었다. 디스코 클럽 단골들 대부분은 남자였다.[8] 세번째 동성애 디스코 '멜스'(MELZ: '모스크바 전등 공장'의 약자)는 모스크바 중심가로부터 멀리 떨어진 공장

6 나는 1994년에 상트페테르부르크의 디스코 클럽 중 두 곳에 몇 차례 참석하긴 했지만 모스크바 디스코 클럽에 훨씬 더 익숙하기 때문에 여기서는 모스크바의 '씬' 묘사에 집중하고 있다. 나는 또한 페테르부르크에서보다 모스크바에서 디스코 클럽에 다니는 사람들을 훨씬 더 많이 만났고 또 인터뷰했다. [클럽에서] 6시간 정도 머무르는 것은 그리 드문 일이 아니었다. 왜냐하면 모스크바의 높은 범죄율 때문에 고객들은 자정 쯤에 도착하여 아침까지(즉, 지하철 운행이 재개될 때까지) 거기를 떠나지 않곤 했기 때문이다. 이것은 동성애 디스코 클럽에서 특히 그러했다. 특히 동성애자들을 타깃으로 하는 범죄들 때문에(즉, 게이 습격), 고객들에게 한밤중에 클럽을 떠나는 것에 대한 경고 안내문이 종종 붙어 있곤 했다.

7 이 숫자들은 나의 최선의 추정치를 평균한 값이다. 왜냐하면 춤추면서 섞여 있는 사람들을 세는 것은 언제나 부정확한 산술이기 때문이다. 나는 1994년 동안 샨스에 약 20회 참석했고 언제나 새벽 1시경에 참석자들 수를 세려고 노력했다(어떤 사람들은 이미 떠났고 어떤 사람들은 아직 도착하기 전임을 가정하고). 나는 내가 있었던 방의 4분의 1 내에 있는 사람의 수를 세고 4를 곱하곤 했다.

8 평균적으로, 디스코장 고객의 80%가 남자였다. 특히 동성애 바에서는 젠더가 언제나 보이는 것과 같지는 않다는 사실과 나의 셈의 부정확성을 감안할 때 여성보다 남성이 더 많았다고 주장하기가 망설여진다(그러나 확실히 그렇게 보였다).

단지에 자리잡고 있었다. 이 클럽의 가격(입장료와 음료값)은 더 쌌고 여기 모이는 무리는 더 많은 러시아인과 더 많은 여성들, 그리고 더욱 다양한 연령대를 포함하고 있었다.[9] 그러나 멜스에서는 보다 '민주적'인 분위기에 대한 반대급부로 고객들이 훨씬 더 높은 폭력과 공공 노출의 위험을 감수해야 했다. 1994년 상반기 동안 나는 클럽 입구 근처에서 일어난 몇몇 '게이 습격' 사건들을 목격하거나 전해들었다.[10]

경제적이건 물리적이건 그 대가가 무엇이든 간에, 매주 주말 밤 다양한 동성애 디스코장에 참석하는 수백 명, 아니 아마도 수천 명에게는 그럴 만한 가치가 있었던 것 같다. 바로 문 밖에 도사리고 있는 공격과 노출, 그리고 협박편지의 위험에도 불구하고, 그 공간에 들어와 있는 시간 동안 동성애자들이 자신의 열망을 자유롭게 공개적으로 드러낼 수 있었다. 사람들은 한눈에 동성애자임을 알아볼 수 있는 방식으로 옷을 입었다(예를 들면, 남자들은 화장을 하고 여성용 구두를 신었으며 여자들은 화장을 하지 않고 남성용 구두를 신었다). 이런 차림들은 통상적으로 사람들이 걸치고 맘편히 거리를 활보할 수 있을 만한 방식은 아니었으며, 나는 디스코 클럽 단골들이 아침에 모스크바 지하철로 뛰어들기 전에 옷을 갈아입는 것을 언제나 알아채곤 했다. 춤꾼들의 대부분은 동성 커플

9 나는 1994년에 멜스에 단지 두 번 참석했다. 이는 부분적으로는 두번째 참석했을 때 거기서 높은 수위의 폭력을 목격했고 종종 나 자신의 안위를 걱정했기 때문이다. 두 번 모두 거기에는 다른 동성애 디스코 클럽에서보다 여성이 매우 더 높은 비율(10명 중 3~4명 꼴)로 있었다. 나의 인터뷰와 조사 결과는 이 관찰에 부합한다. 이는 더 낮은 가격(2만 4천 루블 대신 1만 루블)과 미국에서 그렇듯 러시아 여성들이 남자보다 돈을 적게 버는 경향 때문이었을 수 있다.

10 일반적으로 스토리들은 동일하다. 어떤 개인이 또는 일단의 사람들이 매우 늦게 도착하거나 또는 매우 일찍 떠나다가 젊은이 갱단(remontniki 곧 '해결사들')에 습격당했다. 희생자들은 통상 돈을 털렸고 종종 폭행당하기도 했다. 이들 중 많은 이가 경찰에 가지 않았는데, 이는 경찰이 그들의 정체를 직장이나 가족들에게 "까발리겠다"고 위협하는 협박편지를 보낼지도 모른다고 두려워했기 때문이다. 또는 경찰이 갱들과 협력하고 있어서 갱들이 멜스에서 정기적으로 예측 가능하게 저지르고 있는 범죄를 눈감아 주는 대가로 경찰이 돈을 한 몫 챙기고 있다고 두려워했기 때문이다.

들이었다. 많은 커플들이 어둡게 조명된 방이 키스하고 더듬는 데 편리하다는 것을 발견하곤 했다. 샨스에서는 화장실들이 두 층 아래에 위치해 있었는데 고립되어 있어서 공개적 섹스를 위한 장소로 이용되기 일쑤였다.[11] 더욱 중요한 것은, 공개적으로 동성애성을 실행하는 사람이 동성애 디스코 클럽에 가는 대가의 일부로 동성애자가 되도록 요구받지는 않는다는 것이었다. 성적 타자성은 동사요, 연기요, 춤이었지만 정체성일 필요는 없었다.

화장실과 플레슈카(Pleshka): 거리에서의 동성 섹스

"흠, 그때 모스크바에서 나는 알게 되었죠. 비코보 공항에서 화장실에
갔는데 벽에 온통 낙서가 되어 있었어요. 이런 저런 틈새를 통해 보다
가, 거기서 한 남자가 내게 신호를 보내더니 칸막이에 난 구멍을 통해
구강성교를 해줬어요."
"당신은 어떻게 시내 중심가에서 헌팅하는 것에 대해 알게 됐지요?"
"음, 그 남자가 내게 말해 줬어요."
── 예브게니 하리토노프[1941~1981]

공중화장실은 남성들이 완전히 안전하지는 않다 할지라도 완전히 익명인 성적 만남을 가질 수 있는 장소이다.[12] 헌팅 지역 부근의 공중화

---

11 샨스에서 나는 남자 화장실을 애용하지는 못했지만, 여자 화장실이 원래 용도 외의 목적으로도 널리 이용되고 있다는 사실은 알 수 있었다. 나는 거리에서 일하는 성매매 여성들로부터 섹스 제의를 두 번 받았다. 시세는 한 번 화장실에 들어가는 데 50달러에서 75달러였고 화장실 칸 중 하나에서 어떤 행위를 할 수 있다고 했다.
12 공중화장실이 여성에 의해 이러한 용도로 사용되는 것은 드문 일인 듯하다. 성매매 종사자들을

장실은 남자들을 헌팅하는 남자들과 이들을 소탕하는 경찰 두 쪽 모두에게 게이 남성들의 성적 만남의 장소로 '알려져' 있다. 안타깝게도 남자화장실은 여성 현장조사가로서는 쉽게 접근가능한 장소가 아니다. 나는 남자처럼 입고 모스크바 헌팅 거리 근처의 남자 화장실에 두 번이나 들어가려고 시도했다. 유감스럽게도 나의 '남장'은 내가 바지를 내릴 필요가 없는 동안에만 성공적이었다.[13] 한번은 내게 "뭘"("누가"가 아니라) 기다리냐고("Chego ty zhdesh'?") 묻는 경찰관 때문에 겁을 먹고 화장실을 도망쳐 나왔다. 또 다른 경우에는 아무도 접촉하는 것을 보지 못했다(아마도 소변을 보지 않는 사람의 존재가 화장실을 이용하는 사람들을 불편하게 만들었던 것 같다). 다행히도 공중화장실에서의 동성애적 욕구를 보여주는 자료인 그래피티들은 살펴볼 수 있었다.[14] "나는 빤다"(sosu), 이 표현은 어떤 일이 잘 안 되고 있음을 나타내는 영어의 함축의미를 가지는 것이 아니라 오직 구강성교를 가리키는 것으로, 가장 흔한 그래피티였다.[15] 또한, 펠라티오를 받고 싶은 남자들은 종종 자기 물건에 대해 쓰곤 했다(예를 들면, "누구 내 큰 거시기를 빨고 싶은 사람?"). 거래들 중 어떤 것들은 명백히 상업적 성격을 띠고 있었다. "나는 아파트가 있는 '능동적

제외하고는 내가 인터뷰한 러시아 여성 중 아무도 공중화장실을 익명의 레즈비언 만남을 위한 잠재적 장소로 묘사하지 않았다.

13 가장 포스트모던한 이론가라 할지라도 페니스 없는 사람이 공중화장실에서 남성인 척하려고 할 때 겪을 어려움을 인정해야만 한다. 아마도 적당한 종류의 딜도(예를 들어 '진짜'처럼 보일 뿐 아니라 소변 보는 것까지 가장할 수 있는 것으로)와 적당량의 자신감이 있다면 그러한 개가를 올릴 수도 있을 것이다. 나는 이것을 나보다 더 용감하고 더 좋은 장비를 갖춘 연구자의 몫으로 남겨 놓도록 하겠다.

14 다음에 제시되는 샘플 중 많은 것들이 빅토르 오보인(Viktor Oboin)이라는 필명으로 1994년 쓰여진 미출판 논문 「러시아 게이 역사에 대한 자료들」("Istochniki po russkoi gei-istorii")로부터 왔다. 오보인에 따르면 이러한 동성애 그래피티는 '아주 많은 공중화장실'에서 볼 수 있다(즉, 단지 헌팅 거리 근처 화장실들에만 있는 것이 아니다), p. 2.

15 [옮긴이] 영어로 "It sucks!"(엿 같네!)라는 표현은 일이나 상황이 불만족스러움을 나타낸다.

인'[삽입당하는 것이 아니라 삽입하는 쪽] 남자를 찾고 있어요. 나는 화장하고 여성용 속옷을 입는 것을 좋아해요. 나는 34살이에요. 당신의 나이는 상관없답니다. 나는 어떤 자세로도 당신에게 해줄 수 있어요. 우리가 어떻게 만났으면 하는지 쓰세요…. 나는 준비되었어요, 잔나."

다른 이들은 자신의 동성애적 욕구를 전달하기 위해 유머에 의존했다. "이봐들, 섹스를 두려워 마. 입 속에 있는 녀석이 케이크보다 더 달콤하다니까"(원 러시아어 표현에서 이것은 거의 압운을 이루고 있다. "Mal'chiki, ne boites' seksa, chlen vo rtu‒poslasche keksa"). 동성애적 욕망으로서 그래피티의 많은 부분은 모두 이야기이지 행동으로 의도된 것은 아니다. 그러나 이것들이 존재한다는 사실은 남자들──공중화장실을 이용하는 모든 남자들──에게 이러한 장소에서 다른 남자와의 성적 교류의 잠재적 가능성이 있다는 것을 일깨워 준다. 남자라면 누구나, 모스크바에서 동성애적 접촉이 가능한 다른 장소를 모른다 하더라도, 공중 화장실에서 그것이, 적어도 텍스트 차원에서 가능하다는 것을 거의 틀림없이 알고 있을 것이다.

공중화장실 외에도 대도시에는 남자들(그리고 몇몇 여자들)이 성적 만남을 위해 갈 수 있는 헌팅 거리들이 있다. 모스크바에서 가장 유명한 헌팅 거리, 곧 플레슈카pleshka는 볼쇼이 극장 앞에 있다.[16] 왜 볼쇼이 플레슈카가 그렇게 인기 있는 장소가 되었는지는 분명치 않지만, 이곳이 두

---

16 플레슈카(Pleshka)는 아마도 맨들거리는 벗겨진 부분(plesh')에 대한 지소형으로 거기서 종종 행해지는 나이 든 남자와 더 어린 소년 간의 (상업적) 관계를 지시하는 표현일지도 모른다. 이 단어는 또한 프랑스어의 'place'에서 파생되었을 수도 있다. 왜냐하면 러시아에서 암거래상, 성매매 여성, 그리고 '히피'들 또한 이 단어를 사용했기 때문이다. 다음을 참조하라. Vladimir Kozlovsky, *The Argot of the Russian Gay Subculture: Research Materials* (in Russian) (Benson, Vt.: Chalidze Publications, 1986), p. 60.

개의 다른 지하철 노선 근처(도주 용이)일 뿐 아니라 시내 한복판(접근 용이)에 위치해 있다는 사실이 중요한 역할을 했을 것이다. 오페라와 발레의 중심지로서, 볼쇼이는 동성애 아이콘으로 작용하여 오페라 애호 동성애자들을 종마상들이 그 남근적 위용을 뽐내며 서 있는 분홍빛 외관으로 이끌었을 수도 있다. 그러나 내가 플레슈카에서 만난 남자들 중 그 (고급) 문화를 찾아 거기 온 사람은 거의 없었다. 대신, 여덟 번의 볼쇼이 방문 동안 내가 만난 사람들은 주로 시외 출신의 매우 젊은 남자들이었다. 이들은 며칠 동안 자기들을 묵게 해줄 나이 들고 부유한 남자를 찾고 있었다. 물론, 더 나이 든 남자들도 언제나 있었다. 이들은 종종 비즈니스 정장을 입고 있었고, 가끔은 조깅복 차림이었다. 이들은 만남의 가능성을 찾아 돌아다니고 있었다.[17]

내가 모스크바와 상트페테르부르크에서 '헌팅한'(사진 12-1) 다른 모든 장소들뿐 아니라 볼쇼이 플레슈카에서도 언제나 다른 종류의 사람들—아이들을 데리고 있는 가족들, 이성애자 노인 커플들—이 있었다. 이들은 자기 주위에서 일어나는 남-남 헌팅에 대해 흥미가 없을 뿐 아니라 아예 지각하지도 못하는 듯했다.[18] 플레슈카는 많은 이들에게 있어 동성애 욕망의 의식되지 못한 장소로 머물러 있었을 뿐 아니라 이 단어는 또한 익명의 성적 만남에 대한 경멸적 용어가 되었다. 다른 남자와 상호독점적 관계를 맺고 있는 20대 후반의 한 게이 남자 L은 다음과 같

---

17 내가 접근했던 나이 든 남자들 중 한 사람을 제외하고는 모두 나와 얘기하기를 거절했다. 그 예외적인 한 사람은 처음에는 나를 젊은 남자로 착각했다가 나중에 그렇지 않음을 알자 내게 주먹질을 했다.
18 모스크바에서 내가 '헌팅한' 플레슈카들은 볼쇼이, 키타이고로드, 고골 대로이다. 상트페테르부르크에서는 중앙백화점 근처, 카잔 성당 앞, 그리고 예카테리나 여제 동상 앞에서 남자들을 만났다.

〈사진 12-1〉 플레슈카를 배회하는 로리 에시
그. 리사 코완 촬영.

이 내게 말했다. "(나에게 있어) 남자와 함께한다는 것은 결코 플레슈카
에서 헌팅하는 것을 의미하지 않습니다. 나는 단지 내가 사랑하는 한 남
자와만 함께 있을 수 있습니다. 이건 섹스 이상의 의미가 있지요."[19] 한 게
이 잡지의 편집인인 드미트리 리초프는 게이 디스코 클럽과 바가 존재
하는 현 시대에 공개적인 헌팅 거리는 그 유용성이 이미 퇴색했다고 주
장했다. 거기에 계속해서 가는 사람들은 단지 섹스에만 관심이 있고 섹
스는 종종 상업적이 되어 게이 커뮤니티에 '골칫거리'가 되고 있다.[20] 몇
몇 동성애자의 시각에서 이 플레슈카에 맹비난이 가해지고 있음에도 불
구하고 플레슈카는 계속 번성하고 있다. 단지 익명의 동성애적 접촉과

19 1994년 6월 L 및 그의 파트너와 필자의 인터뷰.
20 다음에 인용된 것을 가져왔다. Sander Thoenes, "Gay Scene Shifts from Shadows into the
   Neon", Moscow Times, 1994. 08. 31., pp. 1~2.

상업적 섹스를 위한 메타포로서만이 아니라 실제 장소이자 특정 장소와 결부된 일련의 행위로서 번성하고 있다. 이 중 어떤 것도 동성애적 정체성과 하위문화를 요구하지 않는다. 내가 인터뷰한 모든 젊은 남자들은 다른 남자를 욕망하는 것이 그 사람을 '동성애자'로 만드는 것은 아니라고 주장했다. 이 젊은 남자들 거의 모두는 '이성애' 남자를 찾고 있었다. 만약 어떤 남자가 다른 남자와의 성적 접촉을 원하는 경우, 공개된 동성애 섹스를 상상할 수 있고 또 그것이 가능한 특정 장소를 찾아낼 수도 있지만 꼭 그 정체성이 규정될 필요는 없는 곳이 러시아 도시들의 중심부에 있다는 것이다.

잡지, 신문, 그리고 동성애 텍스트 출판

가끔 동성애는 활자화되기도 한다. 비록 신문과 저널이 러시아에서 동성애 주관성에 대한 문자적 표현들을 담당하는 매체지만 이들은 책보다 수명이 더 짧다. 그리고 책과는 달리 저널과 신문은 일반적으로 전국적 차원에서 일반 독자들을 대상으로 판매되지 않는다. 이들은 통상 보다 작고 더 특정한 판본으로 나오는데 이는 책보다 훨씬 더 생산하기 쉽고 싸게 먹히기 때문에 가능한 것이다. 복사기를 사용할 수 있는 사람이라면 누구나 이러한 종류의 텍스트들을 만들어 낼 수 있다. 많은 저널과 신문은 심지어 타이프라이터에 의존하지도 않고 훨씬 더 이용하기 쉬운 매체인 종이와 펜을 사용한다. 그러나 이러한 텍스트들이 생산되는 것이 상대적으로 쉽다는 것은 이들이 종종 눈에 잘 띄지 않게 숨겨져 있다는 것을 의미한다. 이것들은 발견하기 어려울 수도 있고 오직 '사정을 잘 아는' 사람들만 입수 가능할 수도 있다. 저널과 신문은 언제나 대중이 심지어 그들의 존재조차도 채 인지하지 못하는 새에 대중의 시야에서 사라질 위험이 있다. 이러한 관점에서 저널과 신문은 책보다는 디스코 클럽에 가깝다. 다음은 내가 발견한 몇몇 신문과 저널에 대한 기술이다. 나는 이 매체들을 대부분 1994년에 발견했지만 이들 중 몇몇은 1990년부터 존재해 왔다.[21]

1990년 2월, 전적으로 동성애만을 다룬 최초의 신문 또는 저널인 『테마』*Tema*(다시 말하지만, 'na teme'[그 주제에 대해]는 '동성애'에 대한 은어이다)가 모스크바에 등장했다. 비록 이전에 몇몇 자가출판물이 동성애적 소재를 다루기는 했지만, 『테마』는 최초의 동성애 출판물이었다. 8면의 타블로이드 페이지와 오려붙인 그래픽들로 이루어진 초기 판본들은 읽기도 힘들었다. 시간이 가면서 『테마』는 잡지 형식과 컴퓨터로 만들어낸 그래픽을 채택했다. 창간호는 성소수자 협회 설립에 대해 설명하고 동성애자들에게 '커밍아웃'하기를 촉구하는 한편[22], 안전한 섹스에 대해 설명하고 외국 동성애 영화 스타들에 대한 가십을 실었다(그 옆에는 "소비에트 스타들은 이게 광고될 필요가 없다"고 말하는 관련기사가 있었다). 출판 마지막 해 무렵 『테마』는 지면이 두 배나 늘어났고(16면) 신문보다는 잡지에 가까운 형식을 가지게 되었다. 『테마』는 또한 '성소수자들'(가령, 게이 남성, 레즈비언, 양성애자, 성전환자, 성매매업 종사자 등)을 위한 출판물에서 오직 게이 남성을 위한 것으로 탈바꿈했다. 1992년도의 한 일반호를 보면 핀란드의 톰의 동성애 그래픽과 서구 게이 팝스타에 대

---

21 나는 내가 만난 거의 모든 동성애자들에게 어떤 저널이나 신문이 존재했는지 알려 달라고 부탁했고 그 인쇄본들을 얻으려고 애썼다. 대부분의 경우 텍스트들은 일관된 배포수단 없이 또는 심지어는 확실한 배포수단 없이 비공식적으로 팔렸다. 때로는 이 텍스트들은 동성애 행사(예를 들면 학회)에서 입수가능했다. 가끔은 가게나 신문가판대에서 구할 수 있었다. 그러나 대부분의 경우 나는 이것들을 제작한 편집자나 저자들로부터 받았다.

22 역설적이게도 이 기사는 「지하로부터 나와라」("Vyidi iz podpol'ia")라는 제목하에 필명으로 쓰여져 있었다.

한 기사들, 그리고『테마』편집인 중 한 명이 쓴 (남-남) 헌팅 구역 기사
가 실려 있었다. 개인 광고들 모두 역시 남자들이 낸 것이었다. 여성 독자
또는 여성 저자가 참여한 몇 안 되는 경우 중에 모스크바 출신의 은퇴한
교사인 갈리나 알렉세예브나가 편집인에게 보내 온 편지가 있었다. 그녀
는 가장 "유해"하고 "부르주아적"인 "전염병"인 동성애를 (러시아 사회
로부터) 강철 같은 의지로 태워 제거해야 한다고 보았다.[23] 실제로 여성들
은 '허수아비' 역할 외에는 더 이상『테마』의 세계의 일원이 아니었으며,
동성애 혐오나 사회주의자로 쉽게 매도되었다(예를 들면, 오랫동안 불신
되어 온 낡은 시스템의 보초병들로 묘사되었다).『테마』의 남성 위주 취향
은 하등 특이할 것이 없었다. 동성애는 공개적이 되어 가고 있었지만 대
부분의 공간을 차지했던 것은 남성 동성애였다.

　『테마』는 1993년 초 출판이 중단되었지만 그것이 있던 자리에 공백
이 생긴 것은 아니었다. 동성애 주관성에 대한 몇몇 다른 저널들이 이미
출현해 있었다. 1990년 10월『테마』의 창간호가 나온 지 불과 아홉 달 만
에『리스크』_RISK_가 출판되기 시작했다.『테마』보다 훨씬 '더 세련된' 출판
물이었던『리스크』는 고급 종이에 선명하게 복사된 그래픽을 자랑하는
잡지였다.『리스크』는 동성애 조직 행사(예를 들면, 학회)와 문화(가령, 게
이 가수 및 작가들)에 대한 기사를 실었고, 또한 유머, 개인광고, 그리고
'접어넣는 페이지'로 된 사진들(예를 들어, 자위 사진들)을 포함하고 있었
다.『테마』와 마찬가지로 거의 모든 기사와 그래픽이 남성을 겨냥한 것
이었다. 개인광고 또한 거의 독점적으로 남성들의 것이었다.

　『테마』와『리스크』에 표현된 게이 남성 주관성은 모스크바와 상트

23 _Tema_, no. 1(1992).

페테르부르크에서 판매되는 다른 더 큰 부수의 저널과 신문에 다시 게재되었다. '동성애자와 레즈비언을 위한, 삽화사진이 많은 저널' 『너』*Ty*는 남성과 여성 모두에게 흥미로운 행사들에 대한 정치적 기사를 실었지만, 대부분의 기사와 모든 이미지들은 남성에 의한, 그리고 남성에 대한 것이었다. 에이즈 단체와의 연계로 『너』가 배포했던 대량의 에이즈 정보조차도 여성을 위한 안전한 섹스 행위에 대해서는 아무것도 언급하지 않았다.[24]

중요한 것은, 레즈비언 주관성을 가장 대변할 만한 텍스트들은 가장 적은 부수의 매체였다는 점이다. 더 크고 보다 상업적인, 보통 몇 만 부씩 발행하는 경쟁자들과 달리, 소규모 출판물들은 통상 몇 백 부로만 유포되었다. 상트페테르부르크의 행동주의자 올가 크라우제에 의해 창간된 한 소규모 저널 『각성』*Probuzhdenie*은 특정적으로 레즈비언을 위한 매체였다. 이 레즈비언 저널은 『리스크』와 같은 게이 남성 저널들보다 적게 유포될 뿐 아니라 또한 널리 유통되는 것에 대해 확실히 관심을 덜 가지고 있었다. 그러나 상업주의와 재정적 생존 능력의 결여는 또한 이 저널과 다른 레즈비언 출판물들이 의욕은 높으나 무보수로 일하는 개인들의 변덕에 좌지우지되었다는 것을 의미한다. 여성을 향한, 그리고 여성을 위한 출판물들을 책임지는 소수의 사람들은 강한 자존심과 극히 적은 돈, 러시아에서 출판사업이 지니는 부담을 곡예하듯 견뎌나가야 했다. 그 결과로 나온 것이 불규칙하게 출판되어 찾기가 극히 힘든 몇몇 출판물이다.

만약 동성애 남성 주관성의 외침이 포스트소비에트 러시아라는 소음에 묻혀 거의 들리지 않아 왔다면, 동성애 여성의 목소리는 기껏해야

---

24 Ty, no. 1(1992).

속삭임에 불과하며 또 그래 왔다.[25] 러시아의 동성애 출판 역사가 시사하듯이, 러시아 동성애 주관성에는 특정 젠더가 부과되어 있으며 특히 남성으로 젠더화되어 있다. 공개적 동성애의 남근적 기류는 권력의 젠더화된 배분에 대한 이것의 시사점 때문에 흥미롭다. 그러나 공개적 동성애의 젠더보다도 훨씬 더 중요한 것은 동성애의 대중문화로의 이동이다. 동성애성은 지엽적 차원에서는 헌팅 거리, 디스코 클럽, 그리고 열성 팬들에 의해 열성팬들을 위해 쓰여지는 텍스트들의 형태로 소비되지만, 러시아 전역에 걸쳐서는 대중음악, 문학, 그리고 공연물로 소비되고 있다.

2. 국가적 차원의 동성애 주관성

동성애 가수

보리스 모이세예프는 러시아 팝 문화 아이콘인 알라 푸가초바와 함께 공연하면서 처음으로 명성을 얻었다. 1991년 러시아에서 자신의 솔로 커리어를 시작하면서 (부분적으로는 그가 에이즈로 사망했다는 끈질긴 루머 때문에) 별로 성공을 거두지 못하자, 모이세예프는 언론에 '커밍아웃'을 하기로 결심했다.[26] 모이세예프의 동성애적 갈망은 이미 그의 공연에 적나라하게 드러나 있었다. 그의 공연들은 동성애성, 특히 젠더 이월에 의해 신호되는 동성애성에 속속들이 물들어 있었다. 그의 노래 「에고이

---

25 돈을 더 적게 번다는 것과 아이들과 가정에 대해 주로 책임져야 한다는 것은 러시아에서 여성의 목소리가 들릴 가능성을 더 적게 하는 명백한 구조적 요소 중 하나이다. 필자의 논문(마모노바[T. Mamonova]와 공저)을 참조하라. "Perestroika for Women", *Perestroika from Below*, ed. Judith Sedaitis & Jim Butterfield(Boulder: Westview Press, 1991), pp. 97~112. 대부분의 여성들이 무상으로 집필하거나 연기하거나 노래하기에는 너무 피곤하고 가난할 뿐 아니라, 이러한 일들을 위한 후원자로 활동할 수 있는 여성도 극히 적다.
26 1994년 5월 9일 보리스 모이세예프와의 인터뷰.

스트_Egoist의 비디오는 뮤직비디오 프로그램 「2×2」에서 종종 방송되었다. 즉, 동성애적 욕구를 근간으로 정체성을 규정하지 않는 많은 이들에게 전달되었던 것이다. 이 비디오는 두 버전이 있는데, 확실히 동성애적인 방식으로 젠더를 활용하고 있다. 한 버전에서는 모이세예프가 면도를 하지 않고 짙은 립스틱과 눈화장에 머리를 금발로 탈색한 채 삭발한 두 여성 무용수와 함께 노래하고 있다. 이 무용수들은 서로 부딪치고 문지르는 등 노골적인 여성 동성애 행위를 한다. 이들은 비치는 검은 셔츠를 입고 검은 테이프 조각을 유두를 가로질러 붙이고 있다(포르노그래피와 그 검열을 분명히 지시하는 것). 또 다른 모이세예프 비디오 버전은 프레디 머큐리를 기리는 그의 쇼를 찍은 것이다.[27] 비디오는 약 20명의 남자들이 검은 연미복을 입고 왈츠에 맞추어 함께 춤을 추는 것으로 시작한다. 여기에서 충격적인 것은 젠더를 전복하고 동성애적 욕구를 드러내는 무용수들의 외양이 아니라 젠더의 부적절한 수행(즉, 남자가 다른 남자를 자기 팔 안에서 빙글빙글 돌리는 것)이다.

언론에 나타난 모이세예프의 이미지는 성 '도착'을, 특히 동성애를 신호하기 위해 종종 젠더 전복을 이용한다. 한 기자가 모이세예프가 어렸을 때 어떤 장난감을 좋아했는지 묻자 모이세예프는 "나는 인형을 가지고 놀았어요. 그리고 지금도 나는 집에 내가 가장 아끼는 인형들을 가지고 있죠"라고 대답했다.[28] 모이세예프는 태어났을 때부터 어머니가 자신을 "불알 달린 여자애"라고 묘사했다고 말한다. 같은 기사의 뒷부분에서 모이세예프는 자신이 드레스를 입는 행위야말로 자기의 (남성) 관객

---

27 록 그룹 퀸의 가수 머큐리는 에이즈로 사망했으며 모스크바와 상트페테르부르크의 몇몇 '성소수자들'로부터 게이 아이콘으로 여겨지고 있다.
28 *Chastnaia zhizn'*, no. 6(1994. 11.), p. 3.

들을 흥분시키고 일으켜 세운다고(이 이중의미 표현은 영어와 러시아어에서 모두 통한다) 주장한다.[29]

세르게이 펜킨은 인기 있는 동시에 동성애자인 또 다른 가수이다. 모이세예프와 달리 펜킨은 자신의 (동)성애성을 공개적으로 언명하지 않는다.[30] 사실상, 펜킨은 자신의 동성애성을 공개적으로 부인했다. "게이인가 아닌가?"라는 질문으로 시작하는 한 기사에서 펜킨은 만약 자신이 게이라면(실제로는 아니지만) 고위 관료들로부터 환영받지 못했을 것인데, 실제로 자신은 환영받아 왔다고 주장한다. 그러나 이 기사의 저자는 이러한 주장에 수긍하지 않고 펜킨의 옷이, 또는 보다 구체적으로 말하자면, 그의 "모조 다이아몬드가 달린 길고 붉은 장갑과 그의 목에 둘러진 모피… 가 실제 말보다 더 소리높여 이야기하고 있다"고 말한다. 독자는 펜킨이 특정 젠더에 결부된 의복을 '부적절하게' 사용한 데에서 동성애성을 읽어 내게 된다.[31]

펜킨의 성 도착과 전복은 실제로 그의 공공 이미지이다. 그는 자신의 비디오에 여성용 드레스와 가발을 착용하고 출연한다. 그리고 그의 『홀리데이』 CD의 앞면에는 레이스와 진주, 실버 라메[32], 다이아몬드 브로치를 걸치고 눈화장을 한 펜킨의 모습이 실려 있다. CD의 해설 부록에서 펜킨은 다음과 같이 인정하고 있다. "많은 이들이… 나의 이미지를 충격적이라고 여기며 그 안에서 모종의… 스캔들을 찾아낸다. 그러나 나

---

29 *Eshche*, nos. 4~16(1993), p. 2.
30 케빈 모스가 나에게 지적한 바와 같이, 펜킨이 관객들에게 그에 대한 모든 루머가 사실이며 그가 사실상 '푸른색'(여기에서 색깔로 말장난을 하는 것은 하늘색이 '게이'를 뜻하기 때문임)이라고 말한 것으로 보아, 그는 커밍아웃할 생각을 잠깐 했던 것 같다.
31 *Komsomol'skaia pravda*, 1994. 05. 24., p. 6.
32 [옮긴이] 라메(lamé)는 금실, 은실을 섞어 짠 천을 말한다.

는 단지 있는 그대로의 내가 되도록 애쓰고 있으며 나의 주 원칙은 자연스러움이다."[33] 펜킨은 자신의 이미지를 '자연스럽다'고 여길지도 모른다 (자연스럽다는 말은 '이성애'를 가리키는 속어이다). 그러나 그의 인터뷰어를 포함하여 많은 사람들이 레이스와 진주를 착용한 남자에게서 동성애성을 읽어 낸다.

동성애 도서

1990년, 알렉산드르 샤탈로프는 동성애자에 의한, 또는 동성애자에 관한 저작들을 출판하고자 글라골Glagol 출판사를 창립했다. 동성애 잡지 및 저널과 달리 이 책들은 훨씬 큰 독자층——자신의 성적 습관과 상관없이 '좋은' 읽을거리에 관심있는 이들——을 겨냥했다.[34] 샤탈로프가 선택한 첫 책은 1970년대 맨하탄에서 에두아르드 리모노프가 보낸 망명 생활에 대한 반-자전적 기술이었다. 리모노프의 『나야, 에디야』*Eto ia, Edichka*는 리모노프가 이성애적 러시아인으로부터 양성애적 망명자로 이동하면서 리모노프의 민족적·성적 정체성이 해체되는 과정을 연대순으로 기록하고 있다. 『나야, 에디야』 외에도 샤탈로프는 제임스 볼드윈의 『지오반니의 방』*Giovanni's Room*, 윌리엄 버로우즈의 『벌거벗은 점심』*Naked Lunch*, 그리고 예브게니 하리토노프의 작품들을 출판했다. 하리토노프는 1981년 사망 전까지 극장 감독으로 유명했던 러시아 작가로서, 자신의 작품이 글라골에서 출판된 이후로는 강렬한 동성애적 산문의 작가로 알려졌다. 이와 같이, 서구 동성애 및 동성애자의 글들을 러시아 독자들에

---

33 Sergei Penkin, *Holiday*, A/O Lad', Moscow.
34 1994년 7월 알렉산드르 샤탈로프와의 인터뷰.

게 소개하는 것 외에도, 샤탈로프는 러시아에서 최초로 두 동성애 러시아 작가의 작품을 출판했다.

글라골 출판사는 유일한 (의식 있는) 동성애 책들의 공급원이기 때문에 동성애 문학을 '대변하는' 힘든 임무를 걸머지고 있다. 어떤 대변에 있어서나 그렇듯이, 글라골의 대변은 기껏해야 부분적일 뿐이다. 의식 있는 대변자로서, 글라골은 놀랄 만큼 까다롭다. 글라골의 모든 책들은 그들의 현재 독자층과는 상당히 동떨어진 '시대'와 공간을 다룬다. 볼드윈의『지오반니의 방』은 1956년에 쓰여졌고 파리를 배경으로 한다. 버로우즈의 마약에 취한 듯한 횡설수설은 1950년대 미국을 배경으로 하고 있다. 리모노프의 성적 모험은 1970년대 뉴욕이 배경이 된다. 그리고 하리토노프의 두 권짜리 책은 중세 러시아를 배경으로 한다.[35]

샤탈로프는 자신의 선택을 소위 '예술적' 견지에서 정당화하고 있지만,[36] 이 '예술적' 견지가 다루기 힘든 개념이라는 것은 주지의 사실이다. 왜 제임스 볼드윈은 되고 데이비드 리비트는 안 되는가? 왜 유럽과 미국의 작가들은 되고 남아메리카나 아프리카 작가들은 아닌가? 확실히 '최고의' 예술 작품을 출판하는 것 이상의 것들이 여기에 관련되어 있다. 글라골의 출판물들은 샤탈로프의 기호와 편견을 반영할 뿐 아니라 러시아 시장에서 무엇이 팔릴 것인가에 대한 그의 이해를 보여 준다. 모든 글라골의 책들은 유사한 스토리를, 러시아에서 먹히는 스토리를 이야기하고 있다.

35 James Baldwin, *Giovanni's Room*(New York: Laurel, 1956); William R. Burroughs, *Naked Lunch*(New York: Grover Press, 1959); Eduard Limonov, *Eto ia, Edichka*(Voronezh: Tsentral'noe chernozemnoe knizhnoe izdatel'stvo, 1993). 이 작품들에 대한 앞으로의 모든 참조사항은 이 판본들로부터 나온 것이다.
36 1994년 7월 샤탈로프와의 인터뷰.

볼드윈, 버로우즈, 하리토노프, 그리고 리모노프는 언어도, 문화도, 역사적 순간도 공유하지 않는다. 그들이 정말 공유하는 것은 동성애 남성 성 취향이라는 (적어도 러시아 독자들에게는) 쉽게 알아볼 수 있는 개념이다. 이 성적 취향은 경계가 있지도, 고정되어 있지도 않다. 이것은 정체성이 아니라 실제 행위이다. 주인공들은 게이나 이성애자 중 하나가 아니라 둘 다이거나 혹은 둘 다 아니다. 이들은 남자와 여자 모두와 성적 관계를 맺는 남자들이다. 이것은 이들이 양성애자의 정체성을 가져서가 아니라 이들의 삶이 이분화되어 있기 때문이다. 지하세계와 지상세계, 숨겨진 동성애성과 공개된 정상성 간의 분열은 『지오반니의 방』에서 가장 확연히 드러나 있다. 볼드윈의 주인공 데이비드는 파리에 사는 젊은 미국인이다. 이 도시에 머무는 동안 데이비드는 지오반니와 함께 살게 되는데 결국 자신의 여성 연인인 헬라를 위해서 지오반니를 버리게 된다. 데이비드는 지오반니를 떠나고 암묵적으로 동성애 또한 버린다. 이는 그가 헬라를 더 사랑해서가 아니라 그가 계속해서 '지하에서' 살 수가 없기 때문이다. 데이비드는 사신이 여전히 농성애의 지하세계로부터 (동성애자로서) 표지되거나 정체가 발각되지 않고 빠져나올 수 있다고 확신한다.[37]

보다 밝은 지상세계 밑의 어두운 동성애 지하세계라는 관용적 표현이 버로우즈에게서는 전복된다. 그의 작품에서는 지하세계와 거기 사는 사람들——마약 중독자, 성매매 여성, 동성애자——은 흥미를 가질 만한 유일한 대상이다. 물론, 버로우즈의 책에서 몇몇 동성애자들은 이성애자 세계의 일부이다. 그러나 이 '이성애-동성애자'들조차도 지하세계에 끌

37 Baldwin, *Giovanni's Room*, p. 137.

린다. 지하철에 탄 게이 남자를 묘사하면서 버로우즈의 화자는 이렇게 말한다. "젊고 잘생긴, 짧게 친 머리에, 아이비리그를 졸업한, 광고회사 중역 타입의 호모가 나를 위해 문을 붙잡아 준다. 보아하니 내가 그가 생각하는 캐릭터라고 여기는 것 같다. 알다시피 이 타입은 바텐더나 택시 운전수를 따라다닌다… 진짜 개자식이다."[38] 버로우즈에게 있어서, 동성애자는, 심지어 가장 점잖은 "개자식"이라 하더라도, 언제나 지하세계에 유혹될 위험에 놓여 있다.

하리토노프는 일생 동안 썼던 『가택 연금 중』이라는 원제의 한 옴니버스 작품에서 동성애적 욕망을 이전 러시아 작가들보다 훨씬 더 자세하게 그려낸다. 그러나 하리토노프의 작품은 성적 '해방'에 대한 것이 아니다. 그는 동성애 욕구를 단지 피치 못한 것일 뿐 아니라 피치 못하게 죄악스러운 것으로 묘사한다. 하리토노프는 완고한 동성애자일 뿐 아니라 독실한 러시아 정교 신자였다.[39] 그가 죄악으로서의 동성애적 행위에 집착한 것은 이로써 설명될 수 있다. 자신의 성적 취향에 대한 하리토노프의 역설적 관계 ——죄악이면서 피치 못한 것으로, 숨겨진 것이지만 아주 자세히 기록될 것을 요구하는 ——는 사회주의 러시아에서 매우 성공적인 극장 감독으로서의 지상세계 삶과 게이 남자로서의 은밀한 지하세계의 존재 간의 모순을 보여 주는 것이다.[40]

---

38 Burroughs, *Naked Lunch*, p. 1.
39 하리토노프는 종교적이었을 뿐만 아니라 또한 열렬한 민족주의자이기도 했다. 그는 또한 공공연히 반유태주의였으며 '파먀티'(기억)의 후신 지하단체의 일원이었던 유사 파시스트 지도자들과 연계되어 있었을 수도 있다. 그의 글에서 반유태주의는 "유태인들의 위험성"(Evreiskaia opasnost')이나 "일반적인 유태 메이슨적인 비밀스런 지혜"(obshchii zhidomasonskii tainyi um) 같은 구절에 확연히 드러나 있다. 하리토노프의 반유태주의에 대해 더 자세한 것은 다음을 보라. Yaroslav Mogutin, "'Drugoi' Kharitonov", *Nezavisimaia gazeta*, 1993. 04. 07., p. 5.
40 모구틴(Yaroslav Mogutin)은 전국적으로 알려진 마임 예술 전문가이자 연극단체 '마지막 기회'(Poslednii shans)의 창립자였던 하리토노프의 이 '이중 생활'에 대해 말하고 있다. 이 단체

지상/지하 구분은 "감추고 있던 것을 밝히다(벽장에서 나오다)"에 대한 메타포가 "지하에서 나오다"uiti iz podpol'ia로 표현되는 곳에서 살고 있는 러시아인들에게 와닿는다.[41] 그러나 글라골의 모든 작가들이 지하 세계를, 특히 그 어둠을 찬양하는 것은 아니다. 리모노프는 자신의 열정 없는 이성애적 만남을 열정적인 동성애적 만남들과 병치시킨다. 동성애적 만남은 언제나 위험한 태도와 건너지 말아야 할 경계를 건넘과 더불어 일어난다. 백인 러시아 지식인인 리모노프는 흑인이며 사회적으로 주변계층인 미국 남자들과의 만남을 환하게 빛난다고밖에는 묘사할 길이 없는 방식으로 들려준다.[42]

동성애적 삶과 정상적 삶, 지하과 지상세계 간의 엄격한 경계는 사람들이 아니라 행위를 분열시키기 위해 존재한다. 글라골 출판사 책들의 주인공 중 그 누구도 분열된 사람이 아니다. 오히려, 그들은 모두 끊임없이 동성애와 정상의 분수령을 가로지르는 사람들이다. 일단 동성애 쪽에 섰다 하더라도, 이 주인공들이 영구적으로 '표지'되는 것은 아니다. 대신, 이들은 마치 점잖은 동네로부터 홍등가를 거쳐 하루 동안, 한 주 동안, 일생 동안 몇 번이나 지나다녀야만 하는 행인처럼 이 성적 장벽을 통과해 이동한다. 리모노프의 에디를 생각해 보자. 그는 '보다 진정한' 동성애적 자아를 드러내지 않는다. 에디는 그가 새롭게 발견한 성적 습관을 이전에는 숨겨졌지만 보다 '진짜인' 정체성의 일부로서 공표해야만 한다는

<hr>

는 1981년 그가 사망한 이후에도 10년 이상 여전히 왕성한 활동을 펼쳤다. Yaroslav Mogutin, "Above Ground at Last", *Moscow Guardian*, 1993. 02. 19., p. 26.

41 러시아어에서 '지하세계'라는 표현은 19세기 작가들이 인생의 보다 불결한 이면에 대해 사용한 메타포였기 때문에 의미적으로 과중한 짐을 지고 있다. 따라서, 지하세계로부터 나오는 것은 곧 마룻바닥 밑 어둡고 더러운, 벌레가 가득한 공간으로부터 밝고 깨끗한 품위 있는 장소로 나오는 것이다.

42 예를 들어, 리모노프의 『나야, 에디야』에서 에디와 노숙자가 만나는 장면을 보라(pp. 329~331).

강박을 느끼지 않는다.[43] 볼드윈의 작품에서 데이비드의 여성 연인은 그의 동성애적 습관을 발견하게 되지만, 그러기 전 어떤 순간에도 데이비드는 자신의 동성애성을 그녀에게 고백해야 한다는 강박관념에 시달리지 않았다. 동성애자 주인공들이 그들이 또한 살고 있는 적대적인 이성애 세계에 절대로, 적어도 자진해서는 자신을 드러내지 않음에도 불구하고, 이들이 거주하는 동성애적 공간에서는 이성애에 대한 부끄러움이 거의 없는 것처럼 보인다(이성애에 대한 약간의 자부심마저 느껴진다). 지오반니와 데이비드는 자신의 여성 '정부'에 대해 서로 대화하지만 이 주제는 어떤 혐오나 질투도 불러일으키지 않는 듯하다.[44]

'지하세계'가 러시아 동성애의 설득력 있는 묘사가 되는 것과 같은 이유로 '경계의 유동성', 즉 어느 한 쪽에 영원히 정착할 필요 없이 이성애 세계와 동성애 세계 사이를 왔다갔다하는 것 또한 러시아 동성애를 잘 표현한다. 소비에트 시스템의 '강제적인 이성애성'은 집과 직업 같은 부족한 자원을 손에 넣기 위해 '기혼'이라는 딱지를 요구했다. 사회적으로 전혀 결혼한 적 없는 것보다는 이혼했거나 별거 중이라고 설명하는 것이 훨씬 쉽다.[45] 거의 모든 이가 적어도 어느 정도까지는 이성애에 참여해야 했지만 그것이 그들 중 일부가 다른 성적 취향에 참여하는 것을 막지는 못했다. 마치 병역처럼 이성애가 의무적이었기 때문에, 이성애가 '동성애자'로서의 자격을 위태롭게 하지는 못했다. 러시아의 선두적인

43 *Ibid*.
44 Baldwin, *Giovanni's Room*, pp. 215, 104.
45 여성과 결혼한 게이 남성들을 다룬 한 게이 잡지 기사는 다음과 같이 시작한다. "사회의 관점에서 봤을 때 정상적 사람은 기혼이어야 한다. 그래야만 한다고 기대된다. 이것은 받아들일 수 있다…. 현재 많은 게이들이, 법의 눈으로 보았을 때, 이성애적 결혼생활을 하고 있다"(Oleg Zobnin, "Zhenatyi goluboi", *RISK*, nos. 3~4[1993], p. 20).

동성애 운동가들 중 많은 이들이 다른 성별의 사람과 결혼한 상태로 있거나 결혼한 적이 있다. 많은 젊은 동성애자들, 심지어 정치 단체에서 활동직인 이들조차도 다른 성별의 누군가와 결혼하고 싶다는 열망에 대해 내게 이야기했다. 21살의 한 차이코프스키 기금 회원은 몇 년 후 여성과 결혼하여 아이들을 가질 의향이 충분히 있다고 내게 말했다. 나는 그의 가상적인 아내에게 자신의 동성애 습관에 대해 얘기할 것인지 물었다. "절대 아니죠. 나는 남자와 계속 잘지도 모르지만 내 아내에겐 절대 말하지 않을 겁니다. 왜 그녀가 그것에 대해 알아야 하죠?"[46] 이것이 바로 글라골 책들에 반영된 경계의 유동성과 이성애의 의무적 속성이다. 이것은 샤탈로프가 정의한 '예술적' 장점이 아니라 러시아 동성애자들의 삶을 반영하는 동성애 주관성들이다.

동성애 공연

대중 동성애 주관성의 또 다른 주요 형식인 연극 또한 예술적 가치라는 미명을 두르고 있다. 동성애 책처럼, 동성애 연극 또한 동성애자들 자체가 아니라 '예술'에 관심 있는 모두를 위한 것이다. 이 '예술'이 우연히 동성애성을 표현하게 된 것이다. 그러나 이 예술의 동성애자 생산자와 소비자 중 많은 이들은 이것이 핵심에서 벗어난 얘기라고 느끼는 듯하다. 동성애 운동 지도자들을 포함하여 많은 동성애자들은 어떤 문화 제작물이 중요한지, 또 왜 그러한지 질문을 받게 되면 동성애 연극 제작을 언급한다. 그러나 연극들은 동성애성 그 자체를 보여 주기 위해 중요한 것이 아니라 '사랑을 보여 주기' 위해 중요하다. 전형적으로 동성애자들은 연

---

46 1994년 5월 A와 필자의 인터뷰.

극이 특정 성적 취향의 따분함을 '초월'할 수 있다고 주장한다. "[로만 비크튜크의 작품 「나비부인」은] 그 어떤 정치 단체보다도 훨씬 더 중요합니다. 이것은 사랑에 대한 것이고 사랑은 결코 이성애도 동성애도 아니죠." 그리고 "비크튜크의 작품은 [동성애 운동가들이] 할 수 있는 것보다 훨씬 더 많은 것을 우리에게 해줍니다". 동성애 책들과 마찬가지로, 동성애 연극은 반대자들이 있기는 하지만 러시아 (남성) 동성애를 매우 잘 대변하고 있다. 거의 모든 동성애 연극 공연에서 동성애자 인물들은 일관성 있고 고정된 (동)성정체성에 의해 정의되지 않는다. 대신, 이야기들은 남자 주인공들을 고정된 성적 취향에 따라 규정하지 않으면서도 어떻게 그들이 서로를 사랑과 욕정에 빠지게 하는지를 다룬다.

1989년 이래로 장 주네의 「하녀」Les Bonnes와 데이비드 황의 「나비부인」은 러시아의 최고 연극계 인사 중 하나인 로만 비크튜크에 의해 제작되어 왔다(사진 12-2).[47] 주네의 작품에서 남성 동성애는 두 자매/하녀 클레어와 솔랑주 간의 (결코 명시적이지 않게) 근친상간적인 관계로 변형된다. 하녀들 역을 연기하는 남자들을 게이라고 부를 필요는 없지만 이들이 서로에게 그리고 마담/또 다른 남자에게 느끼는 성적인 끌림을 부인할 수는 없다. 비크튜크의 연극에서는 상체를 드러낸 남자들이 스커트를 입고 진한 화장을 한 채 여성을 연기한다. 그 효과로 나타나는 것은 여자로 받아들여지는 남성이 아니라 여성으로 받아들여지지 않는 남성이다. 소비에트 검열은 원래 동성애성을 여성을 연기하는 남자들로 해석했기에 이 극을 금지하려 했다. 관객들 또한 이 연극의 동성애성을 인정했

---

47 로만 비크튜크와 예브게니 하리토노프(위에서 거론된)가 "친구였고—또 많은 점에서 동료"이기도 했다는 것은 유의할 만하다(Yaroslav Mogutin, "Val's v invalidnoi koliaske", *Nezavisimaia gazeta*, 1993. 09. 09., p. 7).

〈사진 12-2〉 장 주네의 연극 「하녀」(Les Bonnes;
Sluzhanki)의 러시아 상연을 선전하는 극장 포스
터. 로리 에시그 촬영.

다.[48] 비크튜크의 「나비부인」에서 동성애 관계는 문자 그대로 연기된다.
그러나 연인 중 한 쪽은 여성과 결혼해 있는 것이고 두 인물들의 젠더 유
동성으로 인해 성적 취향을 어느 한 남자에게 부착하기가 어렵게 된다.
의식적이든 무의식적이든, 비크튜크는 이 남자들의 '성정체성을 규정'
하려고 하지 않고(특히나 이들이 또한 여성을 연기하므로), 대신 이들 간의
강렬한 성적·감정적 애착에 대해 이야기하는 연극들을 선택해 왔다. 사
실상, 비크튜크는 자신의 작품 중 하나의 동성애성을 다음과 같이 설명
했다. "맹목적인 신념이 한 남자를 다른 한 남자와 사랑에 빠지게 한다,

48 비크튜크는 하녀의 역할이 남성에 의해 연기되어야 한다는 주네 자신의 말과 함께 공연을 시작함
  으로써 소비에트 검열을 피해갈 수 있었다. 다음은 관객의 반응 중 하나이다. "네, 비크튜크는 남
  색자지만 그게 어떻다고요. 그는 주네만큼 무례하지는 않아요"(필자의 현장기록, 1994년 3월).

심지어 그의 성별이 무엇인지 고려하지도 않고 말이다."[49]

비크튜크는 러시아어로/러시아에서 벅히는 이야기들을 수입했을 뿐 아니라 또한 남자들 간의 사랑과 정욕에 대한 토착적인 이야기를 만들어 냈다. 니콜라이 콜랴다가 극본을 쓴 연극 「새총」Rogatka의 1993년 가을 초연은 70년 만에 처음으로 러시아의(외국 작품들과는 대조적으로) 동성애 주관성이 무대에서 상연된 것이었다. 연극 자체는 두 남자 간의, 보다 정확히는 한 남자와 한 소년 간의 관계에 초점을 맞추고 있다. 이 남자는 자신이 원하는 바에 있어 아주 명확했다. 1막에서 그는 자신이 여성과 한번도 관계를 맺어 본 적이 없음을 털어놓는다. 나중에 이 남자는 소년에 대한 자신의 "사랑"과 한 이웃 여자의 동물적인, "토끼나 돼지"의 그것과 하등 다를 바 없는 "정욕"을 비교한다. 그러나 소년은 자신의 성적 느낌에 대해 훨씬 덜 확신하고 있다. 그는 자신의 여자친구와 "실행"하는 데 실패하고 나서, 자신이 모든 면에서 그 남자와 정확히 같다는 것을 고백한다. 그러나 소년과 남자가 마침내 섹스를 했을 때, 잠에서 깬 소년은 자기 자신에 대해 혐오스러워하고 분노하게 된다. 2막에서 그는 남자에게 협박편지를 보낸다. 결국 남자는 자살하고 그때서야 소년은 이제 죽어 버린 자기 연인과의 대화에서 자신이 그와 함께하기를 바랐음을 인정한다.[50]

「새총」은 결코 이해하기 힘든 미묘한 극이 아니다. 남자와 소년은 앉아서 상상의/메타포적인 사과를 먹는데 이 사과는 썩은 것으로 드러난다. 꿈 장면들에는 커다란 그네와 엘리베이터 통로(도넛을 쫓는 핫도

49 "비크튜크는 오직 젊은 사람들과만 공연해요"(Moskovskii komsomolets, 1993. 10. 27.).
50 필자의 현장기록, 1994년 5월.

그같이 보이는)가 등장한다. 이 연극의 과도하게 멜로드라마적인 성격이 이 극에 대한 관객의 열광을 약화시키는 것 같지는 않았다. 내가 관람했던 저녁에는 비크튜크가 꽉 들어찬 관객석으로부터 오랫동안 기립박수를 받았다. 비크튜크가 공들인 이 연극이 그 날 저녁 관객에게(그리고 나와 얘기한 동성애자들 중 많은 이들에게 ――그들은 이 연극이 지금껏 본 최고의 연극 중 하나라고 믿었다) 인기를 얻었던 이유 중 하나는 「새총」이 「나비부인」과 「하녀」처럼 잘못 정의된 성적 취향에 대한 이야기였기 때문일 가능성이 크다. 주인공 남자는 자신이 새가 되어 "남성도 여성도 아닌 채로" 하늘로 날아오르는 공상을 하는 것에 대해 얘기한다. 체모가 나지 않고 긴 머리카락이 느슨하게 어깨 주위로 흘러내리는 소년 또한 중성적 위치를 차지하고 있다. 꿈 장면들에서 남자와 소년은 벽/경계를 통해 헤치고 뛰어나간다. 마지막으로 피날레를 포함하여 많은 꿈 장면들에는 "욕정에 가득찬" 이웃 여자가 등장한다. 사랑은 두 남자 사이에 있을지 모르지만 여성/이성애는 어디에나 존재하고 있다.

물론, 이것은 이 연극에 대한 매우 특정한(즉, 나 자신의) 해석이다. 내가 함께 연극을 관람한 다섯 명을 인터뷰하긴 했지만, 그들은 모두 자신이 이 극에서 정확히 뭐가 마음에 들었는지 설명하는 데 애를 먹었다.[51] 한 사람은 「새총」은 "러시아적이며 러시아인이라면 이해할 수 있다"고 말했다. 또 다른 사람은 비크튜크의 무대 연출이 이 극을 "천재"의 작품으로 만들었다고 말했다. 하지만 이 사람은 자신이 특히 무엇에 감탄했는지 말할 수도 없었고 말하려 하지도 않았다. 그러나 이들, 그리고 다른

---

51 「새총」을 싫어한 이들 가운데 한 사람인 야로슬라프 모구틴은 비크튜크의 최근 작품에 대해서 매우 비판적인 비평을 썼다. 다음을 참조하라. Yaroslav Mogutin, "Viktiuk ubivaet napoval", *Nezavisimaia gazeta*, 1994. 01. 05., p. 7).

관객들이 말로 표현하지 않았다 하더라도 이 극을 "러시아적"인 것으로, 비크튜크를 "천재"로 만든 것은, 적어도 대중에게 동성애를 제시하는 데 있어 동성애자들을 별개의 종/정체성/생활양식으로 결코 제시하려 하지 않았다는 점이었다. 성애적 사랑은 두 남자 사이에(어떤 두 남자 사이에서도) 일어날 수 있다. 이 극 중 어떤 인물도 게이가 아니며 이 두 연인은 상당한 시간을 여성과의 성관계에 대해 얘기하면서 보낸다.「새총」및 비크튜크의 전 작품세계를 관통하는 또 다른 분명한 메시지는 성애적 사랑이 두 남자 사이에서 일어날 때 그것은 종종 비극으로 끝난다는 것이다. 그러나 비극은 두 남자 간의 사랑이 아니라 그것을 부정하는 것이다.

3. 결론: 대중적 동성애

글라골의 책들처럼 비크튜크의 연극들은 동성애에 특정된 잡지, 저널, 디스코 클럽, 공중화장실 등에 비해 동성애자와 동성애적 경험이 훨씬 더 넓은 대중에게 드러날 수 있게 한다. 대규모 관객을 얻는 반대급부로 동성애 표현은 로맨틱한 (결코 성적이 아닌) 사랑과 그 사랑의 상상력 부족하고 뻔하기 짝이 없는 비극적 결말이라는 비유에 한정되어 있는 것처럼 보인다. 그럼에도 불구하고, '예술'로서 성적 타자성에 대해 대중적으로 이야기하는 것은 많은 보상을 가져다 준다. 첫째로, '완전한' 표현에 대한 귀찮은 의무가 사라진다. 아무도 '위대한 예술'이 여성 또한 포함해야 한다고 생각지 않는다(그리고 대중적 동성애 주관성들은 예술의 형이상학적인 진실 안에 자신을 방어함으로써 동성애 여성들의 특정하고 개별적인 진실들을 자유롭게 무시할 수 있다). 그뿐 아니라 '위대한 예술'은 성

정체성, 정체성 정치론, 또는 심지어 성 그 자체조차도 포함하지 않는다. 공중화장실의 익명의 섹스에 대한 어떤 묘사도 '예술'의 차원까지 스스로를 격상시킨 적이 없다. 사랑 없이 섹스를 원하는 동성애 남자들은 동성애 여성들만큼이나 눈에 띄지 않는다. 둘째로, 동성애자에 대한 특정한 정치적 주장은 많은 사람들 사이에 그들이 전혀 인식하거나 거부하지도 못하는 사이에 유포된다. 동성애 '예술가들'은 '사랑'이 모든 이의 공통점이자 모든 사람을 평등하게 하는 것이라고 주장한다. 두 남자 간이든 또는 남자와 여자 간이든 간에[52] '진정한 사랑'은 보편적인 것이며 보편적으로 존중되어야 한다. 이 주장은 분명히 많은 동성애자들(그리고 비동성애자들)에게 유용한 것이다. 왜냐하면 이 주장은 차이를 무의미한 것으로, 따라서 더이상 위협적이 아닌 것으로 만들기 때문이다. '사랑'이 과잉된 동성애적 욕구와 행위를 전혀 포함하지 않는다는 사실은 '사랑'의 '예술'로서의 지위에 의해 정당화되며, 따라서 표현에 대한 일상적 고려보다 우위에 놓인다(동시에 '예술'은 동성애성을 '사랑'으로 표현한다).

그 결과로 나타나는 것은 남자들이 여자들보다 더 자주 더 큰 소리로 말할 수 있는 동성애 주관성의 세계이다. 이 세계에서 동성애는 특정한 방식으로만 표현되며, 다른 성적 타자성은 얼마 안 되는 쉽사리 지워지는 텍스트들——공중화장실, 헌팅 거리, 열성 팬들에 의해 열성 팬들을 위해 쓰여진 텍스트——에서만 발견된다. 그러나 그 결과로 또한 훨씬 넓은 대중 속에 일부 동성애 주관성들의 확산을 가져오기도 한다. 일부 동성애자들은 더이상 '지하세계'에 제한되지 않고 '지상세계'에서 읽

---

52 내가 이 장을 통해 주장한 바와 같이, 두 여성 간의 사랑(또는 사랑 없는 섹스)은 대중적 동성애 주관성에 포함되지 않는다.

혀질 수 있는 방식으로 자신을 표현한다. 이와 같이, 언제나 (의학전문가, 법, 해결사remontniki, 그리고 동성애자들을 대변하고자 하는 다양한 사람들과 기관의) 대상이었던 동성애자들은 스스로를 대변하기 시작했다.

아마도 훨씬 더 중요한 것은, 동성애 주관성이 적어도 그 일부분은 이제 '대중적 상상'의 일부라는 점이다. '그들에 대해' 말하고자 하는 사람들은 스스로 이야기하는 동성애 주체들을 더이상 무시할 수 없다. 이 주체들은 공공의 영역으로부터 놀랄 만한 양의 공간을 얻어냈다. 동성애성은 대상화의 단조로운 독백으로부터 자신과 타자 간의 대화적 교환으로 이동해 왔다. 대상화로부터 표현으로의 전환은 정치적 운동 혹은 동성애성을 다른 동성애자들에게 제시하려는 시도 때문에 일어난 것이 아니다. 이 전환은 소수의 동성애 주관성들이 '진정한 예술'과 '진정한 사랑'으로 알려진 트로이 목마의 배에 있는 대중문화의 관문에 들어서는데 어렵사리 성공했기 때문에 일어날 수 있었다. 동성애성의 이러한 표현들이 있는 그대로의 진실이 아니라는 것은 불가피한 일이다. 왜냐하면 모든 동성애 목소리들이 대중에게 들리거나 이해가능한 것은 아닐 것이기 때문이다. 대신, 동성애적 '현실'(적어도 이것은 '대중적 상상'에 존재하므로)은 '사랑'과 '예술'은 믿지만 '정체성'과 '정치'는 믿지 않는 대중(동성애자와 이성애자 모두)에게 가장 큰 목소리로, 가장 이해하기 쉽게 이야기할 수 있는 이들에 의해 표현되고 있다.

13장

동성애 공연

'남성' 발레

팀 스콜

1993년 관중이 꽉 찬 공연장. 무대에서는 거의 벌거벗은 남자들 여덟 명이 표트르 가브리엘의 음악에 맞추어 춤을 춘다. 휴식시간이 끝나고 무용수들이 다시 등장하는데, 이번에는 발레리나처럼 여장을 하고 춤 춘다. 군중들은 열광하지만 무용수들이 공연에 불어넣은 의도가 깊은 괴리감을 만들어 낸다. 관중은 어떻게 반응해야 하는가?

서구 세계의 거의 어느 곳에서도 게이 클럽에서 이런 장면이 벌어 지는 것을 상상할 수 있을 것이다. '에로틱 댄스' 이후 이어지는 여장 쇼. 이는 가장 널리 퍼져 있는 게이 카바레의 두 형식이다. 그러나 이 공연은 남성 스트립쇼가 여전히 드물고 게이 클럽의 여장 공연이 이성복장 극장의 중생대쯤에 갇혀 있던 시기에 러시아에서 일어난 것으로 「새장 속의 광대」La Cage aux Folles [1] 초연과 아주 비슷했다.

---

1 [옮긴이] 「새장 속의 광대」는 1973년 초연한 프랑스 뮤지컬이다. 브로드웨이 최초로 게이를 주인공

〈사진 13-1〉 남성 발레의 「파키타」[2] 공연에서 그랑 파. 나타샤 라지나 촬영.

사실상, 문제의 이 공연은 게이 나이트 클럽이 아니라 알라 푸가초바나 리자 민넬리 같은 부류가 가끔 빛내 주는 라스베가스풍 공연장인 모스크바 로시야 호텔의 커다란 콘서트 홀에서 상연되었다. 공연단 창립자의 신문 인터뷰에 따르면, 이 공연자들은 '게이'가 아닐뿐더러 적어도 이들의 절반은 부인과 아이들이 있는 가장이었다. 나머지 절반 역시 교제관계를 따져 볼 때 게이가 아닌 것으로 추정되었다.[3] 수많은 기사와 인

으로 한 공연으로 당시 화제를 불러 일으켰다. 이 공연은 동성애자에 대한 편견 타파에 일조했다는 평을 받고 있다.

2 [옮긴이] 마리우스 프티파(Marius Petipa)가 안무한 경쾌한 스타일의 로맨틱 발레 작품. 1881년 상트페테르부르크에서 초연되었음.

3 공연자들 각각의 성적 지향이라는 주제는 무슈스코이 발레를 다룬 1인치 칼럼들의 큰 부분을 차지했으며 이 장에서 나중에 논의될 것이다. 비록 이성애자 남자 집단 ── 모두 발레 무용수들인 ── 이 이성복장 발레 극단을 꾸리기로 결정하는 것을 상상하기가 어렵긴 하지만, 초기 인터뷰들은 이 점에 있어 단호하다. 미하일로프스키는 처음에는 이 문제를 간접적으로 언급했다. "극단의 반절은 유부남이며 아이들이 있습니다"(Larisa Fedorova, "Na puantakh 42-go razmera", Vechernii Peterburg, 1993. 06. 23.).

〈사진 13-2〉 남성 발레의 「파키타」 공연에서 파 드 트루아. 나타샤 라지나 촬영.

터뷰가 명백히 밝히고 있듯, 이 무용수들은 신문의 조언란을 채우는 흔해빠진 이성애 이성복장 도착자들이 아니었다. 이것은 예술을 위한 복장 도착이었다.

상트페테르부르크 무슈스코이 발레단Muzhskoi balet('남성 발레')은 1992년 발레리 미하일로프스키와 페테르부르크의 가장 특권적인 댄스 아카데미 및 발레 회사의 동문들에 의해 창립되었다.[4] 이 발레단은 아방가르드한 안무와 케케묵은 발레 레퍼토리의 이성복장 공연을 혼합한 프로그램을 관객이 가득 들어찬 상트페테르부르크와 모스크바의 콘서트 홀에서 선보였다(사진 13-1, 13-2). 이 발레단의 첫 시즌을 알리는 뉴스 헤드라인들은 러시아 최초의 여장 발레 극단의 첫 공연에 대한 호기

---

4 바가노바 스쿨, 마린스키(전 키로프) 극장의 발레, 보리스 에이프만 극단. 1993년 이 극단은 미하일로프스키, 안드레이 로젠블리움, 블라디미르 하발로프, 일리야 노보셸체프, 올레크 쉬흐라노프, 그리고 알렉산드르 세멘추코프로 이루어져 있었다.

심, 선전, 불안을 반영하고 있었다.[5] "여덟 명의 벌거벗은 남자들이 있고 여자는 한 명도 없다", "이 극단에는 오직 남자만 있다", "춤은 남성의 일이다", "신사… 가 추는 에스메랄다", "사이즈 43 푸엥트 슈즈를 신은 지젤", "사이즈 42 신발을 신은", "마야 플리세츠카야 왈, 나보다 '백조'를 더 잘 추는 사람은 오직 미하일로프스키뿐이다", "미하일로프스키가 이미 여기에 있다!"[6]

그러나 극장 안 반응은 분명했다고 무용 극작가 올가 로자노바는 말한다. "거대한 10월 콘서트 홀이 수용할 수 있는 최대 한도로 가득 찼습니다. 관객들은 고무되어 마치 벌떼처럼 보입니다. 휘파람, 폭소, 갈채가 한데 녹아들어 열광적이고 우레같은 함성이 됩니다. 그리고 이 고전무용에 대한 모든 소란에는 한 가지 중요한 차이점이 있습니다. 여기 있는 발레리나들은 여성이 아닙니다."[7]

1993년 여름 러시아에서 여장 공연은 낯설지 않았다. 모스크바의 여장 남자들은 게이 레이브 클럽을 활보했고, 블라디크 마미셰프는 마릴린 먼로를 흉내냄으로써 페테르부르크와 해외에서 어느 정도의 유명세를 얻었다.[8] 그리고 연출가 로만 비크튜크의 공연은 복장도착적 요소로 유명했다. 그러나 미하일로프스키의 극단은 그 범위와 대담성에 있어 모

5 이 기사는 무슈코이 발레의 초기 영향을 살펴보고 있으며, 따라서 1993년 시즌을 중점적으로 다루고 있다. 하지만 공연자들의 프로필과 프로그램들은 이후 시즌에서도 거의 바뀌지 않았다.

6 *Sankt Peterburgskie vedomosti*, 1993. 06. 25.; *Komsomolets zapoliar'ia*(Murmansk), 1993. 04. 10., p. 5; *Sovetskii Murman*(Murmansk), 1993. 04. 10.; *Moskovskaia pravda*, 1993. 04. 29.; *Komsomol'skaia pravda*(Moscow), 1993. 05. 06.; *Vechernii Peterburg*, 1993. 06. 23.; *Segodnia*(Moscow), no. 34(1993); *Rybnyi Murman*(Murmansk), 1993. 04. 16.

7 Olga Rozanova, "Balet. Luchshe dlia muzhchiny net", *Peterburgskii teatral'nyi zhurnal*, no. 6(1994), p. 52.

8 다음을 참조하라. Michael Neill & Constance Richards, "Hot to Trotsky", *People Weekly* 40, no. 11(1993), pp. 93~94.

든 다른 이들을 능가했다. 이 회사는 커다란 콘서트 홀에서 대규모의 열광적인 관객들 앞에서 공연했다. 그리고 종종 '이성애적' 연극에 여장을 안주처럼 곁들여 내는 비크튜크의 제작물과 달리, 무슈스코이 발레는 그 외의 것은 거의 다루지 않았다. 1995년의 인터뷰에서 미하일로프스키는 위험요소를 가늠해 보았다. "우리는 첫 공연 바로 직전까지 정말 겁에 질려 있었습니다. 과거에 여성의 옷으로 성장하는 것은 단지 눈살을 찌푸리는 일에 그치지 않고 금지되었죠. 무대커튼이 걷힐 때까지 우리는 관객이 어떻게 반응할지 전혀 몰랐습니다."[9]

극단의 슬로건 "농담으로, 또 진담으로"I v shutku i v serez는 일반 레퍼토리로부터 세심하게 고른 여성의 역할뿐 아니라 남성 무용수들을 위한 새로운 현대무용 작품을 보여 준 이 기획의 이원성을(비록 무슈스코이 발레에 내재된 이원성은 프로그램 편성 차원을 훨씬 넘어가는 것이었지만) 간결하게 요약하고 있다. 코미디 여장(또는 게이) 발레 극단으로 널리 인식되던 이 발레단은 거기에서 벗어나 여성의 안무를 '말하고', 그리고/또는 발레를 재창조하는 데 전념하는 고상한 조직으로 자신을 소개하고자 고심했다. 포스트소비에트 문화 경관의 변두리에 있는 자신의 주변성을 익히 알고 있는 연기자들의 활동을 정당화하기 위해 예술의 이름과 고매한 소명이 언제나 들먹여지곤 했다.

무슈스코이 발레는 예술의 외피에 힘입어 게이 카바레의 가장 인기 있는 라운지 공연 두 가지(풍자극과 여장 쇼)를 폭넓은 대중에게 보여 줄 수 있었다. 공연장소가 제대로 된 곳이고 안무가 '고전적'이며(현대적 안무인 경우 어떻게든 권위 있는 안무여야 한다) 공연자들이 유서있는 예술

---

9 Guy Chazan & Marina Vladimirovna, UPI ClariNet, 1993. 09. 18., on Nexis.

가들임을 확인하고, 관객들은 죄의식을 동반한 즐거움을 만끽할 수 있었다. 사실상, 프로그램의 얼마간 애매하고 극도로 이중적인 성격 덕분에 이 발레단은 러시아의 '동성애' 공연의 선두에 독보적인 자리를 차지할 수 있었다. 무슈스코이 발레 공연의 장르 및 젠더 혼란과 엄청난 대담성은 이 단체가 대표하게 된 두 세계, 곧 러시아에서 출현하고 있는 '동성애' 커뮤니티와 최근에 질적으로 저하되는 동시에 또 진취적이 된 러시아 무용 영역의 새로운 과감성과 변덕을 반영하고 있었다.

무슈스코이 발레단의 첫 시즌에서 공연은 정해진 순서를 따라 진행되었다. 미하일로프스키 자신의 안무로 시작하여 휴식시간을 두고 마지막으로는 '고전 발레 최고 레퍼토리들의 인상적 장면들'로 끝냈다.[10] 이러한 다양한 무용 장르를 병치시키는 것은 공연을 알쏭달쏭 난해하게 만드는 데 도움이 되었다. 표트르 가브리엘의 음악에 맞춘 1993년 시즌의 첫 공연 「신의 형상대로」Po obrazu i podobiiu는 '인간의 의식 속 그리스도의 의미를 안무로 표현'할 예정이었다.[11] 무슈스코이 발레의 추종자들은 댄스 벨트(끈팬티에 해당하는 무대 의상)를 입은 일곱 명의 남자들이 이 유사종교적인 무용을 연기했을 때 별로 놀라지 않았을지도 모른다. 비록 이 복장 선택이 전례적 발레를 기대하고 온 보통의 관객들에게는(만약 이런 관객이 실제로 있었다면) 덜 적절하게 보였겠지만 말이다. 1993년 프로그램에는 두 쪽에 달하는 춤 설명이 공연 사진 위에 인쇄되어 있었다.

---

10 이후 몇 년 동안 이 극단의 공연의 전반적 형식은 비교적 변화가 없었다. 예를 들어, 1995년 이 회사의 뉴욕 데뷔 공연에서는 「이 사람을 보라」("Homo Ecce")가 (반겔리스 등의 음악에 맞추어) 고전 변주 작품들 앞에 배치되었다. 다음 비디오 카세트에 수록된 프로그램 설명에 인용되었다. S. L. Samoilov & A. N. Meshkov, *In Earnest and for Fun*(St. Petersburg: EAE, 1993, 홍보용 비디오카세트, 26분).

11 공연시 배포된 프로그램에서 인용하였음.

망사옷을 입은 거의 누드에 가까운 출연자들의 모습은 다음의 텍스트와 아릇한 대조를 이루고 있었다.

> 보내신 자가 와서 자신의 특사를 발견하고 되살린 후 데려간다. 특사는 사람들 내부에 친절함과 인간성을 불러일으킬 기회를 자신에게 한 번 더 달라고 부탁한다. 그리고 보내신 자는 그를 떠났다.
> 특사는 약하고 보호받지 못하는 인간이 힘을 발견하고 자기자신을 믿도록 돕는다. 그러나 인간은 강해지고 나자 자신이 힘을 발견하도록 도왔던 자에 대적하여 자신의 힘을 사용한다.

안무는 이 내러티브가 불러일으킨 기대들을 대체로 충족시키지 못했다. 안무는 1970년대에 각광받던 서구 무용 장르와 매우 유사했다. 이는 누드 또는 유니타드[12] 차림의 육체들이 마찰의 영향을 탐구하는 에로틱한 파티 같았다. 덜 고상한 장소에서였더라면 이 공연은 순전히 호색으로 즐겨졌을지도 모른다.

프로그램의 후반부——관객과 공연자 모두에게 존재 이유였음이 틀림없는——는 주로 황실 발레의 주 레퍼토리에서 나온 대목으로 이루어져 있었다. 「오, 이 명작들!」Akh, eti shedevry!이라는 제목이 붙여진 이 프로그램 부분은 보통 갈라 나이트에 사용되는 19세기 안무의 유명한 대목들을 선보였다.[13] 무슈스코이 발레 프로그램의 전반부가 대체로 예의바

---

12 [옮긴이] 유니타드(unitard)는 몸통부터 발끝까지 가리는 레오타드를 가리킨다.
13 『에스메랄다』와 『라실피드』의 파 드 되, 『레이몬다』에서 가져온 변주, 19세기 초 낭만주의 발레에 대한 양식화된 헌사인 안톤 돌린의 『4인 무도』, 쇼스타코비치의 음악에 맞춰진 보다 현대적인 작품인 「아가씨와 건달」("Baryshnia i khuligan").

른 갈채를 받았다면, 후반부는 거의 열광에 가까운 관객의 반응을 이끌어냈다. "발레 전체(후반부)에 걸쳐, 심지어 막간 여흥곡이 끝날 때까지 홀의 분위기는 후끈 달아올랐습니다. 아마도 오직 어린이들의 공연에서나 그런 열광하는, 자연스러운 기쁨을 볼 수 있을 겁니다."[14]

　프로그램의 클라이맥스 순간은 이 극단의 창립자인 '뚱뚱한 숙녀'가 등장했을 때였다. 그는 거대한 하얀 튀튀를 입고 나타나, 안나 파블로바를 위해 처음 안무되었고 1950년대, 1960년대, 1970년대의 유명한 소비에트 발레리나 마야 플리세츠카야가 연기한 미하일 포킨의 「백조」를 추었다.[15]

　현대무용 운동이 그 시작부터 예의범절 따위는 경멸해 왔던 바, 무슈스코이 발레의 다소 충격적인 서막 공연 이전에도 '합법적'인 무용 극장에서 공연된 여러 선구자격 사례들이 존재했다. 가장 주목할 만한 것은 1930년대에 미국에서 창립된 현대무용 단체인 테드 션의 '남성 무용수들'Men Dancers이다.[16] 그리고 비록 '현대'무용이 러시아에서 여전히 발전이 덜 된 (그리고 확실히 서구에서 근원한) 예술 형식으로 남아 있긴 하지만, 그럼에도 불구하고 무슈스코이 발레는 고전 발레보다 여기에서 더 많은 모델을 얻었다. 여성이 남성 복장을 하는 것은 19세기 서유럽 공연무대에서는 상대적으로 흔했다. 그러나 발레에서 남성이 여성 복장을 하는 현존 예들은 일반적으로 이따금의 몇몇 단역, 가령 몇몇 장편 제

---

14 Rozanova, "Balet", pp. 53~54.

15 1995년 플리세츠카야는 자신의 70회 생일을 기념하여 모스크바 볼쇼이 극장의 무대에서 이 작품을 공연했다.

16 미하일로프스키는 1990년대 초 미국과 유럽, 러시아를 순회공연했던 테드 션의 재현이자 그에 대한 오마주인 '춤추는 남성들'을 관람했다. 비록 무대 위 알몸 노출에는 불쾌감을 표했지만 말이다(Irina Khmara, "Zhizel' v puantakh 43-go razmera", Komsomol'skaia pravda, 1993. 05. 06.).

작물에서 남자들이 노파를 연기하는 경우 등에만 국한되어 있었다(예를 들어, 「잠자는 숲 속의 미녀」의 카라보스[17]라든지 신데렐라의 악한 이복자매들).[18] 로자노바는 러시아 극장계 밖에서는 일반적으로 알려져 있지 않은 한 러시아 소식통을 인용한다. "똑같은 우스운 여장 공연을 마린스키 극장의 발레 '카푸스트니키'[즉흥안무로부터 노골적인 패러디에 이르기까지 다양한 극장 내 공연들][19]에서 볼 수 있다, 비록 이 공연들은 오직 상류 고객만 관람가능한 것이 사실이지만 말이다. 그러나 무대 뒤쪽에서 벌어지는 우스꽝스러운 짓들을 일반 대중에게 끌어내오는 것…, 이를 위해서는 용기와, 그리고 분명히, 참신한 관점이 필요하다."[20]

소비에트 발레의 70년 역사가 무슈스코이 발레에 이성복장 무용의 모델을 거의 제공하지 못한 반면, 이러한 예들은 서구에서는 손쉽게 발견할 수 있었다. 흥미롭게도, 무슈스코이 발레의 가장 명백한 선례는 바로 이 단체가 가장 경멸했던 몬테카를로의 트로카데로 발레단이었다. 1970년대에 뉴욕 시에서 창립된 이 단체는 미국의 무용 '붐' 시대에 나타난 두 남성 여장 발레단 중 하나였다. 미국과 해외에서 여전히 인기 있는 트로카데로 발레단의 폭넓은 코미디 익살극들은 이 러시아 극단에

---

17 [옮긴이] 카라보스는 『잠자는 숲의 미녀』에서 공주의 탄생 축하연에 초대받지 못해 앙심을 품고 공주에게 저주를 내리는 사악한 요정이다.

18 19세기 유럽 무용의 이성복장에 대한 정보를 위해서는 다음을 참조하라. Lynn Garafola, "The Travesty Dancer in Nineteenth-Century Ballet", in Crossing the Stage: Controversies on Cross-Dancing, ed. Lesley Ferris(London: Routledge, 1993), pp. 96~106.

19 '카푸스트니키'(Kapustniki)라는 용어는 양배추[kapusta]라는 단어에서 파생되었는데, 이는 원래의 모스크바 예술극장에서 제공되던 양배추 피로그 때문이었다. 이 공연들은 1917년 혁명 훨씬 전에 러시아 극장 세계의 일부가 되었고 계속해서 무대에 올려지고 있다. 이 공연들이 정치적인 함의를 띨 수도 있지만, 이들의 주된 기능은 무대를 풍자하는 것이다. 컬럼비아 대학의 이리나 클랴기나가 이 전통에 대해 유용한 정보를 제공해 주었다.

20 Rozanova, "Balet", p. 52.

이상적인 모델을 제시했다. 그럼에도 불구하고 미하일로프스키는 시작할 때부터 주의깊게 이 미국 극단과 차별화를 시도했다. 트로카데로 발레단은 어쨌든 결국 코미디언들이지만 무슈스코이 발레는 자신을 진지한 예술의 보고로서 위치를 설정하고 있었던 것이다. "극단 창립 결심에 대해 질문을 받고 미하일로프스키는 다음과 같이 설명했습니다. '나는 한 위대한 러시아 발레리나에게 헌정된 공연을 텔레비전에서 보고 있었습니다. 그리고 그 기술 수준에 충격을 받았지요. 그것은 [공연이 헌정되고 있는 발레리나와는] 아무 상관이 없었습니다, 공연 방식에서도, 스타일에서도 말이죠! 그리고 그때 나에게 한 아이디어가 번뜩였습니다. 심지어 남자들이 더 잘할 수 있겠다!'"[21]

러시아에서 재발행되었던 『댄스 매거진』과의 인터뷰에서 미하일로프스키는 덧붙였다. "여성 역할을 연기하는 여자들은 요즘에 너무, 너무 자연스럽습니다. 이 역할들을 맡은 남자들은 스타일을 강조하고 눈에 띄게 만들지요."[22] 미하일로프스키의 인터뷰가 예술에 대한 숙고로 가득 차 있는 반면, 한때 트로카데로 발레단의 예술 감독을 맡았던 내치 테일러는 자기 극단의 존재를 솔직하게 변호했다. "최고의 역할은 언제나 여성의 몫이었지요. 우리도 그 역할들을 시도해 봐야 한다고 느꼈죠."[23]

무슈스코이 발레 공연의 비평가들 또한 쇠퇴일로에 있는 고전 발레를 구해야 한다는 선교사적인 열성을 감지하고 미하일로프스키의 대의명분에 동조했다. "미하일로프스키와 그의 무용수들은 진지하게 이 일

21 Larisa Zakharova, "Balet —eto srodni mazokhizmu…", Stena(St. Petersburg), 1993. 06. 22., p. 3.
22 Elizabeth Kendall, "Communiqué: St. Petersburg", Dance Magazine, 1993. 06., p. 31.
23 Michael F. Moore, Drag! Male and Female Impersonators on Stage, Screen and Television (Jefferson, N. C.: McFarland, 1994), p. 152.

을 하고 있습니다…. 고전 안무 걸작들의 공연의 질적 수준을 만족시키고 있습니다."[24] 『코메르산트 네일리』에 실린 한 리뷰에서 파벨 게르셴존은 "이 기획의 의미"를 "잃어버린 예술의 추구"로 규정하면서 다음과 같이 말했다. "레이몬다의 편곡 작품에서 발레리 미하일로프스키가 신화적인 발레 공주가 아니라 프리마 발레리나 아솔루타의 역을 너무나 훌륭하고 명확하게 연기했을 때 관객들은 심지어 웃지도 않았습니다…. 벼락출세한 발레리나들의 분투에도 불구하고 오늘날 텅 비어 버린 발레계에 예술적 스케일과 장소에 대한 뭉클한 향수를 가져온 거죠."[25]

그러고 나서 게르셴존의 리뷰는 문제의 핵심으로 접근한다. "여장을 한 무용수는 … 우리에게 춤추고 있는 그 여성 자체에 대해 많은 것을 알려 줄 수 있습니다. 뿐만 아니라, 그 여성의 진수, 발레리나 동작의 모범을 창조해 낼 수 있습니다. 옛 마린스키 극장에서 그랬듯이… 그 여성의 활력과 (화려하고도 영웅적인) 기술을 가지고 말이죠."[26] 로자노바는 이 회사의 성공이 바로 이 특성 덕분이라 생각한다.

공연자들이 달성하고자 노력하는 유일한 목표는 페테르부르크 발레리나들 못지않게 춤을 추면서 그녀들의 아름다움과 매력을 온전히 이해하고 전달하는 것이다…. 어쨌든, 남자 외에 그 누가, 여자가 "서브텍스트 속에" 남겨 둔 것을 눈치채고 이렇게 익숙한 형식을 변형시킬 수 있겠는가…?

24 Vadim Zhuravlev, "Pa-de-de", *Nezavisimaia gazeta*(Moscow), 1993. 04. 29.
25 Pavel Gershenzon, "Pateticheskaia nostal'giia po Imperatorskomu baletu", *Kommersant Daily*, 1993. 07. 23.
26 Ibid.

이중적인 재현 —— 처음에는 발레리나로, 그 다음에는 구체적인 형식으로 —— 은 어려운 과제이며 그만큼 마음을 사로잡는다. 미하일로프스키의 예술가들은 어려움을 감추고 자기들의 열정은 감추지 않으면서 이 과제를 아주 훌륭하게 해내고 있다. 이들 이마에 맺힌 땀방울의 대가로 성취된 숙련된 기교는 이들의 대담한 공연이라는 현실이 되어 관객들을 참여자로 강력하게 끌어들인다. 이런 것을 발레 극장에서 얼마나 자주 보겠는가? 아마도 무슈스코이 발레의 매력의 비밀은 여기에 있는 듯하다.[27]

오직 남자만 무대에서 '진정한' 여성을 구현할 수 있다는 개념을 미하일로프스키가 만들어 낸 것이라고 할 수는 없다. 이 개념은 무슈스코이 발레가 참고하고자 애썼던 한 전통, 곧 일본 가부키 극에 의해 대중화되었다. 유명한 18세기 오노가타(가부키 극에서 여자 역할을 맡는 남자 배우) 요시자와 아야메는 오래전에 이와 유사한 편견을 분명히 표현한 바 있다. "만약 여배우가 무대에 출연하게 된다면 그녀는 이상적인 여성의 아름다움을 표현할 수 없을 것이다. 왜냐하면 그녀는 단지 자신의 신체적인 특징을 이용하는 것에 의존할 수밖에 없을 것이고 따라서 통합적 이상을 표현할 수 없을 것이기 때문이다. 이상적 여성은 오직 남자 연기자에 의해서만 표현될 수 있다."[28]

이리나 흐마라와의 인터뷰에서 미하일로프스키는 독자들에게 다음과 같이 환기시킨다. "모든 역할이 남자에 의해 연기되는 일본과 중국의

27 Rozanova, "Balet", p. 54.
28 Marjorie Garber, *Vested Interest: Cross-Dressing and Cultural Anxiety*(1992; reprint, New York: Harper Collins, 1993), p. 245.

전통 극들이 있습니다." 사실상, 한 뮤자방송은 1993년의 각 공연 전마다 일부러 무슈스코이 발레의 동양의 전신들을 언급하면서 미국의 트로카데로 발레단과의 어떤 유사성도 부정했다.

트로카데로 발레단의 영향에 대한 미하일로프스키의 불안은 확연했지만, 이는 무슈스코이 발레 사업을 특징짓는 여러 긴장관계들 중 하나에 불과했다. 비록 이것이 많은 다른 것까지 암시하기는 했지만 말이다. 첫째로, 트로카데로와의 연관성은 공연자들이 이전에 활동했던 공연 무대보다 음악 홀들의 극장 매춘부를 떠올리게 했다(비록 공연 장소들──에스트라다 콘서트 홀과 호텔 극장들──만으로도 이미 그 혐의를 시인하는 증거를 제공하는 셈이지만 말이다). 게르셴존의 리뷰 옆 사이드 칼럼에는 다음과 같은 직접적 비교가 실렸다. "세상에서 이와 유사한 유일한 회사는 미국 몬테카를로 트로카데로 발레이다. 그러나 그들의 작품은 음악 홀의 장르에서 기능하고 있다."[29]

만약 음악 홀의 망령이 무슈스코이 발레의 예술적 명성을 위협했다면 동성애의 암시는 데모클레스의 칼처럼 무대 위에 걸려 있었다. 무슈스코이 발레가 실제로 동성애자들의, 동성애자들에 의한, 그리고 동성애자들을 위한 회사였는가? 회사에 대한 초창기 언론 보도에서 이 질문은 끊임없이 반복된다. 『쿠란티』*Kuranty*에서는 다음과 같이 썼다. "[이 극단은] 스캔들로 명성을 얻을 수 있을 것이다…. 이들의 뛰어난 테크닉, 홀

---

29 Gershenzon, "Nostal'giia". 무슈스코이 발레에서 가끔 발견되는 그로테스크를 인정하면서도 게르셴존은 가장 잘된 경우의 시나리오, 곧 '진짜의', 사라진 19세기 발레리나가 요정처럼 미하일로프스키의 신체에 현신하는 순간에 초점을 맞춘다. 페도로바와의 인터뷰(*Vechernii Peterburg*, 1993. 06. 23.)에서 미하일로프스키는 솔직하게 문제를 시인한다. "우리가 가장 두려워했던 것은 패러디입니다. 좋든 싫든, 여성 복장을 한 남자는 이미 그 자체로 패러디입니다. 그렇지만 우리는 그걸 극복하려고 노력했습니다."

룡한 취향, 그리고 양식에 대한 심오한 감각에 의해서가 아니라 할지라도 말이다."[30] 『샨스』Shans에서는 바딤 미슈킨이 한발 더 나가고 있다. "악랄한 혀들이 즉시 발레리 미하일로프스키의 발레에 게이를 위한 쇼라는 이름을 붙였다."[31] 미하일로프스키는 이러한 혐의에 어쩔 수 없이 되풀이해 답해야 했다. "우리의 작품은 어떤 종류의 성적 변칙과도 상관이 없습니다"[32], "그것[게이들에 어필하는 것]은 절대로 우리의 목표가 아닙니다"[33], "예술, 창조는 어떤 종류의 성적 지향과도 관계가 없습니다".[34] 그리고 급기야는 다음과 같은 기사가 실렸다. "발레리 미하일로프스키는 그의 발레에서 '동성애성' 문제에 대해 논하고 싶어하지 않는다."[35] 그러나 『댄스 매거진』의 한 미국인 통신원에게 얘기하는 중에 미하일로프스키는 거의 동의했다. "목표는 (미하일로프스키가 말하기를) 게이[36] 회사를 만드는 게 아니라 좋은 댄스 회사를 만드는 것이었습니다. 비록 성적 의문이 결코 크게 틀린 것은 아니지만 말이죠. '우리는 우리가 그렇지 않다고 말할 수 있습니다. 사람들은 우리가 그렇다고 말할 겁니다'."[37]

결국 미하일로프스키는 무용에서의 동성애 에로티시즘이라는 주제

---

30 Kuranty(Moscow), 1993. 04. 27.

31 Vadim Mishkin, "Ne topchite, muzhiki, ne skachite, stsenu piatkoyu likhoi ne prolomite!" Shans(St. Petersburg), 1933. 06.

32 Zakharova, "Balet", p. 3.

33 Khmara, "Zhizel".

34 Fedorova, "Na puantakh".

35 "Akh, eti zvezdy!" To da Vse, no. 26(1993. 06.).

36 기사를 러시아어로 재출판하면서 '게이'라는 단어는 '즐거운'(razvlekatel'nyi)이라는 단어로 대체된다. Elizabeth Kendall, "Baletnyi Peterburg, otrazhenny v zhurnale 'Dans Magazin'", Nevskoe vremia, 1993. 06. 16., trans. from English by Vera Krasovskaia & Vladimir Zenzinov.

37 Kendall, "Communiqué", p. 32. 미하일로프스키의 공연이 과도하게 많은 게이 관객들을 끌었다 하더라도, 언론의 묘사에 따르면 관객들은 독일 관광객, 나이 든 여성들, 진지한 발레광 등을 포함한 다종적 무리였으며 모두 걷잡을 수 없이 열성적이었다고 한다. 확실히 회사는 커다란 콘서트 홀을 채우기 위해서 (1990년대 초 러시아에서) 단지 게이 관객에만 의존할 수는 없었을 것이다.

에 대해서도 역시 가장 확실한 방법을 택할 것이라고 볼 수 있다. "최근에 미국 무용단체 '춤추는 남성들'이 여기로 순회공연을 왔습니다. 하지만 나는 이것이 매우 싸구려 같다고 생각했습니다. 예를 들어, 왜 무대 위 공연자가 갑자기 옷을 벗고 나체가 되어야 합니까?"[38] 자기 무용수들을 정기적으로 살색 댄스 벨트를 입혀 무대에 내보내고 있는 안무가로서는 이상한 비판이 아닐 수 없다. 「신의 형상대로」의 광고 사진과 비디오 클립들은 옷은 얼마 걸치지 않고 마스카라만 진하게 한 남자들이 망사옷 밑에서 팔다리를 흔들고 있는 것을 보여 준다. 그 효과가 단지 외설적인 것뿐은 아니다(아무튼 이것은 그리스도에 관한 발레인 것이다). 이것은 거의 페티시에 가깝다.

한마디로, 예술에 대한 호소를 통해 무슈스코이 발레는 '동성애성'과 음악 홀의 야함 둘 다로부터 동시에 거리를 둘 수 있었다. 미하일로프스키와 그의 관객들은 공생적인 공범관계에 놓여 있었다. 공연자들은 발레를 구원하는 척하며 관객은 (특히 전문적/비평적 관객들은) 고마워하는 척했다. 무슈스코이 발레가 게이 밤문화의 가장 인기 있는 공연 장르 두 가지를 격상시킴으로써 이 모든 것은 이제 침범할 수 없는 덮개, 곧 예술의 외피 아래 포장되어 있다.

회사의 슬로건 '농담으로, 또 진담으로'의 이중성은 이 회사의 공연들이 가진 참으로 경계적인 특성에 반영되어 있었다. 트로카데로 발레단이 '발레리나들'에게 패러디 이름을 붙이는 등(가령, 'Youbetyabootskaya'[39]) 처음부터 희극적 색조를 정립했다면, 무슈스코

---

38 Khmara, "Zhizel".
39 [옮긴이] 'you bet your boots'(물론이지)라는 표현에 러시아식 이름의 여성형 어미를 붙여 러시아 발레리나 이름처럼 들리게 만든 것이다.

이 발레는 그리스도의 일생에 대한 고매한, 거의 벌거벗은 발레로 공연을 시작했다. 관객들을 더욱 혼란스럽게 하는 것은, 무슈스코이 발레는 트로카데로 공연의 특징인 광대짓을 최소한으로 하고 자기들의 여장 내용의 많은 부분을 '곧이곧대로(이성애적으로)' 공연했다는 점이다. 몇몇 개그들은 확실히 미리 계획된 것이었다. 「실피드」의 파 드 되에서 가장 키가 큰 '발레리나'의 파트너로 회사의 가장 키작은 무용수를 캐스팅한 것이나 미하일로프스키가 「백조」를 출 때 입은 거대한 튀튀 등이 그러했다. 그러나 무용수들은 대부분의 경우 예술성을 우위에 두고자 했고 여장 남자의 상투적 요소인 엉덩방아나 엉덩이 내보이는 행위들을 피했다. 그럼에도 불구하고 진지한 의도의 겉치장이 내재된 희극을 숨기지는 못했다. "그래서 무엇이 극단의 성공 비결이냐구요? 지적인 말장난 없이 직설적으로 대답하자면, 대답은 이거겠지요. 이들은 모든 것을 진지하게 하는데 이것이 우스개인 것으로 드러나는 겁니다. 그리고 주의 깊게 응시해 보면, 유머가 미리 계획된 것이 아니며 코미디가 의도적으로 배제되었음을 알게 됩니다."[40]

무슈스코이 발레 공연이 가져오는 그 동요시키는 효과는 무대를 훨씬 넘어서는 함축적 의미를 지녔다. 이 극단의 자기 표현 속에 너무나도 명백히 드러나 있는 긴장들 ── '고급'예술/'하급'예술, 현대무용/고전발레, 서구 무용/러시아 무용, 남성용 무용/여성용 무용, 19세기 공연/20세기 공연, 동성애/이성애, 신성/불경, 진지/농담 ── 은 포스트소비에트 시대 초기 단계에 널리 감지되던 사회적·문화적 긴장의 많은 부분을 반영하고 있었다. 무슈스코이 발레 공연에 의해 제기된 질문과 문제들은 예

---

40 Rozanova, "Balet", 54.

순적·성적 정체성에 관련한 것들로 시작하여 개인적인 것부터 사회적인 것에 이르기까지 큰 심연을 가로지르고 있었다. 더구나 바로 이 정체성 위기들은 소비에트 해체 직후 몇 년 동안 러시아 사회 전체적으로 제기되고 있는 위기를 반영하고 있었다.

우리는 무슈스코이 발레단의 공연에 대한 극장 외적인 맥락을 설정하는 가정적인 질문들의 궤적을 어렵지 않게 상상해 볼 수 있다. 예를 들어, 만약 공연자들이 다양한 소비에트 무용 극단과 학교의 존경받는 예술가들이었다면, 왜 그들은 지금 남자만 있는 극단에 출연하여 다른 남자들과 함께 거의 누드 차림으로, 혹은 여장을 하고 춤을 추고 있는가? 동일한 학교와 극단 출신의 여성들이 지금 신뢰할 만한 공연을 제공할 수 없다고 여겨지는 것은 어떻게 된 일인가? 소비에트 시스템이 그동안 쭉 동성애자들을 발레계에 숨겨 주고 있었던 것인가? 영웅으로 추앙받고 훈장이 수여된 과거 소비에트 남성 무용수들 중 많은 이들도 역시 동성애자였는가? 소비에트 무용이 서구 무용에 '뒤처져' 있었는가? 그리고 무슈스코이 식의 '현대'무용이 이해하기 더 어렵긴 하지만 사실상 더 중요한 장르인가? 고전 발레는 이제 단지 웃음거리에 지나지 않는가? 그리고 소련이 그렇게 열심히 (그리고 시대착오적으로?) 고전 발레를 지원했던 것을 감안할 때, 이것은 소비에트 예술 사업에 대해 무엇을 말해 줄 수 있겠는가? 만약 (한결같이 국가의 가장 믿을 만한 수출품 중 하나였던) 소비에트 발레가 이제 웃음거리라면 다른 국가적 자부심의 원천들은 어떠한가? 이러한 질문들이 끝없이 제기될 수 있을 것이다. 그렇지만 이것들은 궁극적으로 구 소비에트 제국이 가장 소중히 여겼던 가치 중 많은 것에 이의를 제기하고 불안정하게 하는 질문들로 귀착된다. 한마디로, 소련은 농담이었는가 아니면 진담이었는가?

저서 『기득권: 복장도착과 문화적 불안』Vested Interests: Cross-Dressing and Cultural Anxiety에서 마저리 가버는 복장도착자들을 이 사회의 파도의 진원지 가까이에 놓고 있다. 무슈스코이 발레가 드러내 보인 긴장들은 사회의 복장도착자들에 대한 가버의 논의에서 아주 중요한 요소인 '범주 위기'로서 기능한다.[41]

문화에서 복장도착자들이 지니는 가장 일관되고 효과적인 기능 중 하나는 문화적, 사회적, 또는 미학적 부조화를 분열시키고 주의를 환기시킴으로써 내가 '범주 위기'라 칭하는 지점을 가리키는 것이다….
'범주 위기'라는 말로 내가 의미하는 바는 정의상의 구분이 불가능한 상태로서 경계가 투과가능하여 한 범주(표면적으로 별개의 것으로 구별되는)에서 다른 범주로 경계 가로지르기가 가능해지는 것이다(흑인/백인, 유태인/기독교인, 귀족/부르주아, 주인/하인, 주인/노예 등). 남성/여성의 이분법은 분명히 '이것'과 '저것', '그'와 '나' 사이가 구별되는(적어도 현대적인 관점에서는) 영역인데, 복장도착에서 이것은 그 자체가 의문시되거나 삭제된다. 그리고 복장도착적인 사람 또는 복장도착적인 모드는 언제나 중복결정, 곧 한 흐릿한 경계로부터 또 다른 경계로의 이동 메커니즘의 표지로 기능할 것이다.[42]

비록 남성 발레 무용수 겸 이성복장 공연자들이 대규모 문화적 변동

---

41 필자는 여기서 무슈스코이 발레 공연의 이성복장 부분에 대해 논의하고 있다. 왜냐하면 여장 쇼는 명백히 공연자들과 관객 모두에게 똑같이 관심의 초점이었으며 1993년에 공연을 하던 다른 모든 극단과 이 단체를 구분짓는 요소였기 때문이다.
42 Garber, Vested Interests, pp. 16~17.

의 믿기 어려운 표지판을 제시하고 있다 할지라도, 가버의 관점에서 이들은 범주 위기의 이상적인 후보자들이다. "주제저으로 제더 차이나 젠더 모호성에 그다지 관련이 없는 것처럼 보이는 텍스트에서(소설이든 역사든, 언어적이든 시각적이든, 이미지이든 '진짜'이든 간에) 복장도착적 인물의 자연스럽거나 뜻밖이거나 또는 보충적인 존재는 '다른 영역에서의 범주 위기', 그리고 편안한 이분법을 불안정하게 하는 해결 불가능한 갈등이나 인식론적인 난점을 지시한다. 그리고 그 결과로 나타나는 불편함을 이미 주변부에 서식하고 있는, 아니 사실상 주변부를 구현하는 인물 위에 옮겨놓는다."[43]

본 논의에서, 텍스트는 '실제의' 것이다. 그리고 옛 사회질서가 무너지면서, 무슈스코이 발레 공연자들은 예술가로서의 자신을 위해 완전히 새로운 장소를 개척해 냄으로써 주변성의 화신으로 기능한다. 만약 소비에트 발레의 영광이 그 남성 무용수들에게 존경의 아우라를 부여해 주었다면, 포스트소비에트 러시아의 우울한 예술 보조금 지급 현실은 사실상 남성 무용수들을 서구에서는 이들이 이미 오랫동안 점해 온 위치 ——즉, 타이츠를 입은 박봉의 남자들—— 로 격하시켜 버렸다. 이런 상황이 발생한 것은 새로이 자유를 얻은 러시아 언론이 루돌프 누레예프와 이고리 모이세예프와 같은 무용 아이콘들의 사생활을 파헤치면서 소비에트 영웅주의 신화가 오랫동안 감추려고 애써 왔던 동성애와 무용 간의 관계를 시사하던 때였다.

무용수들(특히 '수출가능한' 재능을 지니지 못한 남성 무용수들)이 포스트소비에트 러시아에서 경험한 특권 및 수익능력의 급격한 하락과 이

---

43 *Ibid.*, p. 17.

들의 사생활이 지금 처하게 된 철저한 [언론의] 침해를 감안할 때, 무슈스코이 발레 단원들이 여성 역할로 전향하는 것은 거의 자연스러운 일처럼 보일 수도 있다. 지난 두 세기 동안 발레리나들이 스포트라이트를 독점해 왔던 발레계에서 남자들은 오랫동안 2급 지위를 차지해 왔다. 소비에트 체제는 그 남성 무용수들을 예술가와 운동가들로 자리매김해 왔다. 그러나 그 체제가 무너지면서 무슈스코이 발레 단원들은 사실상 하급지들의 반란을 벌임으로써 새로이 해방된 러시아 무용계에서 여성 파트너들로부터 스포트라이트를 빼앗았던 것이다. 실제로, 미하일로프스키와 그의 무용수들이 이제 명성을 위해서 적절성과 타협해야만 하는 고도로 숙련되고 존경받는 러시아 예술가의 역할을 하고 있는 만큼, 무슈스코이 발레가 노출시킨 '범주 위기들'은 적절하고 부적절한 예술적 표현 간의 갈등으로 묘사될 수도 있을 것이다.

어떤 극장적 표현에 있어서도 그렇듯이, 무슈스코이 발레의 궁극적 성공은 관객에 대한——실제로 관객의 참여 수준에 대한—— 호소력 덕분이었다. 이 차원에서, 이성복장 공연을 보다 일반화된 문화적 불안의 지표로 읽어 내는 가버의 관점은 더 명확해진다. "무대 위에 올려진 복장도착, 특히 '스타덤'이라 알려진 현상을 발생시키는 종류의 오락 문화에서의 복장도착은 공연자 개인의 특성이라기보다는 문화의 징후이다. 대중문화의 맥락에서 이 복장도착 징후들은, 말하자면, 욕망의 사회적 또는 문화적 시나리오를 만족시키는 것 같다. 무대 위의 이성복장자는 팬들의 사회적 또는 문화적 스크립트를 위한 페티시 대상물이다."[44] 그러나 무슈스코이 발레가 어떤 사회적 또는 문화적 욕망의 시나리오를 충족시키고 있는가? 신문 해설에 나타난 극단에 관한 모든 불안에도 불구하고, 극장에서 명확히 드러나는 '불안'은 열의를 우려와, 열정을 두려움과 혼합한다. 동성애자 집단이 가시성에 대한 갈망과 더불어 여전히 공포를 품고 있음을 고려할 때 관객 중 동성애자의 존재는 주목할 만하다. (자신의 긍정적 이미지에 대한 그들의 열망이 어떤 것이든지 간에, 러시아의 동성애자들은 여전히 공공 공간에서 눈에 띄게 모이는 것에 익숙지 않았다. 국가의 동성애 행위 금지가 폐지되고 있는데도 말이다.) 더 많은 주류 관객들에게는, 미하일로프스키의 '쇼'들은 이전 사회질서의 구조가 찢어발겨지면서 비로소 노출된 사회의 새로운 주변부(공연자와 관객 모두)에 경계하는 시선을 던질 기회를 가져다 주었다. 무슈스코이 발레는 시내 유일의 여장 쇼라고 할 수는 없지만 가장 접근성이 뛰어났다. 마릴린 먼로를 흉내내는 블라디크 마미셰프는 네프스키 대로에서 어쩌다 목격하는 것만이 가능했으며 심야 게이 클럽은 사회의 주변부를 관찰할 수 있는 '안전한' 공간을 대중에게 거의 제공하지 않았다.

중세 및 르네상스 유럽의 윤리 규제 법령(그리고 그 위반)에 대해 쓰면서 가버는 다음과 같이 말한다. "다시 한번 말하지만, 복장도착은 이 사회적·경제적 변화의 위기를 표시하고 과잉결정하기 위해 —— 극장과 거리 모두에서 —— 일어난 망령이었다."[45] 포스트소비에트 러시아에서 이성복장을 한 행인과 공연자의 유사한 조화는 러시아의 가장 최근의

44 *Ibid.*, pp. 366~367. 가버는 엘비스를 여성 모방자로 보는 자신의 논의의 서두로 다음과 같이 언급한다. "복장도착 쇼의 전형적 특징 중 하나는 … 분리가능한 부분이다. 가발, 가짜 젖가슴, 남성 또는 여성 성기를 숨길 수 있는, 혹은 둘 다 숨길 수 있는, 혹은 어떤 것도 숨길 수 없는 샅주머니 등이 그것이다"(p. 367). 무슈스코이 발레의 "분리가능한 부분"(오버사이즈의 튀튀와 포엥트 슈즈)은 많은 논의의 소재가 되었다. 라리사 자하로바와의 인터뷰에서("Balet", p. 3) 미하일로프스키는 이렇게 말을 시작한다. "내가 지금 무엇을 입고 있습니까? 나는 성 사엔의 「백조」를 추고 난 참이고 그래서 이 거대한 백조 튀튀를 입고 있는 겁니다. 이 깃털, 깃털, 많은 깃털들 좀 보세요. 이 많은 장식들 하며[아마도, 튀튀와 보디스에 붙어 있는]. 그리고 나는 발에는 포엥트 슈즈를 신고 있습니다. 이것은 오직 발레리나만이 신고 춤추는 거지요. 그렇지만 이 신발들은 사이즈 42인데 이런 사이즈는 통상 존재하지 않지요. 이 신발들은 우리를 위해 특별히 제작됩니다."

45 Garber, *Vested Interests*, p. 17.

사회경제적 변형을 신호한다. 마미셰프가 노골적으로 동성애 혐오적인 사회에서 공격받지 않고 네프스키 대로를 활보하는 것을 가능케 한 그 불규칙성에 의해 미하일로프스키의 무용수들은 동성애자, 관광객, 발레광, 그리고 나이 든 여성들의 총아가 될 수 있었다.[46]

미하일로프스키의 매체가 소비에트 러시아와 화려한 혁명 전 과거를 연결하고 믿을 만한 수출 수익을 제공하기 위해 어김없이 소환되는 황실의 씨구려 보석인 리시아 빌레였다는 점은 주목할 만하다. 과거를 통과하여 미래로 가는 우회로를 따라가면서, 무슈스코이 발레가 시도한 러시아의 가장 보수적인 예술 형식의 각색은 문화와 희극, 남성성과 여성성, 게이와 이성애, 진지성과 성실성, 동과 서 간의 공간을 창조하는 효과를 부지불식간에 가져왔다. 또한 이것이 포스트소비에트 공연에 분수령이 되면서, '개방된' 동성애성에 대한 사회의 태도에 변화의 가능성을 신호하는 효과를 가져오게 되었다. 만약 무슈스코이 발레의 창립자들이 자신의 극단이 '게이' 발레가 되기를 (많은 이들이 이 극단에 대해 그렇다고 인식하고 있지만) 의도하지 않았다 하더라도, 무슈스코이 발레가 1990년대 초기 러시아에서 가장 동성애적인 공연이었던 것은 의심의 여지가 없다.

---

46 이성애자 러시아 남자들이 무슈스코이 발레 팬의 어떤 목록에도 존재하지 않는다는 것은 두드러지는 사실이다. 비록 이 경우에는 부재가 어느 정도의 묵인을 의미하는 것이지만 말이다.

14장

러시아의 포르노그래피

폴 W. 골드슈미트

사회주의의 붕괴는 그와 더불어 수많은 작은 혁명과 변화들을 가져왔다. 그 중 가장 중요한 것은 상업적 포르노그래피의 대규모 등장이었다. 벌거벗은 신체들이 심지어 오늘날 가장 주류인 저널과 신문 들을 장식하고 있으며, 영화(국내와 수입 모두)들은 통상적으로 섹스 장면을 담고 있고, 텔레비전은 섹스를 정규 황금 방송시간대에 노골적으로 묘사한다. 그리고 이 모든 발전들은 러시아의 활기찬 포르노그래피 산업을 피상적으로 다루는 정도에도 미치지 못한다. 오늘날 러시아에서는 포르노 비디오(주로 서구산 영화의 해적판 복제본들), 잡지, 신문, 라이브 '섹스 쇼', 그리고 심지어 인터넷의 포르노 홈페이지까지도 발견할 수 있다. 교회 재건 자금을 모으기 위해 상연되는 라이브 섹스 쇼부터 러시아 에로틱-스팽킹 웹사이트에 이르기까지 러시아인들은 확실히 섹스를 발견했고, 그것도 극단적으로 발견했다.[1] 이 장에서 나는 이 최근의 폭발적 발전과 이

---

1 Andrei Kapustin, "Teatr 'Tete-a-tete': radi khrama snimem posledniuiu rubakhu", *Kommersant,*

에 대한 국가의 대응을 살펴볼 것이다. 러시아인들은 종종 자기네 문화가(그리고 문화 문제에 대한 그들의 해결책이) 서구의 문화와 다르다고 주장한다. 우리는 이 단언이 (적어도 포르노그래피에 관한 한) 사실인지 보게 될 것이다. 그렇지만 먼저 우리는 잠깐 뒤로 물러나 러시아 문화에서의 포르노그래피의 역사적 전통을 검토하고 1920년대에 일어난 최초의 러시아 섹스 혁명을 살펴봐야 한다.

1. 역사적 배경

포르노그래피가 러시아에 특별히 새로울 것은 없다. 민속학자 알렉산드르 아파나시예프는 다양한 러시아 포르노 이야기들을 그의 광범위한 『러시아 민화』*Russkie narodnye skazki*의 일부로 수집했다. 최근에야 아파나시예프의 이야기 나머지와 함께 출판된 이 이야기들은 사제의 비행 이야기와 성애물 두 부류로 나눌 수 있다. 후자의 이야기들은 주로 바람난 아내를 둔 남편들, 정욕적인 과부들, 또는 자신의 '빗'(또는 성기에 대한 몇몇 다른 완곡한 표현)을 어떻게 쓰는지 알지 못하고 속아서 성행위를 하게 되는 바보 같거나 성적으로 순진한 젊은 사람들에 대한 것이다. 일반적으로, 이야기들은 음란스런 표현이 많이 등장하며 성적이기보다는 지저분하다. 이러한 이야기들 외에 루복 판화들이 있다(만화 비슷한 일러스트레이션으로 암시적이지만 외설적이지는 않은 방식으로 저속한 것으로 유명하다). 이것들 또한 적어도 17세기로 거슬러 올라간다.

유명한 역사적·문학적 인물들이 러시아 포르노의 신전에 기여해 왔

no. 12(1992), p. 29.

다. 알렉산드르 S. 푸슈킨은 (비록 그의 다작에 관해 많은 과장이 있어 왔지만) 『가브릴리아다』, 『차르 니키타와 그의 40명의 딸들』Tsar' Nikita i sorok ego docherei 같은 상당히 상스러운 성격의 시와 경구로 유명하다.[2] 포르노그래피는 심지어 19세기에 권력의 최정점까지 침투했다. 차르 알렉산드르 2세의 궁정 화가였던 미하일 지치 또한 성적 소재에 조예가 깊은 화가였다. 『사랑』Liubov'이라는 제목의 그의 드로잉 시리즈는 (다른 것들 중에서도) 자위하는 아기, 소년과 성관계하고 있는 반라의 여인, 연인과 성관계를 하면서 자신의 아기에게 수유하고 있는 여인, 그리고 이 예술가에게 구강성교를 하고 있는 사춘기 전 소녀 등을 포함하고 있다. 지치는 자신의 작품에 대해 공식적 승인을 누렸으며 따라서 법으로부터 보호받았다. 차르 알렉산드르 2세는 심지어 지치로부터 드로잉 수업을 받기도 했으며 그로부터 배운 것을 활용하여 황후의 누드 그림을 몇 장 그리기까지 했다.[3]

아파나시예프의 저작 외에 주목할 만한 19세기 성애 인류학 저서가 두 가지 있다. 『친구들끼리』Mezhdu druziami와 『러시아의 에로스: 러시아의

2 푸슈킨은 『루카 무디시체프』(Luka Mudishchev)로부터 「비밀일기」에 이르기까지 모든 것의 저자로 알려져 왔다. 후자는 현대 망명 도색[桃色] 작가인 미하일 아르말린스키가 '발견'했다고 주장하고 있다. 다음을 참조하라. A. S. Pushkin[sic]. Tainie zapiski: 1836-1837 godov (Minneapolis: MIP, 1986). 유사하게 취급되어 온 또 다른 사람으로 18세기 문학가 이반 바르코프(Ivan Barkov)가 있는데, 러시아 에로틱 문학 작품 중 가장 유명한 『루카 무디시체프』를 쓴 것으로 알려져 왔다. 이 저작은 러시아 최초의 정식 포르노그래피 중 하나로 간주되었지만, 윌리엄 홉킨스가 텍스트에 나타난 19세기 문학 연대 오기를 지적함으로써 그렇지 않음을 충분히 증명했다. 다음을 참조하라. William Hopkins, "The Development of 'Pornographic' Literature in Eighteenth and Early Nineteenth-Century Russia" (Ph.D. diss., Indiana University, 1977).

3 A. Flegon, Eroticism in Russian Art (London: Flegon Press, 1976), p. 123. 지치와 차르 둘 모두의 그림이 플레곤의 책에 재인쇄되어 있다. 황제의 그림들은 보다 아취 있게 되어 있다. 지치의 당국과의 접촉 중 유일한 기록된 것은 파벨 바젬스키(1881~82년 동안 검열 책임자였음)로부터의 초상화 요청이었다. 지치는 유사한 주문이 폭주했던 나머지 거절해야 했다. 다음을 보라. Rossiiskii gosudarstvennyi arkhiv literatury i iskusstva, f. 195, op. 1, d. 4216, ll. 1~2.

성애물 비-숙녀용』*Russkii erot ne dlia dam*. 『친구들끼리』는 두 부분으로 이루어진 모음집이다. 첫 부분은 아파나시예프의 미출판된 민화로만 구성되어 있고, 두번째 부분은 1830년대까지 거슬러 올라가는 작품들의 모음집이다. 이야기 중 어떤 것도 특별히 잘 쓰여지진 않았지만 모음집은 매우 드문 여성 동성애에 대한 언급과(「두 자매」*Dve sestry*) 농노를 해방시키는 것을 방귀뀌는 것에 비유한 농노해방에 대한 작품(「방귀」*Bzdun*)을 포함하고 있다. 분명한 것은, 「방귀」는 포르노 작품이 아니라 정치석 비평으로 의도되었다는 점이다.

정치적 의도는 『러시아의 에로스』에 훨씬 더 현저히 나타난다. 이 모음집은 1879년에(알렉산드르 2세 암살 시기를 전후하여) 출판되었으며 인쇄 당시에 아직도 살아 있던 진짜 인물들을 언급하고 (그리고 이들을 비방하고) 있다. 이 책은 주요 관리들을 주인공으로 삼고 있는 이야기에서뿐 아니라 유명한 사람들에 의해 쓰여진 수많은 시와 이야기들을 재판再版함으로써 반체제적 효과를 성취하고 있다. 대부분의 이야기와 시들은 차르의 관료들이 교육받았던 융케르 학교*Junker shkola*에서 쓰여졌다. 그리고 이 작품들은 많은 주요 인사들에게는 당혹스런 젊은이 특유의 일탈들이었다. 본의 아니게 이 책에 포함된 저자들 중 미하일 레르몬토프가 있다(그의 「변소를 위한 송시」*Oda k nuzhniku*가 두 가지 다른 이야기와 함께 수록되어 있다). 그리고 관중 참여자로 나타나는 사람들 중 하나로 미하일 로리스-멜리코프(1880~81년의 내무장관)가 있다. 이 작품들의 출판, 그리고 출판의 타이밍은 서문에서 인정하고 있듯이 국가 지도자들의 '성격'을 드러내는 것을 목적으로 하고 있다.[4] 이것의 의도는 따라서 예

---

4 *Eros Russe: Russkii erot ne dlia dam* (Oakland: Scythian Books, 1988), p. 9.

술적이기보다는 정치적이다.

『크모이체크 소니타』와 『사닌』과 같은 덜 노골적인 작품과 더불어, 이 작품들은 전체적으로 현대 포르노그래피의 토대를 형성한다. 마치 『유스티나』와 『페니 힐』이 이 장르의 고전으로 간직되는 것처럼, 이 오래된 작품들(최근까지 설사 출판되었다 하더라도 매우 드물었다)은 역사적 선례를 제공함으로써 20세기 포르노그래피를 정당화하는 수단이 된다. 비록 현대 작품들이 이전의 '고전'들의 예술적 허식에 부응하는 경우가 드물긴 하지만, 이것들은 여전히 그 자신의 유효성을 정당화하기 위해 이러한 작가와 제목 들을 들먹인다.

현대 포르노그래피에 또 다른 중요한 영향을 준 것은 1920년대의 최초의 러시아 섹스 혁명이었다. 10월 혁명은 시민전쟁 시기의 초기 무질서 이후 자유연애에 대한 일련의 사회적 실험을 불러왔다. 도시에서는 (그리고 특별히 젊은이들 사이에서) 도덕과 무관한 성생활을 위해 일부일처제, 결혼 등의 '부르주아적' 개념을 배격하는 것을 혁명의 일부로 여겼다. 차르 시대 포르노그래피 작품들은 자기 결정과 '프롤레타리아적' 가치의 제고를 위해 출판되었고 그 점에 있어 칭송되었다. 고전 작품들에 더하여, 다양한 새로운 포르노 작품들이 이 시대에 나타났다. 그중에서 S. I. 말라슈힌의 소설 『오른쪽에서 본 달』Luna s pravoi storony과 보리스 필냐크의 『마호가니』Krasnoe derevo 두 작품은 모두 현대 관습의(예를 들어 자유연애) 주제를 아주 생생하게 다루고 있다. 영화 또한 이전에는 사회적으로 받아들여질 수 없었던 것들에 손을 댔다. 1928년 영화 「10월」 Oktiabr'(『세계에 충격을 준 열흘』을 영화화한 것)은 원래는 '에미랑 붙어먹을'Tvoiu mat이라는 소제목을 포함했다. 이것은 나중 판본에서는 제거되었지만 1960년대에는 결국 다시 복구되었다.

그러나 이러한 섹스 혁명은 오래가지 못했고 도시 지역에 제한되어 있었다. 1920년대 말에 이것은 서서히 중단되었다. 일반 대중 사이에서 결코 많은 지지를 얻지 못했으며,[5] 풍기문란에 대한 스탈린의 엄중한 단속이 일어나면서 이 방탕한 시대도 그 대상 중 하나가 되었다. 그러나 이 것은 1980년대에 2차 섹스 혁명이 기반하게 될 토대를 형성한다. 당국에 의해 조직된 사회적 압박은 개인들을 순응하도록 몰아갔고 검열이 이들의 작품을 침묵시켰다. 말라슈힌과 필냐크의 작품들은 난잡한 성행위를 조장한다는 명목으로 금지되었다.[6] S. 트레티아코프의 「나는 아기를 원해요」Khochu rebenka와 「성모수태」Besporzach를 포함하여, 1920년대에 나타난 성적 주제에 대한 연극들 또한 중단되었다. 전자는 공연 전에 금지되었고 후자는 첫 상연 이후 금지되었다. 주인공이 자신의 신체 중 코가 아닌 다른 부분을 잃는 것으로 바뀐 니콜라이 고골의 「코」Nos의 개작물이 아주 잠깐 상연되었다.[7]

2. 제2차 러시아 섹스 혁명

가장 최근의 섹스 혁명은 1987년경에 시작되었다. 이것은 조심스럽게, 그리고 천천히 시작되었다. 상의를 탈의한 여성의 사진들(당시 기준으로

---

5 Mikhail Stern, *Sex in the USSR*(New York: Times Books, 1979~80), pp. 26~27. 스턴은 도시의 부도덕성에 대한 시골의 반응을 논의한다. Richard Stites, *The Women's Liberation Movement in Russian: Feminism, Nihilism, and Bolshevism, 1860-1930*(1978; Princeton: Princeton University Press, 1990), p. 384. 스타이츠는 도시 주민들이 이 상황에 조금도 기뻐하지 않았다고 주장한다.

6 Vera Dunham, "Sex: From Free Love to Puritanism", in *Soviet Society: A Book of Readings*, ed. Alex Inkeles & Kent Geiger(Boston: Houghton Mifflin, 1961), p. 541. 던햄은 이 논문에서 말라슈힌을 "Malyshkin"으로 잘못 기재하고 있다.

7 1992년 2월 21일 서신 교환에서 나에게 이 예들을 알려준 일리노이 대학 슬라브어문학과 스티븐 힐에게 감사한다.

충격적인)이 『소비에트 문화』*Sovetskaia kul'tura* 같은 신문에 나타나기 시작했으며 몇몇 러시아 영화들이 찔끔한 노출 장면을 시험적으로 포함시켜보기도 했다. 그러나 1980년대 말이 되자 혁명은 만개했다. 두 사건이 이를 유발했다. 하나는 정치적인 것이고, 다른 하나는 경제적인 것이었다.

미하일 고르바초프는 자신의 글라스노스트 정책이 정치적·경제적 개혁의 필요를 널리 알리는 데 사용되도록 의도했다. 그러나 검열을 완화함으로써 글라스노스트는 또한 새로운 노골적인 성애 작품들을 러시아 문화에 가져왔다. 이 중 가장 악명높은 것이 영화 「작은 베라」*Malen'kaia Vera*, 「인터걸」*Interdevochka*, 그리고 빅토르 예로페예프의 소설 『러시아 미녀』*Russkaia krasavitsa*였다. 「작은 베라」는 이른바 최초로 영화화된 소비에트 섹스 연기와 이 영화의 스타 나탈리야 네고다의 『플레이보이』 잡지 출연까지 더불어, 낯선 이와의 섹스에 대한 자연주의적이고 노골적인 묘사로 유명세를 얻었다. 오늘날까지도 소비에트 영화들은 성적인 것이 아니었다. 한 소비에트 평론가가 은근슬쩍 언급한 바와 같이 "교황은 심지어 가톨릭 신자들에게 소비에트 영화를 볼 것을 권장했는데, 이는 소비에트 영화들이 고도로 윤리적이며 혁명적이지 않았기 때문이다".[8]

글라스노스트하에서 이전에는 금지되거나 삭제되었던 많은 소비에트 시대 저작들이 완전한 형태로 처음으로 출판되었다. 예를 들어 1969년에 쓰여졌지만 1989년이 되어서야 출판된 아나톨리 리바코프의 소설 『아르바트의 아이들』*Deti Arbata*에는 '창녀'bliad라는 단어가 삭제되지 않고 포함될 수 있었다.[9] 글라스노스트는 많은 옛 차르 시대 고전들을 다시 복

8 Rolan Bykov, "Plus Sixty", *Moscow News*, no. 29(1988), p. 15.
9 Aleksandr Sir, "Erotika i pornografiia", *Knizhnoe obozrenie*, no. 16(1992), p. 8. 1997년 1월 15일 카트리오나 켈리로부터 온 서신에 의하면, 단어 'bliad'는 적어도 예카테리나 여제 시대부터 금지

원시켰다. 잡지 『문학비평』Literaturnoe obozrenie 1991년 11월호는 전적으로 포르노 문학이라는 주제에 바쳐져 있었다. 이 잡지는 또한 고대로부터 현대에 이르기까지 역사적으로 광범위한 자료들에 대해 논의하며 아리스토파네스, 이반 바르코프, 푸슈킨, 표도르 도스토예프스키, 지나이다 기피우스 및 그 외 다른 이들의 성애적 작품의 학술적 연구들을 실었다.

검열 완화는 확실히 효과가 있었다. 그러나 포르노그래피의 증가는 검열 폐지만큼이나 자유 시장의 성장과 밀접히 연관되어 있었다. 포르노그래피는 마치 종교와 이전의 반체제 문화처럼 엄청난 수요를 가지고 있었고 따라서 상업적으로 성장할 만한 것이었다. 포르노그래피의 확산을 부추긴 것은 시장 압력이었다. 정부가 기타 산업 운영자들뿐 아니라 출판사들에게도 일정 수준의 재정적 자립을 달성하도록 요구하면서, 출판사들은 수익을 얻는 이러한 방법에 매력을 느끼게 되었다. 시장접근방식은 매우 냉소적인 것이었다. 상품으로서 포르노그래피의 힘은 이것이 금지되었다는 점에 있었다. 사람들은 자기들이 뭔가 더러운 것을 취하고 있는 것처럼 느끼고 싶어했다. 그렇지 않다면 그들은 이것을 구매하지 않을 것이었다. 성애물의 성공은 그것이 '포르노그래피'처럼(즉, 부패하고 수치스러운 것으로) 비쳐지는 데 있었다. 낸시 콘디와 블라디미르 파두노프가 언급한 바와 같이, "소련에서 성애물은 포르노그래피와 혼동되지 않는다면 결코 팔릴 수 없다".[10]

이 상업주의는 영화에서도 또한 가시적으로 나타났다. 「작은 베

___

되었다.

10 Nancy Condee & Vladimir Padunov, "Perestroika Suicide: Not by Bred Alone", *Harriman Institute Forum* 5, no. 5(1992), p. 6. 판매되었던 것이 단지 포르노그래피만은 아니었다. 『섹스의 기쁨』(*Joy of Sex*)과 『카마수트라』(*Kama Sutra*) 같은 섹스 지침서 또한 이때 번역 출판되었다.

라」의 성공 이후 섹스 장면은 모든 새로운 소비에트 영화에서 필수적
이 되었다. 줄거리상 필요하든 아니든 상관없이 기의 모든 영화가 섹스
장면을 담게 되었다.[11] 더욱이, 섹스는 매우 자주 사디즘과 결합되었다.
1989년 영화 「악한 혼」*Zlaia dusha*은 동성애 윤간을 포함하고 있다.[12] 「화
상」*Ozhog*(역시 1989년 작)은 일단의 탈옥수들이 한 여성을 구타하고 강간
하려 시도하면서 뜨거운 담배 라이터를 그녀의 다리 사이에 넣고 그러
고 나서 그녀를 비닐로 싸서 쓰레기장에 버리는, 극도로 상세한 장면을
담고 있다.[13]

그렇지만, 러시아의 포르노그래피 대부분은 국내에서 만들어진 것
이 아니었다. 1988년에 이미 수많은 해적판 외국 포르노 비디오들에 대
해 보고된 바 있다.[14] 스웨덴, 덴마크, 네덜란드, 독일, 미국 등지로부터 쏟
아져 들어오는 포르노 문학들은 이전에는 국경에서 몰수되었으나 이제
는 공식 허가를 받은 것은 아니지만 또한 방해도 받지 않고 들어오고 있
다. 결국에는 외국 잡지 출판사들이 러시아어판을 생산하게 되었지만 처
음에는 텍스트가 무슨 언어로 되어 있는지 신경 쓰는 러시아인은 거의

---

11 유사한 행위가 서구에서도 일어났음을 지적할 필요가 있다. 서구에서는 젊고 몸매 좋은 여배우가
   적어도 한번도 가슴을 드러내지 않고도 영화산업에서 커리어 초기에 살아남을 가능성은 아마도
   엄청나게 낮을 것이다.
12 Richard Stites, *Russian Popular Culture: Entertainment and Society since 1900*(Cambridge:
   Cambridge University Press, 1992), p. 187.
13 내 자신이 직접 이 영화를 본 적이 없기 때문에 나는 흘로플랸키나(T. Khopliankina)가 이 영화
   에 대해 쓴 「모든 것이 허용되는가?」("Vse razresheno?", *Iskusstvo kino*, 1989. 07., p. 50)의 설명
   에 의존하고 있다. 1980년대 소비에트 영화에 나타난 여성의 묘사와 취급에 대해서는 다음을
   참조하라. Andrew Horton & Michael Brashinsky, *The Zero Hour: Glasnost and Soviet Cinema
   in Transition*(Princeton: Princeton University Press, 1992); Françoise Navailh, "The Image of
   Women in Contemporary Soviet Cinema", in *The Red Screen: Politics, Society, and Art in Soviet
   Cinema*, ed. Anna Lawton(New York: Routledge, 1992), pp. 211~230.
14 A. Pokhmelkin, "'Prestupnaia' videoproduktsiia", *Sotsialisticheskaia zakonnost'*, no. 11(1988), p.
   42.

없었다. 오직 중요한 것은 사진들이었다. 기사를 진정 읽기 원하는 사람들을 위해 러시아 기업가들은 이 틈새를 채울 준비가 되어 있었다. 1980년대 후반에 많은 사미즈다트 유형의 출판물들이 『섹스-카탈로그』Seks-katalog, 『섹스 클럽』Seks klub 같은 제목을 달고 만들어졌지만 오래 가지 못했다. 이 정기간행물 중 어떤 것도 두세 호를 넘겨 제작되지 못했으며, 어떤 것도 글라블리트Glavlit(문헌 및 출판 중앙관리국)로부터 공식적 허가를 받지 못했다. 이들 이전의 대부분의 사미즈다트 출판물처럼 이 출판물들은 탄탄한 편집진과 건전한 재정 지원을 가지고 있지 못했으며 따라서 계속 유지해 나가기 어려웠다.

최초의 주요한 합법적 러시아 포르노그래피 제작자는 『안드레이』Andrei와 『스피드-인포』SPID-info였다. 『안드레이』는 초기에 잠깐 반짝했다 사라졌다. 해외에서 전문적으로 제작되고 출판되었던 이 잡지는 대부분의 러시아 소비자들에게는 너무 비쌌다. 결국 도산했고 출판사는 모스크바에서 1993년, 1994년에 라이브 '섹스 콘서트'와 포르노 비디오를 만드는 쪽으로 선회했다.[15] 그러나 『안드레이』는 1995년 재창간되었고 오늘날까지 고품질의 (그리고 비싼) 호들을 계속해서 발행하고 있다.

『스피드-인포』는 보다 지속적이고 절제된 역사를 가지고 있다. 성병과 섹스 교육 정보를 전파하는 데 전념하는 민영 교육신문으로 창립되어 1993년경에는 거의 500만 부에 달하는 매우 경이적인 부수를 달성하였다. 그러나 그러는 과정에서 이 신문은 원래의 의도를 벗어나 덜 교육적이고 더 선정적인 매체가 되었다. 여기 실리는 일러스트레이션들은 보다 유치해졌고(유머를 위한 시도로) 기사들은 유익하기보다는 가십성

15 올레크 알랴크린스키(Oleg Aliakrinskii)의 인터뷰, 1994. 03. 25.

에 치중하게 되었다. 그 결과로 종종 매우 모순적인 메시지를 전달하곤 했다. 예를 들어, 한 호에 포르노 모델 사진들과 함께 강간 희생자들에 대한 기사가 실리는 식이었다.[16]

첫번째와 마찬가지로 두번째 혁명 또한 오래 가지 못했다. 1990년대 초에 이르자 벌거벗은 여자 사진들은 너무나 흔해서 거의 주의를 끌지 못할 지경이 되었다. 사람들이 섹스에 권태로워한다는 징후들이 있었다. 예를 들어, 모스크바 문화센터 블리츠Blitz가 라이브 섹스 '에로틱 페스티벌'을 개최하려고 했을 때, 블리츠는 엄청난 손해를 봤다.[17] 1992년 한 기자가 말한 것처럼, 포르노그래피보다는 아이스크림이 더 잘 팔릴 지경이었다.[18] 영화의 섹스 장면들은 덜 선정적이 되었다. 포르노그래피는 덜 특이한 것이 되었고 따라서 덜 흥미로웠다. 금지된 과일은 어디에서나 구할 수 있었고 따라서 덜 금지된 것처럼 보였다.

오늘날 포르노그래피는 사라지지 않았다. 성적 표현들은 단지 보다 사회적으로 용인되는 것이 되었다. 성적 표현의 사용은 서구의 사례를 닮아 가기 시작했다. 섹스는 이제 광고, 특히 비즈니스 서비스를 위한 광고에서 주로 나타난다. 이러한 광고 중 하나는 루블 더미 속에 누워 있는 한 여자와 컴퓨터를 보여 준다(광고는 컴퓨터에 대한 것이다). 그녀는 끈 없는 탑, 타이트한 짧은 치마를 입고 힐을 신고 있다. 입술을 내민 그녀의 표정은 그녀가 비서라기보다는 창녀임을 시사한다.[19] 메시지는 이렇다.

---

16 *SPID-info*, no. 12(1993), p. 5.

17 *Mir zvezd*, no. 2(1990), p. 36.

18 Steven Erlanger, "Something There Is in Moscow Still That Doesn't Love a Crumbling Wall", *New York Times*, 1992. 03. 07., p. A4.

19 *Ogonek*, no. 22(1991). 역설적인 것은 당시 사업가의 '비서'가 되고 싶어하는 '기분좋은 외모'를 갖춘 여성들을 위한 광고들이 대거 언론에 나타나고 있었다는 사실이다.

빠른 여자들, 엄청난 돈, 새로운 컴퓨터는 함께 어울린다.

몇몇 보수주의자와 소수의 고집 센 이용자들을 제외하고는 러시아인들은 포르노그래피에 대해 장기적인 관심을 보인 적이 거의 없다. 1994년에 이르자 포르노그래피의 판매량은 뚝 떨어졌다. 심지어 유서깊은 『스피드-인포』마저도 판매부수 하락을 겪어야 했다.[20] 어떤 의미로는 상황이 정상화된 셈이었다. 포르노그래피에 깊은 관심이 있는 사람들은 그것을 추구하고, 대부분의 사람들은 자신의 삶을 채울 다른 방법을 찾았다.

그렇지만 포르노그래피는 꼭 맞는 틈새자리를 찾았으며 그에 합당한 상당한 규모의 시장 또한 발견했다. 서구자본 소유의 출판물들이 이 분야에서 지배적이다. 『플레이보이』의 러시아어판은 10만 부수를 자랑한다.[21] 그리고 『펜트하우스』(지금은 폐간되었음)는 훨씬 더 인상적인 판매고를 올렸다. 이 두 잡지들은 토착적 재료를 자기네 국제 판본 번역물과 섞었다. 통상적으로, 이것들은 미국 판본보다 덜 노골적이었다. 그리고 이러한 온건함의 이유는 문화적인 데 있는 듯하다. 『펜트하우스』의 악명높은 '포럼' 칼럼은 선정적인 미국 기고문들과 담백하고 상대적으로 순진한 러시아 모방작들의 기이한 조합을 담고 있었다. 아무래도 러시아 기고자들은 미국인 기고자들의 수준으로 쓰는 법을 아직 익히지 못했던 것이다.

20 Moscow Radio Rossii, 1994. 05. 22., trans. in Foreign Broadcast Information Service, *Daily Report*(Eurasia), 1994. 05. 24., p. 29.
21 Gordon, Michael R. "Fleshing Out the New Russian Brand of Capitalism", *New York Times*, 1996. 02. 17., p. 4.

3. 대중의 반응

성행위에 대한 대중의 용인과 공식적 불승인 간에는 오랫동안 긴장관계가 있어 왔다. 사회 자체는 자유주의적 견해를 가진 (혹은 전혀 아무 견해도 가지지 않은) 사람들과 규제되지 않은 풍기문란(무정부 상태, 권위의 배격과 유사어였던)을 찬성하지 않는 사람들로 나누어져 왔다. 심지어 혁명과 더불어 무신론이 강요된 후에도 공식적 도덕성은 지속되었고 대중 지지자들이 존재했다. 그 도덕성이 너무나 깊이 뿌리내리고 있었기에 1990년대에도 한 여성이 다음과 같은 편지를 러시아 신문사에 보내는 게 가능했다.

> 나는 52년을 살았습니다만 어떤 종류의 섹스나 변태행위도 알지 못합니다. 나는 '이성애'나 '동성애'라는 단어를 이해 못합니다. 그러나 오늘날의 젊은이들은 아마도 알겠지요. 그들은 지하실에서 모여서 이것을 추구합니다. 그리고 또한 마약과 알콜중독도요!
> 우리는 젊은이들을 정상적 정신으로 양육해야 합니다. 그래야만 그들이 좋은, 강건한, 그리고 정숙한 가족을 꾸려서 올바르게 그들의 자녀들을 양육하고 섹스에 대해 생각하지 않을 수가 있습니다. 절대로 그것에 대해 생각하지 않는 겁니다!
> 나는 이 모든 것들, 이 창녀들과 마약 중독자들, 알콜 중독자들, 동성애자들과 이성애자들을 경멸합니다![22]

---

22 "O. B., Child-Care Worker", *1001 vopros pro eto*(Moscow: Terra, 1993), p. 26.

이러한 견해들은 물론 극단적이지만 분명히 드문 것 또한 아니다.

그렇지만 오늘날 훨씬 더 많은 러시아인들이 포르노그래피와 성적 방종을 규탄하기보다는 용인하고 있는 듯하다. 러시아인의 성적 행위와 태도에 대한 포괄적 조사가 현재 진행되고 있지만 다음의 일화적 통계만 하더라도 이 점을 보여 준다. 러시아에서 군대는 통상 매우 보수적일 것이라 기대되지만, 특별히 포르노그래피를 적대하지는 않는다. 군대 신문 『붉은 별』 Krasnaia zvezda에 실린 한 조사결과에 따르면, 비록 많은 수의 병사들이 사회에서 윤리적 퇴락을 지각하고 있지만 단지 11%만이 이것을 포르노그래피 탓으로 돌렸으며 단지 29%만이 포르노그래피가 전면 금지되어야 한다고 느꼈다. 또 다른 조사는 러시아의 유럽 지역 주민들의 22%가 포르노그래피를 읽는다고 결론을 내렸다. 이는 탈소비에트 국가들 내에서 포르노그래피 소비에 있어 에스토니아에 이어 두번째로 높은 수치이다. 비록 대부분의 러시아 성인들이 포르노그래피가 아이들의 수중에 들어가지 않도록 염려하고 있었지만, 성인들이 이것들을 사용하는 것에 대해서는 그다지 걱정하지 않았다. 조사에 참여한 사람들의 4분의 3 이상이 다른 어떤 규제가 있든지 상관없이 성숙한 성인들이 포르노물을 구매할 수 있는 특별한 섹스 숍들이 있어야 한다고 느꼈다.[23]

23 Igor' Kon, "Sex as a Mirror of the Russian Revolution"(러시아 국립인문대학 특강, 1994. 03. 09.). 더 이상의 자세한 사항(최근으로 추정되는 이 조사들의 날짜 등)은 언급되지 않았다. 러시아식 섹스 숍은 그 자체로 이상한 경험이었다. 모스크바의 숍 '인팀'에는 트렌치코트를 입은 지저분해 보이는 남자들이 있는 게 아니라 흰 가운을 입은 의사들이 있었다. 이 가게는 분만 병원에 자리잡고 있다. 방문 고객은 먼저 자신의 문제를 자격증 있는 성병리학자와 상담해야 한다. 그러고 나서 이 의사는 환자에게 모종의 요법(딜도, 공기로 부풀리는 인형, 윤활유 등)을 '처방'한다. 환자는 이 처방을 특별히 훈련된 약사의 도움으로 가게에서 '조제'할 수 있다. 『스피드-인포』에 섹스 숍 '인팀'에 대한 정규 기사들이 실려 있다. 나의 정보는 개인적 관찰로부터 온 것이긴 하지만, 가령 다음을 참조하라. SPID-info, no. 9(1993), pp. 14~15; no. 11(1993), p. 19; no. 1(1994), pp. 19~20; no. 4(1994), p. 18.

4. 국가의 대응

국가는 포르노그래피에 대한 대응책을 마련하는 데 더뎠다. 형사법규 242조(이전 228조)는 포르노그래피의 배포는 처벌하지만 그 소유에 대해서는 처벌하지 않는다. 더구나, 1936년에 제정된 이 법은 국제연맹 가입 조건으로 소련에게 강제된 것이었다.[24] 이 법은 그 법적 정의의 애매성으로 유명하며, 이는 특별히 관심을 기울여 살펴볼 만한 주제이다.

포르노그래피 정의하기

포르노그래피의 제작이나 배포를 금지하는 법을 제정하면서 러시아 정부는 어떤 것이 기소 대상인지 공식적인 정의를 제공하지 못했다. 따라서, 실제 법정 상황에서 어떻게 포르노그래피를 식별할 수 있는지 결정하는 것은 재판을 주재하는 판사들에게도 커다란 난관이었다. 1960년 러시아 형사법규에 딸린 주석은 포르노 작품을 "성적 느낌의 불건전한 자극을 목표로 하는, 성생활에 대한 저속하게 자연주의적인, 외설적인, 시니컬한tsinichno 묘사"로 정의하고 있다.[25] '포르노그래피'에 대한 이 법적 정의는 여전히 러시아 형사사법제도를 위한 권위 있는 지침으로 기능하고 있다.[26]

---

24 228조와 그 제정에 대해서는 다음을 참조하라. Paul W. Goldschmidt, "Legislation on Pornography in Russia", *Europe-Asia Studies 47*, no. 6(1995), pp. 909~922. 아마도 이 법에서 가장 흥미로운 요소는 이 법이 소지보다는 상업적 교환에 초점을 맞추고 있다는 점이다. 소비에트 법은 포르노그래피를 개인적 용도로 소유하고 있는 것은 범죄가 아니라고 본다. 1990년 1월의 한 판례가 이 해석을 확인한 바 있다. *Biulleten' verkhovnogo suda SSSR*, no. 3(1990), p. 26.

25 *Kommentarii k ugolovnomu kodeksu RSFSR*(*1960 g.*)(Leningrad: Izdatel'stvo leningradskogo universiteta, 1962), p. 380. 공평히 하자면, 미국조차 포르노그래피의 법적 정의 초안을 성공적으로 작성한 적이 결코 없음을 언급해 두어야 하겠다!

26 1997년 1월 1일, 러시아는 1961년 이래 최초로 대대적인 형법 수정안을 제정했다. 그러나 새 법

눈에 띄는 첫번째 문제는 '자연주의적'이라는 단어이다. 비록 여기 분명히 드러나 있지는 않지만, 의도된 바는 성의 사실주의적인 묘사가 '자연'을 기계적으로 만듦으로써 그것을 파괴할 지경에 이를 만큼 과도하게 이루어질 수 있다는 것이다. 예를 들어, '배관 사진'(성기의 자연적인 기능을 보여 주는 것)의 사용은 '예술' 작품에 불필요하게 음탕한(즉, 저속한) 것으로 여겨질 수 있을 것이다. 다른 말로 하자면, 이러한 사진들은 사랑의 이상을 생리학적 기능으로 변환시킴으로써 이것을 파괴하리라는 것이다.

이 정의는 또한 '시니컬'이라는 단어를 언급하고 있다. 이 단어는 러시아 종교철학의 역사를 이해하는 열쇠가 된다. 러시아 종교철학에서 블라디미르 솔로비요프, 니콜라이 베르댜예프 등은 에로스와 그의 열등한 사촌뻘인 포르노그래피의 차이를 기술하고 있다. 포르노그래피는 신의 사랑에 반하는 신성모독으로 여겨진다. 솔로비요프는 포르노그래피가 '시니컬'하다고 말한다. 왜냐하면 이것이 아름다움을 타락시키고 아름다움을 삶에 전하는 사랑의 영성을 파괴하기 때문이다. 여러 모로, 이러한 관점은 포르노그래피를 '저속하게 자연주의적'이라고 보는 비판으로 다시금 연결된다.

마지막으로, 포르노그래피가 "성적 느낌[또는 본능]의 불건전한 자극"을 만들어 낸다는 서술이 있다. 여기에 내포되는 논지는 '건전한 자

조항은 국가의 포르노그래피 취급방식을 바꾸려 하지 않았다. 특히, 새 법은 무엇이 기소되어야 하는지에 대한 법적 정의를 개선시키려는 어떤 시도도 하지 않았다. 사실상, 이 법은 문제를 더 복잡하게 만들었는데, 이것은 이 법이 이제 오직 "포르노물의 불법 배포"만을 처벌하게 되었기 때문이다(다음을 보라. "Ugolovnyi kodeks Rossiiskoi Federatsii", *Rossiiskaia gazeta*, 1996. 06. 20., p. 6). 이것이 함축하는 바는 확실히 배포물 중 어떤 것은 이제 합법적이라는 것이지만, 법은 무엇이 합법적이고 무엇이 아닌지 결정하는 데 거의 또는 전혀 도움을 주지 않으며, 차라리 판사 또는 전문가 위원회에 결정을 맡기는 편을 택한다.

극'이라는 것이 존재한다는 것이다. 아무 설명도 제시되어 있지 않지만, 이 문구가 의미하는 바를 추측하는 것은 그렇게 어려운 일이 아니다. 남편과 부인 간의 (생식을 목적으로 하는) '합법적'인 성관계가 바로 그것이다. 그렇다면 중요한 것은 전통적인 가족 구조 밖에서는 성적 욕망의 어떠한 '발생'도 방지해야 한다는 것이다. 이에 내포되는 바는, 아름다움은 오직 합법적인 관계, 곧 국가가 통제하는 성 경제에서만 보존될 수 있다는 것이다.[27] '건전한 자극'은 규범이다. 이 규범의 보존을 법으로 만듦으로써, 국가는 자기가 그 시민들의 '건강'을 보호해야 한다는 전제하에 작동하고 있다. 그러나 이 건강은 윤리적인 것이지 물리적인 것이 아니다.

블라디미르 보레프

최종 판결을 하는 것은 판사에게 달려 있지만, 러시아의 법 체계는 '전문가 위원회'를 법정 소송 절차에서 활용할 것을 권장한다. 여기서 상정되는 바는, 평균적인 판사도 평균적인 일반인도 모두 무엇이 포르노적이며 어떤 것이 에로틱한 것인지 결정할 충분한 자격이 없다는 것이다. 따라서 이러한 문제에 대해서 훈련된 '전문가'가 면책 증언을 하도록 요청받는다.

　전문가 위원회가 포르노그래피에 대해 예비조사 보고서와 전문가 소견서를 작성하는 데 사용하는 가이드라인을 개발한 사람은 블라디미르 보레프였다. 보레프는 미술사를 전공했지만 지난 1985년 소련에서 갓 비디오 산업이 시작되고 있었을 때 이에 참여했으며, 이로써 1980년

---

27 국가가 통제하는 성 경제라는 개념은 적어도 1930년대 스탈린 개혁 때까지 거슬러 올라간다. 당시 국가는 낙태를 불법화하고 이혼을 거의 불가능하게 만듦으로써 인구를 늘리기 위해 필사적으로 노력했다.

대 후반의 '비디오 붐' 동안 유리한 위치를 점하게 되었다. 서구 영화에 대한 그의 지식은 그가 받은 예술 교육과 결합되어 그에게 상당 수준의 특권을 부여했다.

보레프의 위원회는 포르노 비디오 식별을 위한 매우 자세한 일련의 지침들을 개발했다. 그리고 이 지침들은 텍스트와 스틸 사진 분석에 사용하기 위해 수정되어 왔다. 위원회는 영화를 분석하기 위해서는 영화제작자가 포르노그래피를 만들려고 의도했는지 여부를 먼저 따져봐야 한다고 권고한다. 보레프의 말에 따르면, 그 의도를 알아내기 위해 사용될 수 있는 몇 가지 기준들이 있다. 먼저, 이 영화가 스스로를 포르노로 규정하고 있는가(가령, 그 자신을 'XXX'로 부르는 경우)? 둘째, 영화에 제작진 명부(크레딧)가 결여되어 있는가, 혹은 제작진 명부에 가명이 다수 들어 있는가? 셋째, 섹스 장면들이 '예술적 허식'을 결여하고 있는가?[28] '생리학적 세부묘사'(즉, 말할 것도 없이 누드 자연주의!)와 도착적 행위들(집단 섹스, 수간, 노출증 등)이 또한 포르노그래피의 지표이지만 그 자체로 결정적인 것은 아니다. 마지막으로, 포르노그래피로 판별되기 위해서는 작품에 성기 노출이 있어야 한다. 그렇지 않다면 작품은 아마 단지 취향에 불쾌할 뿐이며 법적 표준에서는 포르노그래피로 판정될 수 없다.[29] 이 표준들은 이른바 객관적이라고는 하지만 매우 미학적이고 주관적 해석에 영향받기 쉬운 것이기에 정당한 법 절차의 문제를 야기한다.

28 Prokuratura SSSR, "O praktik primeneniia ugolovnogo zakonodatel'stva ob otvetstvennosti za rasprostranenie pornograficheskikh predmetov i proizvedenii, propagandiruiushchikh kul't nasiliia i zhestokosti", *Informatsionnoe pis'mo*, no. 12-4d-89(1989. 04. 17), pp. 10~11. 이 예술적 허식의 결여는 영화가 '예술적 구성 원칙들'(즉, 도입, 발전, 결말)을 결여하고 있는지, 또는 장면들이 단순히 서로 반복하고 있는지 관찰함으로써 '객관적으로' 제시될 수 있다. 만약 이것이 불분명하다면, 인물들이 그들의 성별의 대표자가 되는 것 외에 의미를 지니는지 살펴볼 수 있다.
29 Ibid., p. 16.

정말 골치 아픈 문제는 위원회가 의도하는 것이 무엇이냐 하는 점이 아니라 위원회가 만들어 낸 표준이 실제로 어떻게 전문가들에 의해 적용되는가 하는 점이다. 적용은 언제나 말로 기술되지 않은 편견을 여럿 수반하기 마련이다. 그리고 위원회의 명백한 주관적 기준들을 적발하려고 시도하는 것은 어려운 작업이다. 쉽게 이해할 수 있듯이, 먼저 위원회 위원들이 이런 요소들을 시인하려 하지 않는다. 나탈리야 크리모바(보레프의 보좌역)는 위원회의 목표가 심사되는 대상이 '예술적' 의도를 가지고 있는지, 또는 그것의 의도가 '별로 좋지 않은' 것인지를 보는 데 있다고 말했다. 그녀가 설명한 대로, 이들은 영화 및 비디오에 대한 자신의 폭넓은 지식 덕분에 '좋은' 영화가 무엇인지(즉, 좋은 영화가 어떠해야 하는지) 안다. 그녀는 위원회가 무고한 사람들을 감옥으로부터 풀어주면서 행한 좋은 일들을 들면서 질문을 회피했다("그 사람들은 우리에게 감사의 편지를 보냈어요").[30] 다시 말하자면, 이들이 '무고한' 사람들을 구하고 있다는 사실이 이들의 기준을 철저한 검토로부터 보호하고 있는 셈이다.

　　보레프 자신은 포르노그래피와 성애물을 정의하는 경계를 긋는 것이 언제나 가능하다고 공언했으며, 그의 일에 심각한 수준의 주관성이 개입한다는 의견을 기각했다.[31] 그러나 보레프 자신의 서면 평가서는 더 신중하다. 그의 예비조사 보고서 본문에 붙는 통상적 서문에서는 위원회가 "성생활은 오직 상호적 사랑과 결혼이라는 조건하에서만 합당하다"라는 메시지의 확산을 허용하는 경향이 있음을 인정하고 있다. 그는 또한 '약한' 성적 묘사라 할지라도 어린이들에게 유해하다고 믿는다. 왜냐

---

30 저자와 나탈리야 크리모바(Natal'ia Krymova)의 인터뷰, 1994. 04. 14.
31 저자와 블라디미르 보레프(Vladimir Borev)의 인터뷰, 1994. 04. 14.

하면 성이 어린이를 '지배'하게 되어 어린이 정신의 다양한 부분들의 '조화'를 방해하게 되기 때문이다.[32]

5. 『이쇼』의 사례

섹스 신문 『이쇼』*Eshche*의 발행인인 알렉세이 코스틴은 1993년 10월 6일 10월 기념행사가 한창일 때 228조 위반으로 최초로 체포되고 기소되었지만 사흘 후 석방되었다. 다음 몇 달 동안 검사장은 코스틴에 불리한 증거를 입수했고 마침내 1994년 2월 4일 그를 다시 체포했다. 이러한 법적 조치에도 불구하고 잡지 자체는 금지되지 않았다. 보다 이상한 것은 편집자는 연행되지 않았다는 것이다. 그러나 언론법에 의하면 내용에 대한 책임을 지는 것은 편집자이지 발행인이 아니다. 당국은 사실상 편집자인 알렉산드르 린데르만을 체포하기를 원했지만 그는 리가에 살고 있었고 모스크바에 오기를 거부했다. 그래서 그들은 린데르만이 들어오도록 압박하려고 코스틴을 체포했던 것이다.[33] 코스틴의 구류는 린데르만이 나타나게 하려는 추가적 시도로 체포한 지 두 달 안에 억류자가 기소되어야 한다는 법을 위반하면서까지 연장되었다.[34]

　『이쇼』가 고발되었다는 것 자체가 조금 이상하다. 일반적인 섹스 잡

---

32 다양한 예비조사 보고서와 전문가 소견서의 텍스트를 내게 보여 준 보레프와 그의 직원들에게 감사한다. 프라이버시를 위해 내가 가지고 있는 이 문서들의 복사본들에서 피기소자의 이름들은 지워졌지만, 그 외에는 손상되지 않고 남아 있다.

33 Jean MacKenzie, "Magazine's Publisher Jailed for Pornography", *Moscow Times*, 1994. 02. 09., p. 2.

34 Jean MacKenzie, "Sex Publisher Gets Longer Jail Term", *Moscow Times*, 1994. 04. 02., p. 2. 러시아 언론위원회 의장 그리주노프에 따르면, 1994년 12월 1일까지도 코스틴은 여전히 감옥에 구류되어 있었다.

지와 신문들에 비하면 『이쇼』는 온순한 매체였다. 또 다른 출판물인 『미스터 엑스』*Mr Eks*와 이것의 자매지 『미스 엑스』*Miss Eks*, 『엑스프레스』*EksPress*는 『이쇼』보다 훨씬 더 노골적이다. 예를 들어 『미스터 엑스』의 호들은 종종 노골적인 신체결박 성행위와 징벌 장면을 연기하는 커플들의 사진을 싣는다. 『엑스프레스』는 유사한 판타지를 묘사하는 독자의 편지들을 정기적으로 발간한다. 그리고 심지어 ("싱글 여성을 위한 에로틱한 선물" 인) 『미스 엑스』조차도 한 번은 묶인 남자의 입 안에 여자가 소변을 보는 장면을 묘사한 적이 있었다.[35] 이와 비교해 볼 때 『이쇼』는 덜 노골적인 포르노이다.

왜 『이쇼』가 모스크바의 모든 포르노 출판물 중에서 홀로 지목되었는지에 대해 다양한 이야기들이 돌았다. 가장 뚜렷한 이유 중 하나는 발트 국가와의 연계일 것이다. 그러나 1993년 10월의 계엄령 기간 동안 짧은 검열활동을 지휘했던 블라디미르 솔로딘은 격렬히 이 소문을 부인했다. 그의 말에 따르면, 상황은 그보다는 더 복잡했다. 『이쇼』는 (라트비아에서) 두 판본으로 인쇄된다. 하나는 라트비아용으로 외설적 내용이 없고, 특별히 러시아용으로 만들어진 다른 판본은 228조의 요건과 언론정보부처의 '가이드라인'을 충족하도록 편집된다. 1993년 동안 린데르만은 이 '자발적인' 합의를 어겼으며 (10월 이전에) 언론정보부처는 이 신문에 대해 법적 조치를 취하기로 결정했다.[36]

우선 왜 『이쇼』가 이러한 제한에 처해지게 되었는지에 대해서, 솔로딘은 『이쇼』가 다음의 세 가지 요소들로 인해 당국의 주의를 끌게 되었

---

35 *Miss Eks*, no. 8(1993), p. 13.
36 블라디미르 솔로딘과의 인터뷰, 1994. 04. 20.

다고 말한다. 이 신문은 기본적인 '포르노그래피의 기준'을 만족했다. 이 신문은 상설 저널이며 따라서 한동안 유통될 가능성이 있었다. 그리고 이 신문은 검열당국을 애먹인 특별한 '영리함과 미묘함'을 갖추고 있었다.[37] 『이쇼』는 건방진 섹스 유머, 악마주의, 순수예술, 그리고 다른 비통상적인 재료들을 조합시키는 데 있어 매우 색다른 방식을 취했지만, 어떻게 이 조합이 이 저널을 오히려 위협적인 것으로 만들었는지는 분명치 않다. 이 수수께끼는 이에 대해 쓰여진 평가서에서 오직 부분적으로만 설명될 뿐이다.

보레프의 위원회는 보레프 자신이 인쇄물 분석에 아무런 전문성을 가지고 있지 않음에도 불구하고 『이쇼』의 성격에 대한 평가서를 써달라고 요청받은 몇몇 그룹 중 하나였다. 그의 위원회가 1993년 12월 14일 내린 (그리고 1994년 1월 18일 2차 전문가 소견서에서 반복한) 결론은 『이쇼』는 사실상 포르노라는 것이었다. 이들의 2차 소견서에서는 텍스트들의 경우 (내용면에서 성적이기는 하지만) 포르노그래피의 기준을 충족하지 못한다고 결론지었다. 문제는 이 텍스트들을 위해 『이쇼』가 선택해 넣은 일러스트레이션들이었다. 이 사진들은 '포르노그래피'의 두 범주에 해당했다. 첫번째 유형은 '비의도적'인 것으로, 내용에도 불구하고 범죄적 의도가 입증될 수 없었기 때문에 용서될 수도 있다. 이러한 '비의도적인 포르노그래피'의 특정적 예로 위원회는 벌거벗은 몸들로 이루어진 인간 샌드위치의 가운데에 끼어 있는 인터뷰 대상자(보바 베셀킨——'성적 테러리스트')의 사진을 인용했다.[38] 그렇지만 『이쇼』에 실린 대부분의 사진들은 훨씬 더 심했고 두번째 범주에 속했다. "『이쇼』의 발행인들은 대부

37 Ibid.

분의 경우 바로 그 본질에 있어서, 즉 그 구조에 있어서(카메라가 성행위 또는 성행위를 할 준비가 된 생식기의 극히 섬세한 디테일을 포착할 때), 그리고 그 목적(독자로부터 단일한 특정 반응, 곧 흥미와 성적 흥분을 불러일으키는 것)에 있어서 포르노적인 사진들을 선택했습니다." 위원회는 체육관에서 성교 및 구강성교를 하고 있거나 다양한 웨이트 리프팅 기구들을 섹스 도구로 이용하고 있는 두 여자와 한 남자의 사진이 실린 펼침 기사를 포함하여 이러한 종류의 포르노그래피의 몇몇 예시들을 제시했다.[39] 이 전문가 소견서를 근거로 코스틴이 두번째로 구속되었다.

『이쇼』가 포르노라고 판결하는 데 있어서, 보레프 위원회는 자신들의 전문가 소견서에는 언명하지 않은 비통상적인 전제를 견지하고 있었다. 보레프의 의견으로는『이쇼』의 '문화적 수준'의 '일관성'에 의문점이 있었다.[40] 크리모바가 부연한 바에 의하면, 문제는『미스터 엑스』와 같은 신문은 '단순한' 포르노물이라는 것이었다. 이 신문의 전체 내용은 낮은 문화적 수준에 머물러 있다고 표현될 수 있다. 반면,『이쇼』는 고급 텍스트를 천박한 사진들과 한데 결합하려 했다는 것이다. 텍스트는 사람들이 성을 편안하게 느끼도록 교육시키려 하고 있으며 '인본주의적' 목적에 기여하고 있었다. 그러나 사진들은 '단순한 포르노그래피'이며 해로운 영향을 가져다 줄 것이었다. 그녀는 다음과 같이 결론짓는다. "이 신문의 편집자는 자신의 텍스트의 높은 수준에 걸맞는 사진을 발견하지 못했어요."[41]

---

38 *Eshche*, no. 7(1993), p. 7.
39 *Ibid.*, pp. 8~9. 다시 한번, 이 견해의 원본 텍스트를 내게 보여 준 보레프와 그의 직원들에게 감사한다.
40 블라디미르 보레프의 인터뷰, 1994. 04. 14.
41 나탈리야 크리모바와의 인터뷰, 1994. 04. 14.

이러한 기준에 의하면, 노골적으로 포르노적인 잡지는 기소되지 않는 게 당연하며 포르노그래피와 성애물 사이에서 아슬아슬한 줄타기를 하는 잡지는 기소될 것이다. 물론 이런 주장은 보레프 자신이 작성을 도왔던 가이드라인들에 모순될 뿐 아니라 터무니없다. 가령,『플레이보이』는 텍스트가 사람들이 접어넣은 페이지를 펴 보도록 (그리고 그럼으로써 자신을 타락시키도록) 하는 속임수라고 주장될 수 있으므로 기소될 수 있을 것이다. 그러나 아동성추행 가이드북으로 스스로를 공개적으로 묘사하는 책은 이것이 그 의도를 감추려고 하지 않기에 기소가 불가능할 것이다.

6. 민사 소송

형법이 포르노그래피의 문제를 적절하게 다루지 못해 왔기 때문에 현재 새로운 법적 방법들이 실행되고 있다. 보다 흥미로운 법적 전략 중 하나로 포르노물 제작자들에 대한 민사 소송 사건들의 활용이 있다. 포르노 제작자들을 기소하기 위해 민사 소송 절차를 사용한다는 아이디어는 다른 나라에서도 제안되어 왔다──미국과 캐나다에서 이러한 접근법은 페미니스트 법이론가인 캐서린 맥키넌에 의해 옹호되었다. 이 접근법은 러시아에서는 오직 최근에서야 사용되기 시작했다.

1995년 러시아 법원이 결정한 '정신적 피해'에 대한 가장 큰 액수의 피해보상금이 남성 잡지『안드레이』에 누드로 출연한 모델 나탈리야 파추라에게 돌아갔다는 것은 사소한 일이 아니다. 파추라는 잡지 출연을 거절하지 않았다(사실상 그녀는 사진 출판 동의서에 서명했다). 그러나 그녀는 자신이 마약을 사용했다고 잡지에 넌지시 암시되는 것에 대해서는 반대했다. 체르타노프 지방법원 판사는 이에 동의하여 그녀에게 3천 5백만 루블(7천 달러)의 보상금을 지급하라고 판결했다.[42] 확실히, 남성 잡지에서 포즈를 취하는 것은, 미국에서와는 달리, 그 자체로 정신적 피해나 치명적인 인격 문제로 여겨지지 않은 것이다.

훨씬 더 야심만만한 공격은 상트페테르부르그 젠더연구소가 1996년 6월 『플레이보이』 러시아판을 상대로 제기한 소송이다. 『플레이보이』는 예카테리나 여제, 소피아 코발레프스카야, 그리고 다른 유명한 러시아 여성들의 초상화에 대한 노골적인 성적 해석을 출판한 데 대해 연구소의 분노를 샀다. 연구소는 "이들이 표현된 방식은 성적 느낌을 자극하지 않았지만, 이들을 그 성별에 근간하여 굴욕감을 느끼고 비하되어야 할 러시아 역사의 상징과 이미지로서 다루고 있다"고 고소했다. 소송은 윤리적 손상에 대해 잡지사가 국가에게 1억 루블을 배상하라고 청구했다. 이 사건은 심리를 거칠 것인지 검찰로부터 아무 말이 없는 채 몇 달동안 계류되어 있었다.[43] 확실히 당국은 이 문제를 회피하고 싶어했다. 1996년 12월 초 러시아 학술원은 고소를 넘겨 받아 소송에 더 무게를 실어 빠른 결정을 압박했다.[44] 예비 공청회가 1997년 5월에 열렸고 공식 공청회가 그 해 9월에 시작될 예정이었다. 그러나 결국 정부가 세워 놓은 수많은 장애물 때문에 끝내 젠더연구소는 패배를 인정하기에 이르렀다. 연구소장 올가 리포프스카야의 말을 빌리자면 "유감스럽게도 우리는 너무 바빠서 우리의 캠페인을 더 끈질기게 지속할 수가 없었다". 그러나 리

---

42 Irina Belinskaia, "Ne mnogo li chesti", Ogonek, no. 3(1995), p. 77.

43 이메일 서신 교환으로부터 인용되었음(1996년 7월). WEW 44에 재출판되었음(1996년 9월, pp. 8~9). 1996년 10월 연구소의 율리아 주코바(Julia Zhukova)와의 서신교환에서 업데이트 되었음.

44 Heidi Schreck, "Nude Drawings of Catherine II Provoke Lawsuit", Saint Petersburg Times, 1996. 12. 9~15., p. 3.

포프스카야의 생각에는 젠더연구소가 이겼다. 적어도 그 사진들은 더이상 출판되지 않았다.[45]

7. 결론: 러시아 포르노그래피란?

러시아 포르노그래피에 독특한 무엇인가가 있는가? 문학 비평가 코르네이 추코프스키는 이렇게 말한 적이 있다. "러시아 포르노그래피는 프랑스인이나 독일인이 만들어 내는 것 같은 평이한 포르노그래피가 아니라 생각이 깃들어 있는 포르노그래피이다."[46] 그렇지만 러시아 포르노그래피가 정말로 독특한지는 그리 분명치 않다. 프랑스와 독일에서 그러했던 것처럼, 역사적으로 포르노그래피는 정부를 비판하는 수단으로 러시아에서 사용되었고, 그래서 당국은 포르노그래피를 국가에 대한 위협으로 간주하는 습관을 가지게 되었다.[47] 포르노그래피가 국가를 직접적으로 공격하지 않았을 때조차도, 포르노그래피의 도덕성에 대한 공격은 국가 당국에 대한 빤히 들여다보이는 공격으로 여겨졌다. 당국은 일종의 정치적 운동으로서 성적 방종이 확산되는 것을 두려워했다. 그 결과로 러시아와 소련의 '도덕적 검열'이 정치화되었다. 한 관찰자가 표현한 대로, "에로틱하거나 포르노적인 책과 사진들은 그것들이 도덕적으로 불쾌감을 주기 때문에 금지되는 것이 아니라 전복적이기 때문에 금지된

---

45 올가 리포프스카야(Ol'ga Lipovskaia)와의 서신 교환, 1998. 07. 22.(헬레나 고실로[Helena Goscilo]의 호의어린 도움에 힘입었음).

46 Laura Engelstein, *The Keys to Happiness: Sex and the Search for Modernity in Fin-de-Siecle Russia*(Ithaca: Cornell University Press, 1992), p. 386.

47 서유럽의 포르노그래피 역사에 대해 더 알고싶은 독자는 다음을 참고하라. Lynn Hunt, Introduction to *The Invention of Pornography: Obscenity and the Origins of Modernity, 1500-1800*, ed. Lynn Hunt(New York: Zone Books, 1993).

다".[48] 민화조차도 검열 기구, 정교회, 그리고 차르의 법률을 약화시키려는 목적으로 출판되었다. 나중에 NEP 시대 포르노그래피는, 필경 의도하지는 않았겠지만, 국가의 대중 통제 열망에 갈수록 더 상반되는 것으로 드러난 자유연애 이데올로기와 결부되었다.

그러나 시대가 바뀌었고, 오늘날의 포르노그래피는 더이상 러시아 및 몇몇 서구 자유주의자들이 주장하고 싶어하는 것과는 달리 자유의 특징이 아니다. 저작물 자체만 대강 훑어 봐도 종종 그와 정반대의 상황임을 알게 된다. 폭력적인 포르노 이미지는 러시아 대중문화에 스며들어 왔다. 모스크바 대중 FM 라디오 방송국 '에브로파 플류스'에 대한 최근의 광고는 청취자들에게 라디오 광고가 '효과' 있음을 단언하면서 이를 보여 주기 위해 철썩 때리는 소리와 여성의 신음소리 효과음을 들려주었다. 1991년 7월호『수도』Stolitsa의 뒷표지에는 무릎을 꿇고 헐렁한 블라우스를 입은 여성이 권총에다 구강성교를 하고 있는 모습이 담겨 있었다.[49] 이렇게 러시아의 포르노그래피는 서구에서도 또한 발견되는 여성 혐오적 메시지를 띠어 왔다.

다른 한편, 우리는 또한 포르노그래피의 기호적 의미가 러시아에서는 매우 다를 수 있다는 가능성, 그리고 러시아에서 페미니스트 패러다임을 사용하는 데 이론적이기보다는 문화적인 문제가 있을 수 있다는 가능성을 살펴보아야 한다. 『플레이보이』에 대한 페테르부르크 젠더연구소가 취한 최근 소송을 제외하고 러시아에서 포르노그래피는 페미니즘 문제로 거의 다루어지지 않는다. 안드레아 드월킨과 캐서린 맥키넌이

---

48 Stern, *Sex in the USSR*, p. 181.
49 *Stolitsa*, no. 23(1991).

전개한 주장, 곧 포르노그래피가 여성을 착취한다는 견해는 러시아에서는 표면화되지 않아 왔다. 대신, 포르노그래피에 대한 논쟁은 보수주의자와 자유주의자 간의 '언론의 자유' 대 '가족의 가치'에 대한 상당히 구태의연한 1950년대식 논쟁에 머물러 있는 것으로 보인다.

소비에트 시대에 콘돔 생산이 석유화학 생산부처의 고무 담당부서에서 운영되었던 나라에서[50] 성의 기호학은 이상하게 흘러가기 쉽다. 포르노그래피는 혁명에서부터 상징주의에 이르기까지 다양한 다른 목적에 복무할 수 있다. 후자의 경우에 여성의 포르노적 비하는, 린 애트우드가 시사한 바와 같이, 국가에 반격을 가하는(여기서는 여성이 대표자가 되는) 수단이 될 수도 있다.[51] 포르노그래피는 아직도 정치적 혁명의 수단이 될 수도 있다. 마치 19세기에 『러시아의 에로스』와 『친구들끼리』가 그러했듯이 말이다. 그러나 그 기원과 현재의 발현 이면의 동기가 어떻게 다르든지 간에, 러시아 포르노그래피는, 서구의 그것과 마찬가지로, 궁극적으로 자신이 출현하고 또 기여하고 있는 경제적, 정치적, 사회적 맥락과 분리될 수 없다.

---

50 Anna Husarska, "Kondomski", *New Republic*, 1992. 07. 27., p. 28.
51 Lynne Attwood, "Sex and the Cinema", in *Sex and Russian Society*, ed. Igor' Kon & James Riordan(Bloomington: Indiana University Press, 1993), p. 67.

4부

사회와 사회적 인공물

15장

신체 그래픽

공산주의 몰락을 문신하기

낸시 콘디

[제1차 러시아 문신 대회는] 선전-교육적 성격을 띨 것이다. 문신 세미
나가 열릴 것이다. ──제1차 러시아 문신 대회 개최 발표, 『인터미디어』
Intermedia, 1995년 4월 24일

1920년대 중반의 공산주의 계몽을 떠올리게 하는 스타일의 이 공지
는 문신이 1995년까지 러시아에 거의 알려지지 않았음을 암시하는 듯
보인다. 그러나 러시아 문신 전통은 서구의 전통보다 더 풍부하고 (정치
적, 범죄적, 그리고 권력적 이유 때문에) 훨씬 더 복잡하다. 이 대회가 약속
하고 있는 '선전-교육적 성격'에서 러시아에서 1990년대까지 거의 전적
으로 범죄 지하세계와 결부되어 있던 관행에 대한 주류 관습을 감지할
수 있다. 이 두 요소──문화적 기억상실증과 새로운 관습의 탐색──는
현대 러시아의 담론과 사회적 관행을 튼튼하게 형성한다. 이 장에서는
이 요소들을 규명할 것이다. 이는 친숙한 과거의 무익한 연관관계들을
잊는 동시에 그 과거를 재활용하는 것에 대한 더 거시적인 이야기의 일

례라고 할 수 있다.

러시아를 포함한 서구 세계 전역에 걸쳐 문신은 문화적 모순을 내포해 왔다. 문신은 영원한 것인 동시에 순간적인 것이다. 일생 동안 지속되지만 보존될 수 없는 것이다. 이것은 피부의 바깥 표면에 존재의 내적 상태를 드러내 보인다. 이것은 살 수 있지만 팔 수는 없으며, 그럼에도 불구하고 끝없이 재생산될 수 있다. 문신은 엄격한 대안적 윤리 지침을 단언하는 한편 사회적 규범을 넘어설 수 있다. 이것은 미술관, 예술 학교, 갤러리, 예술 재단과 같은 전통적 문화기관을 갈수록 더 혼란시키고 있는 예술 형태이다. 이것은 그 소유권이 결코 분쟁의 대상이 될 수 없고 그 발생 현장이 독특한 방식으로 통제될 수 있는 오리지널한 시각 예술품의 구입을 역설적으로 재구성한다. 이것은 사회적 교류를 촉진하는 대화의 기회를 제공하는 한편, 사회적 주변성의 허깨비를 불러일으킨다. 마지막으로, 문신은 페티시(물신物神)로서의 자신의 가치를 부정하지 않는 상품 페티시이다. 실제로, 그 페티시적 성질이야말로 문화와 페티시의 가족 유사성이 보다 일반적이었던 상품화 이전 시대와의 직접적인 연결 고리이다.

나중에 러시아 제국이 된 지역에서 나온 가장 오래된 고대의 문신 표시는 알타이 산맥 출리시만 산줄기의 남쪽 비탈에 있는 파지리크 계곡 봉분의 스키타이인 주검에서 발견되었다.[1] 그곳에서 1924년 고고학자 루덴코가 바위로 덮여 있는 40개의 봉분을 발견했다. 이 바위들은 얼음 보호층을 형성하여 얼어붙은 시체들을 보존하고 있었다. 봉분 2호와 5호에는 기원전 5세기의 스키타이인 족장으로 추정되는 두 구의 시체가

---

1 Tamara Talbot Rice, *The Scythians*(New York: Praeger, 1957), pp. 30~31, 114~116.

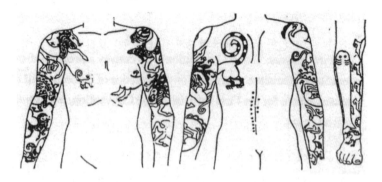

〈사진 15-1〉 족장에게 새겨졌던 스키타이 문신. 제2봉분에서 출토, 파지리크 계곡(알타이). Tamara Talbot Rice, *The Scythians*(New York: Praeger, 1957), p. 115.

들어 있었다. 이 시체들은 팔과 가슴, 등, 다리에 새겨진 전통적인 스키타이 양식의 동물 문신들로 정교하게 치장되어 있었다(사진 15-1).

스키타이 예술사의 이 작은 족적은 중요하다. 왜냐하면 1987년경부터 계속 전체주의 문화 시스템이 붕괴하기 시작하면서, 젊은 러시아 문신 예술가들이 이 고대 스키타이 이미지로 되돌아가 서구에 대한 어떤 지식도, 로마노프 왕가나 소비에트, 20세기 러시아의 그 어떤 피비린내 나는 역사의 기억도 없었던 공동체로 상상 속 회귀를 했기 때문이다.

문신의 사회적 금지는 적어도 유럽 문화에서는 보다 최근의 현상이다. 유럽 문화에서 문신 금지는 성경적 권위로부터 그 윤리적 중요성을 정당화시킨다(「레위기」 19장 28절: "너는 너의 살을 절대로 잘라내지 말 것이며… 어떠한 표식도 너 위에 새기지 말지어다"). 러시아에서는 적어도 17세기부터 줄곧 죄수들의 얼굴, 통상적으로 눈과 눈 사이 바로 위 이마에 러시아어로 '죄수'katorzhnik를 의미하는 러시아 글자 KAT 낙인을 찍었다(사진 15-2). 이는 어떤 의미로는 '성서적 추방자'를 뜻한다.

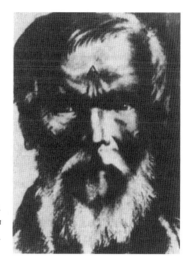

〈사진 15-2〉 이마 낙인이 있는 17세기 러시아 죄수.
Iurii Dubiagin, *Sleduiushchaia zhertva—ty: Azbuka bezopasnosti*(Moscow: Pechatnoe delo, 1995), p. 224.

그러나 성경에 근거한 금지에도 불구하고, 유럽 문화에서 인생의 어느 한 시점에 문신을 '의례적 일탈'의 한 형식으로 선택한 역사적 인물의 목록은 매우 다양하고 길다. 이 중에는 니콜라이 2세(왼쪽 어깨에 유명한 일본 문신 예술가가 새긴 불을 뿜는 용의 문신)와 스탈린(해골 문신)도 있다. 그러나 일반적으로 러시아에서 문신은 서구에서와 마찬가지로 선원, 사병, 그리고 죄수들이 주로 하는 것이었다. 자발적으로 자신에게 문신을 새겼다고 알려진 최초의 러시아인은 19세기 초 여행가 표도르 톨스토이(아마도 그의 모험심 때문에 '미국인'으로 통하던)였다. 그는 한 폴리네시아인 예술가에게 도끼 두 개를 주고 문신을 새겼다.[2] 19세기 후반에 이르러 사할린 섬으로 유배된 러시아 죄수들은 자신을 '사할린 그림들'

2 Georgii Marokhovskii, "Eta strannaia moda. Ot igly", *Novoe russkoe slovo*(New York), 1997. 03. 14., p. 60.

로 치장함으로써 감옥과 가장 밀접하게 연결된 예술로서 문신의 전통을 확립했다. 비록 소비에트 선원과 군인이 일상적으로 문신을 새기긴 했지만, 형벌 시스템에서만큼 표식의 시스템이 정교하게 발달한 영역은 없었다. 문신하는 것이 흔했던 소비에트 삶의 다른 영역 ——기수, 운전수, 마부, 그리고 다른 공식적 및 비공식적 경마장 고용인들 사이 ——에서라 할지라도 문신은 이전에 교도소에서 복역했음을 (그리고 교도소 이후의 빈약한 고용 경력을) 암시했다. 간단히 말해, 문신 보유자 개개인이 실세로 감옥살이를 했는지 여부와는 상관없이, 문신과 교도소는 불가분한 개념이었다.

토머스 에디슨의 전자 펜에 근간하여 1891년 사무엘 오레일리가 창안한 문신기계[3]는 러시아에서는 거의 보기 힘든 진기한 물건이었다. 교도소 공동체 밖에서 문신을 새기는 통상적인 방법은 못을 박은 고무판이나 목판을 형판으로 삼아 문신을 받는 사람의 피부에 박아 넣어 한꺼번에 문신을 새기는 것이었다. 성인 교도소와 소위 아동 격리 수용소에서는[4] 문신하는 것이 더 어려웠는데, 이는 피수감자의 문신행위가 공식적으로 금지되어 있었고 그에 대한 처벌로 독방에 수감될 수도 있었기 때문이었다. 소비에트 시대에는 용수철로 작동하는 태엽 감는 면도기(사진 15-3) 또는 희귀한 외제 전기 칫솔(소비에트 산업에서는 이러한 물품은 생산되지 않았다)같이 몇몇 자가로 만든 문신 '기계'들이 존재하기

3 Amy Krakow, *The Total Tattoo Book*(New York: Warner, 1995), p.22.
4 소비에트 아동 수용소는 성인 교도소 환경(가시 철조망, 스포트라이트, 24시간 감시)까지 포함하여 다양한 정도의 형벌 엄정성을 가지고 있었으며, 14살에서 20살 사이의 범죄 청소년이 수감되었다. 본 연구에는 모스크바에서 몇 시간 떨어진 곳에 위치한 엄정 체제 아동 수용소인 익샤 교육-노동 수용소에서 진행된 구두 인터뷰가 포함되어 있다. 500여 명의 수감자 중 약 5분의 1이 살인죄로 수감되었다.

〈사진 15-3〉 문신 기계로 탈바꿈한 소비에트 면도기 및 펜. Lev Mil'ianenkov, *Po tu storonu zakona*: *entsiklopediia prestupnogo mira*(St. Petersburg: Ladies and Gentlemen Publishing, 1992), p. 128.

는 했지만, 대부분의 단순한 문신은 나무 성냥개비로 둘러싸 실로 묶은 보통의 바느질 바늘로 이루어졌다. 바느질 바늘은 숨기기도 쉽고 일상적 수선에 필요한 도구로 정당화하기도 쉬웠기 때문에 교도소 당국이 자동적으로 압수할 수 없는 표현 도구가 되어 주었다. 바늘이 없을 때는 나선형의 노트 와이어를 푼 것 등 어떤 철선이라도 날카롭게 갈아서 사용했다. 잉크는 통상 감옥에서 구할 수 없었기 때문에, 그을음, 먼지, 담뱃재, 성냥머리 태운 것, 또는 태운 신발창 등을 액체와 섞어 염료로 사용했다. 섞는 액체로는 수감자 자신의 소변이 그 '면역학적' 성질 때문에 선호되었다.[5]

소비에트 시기 전반에 걸쳐 문신 하위문화에 대한 정보는 전적으로 일화적인 수준이었다. 그러나 1991년 공산주의 몰락 이후 몇몇 교도소 문신 모음집이 나타났다. 여기에는 은어, 속담, 카드게임, 암호화된 지명, 수신호, 암호작성술, 해독술, 암호화된 말, 교도소 모르스 부호, 서간 에

5 소변 요법은 러시아 민간 의료법의 온전한 한 부문을 이루고 있으며, 주로 소독제 대용으로 사용된다. 다음을 참조하라. Nancy Condee, "Getting By(Part Two): Colic, Curing the Common Cold, and Mumiyo", *Institute of Current World Affairs Newsletter*, 1986. 04. 01., p. 5.

티켓, 그리고 다른 표식 시스템을 포함하여 교도소 문화의 전반적 개요의 모든 영역이 망라되어 있다.[6] 경찰 수사관, 교도소 직원, 기자, 호기심 있는 일반 독자, 그리고 (적어도 한 경우에는) 범죄 집단 자체를 위해 쓰여진[7] 이 희귀한 책들은 문신 그림과 문신의 의미에 대한 암호스러운 '번역'을 소개하고 있지만 표식 시스템에 대한 분석을 담고 있지는 않다. 지금까지 간단히 이야기한 것은 위에 언급된 책들뿐 아니라 이전 및 현 수감자들, 문신 예술가, 문신 수집가와의 구두 인터뷰에 근거한 것으로, 이 시스템에 대한 기초적 논의이자 이 시스템의 포스트소비에트적 변형에 대한 논평의 근간이 될 것이다.

소비에트 감옥 문신은 여러 기능을 가지고 있었는데 이 중 대부분은 서구에서 문신을 새기는 목적과 대동소이했다. 시각적 자서전, 개인적·정치적 철학, 부적, 사랑의 맹세, 그리고 물론 장식의 목적도 있다. 실제로, '남자의 파멸의 원인'(사진 15-4)이나 헌신 문신(사진 15-5)과 같

6 D. S. Baldaev, V. K. Belko, I. M. Isupov, *Slovar' tiuremno-lagerno-blatnogo zhargona*(rechevoi i graficheskii portret sovetskoi tiur'my)(Moscow: KraiaMoskvy, 1992); Iurii Dubiagin, *Sleduiushchaia zhertva – ty: Azbuka bezopasnosti*(Moscow: Pechatnoe delo, 1995); Édvard Maksimovskii, *Imperiia strakha*[Empire of Fear](Moscow: Maket Limited, 1991); Lev Mil'ianenkov, *Po tu storonu zakona: entsiklopediia prestupnogo mira*(St. Petersburg: Ladies and Gentlemen Publishing, 1992).

7 막시모프스키(Maksimovskii)의 『공포의 제국』(Empire of Fear)은 범죄세계에 대해 호의적인 교도소 문화의 개요서로서 투옥 경험에 대해 생생히 증언하는 텍스트이다. 이것은 수많은 성경 인용과 예언을 모스크바 범죄 조직에 대한 가이드라 할 만한 시인 겸 작곡가 알렉산드르 갈리치의 교도소 노래 가사(예브게니 예프투셴코가 쓴 유명한 해빙 선동 시를 패러디하여 "갱들이 전쟁을 원하는가?"["Khotiat li gangstery voiny?"]라고 장난스럽게 제목 붙여진) 및 다수의 문신 그림과 묶은 것이다. 도입부의 헌사 "이름 없는 독자에게"로부터 이 작품의 철학적 태도를 엿볼 수 있다.
"이 책은 브레즈네프 시대 [감옥] 시스템의 가혹한 제도를 겪었던 수백만 명의 사람들의 운명에 대한 것이다. 살아남은 정치범 죄수들은 자신의 비망록을 쓰고 있다. 어떤 이유에선지, 우리 시대의 형사범의 감옥 생활에 대한 비망록은 어디서도 눈에 띄지 않는다…. / 이 책을 읽고 아무도 재단하지 말라."
내 남편에게 자신의 시각 자료 및 텍스트 자료와 더불어 이 책을 제공해 준 중앙 아시아 출신 파한 [범죄왕]에게 감사한다.

〈사진 15-4〉(위) 남자의 파멸의 원인 문신(소비에트 예). Iurii Dubiagin, *Sleduiushchaia zhertva-ty*, p. 374; D. S. Baldaev et al., *Slovar' tiuremno-lagerno-blatnogo zhargona*(rechevoi i graficheskii portret sovetskoi tiur'my)(Moscow: Kraia Moskvy, 1992), p. 502.

〈사진 15-5〉(아래) 헌신 문신(소비에트 예). Iurii Dubiagin, *Sleduiushchaia zhertva-ty*, p. 422.

은 가장 흔한 서구 문신 장르의 몇 가지는 소비에트 감옥 내에서도 익숙한 것이었다. 특정한 소비에트 교도소 문신들은 교도소 밖에서도 음식, 주거지, 정보, 접근성 등을 얻기 위해 상호적으로 알아볼 수 있는 신호로 기능했다. 이 문신들은 그 나름대로, 부랑자나 프리메이슨 같은 다양한 집단이 사용하는 식별 시스템과 다를 바가 없다. 가장 단순한 식별 문신 두 가지는 일련의 십자가로서 손가락 관절 바로 아래 손 바깥쪽에 새겨졌는데, 각 십자가는 징역형 하나를 의미하거나 감옥에서 보낸 한 해를

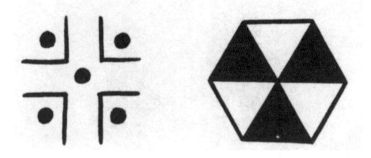

〈사진 15-6〉 (왼쪽) '네 개의 탑과 죄수', (오른쪽) '안녕하시오, 도둑들!'. Iurii Dubiagin, *Sleduiu-shchaia zhertva-ty*, p. 441; D. S. Baldaev et al., *Slovar' tiuremno-lagerno-blatnogo zhargona*, p. 471.

가리켰다. 그리고 엄지와 검지 사이 손 바깥쪽에 새겨진 큰 점 하나는 이전의 탈옥을 의미했다. 가장 정교한 표식은 '네 개의 탑과 죄수' 문신인데, 전통적으로 새끼손가락 아래의 손목 근처 손등에 새겨졌고 '안녕하시오, 도둑들!'이라는 표식은 전통적으로 반지 문신으로 새겨졌다(사진 15-6).

소비에트 교도소 문신을 서구의 문신 및 기타 식별 시스템과 차별화하는 것은 매우 구체적이고 미묘한 방식으로 의미를 코드화했다는 점이다. 문신은 죄수의 지위, 범죄, 그리고 가정 생활 등을 전달할 뿐 아니라 이러한 사실들을 함께 엮어 죄수의 전신에 걸쳐 읽어 내는 것이 가능한 연속적 구조, 곧 이야기로 연결한다. 표식 자체뿐 아니라 표식의 위치 또한 의미를 지녔다. 상체(머리, 목, 어깨, 가슴)는 특권을 표시하는 문신을 위한 위치였다. 반면에 발과 다리에는 농담, 단어유희 또는 유머러스한 이미지가 새겨지는 경향이 있다.

특권적 문신 중에서 특히 두 가지는 가장 명예롭게 여겨져서 도둑들

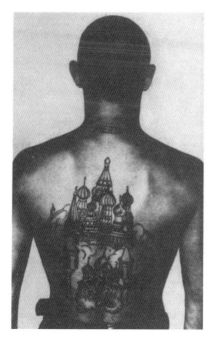

〈사진 15-7〉(왼쪽) 러시아 정교 교회 문신. 높은 위계의 범죄자만이 새길 수 있었음. Lev Mil'ianenkov, *Po tu storonu zakona*, p. 193.

〈사진 15-8〉(오른쪽 위) 성모와 성자 문신. '여러 세대에 걸친' 범죄자만이 새길 수 있었음. Lev Mil'ianenkov, *Po tu storonu zakona*, p. 256.

의 두목 또는 파한pakhan(범죄왕)만이 지닐 수 있었다. 첫번째는 러시아 정교 교회로 그 둥근 지붕의 개수는 형기를 마친 형의 수를 가리켰다. 자명한 이유로, 교회들은 실제 건물의 복제품이 아니라 예술가의 상상으로부터 가져온 가상적인 종교적 기념물이었다(사진 15-7). 두번째의 특권적 문신은 성모와 성자였다(사진 15-8). 비록 이 문신이 익숙지 않은 사람들에게는 러시아 정교 신앙을 보여 주는 것처럼 보일 수도 있지만, 사실상 이것은 다음과 같이 긴밀히 연결된 여러 의미를 가지고 있으며 그중 어떤 것도 종교적인 의미는 아니다. ① 문신을 지닌 자가 '대를 이은 범죄자'라는 것(즉, 그의 아버지 또한 복역했음), ② 그가 매우 어렸을 때 ('팔에 안긴 아기'였을 때) 범죄에 뛰어들었다는 것, 또는 ③ 그가 감옥을

〈사진 15-9〉견장 및 면이 있는 별 문신. 범죄자 '소위'가 새겼음. Iurii Dubiagin, *Sleduiushchaia zhertvaty*, p. 352.

고향처럼 여긴다는 것을 의미했다. 비록 속담 '감옥이 나의 고향 집'이 종종 문신되는 슬로건이었음에도 불구하고 성모와 성자는 비공식적인 교도소 시스템에서 가장 높은 지위에 있는 죄수만이 지닐 수 있었다. 범죄 권력에 연관된 대부분의 감옥 문신과 마찬가지로, 그럴 권위가 없는 데도 이 문신을 새기는 것은 곧 스스로 죽음을 청하는 일이었다.

'당국자'avtoritety라고 불렸던 보다 덜 중요한 엘리트 성원은 자신의 지위와 도둑들의 왕에 대한 충성심을 어깨에 새겨진 견장 문신으로, 또는 쇄골 밑에 6개나 8개의 꼭지점이 있고 입체적 면이 있는 별 모양 문신으로 나타냈다(사진 15-9). 다시 말하지만, 이것들은 오랜 세월에 걸쳐 여러 번의 징역형, 파한에 대한 봉사(파한을 위한 살인까지도 포함하는), 그리고 자신의 지위 방어를 위한 폭력으로 얻어진 문신들이었다. 더이상 물리적 폭력을 직접 행사할 필요가 없는 파한과 달리, 당국자들은 범죄 군단에서 '소위'와 같이 파한의 명령을 실행했다(그러나 심부름을 한 것은 아니며 심부름은 한층 더 계급이 낮은 6인조가 수행했다. 이들 또한 자신만의 문신 표식을 지녔나), 종합적으로 볼 때, 이 지위 문신들은 일종의 계급장으로서, 범죄자들 간의 질서를 확립하고 유지했던 신체의 흉악한 제복이었다. 이것은 공식적 감옥 내 위계와 동등하면서도 그에 대립되는 것이었다.

범죄 위계의 아래쪽에서는 실제로 어떤 죄수라도 사용할 수 있는 세 가지의 통상적인 문신 하위유형이 존재했다. 이 문신들 중 첫번째 것은 가족 상황(또는 가족의 부재)을 전달했다. 글자 'DD'는 '고아원'detdom을 의미했다. 중앙에 한 개의 점이 있는 원은 '완전한(러시아어로 '원형의') 고아'를 뜻했다. 원 안의 별표는 '아버지 없음'을 뜻했다(사진 15-10).

두번째 하위유형은 범죄 전문분야를 나타냈다. 아파트 열쇠는 가택 침입을(사진 15-11), 사각형 안의 하트 표시는 강간을 의미했으며, 해골은 종종(언제나는 아니지만) '유죄판결을 받은 살인범'을 의미했다. 날개 달린 화살이나 돛이 잔뜩 부푼 배는 '방랑 절도범'을 뜻했다. 네스토르를 닮은 수도사가 탁자 앞에 앉아 글을 쓰고 있는 문신은 그 문신을 지닌 자가 숙련된 '펜'(나이프 또는 면도칼)을 가지고 있음을 뜻했다(사진 15-12). 블라디미르 레닌의 초상화는 사회주의 지지와는 무관하며 '도둑'vor을 의미한다. 레닌은 공식적으로 '10월 혁명의 지도자'Vozhd' Oktiabr'skoi Revoliutsii로 알려져 있기에 이니셜이 V-O-R가 된다. 이러한 치환들은 일종의 런던 토박이 슬랭, 곧 원래의 의미로부터 유리되어 맥락에 깊이 의존하게 되는 메타언어 같아 보일 수도 있지만, 이들의 기능은 언어유희보다는 비밀엄수, 편집증, 우의적 언어, 그리고 불경한 의도를 나타내기 위한 신성한 상징의 사용 등 보다 친숙한 러시아-소비에트 전통과 더 관련이 있다.

〈사진 15-10〉 (왼쪽) '아버지 없음.' D. S. Baldaev et al., *Slovar' tiuremno-lagerno-blatnogo zhargona*, p. 469.

〈사진 15-11〉 (가운데) '가택 침입.' D. S. Baldaev et al., *Slovar' tiuremno-lagerno-blatnogo zhargona*, p. 467.

〈사진 15-12〉 (오른쪽) '면도칼 전문.' Lev Mil'ianenkov, *Po tu storonu zakona*, p. 20.

세번째 하위유형은 성적 기호를 신호했다. 징벌 문신(즉, 동료 죄수에 의해 강제로 새겨진 낙인)이라는 주제는 차치하더라도, 성적 기호는 토끼(여성을 좋아하는 남성), 나비(매춘부가 아니라 단지 노닥거리기를 좋아하는 이), 수퇘지(남성 역의 레즈비언)(사진 15-13), 또는 바이올린 활(여자 같은 남자)로 공공연히 선언되었다. 남자의 배나 사타구니 위에 새겨진 한쌍의 눈은 '남성 역의 게이'를 뜻했다. 그러나 이것은 드문 교도소 문신이었다. '게이'가 '강간 가능한'(신체적 허약함 때문이거나 채무 불이행과 같은 위반 때문에 항문 또는 구강 성교에 강제로 응해야 하는)과 거의 동의어였던 반면, 동성 강간을 저지르는 자들은 '단지' 불우한 이성애자였을 뿐이었기 때문이다.

강간 가능한 이들은 종종 엉덩이나(눈 두 개, 벌통, 부지깽이 또는 다른 의미심장한 이미지들로) 얼굴에(입술 옆이나 한쪽 눈 아래에 가짜 미인점으로) 강제로 문신당하곤 했다(사진 15-13, 15-14, 15-15). 혁명 전 기

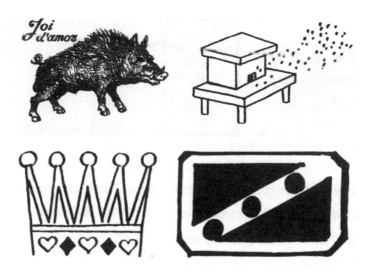

〈사진 15-13〉 (위) 남성 역의 레즈비언(좌) 및 징벌적 게이(우) 문신. Iurii Dubiagin, *Sleduiushchaia zhertva-ty*, p. 410.

〈사진 15-14〉 (아래 왼쪽) 강간 가능한 남자에 대한 '왕관' 징벌 문신. Iurii Dubiagin, *Sleduiushchaia zhertva-ty*, p. 389.

〈사진 15-15〉 (아래 오른쪽) '구강 성교' 징벌 문신. Édvard Maksimovskii, *Imperiia strakha* (Moscow: Maket, 1991).

결수를 낙인찍던 형벌 관행을 상기시키는 이 얼굴 낙인은 다른 죄수들에 대한 경고의 의도로 행해졌는데, 죄수들은 이 '게이' 남자들이 만진 어떤 물체도 건드리는 것조차 꺼릴 만큼 이들과 어떤 식으로도 엮이지 않으려 했다.

여성의 문신은 헌신이나 장식을 의미하는 경우가 더 많았다. 흔한 이미지로는 꽃, 새, 하트, 천사, 화환 등이 있었다. 종종 '공공연히 보이는 피부'(머리, 목, 손)에 눈에 잘 띄게 드러내 보여졌던 남자 죄수 문신과 달리, 여자들의 문신은 보이지 않는 곳에 새겨지고 범죄 권력의 수행과 연관되지 않는 경우가 더 많았다. 여자들의 문신은 종종 그들의 전기적 역사를 나타냈다. 이성애 또는 레즈비언 섹스, 결혼, 출산, 혹은 마약의 첫 경험, 또는 죽음, 특히 어머니나 아이의 죽음을 상기시키는 경우가 많았다. 레즈비언 관계는 종종 나체의 여자가 연주하는 기타나 바이올린 같은 악기로 신호되었다. 남성 동성애 문신과 달리, 여성 문신은 징벌적 성격이 없었던 것 같다. 예를 들어 엉덩이에 새겨진 한 쌍의 눈은 남자들 사이에서는 수동적인 게이를 뜻했고 따라서 징벌적 문신이었는데, 여자들의 경우에는 적극적인 레즈비언 성생활을 신호했다.

정치적 문신은 또 다른 생산적 범주였다. 가장 흔한 예로는 로마노프의 쌍두독수리와 나치의 갈고리십자 표지를 들 수 있다. 외부인에게 이 상징들은 각각 뚜렷한 정치 철학, 곧 러시아 전제정과 독일 파시즘을 나타내는 것처럼 보일 수도 있다. 그러나 영구적이고 완결불가능한 변위의 속성을 지니는 문신의 언어에서 이 상징들은 거의 동일한 의미를 나타낸다. 두 가지 모두 흔히 '반공산주의'를 의미한다. 즉, 수용소 시스템을 운영하는 공산당 당국에 반대한다는 뜻이다. 그보다 덜 통상적인 의미로(동시에 나타나기는 하지만) 두 상징 모두 '유태인을 때려잡아라'라는 뜻을 가졌다. 왜냐하면 '공산당'과 '유태인'은 거의 동의어에 가까운 욕설이었기 때문이다.

교도소 삶의 특이한 논리에 의하면, 갈고리십자는 또한 '러시아 애국주의자'(공산당 압제에 맞서는 민족적 자부심의 선언) 또는 '무정부주의자'(교도소의 질서에 윤리적으로 반대하는 이)를 뜻할 수도 있었다. 같은 관점에서, 나치 히틀러 친위대의 전통적 표식이었던 라틴 글자 'SS'는 "나는 양심을 지켜왔다"Sokhranil Sovest'의 러시아식 축약어를 뜻했다. 나치의 상징물은 이와 같이 감옥 문신의 언어에서는 러시아의(소비에트에 반대되는) 도덕적 양심의 선언이 되었다.

쌍두독수리와 갈고리십자 간의 주된 의미적 차이는 러시아 대 독일 (또는 군주제 대 파시즘) 관계와는 아무 상관이 없었다. 차라리 이것은 독수리에 대한 고대(1917)의 기억 대 갈고리십자에 대한 최근(1945)의 기억 간의 관계와 관련이 있었다. 이러한 관점에서 이 파시스트 상징(갈고리 십자)은 훨씬 더 정곡을 찌르는 것이었다. 이것은 보다 친숙했고 보다 노골적으로 반공산주의 및 반유태주의를 나타냈으며 (물론) 쌍두독수리보다 더 그리기 쉬웠다.

러시아 교도소 문신 시스템은 매우 복잡했는데, 이는 부분적으로 상징들이 동시에 다양한 가치 범주들을 표현하는 반면, 이 범주들의 어떤 것도 친숙한 서양의 가치 범주와 쉽게 일치하지 않았기 때문이었다. 실제로, 소비에트 교도소는 서구의 가치 시스템과 두 가지로 격리되어 있었는데, 그것은 첫째로 베를린 장벽 때문이었고, 둘째로 교도소 담장 때문이었다. 만약 우리가 '가치'를 인기로 해석할 때, 특정한 이미지 또는 템플릿에 대한 수요는, 곧 문신의 가치의 척도라고 여겨질 수 있다. 그러나 감옥의 계급 체계 내 권력 선언(성모와 성자, 견장), 직업적 기술과 전문분야의 선언(절도를 나타내는 아파트 열쇠, 강간을 뜻하는 하트), 사회적 저항의 선언(갈고리십자, 로마노프 독수리) 등 다른 가치 개념들은 수요에 따라서가 아니라 특정한 정체성 관계에 따라 기능했다. 이렇게, 교도소 문신은 논쟁의 여지 없이 대중문화이지만 이것이 대중적인 방식은 문신 그 자체만큼이나 미묘하고도 다양하다.

이 예들로부터 표식 시스템의 복잡성을 찾을 수도 있을 것이다. 표식 시스템은 오직 일련의 잠재적 의미에만 한정되지만, 한편 아무것에도 결부되지 않는다. 그 잠재적 의미에서 불변하는 것은 오직 그 수행적 측면이다. 가령, 죄수의 신체에 새겨진 선언적 슬로건이 그러한데, 그 신체는 그 자체가 선언적 슬로건으로 장식된 교도소 환경이다.

　문신 슬로건 자체는 다양한 문체적 언어사용역을 보여 주었다. 이것은 볼셰비키식 열광('구체제를 무너뜨리자')을 상기시킬 수도 있고 성서 표현을 사용하여 신자인 척하는 것('도둑들의 법을 기리라')을 떠올리게도 한다. 또는 멜로드라마 소개자막('가난과 불의 때문에 도둑이 되었다')을 연상시키기도 한다. 때때로, 범죄와 카드 게임의 러시아식 연계를 따라 도박 모티프가 나타나기도 했다('감옥에서는 카드를 꼭 쥐고 있어라/감옥에서는 '수의'에 걸맞게 행동하라').[8] 슬로건이 새겨진 죄수의 신체와 교도소 당국의 슬로건이 걸려 있는 공간 사이의 이러한 대화는 신체는 압수될 수 없다는 현실 때문에 더 강화되었다. 이것은 훼손될 수도, 강압될 수도, 통제될 수도, 무시될 수도 있었다. 그러나 죄수가 살아 있는 한, 그의 신체는 교도소 당국과 잠재적인 대화 상대로 존재했다.

　이 '전체주의적 대화'가 어느 정도까지 유용한 기능을 수행했는지는 1989년 신문 『소비에트 문화』Sovetskaia kul'tura에 실린 신원불명의 한 시체에 대한 기사가 좋은 예가 된다. 경찰은 오로지 그의 교도소 문신에 근거하여 이 사람의 일생을 대단히 상세히 추정해 냈다(그리고 이 추정은 정확한 것으로 밝혀졌다).

---

8 카드 게임 문신은 그 자체로 풍부한 하부장르였는데, 여기서 각각의 카드(그리고 다른 카드와의 다양한 조합)는 나름의 작은 의미 범위를 가지고 있었다. 이들 중 가장 악명높은 것은 다이아몬드와 하트로 장식된 '왕관' 문신으로서 강간 가능한 남자에게 새겨진 일반적 징벌 문신이었다. 좀 더 확장해 본다면, 교도소 경험은 곧 카드 게임 혹은 카드의 집이라고 할 수 있었다. 각 죄수는 할당된 액면가를 가졌지만 게임에서 가장 유리한 위치를 얻기 위해 '혼자 플레이할' 수도 있었다. '파한'은 카드로서, 또는 더 흔하게는 카드 플레이어로서 재현될 수 있었는데, 이는 진정한 '파한' 표지는 그 플레이어의 일관된 카드 게임 승리였기 때문이다. 이와 같은 또 다른 하부장르는 도미노 문신이었는데, 이 중 가장 유명한 것 또한 징벌적 성격을 지녔다. 대각선의 세 점 문신을 한 자는 강제로 구강 성교를 했음을 의미했다.

본 사망자는 싱년이 되기 전에 폭력행위로 인해 교도소에 처음으로 유치된 것으로 보인다. 그는 아동 수용소에서 2년여를 보냈다. 그는 교도소 규제를 위반하는 성향을 보였다. 그는 절도 혐의로 징역형을 선고받았다. 그는 감방동료들로부터 학대를 당했다. 그는 형기를 완전히 마쳤다. 그는 엄격한 수용소 체제에 있었던 것 같다. 그를 사랑했던 여성이 그가 석방되기를 기다렸다. 그는 자유를 꿈꾸었고 탈옥을 시도하고 싶어했던 것 같다. 그는 절도단의 일원이었다.[9]

1990년대의 러시아 문신은 1930~80년대의 소비에트 문신과 다섯 가지 점에서 구별된다. ①채색 안료 첨가, ②현대화된 제작 수단, ③사회적으로 야심 있는 소비자, ④겉으로 드러난 피부에 문신을 내보이는 것을 꺼리는 새로운 경향, ⑤문신 코드(즉, 누가 무엇을 새길 수 있는가)의 붕괴.

이 차이점 모두를 자세히 논의할 필요는 없을 것 같다. 첫 네 가지를 간단히 요약하자면, 컬러 문신을 제작하기 위한 서구 안료의 수입은 수용소 문신과의 차이점을 강조하는 한편, 문신에 대한 인식(및 수익)을 크게 개선시켰다. 서구 문신 기술(즉, 바늘을 15개까지 장착한 표준화된 기계)의 도입과 최근의 미국식 위생 표준 준수에 대한 압력은 별로 중요하지 않던 가내공업을 예술적인 야심과 서구와의 강력한 유대관계를 수반하는 수익성 좋은 사업으로 변모시켰다. 만약 드러난 피부에 새겨진 소비에트 문신이 주로 범죄 권력의 과시였다면, 오직 숨겨진 피부(즉, 보통 비즈니스 양복으로 덮여 있는 피부)에만 새기는 문신 경향이 증가하는 것

---

9 Mil'ianenkov, *Po tu storonu zakona*, p. 7.

은 비-문신 사회에서 '무사통과'할 것을 요구하는 사회적 유동성을 최우선으로 여기는 소비자 성향을 반영한다.

페레스트로이카 시대 중간 무렵(1987~1988)에 교도소 문신 코드가 붕괴한 것은 역설적이게도 차세대 러시아 문신 예술가와 고객의 일부에게 문신에 대한 흥미의 르네상스가 일어난 것와 시기적으로 일치했다. 수용소 문화와 구별되는, 디자인으로서의 문신 출현이라는 현상은 서구화, 일상생활의 심미화, 주변적인 사회적 관행의 고급화를 지향하는 페레스트로이카의 일반적 경향의 또 다른 예가 될 뿐 아니라, 동시대 소비에트 사회에서 일어난 네 가지 특정한 변화로 그 원인을 거슬러 올라갈 수 있다.

이 변화 중 첫번째로, 페레스트로이카 시대에 사적 소유의(소유권이 수반하는 모든 특권과 권리, 오남용을 포함하여) 대상으로서의 신체 재발견을 들 수 있다. 이는 동성애, 매춘, 마약,[10] 그리고 다른 형태의 신체의 '불법적 소유'에 대한 정보가 작가, 영화감독, 기자들뿐 아니라 보건부, 경찰 및 기타 출처로부터 유포되기 시작하면서 나타났다. 국가의 통제로부터 벗어난 이러한 신체의 급격한 사유화 맥락에서, 문신 수집가의 개별화되고 장식적인 문신 선호 경향은 전체주의에 전형적인 고정된 일관성보다는 개인적인 미학적(또는 철학적, 종교적, 혹은 성적인) 열망의 표현이었다. 이는 그나마 가장 일탈적이었던 교도소 문신 표현의 경우에서조차도 마찬가지였다. 달리 말하자면, 공식 문화에서의 전체주의적 '표식 고정'과 비공식 문화의 표식 시스템의 불가변성 사이에는 부인할 수

---

10 Murray Feshbach, "Glasnost and Health Issues in the USSR", *Meeting Report*, 1987. 10. 05., Keenan Institute for Advanced Russian Studies.

없는 관계가 있었던 것이다. 비공식 소비에트 문화는 불변성이 유예된 유토피아적인 공간이 결코 아니었기에,[11] 그 자신이 고정된 코드를 저항과 대화의 전략으로 만들어 냈다. 새로운 탈공산주의 자유는 칭찬할 만한 것이었음에도 불구하고, 이 자유는 전체주의 국가와의 정교하고 일관된 대화에 존재했던 특정한 표식 시스템의 종말을 가져왔다.

1987~88년 동안 일어난 두번째 유관한 변화는 수용소와 연관된 문화 텍스트가 대거 쏟아져 나왔던 일이었다. 이 현상은 어떤 면에서는 물론 때늦은 '해빙' 주제들의 반복이었다. 스탈린 직후의 '보로쉴로프 사면' 동안 석방된 정치범과 일반 죄수 모두 소비에트 도시 인텔리겐치아의 담론과 사회적 관행에 교도소 슬랭, 손동작, 에티켓, 사회적 규범, 그리고 소위 범죄 음악blatnaya muzyka(도둑들의 친밀한 말투에 대한 완곡한 표현)을 스며들게 했다. 이러한 '범죄적인 세련됨'의 요소를 포함시키는 해빙기 인텔리겐치아 정체성 변화는 소비에트 반체제 운동의 첫 발생 시기와 일치했다. 이들에게 기본적으로 상정되는 것은 '작은 수용소'와 '거대한 수용소'(소련 그 자체) 간의 환유적 관계였다. 스탈린 치하에서 특정 수용소 지명(예를 들어, 알렉산드르 살리치의 해빙기 노래로부터 익숙한 지역인 아바칸 등) 대신 '거기'(tam)라고 하는 등 투옥에 대한 완곡어법을 사용하도록 오랫동안 훈련된 도시 인텔리겐치아들에게 있어 1950년대 초부터 쭉 이어지는 석방된 죄수들의 물결은 말 그대로 새로운 지리적·

11 역설적이게도, 조금이나마 이상적·보편적 접근성에 근접할 수 있었던 (즉, 누가, 왜, 어느 신체 부위에 문신을 하느냐에 대해 엄격하게 규정되지 않았던) 소비에트 감옥 문신은 여성들의 문신이었다. 여성들의 문신이 그 자체의 고정된 일관성을 가지고 있지 않은 것은 아니었지만, 이들은 평행적이고 전체주의적인 '범죄권력의 세계'의 위계적 개념들을 둘러싸고 조직된 것은 아니었다. 이러한 공상적 이상주의의 예로 어린 소녀들에게 새겨지던 가장 흔한 감옥 문신들 중 하나인 떠 있는 갈매기 두 마리를 들 수 있다. 이 문신은 통상 '이들은 판결받지 않는다'(Ikh ne sudiat)를 의미했다(Mil'ianenkov, Po tu storonu zakona, p. 25).

개념적 전망을 열어 주었다.[12]

그러나 역설적이게도, 해빙기 동안 문화적 현상으로서 교도소 문신에 쏟아졌던 그 관심은 교도소 문신이 언어 시스템으로서 일관성을 상실하는 것과 함께 일어났다. 만약, 예를 들어, 1930년대와 1940년대에 파한의 등에 새겨진 둥근 교회지붕의 수가 징역형의 수를 엄격히 반영하는 것이었다면, 1950년대에는 그보다는 범죄 세력을 지시하는 용도로 사용되있고 꼭 '광고상의 진실'[실제와 최소한 부합해야 함―옮긴이]을 담고 있을 필요는 없었다. 교도소 문화에 대한 관심이 다시금 급증한 1990년대에는, 교도소 문신의 '알파벳'은 아무리 많은 개별적 '문자'가 존속되었을지라도 언어로서의 일관성을 더 이상 지니지 않게 되었다.

범죄와 수용소 주제를 다룬 많은 새로운 페레스트로이카 영화 중 세르게이 보드로프의 『자유는 천국이다』SER(Svoboda Eto Rai)는 친숙한 교도소 문신 축약어로부터 그 제목을 가져왔다. 이 영화는 자신의 죄수-아버지를 찾아 아동 수용소에서 도망치도록 심리적으로 내몰려진 한 어린 소년의 이야기를 담고 있다. 교도소 출신의 시각적 표지인 이 소년의 문신은 교도소 생활을 벗어나고자 하는 그의 열망의 언어적 표지(자유는 천국이다)이다. 거대수용소로서의 국가라는 보다 큰 틀 속에서 문화 생산의 많은 부분이 유사-독재주의적(주로 신-레닌주의적) 모델보다는 반-독재주의적(더 나아가 반-레닌주의적) 모델로 점점 더 바뀌어 갔던 후기 페레스트로이카 시대(1988~91)의 변화들을 만들어 낸 것은 바로 이 모순, 즉 감금과 해방을 동시에 나타내는 표지였다.[13]

---

12 교도소 경험에 대한 노래로 해빙 시대 인텔리겐치아의 의식 형성에 아주 중요한 역할을 했던 갈리치가 동일한 시기에(1988) 소련 작가 협회와 소비에트 영화제작자 협회에 사후 복권되었다는 것은 주목할 만한 사실이다.

해빙과는 달리 페레스트로이카는 죄수들의 대량 사면보다는 텍스트의 대량 사면을 가져왔다. 낯익은 문학 및 영화 '페레스트로이카 고전'에 의해 생산된 논쟁과 더불어 치열한 공적 역사기록 논쟁 및 친스탈린주의 논쟁이 급속히 번져 나갔다. 이 모든 논쟁들은 수용소가 연구의 가치가 있는 장소, 『이상한 나라의 앨리스』에서마냥 소비에트 및 혁명 전 러시아 문화의 사회적 관행과 규범이 무심한 관찰자의 눈에는 즉각 두드러지지 않는 법칙에 따라 지속되고 왜곡되고 전위되고 재표현되는 장소임을 인정했다.[14] 이러한 맥락에서 문신의 부흥은 페레스트로이카 시대의 다른 재건들과 동일한 궤적을 따랐다고 할 수 있다.

여기서 다시, 페레스트로이카는 해빙과 달리 기업가 이미지의 재현으로 특징지어진다. 초기에 기업가의 이미지는 NEP인과 20세기 초 상인으로 나이브하게 예시되었지만, 더 나중의 현대적 실현은 범죄자와 신흥 부유 사업가의 혼합체로서 그들의 전문적 특성 ──부패, 불법, 이국성 ──은 교도소와 서구로부터 동시에 솟아나온 것 같았다. 실제로 이미 자본이 범죄와 동의어가 된 문화에서 센트와 달러를 나타내는 미국 돈의 상징[¢와 $ ─옮긴이]은 오랫동안 첫번째와 두번째 징역형 선고를 나타내는 교도소 문신 코드였다.[15] 그리고 소비에트 법제도하에서는 민영

---

13 이 입장에 대한 보다 폭넓은 주장이 콘디와 파두노프의 다음 논문들에 실려 있다. "Perestroika Suicide: Not by Bred Alone", *New Left Review* 189(1991), pp. 69~91; "*Makulakul'tura*: Reprocessing Culture", *October* 57(summer 1991), pp. 79~103; "Frontiers of Soviet Culture: Reaching the Limits?" *Harriman Institute Forum* I, no. 5(1988), pp. 1~8; "The Outposts of Official Art: Recharting Soviet Cultural History", *Framework* 34(1987), pp. 59~106. 이 1980년대 후반의 반-독재주의, 반-레닌주의 충동에 대한 '신호 이미지'는 대안적 잡지 『샘』(*Rodnik*) 10호(1988) 뒷커버에 실린 유리스 우탄스의 쥐덫에 쑤셔 박힌 레닌 머리의 그림이었다.

14 이 방면에서 가장 마음에 드는 예는 만약 성수태고지일(가브리엘 천사가 마리아에게 성육신을 고지한 정교의 축일)에 무엇인가 훔쳐서 잡히지 않으면 그 도둑은 그 해의 나머지 동안 성공적으로 도둑질을 할 수 있다는 범죄자들의 오랜 믿음이다.

기업의 죄목으로 처형되었을(그리고 어떤 경우에는 실제로 처형됐던) 러시아 기업가들은 은밀하고 대안적인 자각, 곧 공산주의에서 벗어나게 해줄 오래되고도 동시에 초현대적인 지혜를 구현하게 되었다. 이렇게, 서구 스타일의 장식적 문신은 확실히 서구에서 온 것도 수용소에서 온 것도 아닌 것이 되면서 이 두 가지 유래를 성공적으로 상기시키고 또 상쇄시켰다.

1987~88년에 일어난 세번째 관련 변화는 예술가들, 특히 공식적 또는 비공식적으로 그래픽, 패션, 디자인 분야에서 일하는 젊은 예술가들에게 열린 새로운 기회들이었다.[16] 전문적 예술 조합이 개혁되고 재편되고 다시 무너지면서, 예술 공간, 재료, 비공식 소득, 검정, 생산 수단에 대한 국가의 통제는 점점 더 기업가적이 되어 가는 비전통적인 예술가가 자신의 기술을 상업적 이익을 위해 사용하게끔 허용하는 환경에 자리를 내주었다. 문신 예술은 일종의 예술적 슬럼 탐방으로서, 심지어 안전하게 거리를 둔 수용소의 기억을 상기시키는 순간에도 소비에트 예술 아카데미의 엘리트 규범들을 패러디한 창조적 일탈이었다. 너무 멀리 나가는 것일지도 모르지만, 이 소비에트 예술가들은 '이동전람파'Peredvizhniki의 후예라고 할 수 있다. 그러나 '이동파 화가들'이 자신의 캔버스를 위해 새로운 이미지를 발견한 반면, 이들의 후예들은 이미지를 위해 새로운 캔버스를 발견한 셈이다.

1987년 무렵의 네번째 발전은 비공식 클럽, 협회, 조직 등 소위 비공

---

15 가장 초기의 문신 모음집에서는 소비에트 특유의 고상한 척하는 태도로 이 상징들을 "선들이 가로질러 그어진 라틴 글자들"이라고 표현하여 달러 표시를 명시적으로 언급하는 것을 피했다(Dubiagin, *Sleduiushchaia zhertva*, p. 427).

16 이 분야에서 1987년 가장 중요한 행사들로 제1회 창의 협회 전시회(2월), 에르미타쥬 협회 전시회(6월), 쿠즈네츠키 모스트 및 카시르스카야 전시회, 샤갈 100주년전(9월) 등을 들 수 있다.

식적인 것들의 폭발적 증가였다. 비록 이들은 얼마동안 비공식적으로 존재하긴 했지만——수많은 '아파트 세미나', 비공식 연극 그룹, 그리고 레닌그라드 건설 연도를 따 이름지어진 '레닌그라드 클럽-81'과 같은 문학 그룹들의 형태로—— 1987년에 이르자 신러시아의 창세기의 중요한 부분을 형성하게 되었다. 최초의 정당, 환경운동가, 펑크족, 박애주의 조직, 뉴에이지 치유자, 바이크족, 법 개혁가, 강신론자, 기업가, 문신 예술가 등이 그들이다. 분명히 적절한 이름은 아니지만 남에게 불쾌감을 주지 않도록 일부러 '클럽'이라는 이름하에 조직된 이 그룹들은 조용하고 점진적인 변화에 생존이 달려 있음을 이해하는 뜻이 맞는 성원들의 교류를 추구했다.

이 네 가지 요소들——신체의 재발견, 수용소 문화에 대한 관심 재점화, 예술가들을 위한 새로운 기회들, 그리고 광범위한 비공식 조직들——은 1987~88년에 수렴되어 새로운 문신 예술가들과 그들의 고객들(종종 예술가 자신들)이 자활의 길을 찾는 환경을 제공했다. 이들은 처음에는 처벌받지 않고 넘어갈 수 있는 경계를 지닌 이들에게 문신을 새겼다. 만약 뉴욕이나 샌프란시스코의 예술가들이 술주정뱅이나 떠돌이들한테서 문신을 배웠다면, 모스크바와 상트페테르부르크의 예술가들은 자신의 아내와 감자에 새기는 것을 배웠다. 이는 곧 이 고래古來의 국제적 예술에 대한 러시아식 접근인 셈이다.

한 가지 또한 잊지 말아야 할 것은, 러시아는 철의 장막의 안온한 보호를 떨쳐 버리고 나서 미국에서는 훨씬 더 점진적으로 퍼졌던 두 가지 재앙, 곧 마약과 에이즈를 동시적으로 매우 갑자기 겪었다는 사실이다. 이들 두 (언제나는 아니지만 통상) 바늘에 의한 질병은 문신과 흥미로운 긴장관계를 유지했다. 왜냐하면 문신은 스스로 주장하는 바에 따르면 마약남용이 아니라(그리고 그것의 '논리적 확장'인 에이즈가 아니라), 대신 신체를 더럽고 비일회용인 바늘이 넘쳐나는 병든 사회로부터 면역시키는 의례적인 자가 예방접종이었다. 역사적으로 신비주의적 성질로 가득한 문신은 바늘로 인한 죽음의 시대에 보호 부적이 되었다.

대부분의 문신 예술가와 수집가들이 증언하다시피, 통상 처음으로 문신을 새긴 지 6개월 내에 두번째 또는 세번째 문신을 새기게 된다. 문신 이야기의 많은 장르 중에 가장 흔히 이야기되는 '마스터 플롯'은 전체가 문신으로 덮인 신체 이야기라고 할 수 있다. 이러한 맥락에서 보았을 때, 문신은 정확히 중독이라고 할 수는 없으며 바늘이 그 작품을 완성할 잠재성에 대한 일종의 끊임없는 환기라고 할 수 있다.[17] 이 '완성된 작품'은 사물로서의 신체이자 언어화된 육신으로서 광고 슬로건, 스프레이로 칠해진 그래피티, 여기저기 상흔이 남은 버려진 건물들, 네온 사인, 웹페이지, 신문 머리기사, 포스터, 디자이너 의류, 쇼핑백, 티셔츠 등의 도시 환경 속으로 시각적으로 섞여 들어간다. 문신된 신체는 위장된 신체로서 자신에게 주의를 불러모으는 것이 아니라 자신의 화려한 생태계 안에서 사라진다. 문신된 신체는 지능적 기계, 대체 가능한 장기, 컴퓨터로 만들어진 그래픽의 시대에 어렴풋이 나타나고 있는 인간의 노후화에 대한 불안을 분명히 표현한다. 마지막으로 남은 상품화되지 않은 영역인 문신된 신체는, 자본의 상징을 자기의 살 위에 역설적으로 취급함으로써 자본의 목적을 전복시키는 동시에 자신의 보호권 또한 전복시키는 잠재적

---

17 문신은 통상 중독과는 별 직접적인 관계가 없는 것 같다. 부분적으로는, 대형 문신의 상당한 비용 때문에 억제되기 때문이다. '담배 사이즈'(sigaretnyi razmer)가 문신 사이즈, 가격, 걸리는 시간에 있어 표준적인 단위이다. 달리 말하자면, 담뱃갑 사이즈의 문신은 40만 루블(1996년 당시 약 80달러)이 들었고 약 2시간이 걸렸다. '스타킹'(chulok)으로 불리는 팔 문신은 250달러에서 300달러 정도 들었다. 궁극의 '바디 수트' 문신(러시아어로 '잠수복')은 수천 달러가 들었다.

Господин(жа)_____

Фирма "СТАФФ" приглашает Вас на 1-ую в России
Международную Конвенцию ТАТУ

Древнее искусство будет представлено
30-ю ведущими мастерами из России, Англии,
Италии, Голландии, Германии, США, Канады,
Новой Зеландии и их моделями.

Открытие — 28 апреля в 18.00 в клубе "Эрмитаж"
Москва, Каретный ряд,3

НА ДВА ЛИЦА

〈사진 15-16〉 제1회 러시아 문신 대회 광고 및 초대장.

광고판이다.

뉴욕의 화가이자 문신 예술가인 키릴 다넬리야가 조직한 제1회 러시아 문신 대회가 1995년 4월 28~29일에 모스크바 나이트 클럽 에르미타쥬에서 열렸다. 이 대회에는 미국, 캐나다, 유럽, 뉴질랜드에서 온 30명 이상의 예술가들이 참석했다(사진 15-16).[18] 참석자 중에는 매우 잘 알려진 서구 문신 예술가들도 많이 있었다. 새로운 문신 기술 발명가이자 세계에서 가장 유명한 문신 박물관의 설립자인 샌프란시스코의 예술가 라일 터틀, 각각 미국 문신계界의 동부와 서부의 대부라고 할 수 있는 쇼치 고르만과 잭 루디, 1976년 1월에 쉐라톤 아스트로돔 호텔(휴스턴)에서 열린 최초의 문신 대회를 조직했던 데이비드 유르큐, 가장 유명한 네덜란드 문신 예술가이자 또한 암스테르담에서 문신 박물관을 운영하고 있는 행키 팽키, 그리고 프랭크 웨버(베를린의 지옥의 천사들) 등이 그들이다. 참석한 가장 유명한 러시아 문신 예술가 중에는 옐레나 스톨라렌코

---

18 이 장을 위해 인터뷰한 예술가들은 1992년 한 시베리아의 도시에서 열린 '문신 굴락(수용소)'이라고 불린 문신 예술가들의 회합에 대해 들은 적이 있다고 회고했다. 그렇지만 이에 대한 그밖의 다른 정보는 얻을 수 없었다.

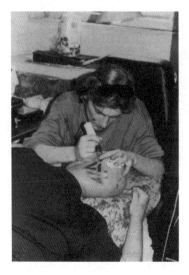

〈사진 15-17〉 모스크바 문신 팬 클럽에서 진행중인 머리 문신. 낸시 콘디 촬영.

와 세르게이 파블로프, 그리고 문신 하위문화에서 오직 별명으로만 불려지는 일단의 예술가들이 있었다(해골, 신용, 쥐, 리트바안드레이 리트비노프, 마브리크마브리키 슐레프네프 등).

러시아 투자컨설팅 회사 스태프, 갈라 레코드, 그리고 '로커 형제단' 겸 사설 경호회사인 나이트 울프가 이 대회를 후원했으며 콘스탄틴 킨체프(알리사), 가리크 수카체프(브리가다 에스), 알렉산드르 슈클랴르(바 방크), 그리고 카스파르 하우저 같은 메이저 예술가들과 그룹들이 공연했다. 한편, 젊은 영화감독 안드레이(「붉은 건설자」Konstruktor krasnogo tsveta)부터 '외과의사'라는 마음 든든한 별명을 가진 나이트 울프의 보스에 이르기까지, 모스크바 사교계 인사들이 이 대회에 광범위하게 참석했다.

이 대회가 충분히 보여 준 것처럼, 러시아 문신 산업은 다른 신생 포스트페레스트로이카 사업들이 얻은 종류의 접근성을 허용할 만한 수준의 경제적 발전이나 사회적 지위에 아직 이르지 못했다. 하위문화가 이러한 장애물을 극복하는 데 도움이 되는 것은 가장 지배적인 광고 방법이었던 오랜 러시아 구전 전통이다. 세계 어디서나 주변적인 위치를 점하는 문신 예술가들은 공인된 하위문화의 한계 내에서 비품, 기계, 그리고 정보를 비축하고 아낌없이 돌려쓴다. 이렇게, 문신 커뮤니티의 친밀함은 (아직까지는) 드문드문 길가다 들르는 적은 수의 고객을 상쇄해 준다. 여성의 입술과 아이라인의 미용 문신 증가 추세는 수익성 좋은 신종 부업이다.

모스크바 메샨스카야 가 9-14번지에 있는 한 문신 업체인 블라디미르 카렐로프의 바이커 스타일 문신 팬 클럽은 아파트 건물의 일부를 사무실 공간으로 임차해서 사용하고 있다. 이곳에서 미하일 유로프, 특대형 문신 전문인 리트바 같은 젊은 예술가들이 일한다. 특정 디자인이 금지되는 다른 문신 살롱과 달리 문신 팬 클럽은 오직 생식기 문신만 제한하고 있다. 나치 갈고리십자 문양(스와스티카)은 문제가 안 된다. 피어싱은 회요일마다 가능하다. 이 클럽은 현재 모스크바 이외의 곳으로 확장하여 얄타와 키시네프에 분점을 설립하려고 한다.

모스크바에서 유일하게 성공한 대로변 상점 사업은 아델마노프 가 3번지에 있는 '세 고래'이다. 여기서는 엘크(미하일 시체프), 올레크 마쉰체프, 알렉세이 미나슈킨, 그리고 키셀(파벨 칼리닌)과 같은 예술가들이 작업한다(사진 15-18). 모스크바에서 가장 서구적인 살롱인 '세 고래'는 일회용 바늘, 장갑, 고압멸균처리기 등 전문 문신가 조합APT의 위생 기준을 준수한다. 문신 사업 스펙트럼의 다른 한 끝에 있는 것으로 바르샤바 고속도로 27번지, 고물 차들이 들어찬 버려진 폐가의 지하실에 자리한 상호 없는 살롱을 들 수 있다. 이쯤 되면 굴러가는 사업이라기보다는 소굴에 가깝다. 마지막으로, 페도스키노에서 예술공부를 했던 알렉세이 수

〈사진 15-18〉 '세 고래'(Tri Kita) 예술 문신 살롱(모스크바). 낸시 콘디 촬영.

르코프나 '사제'(세르게이 프루사코프) 같은 개별적인 명인들이 있다. 더 나이 든 예술가 중 일부는 과거에 수용소에서 동료 수감자들에게 문신을 새겼던 죄수였다. 그들의 말에 따르면 이제는 결코 전통적 감옥 문신을 새기지 않는다고 한다. 마치 미국 전직 범죄조직 일원이 왕관 문신(라틴 왕의 상징)이나 플레이보이 버니(범죄왕의 문신)를 덮는 것과 마찬가지로 이들의 작품 중 많은 부분이 오래된 감옥 문신을 덮어 가리는 것이지만 말이다.

탈공산주의 시대의 인기 문신은 대부분의 서구 예술가에게도 친숙하다. 중국 용, 전갈, 해골, 도마뱀, 이빨을 드러낸 호랑이와 검은 표범, 온순한 사자 등이 그것이다. 그러나 몇몇 문신은 흰 매(루시 이교 신 로드의 현신), 벨레스의 바퀴(또한 고대 이교 루시로부터 유래함), 세마르글(반은 새, 반은 늑대 또는 개의 모습을 한 이교 정령으로 죽은 전사의 영혼을 데려간다), 그리고 고대 스키타이와 루시의 장식 문양과 같이 오래된 전통적 러시아 상징들이다.[19] 나치 갈고리 문양이 여전히 수요가 있는 반면, 그리스도나 여자 문신은 그리 수요가 많지 않다. 내가 들은 설명에 따르면, 새로운 문신 고객은 그리스도에 할애할 시간이 없으며 여성 형상의 문신은 여전히 강요된 동성애와 연관되고 있다.[20]

그렇다면 아동 수용소의 상황은 어떠한가? 거기에서는 문신의 형식은 유지되고 있지만 그 의미는 실종되어 왔다. 익샤 교육-노동 수용소에서는 문신하는 것이 대부분의 경우 투옥에 선행되는 한가하고 비밀스러운 소일거리였다(사진 15-19). 그곳에서 가장 흔한 청소년 문신은 전통적인 도둑의 십자가와 디자인된 모양의 두문자 및 반지로, 모두 전통적인 감옥 문신들을 조잡하게 모방한 것이었다. 그러나 이 상징들은 실상 순수한 장식으로 되돌아갔다. 만약 과거에 문신 반지의 '보석'으로부터 나오는 선의 수가 선고된 형의 수나 한 형기의 햇수를 나타냈다면(사진 15-20), 이제는 똑같은 선들이 만화책, 비디오 게임, 그리고 텔레비전 만화의 표식 체계에서 반지의 가치를 '실행'하는 섬광이 되었다. 주문 제작

19 고대 슬라브 운명의 여신들(rozhanitsy)의 배우자인 로드(rod)는 '부족' 또는 '가족'을 의미하는 슬라브어 단어 'rod'와 혼동되었을지도 모르기 때문에 진위성이 의심스러운 고대 슬라브 신이다. 다음을 참조하라. Joanna Hubbs, *Mother Russia: The Feminine Myth in Russian Culture* (Bloomington: Indiana University Press, 1993); V. I. Petrukhin, T. A. Agapkina, L. N. Vinogradova & S. M. Tolstaia, *Slavianskaia mifologiia: Entsiklopedicheskii slovar'* (Moscow: Ellis Lak, 1995). 벨레스 또는 볼로스는 초기 러시아인 및 바랑인(바이킹)의 부와 목축(서로 관련 개념임)의 신이다. 이 신은 천공을 다스린 페룬과는 대립적으로 대지를 다스렸다. 다음을 보라. Hubbs, p. 19; V. V. Ivanov & V. N. Toporov, *Issledovaniia v oblasti slavianskikh drevnostei* (Moscow: Nauka, 1974), pp. 55, 62, 164; Petrukhin et al., p. 74; N. I. Tolstoi et al., eds., *Slavianskie drevnosti: Etnolingvisticheskii slovar' v piatitomakh*, vol. I[A-G] (Moscow: Mezhdunarodnye otnosheniia, 1995), p. 214. 세마르글에 대해서는 다음을 참조하라. Petrukhin et al., p. 357.

20 나는 익샤에 여러 개의 미국 문신 판박이를 가져갔는데, 거기서 나는 유사한 연관성을 발견했다. 청소년들이 가장 선호한 것들은 폭력적인 이미지들(이빨을 드러낸 호랑이, 해골, 괴물, 악마, 전갈, 용)이었다. 두번째는 전통적인 서구 문신들(해적, 도마뱀, 닻, 벌레)이었다. 여성 이미지들은 선택되지 않았다. 여자 두상 문신을 택하기보다 차라리 아무 판박이도 안 가지는 편을 택한 한 소년에게 그 이유를 개인적으로 물어봤을 때, 그는 미안해하며 "여자 문신을 하는 것은 여자가 되는 것"이라고 설명했다.

〈사진 15-19〉 익샤 교육–노동 수용소. 낸시 콘디 촬영.

〈사진 15-20〉 문신 반지의 '보석'. 7년형(소비에트식 설명) 또는 반지 보석의 경제적 가치(탈소비에트적 설명)를 나타냄. Lev Mil'ianenkov, *Po tu storonu zakona*, p. 24.

되는 문신으로 덮인 육체는 더이상 투옥의 내러티브나 정치적 선언, 또는 에로틱한 욕망의 지표가 아니다. 대신, 이것은 죄수가 취사선택한 미학적 취향을 나타내는 캔버스가 되었다. 비록 상징이 우연히 표현적 효과 ─ 고아 신세, 아버지 없음, 가정 생활 등에 대한 전통적 표지 ─를 가진다 하더라도 이 원래 의미는 수감자들에게 익숙지 않으며 이들은 개개인의 삶에 있었던 특정한 사건에 기반하여 자신만의 설명을 즉석에서 지어낸다.

유일한 예외는 죄수의 손가락에 문신된 슬로건 축약어이다 ─ 'LKhSV'(밀고자들을 조겨라, 도둑들에게 영광을!Liagavym Khui, Slava Voram!). 이 축약어는 감옥 행정에 대한 적대감의 거대하고 오랜 내러티브를 담고 있다. 마치 브롱스빌의 갓 결혼한 부인이 자기 할머니가 꽃을 지칭했던 말을 기억해 내는 것처럼, 내가 정보를 제공하기 시작하자 비로소 한 청소년 수감자가 자신의 형이 성공적인 범죄에 참여한 것을 기념하기 위해 골반뼈에 문신을 새겼던 것을 기억해 냈다.

문신이 지하 범죄세계로부터 회복되면서 이중적인 변형이 존재하게 되었다. 한편으로는 장식 문신이 우세해지면서 젠트리피케이션이 나타났고, 다른 한편으로는 전통적 상징이 코드화된 형벌 자전기록으로서보다는 장식으로서 재생산되면서 '기억상실', 곧 문신이 가지고 있던 옛의미에 대한 망각이 나타났다. 이와 같이, 문신 문화는 범죄세계로부터 '해방'됨으로써 다른 합법적 상품들 사이에서 유통될 수 있게 되었다. 문신 문화는 문화적 코드로서 해방되어 문화 상품으로 환원되었다. 그 수익을 취하는 것은 문신이 그로부터 해방된 바로 그 세계('나이트 울프' 같은)이다.

＊ 1996년 여름 재정적 지원을 제공하여 이 주제에 대한 연구를 완성할 수 있도록 해준 휴렛 재단에 감사한다. 또한 이 장을 집필하는 데 있어 도움을 준 다음 분들께 감사한다. 제카 아키모바, 보리스 바가라츠키, 마리나 및 나움 벨렌키, 노르마 및 윌리엄 콘디, 론 크루더, 갈리나 및 키릴 다넬리야, 드미트리 엘랴셰프, 댄 필드, 루시 피셔, 마리오 피스케티, 비비안 폴리, 제네브라 게하르트, 헨릭 게리트센, 세스 그레이엄, 윌리엄 저드슨, 뎁 캐플런, 브래드 루이스, 콜린 맥커비, 버짓 멘젤, 메라타 미타, 인나 무라비요바, 블라디미르 파두노프, 사샤 프로호로프, 데이비드 로엘러, 안드레이 셰먀킨, 티나, 엘레인 토빈, 드미트리 우르노프. 나의 연구에 대한 이들의 관심과 조력에 감사한다. 이들은 연구의 결과에 대해서는 어떤 책임도 지지 않는다.

16장

키치로서의 공산주의

포스트소비에트 사회의 소비에트 상징

테레사 사보니-샤페

레닌이 아기로 그려진 현수막, 흉상, 장식판들, '혁명적 열성!'을 촉구하는 플래카드들, 손목시계에 인쇄된 슬로건들——소련의 키치는 오랫동안 외국인들에게 특별한 매력을 지녀 왔다. 소작농 여자와 영웅적인 노동자의 이미지, 건물 꼭대기에 매달린 슬로건, 어디에나 있는 망치와 끌, 그리고 거대한 밀짚 더미. 서구인의 눈에는 온통 사회주의 리얼리즘의 규범에 의해 조성된 이 모든 것들이 설득력이 있기에는 너무나 부조리한 것이어서 일종의 자기 풍자처럼 보였다. 그러나 이것은 소비에트 경관의 핵심적인 부분이었다. 영웅적인 공산주의 이미지의 생산과 홍보는 소비에트 시대의 주요 산업 중 하나였다. 시민정신, 국가, 그리고 진보의 감상적 이미지는 민중의 유익을 위해, 민중이 올바르게 사고하도록 격려하기 위해 대량 생산되어 살포되었다. 이제, 소비에트 제국의 몰락 이후 남겨진 키치의 잔해가 러시아인들 자신에게 끼친 영향은 무엇이며, 공산주의 키치는 현대에 어떤 역할을 수행하고 있는가?

이 대량생산된 상징들의 사용에 대한 소비에트식 접근은 부분적으로 대중매체의 '피하주사 효과 모델'을 통해 설명될 수 있다. 이 모델은 청중이 메시지를 변화시키지 않고 매체의 정보를 즉각적으로 흡수한다고 상정한다. 엘렌 미츠키예비치의 저서 『분열된 신호: 소련의 텔레비전과 정치학』Split Signals: Television and Politics in the Soviet Union에서 검증된 이 모델에 따르면, 매체는 본질적으로 타성적인 청중에게 자신의 정보와 관점을 주입할 수 있는 힘을 가지고 있다.[1] 이 모델은 소비에트 매체 이론가들이 고르바초프 시대에 들어서까지도 줄곧 신봉했던 주요 이론이 되었다.

소비에트 시대 동안, 대중에게 전달되었던 중심 메시지는 집단과 국가의 중요성이었다. 국가와 시민정신의 영웅적 이미지는 대중에게 이 아이디어를 '주입'하려는 의도를 가지고 사용됨으로써 사회의 멤버십, 그 사회의 목표와 필요의 공통된 정의를 공유하는 사람들만이 완전히 향유할 수 있는 멤버십을 고취했다.

1. 전체주의적 어휘

키치가 소비에트 사회에서 작동했던 메커니즘을 이해하기 위해서는, 먼저 리처드 로티가 명확히 표명한 '최종어휘'final vocabulary라는 개념을 이해해야만 한다. 로티는 각 개인이 '최종어휘'를 가지고 있다고 단언한다. '최종어휘'란 개인이 그 정의를 알지 못하는 일련의 어휘들을 의미하는데, 개인이 어휘들의 정의를 알지 못하는 것은 이 단어들이 일종의 내현적 텍스트/테스트로서 모든 경험이 그에 비추어 정의되고 평가되기 때

---

1 Ellen Mickiewicz, *Split Signals: Television and Politics in the Soviet Union*(New York: Oxford University Press, 1988), p. 181.

문이다. 이 어휘는 "만약 이 단어들의 가치를 의심하게 되면, 이 단어들의 사용자는 의지할 수 있는 비-순환론적 논쟁적 근거를 잃게 된다는 점에서 최종적"이다. "이 단어들은 사용자가 언어를 사용하는 한 지속된다."[2] 이 어휘에 전형적으로 포함되는 것으로 '좋은', '옳은', '아름다운'과 같은 단어들이 있으며 또한 '혁명'이나 '진보적'과 같은 말도 여기에 포함된다. 개인이 자기 자신의 최종어휘를 약간의 역설과 타인의 최종어휘에 대한 올바른 인식을 가지고 바라보려 하지 않는다면, 그는 자신의 최종어휘를 보편적인 것, 즉 자기 자신의 삶을 규정하는 것뿐 아니라 타인의 행동과 삶을 판단하기에 충분한 것으로 당연시하게 될 것이다. 로티의 연구는 최종어휘의 내재적 상대성을 지각하는 것이 성공적인 민주주의를 위해 아주 중요하다는 논란 많은 가설을 증명하려고 한다. 비록 필자는 이 가설이 문제가 있다고 보지만, 로티가 최종어휘에 부여한 의미는 러시아 공산주의의 사회공학 프로젝트와 탈공산주의 국가들의 시민들 사이에 이제 여지없이 나타나고 있는 어휘의 심대한 위기를 이해하는 데 매우 유용할 수 있다.

시민의 최종어휘의 텍스트를 규명해 내는 것은 소비에트 국가의 명시적 목표 중 하나였으며, 반복, 제조된 감정, 일탈에 대한 처벌을 통해 추구되었다. 일단 최종어휘가 개인의 사고에 미친 영향의 정도를 인지하게 되면, 우리는 서방과 동방에서 나타나는 '전체주의'의 개념 차이를 파악하기 시작할 수 있다. 스탈린 사후 서구에서 소비에트 국가를 설명하기 위한 모델로서 전체주의의 중요성은 감소했다. 그러나 이것의 중요성이 서구에서는 감소했던 바로 그때 동유럽 반체제 학자들 사이에서는

2 Robert Rorty, *Contingency, Irony, and Solidarity*(New York: Cambridge University Press, 1989), p. 73.

오히려 그 사용이 증가했다. 서구에서의 감소는 국가가 시민의 삶에 전면적 통제를 행사하는 데 성공힐 '성싶기 않음에 반응한 결과였던 반면, 동유럽인들은 자신들이 목도한 바 시민들이 자신의 현실을 이해하는 방식을 국가가 믿을 수 없는 정도로 통제하는 능력에 —— 로티의 용어를 빌리자면, 국가가 최종어휘를 프레이밍하는 방식에 —— 반응한 것이었다. 바츨라프 하벨은 저서 『권력 없는 자들의 권력』The Power of the Powerless에서 이 현상을 탈전체주의의 중요한 메커니즘으로서 기술하고 있다. "나는 '탈-'이라는 접두사의 사용으로 인해 이 시스템이 더 이상 전체주의가 아니라는 의미가 내포되지 않기를 바란다. 그와는 반대로, 나는 고전적인 독재, 우리가 통상적으로 이해하는 대로의 전체주의와는 근본적으로 다른 방식으로 이 시스템이 전체주의적임을 말하고자 한다…. 자기 보전이라는 사회적 현상은 뭔가 더 상위의 것, 이 시스템을 발생시킨 맹목적인 오토마티즘[자동성 —옮긴이]에 종속되어 있다."[3] 하벨에 따르면, 이 시스템에서 '정확한 이해'의 유산과 어떤 질문에라도 '올바른' 대답으로 답하는 능력은 '사회의 자동적 전체성'을 초래한다. 갈등의 방향은 계급 갈등으로부터 내적 갈등으로 바뀌는데, 이는 "모든 이들이 나름의 방식으로 시스템의 희생자인 동시에 지지자이기 때문이다".[4] 이 시스템의 어휘가 점점 내면화됨에 따라——'올바른' 대답이 보다 자기 반영적이 되면서 —— 개인은 어휘의 단어들을 완전히 믿지는 않는다 하더라도 이 어휘에 보다 더 깊이 연루된다. 결국 사회는 하벨이 자동전체주의라 명명한 상태에 도달한다.

3 Václav Havel, "The Power of the Powerless", in *Living in Truth*, ed. Jan Vladislav(London: Faber and Faber, 1989), pp. 41, 44.
4 Ibid., p. 53.

2. 키치란 무엇인가?

만약 최종어휘의 통제가 공산주의의 이데올로기적 프로젝트라고 기술하는 것이 정당화될 수 있다면, 키치는 그 목적을 위한 중요한 수단으로 이해되어야 한다. 그러나 키치란 과연 무엇인가? 이 단어는 독일어에 그 기원을 두고 있는데, 독일어에서 이 단어는 '의심스러운 취향의 대상'이라고 정의된다. 영어에서 키치는 "질이 낮다고 평가되는 예술적 또는 문학적 자료로서 종종 대중적 취향에 소구하도록 생산되며 특히 감상주의, 선정주의, 멋진 외양으로 특징지어진다".[5] 밀란 쿤데라는 자신의 소설 『참을 수 없는 존재의 가벼움』에서 키치를 다음과 같은 방식으로 정의한다. "키치의 세계에서는 감성이라는 독재정권이 대권을 장악한다. 키치에 의해 유발된 느낌은 다수가 공유할 수 있는 종류여야만 한다. 따라서 키치는 특이한 상황에 기반하면 안 된다. 키치는 사람들이 자신의 기억에 새겨 놓은 기본적인 이미지들로부터 파생되어야 한다."[6] 환언하면, 키치는 생산된 감상성이다. 사울 프리들랜더의 키치에 대한 단순한 정의는 이 모든 요소들을 포함하고 있다. "키치는 최소한 내용과 형식 간의 합치, 단순한 메시지, 다수의 사람들에게 무분별한 반응을 불러일으키는 수단을 지닌 어떤 것이다."[7] 보통 서구 학자들은 사람을 조종하기 위한 키치의 사용에 초점을 맞추어 강한 부정적 함축을 지니는 단어를 사용

---

5 *Webster's Third New International Dictionary*, unabridged(Springfield, Mass.: Merriam-Webster, 1981).

6 Milan Kundera, *The Unbearable Lightness of Being*, trans. from Czech by Michael Henry Heim (New York: Harper Collins, 1991), pp. 250~251.

7 사울 프리들랜더, 심포지엄 토론 「키치에 대하여」("On Kitsch"). 다음에 출판되었음. *Salmagundi*, no. 85~86(1990), p. 304.

540 4부 _ 사회와 사회적 인공물

한다. 서구에서 키치에 대한 논쟁의 많은 부분은 키치의 정치적 사용, 특히 나치의 키치 사용 분식으로 시작한다. 루버트 노직은 다음과 같이 말하고 있다. "키치는 감정을 불러일으키고 필요한 경우 희생을 위해 사람들을 동원하려고 개발된 수단 중 하나였다. 나치나 스탈린주의자들이 키치를 사용한 방식을 살펴보면 얼마나 쉽게 키치가 악용될 수 있는지 알 수 있기에 우리는 두려움마저 느끼게 된다."[8]

스베틀라나 보임은 러시아의 일상적 삶에 대한 관찰을 담은 저서 『공공의 장소』Common Place에서 키치라는 단어가 러시아에서 사용되기는 하지만 영어에서 으레 그러는 것처럼 윤리적인 함축을 지니지는 않는다고 말한다.[9] 러시아어에서 이 단어가 무해하게 보임에도 불구하고 대부분의 문화 평론가들은 소비에트 키치를 서구의 키치보다 더 위험하고 더 강력한 것으로 여긴다. 그리고 쿤데라에 따르면, 키치는 단일한 정치적 운동이 권력을 잡고 있는 나라에서 훨씬 더 위험한 도구가 된다.

키치는 그것이 국가 정책, 곧 현실을 이해하는 승인된 방식이 될 때 전체주의적 키치가 된다. 이것을 경애하지 않는 것은 위험하고 이것을 아이러니를 가지고 바라보는 것은 더욱 위험해진다. 이러한 세계에서, "키치를 제한하는 모든 것은 제거되어야 하며" "모든 대답이 사전에 주어져서 어떤 질문도 불가능하게 된다".[10] 키치에 대한 이러한 이해를 로티의 최종어휘 설명과 결합한다면, 공산주의 키치 상징들의 오웰적 프로젝트가 어떤 것인지 어렴풋이 알 수 있다. 사울 프리들랜더는 "고양적 키

---

8 Robert Nozick, in *Ibid.*, p. 289.

9 Svetlana Boym, *Common Places: Mythologies of Everyday Life in Russia* (Cambridge: Harvard University Press, 1994), p. 16.

10 Kundera, *The Unbearable Lightness of Being*, pp. 252~254.

치"(체제의 상징을 강화하는 대량생산된 감상적 표현을 의미함)의 사용을 평가하면서 다음과 같이 언급한다.

이러한 키치는 필경 다음과 같은 일반적인 이유로 확실한 동원 기능을 가진다. 첫째, 이것이 표현하는 것은 쉽게 이해되고 대부분의 사람에게 접근가능하다. 둘째, 이러한 키치는 무분별한 감정적 반응을 불러일으킨다. 셋째, 이것은, 더욱 효과적이기 위해서…, '미'를 지녀야 하는 폐쇄적이고 조화로운 개체로서 정치 체제나 이데올로기 시스템이 가지는 중심 가치를 다룬다. 마지막으로, '진실'과 '미'의 이 특정한 연계는 뻔한 신화적 패턴을 포착하곤 하는 양식화로 귀결된다. 정치적 신화와 종교적 신화가 융합된다. 현대사회에서 정치적 종교는 고양적 키치의 자연계인 셈이다.[11]

키치는 지도자, 목표, 욕망되는 자아의 공유된 이미지라는 신화를 대중에게 제공함으로써 중요한 선전선동propaganda 역할을 한다. 러시아어로 '프로파간다'라는 단어는 부정적인 함축을 전혀 가지지 않는다. 이 단어는 단지 자본주의 용어 마케팅에 상당한 표현이다. 만약 소비에트 선전선동이 공산주의 이상에 대한 마케팅으로 여겨질 수 있다면, 키치는 특별히 선호되는 마케팅 전략으로 이해되어야 한다. 슬로건, 조각상, 장려 등 '아지프로'(agitprop: agitation[선동]/propaganda[선전])라 불렸던 것의 주요 요소들은 감정에의 호소를 수반했으며, 이 감정들은 공유되고 의심불가능

---

11 Saul Friedlander, preface to a symposium. "Kitsch and the Apocalyptic Imagination", *Salmagundi*, nos. 85~86(1990), p. 203.

한 것이어야 했다. 이러한 호소는 감정이 광범위한 호소력을 지니는 연관 이미지와 함께 포장되어 세공될 수 있을 때 훨씬 더 효과적이었다. 쿤데라와 프리들랜더가 전체주의적 키치로 인지한 것의 본질은 바로 이 '생산된 감상성'의 이미지이다.

'피하주사 효과' 모델의 옹호자들이 그랬던 것처럼, 우리는 청중 편에 회의주의가 없었다고 상정해서는 안 된다. 소비에트 시민은, 다른 어느 곳의 시민과 마찬가지로 단어와 이미지를 다양한 방식으로 해석했다. 어떤 이들은 지배적인 코드를 수용했고, 또 어떤 이들은 메시지를 만들어 낸 이들이 선호한 코드를 인지했음에도 불구하고 또 다른 준거 틀 내에서 해석했다.[12] '동지'tovarishch와 같이 도처에서 사용된 단어는 개인에 의해 긍정적으로도 부정적으로도 해석될 수 있겠지만, 개인이 이 단어를 긍정적인 것으로 내면화하도록, 즉 그 생각에 동조하도록 고무하기 위해서 감정적 호소력을 지닌 쉽게 알아볼 수 있는 이미지의 연속적 흐름 안에 단어를 감싸는 아지프로적 접근이 이루어졌다.

예를 들어, '조국'은 평화 시나 전쟁 시나 모두 포스터에 전형적으로 보호가 필요한 어머니의 모습으로 형상화되었다. 공산주의는 미래의 목표, 지극히 열망되는 목적지로서 그려졌다. 이러한 단어들은 그것에 결부된 개념과 더불어 많은 시민의 최종어휘 속에 파고들었다. 이 개념이 혐오스럽다는 것을 알게 되어 대립되는 코드를 사용하기로 선택한 이들에게 감상적으로 다뤄진 이 이미지들은 강한 부정적 효과를 지녔다. 모든 시민에게 공산주의 키치 이미지는 쉽게 알아볼 수 있는 공산주의 이

---

12 청중의 인지에 관한 이론들은 다음에서 논의되고 있다. John Storey, *Cultural Studies and the Study of Popular Culture: Theories and Methods*(Athens: University of Georgia Press, 1996).

데올로기 마케팅의 인공물이었다.

모든 질문에 대답을 제공하는 제조된 감정의 표명인 전체주의 키치는 소비에트의 경관과 소비에트인의 정신에 스며들었다. 그러나 이데올로기의 붕괴가 일어난 지금, 최종어휘는 기념물이나 거리 표지판보다 훨씬 더 제거하기 어려운 것으로 나타나고 있다. 로티는 열렬히 개인 자신의 최종어휘를 지향하는 '역설적' 입장을 옹호하고 있지만, 국민 다수의 최종어휘가 역사적 상황에 의해 굴욕을 당해 온 사회에 대한 처방은 전혀 제공하고 있지 않다. 그 처방이 어떤 것이든지 간에, 그것은 파괴된 집단적 어휘목록과 긴밀히 연관된 상징들을 다룰 때 유의할 주의사항을 포함해야 할 것이다.

3. 키치의 사용

공산주의 상징은 현대 러시아에서 끈질기게 지속되고 있다. 이 상징들의 다수는 건축 기념물의 일부로 들어가 있거나, 지하철 역 천장에 장엄하고 세밀하게 새겨져 있거나, 또는 모스크바 강을 가로지르는 다리들에 용접해 붙여져 있다. 이것들은 단지 붕괴된 제국의 인공물로 남아 있을 뿐이다. 이와 같은 상징들이 모두 키치인 것은 아니다. 어떤 것은 제국을 찬미하기 위해 창조된 진정한 예술 작품이다. 그러나 많은 다른 상징들은——공산주의 키치 요소들은 무엇보다도 러시아인의 정신 속에 깊이 박혀 있는 경우가 많다—— 오늘날 광고와 캠페인, 현대 예술 및 음악에 의도적으로 사용되고 있다. 공산주의 키치는 러시아 대중문화에서 확실한 틈새를 발견한 것이다.

공산주의 키치의 사용은 세 가지 유형으로 나누어 볼 수 있다. 유토피아적 노스탤지어 키치, 역설적 노스탤지어 키치, 그리고 캠프 키치가 그것이다. 첫 두 가지는 보임의 노스델지이 유형론에서 나온 것이다. 보임은 포스트소비에트 러시아를 살펴보면서 노스탤지어를 거의 피할 수 없는 것으로 규정하지만, 두 종류의 노스탤지어, 곧 유토피아적 노스탤지어와 역설적 노스탤지어를 구별하는 것이 중요하다고 주장한다. "전자는 노스탤지어라는 단어의 첫 어근 'nostos'(집)를 강조하며, '대조국'이 '그 원래의 정통 설계'에 따라 재건되어야 할 그곳, 곧 유토피아 섬이라는 신화적 장소로의 귀환에 역점을 둔다. 역설적 노스탤지어는 'algia', 곧 갈망에 강조점을 두며, 신화적 장소를 재건하려고 노력하지 않고 그것의 상실을 인정한다."[13] 보임에 따르면, 유토피아적 노스탤지어는 집단적인 경향을 띠며 민족주의 및 공산주의 이데올로기의 중심부에 놓여 있다. 이것은 소속에 대한 열망과 잃어버린 영광스런 과거의 회복에 대한 열망에 밀접히 관련되어 있다. 이 범주는 종종 전시戰時 키치와 국가 건설의 동시대 노력의 일환으로 정부와 민족주의자들이 키치를 적용하는 것을 포함한다. 역설적 노스탤지어는 이와 대조적으로 비확정적이고 단편적이며 특정한 것들에 집중한다. 이것은 과거를 개인이 망명해 나온, 그리고 돌아갈 기약이 없는 장소로 기억한다. 보임은 이것을 이웃이라는 추상적 개념에 대한 애정이라기보다는 실체적인 이웃사람들에 대한 애정어린 기억으로 요약한다.

키치의 유토피아적 노스탤지어의 사용과 역설적 노스탤지어의 사용 간의 차이는, 후자의 경우 이것이 환기시키는, 그 시대의 특이한 기억에 초점을 맞춘다는 점에 있다. 이 범주의 사용에는 정치적 선전과 여러

---

13 Boym, *Common Places*, p. 284.

대중 노래뿐 아니라 수많은 광고가 포함된다. 세번째 범주인 캠프 키치의 사용은 눈에 덜 띄지만 아주 흥미롭다. 이것은 의도적으로 흉내내는 키치의 사용, 곧 이미지와 의미를 가지고 의식적으로 유희하는 것을 포함한다.

4. 유토피아적 노스탤지어 키치

공산주의 키치의 어떤 요소들은 여전히 의심없이 받아들여지고 아직도 대중적 규범의 일부로 남아 있다. 이들 중 가장 강력한 것은 전쟁 노스탤지어 키치로서, 정부는 이것을 (특히 선거가 있는 해에) 자신의 목적을 위해 이용하기에 적합한 것으로 여겨 왔다. 1996년 선거캠페인 동안 상점 창문과 가로등 깃발로부터 퍼레이드 경로를 따라 드리워진 승전일 퍼레이드 포스터들은 적군 병사의 귀향을 환영하는 고전적인 전쟁 포스터의 재쇄물이었다. 다양한 공산주의 당들은 1996년 캠페인 동안 옐친의 것이 아니라 그들의 정치적 유산임에 마땅한 대조국 전쟁을 옐친이 끌어들여 이용하고 있다고 여러 번 불만을 표했다. 그러나 옐친은 러시아의 위대함은 그 위대함을 지녔던 공산주의 시대로부터 분리될 수 있는 주제라고 명백히 상정하고 있었다. 어떤 면에서, 그는 이 주제를 한꺼번에 두 가지 방식으로 가져가려고 했다. 즉 개혁과 민주화를 위한 캠페인을 시작하는 동시에 개혁을 불신하고 집요하게 과거에 집착하는 사람들에게 호소하려 했던 것이다. 그는 러시아를 위한 새로운 비전을 창조하기 위해 역경의 시기에 단합하는 것에 중점을 두는 전시 주제를 사용하기 원했다. 그래서 그는 ─ 민족주의자들과 공산주의자들처럼 ─ 전시 이미지에 매료되었다.

전쟁 노스탤지어는 대중문화비평가 아르테미 트로이츠키가 '수퍼 파워 노스탤지어'라고 명명한 것,[14] 거의 모든 정당들이 공유했던, 러시아가 다시금 위대하게 되기를 바라는 갈망의 일부이다. 서서히 퍼레이드가 부활하고 모든 옛 공휴일(모호한 명칭이 붙여져 있지만, 공산주의 체제 공휴일과 동일한 날짜인)을 기념하는 것은 러시아가 위대한, 그리고 위대했던 이유를 기념하고자 하는 이 공통된 열망을 반영한다.

옐친 정부는 애국심을 고무하는 새로운 키치 이미지를 만들어 내려고 하고 있지만, 이 이미지들은 한결같이 유토피아적 노스탤지어 방식으로 친숙한 옛 소비에트 이미지에 의존하고 있다. 흥미로운 예시로 '러시아 프로젝트'Russkii proekt라는 제목으로 텔레비전에 방송된 한 공익 광고 시리즈를 들 수 있다. 이 시리즈는 러시아에서의 삶에 관한 2분짜리 단편들을 보여 준다. 이 시리즈의 첫번째 것에는 시베리아 철도에서 철로를 수리하는 두 명의 중년 여성이 나온다. 소비에트 리얼리즘식으로 다부진 체격에 혈색 좋은 이 여자들은 일하면서 얘기하고 있다. 한 사람은 울면서 얼마나 자신의 삶이 힘든지, 얼마나 남편이 자신을 때리는지 얘기하고 있다. 그녀는 눈물을 흘리며 맥없이 주저앉는다. 두번째 사람은 자기 친구가 심장마비가 온 게 아닌가 겁내며 히스테리컬하게 되어 그녀를 되살리려고 노력한다. 두번째 사람이 자기 친구가 절망하는 것이지 죽어 가고 있는 게 아님을 깨달았을 때, 그녀는 갑자기 시베리아의 삶의 아름다움에 대한 민요를 부르며 춤을 추기 시작한다. 마지막 장면은 시청자들에게 희망을 준다. "신은 당신에게 건강을 주셨습니다. 러시아 정부

14 아르테미 트로이츠키(Artemy Troitsky), 모스크바 고등연구소 강의, 1996. 10. 15. 대중음악 및 팝 문화비평가였던 트로이츠키는 심야 토크쇼 「카페 오블로모프」의 호스트이자 잡지 『플레이보이』 러시아어판의 편집자이다.

가 드리는 메시지입니다." 이러한 광고를 시청자가 어떻게 이해해야 할까? 비-러시아인 시청자들은 이 광고를 이해하기 어렵다고 생각했지만 많은 러시아인들은 즐거이 이솝 우화를 해석하던 옛 솜씨를 발휘하면서 여기서 메시지를 발견하려고 했다. 나의 러시아 동료들은 그 메시지란 다음과 같다고 결론지었다. "당신은 강인한 혈통을 가지고 있다. 당신의 건강을 지키면서 상황이 나아지기를 기다려라. 정부가 노력하고 있다."

이 '러시아 프로젝트'는 러시아에 대한 좋은 감정과 정치적으로 위험하지 않은 공유된 기억을 창조하기 위해 이러한 특이한 단편들을 계속해서 내보냈다. 이는 곧 전통적인 키치의 정치적 사용이라 할 수 있다. 이 시리즈에서 대단히 인기 있었던 또 다른 단편은 대조국 전쟁에 참가하러 떠나는 한 젊은이의 모습으로 시작된다. 그의 여자친구가 플랫폼에서 바라보고 있고, 젊은이는 기차 창문에 입김을 불어 김서린 유리창에 그들의 이니셜과 함께 하트 모양을 그린다. "울지 마", 그는 창문에서 소리친다, "사랑해!" 다음 장면에서 훨씬 나이 먹은 바로 그 커플이 프라하 침공에서 죽은 것으로 보이는 아들을 애도하고 있다. 아내는 울고 있고, 남편은 아들의 옛날 꼭두각시 인형을 꺼내 인형이 "울지마, 사랑해!"라고 말하게 만든다. 세번째 장면은 현대에 홀아비에 가난에 찌든 연금생활자가 된 노인이 전철에서 잠든 모습을 보여 준다. 그는 허름한 옷차림에 헝클어진 머리를 하고 있다. 눈물이 그의 눈에 고인다. 바로 그때, 전철 창문에 그가 수십 년 전에 그렸던 것과 똑같은 하트와 이니셜이 나타난다. 그것을 발견하자 그의 눈은 희망으로 빛난다. 마지막 장면은 시청자에게 다음과 같은 희망을 준다. "우리는 당신을 사랑합니다. 러시아 정부가 드리는 메시지입니다."

'러시아 프로젝트' 시리즈의 모든 단편들은 역경의 시기에 처한 강인한 사람들의 고도로 감상적인 이야기이다. 그리고 이것들은 모두, 역경에도 불구하고 위대한 러시아의 러시아 민족의 이미지를 창조하기 위해 과거의 키치 상징에 의존하고 있다. 정부는 이 프로젝트를 장기간 지원할 가치가 있다고 여겼다. 뿐만 아니라 이 시리즈는 러시아 시청자들에게도 상당히 인기가 있었다. 두번째 단편 '울지마, 사랑해'는 주연 배우인 지노비 게르트가 소비에트 시대에 사랑받았던 배우였기에 특히 인기가 있었다. 그의 젊은 날의 장면들은 실제로 옛 소비에트 영화들로부터 가져온 것이었다. 게르트가 이 공익 광고가 방영된 지 얼마 지나지 않아 죽었을 때, 이 단편은 그에 대한 헌사로서 되풀이해서 방영되었다.

공산주의 키치가 여전히 열성적인 청중을 발견한다는 사실은 놀라울 것이 없다. 그러나 키치의 이러한 유토피아 노스탤지어식 사용은 아마도 가장 위험한 것이며 확실히 가장 정치화된 것이다. 비록 옐친이 이 전략을 광범위하게 사용해 왔지만, 과거에 대한 강화된 갈망은 더 극단적인 공산주의 정당이나 다양한 민족주의 정당 중 어떤 쪽에도 쉽게 정치적 이득을 줄 수 있다. 보임이 언급했듯이, "유토피아적 노스탤지어는… 전체주의에 대한 노스탤지어와 노스탤지어 자체의 전체주의적 속성 ──지나가 버린 과거의 전면적 재건에 대한 갈망── 둘 다를 보여 준다. 대부분의 탈공산주의 국가에서 오늘날 민족주의가 공산주의 이데올로기를 대신하고 있는 것은 우연이 아니다… 민족주의의 유혹은 귀향과 전적인 수용의 유혹이다. 즉, 개인은 정당에 가입할 필요조차 없다. 개인은 이미 그냥 속해 있다".[15]

유토피아적 노스탤지어 키치는 이전의 신화와 사람들의 상실감을

---

15 Boym, *Common Places*, p. 287.

이용한다. 현재 제한적으로 사용됨에도 불구하고, 유토피아적 노스탤지어 키치는 잠재적으로 치명적인 정치적 수단이다. 사울 프리들랜더가 나치즘을 평가하면서 언급했듯이, "키치의 개념은 총동원의 달성을 설명하는 데 도움이 된다… 이데올로기적 논거들은 그리 대단한 것은 아니었지만, 몇몇 슬로건과 매우 강력한 이미지들로 환원되었다. 동원은 단순한 이미지 차원에서 일어났다".[16]

5. 역설적 노스탤지어 키치

인기 있는 세제 '아리엘'에 대한 텔레비전 광고를 떠올려 보자. 형식은 익숙하다. 한 어머니가 좋은 옷들을 더럽힌 아들에 대해, 그리고 이 옷들을 '큰 행사'에 늦지 않게 완벽히 세탁해야 하는 긴급한 상황에 대해 얘기하고 있다. '아리엘'이 이 일을 해내어 이 가족을 곤란한 상황에서 구출한다. 이 광고에서 어머니가 어린 아들에 대해 이야기하고 있는 거라고 기대할지 모르지만, 이 아들은 사실 연례 퍼레이드에 필요한 흰 제복에 뭔가를 엎지른 젊은 해군 신병이다. 이 광고는 현대를——병역이 좀처럼 자부심의 근원이 되지 못하고 퍼레이드 또한 드문—— 배경으로 하지는 않았지만 또한 실제 과거를 배경으로 한 것도 아니다. 대신, 이 광고는 아들들이 해군 퍼레이드에 자랑스럽게 행진하고 어머니들이 집에 세탁기를 가지고 있는 실재하지 않는 어떤 곳에서 일어난다. 옛 것과 새 것을 병치하면서도 이 광고는 과거를 상기시키지 않는다. 대신, 광고는 교묘하게 소비자가 서구 사회의 꾸밈새를 가지면서도 전통적 러시아 가치

16 Friedlander, in "On Kitch".

〈사진 16-1〉 『노동』(Trud) 광고. "우리는 수백만이다 ── 우리에게 동참하라!" 개빈 헬프 촬영.

를 유지할 수 있다고 제안한다.

　이것이 키치의 역설적 노스탤지어 사용, 곧 대중광고 수단의 가장 두드러진 예라 할 수 있다. 이 유형의 광고에서 기업은 타깃 소비자의 노스탤지어적 정서를 이용하여 자기네 상품을 바로 그 정서와 연관시킨다. 이러한 정서는 공산주의 문구임을 바로 알아볼 수 있는 표현으로 곧잘 성취된다. 간단한 예로 노동자 신문『노동』Trud의 광고 슬로건을 들 수 있다. "우리는 수백만이다. 우리에게 동참하라!"Nas milliony – prisoedinites'(사진 16-1). 이것은 공산주의 국가國歌「인터내셔널」의 가사를 따라한 것이다. 외국인의 귀에 더 미묘한 다른 예로는 러시아 노동자의 담배 '야바'의 슬로건을 들 수 있다. "언제나 사랑받고, 언제나 당신과 함께할 것입니다"(사진 16-2). 러시아인들이 들으면 당장 알 수 있는 바, 여기서 말장난은 "언제나 너와 함께"에 있다. 이 문구는 곧 어린 시절부터 외우고 또 노래 불려진 "레닌은 언제나 우리와 함께"에서 온 것이다.

　이러한 키치의 상업적 활용은 보임이 사용한 의미(환기된 노스탤지

〈사진 16-2〉 야바 광고. "언제나 사랑받고, 언제나 당신과 함께할 것입니다." 개빈 헬프 촬영.

어는 특이하고 개인적인 것이다)에서나, 공산주의 상징이 마케팅 전술로 상업 조직에 의해 광범위하게 사용되고 있는 것이 역설적이라는 보다 일반적인 의미에서나 모두 역설적이다. 당연하게도, 소비에트 키치에 대한 이러한 유형의 말장난은 오로지 러시아 제품 광고에서만 발견된다. 이러한 말장난의 사용은 또한, 자신을 여전히 공산주의자로 규정할 상당수의 사람들을 포함할 가능성이 큰 사회경제적 계층에 소구하는 물품들의 광고에서 일반적으로 사용된다.

친숙한 이미지들을 사용하는 비슷한 게임이 또 있다. 즉, 키치의 시각적 신호를 취하여 다른 의제와 연결시키는 것이다. 예를 들어, 1996년도 대통령 선거 캠페인의 가장 중요한 이미지 중 하나는 거의 모든 가게 윈도우에 걸렸던 한 포스터였다. 이 포스터는 일종의 '이전과 이후' 사진이었다. 윗쪽 사진은 빈 선반들이 줄지어 있는 식료품점(아마도 페레스트로이카 시대 후반의)을 흑백으로 보여 주고 있었다. 아래쪽 사진은 컬러 사진인데 행복한 얼굴의 아이들에 둘러싸여 러시아 식료품들을 양팔 가득 안고 가는 여성을 보여 주고 있었다. "생각하십시오, 그리고 선택하십시오"라는 문구는 두 사진 사이를 가로지르는 슬로건이었다. 이 포스터에서 흥미로운 것은, 이것이 친-옐친 캠페인 포스터였음에도 불구하고, 그리고 자본주의의 풍요함이 전시되고 있음에도 불구하고, 컬러 사진이부에 대한 고전적인 공산주의 키치 이미지를 사용한 사회주의 리얼리즘 특유의 양식으로 되어 있다는 점이었다. 팔 가득 소세지를 안고, 국가의 풍요로움을 만끽하는, 스카프를 쓴, 소박하지만 행복한 평범한 여성. 어머니 영웅 이미지의 사용마저도 친숙한 소비에트의 시각적 장치였다. 앞서의 세제 광고처럼, 이 광고는 러시아의 가치와 서구 상품에 대한 어필로 읽힌다. 언뜻 보기에, 이 포스터는 불안정한 1980년대 후반이 아니라 1970년대 초의 풍요로움에 대한 광고처럼 보였다.

키치의 역설적 노스탤지어의 사용은 음악에도 스며들었다. 텔레비전으로 방송된 1996년 및 1997년 새해 프로그램에는 전쟁 시절의 옛 노래들이 대거 포함되었는데 이 노래들은 이후 여러 해 동안 리바이벌되어 인기를 누렸다. 사실상, 앞서의 공익 광고 '러시아 프로젝트'는 『중요한 것들에 대한 옛 노래들』*Starye pes'ni o glavnom*이라는 제목으로 앨범을 두 개 발매했다. 키치에 대한 역설적 노스탤지어 접근법을 계속 적용하자면, 이 두 앨범에 수록된 곡들은 그 시대에 가장 인기 있었던 비정치적 노래들로 대부분 「현관에서」, 「기다려 줘, 리자베타」 같은 연가들이었다.

1996년도의 인기 있는 비디오 중 많은 것들은 유사 1950년대 스타일로 만들어졌는데, 초기 록 음악과 그것이 발견된 시대에 대한 키치스러운 소비에트 및 미국 이미지들의 콜라주에 의존하고 있었다. 페레스트로이카가 무너진 뒤 한동안 정치적 주제에 대한 노래들은 인기가 없었다. 그러나 최근에는 몇몇 인기곡이 청중의 역설적 노스탤지어 키치 감성을 이용해 왔다. 아마도 가장 주목할 만한 것은 「소련에서 우리는 태어났다」Rodilis' my v SSSR라는 곡이다. 최고의 인기를 구가했던 언더그라운드 소비에트 밴드 마쉬나 브레메니(타임머신)의 이전 멤버가 녹음을 맡은 이 곡은 포스트소비에트 세대의 노스탤지어와 양가성을 반영하고 있다. 불타는 쓰레기와 흩어진 폐허들을 비디오 배경으로 하여 이 노래는 다음과 같이 한탄한다. "우리 앞에는 아무것도 없고, 모든 것은 우리 뒤에 있고, 소련에서 우리는 태어났다… 한때, 원칙적으로는, 모든 것의 상속자였으나, 지금 우리는 오직 잿더미밖에는 가진 것이 없다… 우리는 과거를 원하는 것은 아니지만, 지금 우리는 가진 것이 없다." 이것은 옛 슬로건과 새로운 불신의 통렬한 혼합물이다. 역설적 노스탤지어 키치의 대개는 과거를 애정을 가지고 기억하지만 재창조하려고는 하지 않는 바, 아마도 신러시아에서 키치가 가장 사회적으로 건설적인 방식으로 사용되는 방식일 것이다.

6. 키치 캠프

서구에서 '캠프 감수성'을 처음으로 연구한 사람은 수전 손택이었다. 그녀는 이것을 일종의 의도적인 악취미 ──키치나 질 나쁜 예술로 통상 인식되는 것들에 대한 습득된 감상, "과장된 것, '빗나간 것', 무엇인가인 척하는 것들에 대한 애착"으로 묘사한다. 사물과 사람에게서 캠프를 인지하는 것은 '역할극으로서의 존재'를 이해하는 것이다.[17] 아마도 이것의

17 Susan Sontag, "Notes on Camp", in *Against Interpretation and Other Essays*(New York: Octagon

가장 재미있는 예는 스톨리치나야의 '보드카의 자유' 광고 캠페인일 것이다. 이 광고는 오직 미국에서만 공개되었으며 러시아 보드카의 소비를 부추기기 위해 선전 포스터 형식에 구성주의 예술을 사용했다. 예측할 수 있듯이, 이 광고 캠페인은 모스크바에서는 알려지지 않았다. 모스크바에서 스톨리치나야는 현재 러시아에서 인기 있는 많은 외국 브랜드들과 경쟁하면서, 광고에 애국심을 강조하는 접근법을 취하고(수도의 보드카를 마셔라) 차르 상징을 이용하는 한편 혁명 전의 로고를 다시금 사용하고 있다.

그러나 심지어 모스크바에서조차 키치의 캠프적 기념을 취급하는 시장이 형성되어 있다. 주로 여행자 시장이지만 규모가 크다. 가령, 1992년 모스크바에서 '빌로예'(지난날)라는 이름의 한 경화(硬貨) 전용 레스토랑은 인근 거리들에서 최근에서야 철거된 흉상, 동상, 현수막들로 이루어진 대규모의 공산주의 캠프 실내장식으로 엄청난 성공을 거두었다. 레닌 흉상의 판매는 생산 공장 중 하나가 현재까지 계속 가동 중일 정도로 높았다고 한다. (러시아인들 사이에서 레닌 흉상보다 더 인기 있었던 것은 레닌 양초였는데, 그 이유는 너무나 친숙한 그 머리를 녹여 버릴 수 있기 때문이었다.) 다른 키치 품목들의 판매는 관광객이 자주 찾는 야외 시장에서 주로 이루어졌는데, 현수막, 흉상, 깃발, 군모, 정당 장식핀, 기타 소련의 온갖 시각적 장식들이 포함되었다.

캠프로서의 공산주의는 또한 비-러시아 구 공화국들, 특히 발트 국가들에서 인기를 구가했다. 예를 들면, 라트비아와 리투아니아 둘 다 수도에 공산주의 키치 바가 있다. 빌니우스에 있는, 발트 태생의 체카(KGB

Books, 1986), pp. 279~280.

의 전신) 간부 펠릭스 제르진스키의 이름를 딴 '아이언 펠릭스'라는 바는 대규모의 선전 포스터 컬렉션을 전시하고 있으며, 공산주의 요리 재난을 표현한 코믹한 메뉴를 선보이고 있을 뿐 아니라, 고객들이 화장실에서 신문과 진짜 휴지 중에서 선택할 수 있도록 하고 있다. 이 바는 이전에는 레닌 광장이라고 불렸던 광장으로부터 약간 떨어진 곳에 위치하고 있다. 핀란드산 맥주 '레닌그라드 카우보이'는 캔에 레닌이 그려져 있는데 가끔은 카우보이 모자를 쓰고 있고 가끔은 엘비스 스타일의 부푼 머리모 양을 하고 있다. 이 맥주는 독립 직후 시기에 발트 국가들에서 매우 인기 있었다. 발트 국가에서는 키치 상징들이 도입되었지만 대부분의 경우 흡수되지 않았기에 키치가 러시아에서보다 더 손쉬운 조롱의 표적이 된다.

러시아에서조차도 캠프 인공물은 이따금 세대에 걸쳐 호소력을 지니는 것처럼 보인다. 일례로, 대단히 인기 있었던 「공공 아파트」 뮤직비디오는 거주민들의 그 모든 익히 알려진 일화들을 시각적으로 재현하며, 공공 아파트의 삶에 대한 거칠고 복잡한 익살극을 보여 준다. 코러스는 "우리는 공공의 국가에서 공공 아파트에 살고 있네"라고 반복해 노래한다. 이 노래는 집단 생활의 이미지를 활용하여 국제적 우의의 슬로건을 패러디한다. 이 노래의 인기는 기억하기 쉬운 선율 때문뿐 아니라 일반적으로 인기 없는 공산주의 제도——공공 아파트, 곧 '코무날카'(충분한 논의를 위해서는 보임의 『공공의 장소』*Common Places* 중 '공공 아파트' 장을 참조하라)——를 패러디하고 있다는 사실 때문이기도 하다.

그러나 대체로, 러시아 시민들 사이에서 캠프가 즐겁게 사용되는 경우는 흔치 않다. 소련의 많은 키치 상징들은 러시아인들 사이에서 강렬한 느낌을 불러일으킨다. 그래서 키치에 대한 캠프적 접근은 몇몇 하위문화의 영역으로 남아 있다. 광고에서 캠프 키치를 사용한 드문 예 중 하나로『내셔널 인콰이어러』*National Enquirer* [18] 스타일의 잡지『완전히 은밀하게』*Sovershenno sekretno*의 텔레비전 광고를 들 수 있다. 이 광고에서는 스탈린이 잡지 최신호를 읽고 있다가 국가의 비밀들이 노출된 것을 발견하고 놀라서 고함치고 있다. 정부, 외계인, 아프가니스탄에 대한 비밀들이 그것이다. 마지막에 그는 베리야를 자기 집무실로 호출하여 이 잡지보다도 아는 게 적다는 이유로 해고한다.『완전히 은밀하게』는 독립 잡지로서의 이미지를 강화하기 위해 이 광고 캠페인을 선택했다. UFO 이야기와 직설적 보도의 특이한 결합으로『완전히 은밀하게』는 독자들의 열렬한 충성과 혹독한 비판을 한 몸에 받았다.

키치에 대한 캠프적 접근은 주류집단에게 불쾌하게 여겨지는 상징들을 전통적으로 전용하는 사회집단(가령, 오토바이족이나 청년 하위문화)에게 가장 호소력을 지닌다. 이전 시대의 미국 오토바이족들이 나치 상징을 사용한 것과 매우 유사하게 러시아의 오토바이족들은 종종 공산주의 상징을 사용한다. 불쾌감을 주기 위한 의도에서 말이다. 공산주의 상징의 이러한 사용은 부분적으로는 노스탤지어적이어서 권력과 제국의 '영광스런 날들'을 회상시킨다. 그러나 이것은 또한 캠프로서의 공산주의 상징의 사용이 공산당 모든 분파에게 불쾌하게 여겨진다는 점에서 무정부주의적 감수성에 대한 호소라고 할 수 있다. 이러한 종류의 캠프의 '저항적 사용'의 예를 '야마 바'(모스크바 북서 변두리에 있는 폭주족 바로서, '야마'는 '구덩이'를 뜻한다)에서 찾을 수 있다. 이 바에서는 한쪽 벽에 커다란 공산당 기를 자랑스레 걸어 두고 있으며 그 맞은편 벽에는 미

---

18 [옮긴이]『내셔널 인콰이어러』는 1926년 창간된 미국의 가십 주간지로서 세속적인 화제를 풍부하게 수록한 인기 잡지였다.

국 반군 깃발을 걸어놓았다. 그러나 야마 바에서 캠프는 장난스런 방식으로도 사용되고 있다. 예를 들어, 바 뒤에 연례 '노동자 생산성 증진을 위한 사회주의 경쟁의 승리자' 컨테스트 상을 전시해 놓았다.

청년 하위문화들 사이에서 키치 상징의 캠프적 접근은 소비에트 상징이 젊은 세대에 결코 강한 인상을 주지 못했음을 반영한다. 따라서, 나이 든 사람들에게는 키치가 불편한 느낌을 불러일으키지만 청소년들은 그 불편감에 영향을 받지 않고 즐길 수 있나. 가령, 학교에 반항하는 청년 반달리즘 행위는 종종 학생이 학교 지하실로부터 공산주의 용품을 훔쳐 학교 당국이나 이웃사람들을 다시 한번 아연실색하게 만들 수 있는 눈에 잘 띄는 장소에 놓아 두는 것 같은 형태로 나타난다. 어떤 구 콤소몰 클럽(현재는 멤버 전용 청년 댄스 클럽)에서는 건물 외벽에 열심히 일하고 있는 의기양양한 사회주의 젊은이를 묘사한 거대한 벽화를 조심스럽게 유지해 오고 있다. 레이브 클럽에서 인기 있었다고 하는 1997년도 댄스 곡이 있는데, 그 제목(및 코러스)은 "나는 백만장자가 아니라 피오네르가 되고 싶어요."Khochu byt' pionerom, ne millionerom이다. 위에 기술한 키치의 사용 사례에서 캠프는 손택이 기술한 미국에서의 캠프의 역할과 유사한 기능을 하고 있다. 즉, "심지어 소규모 도시 패거리들 사이에서도 나타나는 사적인 암호, 정체성 표지 비슷한 것"[19]이다.

7. 공산주의 키치에 대한 양가성 증가

소련 붕괴를 전후하여 몇 년 동안 과거의 상징을 떨쳐 버리고 조롱하고

19 Ibid., p. 275.

〈사진 16-3〉 모스크바 서점 '비블로글로부스'의 광고. 히틀러, 니콜라이 2세, 레닌, 브레즈네프가 새 교과서 『역사의 연대기』를 들고 있다. 개빈 헬프 촬영.

자 하는 경향이 있었다(사진 16-3). 이러한 경향은 시간이 지나면서 사그라들었다. 1991년에는 초등학교 학생들은 (부득불) 공산주의 텍스트를 계속 사용했지만 그 사용은 선생님의 역설적인 해설과 함께였다. 무엇을 공부하는지에 대한 나의 질문에 한 어린 학생이 대답했다. "우리는 오래된 책들을 읽어요. 그러면 선생님이 우리에게 왜 그것이 진실이 아닌지 얘기해 주죠." 이 학생은 내게 자신의 교과서를 보여 주었는데, 이 교과서는 레닌을 조롱하는 낙서와 잔인한 그래피티로 가득 차 있었다.

오늘날 교과서들은 개정본으로, 아주 잘 쓰여져 있으며, 혁명 전후의 세월에 대한 광범위한 정보를 풍부히 추가함으로써 과거를 보다 완만하게 부인하려고 애쓴다. 외국인을 상대하는 시장에서 팔리는 마트료슈카(여러 겹이 겹쳐 있는 나무 인형)에는 더이상 소련 지도자들의 만화 초상이 그려져 있지 않다. 마트료슈카에는 농구 팀, 차르, 또는 디즈니 캐릭터가 그려져 있는 경우가 훨씬 많다. 보임의 책에는 1950년대의 "우리는 공산주의를 건설한다" 벽화의 삽화가 포함되어 있다. 이 벽화 아래에는 한 투자회사가 "우리는 새로운 러시아를 건설하고 있다"라고 적은 옥외광고판 사이즈의 광고를 그렸다.[20] 현재는 그 광고 위에 흰색으로 넓게 덧칠을 해서 벽화를 최대한 그 원래의 시각적 위엄을 지닌 모습으로 돌려놓았다. 1991~92년 사진들은 넘어뜨려진 조각상과 그래피티로 뒤덮인 조각상 받침대들을 보여 준다. 오늘날 이 상들은 깨끗이 닦여져 고리키 공원 맞은편, 예술가의 집 구내의 조각 정원에 전시되어 있다. 이 조각 정원은 실로 이상한 장소이다. 부분적으로 낙서가 제거된 받침대 위에서 제르진스키가 거대한 소련 문장을 배경으로 한 브레즈네프의 상을 마주보고 있다. 몇년 전에 받침대에서 떨어져 나온 스탈린이 두 개의 석조 버팀대 위에 안치되어 있다(사진 16-4). 작고한 공산주의 지도자들의 긴 행렬이 잘 가꾸어진 산책로를 바라보고 있다. 이 중 많은 상들이 '조각상의 묘지'——1991년 쿠데타가 일어나면서 만들어졌던 고리키 공원의 석상 무더기——로부터 옮겨온 것으로, 그 이후 정부의 누군가가 여전히 많은 이들이 소중히 여기고 있는 이 이미지들을 돌보고 있는 것이 분명하다. 조각상들이 현재와 같이 보호되고 있는 것은 공산당의 권력 증가에 따른 것으로 부분적으로 설명된다.

의도적으로 불쾌감을 주려고 하는 캠프와 달리, 공산주의 키치의 대부분은 현대 러시아에서 온화하고 다소 애정어린 방식으로 사용된다. 광

20 다음을 참조하라. Boym, *Common Places*, p. 273.

〈사진 16-4〉 모스크바 조각 정원에 전시된 부서진 스탈린 상. 마틴 클로스 촬영.

고주들은 공산주의 키치를 어느 정도 이용하고 있긴 하지만, 대부분 혁명 전 키치, 곧 차르와 제국의 이미지에 집중한다. 이 상징들은 훨씬 더 편안하고 더 먼 과거로부터 온 것이기에 보다 적은 위험부담을 안고 조작할 수 있다. 공산주의 과거는 일반적으로 위험한 영역으로 여겨져 왔으며 현재 사람들은 그 폐허의 재검토에 지쳐빠진 상태이다.

8. 공산주의 키치와 예측불가능한 과거

페레스트로이카 시대 말기, 고르바초프와 그의 비방자들 모두가 정치적 도구로서 역사를 고찰하는 데 새로운 열린 태도를 보여 주었던 때, 인기 있었던 농담 중 하나로 "러시아는 예측불가능한 과거를 가진 나라다"가 있다. 이 농담은 결국 진실이었다. 밀란 쿤데라의 전체주의와 개인의 삶에 대한 소설 『웃음과 망각의 책』에서 냉소적인 화자는 다음과 같이 말한다. "사람들은 언제나 더 나은 미래를 창조하기를 원한다고 외친다. 이것은 사실이 아니다. 미래는 아무도 흥미를 가지지 않는 무관심의 공동이다. 과거야말로 생명으로 가득 차서 우리를 자극하고 화나게 하고 모욕하고 또 우리가 그것을 파괴하거나 다시 채색하도록 부추기고 싶어한다. 사람들이 미래의 주인이 되고자 하는 유일한 이유는 과거를 바꾸기 위해서다. 그들은 사진들이 재가공되고 전기와 역사가 다시 쓰여지는 실험실의 접근권을 놓고 싸우고 있다."[21]

역사가 모험이라기보다는 배경이 되는 시대를 찾아 일상 사회가 비정치적인 것으로 어느 정도 후퇴해 오긴 했지만, 공산주의의 상징들은 시민들의 상상력에 대한 지배력을 유지해 왔다. 특정 세대들은 단어와 상징들을 기억으로부터 뿌리뽑거나 최종어휘를 재정의할 수 없다. 이 사실을 놓고 봤을 때, 키치 공산주의 상징들은 역사의 의미를 둘러싼 투쟁의 전장이 될 수 있는 힘을 유지하고 있다.

1996년 11월 러시아 정부는 또 다른 텔레비전 공익 광고 시리즈를 내보내기 시작했다. 이 시리즈는 「새로운 러시아를 위한 이야기」라는 제목이었다. 이 단편들은 채널 1의 「브레먀」 저녁 뉴스가 방송되는 동안 하나씩 방영되었다. 그리고 비록 동화의 형식을 취하고 어린이다운, 크레용으로 그린 듯한 애니메이션으로 표현되었음에도 불구하고, 이 단편들은 명백히 러시아의 가장 인기 있는 뉴스 프로그램의 성인 시청자를 대

---

21 Milan Kundera, *The Book of Laughter and Forgetting*, trans. from Czech by Michael Henry Heim(New York: Penguin Books, 1981), p. 22.

상으로 삼고 있었다. 본 논의의 목적상 가장 흥미로운 단편에서는 "옛날 옛적에, 매우 붉은 나라에서…"라고 시작하여, 붉은 색이 유일한 아름다운 색깔로 여겨져서 모든 것, 심지어 사람들조차도 붉게 칠해졌던 한 나라에 대한 이야기를 들려준다.[22] 즐겁게 서로를 빨갛게 칠하던 만화 주인공들은 결국 그들이 아무리 노력해도 하늘은 파랗고 구름은 하얗다는 것을 깨닫고 다른 색깔들도 존중하기로 맹세한다. 그러면서 단색의 붉은 화면은 러시아 깃발의 세 가지 색깔이 된다.

이 동화는 관용에 대한 호소에 있어서나 시청자들이 과거를 과거에 남겨 두고 그것에 어떠한 판단도 하지 않도록 촉구한다는 점에서나 모두 대단히 흥미롭다. 시청자 대중을 위한 감정(이 동화의 시청자들 사이에서 거의 찾아보기 힘든 감정)을 제조해 내려는 노력에 있어서 이것은 탈공산주의 키치 선동의 특히 야심적인 경우라 할 수 있다. 고대 동화 상징을 사용함으로써 이 광고는 시청자들을 암암리에 소비에트 이전 신화의 시대로 소환한다.

쿤데라가 주장하듯 "키치는 모든 정당과 정치운동의 미학적 이상"이기에, 새로운 키치가 생겨나리라는 것은 충분히 예측가능하다.[23] 쿤데라에 따르면, 그것은 인간 조건의 필요불가결한 부분으로서, 뿌리뽑을 수도, 단지 비판적으로만 볼 수도 없는 그 무엇이다. 러시아의 현대 예술은 공산주의 키치 상징들을 진지한 방식으로 검토하기 시작하고 있다. 현대 예술에서 키치와 역사의 문제를 다루는 특별히 흥미로운 방식을 모스소비에트 극장에서 「지저스 크라이스트 수퍼스타」의 오래된 제작

---

22 러시아어에서 '붉은'(krasnyi)이라는 단어와 '아름다운'(krasivyi)이라는 단어 간에는 어원적 유사성이 있다.

23 Kundera, *The Unbearable Lightness of Being*, p. 251.

물에 가해진 최근의 변주에서 찾아볼 수 있다.

　마그니티즈다트(비밀리에 재생산 및 유포된 비디오와 테이프)의 시대에 미국 영화 「지저스 크라이스트 수퍼스타」는 가장 인기 있는 것 중 하나였다. 이 작품의 번역본만 해도 수십 개가 존재하며, 페레스트로이카 시대 이전 러시아에서 수많은 언더그라운드 공연이 있었다. 「지저스 크라이스트 수퍼스타」가 허용되자마자, 이 작품의 러시아 번역물이 모스소비에트 극장에서 상연되었다. 그리고 이 작품은 객석을 가득 메운 관객들 앞에서 한 달에 여러 번 계속해서 상연되었다. 오리지널 제작본은 웨버와 라이스의 제작본을 충실히 번역한 것이었다. 미국 영화 버전처럼, 오리지널 제작본은 성서적 역사에 대한 드문 접근으로서(많은 젊은 모스크바 시민들은 이 공연을 자신이 예수의 삶의 역사에 최초로 노출되었던 때로 언급한다), 그리고 국가와의 갈등에 처한 지식인과 전체주의적 통제를 극복하는 신념의 힘에 대한 강렬한 이야기로서 높이 평가되었다. 불가코프의 『거장과 마르가리타』에도 또한 반영되어 있는 이 주제들은 탈소비에트 러시아 사회에서 새로운 방식으로 다뤄질 필요가 있었다. 그리하여, 「지저스 크라이스트 수퍼스타의 냉소적 각색」이라는 제목의 새로운 버전이 역시 모스소비에트 극장에서 상연되기 시작했고 계속하여 대규모 관중에게 상연되었다.

　새로운 버전은 상당한 '냉소적 각색'을 보여 주었다. 웨버와 라이스의 록 오페라 음악이 충실히 재현된 반면, 플롯에는 커다란 변화가 일어났다. 원작에서처럼 예수는 정치적으로 폭발력 있는 자신의 가르침의 결과로 십자가에 못박힌다. 그러나 새 버전에서 예수의 가르침은 이 지도자의 죽음 앞에 허물어져 버리는 혁명으로 표현된다. 이는 예수의 '측근 그룹'이 혁명이 무엇에 관한 것인지 합의에 도달하지 못했기 때문이다.

모든 사람이 예수를 배반한다. 막달라 마리아는 빌라도에게 만약 그가 예수를 풀어주면 예수가 징지모부터 손을 떼두록 만들겠다고 약속한다. 셀롯 시몬은 특히 예수가 자신감을 잃고 있는 듯 보이자 혁명에는 순교자와 그에 뒤따른 개인의 우상화가 더 유리할 것이라 주장한다. 셀롯 시몬과 유다는 혁명의 변증법에 대해 논쟁한다.

마지막 장이 전개되면서, 키치 상징들이 급증하고 인물들은 공산주의의 분명한 징후들을 보이게 된다. 유태 평의회는 정치국이 된다. 빌라도는 스탈린을 인용하기 시작한다. ("인민은", 그가 말한다, "때때로 적이 필요하고 우리는 그들에게 그것을 제공할 것이다. 그러나 사람이 없으면 문제도 없다".) 셀롯 시몬은 트로츠키 스타일의 복장과 연설을 가져온다. 빌라도는 청중을 향해 돌아서서 비웃는다, "너희들이 자유를 실컷 즐기고 그것에 신물이 나면 너희들은 나에게 다시 기어와서 '악마여, 그리스도를 위해 우리를 용서하시오!'라고 말할 것이다. 그리고 그리스도를 위해 나는 너희를 용서할 테지. 그러나 그리스도 또한 그럴까?"[24] 원래는 소비에트 가치의 서정적 거부로서 소비에트 문화 속에 자리매김했던 이 제작물은 혁명 이후 삶의 양가성에 대한 탁월한 논평이 되었다. 자신의 혁명이 산산히 허물어지기 시작하자 예수는 슬픔에 잠겨 노래한다, "진리에 목마른 자는 복이 있나니 ──그것을 발견할 것이다. 그 진리로부터 살아남은 자는 진정 복이 있다".

24 케슬레르(Y. Kesler)가 번역하고 냉소적 각색이 포함된 「지저스 크라이스트 수퍼스타」(Isus Kristos Superzvezda)의 녹화본은 도쿠멘트 레코드사에서 제작되었고 모스소비에트 극장에서 구매 가능하다.

9. 진실로부터 살아남기

"나의 이름은 오지만디아스, 왕중의 왕이다.

내 업적을 보라, 너희 강대한 자들아, 그리고 절망하라!"

옆에는 그 무엇도 남아 있지 않다. 퇴락한

저 거대한 잔해 주변에는 끝없고 텅 빈

외롭고 평평한 모래만이 저 멀리 뻗어 있다.[25]

셸리의 유명한 이 시에서 오지만디아스의 상像과 왕국의 잔해를 마주치게 되는 사람은 중립적인 여행자이다. 그러나 러시아에서는 제국의 잔해의 관찰자가 제국의 이전 시민들이다. 이 사실은 러시아의 옮겨진 상들과 오랫동안 익숙했던 상징들에 대해 심오한 양가성을 불러일으킨다. 아르테미 트로이츠키에 따르면, 소련의 역사를 다루는 능력이 늘고 있음을 보여 주는 한 징후는 러시아인들이 점점 더 공산주의 키치와 소련의 진짜 예술을 구분해 내고 있다는 사실이다.[26] 트로이츠키는 오랫동안 사회주의 리얼리즘의 독창성을 제대로 평가할 수 없었던 러시아인들이 이제는 그것을 향유하기 시작하고 있다고 주장한다. 그는 이 현상의 한 예로 1996년 가을의 「모스크바-베를린」이라는 제목의 순회 전시회의 성공을 든다. 이 전시회는 20세기 독재주의의 예술과 건축, 그리고 그 독재주의의 국제적 영향을 보여 준다. 트로이츠키에 따르면, 공산주의

---

25 Percy Bysshe Shelley, "Ozymandias"(1818), in *The Norton Introduction to Literature: Poetry*, ed. J. Paul Hunter(New York: W. W. Norton, 1973), p. 305. 러시아에 대한 수많은 토론에서 이 유추를 제안해 준 나의 동료 루이 클레멘스에게 감사한다.
26 아르테미 트로이츠키, 모스크바 고등연구소 강의, 1996. 10. 15., 공산주의 키치에 대한 질문에 대한 답변에서.

시대의 예술을 복구하는 것은 국가 역사를 받아들이는 것의 중요한 일면이다.

예술과 키치, 역사와 역사의 사용을 구분하는 것은 새로운 최종어휘를 개발하는 과정에서 많은 것을 요하기도 하고 또 도움이 되기도 하는 과업이다. 파괴된 최종어휘에 연결된 상징들은 많은 시민들에게 고통스러운 것으로 남아 있으며 미래의 정치의 전장으로 계속 기능할 것이다. 비록 러시아의 이 민주적 과업이 결코 보장될 수는 없지만, 공산주의 이데올로기의 '마케팅 수단'을 비판적으로 검토함으로써 각각의 시민들은 키치 제국의 종말 이후의 삶에 필요한 어휘목록을 얻을 수 있을 것이다.

17장

화장실에서 박물관까지

소비에트 쓰레기의 기억과 변형

스베틀라나 보임

밀란 쿤데라의 잘 알려진 격언을 빌리자면, 키치는 "존재와 망각 사이에 거쳐가는 중간지점"이다.[1] 한 시대가 끝날 때, 과거로부터의 키치적 기념물들은 문화적 대변동의 마지막 생존자로 등장한다. 노스탤지어의 회귀적 시선은 '고급'문화와 '대중'문화 간, 그리고 이데올로기와 일상생활 간의 간극을 흐릿하게 만들곤 한다.

규모를 제외하면 포스트소비에트 노스탤지어에 특별히 새로운 것은 없다. 노스탤지어는 더이상 민족주의 정치가나 모순적인 포스트모던 지식인의 자산이 아니며, 모스크바에 넘쳐나는 새로운, 기념비를 이용한 선전 속에 제도화되었다. 새로이 재건된 구세주 그리스도 대성당, 표트르 대제에 바치는 새로운 기념비, 그리고 제2차 세계대전 승리 50주년에 헌정된 포클론나야 언덕 위 전승기념관 같은 포스트소비에트 공공 기

---

1 Milan Kundera, *The Unbearable Lightness of Being*, trans. Michael Heim(New York: Harper and Row, 1984), p. 278.

넘비들은 과거 두 세기의 모든 웅장한 양식들——고전적인 '제국 양식'에서부터 네오-비잔틴(혹은 유사-러시아) 양식, 그리고 스탈린 시대 바로크 양식에 이르기까지——을 향수 어린 방식으로 재건하고 있다. 이들은 스탈린 시대 이후 사라졌던 모뉴멘탈리즘(기념비주의)을 드러내 보이고 있다. 이 기념비들은 강력한 조국, 곧 새 천 년의 로마제국에 대한, 그리고 스탈린 및 브레즈네프 시대의 웅장한 건축에 대한 유토피아적 노스탤지어를 구현한다. 인기 있는 모스크바 시장 유리 루슈코프가 장려한 기념비 노스탤지어는 그의 신생 기업 지원과 러시아 및 소비에트 역사의 어두운 순간들에 대한 선택적 망각과 더불어 동시에 나타나고 있다. 집단 책임에 대한 호소는 글라스노스트 때보다 훨씬 덜 인기 있으며, 더욱 중요한 것은 훨씬 시장성이 낮다는 것이다. 현재 러시아에서 노스탤지어는 새로운 상업 문화의 수익성 높은 부분이다. 노스탤지어 예술과 공예품은 대중문화, 음울한 소비에트 일상, 공식 선전, 그리고 국영 텔레비전 방송에서부터 비공식 '테이프 레코더 문화'에 이르기까지 다양한 문화적 영역들로부터 나온 항목들을 포함한다. 소비에트 슬로건들, 모자를 쓰거나 쓰지 않은 레닌의 흉상, 스탈린 시대에 인기 있던 뮤지컬, 루드밀라 지키나에서 블라디미르 비소츠키에 이르는 인기 가수들, 졸졸 흐르는 시내와 자작나무들과 차이코프스키의 음악이 배경으로 깔리는 '자연 휴지부'가 끼어 있는 느린 템포의 1970년대 텔레비전 연속극, 이 모든 것들이 문화적 재활용에서 새로운 의미를 얻었다. 키치적 기념품, 일상 물품, 의례들은 개별적 추억과 떼려야 뗄 수 없이 뒤얽힌 기억의 집단적 틀을 만들어 낸다. 모리스 알박스의 말을 빌리자면, 그 집단적 틀은 우리가 그것을 육성한 사회와 공동체에 작별을 고할 때에야 '어슴푸레하게' 보이게 된다.[2] 테오도르 아도르노는 키치를, 특히 20세기 초 상업적 대량생산 문화를, "카타르시스의 패러디"라 정의한다.[3] 한 시대가 저물어 갈 때, 키치는 단번에 기억으로부터 전달되어 귀향과 소속의 가능성을 재확인해 주는 노스탤지어적 카타르시스를 제공하기 때문에 숭고한 것으로 보일 수도 있다. 과거의 노스탤지어적 재-창조는 역사적 대변동의 시기에 특별한 중요성을 띠게 되며 종종 시대의 생존자들이 주요한 역사적 변화에 대처하는 것을 돕는 '방어 메커니즘'으로 작용하기도 한다.

그러나 소비에트 시대의 대중적 인공물과 일상 문화 속에 구현된 기억의 집단적 틀은 과거를 재건하는 어떤 내러티브도 제공하지 않는다. 이들은 집단적 행로와 개인적 우회로들로 채워진 지도 위 표지판이지 정확한 처방이 아니다. 이 장에서 나는 일상 문화가 기억의 지형학으로 변형되고, 소비에트 쓰레기가 체제 전복적인 박물관 전시물로 탈바꿈되는 것을 집중적으로 살펴볼 것이다. 나는 예술가 일리야 카바코프가 재건한 소비에트 기억의 장소 두 가지 ──'화장실'과 '미래 궁전' ──를 통해 포스트소비에트 향수의 한계를 살펴볼 것이다. 첫번째 설치작품은 1992년 독일 카셀에서 전시되었고, 두번째 것은 1995년 파리 조르주 퐁피두 센터에서 소개되었다. 이 둘은 집단적인 소비에트 집의 신성모독적이고 성스러운 측면들을 반영하고 있다고 할 수 있다.

일리야 카바코프의 운명은 포스트소비에트 노스탤지어 및 러시아와 서구 간 관계의 역설적 측면들을 상징적으로 나타내고 있다. 카바코프는 1970~80년대에 브레즈네프의 '정체'기의 대안적 예술가 중 하나

2 Maurice Halbwachs, *On Collective Memory*, trans./ed. Lewis Coser(Chicago: University of Chicago Press, 1992), p. 182.

3 Theodor Adorno, *Aesthetic Theory*, trans. G. Lenhardt(London: Routledge and Kegan Paul, 1984), p. 340.

로 알려지게 되었다. 이 예술가들의 상당수는 나중에 서구에서 '페레스트로이카의 예술가늘'로서 인기와 유면세를 얻었다. 카바코프는 독일에서 활동하기 위해 1988년 소련을 떠났다. 설치작품 「화장실」의 전시 후그는 러시아로 돌아가지 않았다.

러시아 밖에서 전시된 설치미술품들이 포스트소비에트 대중문화의일부로 여겨질 수 없음은 분명하다. 그렇지만 이 두 예술품은 현존하는최고의 소비에트 키치 박물관으로 남아 있다. 이것들은 과거에 서식하는동시에 과거를 멀어지게 만들며, 소비에트 일상을 탈영토화시키고, 결과적으로 대중적인 노스탤지어적 내러티브를 변화시킨다. 이것들은 국가정체성에 대한 일련의 포스트소비에트적 신념에 이의를 제기하며 소비에트 일상 문화와 문화적 기억의 문제들을 글로벌한 맥락에 가져다 놓는다. 카바코프의 작품은 소비에트 일상을 풍부히 담고 있음에도 불구하고, 국제적인 예술적 맥락 속으로 완벽히 치환가능하기 때문이다. 그의작품은 예술 분야에서 일종의 나보코프적 불변성을 가지고 있는 셈이다.그의 작품은 20세기 말 기억의 위기, 대중문화를 재활용하는 새로운 방식들, 그리고 노스탤지어의 전세계적 붐에 대한 비교적 관점의 논의를불러일으킨다.[4]

노스탤지어는 더이상 존재하지 않는, 또는 결코 존재한 적 없는 집에 대한 갈망이다. 노스탤지어의 정서적 지형도는 어떤 역사적 지도와도일치하지 않는다. 노스탤지어를 가진 이들은 선형적인 역사의 흔적을 지워 그것을 개인적 또는 집단적 신화로 바꾸고, 기억 자체의 선택성을 잊

---

4 이것이 또한 서구 슬라브 연구자들로 하여금 러시아의 민족정체성의 좁은 개념을 영속화하지 않고
  국제적 맥락에서 살펴보도록 하는 자극이 되길 바란다. 카바코프의 작품은 '망명자 관객'이 아니라
  러시아 및 해외 박물관 관람객들 모두를 위해 계획된 작품이다.

고자 갈망한다. 시간의 불가역성에 직면할 때, 이들은 불완전한 과거가 완전한 미래가 되는 신화적 일시성에 의지한다. 노스탤지어적 요소는 기억에 기반한 어떤 작품에도 필연적으로 존재하지만, 노스탤지어의 다양한 종류를 구분하는 것은 가능하다. 잠정적으로, 나는 노스탤지어적 경향 두 가지를 제시할 것이다. 복원적, 유토피아적이고 역사를 의식하지 않는 은유적 노스탤지어와 파편적, 역설적, 그리고 자기성찰적인 환유적 노스탤지어가 그것이다.[5]

노스탤지어는 통상 유행과 새로움에 추파를 보내지만 실상은 궁극적으로 전통적인 형식과 이야기에 충실한 대중문화의 핵심이다. 대중 노스탤지어에서 재활용되는 것은 모종의 귀향, 근원으로의 회귀 내러티브이다. 대중문화를 주도하는 것은 친숙함, 고향의 신화적 안정감을 환기시키는 반복가능한 그 무엇에 대한 갈망이다. 그 어떤 오즈의 마법사도 이웃의 친근한 아저씨나 사기꾼과 경쟁할 수 없다. 캔자스 출신의 도로시, 혹은 이 책의 소비에트 각색본에서 재명명된 엘리는 자신의 외국여행이 끝날 때 "집 같은 곳은 없다"라고 동의한다. 만약 1970년대 및 1980년대 소련 대중문화에 탈출의 꿈이 스며들어 있다고 한다면, 1990년대 러시아 대중문화는 귀향의 수많은 이야기들을 특징으로 한다. 러시아와 서구의 접촉은 탕아의 귀향으로 끝난다. 결국에는 "북부의 베니스"로 돌아오는 이가 국제 매춘부이건 영화 「파리로 향한 창」*Okno v Parizh*에 나오는 지적인 음악 선생이건 말이다.[6]

---

5 노스탤지어에 대한 보다 자세한 논의를 위해서는 다음을 참조하라. Jean Starobinsky, "On the Idea of Nostalgia", *Diogenes* 54(1966), pp. 81~103; David Lowenthal, *The Past Is a Foreign Country*(Cambridge: Cambridge University Press, 1985); Svetlana Boym, "Nostalgia for the Common Place", in *Common Places: Mythologies of Everyday Life in Russia*(Cambridge: Harvard University Press, 1994).

누군가 자신의 고향을 더이상 알아보지 못할 때, 혹은 더 심하게는 누군가가 대중 노스탤지어와 집단적 망각을 조작할 때, 어떤 일이 일어나는가? 이와 같은 노스탤지어 붐의 상황에서 일리야 카바코프의 최근 복원 설치 프로젝트는 새로운 의미를 획득한다. 카바코프의 작품은 종종 1970년대 말과 1980년대 초의 모스크바 개념주의 예술가들의 작품과 더불어 논의되곤 했다. 그들의 작품은 팝아트에 상응하는 소비에트 문화로 여겨졌으나 그 둘 사이에는 중요한 차이점이 하나 있었다. 선전 문화 대신 이 예술가들은 소비에트 일상생활의 사소하고 칙칙한 의례들을 사용했는데, 이 의례들은 그 외의 곳에서 기록되기엔 너무 평범하고 하찮은 것이었으며 이들의 잠재적인 정치적 폭발력 때문이 아니라 이들의 순수한 평범성, 이들의 '너무나도 인간적인' 스케일 때문에 터부가 되었다. 개념주의자들은 아마추어 공예품, '나쁜 예술', 그리고 일반인의 잡동사니 수집품들뿐 아니라 러시아 아방가르드와 사회주의 리얼리즘 둘 다를 '인용'했다.[7] 이들의 예술언어는 소비에트 상징 및 엠블렘, 사소한 오브제 트루베[8], 빌려온 인용구, 슬로건, 그리고 가정 쓰레기들로부터 만들

---

6 이와 유사하게, 많은 영화들과 대중 가요들은 돌아온 이민자들에 대한 얘기를 담고 있다. 영화 「러시아 레그타임」(*Russian Ragtime*)에 나오는 술취한 망명자는 모든 힘을 짜내어 가장 좋은 옷을 걸치고 악몽 같은 소련으로 돌아간다. 한 대중 가요는 번잡한 서구에서 새해 전야를 같이 보낼 사람이 없는 파리의 외로운 러시아 여성을 묘사하고 있는데 그녀는 영혼 깊숙이 모스크바인으로 남아 있다. 가수는 "그녀가 비록 지금은 러시아인이 아니지만 과거에 그랬듯이 여전히 모스크바인이다"라고 읊조린다.

7 소비에트 말기 비공식적인, 종종 언더그라운드였던 그룹의 예술가들이었던 모스크바 개념주의자들은 1970년대에 이르러 일련의 아파트 전시회(aptart), 지하출판물, 그리고 몇몇 경우 소비에트 경찰과의 직접적인 충돌과 구속을 야기했던 사건들을 통해 알려지게 되었다. (그들의 외부 전시회 중 하나는 불도저로 파괴되기도 했다.) 그러나 카바코프는 노골적인 반정부 활동에는 결코 참여한 적이 없었다.

8 [옮긴이] 오브제 트루베(objet trouvé)는 기성의 물건이지만 미술작품이나 미술작품의 일부분으로서 새로운 지위를 부여받은 자연 그대로의 오브제를 의미한다.

어졌다. 단어와 이미지들은 이들의 작품에서 협력하여 소비에트 문화의 리버스[9]스러운 언어를 만들어 냈다. 소비에트 시대에 만들어진 카바코프의 설치작품들은 종종 예술가가 상상한 공공연한 낭패와 개인적 고통으로부터의 탈출을 묘사하곤 했다. 예를 들어, 예술가의 분신인 작은 인간 중 하나는 UFO에 의해 주택 위원회 회의로부터 구출되고, 또 다른 하나는 공공 아파트에서 사람이 가득한 자기 방의 흰 벽 속으로 벌거벗은 채 가까스로 탈출한다.

포스트소비에트 맥락에서 카바코프의 작품의 의미는 변화해 왔다. 그의 작품은 더 이상 표현이 불가했던 소비에트 일상의 체제전복적 인용과 그 일상으로부터의 예술가의 기상천외한 탈출에 대한 것이 아니다. 오히려 그의 작품은 기억, 일상생활, 그리고 잃어버린 시간의 회복불가능성에 대한 것이다. 카바코프는 소비에트 주택의 가장 완전한 미로를 해외에 창조한다. 이 미로는 대중문화의 인공물을 사용하는 동시에 동시대 노스탤지어적 내러티브에 이의를 제기하는 연상장소를 가지고 만들어졌다. 소비에트 화장실의 검은 구멍은 확실히 과거의 경험을 생생히 전달하기는 하지만 공식적으로 기념할 만한 무언가로 여겨지지는 않았다. 마찬가지로, 결코 완성되지 못한 미래 궁전의 비계들과 임시 판자집들은 과거의 유토피아적 열망을 상기시키지만, 동시에 그것의 '구성적' 원칙에 의문을 제기한다.

만약 소련에서 그의 작품이 소비에트 오브제 트루베의 앨범과 단편적 컬렉션의 형태를 취했다면, 망명지에서 카바코프는 '총체적 설치'의 장르를 포용했다고 할 수 있다. 그러나 이 '총체성'은 언제나 조숙한 것

---

9 [옮긴이] 리버스(Rebus)는 글자나 그림 조합 수수께끼를 말한다.

이며 그의 작품에는 항상 뭔가 불완전한 것, 뭔가 깨지거나 새기 직전인 것이 있다. 단편에서 총체성으로의 진전은 일방향적인 것이 아니다. 더구나, 각각의 총체적 설치는 그 자체로 기억에 대한 카바코프식 작업을 구현하고 있다. 각 작품은 카바코프의 이전 작품들, 그의 앨범의 부분들, 그림, 일상 물품, 강박적인 공공 아파트 이웃들의 수집물, 재능 없는 예술가들의 스케치들, 공공 쓰레기 등을 포함하는 완전한 환경을 만들어 낸다. 각 설치작품들은 마치 많은 기억의 층들을 지닌 마트료슈카 인형과도 같이 카바코프의 이전 작품을 위한 일종의 박물관이 된다.

또 하나의 역설은 카바코프의 정체성과 관련되어 있다. 그의 소비에트 여권 5번째 줄에 따르면, 카바코프는 유태인이다. 그는 우크라이나에서 러시아인들이 가장 많이 사는 지역인 드니프로페트로우시크에서 태어났고 모스크바에서 그의 인생의 대부분을 보냈다. 소련의 해체와 망명 이후, 그는 자신을 러시아 예술가로도 우크라이나 예술가로도 칭하지 않고 소비에트 예술가로 칭한다.[10] 물론, 그것은 역설적인 자기 정의이다. 소련의 종말은 소비에트 반체제 예술가라는 신화에도 종말을 가져왔다. 이 경우 소비에트성은 정치가 아니라 일반 문화를 지칭하는 것이다. 어떤 점에서 카바코프는 노스탤지어적 소비에트 예술가인가? 그는 집단 예술이라는 아이디어를 포섭한다. 그의 설치물들은 관람객 없이는 존재할 수 없는 상호적 내러티브를 제공한다. 나아가, 그는 자신의 당혹스러워하는 분신들로 만들어진 일종의 이상적인 공산주의 집단으로 자기 자신을 변화시킨다. 이 분신들에는 재능 없는 예술가, 아마추어 수집가, 그

---

10 보다 최근에, 카바코프는 자신을 소비에트 예술가라 부르는 것을 그만두었으며, 대신 자신을 단순히 예술가로 지칭한다.

리고 19세기 러시아 문학의 '작은 인간'——카프카식 흔적을 지닌 고골적 캐릭터들——이 포함된다.

최근의 한 인터뷰에서 카바코프는 방랑의 개념은 그에게 매우 중요하지만 그의 작품에 가장 중요한 메타포는 집이라고 말한 바 있다. 집을 낯설게 만들고 거주불가능한 곳에 거주하는 것은 그의 작품을 추진시키는 두 주요 강박이다. 우리는 카바코프식 집을 그것의 가장 사적인 영역인 화장실부터 시작하여 살펴볼 것이다. 카바코프의 설치작품 「화장실」은 1992년 카셀 '도큐멘타'Dokumenta전[11]에서 발표되었다. 이것은 시골의 소비에트 화장실, 특히 버스터미널이나 기차역에서 흔히 마주치던 종류의 화장실의 정밀 모사이다. 카바코프는 이것들을 "더러워지고 낡아빠진, 욕지기와 절망에 휩싸이지 않고는 쳐다볼 수 없는 외설적 그래피티들로 뒤덮인 흰 석회벽들로 이루어진 슬픈 구조물"이라고 묘사했다.[12] 이 원본 화장실은 각 칸의 문이 없었다. 모든 사람은 다른 모든 사람이 러시아어로 '독수리 자세'라고 불리는 자세로 '검은 구멍' 위에 걸터앉아 '자연의 부름에 응답하는' 것을 볼 수 있었다. 일반인의 주택들이 그러했듯, 화장실은 공공의 것이었다. 관음증은 거의 한물간 것이었다. 오히려 사람들은 정반대의 경향, 곧 못 본 척하는 경향을 갖게 되었다. 사람들은 덜 엿듣고 싶어했고 더 눈을 감고 싶어했다. 모든 화장실 사용자는 이 전적인 가시성의 환경을 수용했다. 여성용이나 남성용이나 마찬가지였다.

옥외 화장실들이 통상적으로 그러하듯, 「화장실」은 '도큐멘타' 중심

---

11 [옮긴이] 카셀 도큐멘타는 독일 중부 도시 카셀에서 5년에 한 번씩 개최되는 세계 최고 권위의 미술전으로서 1955년 처음 개최되었다. 미래의 현대미술을 제시하는 실험적 예술행사로 평가 받고 있으며, 회화, 사진, 조각은 물론 퍼포먼스, 설치, 필름, 아카이브 등 온갖 장르를 아우른다.

12 Ilya Kabakov, *Installations 1983-1995*(Paris: Centre Georges Pompidou, 1995), p. 165.

〈사진 17-1〉(위) 일리야 카바코프, 「화장실」, 카셀 1992. 카바코프 제공.
〈사진 17-2〉(아래) 일리야 카바코프, 「도큐멘타」 IX 설치 전시, 카셀 1992. 카바코프 제공.

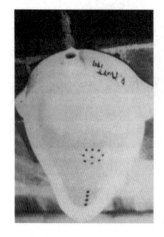

〈사진 17-3〉 일리야 카바코프, 「화장실」, 카셀 1992. 카바코프 제공.

건물 뒤에 설치되었다(사진 17-1). 관람객들은 입장하기 위해 줄을 서야 한다. 일단 거기에 들어가면, 그들은 '어떤 점잖고 조용한 사람들'이 살고 있는 평범한 방 2개짜리 소비에트 아파트에 자신이 들어와 있음을 발견할 것이다(사진 17-2, 17-3). 여기에 '검은 구멍'과 나란히, 일상생활은 중단되지 않고 계속된다. 테이블보가 덮인 테이블, 유리 장식장, 책장, 쿠션 딸린 소파, 작자미상의 네덜란드 그림 복제화, 그리고 아이들 장난감이 놓여 있다. 누군가의 삶의 현장을 포착했음을 느낀다. 접시들은 아직 테이블에서 치워지지 않은 채 놓여 있고 재킷 하나가 의자에 떨어져 있다. 아파트 주민들은 어디에 있는가? 그들은 잠깐 '도큐멘타' 전시를 보러 나갔는지도 모른다.

카바코프의 전시는 전적으로 특정 장소에 대한 것은 아니다. 외려 그의 전시물들은 대체된 집들에 대한 것이다. 그리고 그것들은 결코 사람 형상을 포함하지 않는다. 전시물 방문객은 카바코프의 빈 실내구조물에 거주함으로써 카바코프의 내러티브에서 주인공이 된다. 한 인터뷰에서 카바코프는 이 프로젝트에는 두 가지의 근원이 있음을 밝혔다. 그의 유년 기억, 그리고 전시물에 생기를 불어넣은 사건들이 바로 그것이다.

유년의 기억들은 내가 모스크바의 예술 기숙 학교에 합격하고 나의 어머니가 내 가까이에서 학교 생활에 관여하기 위해 [드니프로페트로우시크에서의] 직장을 그만두기로 결정했을 때로 거슬러 올라갑니다…. 어머니는 학교 세탁부가 되었습니다. 그러나 아파트가 없었던 [특수 거주 허가를 필요로 했으므로] 어머니가 지닐 수 있었던 유일한 곳은 테이블보, 휘장, 베갯보 등 빨래를 정리하는 방이었습니다. 이 방은 낡은 화장실 안에 있었지요…. 물론, 이 화장실들은 더러운 화장실은 아니었지만 빨래대로 변형된 오래된 남학교의 전형적인 화장실이었습니다. 나의 어머니는 여교사에 의해 학교에서 쫓겨났고 도시의 작은 구석자리조차도 세를 얻을 수 없었습니다. 어머니는 거기서 한번 하룻밤 동안 불법 거주했습니다, 실제로 화장실 안에 있는 이 작은 방에서요. 그리고 나서 그녀는 접이 침대를 하나 간신히 발견해서 청소아주머니나 선생이 그녀를 교장에게 일러바칠 때까지 얼마 동안 거기서 지냈습니다. 나의 어머니는 자신이 노숙자 같다고, 그리고 당국에 대해 방어할 능력이 없다고 느꼈습니다. 그러나 다른 한편, 어머니는 매우 깔끔하고 세심했던 나머지 자신의 정직과 고집에 의지하여 이 가장 말도 안 되는 장소에서 생존할 수 있었습니다. 나의 유년 시절의 영혼은 내 어머니와 내가 우리 자신을 위한 귀퉁이 하나도 가지지 못했다는 사실에 트라우마가 생겼습니다.[13]

13 Ibid., pp. 162~163.

이 프로젝트의 구상에 대한 이야기는 서구의 예술의 전당인 '도큐멘타'전에 불려와 정말이지 당황스럽고 창피했던 한 가난한 러시아 예술가의 농담 같은 이야기이다.

늘 그렇듯이 신경과민이 되어 나는 마치 예술의 운명을 결정하는 여왕을 알현하도록 초청된 것 같은 인상을 받았습니다. 예술가에게 있어, 이 것은 일종의 올림픽 게임이나 매한가지였어요…. 러시아인 사기꾼의 불쌍한 영혼은 위대한 현대 예술의 이 진정한 대표들 앞에서 몹시 괴로 웠습니다…. 나는 자신이 이 끔찍한 상황에 처해서 자살할 지경의 상태 임을 깨닫고는 이 위대한 사람들로부터 떨어져 나와 창문에 다가가 내 다 보았습니다…. "엄마, 도와줘요" — 나는 말없이 애원했습니다. 마치 전쟁 때 같았습니다…. 마침내, 나의 어머니가 다른 세계로부터 내게 말 을 건네왔고 나로 하여금 창문을 통해 마당을 바라보게 했습니다 — 그 리고 거기서 나는 화장실들을 보았습니다. 바로 그 순간 이 프로젝트의 전 구상이 내 눈 앞에 떠올랐습니다. 나는 구원받았던 겁니다.[14]

「화장실」 프로젝트의 두 근원은 연결되어 있다 — 어머니의 곤경은 자신을 사기꾼으로, 서구 현대 예술 주류의 본고장에 온 불법 이방인으 로 느끼는 그녀의 예술가 아들에 의해 재현된다. 화장실은 예술가의 디 아스포라적 집, 가장 위생적인 서구 박물관에서조차 끈질기게 지속되고 있는 특유의 억누를 수 없는 노스탤지어적 냄새를 지닌 소비에트 섬이

---

14 *Ibid.*, p. 163. 그리고 나서 카바코프는 단테 알리기에리에 반박하여 예술에 영감을 주는 것은 사 랑이 아니라 공포와 두려움이라고 주장했다.

된다. 그러나 박물관 공간이 예술가에게 완전히 생경한 것은 아니다. 이 곳은 그가 자신의 굴욕적인 성험을 낯설게 만들 수 있는 공간이다. 공포와 곤경은 유머를 통해 상쇄된다.

카바코프의 화장실의 또 다른 근원은 서구 아방가르드 전통에서 찾아볼 수 있다. 이 프로젝트와 뒤샹의 「분수」La Fontaine 사이에는 분명한 '화장실의 간텍스트성'이 존재한다. 뒤샹은 대량생산된 자기磁器 소변기를 구입하여 받침대 위에 놓고 그 위에 자신의 필명 "R. Mutt"을 서명하고는 그것을 미국 독립예술가 협회에 전시하겠다고 제안했다.[15] 심사위원단은 소변기는 유용한 물건이긴 하지만 "어떤 식으로도 예술 작품이라 정의될 수 없다"는 이유로 이 프로젝트를 탈락시켰다. 20세기 예술사에서 이 탈락은 개념 예술의 탄생, 1917년에 러시아 혁명보다 몇 달 앞서 일어난 예술 혁명으로 여겨진다. 곧이어, 예술가의 서명으로 장식된 '친밀한' 소변기 원본은 수수께끼 같은 정황하에 사라졌다. 오직 알프레드 스티글리츠가 찍은 사라진 원본의 예술 사진만이 전해지고 있다. 이러한 상황은 급진적인 아방가르드 표현에 유일성의 아우라를 더해 주었다. 한 동시대인은 이 소변기가 "마돈나에서 붓다에 이르기까지 그 어떤 것과도 유사하게" 보였다고 쓴 바 있다. 1964년 뒤샹 자신이 스티글리츠의 사진을 에칭으로 만들어 거기에 자신의 이름을 서명했다. 예술사에서 가장 널리 알려진 이 화장실의 치환들은 이 대량복제된 일상 물품과 예술 그 자체의 개념 모두에 대해 일련의 낯설게 하기를 수행하고 있으며 예술이라는 컬트에 이의를 제기하고 있다. 그러나 역설적으로, 20세기 말

---

15 다음 문헌에 뒤샹에 대한 통찰력 있는 논의가 제시되어 있다. Dalia Judovitz, *Unpacking Duchamp: Art in Transit*(Berkeley: University of California Press, 1996), pp. 124~135.

에 서서 우리는 뒤샹의 레디메이드[16] 작품의 미학적 재-전유 현상을 목도하고 있다. 뒤샹의 예술적 컬트는 그가 건드리는 모든 것에 예술적 아우라를 불어넣었으며 현대 미술관에서 그에게 비길 데 없는 특별한 위치를 확보해 주었다.

카바코프의 화장실과 비교될 때, 뒤샹의 소변기는 정말이지 분수처럼 보인다. 이 소변기는 매우 깨끗하고 '서구적'이며 개인주의적이다. 게다가, 배설물과 관련된 비속함 자체는 바타유, 레리스 등, 20세기 초 문화의 일부였던 일종의 아방가르드 관습이 되었다. 카바코프의 설치작품은 단지 급진적인 낯설게 하기나 탈맥락화에 대한 것만이 아니다. 더욱 눈에 띄는 것은 이것이 또한 가장 사람이 살 수 없는 공간(이 경우에는 화장실)에 사는 것에 대해 말하고 있다는 점이다. 뒤샹의 깨끗하고 조각같이 보이는 레디메이드 대신에 우리는 그 속을 걸어다니고 이야기를 하고 만지라고 청해 오는 친밀한 환경을 보게 된다. 보통 방문객들은 카바코프의 설치물 안에 있는 물건들을 만질 수 있도록 허용된다. 예술가 자신의 예술적 터치가 도처에 드러나 있다. 카바코프는 아주 세심하게 화장실 옆 사람이 사는 방에 오브제와 물건들을 배열했는데 이들은 소비에트 일상생활의 기억을 촉발시키는 환유적 기제가 된다.

그러나 카바코프의 작품에 인간의 형상이 없다는 것은 흥미로운 통찰을 제공해 준다. 혹자는 『베를린 연대기』*Berlin Chronicle*에서 자신의 기억에 대한 발터 벤야민의 묘사를 떠올릴지도 모르겠다. 이 작품에서 작가

---

16 [옮긴이] 레디메이드(ready-made)는 '기성품의 미술작품'이라는 의미로 뒤샹이 처음으로 창조한 미술 개념이다. 뒤샹은 도기로 된 변기에 「레디메이드」란 제목을 붙여 전람회에 출품함으로써 이 명칭이 일반화되었다. 즉, 일상의 기제품(旣製品)에 본래의 용도가 아닌 다른 의미를 부여하여 작품으로 발표한 것을 가리킨다.

는 사람들의 얼굴이 아니라 자신의 유년시절의 장소들을 기억하는 것에 대해 말하고 있다. 장소들은 텅 비고 낯설게 되고 사람이 살고 있지 않는 것처럼 나타나 있었지만, 그들의 시선의 분위기와 접촉의 흔적, 수많은 고고학적 수준의 기억들을 보존하고 있었다. 카바코프는 화장실 옆 사람이 사는 오아시스를 통해 이와 유사한 종류의 기억의 토폴로지를 제공한다.

카바코프는 이 프로젝트가 단일한 상징이나 은유로 해석되지 않도록 노력했지만 그것은 그가 제지할 수 있는 것이 아니었다. 러시아 언론은 이 설치작품에 대해 매우 부정적인 비평을 실었다. 비평가들의 정치적 색채는 달랐지만 그들 모두 이 화장실들이 러시아 민족과 러시아의 국가적 자존심에 대한 모욕이라는 점에 동의하는 듯했다. 많은 비평가들이 특이한 한 러시아 격언을 환기시켰다. "너의 집에서 쓰레기를 내오지 말라." 이 격언은 "낯선 이들과 외국인 앞에서 너의 동족을 비판하지 말라"라는 의미를 지닌다. 이 격언은 쓰레기를 밖으로 내가는 대신 구석에 쓸어모아 집안에서 태웠던 고대 소작농 관습으로 거슬러 올라가는데, 이 관습은 악한 사람들이 주술을 걸기 위해 쓰레기를 사용한다는 흔한 미신에 따른 것이다.[17] 특히 모호한 외국 맥락에 제시될 때 환유적 기억에 반하는 특이한 미신이 있다. 소비에트 시대를 환기시키는 카바코프의 가정 쓰레기들은 러시아 비평가들에 의해 러시아에 대한 모독으로 해석되었다. 카바코프는 자신의 화장실을 너무도 세심하게 재창조한 나머지 —창문의 모든 갈라진 금과 페인트 튄 것, 모든 얼룩을 직접 만들어

---

17 Vladimir Dal', *Tolkovyi slovar' zhivogo velikorusskogo iazyka*(St. Petersburg, 1882), vol. 4, p. 275.

냈다── 사람이 사는 이 화장실은 단일한 의미를 지니는 상징으로 축소될 수 없는 기억환기 극장이 되었다. 그러나 러시아 비평가들은 예술가의 화장실을 도용하여 국가적 수치의 상징으로 재구성했다. 국가적 신화는 역설적 노스탤지어를 허용할 여지가 없었던 것이다.

뒤샹의 소변기가 프랑스 문화에 대한 모독으로 해석되는 것은 상상하기 어려운 일이다. 반면, 카바코프가 받은 모욕은 그가 내면적 아이러니와 노스탤지어적 사도마조히즘을 가지고 자신에게 부여한 역할인 '소비에트 예술가'가 되는 것의 일부였다.

카바코프의 총체적 설치 중에서 가장 큰 것은 1995년 여름 파리의 퐁피두 센터에 전시되었다. 어떤 의미에서는 이것은 끝내 세워지지 못한 소비에트 궁전에 대한 카바코프의 역설적 존경의 표시였다. 「이것이 우리가 사는 방식이다」라는 제목의 이 설치작품은 건설 중인 미래 궁전을 보여 준다. 미래 도시의 건설을 나타내는 거대한 '광고판'이 중앙에 있고, 다양한 모양과 형태를 한, 노동자들과 그 가족들이 사는 판자집들이 그것을 둘러싸고 있다. 중단된 미래 궁전의 토대가 놓여 있는 지하에는 노동, 여가, 그리고 공산주의의 밝은 미래를 나타내는 사회주의 리얼리즘 그림이 하나 장식되어 있는 '공공 라운지'가 몇 개 있었고 활기찬 소비에트 노래가 반주되고 있다.

전시물 안을 걷다 보면 우리는 이 건설현장이 오랫동안 버려져 있었으며 비계들이 폐허와 잔해에 불과함을 깨닫기 시작한다. 임시 노동자들의 집들은 영구적인 것이 되었다. 일상생활은 중단된 유토피아 부지에 뿌리를 내려 오고 있다. 벤야민이 1927년 모스크바를 방문했을 때 그가 배운 몇 러시아 단어 중 하나가 '수리 중'이었다. 이 표지는 어디에나 있었다. 카바코프의 전시물에서 '수리 중'은 핵심적인 은유가 되고 있다.

전시물은 수리 중인 유토피아이다.

이 전시는 퐁피두 센터의 실세 지하실을 사용하고 있었으며, 수입된 미래 궁전의 쓰레기는 현대 예술궁전의 쓰레기와 평화롭게 공존하고 있었다. 카바코프에게 있어, 미술관은 문화적 쓰레기를 위한 피난처이자 쓰레기 하치장이었다. 이 전시를 방문한다는 것은 곧 미학적 삶과 일상 삶을 가르는 경계를 무단출입하는 것이다. 방문객은 이 총체적 설치가 어디서 시작하고 끝나는지 결코 확신할 수 없다. 전시물 방문은 이 전시물이 어디 있는지 못 찾는 것으로부터 시작된다. 방문객은 자신이 노동자 판자집을 찾지 못하고 펑키한 1950년대 가구를 수집해 놓은 퐁피두 창고구역에 잘못 들어와 버렸다고 생각한다. 침범된 소비에트 삶의 노스텔지어적 오아시스가 이 박물관에서 외견상 접근제한이 없는 유일한 공간이라는 사실은 역설적이다. 여기에서는 박물관 직원들이 방문객에게 모든 것을 만져 보라고 적극적으로 권한다. 카바코프는 촉각을 통한 개념주의를 추구하며 미학적 거리 자체와 숨바꼭질을 한다. 방문객은 노동자의 판자집들에 들어가 살아보라고, 플러시 천을 씌운 소파에 앉아 쉬고 개인적인 기념품, 책, 대중적 공예품 등을 만져 보라고 초대된다. 방문객은 1970년대 소비에트 신문들과 헝가리 소설의 러시아어 번역본, 그리고 『비즈니스 쿼터리』, 『프렌치 패밀리 포토그래프』, 『미키마우스 프롬 유로-디즈니』 같은 외국어 제목을 단 포스트소비에트 상업 잡지들을 발견한다. 카바코프는 자신의 국내 수집품들을 국제화시켰다. 그의 기념품들은 더이상 배타적으로 소비에트의 것이 아니다. 이 대중문화는 글로벌한 것이 되었고 그럼에도 불구하고 아직 지역적 색채를 보존하고 있다.

전시 방문객들은 미래 궁전 건설자들의 신화적인 판자집들을 만지고 들어가 살아보라는 카바코프의 초대를 받아들였다. 실제로, 전시물을 돌아다니다 보면, 언제나 여기저기 기대앉은 지쳐빠진 관광객이나 이민자를 한둘 발견할 수 있다. 결국 박물관은 여전히 상대적으로 비싸지 않은 도시 피난처이다. 이 곳은 카페에 가는 것보다 싸고 가끔은 심지어 공짜일 때도 있다.

　　카바코프는 수리 중인 모든 유토피아적 궁전들 중에서 퐁피두 센터가 아마도 가장 오래 지속될 것이라고 언급했다. 그의 총체적 설치물들은 유토피아에 대한 노스텔지어를 드러내고 있지만 유토피아를 삶이 아니라 예술에서의 그 근원으로 되돌려 놓는다. 카바코프는 소비에트 유년 시절로부터 온 자신의 디아스포라적 기념품에 의존하는 한편, 현대 유토피아의 근원에 천착하며 두 가지의 모순적인 인간의 충동을 드러낸다. 일종의 집단 동화 속에서 일상을 초월하는 것, 그리고 기억을 극복하고 또 보존하기 위해 가장 살 수 없는 폐허에 거주하는 것. 포스트소비에트 노스텔지어는 소련에 대한 노스텔지어와 같은 것이 아니다. 이 경우 소비에트성은 단지 정치적인 지시를 지니는 것이라기보다는 유년기와 청소년기의 공통된 문화, 최근의 러시아 역사 다시쓰기에서 재빨리 잊혀진 공공 문화 텍스트를 가리키고 있다.

　　총체적 설치들은 집에서 멀리 떨어져 있는 카바코프의 집들인 셈이다. 이 전시물들을 통해 그는 유년시절 공포의 토포그래피를 빼내어 거리를 두고 해외에서 그것을 다시금 집으로 친근하게 만들 수 있다. 리오타르는 '집 없는 일상화'라는 흥미로운 범주를 하나 제안한다. 나는 이것이 곧 이동된 서식지에 사람이 살게 하고 전통적인 가족적 가치의 집과 사이버 공간의 메가폴리스라는 두 극단을 모두 피하는 방식이라고 이해한다.[18] 비록 몇몇 포스트소비에트 예술가의 작품들이 복수 내러티브, 이종교배, 파스티셰[19] 등의 포스트모던 전략을 구사하고 있지만, 이 작품들은 방랑에 대한 도취적 기념과 끊임없는 정체성 놀이에 참여하고 있지는 않다. 카바코프의 기념비들은 거리두기와 고통과 기억의 당혹스러움, 그리고 망각의 공포에 대해 이야기하고 있다. 그의 전시물은 인간 서식지의 조숙성에 대한 것이다. 러시아에서 떠나온 이후 쓴 에세이 「공허함에 대하여」On Emptiness에서 카바코프는 러시아식 예언자적 태도를 취하며 20세기 말 우리 모두는 사람이 살 수 없고 얼음으로 뒤덮인 공허함의 대양 한가운데 있는 작은 섬들에서 살고 있는 것처럼 보인다고 말한다. "물론, 사람은 남을 방문하고, 차를 마시거나 춤을 추고, 이 텐트에서 저 텐트로, 소련에서 미국으로, 또 그 반대로 옮겨다닐 수 있지만, 우리는 우리를 둘러싸고 있는 공허함에 대해 잊지 말아야 한다."[20]

카바코프는 매일 소비에트 일상의 섬들과 유토피아의 폐허를 유머와 멜랑콜리를 가지고 탐색하며, 이것들을 둘러싸고 있는 공허함과 틈들을 절대 잊지 않는다. 기억은 아마도 카를로 긴즈부르그가 '추측의 과학'이라고 부른 것 ── 분석적 주장보다는 연상의 네트워크를 통해 작동하는, 힌트와 흔적, 세부사항과 제유의 과학 ── 을 통해 가장 잘 연구될 수 있다. 이러한 관점에서 일상의 기념품과 대중문화 인공물들은 연상적인

---

18 Jean-François Lyotard, "Domus and Megapolis", in *Inhuman*(Stanford: Stanford University Press, 1992). 안드레아스 휘센은 최근 나타나고 있는 기억 붐은 과거에 대한 키치화(kitschefica-tion)가 더 나아간 결과가 아니라 "쟁론의 잠재적으로 건전한 징후"라고 주장했다. "정보의 초공간에 대한 쟁론과 일시성의 확장된 구조 속에서 살고자 하는 기본적인 인간의 욕구의 표현이 곧 그것이다. 이러한 하이테크 미래의 디스토피아적 전망 속에서 기억상실은 더이상 기억과 망각의 변증법의 일부가 아닐 것이다. 이것은 급진적인 또 다른 자신일 것이다. 이것은 자신을 봉인할 것이다. '기억할 것도, 잊을 것도 없다'"(Andreas Huyssen, *Twilight Memory*[New York: Routledge, 1995], p. 35).

19 [옮긴이] 파스티세(pastiche). 그림 등이 여러 스타일을 혼합한 작품을 이르는 용어.

20 Ilya Kabakov, "On Emptiness", in *Between Spring and Summer: The Late Soviet Art*(Boston: ICA, 1990).

기억 촉발제로 기능한다. 카바코프의 작품은 기억의 선택성에 대한 것이다. 그의 분열된 '총체적 설치'들은 그 어떤 유토피아적·노스탤지어적 체계의 토대에도 존재하는 틈새와 절충, 당혹, 검은 구멍을 조심스럽게 상기시킨다. 모호한 노스탤지어적 열망은 역사의 개별적 경험과 연결된다. 공감과 거리두기의 조합을 통해 역설적 노스탤지어는 우리로 하여금 기억하는 행위의 윤리학을 반성하게끔 한다.

일리야 카바코프의 소비에트 키치 박물관은 서구 예술의 주류층에게 수용되었다. 1997년 그는 휘트니 미국 예술 비엔날레와 뉴욕시의 공공 예술 프로젝트에 초청되었다. 내가 보기에 카바코프가 서구에서 어필할 수 있었던 것은 소비에트 경험을 이국적인 것으로 만들었기 때문이 아니었다. 오히려 그 반대가 맞다. 그의 예술이 재창조하고자 했던 것은 특정한 문화적 또는 민족적 집nostos이 아니라 많은 해외 방문객들이 공감할 수 있었던 열망algia의 경험, 상실과 회복의 경험이다. 카바코프의 예술은 직접적인 문화적 특정성을 넘어서는 것이며, 기억에 대한, 그리고 20세기 이동의 지구적 경험의 일부인 노스탤지어의 문화적 재활용에 대한 복잡하고 정치적으로 타협된 작품에 대해 말하고 있다.

18장

처형 벽의 편집증적 그래피티

러시아의 고난에 대한 민족주의적 해석

존 부시넬

1993년 10월 4일 러시아 벨리돔을 포격한 탱크와 건물 내부로 쳐들어간 군인들은 수백 명의 사람들을 죽이고 보리스 옐친과 그의 의회 정적들 간의 정치적 교착상태를 보나파르트주의적 대통령제를 지지하는 쪽으로[즉 옐친을 지지하는 쪽으로―옮긴이] 종결시켰다. 또한 이 사건은 러시아의 반유태주의 극단적 민족주의를 위한 강력한 상징과 신화, 그리고 순교사殉教史를 만들어 냈다. 이 폭력 사태는 1992년 초부터 옐친과 의회――벨리돔에 위치한――가 벌여 온 정쟁의 정점에서 발발했다. 이 정쟁에는 네 가지의 주요 영역이 있었다. 입법권과 행정권 간의 적절한 균형, 수백만 국민을 가난에 몰아넣고 전체 산업의 생존을 위협하는 것처럼 보였던 경제 개혁, 러시아 국가의 구조, 그리고 확실한 형체가 없는 만큼이나 감정적으로 장전된 문제인 러시아 민족의 운명이 바로 그것이었다. 이 문제들은 얽혀 있어서 질서정연한 통치를 좌절시키고 있었다. 교착상태에 좌절감을 느낀 옐친은 9월 21일 의회를 해산했다. 의회는 맞받아 옐친을 탄핵하고 부통령 알렉산드르 루츠코이(현재까지 옐친의 철천지 원수인)를 대통령 대행으로 선언했다. 양쪽 모두 타협점을 찾지 않았다. 10월 3일 무장한 극단적 민족주의자들이 벨리돔으로부터 나타나서 모스크바 시장실을 점거하고 오스탄키노에 있는 중앙 텔레비전 방송국에 발포하며 진입하려 했을 때, 주저하고 있던 군 상급 사령부는 옐친의 명령을 따라 무력대응하기로 결의했다.[1]

극단적 민족주의자들은 늘상 정치적 갈등의 중심부에 존재했다. 옐친은 1991년 11월 소련 공산당을 금지했으며, 공산당 간부들은 1993년 2월에 가서야 러시아연방의 공산당으로 당을 재결성할 수 있었다. 한동안, 수많은 극우 및 극좌 군소그룹들이 소위 '적색-갈색 연합'이라 불리게 된 끊임없이 바뀌는 연정을 형성했다. 이들은 더 나은 대안이 없는 상황에서 러시아인들이 옐친과 옐친이 러시아에 행하고 있는 것처럼 보이는 일에 대해 적의를 표출할 수 있는 매개체가 되었다. 이 그룹들의 다수가 1992년 10월 연합하여 민족구국전선FNS[2]을 형성했다. 극단적 민족주의자와 극단적 좌익(좌익들은 민족주의적 수사학과 공산주의적 수사학을 결합시켰다)은 의회에서도 거리에서도 대립의 분위기를 조성했다.

---

1 벨리돔 공격의 유인이 되었던 정치적 배경과 사건에 대한 축약된 논의를 보기 위해서는 다음을 참조하라. Michael Urban, Vyacheslav Igrunov & Sergei Mitrokhin, *The Rebirth of Politics in Russia*(Cambridge: Cambridge University Press, 1997), pp. 257~290. 좀 더 광범위한 검토를 위해서는 다음을 보라. Jonathan Steele, *Eternal Russia, Yeltsin, Gorbachev, and the Mirage of Democracy*(Cambridge: Harvard University Press, 1994), pp. 267~382. 나는 어반과 스틸이 공유하고 있는 견해, 곧 옐친 정부가 무장한 의회 행동대원들을 꾀어 공세를 취하게 함으로써 무력진압을 정당화했다는 주장에 대해서 회의적이다. 옐친이 자신의 적들을 벨리돔에서 몰아낼 핑계를 원했을 수도 있지만, 내가 보기에는 어반과 스틸이 개괄한 그 도발 시나리오가 성립하기 위해서는, 너무 많은 공모자가 필요하며, 핵심 장성들이 그 속임수를 모르고 있었어야 하고, 10월 3일의 혼돈 상황에 대해 이례적일만큼 일관된 반응들이 있었어야 한다. 저널리스트 베로니카 쿠칠로의 『벨리돔으로부터의 수기. 9월 21일~10월 4일』(*Zapiski iz Belogo Doma. 21 sentiabria – 4 oktiabria*)은 벨리돔 바로 그 내부에서의 관점으로 사건들을 가장 잘 설명해 준다.

2 [옮긴이] 민족구국전선은 민족애국주의 및 좌익 조직들의 연합으로 러시아에서 1980년 후반부터 1990년대 중반까지 활동했다.

민족주의 수사학은 러시아에 대한 치명적 위협이라는 편집증적 관점을 투사했다. 적색-갈색 연합은 옐친과 그의 정부를 비난했는데, 그 죄목은 그들이 소련을 해체하고 러시아가 세계에서 수치스러우리만치 축소된 위상을 가지게끔 함으로써 반역죄를 저질렀으며, 러시아를 서구에 팔아넘기고, 경제적 곤경과 범죄, 부패에 대한 벌을 러시아 국민이 지게끔 했고, 러시아 문명을 파괴했다는 것이다. 이들은 지난 몇 년간 러시아를 뒤집어 엎고 수백만의 러시아인들을 혼란에 빠지게 한 모든 것에 대해 옐친을 비난했다. 적색파와 갈색파는 러시아가 무엇이 되어야 하는지 ―가령, 소비에트의 과거가 어느 정도 복원되어야 할 것인지 ―에 대해서는 의견이 달랐지만, 서구, 유태인, 그리고 소련을 해체한 '민주주의자들'을 적으로 삼고 있었다는 점에서는 보조를 같이했다. 모든 적색-갈색 연합들은 이 적들이 러시아를 파괴하기 위해 파행적인 방법으로 권력을 잡았다고 믿었다.[3]

옐친과 의회가 서로를 탄핵한 후, 적색-갈색 연합은 대통령 대행 루츠코이와 의회 의장인 루슬란 하스불라토프의 묵인하에 내란을 이용하여 벨리돔을 장악했다. 몰도바 신생 독립 공화국의 러시아인과 몰다비아인 간의 전투로부터 갓 돌아온 자칭 카자크들, 변절자 러시아 장성 알베르트 마카쇼프, 알렉산드르 테레호프의 장교 연합, 나치 갈고리십자를 자랑스럽게 단 알렉산드르 바르카쇼프의 러시아 민족통합의 무장 자원자들, 그리고 온갖 다른 그룹이 자칭 의회 경비대를 자임하고 나섰다. 옐친 정부에 총구를 겨누고 싶어 안달난 이들이 싸움을 개시했고 이들 중

---

3 다음에는 포스트소비에트 시대 초기 러시아의 정치적 수사학에 대한 흥미롭고 다소 상이한 해석이 실려 있다. Michael Urban, "The Politics of Identity in Russia's Postcommunist Transition: The Nation against Itself", *Slavic Review* 53, no. 3(fall 1994), pp. 733~765.

일부는 군대가 이 도발에 응전했을 때 사망했다.

　내란이 실패하기 무섭게 민족주의자들은 자기 편 사망자들을 추모하기 시작했다. 1993년 10월과 1995년 3월 사이에 이들은 벨리돔 근처의 벽 수백 야드를 자신들의 대의명분과 순교자들을 기리는 그래피티로 뒤덮었다.[4] 이 벽은 벨리돔 뒤 오르막에 있는 작은 경기장을 둘러싸고 있었는데, 그래피티 ─ 이 중 대부분은 볼드체로 쓰여 있었고, 3피트 높이에 이른다 ─ 는 전투 중에, 그리고 (민족주의자들의 주장에 따르면) 전투 이후에 죽임을 당한 이들을 기리기 위해 민족주의자들이 세운 기념비의 주된 요소였다. 민족주의자들은 또한 죽은 이들의 사진을 전시하고, 타자하거나 손으로 쓴 수십 장의 시를 붙였다. 그들은 경기장 게이트 앞 평지에 십자가와 묘지 복제물을 세웠고, 벨리돔에서 죽었다고 전해지는 한 정교 사제를 기념하여 거리 맞은 편에 또 하나의 십자가를 세웠다. 이들은 자신들의 성지와 벽 아래에 꽃을 바쳤다. 그래피티는 그 자신의 목적을 설명하고 있었다. "영웅들에게 영원한 영광을!", "러시아를 위해 쓰러진 이들에게 영원한 영광을!", "사랑하는 동포여 고이 잠들라".

　민족주의자들의 관점에서, 추모는 응징에 대한 갈증을 촉진시켜야 했다. 한 그래피티는 벽면의 7×14평방피트 구역 전체를 차지하며 그 두 가지를 연결시키고 있었다.

　우리는 복수할 것이다!!!

4 이 벽과 그 주변에서 일어난 활동에 대한 기술들은 주로 1994년 8월, 1995년 8월, 1996년 8월, 1998년 1월에 수행된 필자 자신의 관찰에 기초하고 있다. 벽과 그곳에 모이는 사람들에 대한 짧은 언급이 다음에 실려 있다. Marina Medvedeva-Khazanova, Rossiiskie radosti i nevzgody(St. Petersburg, Astra-Liuks, 1996), p. 24.

우리는 모두를 그 이름으로 기억할 것이다
우리는 모두를 하나같이 기억할 섯이다
이것은 죽은 자들을 위해서가 아니라
살아 있는 이들을 위해 필요하다!!!

혹은, 민족주의 작시자들 중 가장 많은 글을 쓴 '러시아 어머니'의 표
현을 빌리면,

오, 나의 러시아 민중이여!
어디에서 내가 충분한 저주의 말을 가져올 수 있을까
고르바초프와 옐친에게 퍼부을 수 있도록?!
또는 그 저주의 말로 다발을 만들어
이 변절자 둘을 후려칠 수 있도록?!
유다 이스가리옷은
이들에 비하면 아무것도 아니었다.
세상에 배신보다 더 더러운 것은 없다
이 사악한 둘이 우리에게 무엇을 주었는가!
— 러시아 어머니

벽 그 자체가 민족주의 구비설화의 중심이 되었다. 1996년 8월 울
타리 기둥 하나에 여전히 희미하게 보이는 한 작은 그래피티는 이 벽의
중요성을 설명하면서 이 벽의 철거 날짜를 명시하고 있었다. "처형 벽은
1995년 3월 시장 루슈코프의 명령에 의해 철거되었다." 많은 그래피티
들이 나타내고 있던 신화에 따르면, 벨리돔의 수비병들은 항복 후 벽 앞

에 세워져 총살되었다. 그래피티 중 어떤 것들은 개별적인 희생자들의 이름을 언급하고 있으며 그들이 처형되었다고 하는 바로 그 장소를 표시하고 있었다. 일례로, 1995년에 벽의 토대에 그려져 있던 한 그래피티는 "여기에서 17세의 베레프킨, 로만이 총살당했다"라고 주장하고 있었다. 집단처형이 있었다고 확고하게 믿는 이들조차도 아마 이 그래피티가 주장하는 것처럼 로만 베레프킨이 정확히 어디서 총살되었는지 알 수 있을 거라고 정말로 생각지는 않았을 것이다. 왜냐하면 아무도 그 결과인 시체더미를 본 적이 없기 때문이다. 어떤 그래피티들은 이 미스터리와 정부가 수백, 아니 수천의 주검을 몰래 실어내갔다는 널리 퍼진 민족주의자들의 확신에 대한 것들이었다. "옐친, 그 시체들을 어디에 숨겼지?" 사망자가 수천을 헤아렸다는 것 ──"1993년 10월 3~4일에 2,743명이 죽었다"(이 그래피티와 나란히 "11,000명"이라는 그래피티가 있었음) ── 은 민족주의자들 사이의 신념이었고, 지금도 여전히 그러하다. 벽과 그 주변의 땅은 영웅들의 피로 축성되었고 신도들의 진정한 예배의 장소가 되었다.

　민족주의자들은 전투에서 졌고 그와 함께 옐친 정부에 대항하는 정쟁에서도 패배했다. 그러나 그들은 추모에 있어서는 적어도 일시적인 승리를 거두었다. 순교의 파토스는 10월 사태의 패배자들 ──실제로 사상자의 대부분이 이들로부터 나왔으므로 ──이 자신만만하게 도덕적 우위를 움켜잡을 수 있도록 했으며, 옐친 정부는 이를 쉽게 약화시킬 수 없었다. 승리자 측의 사망자에게 경쟁적으로 추모를 바치는 정서는 기미조차 찾아볼 수 없었다. 1993년 10월 이후, 이전에는 편집증적 민족주의 관점에 이의를 제기했을 모스크바 시민들조차도 깊은 정신적 고통과 수치를 느꼈다. 민족주의적 추모가 옐친의 권위의 바로 그 상징에 가장 위협적인 선동이었음에도 불구하고, 모스크바의 관료들은 아주 신중하게 그것에 맞섰다. 그들은 적어도 한 번은 그래피디 위에 칠을 해 덮었지만 예상대로 효과가 없었다. 1995년 3월, 그들은 벽의 대부분을 헐었고 그 자리에 금속 레일 울타리를 설치했다. 이렇게 함으로써 그래피티가 그려질 수 있었던 표면의 대부분을 없앴지만, 몇몇 그래피티들이 여전히 시멘트 기둥과 토대 위에, 그리고 심지어는 금속 레일의 옆면에도(좁은 각도에서 봤을 때 그래피티들이 읽혀질 수 있도록) 그려졌다. 그때조차도 십자가와 기념비 묘지들은 건드리지 않았으며 ──마치 당국이 이것들에 손대는 것이 신성모독에 해당한다고 인정한 듯이 ── 성지 주변의 나무에서 드리워진 겹겹의 민족주의 깃발과 플래카드들을 제거하려는 시도도 전혀 없었다.

기념비는 망자에게 경의를 표하는 것 훨씬 이상의 역할을 한다. 기념비는 또한 해석을 제공하는데, 이 경우 역시 예외는 아니었다. 그래피티는 민족주의자들이 자신의 패배를 어떤 신화를 통해 이해하려 애썼는지 보여 준다. 어떤 그래피티들은 영웅들과 악당들을 호명했다. 한쪽에는 반란의 지도자들이 서 있었다. "안필로프 영웅 마카쇼프 테레호프 바르카쇼프"와 "루츠코이, 콘스탄티노프 ──러시아의 영웅들."[5] 다른 쪽에는 옐친이 특별한 욕설의 표적으로 등장한다. "날강도들인 옐친과 정부는 러시아인과 모든 정직한 인민들에게서 훔치는 도둑놈들이다!", "옐친, 이것은 전쟁이다! 옐친은 개똥이다!". 한 거미 그림에는 "옐친은 골

5 빅토르 안필로프는 극좌 단체인 '노동하는 러시아'(Trudovaia Rossiia)의 지도자였다. 이 단체는 1992년과 1993년에 폭력적인 가두시위를 촉발시켰고 벨리돔에 전투원들을 파견했다. 일리야 콘스탄티노프는 소규모 극단적 민족주의 당들의 동맹인 '러시아의 통합'(Rossiiskoe edinstvo)의 지도자 중 하나였다.

〈사진 18-1〉 처형 벽의 그래피티. "옐친은 화장터의 쓰레기다." 존 부시넬 촬영.

칫거리 거미다"라는 설명이 달려 있다. 길이가 20피트나 되는 한 작품에
는 "옐친은 화장터의 쓰레기다"라고 쓰여 있었다(사진 18-1). 단어 "화장
터"로부터 벌거벗은 옐친의 그림을 가리키는 화살표가 그려져 있는데,
그의 돼지 모양의 뒷다리와 엉덩이는 아마도 화장터로 종종걸음치고 있
는 것처럼 보였다. 이러한 분노에 비교해 볼 때 "옐친은 주정뱅이다"라
는 글은 사실의 객관적 서술처럼 보일 지경이었다. 그래피티 두 개는 당
시 국방장관인 파벨 그라초프를 지목해서 욕설과("파샤 그라초프는 살인
자다!") 조소의 대상으로 삼았다("그라초프는 공작 깃털을 걸친 까마귀인
데 까마귀는 결코 매가 될 수 없다." 이 그래피티는 러시아어로 [그라초프 이
름의 어근인] 'grach'가 새, 곧 떼까마귀라는 사실을 가지고 언어유희한 것이
다). 다른 그래피티들("러시아 어머니"의 시 공격 등)은 1993년 10월을 고
르바초프와 더불어 시작된 국가 파괴 과정의 정점으로 나타내고 있었다.
그 중 하나(1994년 8월에 부분적으로 지워진)는 "페레스트로이카의 설계

자들을 교수대로!"라고 주문했다. 또 다른 그래피티는 훨씬 광범위한 타깃을 가지고 있었다. "민주주의자들은 사탄의 하수인이다." 그리고 지옥의 자식들의 실제 이름을 거명하기도 했다. "가이다르는 공포 이야기에 나오는 난장이다." 예고르 가이다르는 옐친의 경제정책 설계자이자 1992년 총리 대행으로 널리 혐오의 대상이 되어 왔을 뿐 아니라 1993년 9월에는 제1부총리로 정부에 다시 중용된 바 있다.

사탄과 고딕 공포 이야기를 거론한 것이나 옐친을 화장터로 가는 갈라진 발굽의 괴물로 묘사한 것은 민족주의자들의 정치관과 역사관의 핵심이었다. 그래피티들이 이야기하고 있듯이, 러시아 민족은 순교자가 되었고 그들의 땅은 훼손되었다. 유태인들은 악마의 주요 대리인이었으며, 미국은 그 조력자 역할을 했다. 그러나 러시아 민중은 영웅적이기 때문에 러시아는——또는 러시아와 동일시되는 소련은—— 끝내 일어설 것이었다.

다른 모든 곳의 편집증적 반유태주의자들과 마찬가지로, 러시아의 극단적 민족주의자들은 자기의 적을 모두 유태인으로 규정했다. 유태인의 교묘한 술책은 쉽게 분간해 낼 수 있는 것이었다. 따라서, 러시아 정부는 사실상 유태인 정부였다. "사람을 죽이는 지배자 유태인에게 죽음을!" 옐친을 비난하는 그래피티들의 절반은 그의 이름을 올바른 연음 E가 아니라 경음 E로 표기했다. 경음 E는 옐친이 사실상 살짝 러시아화된 이름을 지닌 유태인임을 가리키는 것으로, 이러한 비난은 고르바초프 시대로 거슬러 올라가는 (또는, 그렇기 때문에 고르바초프 때로 거슬러 올라간다고 받아들여지는) 것이었다. 가이다르와 그리고리 야블린스키(정치가로 변신한 또 다른 자유주의 경제학자로서 정부의 일원은 아니었음) 둘의 신문 사진들은 육각형 별과 야수의 숫자인 "666"으로 훼손되었다. 야블린스키는 1993년 10월 사건과 아무런 관계가 없었다. 그렇지만 민주당원인 데다가 부모 중 한 사람이 유태인이라는 이유로, 그는 러시아를 폐허로 만든, 유태인이라고 짐작되는 개혁자들의 음모의 일원임이 마땅했다. 또 다른 그래피티는 오몬OMON(벨리돔에서 내란자들에 대항하여 배치된 모스크바 경찰 작전 조직), 곧 "오몬-유태인 놈들"이라는 제목이 붙어 있었다. "오몬-유태인 놈들아, 심판을 기다려라. 우리는 러시아 인민의 처형사들에게 복수할 것이다." "오몬-유태인 놈들"은 러시아 반유태주의자들의 혐오 대상인 "메이슨-유태인 놈들"에 대한 언어유희였다. 러시아 공공 텔레비전 ──민족주의자들이 만약 인민들이 진실을 알기만 한다면 자신들의 편에 결집할 것이라 확신하여 내란 동안 무력점거하려고 했던 ──은 물론 유태인의 손아귀에 있었다. "오스탄키노는 저주받은 살인자 탈무드 신봉자들의 유태회당이다."

이러한 만연한 반유태주의의 근거 없는 믿음에 10월 내란에 관련된 신화 하나가 추가되었다. 벨리돔을 덮친 부대 중에 이스라엘에서 훈련된 유태인 타격부대인 베타르가 있었다는 것이다. 벨리돔의 수비대들은 베타르의 흉포함에 대한 이야기를 주고받으며 겁에 질렸고, 그 여파로 우익언론들은 심지어 베타르 훈련 캠프 위치를 모스크바 외곽의 스투피노와 오딘초보로 특정하여 보도하기까지 했다.[6] 베타르가 처음에는 동유럽에, 나중에는 팔레스타인에 있던 진짜 시온파 청년조직이었으며, 전투기술을 훈련받은 방위조직을 거느리고 있었다는 이야기는 어떻게 편집증적 반유태주의자들이 사실의 조각들을 짜맞추어 이러한 악몽을 만들어

6 다음을 참조하라. Kutsyllo, *Zapiski iz Belogo Doma*, pp. 136, 150; 이반 이바노프(Ivan Ivanov)라는 필명의 다음 글을 보라. "Anafema. Zapiski Razvedchika", *Zavtra*, Spetsvypusk no. 2(1994. 08.).

냈는지 보여 준다. 베타르의 전설은 처형 벽의 전설만큼이나 굳건하게 민족주의자들의 구전 이야기에 뿌리내렸으며, 처형 벽에 그래피티로 나타났다. "베타르 살인자들에게 죽음을!", "베타르를 처형 벽으로!"(후자의 그래피티는 또한 "여리고"를 포함하고 있는데, 이것은 "처형 벽으로"와 선으로 연결되어 있었다), "베타르는 강도 옐친의 경호대다". "여리고"는 아마도 민족주의자들의 상상 속의 또 다른 유태인 군사단체였을 것이다.

다른 반유태 그래피티는 다양한 익숙한 모티프를 다루고 있었다. "유태인들이 책임질 것이다"는 러시아의 고통에 대한 비난을 곧바로 유태인에게 돌리고 있었다. "유태인 놈들을 때려죽여라"는 러시아 전통을 환기시킨다. "유태인 파시즘 본산인 유태회당을 허물어라"는 시온주의자와 나치를 동일시하는 보다 현대적인 러시아식 방식이라 할 수 있다. 이 동일시는 또한 상징적으로 나치 갈고리십자가 다윗의 별 안에 새겨져 있는 것으로 표현되었다. 한 그래피티는 독일식 테마를 빌려왔다. "유태인은 민족이 아니다. 그들은 범죄조직이다."

미국은 민족주의 악마론에 있어서 두번째 자리를 차지하고 있었다. "미국은 러시아의 적이다", "양키-아메리카는 러시아에서 나가라"(사진 18-2). 한 그래피티는 당시 내무장관이었던(따라서 혐오되던 오몬의 사령관이었던) 빅토르 예린이 미국의 명령을 따른다고 비난했다. "예린은 미국의 종이다!" 경기장 건너편의 미국 대사관 구내 벽에 있는 또 다른 그래피티는 기념비 컬렉션의 외따로 떨어진 부분처럼 보였다. "우리는 극복할 것이다"(이것은 영어로 쓰여 있었다). 반-미국과 반-유태 그래피티 간의 대조는 민족주의자들이 누구를 가장 위험한 적으로 간주하고 있었는지 보여 준다. 상대적인 숫자는 감정적 흥분보다 그 실상을 덜 효과적으로 보여 주는 법이다. 민족주의자들은 진정으로 미국을 적이라 믿었지

〈사진 18-2〉 처형 벽의 그래피티. "루츠코이, 콘스탄티노프는 러시아의 영웅들이다", "민족구국전선은 살아 있다", "미국은 러시아의 적이다". 존 부시넬 촬영.

만 그들의 반유태 그래피티들은 본능적인 증오와 설사 의식되지 않았다 하더라도 진정한 공포를 보여 주었다.

민족주의자들로서는 유태인이 위협하고 있는 나라나 민족의 이름을 대는 것보다는 자신의 적을 거명하는 것이 더 쉬웠다. 위협받고 있는 것이 러시아인가, 아니면 소련인가? 그래피티의 대부분은 분명하게든 암시적이든 러시아와 동질감을 가지고 있었다. 다른 그래피티들은 위협받는 대상을 애써 소련으로 묘사했다. "우리의 조국은 소련이다", "독재자에게 죽음을, 소련은 살아 있다". 어떤 그래피티는 오직 소비에트의 망치와 끌 상징으로만 이루어져 있었는데 거기에는 "소련"이라는 글귀가 동반되기도 하고 그렇지 않기도 했다. 민족주의자들이 러시아의 열렬한 지지자와 소련의 신봉자로 꼭 나뉘어진 것은 아니었다. 이 둘을 융합하는 것은 아주 쉬웠다. 그러나 소련을 특히 지목한 이들은 러시아만 지나치게 중시되고 있다고 여기고 이를 바로잡고 싶었던 것 같다.

민족주의자들이 의식적으로 러시아를 소련과 병치시켰느지와는 상관없이, 그래피티는 공산주의 원리주의자들과 반유태 민족주의자들의 적색-갈색 연합 내에 존재했던 서로 다른 정치적 입장들을 드러내고 있었다. 망치와 끌 그래피티도, 커다란 "공산주의" 글귀도, "정교가 러시아를 구원할 것이다" 또는 "크렘린 탑 위에 성모의 팔각성을 올려라" 같은 그래피티와 나란히 편안하게 어울리지 못했다. 친소비에트 그래피티는 적어도 다민족국가를 암시하는 것이었지만 다른 것들은 민족적 순수성을 요구했다. "백인들을 위한 러시아"는 아마도 카프카스로부터의 침입자들을 겨냥했을 것이다. 그리고 "러시아인들에게 러시아 정부를!"은 유태인을 겨냥했을 수도 있지만, 그보다는 민족주의자들이 보기에 끊임없이 고위직을 차지하고 있던 러시아의 많은 소수민족 모두를 겨냥했을 가능성이 크다.

한 이례적인, 액면상 자기모순적인 그래피티는 민족주의 러시아 내에서 비러시아인을 위한 장소를 찾고자 했다. "러시아인을 위한 러시아! 그리고 루시의 토착민족을 위한 [러시아]." 루시는 키예프를 중심으로 성립되어 10세기부터 13세기까지 지속된 동슬라브 국가 형태이다. 러시아인들은 루시로부터 자신의 민족과 국가가 기원한다고 믿고 있으며, 현대 러시아에 적용될 때 루시는 민족의 원시적 뿌리, 독특한 문화, 그리고 신화적 영웅들을 상기시킨다. 이 그래피티에서 명백히 다민족인 '루시'는 적어도 몇몇 비-러시아 민족들의 존재(그러나 유태인이나 조지아인은 확실히 아닌)를 정당화하는 한편, 러시아인들이 고유하게 러시아를 소유해 왔음을 역사적으로 환기시키는 주장을 결합하고 있었다. 러시아를 루시에 연계시키는 것은 또한 러시아가 동료 동슬라브인인 우크라이나인들과 벨라루스인들을 재흡수해야 한다는 주장을 가능케 했다(비록 이 그래피티가 그러한 주장을 하지는 않았지만 말이다).

이 루시 그래피티는 다민족성에 대해 열려 있다는 점에서 이례적이지만, 루시와 결부된 영웅 전설 및 신화의 환기라는 점에서 러시아의 구원을 예측하는 데 반민속적 또는 의사민속적 모티프를 차용한 다른 그래피티들과 유사한 맥락을 지닌다. 민족주의자들이 러시아/소련에 엄습한 재난을 설명하기 위해 반유태주의 민속에 의존한 것처럼, 이 그래피티들은 러시아의 부활을 묘사하기 위해 민속적 클리셰에 의존했다. 당연하게도 많은 복수의 서약들이 가장 진부한 클리셰들을 차용했다. "우리는 우리 형제의 복수를 할 것이다", "피에는 피로, 죽음에는 죽음으로". 때로는 클리셰가 점강법으로 내려가기도 한다. "굴레 속에서 사느니 전장에서 죽는 게 낫다." 어떤 그래피티는 민족주의적 말장난을 만들어 냈다. "우리는 파시스트들을 이겼다, 우리는 에베니스트들을 이길 것이다." 이것은 러시아어의 작명 형식을 이용한 언어유희이다. 성이 처음에 오고 이름과 부칭은 다음에 온다(앞서 살펴본 "베레프킨, 로만" 그래피티에서 그러했듯이). 극단적 민족주의 신문들은 "옐친, 보리스 니콜라예비치"를 EBN으로 줄여 쓰곤 했는데, 이 EBN은 "성교하다"는 단어의 과거 피동분사인 'eben'을 암시한다. 그래피티의 "에베니스트들"은 '붙어먹을 놈'의 정부인 것이다. 그러나 가장 큰 반향을 얻은 것은 복수와 부활의 민속적 관점을 취한 그래피티들이었다. "러시아여 일어나라, 나태를 떨쳐버려라", "잠들라 사랑하는 형제여, [곧] 우리 조국이 [무적의 군대가] 크렘린 벽 아래를 에워쌀 것이다"(괄호 안의 단어들은 이후에 써 넣어진 것이다). 부활의 대상을 소련으로 특정하고 있는 한 그래피티 역시 깨어나는 민족의 이미지에 의존하고 있었다.

나는 나의 조국이 굽은 무릎을 펴고 일어나는 것을 본다,

나는 나의 조국이 재로부터 일어나는 것을 본다,

나는 나의 소비에트 조국이 노래하는 것을 본다!

나의 강력한 민족이 등을 펴고 일어나고 있다!!

이와 같은 그래피티가 처형 벽에서 러시아 민족을 유태인들의 계략의 희생자로 묘사하고 있는 다른 그래피티 바로 옆에 위치하고 있었다는 사실은 가장 오래된 민족주의 클리셰 중 하나를 떠올리게 한다. 음흉한 외국인이나 유태인에 의해 속임을 당하고 희생되는 이 죄 없는 민족은 과오 없이 도덕적이며 집단적으로 영웅적이고 궁극적으로 승리한다.

처형 벽의 그래피티들은 텍스트로서 민족주의 신화에 대해 많은 것을 드러내고 있지만, 이들은 기실 텍스트 이상이었다. 그래피티의 대규모 집합은 모두 집단적 활동의 진화하는 인공물이다. 경기장의 그래피티는 그것이 지속되는 동안 진행 중인 작업이었고 많은 사람의 작품이었다. 모든 작품들은 또 다른 작품들을 불러들였다. 이 텍스트는 그 자신의 작가와 (벨리돔 전투에서 죽임을 당한 이들의 사진들을 기억해 보건대) 일러스트레이터를 불러모았다. 1994년 날씨가 청명할 때면, 우익분자들——통상 중년과 노인들——이 교제를 나누고, 가장 최신의 그래피티를 읽고, 또 아마도 자기 자신의 그래피티를 덧붙이기 위해 기념비 앞에 모이곤 했다. 그래피티를 중심으로 한 기념비는 참여를 불러일으켰다.

처형 벽이 민족주의자들의 친교 장소였기 때문에 이곳은 우익 선언물을 붙이기에 편리한 장소였다. 이러한 선언물 중 어떤 것은 커다란 그래피티의 형태를 띠었다. "4월 3일은 추모의 날이다"라는 글귀가 반년마다 오는 (10월 3일 후) 망자를 위한 정교 추모일을 예고한다.

"VDNKh[7]에서 6월 22일 오후 6시에"는 우익 모임을 알리고 있다. "FNS 는 살아 있다!"는 민족구국전선FNS이 10월의 패배에서 살아남았음을 단 언한다. 또 다른 우익 군인집단은 자원자를 모집한다. "애국 러시아군 등 록―113534, 모스크바, 사서함 37."

추모 외의 목적을 지닌 그래피티 중 가장 정교한 작품은 하나의 정 치적 강령이라 해도 과언이 아니다.

선거법은 다음을 포함해야 한다
1. 정강에 대한 후보자의 서명
2. 약속불이행에 대한 형사책임
3. 직장에서의 투표
4. 유권자의 인지와 동의 하에서만 의사 결정
5. 대표를 선출한 사람들의 평가에 따라 투표장에서 급료 지급

선거제도의 장치에 대한 이 규칙들―대표자는 자신의 캠페인 공 약을 지켜야만 하며 그렇지 않으면 형사처벌을 받고 벌금을 물어야 한 다―은 처형 벽의 신화와 부합하는 정치적 추정에 기반하고 있었다. 대표들이 직장에서 선출되어야 한다는 요구는 고르바초프가 인민대표 의회를 도입했을 때 발생한 대표 원칙 분쟁을 연상시켰다. 당시 정통 공 산주의자들은 자연적 사회 단위로서 선거의 단위가 되어야 하는 것은 주거지역에 따른 우연히 성립되는 집단이 아니라 노동자라고 주장했다. 그러나 이것은 벽에 글을 쓰는 극단적 민족주의자들에게는 충분치 않았

---

7 [옮긴이] VDNKh: Vystavka dostizhenii narodnogo khoziaistva(공업농업전람회).

다. 직장의 자연적 공동체에 근거를 둔 대표들조차도 자신의 유권자들을 배신할 가능성이 컸다. 오직 처벌의 위협만이 그들로 하여금 약속을 지키게 할 것이었다. 그리고 오직 유권자들과의 직접적인 협의에서 취해진 결정만을 신뢰할 수 있었다. 유권자들과 그들이 지명한 대표들 간의 극히 미미한 거리만으로도 배신할 기회가 생겼다. 정치에 대한 편집증적 민족주의자들의 이해에 따르면, 사람들은 선천적으로 선하지만 그들이 최선이라 생각해서 뽑은 바로 그 남녀들이 그들을 속였고 러시아를 파괴했다. 이것은 또 다시 반복될 수도 있었다. 오직 직접 민주주의에 가능한 한 가장 유사한 대표자만이 그 위험을 피해 갈 수 있었다.

처형 벽에 반대 의견이 없었다는 것은 주목할 만하다. 엘친과 유태인을 헐뜯는 그래피티에는 나타나지 않았던 몇몇 조악한 나치 문양은 비난으로서 의도된 것일 수도 있지만 아마도 그렇지는 않았던 것 같다. 러시아의 가장 극단적인 민족주의자들 중 일부는 갈고리 문양을 자신을 위해 전용했다. 정치와 전혀 관련 없는 그래피티는 아주 적은 수였다. 어떤 사람은 "Only hamp save the world long life the cannabis"(원본에 틀린 영어로 쓰여 있었음)라는 글귀와 함께 작은 대마잎을 그렸다. MMM 다단계 스캔들이 정점을 찍었을 때 쓰여진 게 분명한 또 다른 그래피티는 MMM의 회장 세르게이 마브로디를 욕하고 있었다. "마브로디는 소아성애자다."[8] 스파르타크 축구팀의 한 팬은 작은 스파르타크 문장을 그렸다. 벽의 거대한, 유혹하듯이 하얀 탁 트인 면은 민족주의자들이 점유하기 전에는 분명 그보다 더 많은 비민족주의 그래피티를 끌어모았을 것이다.

---

8 마브로디와 MMM에 대해서는 이 책의 다음 장을 보라. 엘리엇 보렌스타인, 「주식공모: MMM과 멜로드라마 마케팅」.

이와 같이 전 텍스트, 수백 개의 크고 작은 그래피티의 집합체는 놀라우리만큼 동질적이었다. 맹렬한 반유태주의의 포르티시모는 몇 안 되는 그와 무관한 글들을 압도했다. 민족주의자들이 일제히 한 목소리를 내고 있었던 것은 아니지만, 인종차별 민족주의자들과 원리주의 공산주의자들의 동맹 내에 다양한 견해들이 있다는 사실은 그들의 그래피티에 단지 넌지시 비쳐질 뿐이었다. 반유태주의는 공공 관용구와 통합적 신화를 제공했다. 보리스 엘친은, 소문자로 쓰여진 러시아든 소련을 의미하여 대문자로 쓰여진 러시아든 간에 러시아를 파괴하려는 유태인의, 아니 악마의 음모의 지도자였다. 러시아 또는 소비에트 인민들은 그들의 유산을 되찾기 위해 하나가 되어 일어나서 크렘린으로 모여들 것이었다. 그러나 만약 사람들이 본질적으로 도덕적이라면 그들은 또한 쉽게 속을 것이었다.

반유태주의 민족주의자들은 벨리돔에서의 뼈아픈 전투에 대한 응답으로 처형 벽에 그래피티를 만들어서 뚜렷한 이데올로기를 표현했다. 동시에, 이 민족주의 그래피티는 공공 그래피티의 확립된 전통에 부합했다. 공공 그래피티는 공공 텍스트의 내용보다는 구조를 규제하는 규칙을 지닌 진화하는 장르이다. 이 장르는 1970년대 후반 축구 훌리건 패거리들에 의해 모스크바에서 시작되었고 이후에는 여러 단체에 의해 잇따라 계속되었다. 헤비메탈 음악, 펑크, 그리고 히피 반문화의 열성 애호가들은 모두 특정한 장소를 특정한 단체와 동일시하는 그래피티를 만들었다. 축구 훌리건들의 경우를 제외하고 그래피티는 통상적으로 다른 단체들에 의해 훼손되지 않았다. 그들이 집단적으로 만들어 낸 텍스트들은 처형 벽의 민족주의 텍스트처럼 동일한 뜻을 나타냈다. 공공 그래피티의 하위장르 중 하나인 추모 그래피티는 1983년 미하일 불가코프의 『거장과 마르가리타』의 독자들이 5층짜리 입구 통로 전체의 벽을 불가코프와 그의 소설에 바치는 그래피티로 덮었을 때 시작되었다. 불가코프의 계단 통로가 잘 알려지기는 했지만, 1990년 여름 오토바이 사고로 죽은 록스타 빅토르 초이를 추모하는 그래피티의 벽은 훨씬 더 대중적으로 알려져 있었다. 왜냐하면 그것은 모스크바 중심부의 아르바트 보행자 전용구역에 있었기 때문이다. 초이 벽에 이어 탈코프 벽이 생겨났다. 이것은 온건한 민족주의적 어조를 나타낸 최초의 공공 기념비였다. 강렬한 애국적(탈코프는 루시에 대해 노래했다), 종교적 메시지를 전하는 매우 인기 있는 록 시인이었던 이고리 탈코프는 1991년 10월 콘서트 도중 자신의 유태인 매니저에게 살해당했으며 사후에 민족주의 순교자가 되었다.[9] 처형 벽은 일련의 헌정된 벽과 계단통로에 하나 더 추가된 것일 따름이다.

하위문화와의 연관성은 이들 집단적 그래피티 텍스트의 본질적인 구성요소였다. 그래피티는 특정한 하위문화 집단이 모이는 장소, 곧 '투소프카'(처음에는 반문화 은어였다가 나중에는 주류 속어가 되었음)를 표

---

9 1988년까지의 그래피티 및 그래피티 현장의 역사에 대해서는 다음을 참조하라. John Bushnell, *Moscow Graffiti. Language and Subculture*(Boston: Unwin and Hyman, 1990). 초이 벽에 대해서는 다음을 보라. John Bushnell, "Organizing a Counter-culture with Graffiti: The Tsoi Wall and Its Antecedents", *Communicating Design. Essays in Visual Communication*, ed. Teal Triggs(London: Batsford, 1995), pp. 55~59. 탈코프 벽은 바간코프 묘지의 납골당 뒤, 바로 탈코프의 묘 옆에 있다. 다음에 실린 사진을 보라. *Stolitsa*, no. 11(1995), p. 42. 탈코프 시 중 일부를 훑어보기 위해서는 다음을 참조하라. T. Tal'kova, G. Levkodimov & N. Shantarenkov, comps., *Pesni, stikhi, proza, publitsistika, interv'iu Igoria Tal'kova, otkliki na gibel' russkogo poeta–patriota*(Moscow: Molodaia gvardiia, 1993). 체르니코프스키 골목에 있는 탈코프에 헌정된 작은 박물관은 이 가수를 시성된 순교자로 묘사하고 있으며, 이 살인사건에 대한 민족주의 언론의 기사를 상당량 수집해 놓고 있다. 이 그래피티 현장들에서 한 가지 주요한 변화는 언어에 있다. 1980년대 후반까지 공공 그래피티는 영어 단어와 영어 지시체를 가진 상징들을 독특한 (그리고 대부분의 러시아인들에게는 이해불가능한) 은어의 일부로 포함시켰다. 이것은 축구 훌리건과 다른 청년집단들이 만드는 그래피티들에서 여전히 그러하다. 그러나 추모 벽은 처음부터 대부분 러시아어로 만들어졌다. 초이 벽(1990) 이후로 영어는 대체로 추모 그래피티 집합체에 사용되지 않았다.

시했으며 그 언어나 지시물은 종종 그래피티를 외부인이 이해불가능하게 만들었다. 텍스트들은 대화적이었고——마치 처형 벽에서처럼 작가와 관객이 하나였다—— 매우 좁은 주제 범위 내에서 진화했다. 그래피티가 새로운 페인트로 덮이게 되면 (불가코프 계단통로나 처형 벽에서처럼) 열성 추종자들은 즉시 새로운 텍스트를 만들었다. 죽은 자를 기리는 벽들에는——마치 초이 벽, 탈코프 벽, 그리고 처형 벽에서처럼—— 몇 명의 조문객들이 철야로 서 있었다. 처형 벽에서 그래피티에 의해 표시된 민족주의 투소프카는 대중적이고 종교적인 활동의 형식으로서 불가코프, 초이, 탈코프 벽들과 (또는 그레벤시코프 계단통로 또는 심지어는 상트페테르부르크의 로툰다 반문화 현장과도) 거의 구별되지 않았다.

처형 벽은 이것을 오직 정치적 선언으로 해석할 때보다 반문화 그래피티 제작의 맥락에서 볼 때 덜 위협적으로 보였다. 맹렬한 반유태 그래피티들은 1993~95년이나 더 나중에도 모스크바에 그리 널리 퍼지지 않았다. 이것들은 이 한 장소에 집중되어 있었다. 집중은 이들의 지엽적 영향력을 확대시켰다. 그렇지만 처형 벽에서조차도 민족주의자들과 더 균형잡힌 정신을 가진 이들 모두 그래피티를 특정 집단의 사적인 일로 취급했다. 이 장소는 단지 우연히 민족주의자들의 투소프카가 되었을 뿐이었다. 그래피티는 공공의 정치적 추모비이자 그 벽에 모이는 민족주의자들의 개인적 소유물이었다. 행인들은 그 어느 쪽에도 거의 주의를 기울이지 않았다(그들이 초이의 추모자들이나 커피숍 투소프카 밖에 모인 히피들을 지나칠 때와 마찬가지로). 한편 민족주의자들 자신도 가령 온 도시의 벽에 그래피티를 그림으로써 자기들의 그래피티를 대중에 더 알리려는 경향을 보이지 않았다.

극단적 민족주의 그래피티들은 단지 1년 반 정도, 1995년 3월까지만 지속되었다. 그러나 루슈코프 시장이 처형 벽을 허물어 버린 다음에도 이것을 유지하려는 시도가 있었다. 1995년 8월 원 그래피티의 바랜 사진 수십 장이 광장 끝의 신문 게시판에 전시되었다. 불타는 벨리돔의 윤곽과 솟아오르는 연기가 "기념 구역"이라는 글귀로 둘러싸여 있는 금속 명판이 게시판 틀의 꼭대기에 고정되어 있었다. 1996년 8월 즈음에는 사진들은 사라졌지만 그 게시판은 우익 신문기사를 위한 게시판으로 여전히 사용되고 있었다. "러시아 어머니"는 여전히 그녀의 시민 시를 게시하고 있었고 꽃, 플래카드, 상징적인 묘지 지도들도 여전히 있었다. 그럼에도 불구하고, 그래피티가 사라지고 전반적으로 기억에서 희미해지자 그 벽은 더이상 민족주의자들의 투소프카로서 기능하지 않게 되었다. 1996년 8월에 이르자 민족주의자들은 더 이상 남 얘기를 하고 주워들은 지식을 교환하기 위해 거기에 모이지 않았다. 그래피티가 없이는, 처형 벽이 있던 장소인 이곳은 그냥 또 하나의 기념물이었을 뿐 더이상 참여를 불러일으키거나 반유태주의 사교를 위한 장소로 기능하지 않았다.

그럼에도 불구하고, 1997년 적색-갈색 연합들은 기념비 설치물을 늘렸다. 그들은 적들의 사진이나 기사를 게시한 치욕의 게시판을 확장했다. 그들은 벨리돔 전투에 관한 독립된 전시를 마련하고 자기네 순교자의 사진이 들어간 거대한 플래카드를 걸었다. 그리고 새로운 묘지 지도와 가짜 바리케이드, 그리고 '유다'라는 표지가 얹혀 있는 나무도끼가 딸린 단두대를 만들었다. 2년간 사라졌던 커다란 그래피티 대신 그들은 울타리 위에 플래카드를 걸었다. 거기 적힌 슬로건들은 부분적으로는 그래피티들을 연상시켰다. "루시: 비겁하지 말라!", "군대: 깨어나라!", "칙령 1400조에 아니오라고 말하라! 모든 권력을 소비에트인에게!"(옐친은 칙령 1400조로 의회를 해산했다), "1993년 9월, 10월 봉기의 영웅들에게 영광을!", "주의 심판이 있고 또 인민의 심판이 있을 것이다", "범죄자들이 책임지게 하라!", 이 외에 유사한 정서를 나타내는 다른 것들이 있었다.

그러나 이 슬로건들은 명백한 반유태주의의 흔적을 보이지 않았다는 점만 하더라도 원 그래피티와는 매우 달랐다. 반유태주의 그래피티는 여전히 발견되곤 했지만 민족주의자들의 적들의 합성사진을 자세히 살펴봐야만 간신히 발견할 수 있었다. 1993~95년식 정서의 반유태주의 낙서들이 여러 사진들을 훼손하고 있었다. 거리 건너편의 아파트 건물 벽에는 커다랗게 칠해진 그래피티가 하나 있었다 ——"굴복하지 않은 자는 정복당하지 않은 것이다". 그뿐 아니라 더 현대적이지만 또한 더 열정적인 그래피티 몇 개가 있었다. "옐친 = 사형집행인 = 도둑", "그들이 처형했다. 우리가 응답할 것이다", (한 오래된 야블린스키 선거 포스터 위에) "유태주의자들을 때려잡아라".

이 그래피티들은 추모 현장이 여전히 반유태주의자들을 끌어당기고 있었다는 증거가 되지만, 그들이 주변부로 밀려났다는 것 또한 방증한다. 맹렬한 반유태주의는 마치 추모비를 더 점잖은 것으로 만들려는 단호한 노력의 일환으로 플래카드 슬로건에서 삭제된 것처럼 보였다. 그러나 점잖음의 대가는 대중적 참여의 상실이었다. 극단적 민족주의 열정의 자발적 표현은 사진 위에 연필로 쓴 비방으로 축소되거나 추모 구역 밖인 거리 맞은 편으로 후퇴했다. 아파트 건물은 극단적 민족주의 투소프카가 될 수 없었다. 민족주의 그래피티의 수는 극히 적었으며, 그것들마저도 이의가 제기되었다. 옐친에 대한 비난 바로 옆에 응답이 하나 있었다. "공산주의자들은 멍청이들이다."

19장

'기독교, 반유태주의, 민족주의'

갱생한 정교 러시아의 러시아 정교

주디스 도이치 콘블라트

오늘날 러시아 정교회는 부러워할 만한 위치를 차지하고 있다. 1982년 당시 정부에 기등록되어 있던 종교에만 모든 권리를 부여하는 법안이 1997년 가을 입법 통과되면서 정교회는 기본적으로 국교의 자리를 확보해 냈다.[1] 정치가들은 정교도 시민들의 투표권 앞에, 또는 적어도 정교회 수장들의 강경한 의견에 머리를 숙인다. 이스라엘에서는 다른 면에서는

---

1 역설적이게도 의회에서 공산당원들에 의해 처음 입안된 이 법은 오직 이슬람교,,유태교, 불교, 그리고 러시아 정교회에만 완전한 권리를 확약하고 있다. 옐친은 원래 이 법안에 비토권을 행사하여 법안을 수정 문구와 함께 의회에 돌려보냈다. 러시아 내뿐 아니라 국제 사회의 비-정교 종교 집단들의 높은 기대에도 불구하고, 개정안은 본질적으로 법을 바꾼 것은 아니었다. 비록 이 법이 암묵적으로 가톨릭과 몇몇 주류 프로테스탄트 교파들을 받아들이고 있기는 하지만, 이 법은 모든 소위 비전통적인 교파들을 불법으로 금하고 있다. 새로운 법규하에서는 오직 1982년 무신론적 소비에트 체제하에서 공식적으로 인정된 종교 조직만이 개종이나 자선사업을 행하도록 허용된다. 다른 모든 종교는 매년 정부에 등록해야 하며 학교를 설립하거나 문건을 발행하거나 공무수행을 위해 성직자를 해외로부터 초청할 수 없다. 더구나 지난 50년간 합법적으로 존속해 왔음을 증명할 수 있는 종교 단체만이 그 호칭에 "러시아의"라는 표현을 포함시키도록 허용되었다. 키스톤 연구소(러시아인의 종교생활을 연구하는 독립 연구 센터)의 모스크바 대표인 로렌스 우젤의 설명에 따르면, 이 법규는 "스탈린의 교회-국가 관계를 오늘날을 위한 규범으로 명백히 간직하고 있다". 다음을 참조하라. David Filipov, "Religious Curbs, Backed by Yeltsin, Passed in Russia", *Boston Globe*, 1997. 09. 20., p.1.

언제나 세속적인 국무총리들이 유태인 국가의 지도자로서의 자신들의 위치를 입증하기 위해 야물커를 쓰고 있는 모습을 보여야만 한다. 이스라엘과 마찬가지로, 새로이 재건된 '신성한 루시'에서 러시아 대통령과 대표자들은 교회 예배에 참석하고 사제들을 자문회의에 초대해야만 한다.[2] 양파모양 돔은 공식적인 상징으로 관습상 필요하다. 그리고 모스크바 850주년 기념식에서 지금껏 조직된 것 중 가장 큰 성가대가 재건축된 구세주 그리스도 내싱딩의 계단에서 축가를 불렀다.

이 공개적 과시가 모든 러시아인이 정체성을 위해 의식적으로 정교회에 의지하고 있음을 의미하는 것은 결코 아니다. 실제로, 최근의 조사에 따르면, 신을 믿는다고 주장하는 이들이 증가추세에 있음에도 불구하고 정기적으로 교회에 출석하는 러시아인의 수는 감소하고 있다. 더구나, 이 책에 수록된 포스트소비에트 러시아의 컬트 및 포스트모더니즘에 대한 엘리엇 보렌스타인의 글은 전-소비에트 시민들이 새로이 가지게 된 신앙의 상당 부분이 묵시록적 컬트나 외국에서 들어온 복음주의 종파에 집중되어 왔음을 시사한다. 게다가 정교회가 다른, 주로 서구의 프로테스탄트 및 뉴에이지 교파의 급습을 두려워하지 않는다면, 우위를 차지하기 위해 그렇게 열심히 로비를 펼치지는 않았을 것이다.[3] 그러나 러시아 정교와 새로 태어난 '정교' 러시아 간의 강한 상징적 동일성은 누구

2 고르바초프는 1988년 대주교를 크렘린에 초대함으로써 교회-국가 협력의 새로운 형태를 재시동했다. 그 전 마지막 회동은 1943년 스탈린이 공산주의적 박해를 단기 완화시켜 주는 대가로 총력전에 대한 교회 지도자들의 지지를 얻으려고 이들과 만났을 때였다.

3 이 법안은 표면상으로는 러시아인들을 일본 옴진리교와 같이 폭력을 설파하는 '전체주의 종파'로부터 보호하기 위해 입안되었다. 그러나 이 법은 캐나다와 미국으로의 대량 이주 훨씬 전에 러시아와 우크라이나에서 살았던 비폭력적인 메노파 교도 등 비록 공식적으로 등록이 되어 있지 않더라도 오랫동안 러시아에 존속해 온 다른 종교 집단들에게까지 확대된다. 더구나, 이 법은 최근에 우크라이나 정교 수사들을 그들이 오랫동안 소유해 온 땅으로부터 쫓아내려는 러시아 정교회의 노력을 지지했다.

나 느끼지 않을 수 없다. 이 상황은 수사적 차원이 아니라 실제로 다민족 국가인 이 나라에서 일어나고 있는 것이다. 이 나라가 계승한 소비에트 공화국이 그러했던 것처럼 말이다. 적어도 수도에서는 한때 무신론자 레닌이 미소짓고 있던 플래카드를 이제는 성 게오르기와 그가 죽인 용이 장식하고 있다.

오늘날 교회의 위치는 그다지 부러워할 만한 것은 아니다. 왜냐하면, 러시아인들이 자신을 규정하기 위해 정교를 이용하는 한 정교회도 자신을 재정의해야 하기 때문이다. 제도적 교회는 소비에트 치하에서 심한 위기에 처했고, 단지 살아남기 위해 크렘린과 KGB와 타협해야만 했다. '소비에트' 성직자들은 아직 건재하며 오늘날 공식적 교회는 영적인 지향만큼이나 정치적 지향도 간직하고 있다. 이는 오늘날 정교의 미래를 보장하는 소위 종교의 자유 입법에 있어서 교회가 수행하고 있는 역할만 봐도 알 수 있다. 적어도 가까운 장래에 교회가 완수해 내야 할 공보 과제가 아직 많이 있다.

더욱이, 기독교 교리와 신학의 기본적 지식 수준은 심지어 정기적으로 교회에 참석하는 이들의 경우라 할지라도 지독히 낮다. 교구는 예배자들이 자신의 기도말을 이해할 수 있도록 주일학교와 교회의 역사, 축제와 재일齋日들의 의미, 그리고 심지어는 고대교회슬라브어에 대한 성인 교육 강좌를 앞다투어 개설하고 있다. 아직 그 나름의 페레스트로이카를 겪지 않고 자기네 구역민들과 가까워지는 데 어려움을 겪고 있는 교회 기관에는 이러한 풀뿌리 노력을 위한 자금이 거의 없다.[4] 결과적으

---

4 제도적·사회적 차원에서 교회가 겪고 있는 문제들에 대해 나에게 자세히 설명해 준 위스콘신 대학의 피터 퀸비(Peter Quimby)에게 감사를 표한다.

로 평신도들은 기독교 교리에 대해 단지 아주 대체적인, 종종 '민속적' 이기까지 한 인식을 가지는 데 머물게 된다. 이 장의 관심사의 측면에서 볼 때, 이 문제는 기독교와 러시아성 간의 관계에 대한 불분명한 이해 덕분에 더 악화되고 있다.[5] 이 불분명한 이해는 신에 대한 경외가 내재되어 있는 민중으로서의 러시아인의 개념과 '제3로마'로서의 모스크바의 개념에 기반하고 있다. 러시아인들은 포스트소비에트, 특히 러시아의 정체성을 구축하기 위한 일환으로서, 고유한 러시아적 영성을 모호하게 언급하고, '러시아적 관념' 또는 '러시아적 영혼'을 들먹이고, 20세기 첫 사반세기의 러시아 종교철학가들의 저작을 재발행한다. 따라서 교회는 그리스도의 메시지를 지상에 전파하는 대리인 이상이며, 그 대표자들은 예배식을 주관하고 고해성사를 듣는 것 이상의 일을 해야만 한다. 오늘날 교회는 러시아 정교회에 대해 '러시아적'이란 것이 무엇인지(만약 그런 것이 존재한다면), 그리고 러시아에게 있어 '정교'란 무엇인지 정의하는 과정에 있다.

　제도적 교회가 자신을 규정할 수 있는 방법 중 하나는 그 극단을 주장하는 목소리들과 비교하는 것이다. 글라스노스트 시기에 교회가 공공의 무대에 재출현한 이후로 그 목소리들은 좋든 싫든 유태인 문제를 둘러싸고 결집되었다. 유태인들은 가끔은 거의 미친 것 같은 이 논쟁의 주

---

5 모스크바는 16세기에 한 정교 수사가 바실리 대공 3세에게 보내는 편지에서 처음으로 '제3로마'로 불렸다. "경건한 차르시여, 듣고 주의를 기울이십시오. 모든 기독교 왕국들이 당신의 단일한 왕국으로 통합되어 있습니다. 두 로마가 무너졌고, 세번째 로마가 서 있고, 네번째는 없을 것입니다"(Michael Cherniavsky, *Tsar and People: Studies in Russian Myths* [New Haven: Yale University Press, 1961], p. 38). 이 책의 주제가 되는 많은 의사[擬似]-종교적 신화들에 대해 체르냐프스키는 다음과 같이 쓰고 있다. "이 신화들을 상징하는 러시아의 별칭 중 일부 — '작은 신부 차르', '신성한 러시아', '어머니 러시아', 그리고 무엇보다 '러시아의 혼' — 는 러시아 밖에서도 또한 아주 흔한 것이 되었다. 너무 흔해진 나머지 러시아인이 아닌 사람들까지도 그것을 믿기 시작했을 지경이었다"(p. 2).

제가 되었으며 대★ 러시아적 '자아'에 대해 원형적인 '타자'가 되었다. '진정한' 러시아인이 아닌 체첸인과 다른 카프카스 민족들 또한 이 목적에 걸맞았다. 마치 소비에트 치하에서 '데카당' 미국인 혹은 서유럽인이 그랬던 것처럼 말이다. 그리고 정교 지도자들은 이 최근의 재규정 시기 훨씬 이전에 유태교뿐 아니라 이슬람, 불교, 그리고 로마 가톨릭을 비난했다. 그러나 중대한 차이가 있다. 체첸인과 달리 유태인은 정교처럼 종교적 집단인 것과 동시에, 마치 러시아인처럼 '민족'이나 국가로 여겨진다는 것이다. 이런 식으로, 유태인은 좋든 나쁘든 간에 러시아성과 정교회의 통합을 위한 잠재적 모델을 제시한다. 실제로, 이들은 '선택받은 민족'으로 경쟁자인 것이다.[6] 이 장에서 나의 목표는 정교회 극단주의자들이 사용하는 유태인에 대한 수사법을 교회 내의 자유주의 반체제 인사인 조야 크라흐말니코바와 그녀의 반동적 적들을 통해 드러내는 것이다. 이들은 언제나 교회 내부에서는 아니라 할지라도 자주 교회의 이름으로 말하곤 한다.[7] 이 장의 결론에서 나는 신러시아에서 이들의 반유태주의 및 친유태주의 수사학이 어느 정도까지 러시아 정교회의 정체성에 영향

6 필자는 현재 '선택된 민족들의 모임: 현대 러시아 정교 사상과 유태인'이라는 제목의 책 원고를 집필 중이다. 이 책에서는 바로 이 점에 대해 블라디미르 솔로비요프의 저작들과 그의 철학적 계승자들을 분석하고 있다.

7 러시아의 반유태주의라는 주제는 학자들 사이에서조차도 엄청난 격분을 불러일으킨다. 러시아의 반유태주의에 대한 다음 학자들의 열띠고 모순되는 의견들을 보라. James L. Gibson, Vicki L. Hesli, Arthur H. Miller, William M. Reisinger, Robert J. Brym. 이들의 논의는 다음의 연구노트로 출판되었다. *Slavic Review* 53, no. 3(1994), pp. 796~855. 이 연구노트들은 1993년에 쓰여진 논문 (Robert J. Brym & Andrei Degtyarev, "Anti-Semitism in Moscow: Results of an October 1992 Survey", *Slavic Review* 52, no. 1[1993], pp. 1~12)에 대한 응답이다. 해석하기 어려운 통계들을 인용하지 않을 때 관찰자들은 종종 단편적 일화에 의존한다. 크라흐말니코바는 다음의 증거에 기반하여 "여기 일반인들 사이에는 반유태주의가 없다"고 추정하고 있다. "내 남편은 일반 감옥에 있었는데(나는 다소 귀족적 감옥인 KGB 감옥에 있었기 때문에 덜 노출되었다), 거기엔 반유태주의가 없었노라고 말했다"(크라흐말니코바, 필자와의 인터뷰, 1993. 03. 22.).

을 미칠 것인가를 추측해 볼 것이다.

현대 러시아의 러시아인-유태인 관계에 대해 자주 언급하는 논객인 미하일 아구르스키는 보편주의자들(그들은 기독교의 원래의 초국가적 의미라고 여기는 것으로 돌아가고자 하기 때문에 '근본주의자'라고도 불릴 수 있다)과 보수주의자들(필자는 이들의 종교적 의제뿐 아니라 정치적 의제 때문에 이들을 '반동'이라 칭할 것이다)을 구분한다. 보수주의자들은 역사적 교회의 민족적 성격을 주장하며, 보편주의자들은 모든 민족을 향한 그리스도 메시지의 보편성을 주장한다.[8] 앞으로 보게 되겠지만, 유태인은 보편주의자와 보수주의자 모두에게 구호로서 중요하다. 왜냐하면 여기에는 교회 내부의 반유태주의에 대한 전통적 비난 이상의 것이 걸려 있기 때문이다. 여기에는 또한 정교의 의미만큼이나 러시아의 의미가, 종교의 의미만큼이나 민족의 의미가 걸려 있다. 이는 바꿔 말하면 민족적 정체성이 어떻게 종교적 정체성과 상호작용하는가의 정의라고 말할 수도 있겠다. 보편주의자의 목소리 중 상당수가 조야 크라흐말니코바를 비롯한 러시아 정교로 개종한 유태인들로부터 나오고 있다는 것은 간과할 일이 아니다. 결국 유태인은 민족이자 종교이다. 짐작건대 유태인은 기독교로 개종하더라도 러시아인이 되지 못하고 민족적으로 (혹은 인종적으로) 유태인으로 남는다. 그러나 러시아 정교 또한 일종의 민족적 정체성이다. 보편주의자들이 제기하는 질문은 러시아 정교로부터 어떻게 '민족적'인 부분을 제거할 것인가, 그리고 어떻게 이 국가의 지배적 종교를 '초민족화'하고 보편화시킬 것인가 하는 것이다.

---

8 Mikhail Agursky, "Fundamentalist Christian Anti-antisemitism in Modern Russia", *Religion, State and Society* 20, no. 1 (1992), pp. 51~55.

궁극적으로 보편주의적 논거가 더 철학적으로 흥미롭기에, 나는 반동 진영부터 논의를 시작할까 한다. 어쨌든 반동 진영이 더 많은 대중적 지지를 받는 것 같으니 말이다. 글라스노스트는 필연적으로 언론의 자유를 촉발시켰으며, 이로써 민주적 담론뿐 아니라 반동적 담론 또한 나름대로 대중적인 토론의 장을 찾아낼 수 있었다. 초기 논쟁의 상당부분은 명백히 쇼비니스트적, 반유태주의적 조직인 '파먀티'를 둘러싼 것이었다. 이 조직은 1987년 생겨났으며 1993년 10월 크렘린 공격의 결과로 법적으로 철폐되었음에도 불구하고 다양한 파벌로 나뉘어 특히 수도 외부에 계속 살아남았다.[9] 파먀티는 '기억'을 의미한다. 이름의 연상을 통해 파먀티의 창립자들은 자기네 조직의 임무를 러시아의 위대한 과거를 '기억'하고 러시아의 성스러운 역사적 기념비를 재건하고자 하는 다른 운동들과 비교함으로써 정당화했다. 러시아 안팎의 관찰자들은 파먀티가 기대는 대중적 기반의 규모에 대해 오랫동안 논쟁해 왔다. 그리고 그들의 정치적 지향에 따라 설사 실제로 이 조직의 일원이 아니라 할지라도 조직의 이데올로기를 공유하고 있는 공식적인 정부 인사들을 암시하는 증거들을 찾거나 또는 부인해 왔다.[10] 후기 소비에트 러시아의 우익

---

9 1991년 마르크 데이치와 레오니드 주라블레프는 적어도 8개의 파먀티 조직과 이른바 파먀티의 관점과 유사한 견해를 표방하는 12개의 조직을 발견했다. 다음을 참조하라. Mark Deich & Leonid Zhuravlev, eds., *"Pamiat'": Kak ona est'* (Moscow: MP "TSUNAMI", 1991), p. 4. 다음 또한 참조하라. Walter Laqueur, *Black Hundred: The Rise of the Extreme Right in Russia* (New York: Harper Collins, 1993), pp. 204~221. '황금고리' 도시들을 최근에 방문했던 어떤 이는 반유태주의적 신문과 기타 출판물들에 대한 질문에 자신이 파먀티 집회에 수차례 초대받았다고 알려주었다. 1997년 1월 러시아에서 수행된 연구활동에 대해 앤 스토웰 벨랴예프에게 감사한다.

10 데이치와 주라블레프가 편집한 위 책의 뒷표지에 알레스 아다모비치는 전직 KGB 수장인 크류츠코프(B. Kriuchkov)가 "왜 당신 휘하의 기관이 그 조직에 그렇게 긴밀히 관련되어 있는 겁니까?"라는 질문에 다음과 같이 대답한 것을 인용하고 있다. "파먀티는 러시아의 역사적 기념비를 부활시키기 위해 너무나 많은 일을 했으니까요." 다음을 보라. William Korey, *Russian Antisemitism, Pamyat, and the Demonology of Zionism* (Chur, Switzerland: Harwood Academic Publishers, 1995).

조직들을 연구하는 한 연구자에 따르면, "이 시기 동안 당 중앙 기관의 태도는 애매모호했다. [파먀티는] 중앙 위원회, KGB, 군대의 고위 인사들로부터 지지를 얻었다. 종교계로부터는 더 많은 도움이 있었다".[11] 역설적인 것은, 파먀티가 너무 분할되어 큰 정치적 영향력을 행사하지 못하게 되면서 추종자들을 끌게 된 쇼비니스트 정치가 블라디미르 지리노프스키의 경우, 자기가 유태인을 거듭하여 공격할 때는 민족주의적 수사에 의존했지만 훨씬 더 우익인 조직들로부터는 그 자신 또한 '반半-유태인'으로 묵살되었다는 사실이다.[12]

많은 파먀티 모임들은 교회 종소리와 함께 시작되었다.[13] 이와 유사하게, 강한 민족주의적 이데올로기를 표방하는 많은 신문들 또한 정교회의 상징과 제국주의 과거의 상징을 묘하게 섞어 사용한다. 우리는 정확히 누가 이 '애국적 의사擬似-교회'의 간행물의 독자층을 이루고 있는지 알 수는 없지만,[14] 확실히 알 수 있는 것은 새로운 책들이 "위대한 러시아 민족주의", "러시아의 이상", 그리고 러시아 민족의 어떤 고유한 "러시아적 영성" 같은 수사로 옹호받으며 계속 발간되고 있다는 사실이다. (우리는 이 독자와 작가들이 이 책에 수록된 「처형 벽의 편집증적 그래피티」에

11 Laqueur, *Black Hundred*, p. 207. 또한 이 책의 엘리엇 보렌스타인의 글 「불신의 보류: 포스트소비에트 러시아의 '컬트'와 포스트모더니즘」을 보라. 여기서 보렌스타인은 러시아의 문제들을 '유태인-메이슨'에 돌려 비난하는 정치적 수사학을 지적한다. 이는 파먀티와 다른 우익 단체들이 툭하면 들먹이는 전형적인 '빨갱이' 같은 것이다.

12 Laqueur, *Black Hundred*, p. 257. 바로 이 지리노프스키가 종교의 자유를 축소하는 새로운 법안에 저항하는 군중들에게 외쳤다. "너희 짐을 싸서 너희가 왔던 곳으로 돌아가라"(Filipov, "Religious Curbs", p. 1). 지리노프스키는 자신의 민족주의적 견해를 공표할 토론장으로 정교라는 플랫폼을 이용한 정치가의 아주 좋은 예라고 할 수 있다.

13 Laqueur, *Black Hundred*, p. 207.

14 나는 여기서 이 용어를 이바넨코(S. Ivanenko)의 논문 「새로운 종교적 언론」("Novaia religioznaia pressa", *Nauka i religiia*, 1990. 05., p. 29)에 묘사된 '애국적, 의사(擬似)-교회 연맹'(patrioticheskie okolotserkovnye ob''edineniia)을 모델로 사용하고 있다.

〈사진 19-1〉『우리 조국』(Nashe Otechestvo),
야당의 러시아 애국주의 신문.

서 존 부시넬이 묘사한, 더 수명이 짧은 그래피티들의 독자와 작가들과 연관
되어 있다고 추측해 볼 수도 있다. 부시넬이 지적했듯이, 반동파들은 종종 옐
친의 이름을 경음 E로 표기하여 아마도 유태인 이름처럼 들리게 만듦으로써
옐친 정부의 자유주의적인 서구화 정책을 공격한다.) 반유태주의는 유태인
말살을 요구하는 특정 선언문들로부터, 러시아의 전통적인 정적을 순수
한 러시아적 영성 추구의 협력자로 역설적으로 탈바꿈시키는 나치 상징
사용에 이르기까지, 도처에서 눈에 띈다(사진 19-1).

초기 러시아에서 그랬듯이, 현대 러시아어에서 영성은 어떤 특정한
의식 행위(예배 참석, 세례, 정교 정진일이나 축제일 준수)와 결부된 종교
성을 의미할 필요가 없으며, 차라리 더 일반화된 윤리적, 미학적, 또는 심
리적 깊이를 가리킨다. 민족의 '정신'에 대한 주장이 띠는 숭배의 어조는
적어도 의사擬似-종교적인 정체성을 불러일으키며, 진정성을 인증받기

위해 종종 역사적인 정교회의 대중적 상징과 병치된다——이러한 이유로 고대교회슬라브어 활자가 신문 편집자란에 자주 사용되며 십자가 및 교회 지붕 상징이나 종교적 이슈에 대한 기사들이 자주 등장하게 되는 것이다.

러시아에서 이러한 민족주의적 수사는 계급 경계가 없으며 대중 집단뿐 아니라 지식인들에게서도 발견될 수 있다. 특히나 1980년도 후반과 1990년도 초반 인텔리겐치아의 영향력 있는 구성원들이 러시아 쇼비니즘 또는 '급진적 친슬라브주의'를 소리높이 선언하고 러시아가 현재 겪고 있는 위기들에 대해 유태인을 비난했던 사실은 서구 학자들을 깜짝 놀라게 했다.[15] 국제적으로 잘 알려진 화가 일리야 글라주노프뿐 아니라 바실리 벨로프와 발렌틴 라스푸틴 같은 인기 있는 작가들도 유태인들이 순수한 러시아 '영혼'을 타락시키고 있다고 소리높여 매도했다.

아마도 러시아에 대한 애정, 러시아의 영성, 유태인에 대한 증오 이 세 가지 주제를 연결시킨 가장 논란이 되었던 대변자는 1960년대와 1970년대에 국제적으로 저명한 수학자이자 반체제 공동체의 존경받는 일원이었던 이고리 로스티슬라보비치 샤파레비치일 것이다.[16] 1970년대 소련으로부터의 유태인 이민에 대한 대응으로 샤파레비치는 『러시아 공

---

15 소련 마지막 몇 년 동안의 '우익' 러시아 작가에 대한 탁월한 조사연구를 다음에서 발견할 수 있다. Josephine Woll, "Russians and 'Russophobes': Antisemitism on the Russian Literary Scene", *Soviet Jewish Affairs* 19, no. 3(1989), pp. 3~21. 존 가라드(John Garrard)는 다음 논문에서 자유주의 저널의 시각을 통해 지식인 사이의 반유태주의와 극단적 러시아 민족주의를 바라보고 있다. "The Challenge of Glasnost: Ogonek's Handling of Russian Antisemitism", *Nationalities Papers* 19, no. 2(1991), pp. 228~250. 바로 동일한 호에서 가라드는 파먀티의 선언문 번역을 싣고 바로 다음에 1920년 나치 당의 정견문을, 그리고 작가 타티야나 톨스타야가 반유태주의 의사[擬似]-지식인 선언을 패러디한 것을 부록으로 실었다(pp. 134~143). 톨스타야는 이렇게 시작한다. "푸슈킨은 유태인이었다. 그의 진짜 이름은 퓨슈킨트였다"(p. 141). 다음을 또한 보라. Laqueur, *Black Hundred*, p. 212.

포증』*Russophobia*이라는 제목의 자가 인쇄 팸플릿을 썼다. 이 팸플릿은 결국 1989년 뮌헨에서 러시아 민족주의 연합에 의해, 그리고 러시아에서 보수 저널인 『우리의 동시대인』*Nash sovremennik*에 의해 출판되었다. 이 글이 작성된 것은 훨씬 이전이었지만, 이것은 1990년대에 깊숙이 들어서까지도 계속해서 논쟁을 불러일으켰다. 따라서 이 출판물을 정교 러시아의 정체성에 대한 논쟁의 반동주의적 극단에 있는 목소리의 전형으로 볼 수 있다. 『러시아 공포증』에서 샤파레비치는 '작은 민족'에 대한 후기 소비에트의 고민들을 비난했다. 이 '작은 민족'이라는 표현은 유태인을 노골적으로 지칭했다(러시아어에서 가장 흔한 반유태주의 욕설은 '작은 민족'[malenkaia/malaia natsiia]에서 온 '작은 이들'[malanets]이다). 그의 비난에 따르면, 유태인들은 어떻게든 러시아에 대한 공포와 증오의 분위기 속에서 역사적으로 부정확하고 비난받을 만한 러시아 정체성의 상을 만들어 왔다(따라서 '러시아 공포증'인 것이다). 주로 러시아 유태인 망명작가들의 글을 통해 '작은 민족'의 개념이 너무도 설득력 있게 형상화된 나머지, 인종적으로 러시아인인 사람들은 맹목적으로 이 부정적 상에 굴복해 왔다. 이제 이들은 샤파레비치를 위시한 친러시아주의자들로부터 러시아 민족의 위대함과 힘에 대한 '진정한' 역사적 사실을 가르침 받아야 할 터였다.

편견 없는 독자라면 샤파레비치의 역사적 선언이 허울만 그럴 듯하다는 것을 쉽게 알아챌 수 있을 것이다. 그러나 더 포착하기 어려운 것은 그 기저에 깔려 있는, 고유한 러시아 정신에 대한 확신이다. 보다 대

---

16 샤파레비치는 미국과 소비에트 학술원 둘 다의 회원이었다. 알렉산드르 솔제니친이 출판한 주요 반체제 인사들의 에세이 모음집 『흙덩어리 아래로부터』(*Iz-pod glyb*, Paris: YMCA-Press, 1974) 말미에 있는 짧은 전기를 보라. 이 책에 샤파레비치는 세 편의 글을 기고했다.

중적인 친러시아주의, 반유태주의 출판물의 익명의 저자들뿐 아니라 샤파레비치도 이 정신을 애국심과 유태인 증오에 불가분하게 결부시키고 있다. 샤파레비치 자신은 『러시아 공포증』에서 교회에 대해 직접적인 언급을 거의 하지 않았다. 그러나 그는 반복해서 "우리 민족의 영적인 삶"dukhovnaia zhizn', "우리 민족의 영적 품성"dukhovnyi oblik, "러시아의 영적 dukhovnye, 역사적 전통", "명예, 행동, 신앙의 사람들"liudi chesti, dela, very을 언급하고 있다.[17] 그는 다른 글들에서 정교 영성과의 연관성을 명시적으로 드러내고 있다.

정교회는 샤파레비치의 글들을 주문한 것은 아니지만 그렇다고 규탄하지도 않았다. 또한 교회는 대중 반유태주의 발행물들에 나타나는 훨씬 더 노골적인 교회 상징 사용을 제한하기 위해 자신의 중요한 정치적 영향력을 사용하지 않았다. 필자가 소련 몰락 이후 몇 년에 걸쳐 무작위적으로 수집한 수많은 팸플릿들은 교회의 이름으로 유태인을 공격하고 있으며 공격 대상에는 러시아 정교로 개종한 유태인들도 포함되어 있다. 상트페테르부르크(또는 고대교회슬라브어 활자체로 인쇄된 발행일자가 있는 표지에 "성 표트르의 도시"로 지칭되어 있는)의 정교 형제단 연합에 의해 발행된 한 팸플릿은 고대슬라브어와 상응하는 러시아어 번역으로 유태인의 거짓 개종을 금지하는 고대의 규칙들을 재현하고 '신성한 루시'가 정교 신앙을 보존할 것을 촉구하고 있다(사진 19-2). 특이하게도, 뒤표지에는 "정교 내에서 '반유태주의'와 '무관용'에 대한 비난이 더욱더 늘어나고 있기에 (그리고 이것들이 완전히 근거 없는 것들이기에)" 이 발

---

17 Shafarevich, pp. 167, 191, 173, 180; "Sotsializm", "Obosoblenie ili Sblizhenie", "Est' li u Rossii budushchee?"

〈사진 19-2〉 (왼쪽) 상트페테르부르크의 정교 형제단 연합에 의해 발간된 반유태주의 문건의 표지

〈사진 19-3〉 (오른쪽) 팸플릿 『크리스토파기아』(Christophagia)

간물이 필요하게 되었다는 주장이 실려 있다.[18] 『크리스토파기아[그리스도의 파괴]: 탈무드의 유태교와 그리스도의 교회 사이의 전쟁』(Christophagia: Battle between Talmudic Judaism and the Church of Christ, 1993)이라는 제목의 한 저자 미상의 팸플릿은 그리스도를 받아들인 '인종적 유태인'들을 대상으로 노골적으로 '종교적 문제를 민족적 문제와' 융합시키고 있다(사진 19-3). 익명의 이 저자는 만약 공산주의하에서 교육받은 러시아인들이 어린 시절부터 흡수해 온 이데올로기를 포기하고 교회에 참여하기 어렵다면 유태인들이 자신의 '민족적 특성'을 떨쳐내는 것은 (설사 불가능하지는 않다 하더라도) 훨씬 더 어렵다고 결론짓는다. 그 틀에 박힌 특성들이라는

18 "Chin i ustav, kako podobaet priimati prikhodiashikh ot zhidov k pravei vere khristianstei" (Soiuz pravoslavnykh bratstv: Grad sviatago Petra, 1993).

것은 호기심, 비유태인들로부터 권한을 빼앗고자 하는 무의식적인 노력, 다른 유태인들과의 결탁 의식, 돈에 대한 탐욕, 비유태인에 대한 미움, 영리함으로 정의되며 이는 간사함과 뻔뻔스러움으로 이어진다.[19]

다시 말하지만, 중앙교회 행정부 자체가 이 팸플릿들을 제작한 것은 아니다. 그럼에도 불구하고, 반동적 극단주의자들의 교회 상징 사용은 러시아 정교회 자체의 여전히 불안정한 대중적 정체성에 영향을 주지 않을 수 없다. 극단주의자들의 목소리는 정교회 내부로부터도 또한 들려온다. 1993년 상트페테르부르크의 고故 대주교 이오안은 반유태주의 논문을 하나 출판했는데, 여기서 그는 유태인이 러시아에 제기하는 위험의 증거로서 겉으로만 그럴싸한 「시온의 원로들의 협약」을 들고 있다. "한 번 주위를 둘러보자. 보수가 후하고 잘 준비되어 있고 끊임없고 고통스러운 더러운 전쟁이 러시아와 러시아 민족에 대항하여 일어나고 있다는 것을 이해하기 위해 무슨 증거가 필요한가? 이것은 죽느냐 사느냐의 싸움이다. 이 전쟁의 사악한 선동자들의 계획에 따르면, 우리의 국토와 민족은 파괴될 운명이다. 이는 이것이[러시아가—옮긴이] 그 역사적 요구와 종교적 헌신에 대해 충실하기 때문이며, 반란과 전쟁으로 점철된 수 세기를 통해 자신의 종교적 가치를 방어해 왔기 때문이다."[20]

그의 사후에 출판된 책 『단결된 루시』Rus' sobornaia, ('단결된'을 뜻하는 'sobornaia'는 다면적 가치를 지닌 교회의 유기적 일체성을 나타내기 위해

---

19 Khristofagiia: Bor'ba talmudicheskogo iudaizma s Tserkov'iu Khristovoi(Kiev: SP-KTK, Chitaiushchii da razumeet, 1993), pp. 3, 44~47. 비록 이 팸플릿은 현재 우크라이나에 속한 지역에서 출판되었지만 쓰여진 언어는 러시아어였다. 아마도 한 러시아인 청중에 의해 쓰여진 듯하다.

20 Metropolitan Ioann of St. Petersburg, "The West Wants Chaos", Christianity after Communism: Social, Political, and Cultural Struggle in Russia, ed. Niels C. Nielsen Jr.(Boulder: Westview Press, 1994), p. 111; translated by Nielsen from Glaube in der 2. Welt 21, nos. 7~8(1993), pp. 43~45.

사용되는 용어이다)에서, 대주교 이오안은 전형적인 반유태주의 캐치프레이즈를 자주 사용하며("메이슨", "이종의, 세계주의적 관료들") 신을 살해한 데 대해 뉘우칠 줄 모르는 유태인들을 비난한다. 여기에서 신의 살해는 볼셰비키 혁명을 조직한 죄와 동일시된다.[21]

이러한 얘기들은 정말 극단적이었기에, 러시아 정교회를 통치하는 수장이자 정치적으로 중도주의자인 총대주교 알렉시이 2세는 마침내 이 전직 대주교가 정교회의 이름으로 말할 권리를 제한시키기에 이르렀다. 신문 『모스크바 뉴스』Moskovskie novosti와의 인터뷰에서 루시의 총대주교는 "한 고위 성직자(주교)의 의견이 교회의 의견인 것은 아니다"라고 진술하면서, 이러한 반유태주의 강연의 결과가 "교회와 사회 사이를 악화시키는 것"일 수도 있음을 인정했다.[22] 그러나 총대주교 알렉시이는 분명히 그 자신이, 비록 덜 극단적이긴 하지만, 러시아 민족주의와 교회의 정의를 뒤섞고 있음을 깨닫지 못하고 있다. 이는 "당신의 선지자는 우리의 선지자이기도 하다"라는 제목으로 출판된, 한 미국 랍비 그룹에게 행한 그의 연설에 드러나 있다.[23] 대주교는 종교철학자 블라디미르 솔로비요프, 니콜라이 베르댜예프, 세르게이 불가코프 신부 등 "그 어떤 종류의 반유태주의 표명에도 반대하여 유태인들을 보호하는 데 참여한" 러시아 신학자들과 종교 사상가들의 권위에 의존한다. 그리고 그는 "많은 사제

21 Vysokopreosviashchenneishii Ioann, Mitropolit Sankt-Peterburgskii i Ladozhskii, Rus' sobornaia: Ocherki khristianskoi gosudarstvennosti(St. Petersburg: Tsarskoe delo, 1995).
22 블라디미르 셰벨료프와의 인터뷰, Moskovskie novosti, no. 16(1994. 04. 17~24.); 다음에 재수록되었음. Pravoslavnaia tserkov' i evrei: XIX-XX vv.: Sbornik materialov k teologii mezhkonfessional'nogo dialoga(Moscow: Rudomino - Bog edin, 1994), pp. 136~137.
23 Nielsen, ed., Christianity after Communism, pp. 103~106. 이 논문은 『모스크바 뉴스』(Moscow News, 1992. 02. 12., p. 16)에 처음으로 실렸고 다음에 재출판되었다. Glaube in der 2. Welt 21, nos. 7~8(1993), pp. 41~42.

들이 각 지역 차원에서 적극적으로 유태인을 집단학살과 박해로부터 방어하고 구했던" 예들을 들었다.[24] 여기에서 러시아 총대주교가 반유태주의에 대항하는 싸움에서 기독교인 개개인의 역할을 칭송한 것은 정당하다. 그러나 그는 나아가 하나의 국가로서 러시아인들에게 내재된 유태인 존중주의의 증거로 다음을 들었다. "히틀러의 독일에 맞서 싸울 때, 우리 나라의 군대는 거의 2천만 명의 생명을 희생하여 나치 점령국들을 해방시키고, 그럼으로써 그 지역들에서 나치에 의해 계획되고 무자비하게 실행되던 '유태인 문제의 최종적 해결'을 막았습니다.[25] 우리 군대는 이렇게 유태인들을 완전한 몰살로부터 구해냈습니다."[26] 사실관계에 있어서 그의 말은 옳다. 그러나 '우리 군대'와 '우리 나라'에 대한 언급은 거대한 다민족 국가의 중심부에 있는 관대한 교회의 대변인의 논리적 주장이라기보다는 전 공산주의 압제자들의 수사적 민족주의처럼 읽힌다. '우리 나라'는 다른 모든 나라들처럼 반유태주의자들뿐 아니라 친유태주의자들로도 이루어져 있다. 이 문제에 대해 아무런 의견도 갖지 않은 거대한 다수는 말할 것도 없이 말이다. 그리고 제2차 세계대전에서 비극적으로 희생된 2천만 소비에트인들도 또한 다양한 관점을 지니고 있었다. 얼마나 순수한 의도였는지와는 상관없이, 소비에트 러시아인들이 유태인을 구하기 위해 히틀러와 싸우려고 뭉쳤다는 것은 기독교적 사랑을 애국심과 혼동하는 것이다.

러시아 정교회는 지금 자신을 정의하기 위해 애쓰고 있다. 그런 만

---

24 *Ibid.*, pp. 104~105.
25 [옮긴이] '최종적 해결' 곧 'the Final Solution'은 나치 독일에 의한 유태인의 민족말살을 의미한다.
26 *Ibid.*, p. 105.

큼 러시아 정교회는 쇼비니즘적 수사를 지껄이며 영성에 대해 이야기하는 유명한 문화계 인사들과 친러시아주의를 신앙과 가끔 혼동하는 일련의 성직자들, 그리고 대중적 차원에서는 러시아성을 교회에 대한 자신들의 여전히 한정된 지식과 분리하지 못하는 평범한 러시아인들 등, 그 우측에 있는 목소리들에 응답해야 한다. 본 글에서 보편주의의 주요 사례로 들고 있는 크라흐말니코바는 다음과 같이 묻는다. 무엇이 이 '영적-민족주의'에서 가장 충격적인가? 그녀의 주장에 따르면, 더 공격적인 발행물 몇몇에서 발견되는 나치 갈고리십자 표시보다 더 나쁜 것은 "이들이 정교 십자가 주위에 이 갈고리십자 표시를 그려 넣고 교회에 대해 이야기한다"는 사실이다. "상트페테르부르크와 모스크바만 해도 이런 신문 수백 개가 있다. 그러나 이들과 논쟁할 준비가 되어 있는 기독교 신문은 단 하나도 없다."[27] 많은 거리 모퉁이와 심지어는 교회 벽 안에서도 용인되고 있는 대중 신문들은 러시아에 대한 애정과 이에 수반되는 러시아 정교회의 고수가 반유태주의를 필요로 한다는 인상을 만들어 낸다.[28]

27 크라흐말니코바와의 인터뷰, 1993. 발행물 중 많은 것이 시사적 제목을 가지고 있다. 1993년 크라흐말니코바는 무엇보다도 다음 예들을 수집했다. 「러시아 민중 동맹」, 「민중의 의지」, 「러시아 통보」("그래요", 크라흐말니코바는 인정했다, "이것은 다른 것만큼 '육식적'이지 않고 보다 '초식성'이군요"), 「세르기예프 포사드」(이 발행물은 의례적 살해나 피의 비방에 대해 쓰고 있음), 「러시아의 부활」(히틀러를 대놓고 찬양하고 있음), 「애국자」.

28 이러한 출판물을 용인하는 사회에서 크라흐말니코바가 느끼는 고립감은 1993년 인터뷰에서 가져온 다음 인용에서 명백히 나타난다. 그녀는 『나의 투쟁』(Mein Kampf)을 출판했다는 것 때문에 1990년대 초 체포된 한 남자의 이야기를 들려주었다.
"그는 체포되었지만 그 출판물이 단지 상업적 모험이었다고 주장하고 나서 무죄선고를 받았습니다. 그러나 사실은 그가 그 책을 출판했다는 겁니다. 그것은 단지 상업적 모험이 아니었습니다. 왜냐하면, 그는 상업적 모험으로 가령 추리소설을 출판할 수도 있었을 테니까요. 그는 대신 『나의 투쟁』을 출판했습니다. 당국은 침묵하고, 기독교인들도 침묵합니다. 나로 말하자면 내 기독교 활동에 대해 감옥과 유배지에서 6년형을 받았습니다. 그들은 나를 괴롭혔고, 겁 먹게 했고, 조롱했습니다. 이 모든 게 기독교 연구 책 하나 때문입니다. 그리고 바로 그 검사들이 『나의 투쟁』에 대해서는 아무 구형도 하지 않았습니다. 그러니 당신은 사회가 어떤 상태에 놓여 있는지 이해할 수 있겠지요."

매력적이고 목소리가 상냥한 할머니인 조야 알렉산드로브나 크라흐말니코바는 러시아 반유태주의의 근거 없는 억측에 이의를 제기하며 황야의 외로운 목소리처럼 위에서 묘사한 반동적 목소리들과 제휴하는 신러시아의 몰락을 예견해 왔다. 샤파레비치와 알렉산드르 솔제니친 같은 사상적 반대자들은 물론이고 자신의 전남편 펠릭스 스베토프와 함께 크라흐말니코바는 브레즈네프 시대의 반체제 커뮤니티에 참여했다. 크라흐말니코바는 1929년 유태인 어머니에게 태어났으며, 그 어머니는 죽기 직전 세례를 받았다. 크라흐말니코바 자신이 정교도가 된 것은 1960년대 말, 수많은 러시아 유태인들이 소비에트 공산주의에 대한 '믿음'을 잃고 자신이 유태인이라는 것을 종교적이 아니라 순수히 인종적인 측면에서 이해하여 정교 기독교로 개종했던 시기였다.[29] 크라흐말니코바의 유태인 태생은 여기서 간과할 일이 아니다. 왜냐하면 이 태생 덕분에 그녀는 잠재적으로 러시아 정교의 민족 문제 또한 보다 명확히 볼 수 있었기 때문이다. 그녀는 자신이 러시아인이 아니고서도 러시아에서 정교 기독교인이 될 수 있으며 오늘날 러시아 정교회의 반유태주의적 측면들을 비판하는 동시에 정교 러시아의 확립을 옹호할 수 있다고 느낀다. 물론, 교회에 있는 반유태주의자들의 관점에서는, 그녀와 그녀와 유사한 다른 이들은 자신의 민족적 특성을 떨쳐낼 수 없으며 가짜 세례를 통해 러시

---

29 스베토프가 단언하듯, '개종한'이라는 표현은 부적절하다. 왜냐하면 이 표현은 다른 종교를 위해 한 종교를 '떠나는 것'을 내포하기 때문이다. 대신 그는 크라흐말니코바처럼 한번도 자신이 유태교 신앙의 일부라고 느껴 본 적이 없었다(펠릭스 스베토프, 필자와의 인터뷰, 1993). 크라흐말니코바는 자신의 기독교인으로의 갱생을 묘사하기 위해 "신앙으로 이끌렸다"는 표현을 사용했다(크라흐말니코바, 인터뷰, 1993). 크라흐말니코바와 달리 스베토프는 자기의 유태인 정체성에 대한 강한 자각을 지녀왔다고 주장한다. 그는 기독교인 집단에서 유태인으로 있는 것, 그리고 유태인 집단에서 기독교인으로 있는 것의 어려움에 대해 썼다. 다음을 보라. Svetov, *Opyt biografii*(Paris: YMCA-Press, 1985), *Otverzi mi dveri*(Paris: Les Éditeurs réunis, 1978).

아 정교를 오염시키지 못하도록 막아야 하는 '인종적 유태인'에 불과하다. 그녀가 자신의 인종적 정체성과 종교적 정체성을 분리시킬 수 있다 해도 그녀의 적들은 그럴 수 없다.[30]

1974년에서 1982년까지 크라흐말니코바는 「희망」Nadezhda이라는 제목의 일련의 자가 출판 팸플릿을 제작했다. 그녀는 이 발간물을 '기독교 강독 선집'으로 규정했다.[31] 그녀는 1982년 이 출판과 다른 교회 활동으로 구속되었다. 그리고 1987년 고르바초프 치하에서 사면받기 전까지 감옥에서 1년, 고르니 알타이 추방지에서 4년을 더 복역했다. 풀려난 이후로 크라흐말니코바는 1990년대 초 자신이 공동설립한 국제협회 '러시아 파시즘의 위협에 대한 기독교적 대안'을 적극적으로 지지해 왔다. 이는 러시아에 이제는 볼셰비키 수사학이 아니라 '가짜-기독교' 및 반유태주의 수사학에 근간한 새로운 전체주의가 도래할 가능성에 대해 세계에 경고하기 위해서였다.[32]

크라흐말니코바가 비록 외로운 선지자 같은 입장을 취하고 있지만, 그녀가 교회 좌익의 유일한 목소리인 것은 아니다.[33] 그러나 그녀의 사상적 협력자 중 몇몇은 교회로부터 훨씬 더 거리를 두고 있다. 고故 아구르

---

30 이민 갈 준비를 하고 있는 한 세례받은 유태인 저널리스트의 말을 비교해 보라. "그는 계속 진짜 문제는 자신의 유태인성이라고 말했다. 비록 그는 기독교로 개종했지만 자신이 보고 듣고 읽고 있는 것을 두려워했다"(Adrei Sinyavsky, "Russophobia", *Partisan Review* 57, no. 3[1990], p. 340).

31 다음 책에 수록한 크라흐말니코바의 짧은 전기를 참조하라. *Russkaia ideia i evrei: rokovoi spor. Khristianstvo, antisemitizm, natsionalizm*, ed. Z. A. Krakhmal'nikova(Moscow: Nauka, 1994), pp. 242~243.

32 Zoia Krakhmal'nikova, "O mezhdunarodnoi assotsiatsii 'Khristianskaia al'ternativa ugroze russkogo fashizma'"(미출판된 타자원고, 1993).

33 예를 들어, 안드레이 시냐프스키가 쓴 『러시아 공포증』 339~344쪽에 실린 시냐프스키의 '러시아 공포증'에 대한 설득력 있는 반응을 보라. 보다 최근의 러시아 반유태주의 비판은 다음에서 찾아볼 수 있다. V. Iliushenko, ed., *Nuzhen li Gitler Rossii?*(Moscow: Nezavisimoe izdatel'stvo PIK, 1996). 이 책에는 「정교와 전체주의」(Pravoslavie i totalitarizm)라는 제목의 절이 포함되어 있다.

스키와 초기 기독교, 탈무드적 유태주의, 그리고 현대 프로테스탄트 신학 분야의 역사가인 세르게이 료조프 등을 들 수 있는데, 크라흐말니코바는 료조프의 논문 「민족적 관념과 기독교」Natsional'naia ideia i khristianstvo를 자신의 모음집 중 하나에 수록했다.[34] 호응하는 다른 목소리들은 더 조용하며 개혁을 요구하는 공개적 구호보다는 개인적 흠모에 몰두하고 있었다. 위에 기술한 팸플릿과 신문에 대응할 만한 대중 문건은 거의 존재하지 않는다. 1990년 몇몇 사제들이 『기독교 민주주의 통보』Vestnik khristianskoi demokratii에 파먀티와 같은 조직의 반유태주의를 비난하는 「유태민족에 대한 강연」이라는 제목의 짧은 성명을 발표했다. 또 다른 이들은 「러시아의 반유태주의에 대한 정교 신학자들의 선언」을 발간했다. 비록 많은 이들이 느끼기에 너무 짧았지만 말이다.[35] 아마도 교회 내에서 관용을 역설한 가장 큰 목소리는 고故 알렉산드르 멘 신부의 것이었다. 그는 자주 유태인에 대해 쓰고 이야기했다. 예를 들어, 정교 예배식에 박힌 채 남아 있는 반유태주의적 문장들에 대해서 그는 다음과 같이 말했다. "그 텍스트들은 중세 도덕의 잔재이다. 그것들은 이미 가톨릭에서는 제거되었다. 정교 예배 텍스트를 검토할 때가 되면, 이러한 공격적 표현들이 거기에서도 삭제되길 바란다."[36] 사제 멘의 유산에 대해서는 이 장의 결론 부분에서 다시 언급할 것이다. 지금은 샤파레비치와 그의 반동주의적 협력자

---

34 Sergei Lezov, "Natsional'naia ideia i khristianstvo(Opyt v dvukh chastiakh)", in Krakhmal'nikova, ed., Russkaia ideia i evrei, pp. 99~125. 이 논문은 다음 저널에 처음 출판되었다. Oktiabr', no. 10(1990), pp. 148~160. 그리고 다음에 번역되어 실렸다. Religion, State and Society 20, no. 1(1992), pp. 29~47.

35 이 두 문서는 유태인과 정교라는 주제에 대한 19세기와 20세기의 다른 에세이들과 더불어 『슬라브정교 교회와 유태인』(Pravoslavnaia tserkov' i evrei)에 수록되어 있다. 81, 82쪽을 보라.

36 사제 알렉산드르 멘(Protoierei Aleksandr Men'), 1975년 저널 『소련의 유태인』(Jews in the SSSR)의 쇼이헤트(A. Shoikhet)와의 인터뷰 「유태인과 기독교」("Evrei i khristianstvo") 중에서. 이 인터뷰는 다음에 재수록되어 있다. Pravoslavnaia tserkov' i evrei, pp. 71~77.

들의 '영적 민족주의'에 대한 가장 강경하고 흥미진진한 반응으로서 조야 크라흐말니코바의 말에 집중하도록 하겠다.

크라흐말니코바는 러시아가 만약 계속해서 스스로를 '대민족'(샤파레비치의 표현을 빌리자면)으로 규정하고 정교 내에서 또는 교회 상징들의 전용을 통해 러시아의 반유태주의를 정당화시킨다면 큰 위험이 닥칠 것이라 보았다. 그녀에 따르면, 소련은 전체주의 국가였지만 그 전체주의 딱지는 정치적인 중요성보다는 종교적 중요성을 지니고 있었다. "심리학부터 의학, 생태학, 철학, 종교에 이르기까지 지식의 모든 영역을 침범"했던 "볼셰비즘의 전면적 단일문화"는 러시아 문화의 풍요함을 격감시켰으며 이 비극은 공산주의 붕괴 이후 더 심해졌을 뿐이었다.

마치 지진 혹은 어떤 상상할 수 없는 홍수라도 일어난 것 같다. 지금 러시아에 남아 있는 모든 것은 가련한 싹들이다. 그 밖의 모든 것은 쓸려 가 버렸다. 당신이 오늘날 우연히 발견하는 어떤 문화는, 심지어 학술적 학회에서라도, 인공적으로 꾸민 세트에 지나지 않는다. 당신들[미국 슬라브 연구자들]에겐 권위자처럼 보이는 이 모든 학자들과 연구소들, 이 모든 아베린초프들과 리하초프들은 내 관점에서는 학문적 성직자들에 지나지 않는다. 그들은 너무나 오랫동안 그 어떤 진정한 문화도 박탈당해 왔고 지식을 살찌울 만한 영적 문화 또한 박탈당해 왔기 때문에 이제 바퀴를 재발명할[37] 수 있을 따름이다.[38]

---

37 [옮긴이] '바퀴를 재발명하다'라는 표현은 이미 있는 것을 다시 만드느라 쓸데없이 시간을 낭비한다는 뜻이다.

38 크라흐말니코바, 인터뷰, 1993. 그녀는 여기서 글라스노스트 시대에 러시아의 영적·문화적 부활을 위한 대변인이 되었던 존경받는 학자 세르게이 아베린초프와 드미트리 리하초프를 언급하고 있다.

크라흐말니코바는 다른 극단에 있는 자신의 적들과 성경적 유추의 수사학을 공유하고 있다. 그녀는 소비에트 치하의 70년을 종말론적 지진, 노아의 세대에 대한 신의 형벌에 상당하는 홍수로 묘사한다. 현대 러시아에서 삶은 지금 유린된 토양으로부터 '사상적 공동空洞'으로 힐끗 솟아나와 있는 '가련한 싹들'에 지나지 않는다.[39] 이 싹들은 적절히 영양분을 공급받아야만 한다. 하지만 그러는 대신, 오직 공산주의의 죽은 단일 문화밖에 모르는 '학문적 성직자들'이 거짓된 음식을 이 싹들에게 먹이고 있다. 이러한 비전의 종말론은 러시아의 미래에 대해 더 많은 대가를 요구하며 늘 그렇듯이 적그리스도에 의해 포위된 연약한 민족의 유령을 환기시킨다.

"우리는 힘없는 민족이다." 크라흐말니코바는 선언한다. "왜 우리가 힘이 없을까? 왜냐하면 우리가 영성, 도덕성을 잃었기 때문이다. 거짓의 문화는 우리 존재의 영적 중심을 좌절시킨다."[40] 확실히, 여기서 문제가 되는 것은 한때 자기 정체성의 공백을 채웠던 ――얼마나 형편없는 방식이었는지는 논외로 치더라도―― 소비에트 이데올로기의 상실을 뒤따르고 있는 러시아의 새로운 정의임이 분명하다. 다시 말하지만, 크라흐말니코바가 말하고 있는 영성dukhovnost'은 순수히 종교적인 것이 아니라 또한 도덕적·미학적인 것이다. 그러나 그녀의 계속적인 정교회 언급은 윤리적 휴머니즘 이상의 것이 지금 러시아의 피가 없는 육신을 채워야 한다는 암시이다.

어떻게 영혼의 고양, 이러한 영적 피의 투입을 상상할 수 있을까? 새

---

39 이러한 수사학은 러시아 내부의 관찰자에게만 국한되지 않는다. 라퀘르(Laqueur, *Black Hundred*) 또한 '지진'(p. viii)과 공백(p. ix)에 대해 이야기하고 있다.

40 크라흐말니코바와의 인터뷰, 1993.

로운 시장 경제를 통해? 민주적 선거를 통해? 보다 인간적인 사회주의를 통해? 이러한 경제적·정치적·사회적 구조 모두는 탈맑스주의 상부구조라고 크라흐말니코바는 시사하고 있다.[41] 대신, 희망은 전적으로 기독교적 영성을 되찾는 것에 달려 있다. 정교 신학에 따르면 이는 오직 교회를 통해서만 일어날 수 있다. 그녀에게 새로운 러시아는 명백히 정교 국가이다. 그러나 교회 자체가 심각한 문제를 겪고 있다. 그리스도의 교리를 전혀 모르고 있는 '갱생한' 기독교인들이 너무나 많다. 크라흐말니코바는 그들의 무지는 러시아 반유태주의에서 그들이 맡고 있는 적극적인 역할, 또는 잘해 봐야 반유태주의를 못 본 체하는 것으로 증명된다고 주장한다.[42] 유명한 보편주의 성향의 사제이자 지역 정치가인 알렉산드르 보리소프 신부는 이에 동의한다. "정교 기독교인의 대다수는 이 문제에 대해 중립적이다. 적극적인 입장을 취하는 사람들에 대해서 말하자면, 안타깝게도 의식적으로 반유태주의를 반대하는 이들은 소수일 것이다."[43] 보리소프 신부는 위에서 규정한 문제, 곧 새로운 정교 러시아인을 위한 부적당한 기독교인 교육에 비난을 돌린다.

---

41 [옮긴이] 맑스주의에서 상부구조란 하부구조인 경제구조 위에 형성되는 정치, 법률, 문화 등을 의미한다.

42 앤 스토웰 벨랴예프는 이름 있는 반유태주의자들의 글이 교회 벽 안에서 팔리고 있으며 사제들과 다른 교회 고위관리들이 이것들을 선물로 나눠준다고 전한다. 그녀는 그러한 '선물' 하나를 가져왔다. 『그는 가까이 있다, 문간에』(*Bliz est', pri dverekh*, St. Petersburg: OIU-92, 1996). 이것은 20세기 초반 「시온의 원로들의 협약」의 전파자 세르게이 닐루스가 만든 것이다. 이 책은 그의 악명높은 『작은 것 안의 위대한 것』(*Velikoe v malom*)의 2부를 재발간한 것이다. 이것의 원제는 '도래할 적그리스도가 가까이 왔고 악마의 왕국이 지상에 있다'(*Bliz griadushchii antichrist i tsarstvo diavola na zemle*)로 1917년 세르기예프 포사드에서 성 트리니티 수도원에 의해 출판되었다. 닐루스 및 그에 대한 관심의 부활에 대해서는 다음을 참조하라. Michael Hagemeister, "Qui était Sergei Nilus?" *Politica Hermetica* 9(1995), pp. 141~158.

43 미하일 고렐리크와의 인터뷰. 다음에 수록되었다. Aleksandr Borisov, "Vse liudi-deti edinogo Boga", *Shalom* (no. 6, 1990). 다음에 재수록되었다. *Pravoslavnaia tserkov' i evrei*, p. 83.

러시아 사회, 정교 신자들, 그리스도에게 나아가기를 원하는 사람들에게는 19세기에 쓰여져 현재 엄청난 부수로 출판되고 있는, 그리고 쓰여진 지 100년이 지난 오늘날 우리에게 일어나고 있는 어떤 것과도 단지 희미하게만 연결되어 있는 책들이 주어진다. 그렇기 때문에, 상대적으로 최근에 정교회로 나온 사람들은 '정교'라는 바로 그 이름을 거의 이해하지 못한다. 여전히 그다지 기독교를 지향하지 않는 많은 사람들에게 있어, 그들이 최근에 찾아오는 교회는 형편없는 서비스를 제공하는 모종의 상징이 된다. 우리는 정교[축어적으로, 올바른 믿음]이고 나머지 사람들은 정교가 아니다, 우리는 신을 올바르게 칭송하고 다른 모든 사람들은 틀린 방식으로 칭송한다.[44]

크라흐말니코바는 그녀의 사유 중 많은 부분을 다음 두 주요 저작에서 제시하고 있다. 먼저, 『러시아 공포증. 반유태주의. 기독교: 반-러시아적 관념에 대한 몇 가지 고찰』*Rusofobiia. Antisemitizm. Khristianstvo: Zametki ob antirusskoi idee*은 샤파레비치의 『러시아 공포증』에 대한 직접적인 응답이다. 다른 하나인 『러시아적 관념과 유태인: 숙명적 논쟁』*Russkaia ideia i evrei: rokovoi spor*은 1994년에 출판된 에세이들을 3부로 구성한 모음집으로, 초기 러시아 정교 사상가들이 유태인에 대해 쓴 논문들의 재판본과 크라흐말니코바 및 다른 동시대 지성인들이 유태인에 대해 쓴 논문, 그리고 러시아의 민족주의에 대한 조사 결과 등을 수록하고 있다.[45] 이 모음집은

---

44 Aleksandr Borisov, "O natsionalizme v russkoi pravoslavnoi tserkvi", *Nuzhen li Gitler Rossii?*, pp. 192~193.

45 이 팸플릿은 1990년 1월 자가출판으로 유통되다가 『네바』(*Neva*, no. 8, 1990, pp. 163~178)에 공식적으로 출판되었다. 이것은 「러시아 공포증, 반유태주의, 그리고 기독교: 반-러시아적 관념에 대한 의견」("Russophobia, Antisemitism and Christianity: Some Remarks on an Anti-Russian Idea")

이 장에 아주 중요한 세 가지 용어를 아우르는 부제를 달고 있다. '기독교, 반유태주의, 민족주의.' 이 세 가지를 병립시킴으로써 크라흐말니코바는 이들의 양립불능성을 암시하고자 한 것 같다.[46]

반유태주의와 연결된 러시아의 영적 정체성의 문제는 포스트소비에트 러시아에서 새로운 것이 아니다. 1백 년도 더 전에 러시아 종교 철학자 블라디미르 솔로비요프는 자신의 동시대 친러시아주의자들 사이에서 유태인 공포증의 신빙성을 없애려고 시도했다. 이는 1990년대 모스크바 거리에서 친유태주의자들뿐 아니라 반유태주의자들에게도 그 작품들이 팔리고 있는, 그리고 1960년대와 1970년대에 그의 말들이 자가출판으로 다시 제작되어 많은 반체제 인사들을 신앙으로 인도한 바로 그 솔로비요프이다.[47] 크라흐말니코바는 현대 친러시아주의자들에 반하는 자신의 주장을 강화하기 위해 자기보다 시대적으로 앞선 이 종교

으로 번역되어 『종교, 국가, 그리고 사회』(Religion, State and Society 20, no. 1, 1992, pp. 7~28)에 실렸다. 앞으로의 인용은 모두 이 번역본에서 가져온 것이다. 『러시아적 관념과 유태인』(Russkaia ideia i evrei)의 세 부분은 다음과 같이 이루어져 있다. 페도토프, 솔로비요프, 불가코프의 에세이를 담은 「러시아의 종교적 숙명과 이스라엘」("Religioznaia sud'ba Rossii i Izrail'"), 아후틴, 료조프, 차이코프스키, 프로첸코, 크라흐말니코프의 최근 에세이와 에밀 파켄하임의 에세이의 러시아어 번역이 실린 「홀로코스트와 굴락 이후의 기독교」("Khristianstvo posle Osventsima i GULAGa"), 「러시아의 민족적 관념: 앙케이트」("Natsional'naia ideia v Rossii: Anketa").

46 크라흐말니코바는 유태인을 돕는 일을 한 대가로 라벤스부르크 나치 캠프에서 죽은 러시아 정교 수녀인 수녀원장 마리아에 대한 책을 최근에 출판했다. 저자에 따르면, 마리아의 봉사 이야기는 "많은 나의 동료 러시아인들에게 중요하다고 확신한다". 다음을 참조하라. Zoia Krakhmal'nikova, Russkaia ideia materi Marii(Uhldingen, Germany: Stephanus Edition, 1997), p. 2. 비록 크라흐말니코바는 모스크바에서 살았지만, 그녀가 해외(독일)의 자신의 '동료 러시아인들'을 대상으로 자신의 현대 러시아 교회 비판에 대해 국제적인 지지를 구해야 한다고 느낀다는 것은 중요한 의미가 있다.

47 미하일 악쇼노프-메르손 신부(모스크바에서 유태인으로 출생하여 지금은 뉴욕의 구세주 그리스도 정교 교회의 교구 목사로 있는)의 증언을 보라. "Solov'ev v nashi dni", in S. M. Solov'ev, Zhizn' i tvorcheskaia evoliutsiia Vladimira Solov'eva(Brussels: Zhizn' s Bogom, 1977), pp. ix~x. 기독교로 전향한 러시아 유태인들과 1997년 9월 모스크바에서 행해진 인터뷰의 응답자 대부분은 솔로비요프와 니콜라이 베르댜예프의 영향을 언급했다.

철학가의 친유태주의에 의존했다. 그녀는 솔로비요프의 1884년 에세이 「유태인과 기독교 문제」Evreistvo i khristianskii vopros를 『러시아적 관념과 유태인』에 수록했다. 솔로비요프는 러시아인으로서 자신의 배경과 철학적 신념 둘 다 러시아 정교와 근본적으로 삼위일체를 믿는 세계관에 깊이 물들어 있었음에도 불구하고 유태인에 동질감을 느꼈다. 솔로비요프는 자신과 매우 가까웠지만 갈수록 배타적이 된 친러시아주의(솔로비요프가 "네오 슬라브주의" 또는 심지어 "동물학적 애국심" 그리고 "현대의 민족주의자들이 숭배하는 저 수형신獸形神"이라고 불렀던 것) 때문에 사이가 멀어진 한 친구에게 다음과 같이 썼다. "우리가 공유하는 순수히 러시아적인 정교 문화가 자네를 중국인이 되지 못하게, 그리고 내가 유태인이 되지 못하게 막을 수 없다는 사실을 다닐레프스키의 [과過-민족주의적] 이론이 어떻게 설명할 수 있는가?"[48]

「유태인과 기독교 문제」에서 솔로비요프는 유태인들은 기독교인들을 향해 한결같이 "유태인답게" 행동하는 데도 불구하고 기독교인들은 유태인들에게 "기독교인답지 않게" 행동하는 것에 대해 기독교인들을 비난한다. "우리와의 관계에서 그들은 결코 자신들의 종교적 규범을 어기지 않아 왔다. 반면 우리는 그들과의 관계에서 끊임없이 기독교의 계명들을 어겨 왔고 또 계속 어기고 있다. 만약 유태인의 규범이 나쁘다면 그 나쁜 규범에 대한 그들의 고집스런 충실함은 물론 슬픈 현상일 것이

48 V. S. Solov'ev, *Sobranie sochinenii Vladimira Sergeevicha Solov'eva*, 2d ed., 10 vols.(1911~14: reprint ed., with two additional volumes, Brussels: Zhizn' s Bogom, 1966~70), 5, pp. 194, 394. Letter to N. N. Strakhov(1890), in *Pis'ma V. S. Solov'eva*, ed. E. L. Radlov, 4 vols.(1908; reprint ed. Brussels: Zhizn' s Bogom, 1970), 1, p. 60. 유태인에 관한 솔로비요프의 글에 대한 자세한 연구를 위해서는 다음을 참조하라. Judith Deutsch Kornblatt, "Vladimir Solov'ev on Spiritual Nationhood, Russia and the Jews", *Russian Review* 56, no. 2(1997), pp. 157~177.

다. 그러나 그렇다면 훨씬 더 나쁜 것은 좋은 규범, 절대적으로 완전한 증거에 불충실한 것이다. 그리고 우리는 복음서에 그러한 증거를 가지고 있다."[49] 그렇다면 1백 년 후에 크라흐말니코바에게 있어 그러했던 것처럼, 솔로비요프에게 있어 기독교인답지 않은 행위의 가장 큰 표지는 배타적 민족주의와 이에 따르는 반유태주의인 것이다. 이러한 관점에서 이 둘 모두, 아구르스키의 용어를 빌리자면, 기독교 "근본주의자들"이라고 할 수 있다. 크라흐말니코바는 다음과 같이 말하고 있다. "신이 유태인 여성에게 태어났다고 믿는 종교에서 반유태주의란 있을 수 없다. 그는 인종적으로 유태인이며, 그의 친척들도 유태인이고, 그의 사도들도 또한 유태인이다. 이것은 부조리다, 이것은 무지이다, 그러나 매우 위험한 무지이다."[50] 보다 간결하게 말해 "진정한 기독교와 반유태주의는 양립할 수 없다".[51] 여기서 크라흐말니코바의 진술은 신학적으로(역사적으로는 늘 그렇지는 않다 하더라도) 옹호될 수 있다. 그러나 이와 같은 그녀의 입장은 그녀가 자신의 탐구의 세번째 항목, 곧 민족주의, 또는 구체적으로 말하면 친러시아주의를 집어넣을 때 문제가 생긴다.

크라흐말니코바의 논문모음집 말미의 조사에서 아홉 명의 자유주의 지식인들이 포스트소비에트 세계의 친러시아주의에 대한 일련의 질문에 응답한다. 아마도 대답보다는 질문이 더 많은 것을 시사한다. "당신은 '민족적 관념'이 러시아에서 다시금 중요한 관념 중 하나가 되고 있다는 사실을 어떻게 설명하겠습니까?", "당신은 탈전체주의 러시아에서

---

49 Solov'ev, *Sobranie sochinenii*, 4, p. 135; reprinted in Krakhmal'nikova, ed., *Russkaia ideia*, p. 16.

50 크라흐말니코바와의 인터뷰, 1993.

51 Krakhmal'nikova, "Russophobia, Antisemitism, and Christianity", p. 12.

민족적 관념의 부상을 어떻게 이해하고 있습니까? 이것의 발달과 변형이 종교와 교회에 의존하고 있습니까?" 그리고 마지막으로 "당신이 보기에 나치즘이 자신의 새로운 러시아식 변종에서 성공할 것 같습니까? 무엇이 이 위협을 막을 수 있을까요?"[52] 질문들의 어조는 전투적인 동시에 공세적이다. 마치 보편주의의 목소리가 반대편의 반동주의적 극단에 있는 이들로부터 외쳐지기라도 하는 것처럼, 마지막 질문의 '나치즘'에서 다다르게 되는 정점은 이미 정해진 결론처럼 보인다. 사실상, 문제는 바로 이 수사학 자체에 있다. 왜냐하면 질문을 구상할 때 크라흐말니코바는 그녀의 적들의 목소리로 말해야 하기 때문이다. 그 적들이야말로 나치즘을 들먹이는 이들이다. 반동주의자들은 또한 러시아를 '민족적 관념'과 동일시하고 러시아성을 영성과 연결시키는 이들이다. 이 질문들이 보여 주듯이, 크라흐말니코바는 단지 다른 이들이 확립한 정체성에 반응할 수 있을 따름이다. 아구르스키는 보편주의적 입장을 "반-반유태주의"라고 칭함으로써 교회에서 보편주의자들이 직면하고 있는 문제를 정확히 짚어내고 있다.[53]

크라흐말니코바가 민족주의에 대해 솔로비요프를 인용할 때, 그녀는 자신의 목소리를 단순한 반응 그 이상의 것으로 확립하려고 애쓴다. "전 세기 90년대에 V. S. 솔로비요프는 말했습니다. '우리 시대의 지배적 관념은 민족적 관념이다.' 한 세기가 지났습니다. 우리 세대의 1990년대에 민족적 관념은 다시금 러시아의 중심 관념 중 하나가 되고 있습

---

52 Krakhmal'nikova, ed., *Russkaia ideia*, p. 218.
53 Agursky, "Fundamentalist Christian Anti-antisemitism in Modern Russia". 크라흐말니코바가 소비에트 시기 반동적 반체제 인사들과 마찬가지로 해외에서 너무나 자주 지지를 구해야 했다는 것은 매우 시사적이다.

니다. 이 현상을 무엇과 연결시킬 수 있겠습니까?"[54] 솔로비요프에 대해
언급함으로써 크라흐말니코바는 민족적 정체성에 대한 질문을 유대인
에 관련된 것으로 심화시킨다. 솔로비요프는 유태인이 독특한 '민족적-
영적' 정체성을 가지고 있다고 단언했던 것이다. 솔로비요프에게 '민족
적 관념'은 본질적으로 나쁜 것은 아니다. 어떤 민족의 고유한 민족적 특
성(개인적 특성, 또는 '개성'lichnost'과 유사한 '민족성'natsional'nost' 또는 '민중
성'narodnost')의 지각이 노골적인 민족주의(한 개인의 자기중심주의와 유사
한 민족주의natsionalizm)로 변할 때 비로소 그 민족은 반유태주의를 비롯한
'기독교인답지 않은' 행동을 보이기 시작한다.[55] 달리 말해, 모든 민족은
세계에서 수행하는 고유한 역할뿐 아니라 고유한 특성을 가지고 있으며,
유태인뿐 아니라 러시아인들도 그러하다. 각 민족은 자신의 특성들을 인
식해야 하지만 그들이 보편적 유기체 내에서 다른 민족들과 상호작용할
때 그 특성들을 이해해야만 한다. "'민족성' 그 자체는 단지 인간성의 한
유기적 부분일 뿐이며 절대적인 이상과 다양한 관계를 맺을 수 있지만
결코 그 이상과 등가적일 수는 없다."[56] 민족성의 대립항으로서 민족주의
는 민족이 다른 부분들과의 유기적 상호작용의 중요성을 거부할 때 나
타난다. 이렇게, 민족적 또는 러시아적 관념은 그것이 다면적인 '보편적
유기체' 내에서 필수적 요소로서 작용할 때, 그리고 그것의 다양한 내적

---

54 Krakhmal'nikova, ed., *Russkaia ideia*, p. 218.

55 가령, 다음을 보라. Solov'ev, "O narodnosti i narodnykh delakh Rossii", *Sobranie sochinenii*, 5, pp. 24~38.

56 Solov'ev, *Sobranie sochinenii*, 5, p. 391. 또한 다음을 보라. 8, p. 316: "Dlia cheloveka v etom vozrozhdennom sostoianii individual'nost', – kak i natsional'nost' i vse drugie osobennosti i otlichiia, – perestaet byt' *granitseiu*, a stanovitsia osnovaniem polozhitel'nogo soedineniia s vospolniaiushchim ego sobiratel'nym vsechelovechestvom ili tserkov'iu(v ee istinnom sushchestve)."

요소들——영적·민족적——이 똑같이 조화롭게 통합될 때에만 매우 긍정적인 요소가 될 수 있다. 솔로비요프의 동시대 러시아의 '종교적-민족적 분리'에 대립되는 '종교적-민족적 통일체'의 민족이 되는 것은 실제로 가능하다. 혹은 솔로비요프는 그렇다고 주장한다. 중요한 것은, 그리고 샤파레비치-크라흐말니코바의 논쟁 입장에서 역설적인 것은, 솔로비요프가 유태인들을 '종교적-민족적 통일체'의 모델로 삼고 있다는 점이다.[57] 솔로비요프의 동시대 러시아인들과 달리 유태인들은 잠재적으로 민족적·영적 정체성들을 통합할 수 있는 '선택된 민족'이다.

그러나 크라흐말니코바는 민족으로서의 유태인과 그녀 자신의 연관성에도 불구하고 유태인을 소위 영적 민족들에 대한 독립적이고 긍정적인 모델로 설정한 솔로비요프의 노선을 따르지 않았다. 그녀에게 유태인은 친러시아주의의 불가피한 결과인 반유태주의의 희생자로서만, 그리고 그럼으로써 현대 러시아 민족주의자들의 기독교인답지 않은 행동의 상징으로서만 중요성을 가진다. 종교적 정체성으로부터 민족적 정체성을, 즉 정교로부터 러시아성을 분리해 내려 노력하면서, 그녀는 솔로비요프가 이미 19세기에 제시한, 이것들의 가능한 유기적 통합에 대한 모델을 무시했다. 더구나 본질적으로 자신의 적들의 수사학을 뒤집는 태도를 취함으로써 그녀는 또한 민족으로서의 유태인을 간과해야만 했다. 그녀가 정교도가 되었을 때, 그녀의 유태인성은 중요치 않게 되었다. 기독교인으로서의 그녀의 정체성이 모든 것이 되었다. 다시 말하자면, 그녀는 다른 극단의 목소리로 말한다. 왜냐하면 마치 많은 친러시아주의자들에게 '정교'가 종종 러시아성에 대한 수사학적 상징이 되는 것처럼,

---

57 Solov'ev, *Sobranie sochinenii*, 6, p. 24.

'러시아'는 그녀의 정교 정체성에 부가된 단지 수사학적인 형용사가 되기 때문이다.

교회 내 보편주의자들과 오늘날 러시아에서 증가하는 유태인 커뮤니티 사이에 대화가 거의 없다는 사실은 필경 시사하는 바가 크다. 정교도 러시아인들은, 그들이 처음에는 유태인이었든 아니든, 지금 그들 주변에 존재하는 유태인과 유태주의를 알려는 시도를 거의 하지 않았다.[58] 그들의 시선은 반동주의자들의 시선이 그러하듯 러시아에 집중되어 왔다. 다시금, 크라흐말니코바는 반대편 극단의 목소리로 빠져든다. "러시아 민족의 민족적 존재, 그 문화와 윤리적 토대는 정교 신앙을 기반으로 만들어졌다. 정교 영성의 보고가 민족의식을 형성했다."[59] 그녀가 단언한 바에 따르면, 러시아인들은 내재적으로 영적이며 종교적 감수성, 특히 정교 기독교가 배어 있다. 그렇다면 러시아라 불리는 나라에 뉴에이지 헤어-크리슈나교도나 혹은 심지어 지극히 평범한 러시아인 무신론자들은 물론이고 볼가 게르만인, 이슬람 타타르인, 그리고 유태인들이 존재할 자리가 있는가? 이러한 수사학적 관점에서 볼 때, 두 극단은, 마치 그들의 종말론적 수사에서 그렇듯이, 결국 그리 멀리 떨어져 있지 않은 셈이다.

그렇다면, 궁극적으로, 두 극단의 목소리들은 신러시아에서 제도적 정교회의 정체성에 어떻게 영향을 줄 것인가? 새로운 밀레니엄이 시작되는 지금, 반유태주의적, 반-반유태주의적 수사는 러시아성과 정교 사

---

58 이 문제를 나에게 명확하게 설명해 준 것은 모스크바 저널리스트 미하일 고렐리크였다. 그는 1960년대에 교회에 참여했지만 그 후로 교회를 떠났고, 이제는 보다 전통적인 유태인 커뮤니티와 어느 정도의 유대관계를 맺고 있었다. 비록 그는 양쪽 모두의 활동가와 우호적으로 지내고 있지만, 그 자신의 일생의 두 면을 통합하고 있지는 않다. 필자와의 인터뷰, 1997년 9월.

59 Krakhmal'nikova, "Russophobia, Antisemitism, and Christianity", p. 23.

이의 관계를 어떻게 형성할 것인가? 보편주의자들과 보수주의자들 모두가 민족적 정체성과 종교적 정체성 간의 보다 복잡한 관계를 해결하지 않고 러시아성과 영성의 동일시에 의존하는 한, 교회는 자신과 러시아 국가의 동일시를 정당화하기 위해 양측 모두를 이용할 수 있다. 그 동일시의 수사학이 대부분 반동적 극단으로부터 가져온 것이기 때문에 ——보편주의자들은 긍정적 단언보다는 부정의 부정만을 가지고 있다—— 교회의 공적 이미지는 더욱더 편협하게 러시아적으로 보이게 되고 보편적인 기독교 색채를 더욱 덜 띠게 될 것이다. 혹은 필자가 관찰한 바로는 그렇게 보인다. 정교 러시아는 크라흐말니코바가 주장하듯 기독교와 함께 시작하고 그 내부로부터 민족정체성이 발전해 나가도록 하고 있지만, 여전히 다른 민족적·종교적 정체성이 그 안에서 상호작용하도록 허용하지 않는다. 상호적이고 솔로비요프식으로 '유기적'인 다민족 러시아 내에서, 정교가 수적으로 가장 크지만 유일하지는 않은 정치적으로 강력한 종교적 정체성이 될 때까지, 다른 종교뿐 아니라 다른 민족들은 배제될 것이다.

그 반대를 보여 주는 주목할 만한 사안이 하나 있다. 1990년 가을, 정교회 내에서 거침없이 의견을 표명하는 '보편주의자' 사제인 알렉산드르 멘 신부가 미사에 가는 길에 살해되었다. 멘 신부는 크라흐말니코바처럼 유태인으로 태어났으며 일생에 걸쳐 공개적으로 반유태주의를 비난해 왔다. 그를 살해한 것은 러시아인의 정교회가 되어야 할 곳에 유태인들이 '침투'하는 것을 반대하는 교회 내 극단주의 분자들이라는 루머가 살인사건 직후 떠돌기 시작했다. 불충분한 수사 끝에 몇몇 '부랑자들'이 이 범죄에 대해 기소되었는데, 많은 이들은 이들이 결백하다고 믿었으며, 이들의 기소는 교회와 국가 자체가 이 사건에 연루되어 있다는 일부 사람들의 느낌을 증폭시켰을 따름이었다. 정교 당국은 멘의 기억과 그의 수많은 글들을 얄팍하거나 이단적이라고 평가하면서 그것들로부터 거리를 두려고 애썼다.

멘은 이후 6년 동안 교회 내에서 주변적인, 심지어 폄하된 인물로 남았다. 그러나 종종 그렇듯이, 살해된 사제는 그의 추종자들에게 일종의 순교자가 되었다. 멘의 정신적 후손 중 많은 이들은 멘 자신처럼 세례받은 유태인들이었고 다른 나머지들은 그의 보편주의적 비전을 공유하는 기독교인이었다. 점차 그들의 숫자는 늘어났다. 마침내, 멘의 헌신적인 '후계자' 알렉산드르 보리소프 신부는 내가 이 글을 쓰는 지금 아름답게 수리되고 있는 모스크바 시내 교구를 할당받았다. 더욱더 놀랍게도, 필자 본인은 바로 세르기예프 포사드, 한때 알렉산드르 멘 신부를 거부했던 국교회의 본산에서 열리는, 알렉산드르 멘 신부의 삶을 기리는 전시회의 개막식에 초대받았다.

왜 이러한 새로운 관심이 교회의 한 극단적 진영의 목소리에 쏠리는 것일까? 멘 신부의 기억에 헌정된 한 최근 학회의 참가자에 따르면, 정교회는 지금 한때 가톨릭 교회가 아시시의 성 프란체스코에 대한 관계에서 처했던 것과 유사한 상황을 겪고 있다. 정교회는 멘 신부를 계속하여 거부할 수도 있고 그를 받아들이기로 선택할 수도 있다. 전자를 선택하면 그의 추종자들 사이에 떠도는 그의 순교에 대한 주장에 기름을 붓는 결과를 가져올 수도 있다. 후자의 경우에는 그것을 완화시킬 수도 있다. 이제 멘의 기억이 대변하고 있는 보편주의적 관점이 그를 공인하는 교회에 영향을 미치게 되거나, 아니면 반대로 교회가 그것을 눈에 띄더라도 무해한 유물로 만들어 버릴 것이다.

20장

불신의 보류

포스트소비에트 러시아의 '컬트'와 포스트모더니즘

엘리엇 보렌스타인

> 너의 낯짝이 비뚤어져 있으면 거울을 탓해 봐야 소용없는 일.
> ―고골의 『감찰관』에 서문으로 사용된 경구

1996년 러시아 대선 캠페인 막바지 무렵, 과거에 강력한 대통령 후보였던 알렉산드르 레베지 장군은 보리스 옐친을 위한 자신의 첫 연설을 뜻밖의 적을 공격하는 데 이용했다. 이 일은 러시아 자유주의자들과 외국의 관찰자 모두를 아연하게 했다. "이 모든 몰몬교도들은 국가를 파괴한 곰팡이이며 쓰레기입니다. 국가는 이들을 불법화해야 합니다. 이들은 우리 땅 위에 존재해서는 안 됩니다."[1] 순수히 현실적인 관점에서 볼 때, 레베지의 공격이 어리둥절하게 느껴지는 것도 무리가 아니다. 아무 러시아 신문이나 그냥 펼쳐보기만 해도 방치된 조직 범죄와 만연한 궁핍이 성실하고 말쑥한 젊은 선교사들의 유입보다 훨씬 더 긴급한 문제

---

[1] "Russia's Strongman Lebed Supports Yeltsin's Reforms", *Reuters*, 1996. 06. 27.

임을 즉시 납득할 수 있다. 확실히, 레베지는 외신들보다는 훨씬 더 작고 더 수용적인 청중을 향해 얘기하고 있었던 것이다. '러시아 애국 민족 단체 연합'의 자신의 지지자들을 향한 이 연설은 옐친에게 얼마간의 '애국적' 표들을 가져다 주는 데 도움이 되었을 수도 있다. 그러나 러시아 쇼비니스트들의 환심을 사려는 이 시도로 인해 레베지는 크렘린 경쟁자인 대통령 수석 보좌관 아나톨리 추바이스에게 조롱거리가 되었을 뿐이었다. "상당히 가능성 있는 것은", 추바이스는 빈정거렸다, "… [레베지가] 몰몬교도와 메이슨을 헷갈렸을 거라는 것이다. 종종 일어나는 일이다".[2] 추바이스의 통렬한 발언들은 동시에 두 가지 방면에서 은퇴한 장군에게 타격을 입혔다. 먼저, 이 발언들은 레베지를 무식하고 거의 읽고 쓰지도 못하는 사람으로 비치게 했다.[3] 더 중요한 것은, 추바이스가 레베지의 수사학이 소련의 몰락을 조종하고 소련을 계승한 러시아연방의 붕괴를 모의하고 있다고 알려진 '유태인–메이슨'zhido-masony에 대한 러시아인의 쇼비니즘적 불안에 잘 부합하고 있음을 암시하고 있었다는 점이다. 결과적으로, 추바이스의 주요 지지층인 러시아 자유주의 인텔리겐치아는 칠레의 아우구스토 피노체트 장군을 존경한다고 공언한 이 장군에 대해 진작부터 가지고 있던 의혹들을 떨칠 수 없었다. 한편 레베지 쪽에서는 자신의 태도를 유화시키기를 거부하며 며칠 후 다음과 같이 단언했다. "나는 반인륜적인 외국 신앙을 들여오는 것에 절대적으로 반대한다."[4]

예상대로 말일성도교회와 미국 유타 상원의원들의 격분을 불러온

2 Michael R. Golden, "Russian Vote Sets Off Battle, This Time in Yeltsin's Camp", *New York Times*, 1996. 07. 06., p. 1.
3 '몰몬'(mormon)과 '메이슨'(mason)에 해당하는 러시아 단어들은 둘 다 마지막 음절에 강세가 있으며, 그렇기 때문에 상응하는 영어 단어들보다 훨씬 더 서로 비슷하게 들린다.
4 "Russia's Lebed, on Eve of Vote, Wants More Powers", *Reuters*, 1996. 07. 02.

이 레베지의 장광설은 현대 러시아에서 결코 고립된 우발적 사건이 아닙니다. 소련이 종교 단체에 대한 규제를 완화한 이후로 외국 선교사들과 신흥 종교 운동은 줄곧 맹렬한 비난을 받아 왔다. 레베지 사건은 미국에서 여섯번째로 큰 교회를 겨냥하고 있었다는 점에서만 다르다.[5] 비록 레베지의 특정한 표적(몰몬교도)이 과녁을 빗나갔을지라도, 그의 비판의 전반적 요지는 일반적으로 '컬트'로 알려진 신흥 종교 운동들에 대해 구소련 전역에 걸쳐 불안감이 늘어나고 있음을 반영하고 (또한 그러게끔 조종하고) 있었다.[6] 보다 유명한 신흥 종교 운동의 추종자(크리슈나 의식 협회가 즉각 떠오른다) 일부가 보이는 독특한 행동과 외관을 고려할 때, 이러한 단체들이 의심스런 눈초리를 받는 것은 놀랍지 않다. 최고 소비에트 회의는 러시아 정교회의 압력에 응하여 1993년 7월 러시아 영토 내에서 외국 선교사들을 금지하려고 했다. 1997년 옐친은 선택된 몇 가지를 제외한 모든 종교 단체의 활동을 엄격하게 제한하는 법에 서명했다. 레베지 같은 정치가나 알렉시이 2세 같은 종교 지도자들이 외국 선교사들을 욕할 때, 그들은 러시아인의 외국인 공포증이라는 해묵은 불안감

---

5 러시아 땅에 있는 외국 선교사들의 수에 대한 신뢰할 만한 통계를 얻기란 쉽지 않다. 조사가 불필요할 만큼 이들의 존재에 대한 일화적 증거가 너무 강력하다는 것이 그 이유 중 하나이다. 윤리 및 법무 부서가 『모스크바 뉴스』에 공개한 최근의 통계에 따르면, '선교사 붐'이 절정에 달했다고 한다. 1995년에는 등록된 선교단의 수가 318에서 209로 감소했다(Moskovskie novosti, 1996. 03. 17~24., p. 34, trans. in Current Digest of the Post-Soviet Press 48, no. 13[1996], p. 20). 미등록된 선교단의 수는 물론 알려지지 않았다.

6 '컬트'라는 단어가 무거운 이데올로기적 뉘앙스를 지니기 때문에, 필자는 이 단어를 인용부호 안에 표기하도록 할 것이다. 많은 현대 종교학자들은 '컬트'라는 단어와 관련된 부정적 함축을 피하기 위해 '신흥 종교 운동'이라는 용어를 선호한다. 이 용어 문제에 대한 보다 자세한 논의를 위해서는 다음을 참조하라. James T. Richardson, "Definitions of Cult: From Sociological-Technical to Popular Negative", Review of Religious Research 34, no. 4(1993), pp. 348~356. 리처드슨 교수가 자신의 미출판된 제인 딜런과의 공저 원고 「'컬트'의 개념과 이념적 헤게모니: 표현 분석의 정치학」("The 'Cult' Concept and Ideological Hegemony: A Politcs of Representation Analysis")을 내게 읽도록 허용해 준 데 대해 감사한다.

을 표현하고 있다. 그러나 '해외로부터의 위협'은 단지 이야기의 일부에 지나지 않는다. 몇 년 남짓한 동안 구 소련에서는 자체적으로 수많은 '컬트'블이 양산되어 왔다. 통일교 같은 외국 종교 운동들이 러시아 민족주의 악마론에서 가장 중요한 자리를 차지하고 있기는 하지만, 국내에서 발생한 종교 단체들 또한 주목할 가치가 있다. 만약 크리슈나교도, 일본의 옴진리교, 문선명의 신도들이 외국의 이념적 수입품으로 인해 러시아 문화 유산이 맞게 되는 위험을 상징한다면, '성모 센터'Bogorodichnyi tsentr와 '위대한 백색 형제단'Velikoe beloe bratstvo과 같은 신흥 슬라브 종교 운동은 그들을 반대하는 이들이 보기에는 미치광이 러시아의 체현, 신체에 비견할 수 있는 정치적 통일체 내에서 그 어느 때보다 더 이상하고 치명적인 종양으로 전이되는 문화적 암인 셈이다. 이러한 병 메타포는 정치가, 종교 지도자, 저널리스트들에 의해 반복적으로 언급되고 있다. 신흥 종교 운동은 되풀이하여 '전염병'으로 비난받아 왔다. 현대 러시아에서 '컬트'와 관련해 사용되는 수사학들을 살펴보면서 필자는 '병'에 대한 어떤 얘기도 전혀 정확한 진단이 아님을 보이고자 한다. 신흥 종교 운동들은 진실로 러시아적인 가치들의 왜곡이기보다는, 오히려 현대 러시아 문화의 수많은 중요한 경향들의 정수이다. 러시아 반'컬트'주의자들을 자극하는 바로 그 특성들이 포스트소비에트 사회 전반을 특징짓고 있다. 구 소련의 '컬트'와 그것을 비난하는 이들 모두 러시아 포스트모던 환경의 단면을 생생히 보여 준다.

1. 러시아 상대주의: 은시대로부터 신시대[뉴에이지]에 이르기까지

러시아의 신흥 종교 운동을 논할 때, 공산주의 붕괴가 남긴 '이념적 공백'을 지적하는 것은 어렵지 않다. 오늘날의 젊은이들은 아마도 자신의 삶에 의미를 부여하는 강렬한 일련의 가치들을 지니고 있지 않을 것이다. 이러한 접근법은 전혀 새로운 것이 아닐 뿐 아니라 서구의 반'컬트'주의자들 사이에서도 나름의 지지자들을 갖고 있다. 필자는 (구 동유럽 블럭에서 나타난 최근의 격변을 고려할 때 자명해 보이는) 이 견해에 이의를 제기하는 것은 아니지만, 현재의 상황을 결여가 아닌 과잉의 관점에서 봐야 한다고 제안한다. 오늘날 신을 찾는 러시아인들은 은세기(1880~1917) 이래로 유례없는 진정한 영적 스모가스보드[7]에 직면하고 있다. 혁명 전 수십 년간의 강신론 유산은 염치없으리만큼 절충적이었다. H. P. 블라바츠키의 견신론에서는 인도 성인들이 예수 그리스도와 나란히 어울리고 있었고, 유럽 곳곳의 딜레탕트는 자신의 언어에 이국적인 불교 용어들을 양념처럼 뿌려대고 있었다. 현대 러시아의 영적 구도자들도 그 접근방식에 있어서 잡식성이라고까지는 할 수 없다 해도 똑같이 혼합적이다. 가장 주목할 만한 포스트소비에트 '컬트'인 위대한 백색 형제단의 강령은 차크라, 카르마, 유태교 신비주의, 심지어는 음악이론들을 섞어 만든 뉴에이지 굴라시[잡탕 스튜]였다. 보다 일화적인 차원에서 보자면, 점성술학에 내재하는 '진실'을 무심코 언급하거나, 텔레비전에 나오는 심령술사 아나톨리 카시피로프스키로부터 브레즈네프가 좋아했던 천리안 주나에 이르기까지 수많은 초능력자와 스와미[8]들의 초자연적 힘을 신봉하는 지적이고 교육받은 러시아인을 마주치는 것은 전혀 드문 일이 아니다.[9] 신흥 종교 운동의 추종자들이 가지고 있는 여러 믿음은 거

---

7 [옮긴이] 스모가스보드는 스웨덴어에서 온갖 음식이 다양하게 나오는 뷔페식 식사를 이르는 말이다.
8 [옮긴이] 스와미는 힌두교 종교 지도자를 가리키는 말이다.

의 일상이 된 UFO 보고와 기적 같은 초자연적 현상에 견줘 볼 때 거의 관습적인 것처럼 보인다. 뉴에이지 및 신흥 종교 운동은 융합적 신앙의 스펙트럼에서 서로 다른 지점을 점하고 있다. 뉴에이지가 모순되는 신앙체계들(가령, 기독교, 불교, 이교신앙 등)의 거의 무한하다시피 한 집합을 수용하고자 하는 끝없는 절충이라면, 위대한 백색 형제단 같은 신흥 종교 운동은 동일한 근원 종교들에 의존하되 그 결과로 나타나는 종교적 혼합물을 엄격한 교리로 바꾸고자 한다. 그럼에도 불구하고, 하도 사용하지 않아서 사람들의 의심하는 능력이 쇠퇴해 버린 지금, 뉴에이지식 절충주의는 '컬트' 교리의 분명한 모순을 보다 구미에 맞는 것으로 만들 수도 있다. 비록 탈전체주의적 질서는 정치적 냉소주의의 온상임이 판명되었지만, 신앙의 문제에서만큼은 러시아인들은 믿음을 가지는 놀랄 만한 능력을 계속 보여 주고 있다.

옴진리교와 백색 형제단 같은 '컬트'의 지지자들은 하나의 신념에 광신적으로 헌신하는 것처럼 보일 수도 있지만, 그들의 헌신은 자기네 신앙의 교리의 대단히 이질적인 요소들을 조화시키는 (또는 적어도 의문을 제기하지 않는) 능력에 입각해 있다. 이 방면에서 미하일 엡스타인의 소비에트 및 포스트소비에트 문화 분석이 특히 이해에 도움이 될 듯하

9 세르게이 필라토프는 러시아 도시 주민들의 70% 이상이 점성술을 믿는다고 주장한다. 그러나 그는 이 통계에 대해 어떤 출처도 명시하지 않았다(Filatov, "Sovremennaia Rossiia i sekty", *Inostrannaia literatura*, no. 8[1996]). 카시피로프스키는 페레스트로이카 시대에 소비에트 텔레비전에 몇 번이나 출연했던 신앙 치료사이다. 그는 자신의 '힘'을 스튜디오의 청중과 가정의 시청자들 모두의 병을 고치기 위해 사용했다(David Remnick, *Lenin's Tomb: The Last Days of the Soviet Empire* [New York: Vintage Books, 1994], pp. 255~263). 1980년 예브게니야 '주나' 다비타시빌리는 브레즈네프의 주의를 끌었다. 주나의 초능력을 보고 브레즈네프는 모종의 정부 직책에 선임했는데, 그녀는 이를 브레즈네프와 다른 이들을 위한 "일종의 크렘린 의사"라고 완곡하게 지칭했다. 카시피로프스키처럼 주나 역시 자신의 손이나 자신의 손 사진이 붙어 있는 '주나 스티뮬레이터'라는 기계를 이용하여 알레르기부터 에이즈에 이르기까지 광범위한 질병을 고칠 수 있다고 주장했다("Russians Turn to Mystic Healer", *Associated Press*, 1995. 04. 23).

다. 논문 「전체주의적 사고의 상대론적 패턴」에서 엡스타인은 소비에트 맑스주의가 "20세기 지성의 발전에서 가장 융통성 없고 침체된 요소"라 기보다는 사실상 모든 가능한 이념 체계 중에서 가장 상대론적이었다고 주장한다. "소비에트 맑스주의는 권력을 유지하기 위해 자신의 신념들을 끊임없이 바꾸고 확대했다."[10] 브레즈네프 시대에 "이데올로기는 점차 신념의 체계로부터 가능한 모든 대안적 철학 체계들을 잠재적 요소로 포함시키고 있는, 모든 것을 아우르는 이념적 환경으로 변형되었다. 실존주의와 구조주의, 친러시아주의와 서구주의, 테크노크라시 운동과 환경 운동, 종교적 세계관과 신이교적 세계관——모든 것이 맑스주의의 형태로 압축되어 일종의 포스트모던 파스티셰를 만들어 냈다".[11] 역으로, 대립하는 모든 관점을 악마화시키는 것은 맑스주의 외의 모든 것을 상대화하는 결과를 초래했다고 주장할 수도 있다. 파시즘과 자유민주주의는 모두 단순히 '반-소비에트'적이며 따라서 기능적으로 등가적이다. 엡스타인에 따르면, 그 다음 단계는 고르바초프 치하에서 전체주의가 탈공산주의의 '보편주의' 이데올로기에게 자리를 내주었을 때 일어났다. "보편주의 이데올로기는 모든 대립을 없애고 온갖 종류의 신념들을 마치 그들이 서로 상호보완적이기라도 한 것처럼 사용하려 한다."[12]

이러한 상대주의는 신앙의 문제에 영향을 주지 않을 수 없었다. 과학적 무신론은 기독교에서부터 불교, 나아가 이교까지 모든 종교적 전통을 똑같이 취급했다. 엡스타인에 따르면, "소비에트 무신론은 특정 교파

---

10 Mikhail N. Epstein, *After the Future: The Paradoxes of Postmodernism and Contemporary Russian Culture*, trans. from Russian by Anesa Miller-Pogacar(Amherst: University of Massachusetts Press, 1995), p. 161.

11 *Ibid.*, p. 159.

12 *Ibid.*, p. 160.

의 용어로 규정하는 게 불가능한 신자 유형을 만들어 냈다. 이러한 신자는 단지 '믿는 이'이다". 이러한 유형의 신자는 공인된 교회에 정기적으로 참석하지도 않고 조직화된 종교를 욕하지도 않는다. 대신, 이러한 신자의 신앙은 엡스타인이 "빈약한 종교" 또는 "최소한의 종교"라고 부르는 것에 다름 아니다. 즉, 의례와 규제가 전혀 없는 영성인 것이다. 이러한 신자는 삶에 영적 차원이 있다는 것을 알지만 어떤 특정 신앙이 그것을 완벽하게 정의한다고 생각지 않는다.[13] 필자는 이러한 신자들은 아무것도 특정하게 믿지 않는 동시에 모든 것을 믿는다고 주장하고 싶다. 절대적 진리에 대한 주장을 향한 이들의 회의론은 '진리의 일부분'이라는 개념에 대한 믿음에 근간해 있다.

1990년대 초에 수행된 두 조사는 러시아가 전통적 종교의 부활을 겪고 있기는커녕 비전통적인 신앙의 급속한 성장을 목도해 왔음을 확증한다.[14] 1990년도 조사에서는 응답자의 46%가 자신을 러시아 정교도라고 규정한 반면, 다음 해에는 오직 19%만이 자신을 정교도라 불렀다. 그러나 이러한 가파른 감소가 '신자'의 급감과 일치하는 것은 아니었다. 정교의 주요 경쟁자는 또 다른 공인 교회도 무신론도 아니고 오히려 '기독

---

13 Mikhail Epstein, "Response: 'Post-' and Beyond", *Slavic and East European Journal* 39, no. 3(1995), p. 363.

14 이 두 조사의 결과는 1992년 『철학문제』(*Voprosy filosofii*)에 게재된 라운드 테이블에서 발표되었으며 뒤이어 영어 번역본으로 재판되었다("Religion and Politics in Postcommunist Russia", *Russian Studies in Philosophy* 33, no. 1[1994], pp. 50~95). 이 조사들은 모스크바, 프스코프, "그리고 수많은 다른 도시들과 촌락들에서 1990년 7~9월, 그리고 1991년 8~10월에" 수행되었다(p. 52). 러시아 학술원이 이 조사의 후원을 맡았고 푸르만(D. E. Furman)과 필라토프(S. B. Filatov)가 그 결과를 해석했다. 샘플의 규모와 구성은 명시되지 않았다. 미트로힌(L. N. Mitrokhin)이 라운드 테이블 토론에서 주장했듯이, 러시아연방의 조사 기술을 신뢰하기 어렵다는 것과 전통적으로 러시아인들이 조사원에게 솔직히 말하기를 주저한다는 것을 감안할 때, 조사의 결과는 어느 정도 에누리해서 받아들여야만 한다(p. 92). 그럼에도 불구하고, 설사 오류 가능성이 크다 할지라도 이 데이터가 1990년대 초의 전반적 경향성을 보여 준다고 여길 수 있다.

교인 일반'이라 불리는 무정형의 범주로 나타났다. 이들은 1990년 모든 응답자의 22%를 차지했고 1991년에는 47%로 뛰어올랐다.[15] 푸르만은 두 조사 간에 현저한 대조가 나타난 것은 대체로 다음과 같은 이유 때문이라고 설명했다. 즉, 1990년에 사람들이 자신을 정교도라 규정한 것은 '종교가 서구의 부르주아-민주 사회에서 중요한 위치를 점하고 있다'고 인식하고 정교가 신생 러시아에서 동일한 역할을 수행할 것이라고 기대했기 때문이라는 것이다. 이 '피상적'인 소속감은 급속히 옅어졌고 따라서 '기독교인 일반'의 증가가 나타났다. 심지어 기독교인이라는 표현 자체도 최대한 느슨한 의미로 이해되어야만 한다. 왜냐하면 이 정체성을 선택한 사람들 중 많은 수는 "가장 비한정적이고 절충적인 세계관을 가지고 있으며, 동양의 종교적 가르침과 강신론, 초심리학이나 UFO 등에 기반한 현대의 초과학적, 초종교적 신화에 높은 흥미를 가지고 있는 사람들"이기 때문이다.[16] 이렇게 러시아는 조용히 뉴에이지(신시대)에 들어선 것처럼 보인다. 즉, 기후 면에서는 아닐지라도 영적인 면에 있어서는 이 나라가 유럽의 남캘리포니아가 되어 가는 것처럼 보인다.[17]

그렇다면, 순수한 다양성이란 측면에서 외국의 신흥 종교 운동은 러시아 시장을 특징짓는 바로 그 '문화적 침략'의 징후인 것처럼 보인다.

---

15 '기독교인 일반' 또는 총칭적 '신자'의 존재 자체는 조사에서 실제보다 적게 나타나기 쉽다. 특히 그 결과들이 맥락과 분리될 경우 더욱 그렇다. 1996년 『모스크바 뉴스』 조사는 정교가 "러시아 종교적 신자의 75%를 차지한다"고 주장한다(Moskovskie novosti, 1996. 03. 17~24., p. 34). 그러나 이 표현은 오해의 소지가 있는데, 왜냐하면 이 기사는 신자 연구보다는 종교 센터, 신도 집단, 그리고 기타 단체에 대한 연구를 보고하고 있기 때문이다. 정의상 '기독교인 일반' 또는 '신자'는 신도 집단을 이루지 않기 때문에 결과에서 누락되었을 것이다.

16 Furman, "Religion and Politics", p. 57.

17 데이비드 라이언은 뉴에이지와 포스트모더니즘이 "종교적 교리의 기술이라기보다는 세속적 현대성의 메타서사의 일부로 여겨지는 세속화 비판" 등 공통된 특징을 다수 가지고 있다고 주장한다(David Lyon, "A Bit of Circus: Notes on Postmodernity and New Age", Religion 23[1993], p. 119).

교회에게 '컬트'란, 키오스크에 대한 스니커즈 초코바의 관계 같은 것이다. 러시아의 문화적 온전성을 염려하는 사람들은 엄청난 부에 의해서난 가능한 규모로 행해지는 외국 선교 활동의 독창성과 순수한 다양성을 지적할 수 있을 것이다. 확실히, 모스크바 국립대학의 언론학 대학원에 있는 론 허바드 열람실을 방문하는 사람이면 누구라도 확인할 수 있듯이, 이 단체들은 자기들이 가진 자원을 배분하는 방식 때문에 외화로 존경을 사고 있다는 비난을 면치 못하고 있다.[18] 1990년 크렘린에서 미하일 고르바초프가 그 지도자를 영접한 바 있는 통일교는 아주 최근에 '세계와 나'라는 제목의 공립 학교 교과목을 후원하는 데 대해 러시아 종교 단체 위원회로부터 맹비난을 받은 바 있다.[19] 일본의 옴진리교는 도쿄 지하철의 신경 가스 공격을 조종했다는 혐의로 수사를 받으면서 모국에서 그 활동이 축소되었지만, 자신의 재력을 사용하여 사악한 것부터 숭고한 것에 이르기까지 놀랄 만큼 광범위한 활동을 펼치고 있다. 옴진리교가 러시아제 핵무기 구입에 관심을 보이고 있다는 사실은 대단한 주의를 끌어왔다. 한편, 이 일본 종교 운동은 또한 모스크바 국립 대학에 팔만 달러 상당의 컴퓨터 설비를 기부했고 또 러시아 병원들에 수십만 달러 상당의 의약용품을 지원했으며 자체적으로 소유한 러시아 교향악단을 후원하고 있다고 전해지고 있다.[20] 그러나 모든 외국 단체 중 가장 성공적

18 론 허바드(L. Ron Hubbard)는 사이언톨로지의 창립자이다. 사이언톨로지는 1991년 러시아에 들어왔고 1992년까지 여러 도시에서 "신흥 러시아인들"을 위한 경영 강좌들을 후원했다. 사이언톨로지의 주요 텍스트인 「다이어네틱스」(Dianetics)가 1993년 러시아어 번역본으로 출판되었다 (Filatov, "Sovremennaia Rossiia i sekty").
19 Filatov, "Sovremennaia Rossiia i sekty"; Peter Rutland, "Sects Infiltrating Schools", *OMRI Daily Digest*, 1995. 12. 27.
20 무기 구입은 성공한 경우나 시도되었던 경우 모두 여러 출판물에서 논의되고 있다. 다음은 그 중 일부이다. Murray Sayle, "Nerve Gas and the Four Noble Truths", *New Yorker*, 1996. 04. 01., p. 66; David E. Kaplan & Andrew Marshall, *The Cult at the End of the World*(New York: Crown,

인 것은 러시아 땅에 가장 처음으로 뿌리를 내린 조직, 곧 크리슈나 의식 협회 또는 하레 크리슈나교단이다. 구 소련에서 이들의 존재는 1971년까지 거슬러 올라간다. 비록 1988년까지 크리슈나교도들은 일상적으로 박해를 받았지만 말이다.[21] 정부가 종교 활동 규제를 완화하자, 소비에트의 영혼들을 위해 최초로 아주 철저한 캠페인을 발전시킨 것은 크리슈나교도들이었다. 크리슈나교는 모스크바에서 지하철의 상업적 잠재력을 이용한 최초의 집단이라고 해도 과언이 아니다. 1991년 러시아인들에게 『있는 그대로의 바가바드-기타』 The Bhagavad-Gita as It Is를 읽도록 호소하는 포스터가 모든 지하철 객차를 장식했다. 자본주의적 효율성 모델을 따른 덕분에, 이 광고에 호기심이 동한 사람들은 이 책을 사기 위해 단지 열차 밖으로 나와 계단을 올라가기만 하면 되었다. 이 책은 대부분의 주요 지하철역에서 팔리고 있었던 것이다.[22]

외견상으로 볼 때, 러시아의 '컬트'에 대한 공공의 분노는 바로 이 상대주의에 대한 반발이다. 정교회 지도자들은 '자신의' 영토에 침입하는 종파주의자들에 대해 극히 방어적이다. 그리고 레베지의 경우에는, 자신의 몰몬교 배격을 서구 문화의 확장에 대항하여 '단일종교' 러시아를 방

1996), pp. 69~76, 190~205.

21 Oxana Antic, "The Spread of Modern Cults in the USSR", *Religious Policy in the Soviet Union*, ed. Sabrina Petra Ramet(Cambridge: Cambridge University Press, 1993), pp. 260~261.

22 사브리나 페트라 라메트는 소련의 크리슈나교도의 수가 1988년과 1990년 사이에 3천 명에서 10만 명으로 증가했다고 주장하는 『모스크바 매거진』(Moscow Magazine)의 기사를 인용하고 있다 ("Religious Policy in the Era of Gorbachev", Ramet, ed., *Religious Policy in the Soviet Union*, p. 31). 그 숫자가 정확하든 아니든, 크리슈나 운동은 확실히 지난 10년 동안 더 두드러져 왔다. 1996년도 『모스크바 뉴스』 조사는 하레 크리슈나교를 1만여 명으로 추산되는 추종자들을 거느린, 러시아연방에서 가장 큰 신흥 종교 운동으로 인용하고 있다(*Moskovskie novosti*, 1996. 03. 17~24., p. 34). 소련의 크리슈나교 역사에 대해서는 다음을 참조하라. Antic, "Spread of Modern Cults", pp. 260~268.

어하는 것으로 프레이밍했던 것이다.[23] 푸르만은 러시아의 신흥 종교 사
상에서 두 가지 경향을 구별하고 있는데, 둘 다 맑스주의적 무신론의 첨
회라는 점에서는 공통적이다. "첫번째는 신에 대한 믿음과 정교로 연결
된다. 두번째 경향은 첫번째 것을 '들리지 않게' 만든다. 이것은 고백적
이지도 않고…. 심지어 종교적이거나 반종교적이지도 않은 무정형의 절
충주의적 사상을 지향하는 움직임이다."[24] 푸르만은 두 대립적인 종교적
경향과 현대 정치 풍토 간에 강한 상관관계가 있다고 주장한다. 1990년
과 1991년 조사의 정교도 응답자들은 "순수히 이념적이고 상징적인 반
공산주의와, 실제적인 소비에트 권력 제도, 강한 권위주의, '반서구' 경향
을 향한 상대적 '관대함'의 매우 노골적이고 선명한 조합"을 보여 주었
다.[25] 푸르만에 따르면, 심지어 1991년 불발된 쿠데타 또한 종교적 차원
의 의미를 지니고 있었다. "'기독교인 일반'과 「바가바드-기타」, 선불교,
비행 접시 등에 높은 관심을 가지는 사람들은 옐친 주위에 모여 있었던
반면, 불발된 쿠데타의 지도자들은 무신론자와 정교도에게 더 지지받았
다." 확실히 이것은 두 소사를 토대로 도출한 것 치고는 거대한 일반화이
며, 옐친의 참모들이 적극적으로 '비행 접시' 표를 얻으려 애쓰리라고 아
무도 생각지 않을 것이다. 이 주장은 또한 스펙트럼의 반민주주의적 극
단에 있는 초자연적 신앙의 역할을 간과하는 것이다.[26] 정교의 옹호자들
은 종종 자신들이 그렇게 가혹하게 비난하는 바로 그 뉴에이지 신앙에
대한 놀라운 믿음을 무심코 드러내곤 한다. 책『백색 형제단의 어두운 자

23 "Russia's Lebed."
24 Furman, "Religion and Politics", p. 58.
25 Ibid., p. 59.
26 현대 러시아 쇼비니스트 단체들에서 비술의 역할에 대해서는 다음을 보라. Walter Laqueur, *Black
    Hundred: The Rise of the Extreme Right in Russia*(New York: HarperCollins, 1993), pp. 149~153.

취』에서 익명의 러시아 정교도 저자는 위대한 백색 형제단의 범죄가 '초두뇌 컨트롤'과 투쟁하고 있는 전세계 모든 이들의 흥미를 끌 것이라고 단언한다. 추정컨대, 입회식에서 새로운 회원들은 '거꾸로 세운 십자가에 매달려 초감각적 고난'을 당하게 되며, 이 과정 후에는 '신비주의 상징'이 있는 십자가가 '세번째 눈' 혹은 '아그니차크라'[27]의 부위에 '코드'를 새긴다.[28] 대체로, 신흥 종교 운동의 선지자들과 그들에 반대하는 운동가들은 동일한 언어를 공유한다.

2. 세계의 종말을 기다리며: 위대한 백색 형제단

수많은 국내 자생 신흥 종교 운동들이 구 소련 도처에서 나타났지만, 그 중 특히 한 단체가 구 소비에트 대중에게 '컬트'가 단순히 해외에서 유입된 문제가 아님을 깨닫게 했다. 마리아 데비 흐리스토스의 위대한 백색 형제단이 바로 그것이다.[29] 대부분의 러시아인들은 1993년이 되어서야 비로소 마리아 데비에 대해 알게 되었는데, 이는 부분적으로 백색 형제단의 대량 자가 홍보 캠페인 덕분이었다. 두 수도[30]의 거의 모든 지하철 객차의 창문마다 마리아 데비의 초상화 사본을 붙인 추종자들의 헌신 덕분에, 독립국가연합CIS의 슬라브 지역 전역에 걸쳐 수백만의 사람들이

---

27 [옮긴이] '차크라'(chakra)는 요가에서 신체에서 기가 모이는 부위를 일컫는 말이며, '아그니'(Agni)는 인도 베다 신화의 주요 3신[神]의 하나인 불의 신의 이름이다.
28 Chernyi sled "Belogo bratstva": Danilovskii listok(Izdatel'stvo Sviato-Danilova monastyria), p. 3.
29 위대한 백색 형제단의 부침에 대한 자세한 영문 요약을 다음에서 찾아 볼 수 있다. Eliot Borenstein, "Articles of Faith: The Media Response to Maria Devi Khristos", Religion 25(1995), pp. 249~266; Borenstein, "Maria Devi Khristos: A Post-Soviet Cult without Personality", Mind and Human Interaction 5, no. 3(1994), pp. 110~122.
30 [옮긴이] '두 수도'는 현 수도인 모스크바와 구 수도였던 상트페테르부르크를 말한다.

그녀의 사진에 친숙해지게 되었다. 이 사진에서는 엄격한 인상의 한 젊은 여성이 오른손의 두번째, 세번째 손가락으로 하늘을 가리키고 있으며 그녀의 눈은 사진을 바라보는 이들의 뒤를 차분히 응시하고 있었다.[31] 만약 '주 하나님 예수-마리아 본좌의 성화'를 필자에게 팔려 했던 한 젊은 여성이 주장한 것처럼 이 초상화가 이전의 기독교식 버전들을 대체하는 거라면, 이것은 보다 덜 집 중심적인 시대를 위한, 집의 구석보다는 공공교통수단에 진열된 성화인 셈이다.[32] 그 이름에 걸맞는 신성이라면 으레 그러하듯, 마리아 데비 흐리스토스 역시 편재했다, 적어도 지면상으로는 말이다. 정말이지, 백색 형제단 전단의 엄청난 부수 때문에 러시아 신문 『콤소몰스카야 프라브다』*Komsomol'skaia pravda*는 자기네 청년 증보판에서 종말론을 예고하는 백색 형제단에 대한 특집기사에 "마리아 데비를 오려 붙여라!"라는 제목을 달기까지 했다.[33]

비록 마리아 데비 흐리스토스가 형제단의 공식 수장이었지만 (그리고 의심할 여지없이 가장 중요한 숭배 대상이었지만) 이 운동은 1941년 러시아 공화국 보로네즈 지역에서 태어난 과학자 유리 안드레예비치 크리보노고프가 창립했다. 형제단 창립 얼마 전 크리보노고프는 신비주의적 추구에 더 몰두하기 위해 자신의 과학자 직업을 포기했다. 그는 자신이 '아담이자 태양'이라고 결정한 다음 '유오안 스와미'라는 이름을 지었고, 1990년 '영혼의 아트마 학교'를 창립했다. 우크라이나 도네츠크에서 초

---

31 비록 본고의 초점은 러시아연방에 있지만, 위대한 백색 형제단은 우크라이나와 벨라루스에서도 똑같이 왕성한 활동을 보였다. 마리아 데비의 '범-동슬라브' 관점의 중요성은 아래에서 논의될 것이다.

32 [옮긴이] 전통적으로 러시아에서는 '아름다운 구석'(krasnyi ugol)이라 하여 출입문과 페치카에서 가장 멀리 떨어진 집의 구석자리에 성상 또는 성화를 모셨다.

33 "Vyrezh' i zaklei Mariiu Devi!", *Komsomol'skaia pravda*, Ekstrennyi vypusk, 1993. 11. 12., p. 22.

자연적인 현상에 대해 강의하고 병자들을 '치유'하는 동안, 크리보노고프는 30세의 유부녀였던 마리나 츠비군을 만났다. 그녀의 신성 이전의 삶은 이후 그녀의 위업이 센세이셔널했던 만큼이나 평범했다. 「마리아 데비 흐리스토스의 속세의 행로」라는 글에서 츠비군은 자신이 저널리즘을 전공한 키예프 국립대학 졸업생이며, 기자로서 "마피아, 무법, 그리고 당 노멘클라투라와 공공연히 맞서 싸웠다"라고 묘사했다.[34] 크리보노고프를 만나기 전, 이 미래의 세계의 어머니는 임신중절 과정에서 마취제 과용에 의해 죽음의 문턱을 체험한 후 이미 자신의 신성에 대해 확신하고 있었다.[35]

츠비군과 크리보노고프는 곧 세상이 종말에 가까워지고 있다고 믿는 1천여 명의 추종자를 거느리게 되었다. 츠비군과 크리보노고프에 따르면, 마리아 데비의 출현은 유태교와 기독교가 불완전하게 남겨 놓은 삼위일체를 완성하는 것이었다. 성부와 성자에 마침내 성모가 합쳐지고 구신약은 마리아 데비 흐리스토프의 마지막 성서[종약終約―옮긴이]에

---

34 [Marina Tsvigun], Ia Esm' Liubov'! Sbornik Bozhestvennoi poezii(IUSMALOS, no. 8[1993]), p. 128. 츠비군의 자격과 더불어 이 공식 전기에 대해 러시아와 우크라이나 언론에서 이의가 제기되었다. 츠비군의 '속세의' 삶에 대해 더 알고자 한다면 다음을 보라. Borenstein, "Articles of Faith", pp. 251~252.

35 Aleksandr Marsuk, "A mama zhdet svoiu boginiu…", Komsomol'skaia pravda, 1993. 11. 10., p. 2. 이 운동의 관찰자들이 신성에 대한 츠비군의 망상이 잘못된 임신중절에서 비롯되었다는 사실의 함축적 의미를 간과한 것은 아니다. 알렉산드르 피얀코프(Vechernii klub, 1993. 11. 12.)는 역설적으로 츠비군을 "소비에트 부인과 의학의 희생자"라고 불렀다. 한편 발레리 비주토비치("Epidemiia 'Belogo bratstva': Istoriia bolezni", Izvestiia, 1993. 11. 26., p. 6)는 츠비군의 전 남편이 우크라이나 텔레비전에 출연하여 "이 모든 것은 그녀의 일곱번째 임신중절 후에 시작되었다"고 설명했다고 전한다. 안드레이 이그루예프("Mariia Devi Khristos: Zhizn' i tvorchestvo. Zhizn' kak tvorchestvo", Nezavisimaia gazeta, 1993. 07. 12., p. 5)는 츠비군의 가장 큰 문제는 "어머니가 되고 싶은 가셔지지 않는 갈망"이라고 주장한다. 그에 따르면, 이것은 자신의 어린 아들 예수를 향한 그녀의 다소 기이한 시들뿐 아니라 그녀의 '컬트' 참여 이면에 숨겨진 동인 또한 설명해 준다. 그녀는 다른 사람의 아이들을 훔치는 아이없는 여성인 것이다.

의해 대체(또는 실현)되었다.[36] 츠비군 자신은 신의 마지막 현현, '예수-마리아', 곧 그리스도이자 그리스도의 어머니 둘 다이다.[37] 1991년 6월 1일 이후로 IUSMALOS('유오안 스와미', '마리아 데비 흐리스토스', 그리고 '로고스'로부터 만들어진 두문자어로 형제단의 또 다른 이름으로 사용되었다) '프로그램'이 '활성화'되었고 이 프로그램은 '성서에 나오는' 1,260일 이후에 결국 세계 멸망으로 정점에 달할 것이었다.[38] 마리아 데비, 곧 계시록에서 예언된 '태양을 입은 여인'은 신약의 예언들을 실현하고 세계의 대부분을 장악하고 있는 적그리스도 엠마누엘과 싸울 것이었다.[39] 1993년 11월 24일, 츠비군은 이제 '독립국가연합의 슬라브 지역'에 위치한 '약속된 땅'의 '새로운 예루살렘'인 키예프에서 스스로 십자가에 못박히게 되어 있었다.[40] 츠비군은 통상 자신의 희생만을 언급했지만, 크리보노고프는 자신의 '아내'와 함께 자신도 십자가 위에서 죽을 것이라고 되풀이하여 주장했다.[41] 츠비군과 크리보노고프는 죽은 지 사흘 후 부활하여 마리아 데비의 적들을 전세계적인 대재앙 속에서 화염에 타 죽도록

---

36 IUSMALOS, no. 8(1993), pp. 1~2. 비록 '어머니 신/성모'라는 발상이 단지 기독교의 '성가족'에 덧붙인 뻔한 것으로 여겨질 수 있다 하더라도, 형제단 교리의 많은 부분과 마찬가지로 이것은 H. P. 블라바츠키의 견신론에 기반하고 있는 것 같다. 블라바츠키는 다음 문헌에서 기독교적 삼위일체의 원형인 세 "로고스"(성부, 성모, 성자)를 묘사하고 있다. *Collected Writings*, vol. 10(Wheaton, Ill.: Theosophical Publishing House, 1978), p. 332. 마리아 데비의 종교 운동의 이름조차 견신론에서 훔쳐온 것 같다. 블라바츠키는 그녀의 글들이 불가사의한 성인들의 '위대한 백색 형제단'과의 신비한 연결관계를 통해 그녀에게 떠올랐다고 주장한다(Maria Carlson, *No Religion Higher Than Truth*[Princeton: Princeton University Press, 1993], p. 31). 비록 '위대한 백색 형제단'이라는 이름이 분명한 인종주의적 함축을 지니고 있지만, 이러한 함의는 마리아 데비의 저작들에서 자세히 언급되지 않았다.

37 *Uchenie Marii Devi Khristos*(Nauka o Svete i ego transformatsii. Osnovnye formuly, 1993), p. 13.

38 IUSMALOS, no. 8(1993), p. 2.

39 *Uchenie*, pp. 21~22.

40 IUSMALOS, no. 8(1993), p. 2.

41 IUSMALOS, no. 11(1993), p. 7. 필라토프는 크리보노고프와 츠비군 둘 다 죽음을 당할 운명이었다는 견해를 지지하고 있다("Sovremennaia Rossiia i sekty").

버려 두고 충실한 신앙인들을 천국으로 인도할 것이었다.

이러한 이야기는 당연하게도 키예프의 많은 사람들을 불안하게 만들었다. 특히나 츠비군과 크리보노고프의 (말 그대로) 불타는 수사학은 IUSMALOS '프로그램'에 대한 일반적 오해 때문에 더욱 심각한 것이 되었다. 기자들과 정부 관료들은 츠비군과 크리보노고프로부터 순교할 각오를 하라는 말을 되풀이하여 들었던 마리아 데비의 추종자들이 대규모의 자기희생을 통해 세상의 종말을 준비하기 위해 키예프 시내를 '천국의 문'이나 존스타운쯤은 애들 장난이 될 만한 살육장으로 만들지도 모른다는 두려움을 나타냈다. 실제로 정부와 언론은 자신들이 직면하고 있는 이 문제의 범위가 얼마나 되는지 도저히 가늠할 수가 없었다. 나중에 깨달은 일이지만, 백색 형제단은 별 대단치 않은 소란꾼으로 쉽게 일축해 버릴 수 있는 사안이었다. 결국 뉴스 헤드라인마다 궁극적으로 선언한 바와 같이, 세계는 종말을 맞지 않았다. 그렇지만 키예프가 죽음에 미쳐 날뛰는 세뇌된 144,000명의 광신도들의 맹습을 예상하면서 불안해하던 11월에 얘기되던 것은 아주 다른 것이었다. 11월이 시작될 무렵까지 구 소련 전역의 '형제들'이 우크라이나 수도로 오라는 마리아 데비의 부름에 응답하기 시작했고 크라브추크 대통령은 '긴급조치'를 발령했다.[42] 이 집단의 도착은 우크라이나와 러시아 간의 긴장을 악화시켰다. 이는 마리아 데비 추종자의 대부분이 러시아 시민이었고, 또한 상트페테르부르크로부터 3톤이나 되는 백색 형제단 문건을 실어나르던 한 트럭이 우크라이나에서 정지당했기 때문이었다.[43] 11월 첫째 주 동안 우크라이

---

42 V. Ignatov, "Maria Devi gotovitsia k raspiatiiu, a kievskaia militsiia — k massovym besporiadkam", *Segodnia*, 1993. 11. 04., p. 1.

나 정부 관료들이 진정하고 협조할 것을 수차례 호소했지만 거의 효과가 없었다. 11월 1일, 약 250명의 마리아 데비 추종자들이 연행되었으며 그 중 다수는 단식 투쟁을 선언했다.[44] 취학아동들은 어떻게 형제단으로부터 자신을 방어할 것인지 특별 교육을 받았고 학교들은 아이들이 밤에 걸어서 귀가하지 않도록 수업 일정을 조정했다.[45]

키예프 시민들로서는 천만다행으로, 이 모든 사건의 대단원은 비극적이라기보다는 희극적이었다. 11월 중순경 마리아 데비가 십자가 순교를 의도하고 있는 장소인 성 소피아 광장 주변 전체에 경비병들이 배치되었다. 11월 11일 일단의 '형제들'이 관광객으로 가장하여 성 소피아 사원에 들어가는 데 성공했다. 일단 들어가자마자 그들은 법의를 벗어던지고 제단에 접근하여 의식을 주재하려 했다.[46] 이들은 사원에 바리케이드를 치고 들어앉았다. 오몬(특수부대)이 그들을 몰아내려고 시도했을 때 '형제들'은 소화기로 그들을 공격했다(관련자 누구도 이 아이러니를 눈치채지 못한 것 같다). 특수부대의 몇몇 대원이 경미한 부상을 입었고 성화벽도 또한 손상되었다. 그러나 메시아의 군대와 '적그리스도의 종들' 간

43 Ibid., p. 1.; Leonid Kapeliushnikov & Natalia Zinets, "'Beloe bratstvo' v predverii kontsa sveta", *Izvestiia*, 1993. 11. 02., p. 6.

44 Kapeliushnikov & Zinets, "Law Enforcement Organs Appeal to Public Order", *Uryadovyy kuryer*, 1993. 10. 30.(rpt. in FBIS, *Daily Report - Central Eurasia*[1993. 11. 03.], pp. 61~62); Kapeliushnikov & Zinets, "'Beloe bratstvo'", p. 6; Halyna Kryvenko, "Sek Mass Suicide Threat Moved Ahead to 14 Nov.", *Molod Ukrayiny*, 1993. 11. 05.(rpt. in FBIS, *Daily Report - Central Eurasia*[1993. 11. 09.], p. 58); "Appeal on Activity of Sect", *Uryadovyy kuryer*, 1993. 11. 04.(rpt. in FBIS, *Daily Report - Central Eurasia*[1993. 11. 05.], p. 58); "'White Brotherhood' Members on Hunger Strike", *Molod Ukrayiny*, 1993. 11. 02.(rpt. in FBIS, *Daily Report - Central Eurasia*[1993. 11. 05.], p. 57).

45 Oleg Karmaza, "Reportazh s kontsa sveta", *Komsomol'skaia pravda*, 1993. 11. 16., p.3; Kapeliushnikov & Zinets, "'Beloe bratstvo'", p. 1.

46 Mariia Starozhitskaia, "Zaderzhany 700 chlenov 'Belogo bratstva.' Konets sveta otmeniaetsia...", *Izvestiia*, 1993. 11. 26.

의 짧은 '마지막 전투'는 오몬의 승리로 끝났다.[47] 연행된 이들 중에는 크리보노고프와 바로 주 하나님 본좌 또한 포함되어 있었다. 1996년 2월 9일, 마리나 츠비군은 공공 재산을 점유하고 추종자들의 안녕을 위태롭게 했다는 죄목으로 4년형을 언도받았다. 마리아 데비가 이미 의절을 선언하고 이혼한 크리보노고프는 동일한 죄목에 더해 공공 소란 및 연행 저항에 대해 7년형을 받았다. 수십 명의 추종자들은 선고문이 낭독되자 흐느꼈다.[48]

백색 형제단의 활동이 1993년에 절정에 달했던 것은 분명하지만, 그 후로 추종자 모두가 마리아 데비를 포기한 것은 아니었다. 츠비군과 크리보노고프의 결별을 기화로 '세계의 어머니'는 자신의 신성을 포기하지 않고 그녀의 가르침이 '카인'(그녀가 이제 전 유오안 스와미를 지칭할 때 선호하게 된 이름)에 의해 왜곡되었다고 주장할 수 있었다. 그녀를 따르는 무리의 규모가 급격히 줄어들었지만 감옥에서 그녀는 자신이 쓴 선언문을 신도들에게 계속 발행해 내보냈다. 그녀의 페테르부르크 신도 모임을 형성했던 30~40명의 백색 형제들 중 이제 단지 8명밖에 남지 않았다. 마리아 데비의 추종자들은 백색 법의와 끊임없는 전단살포를 포기하고 츠비군의 시로 만든 노래들을 반복해서 부르며 행인들에게 성금을 요구한다고 한다. 형제단의 임시 지도부는 또 다른 세계의 종말을 선포했다고 하는데(이번에는 1996년 말로 예정되어 있다), 그러나 대부분의 시리즈물이 그렇듯이 이것은 원 버전만큼의 흥분을 불러일으키지 못했

---

47 Andrei Borodin & Sergei Kisilev, "End of the World Postponed — Leaders of White Brotherhood Arrested in Kiev", *Segodnia*, 1993. 11. 13., p.1, trans. in *Current Digest of the Post-Soviet Press* 45~46(1993), p. 27.
48 "Ukraine Court Sentences Doomsday Cult Leaders", *Reuters*, 1996. 02. 09.

다.[49] 1997년 여름 츠비군은 감옥에서 풀려나왔지만 거의 아무런 환대를 받지 못했다.

3. 성스러운 복제품

핵전쟁 아마게돈이라는 냉전의 악몽 때문이라기보다 자신의 무게를 지탱하지 못했기 때문에 무너진 소련의 경우와 아주 유사하게도, 위대한 백색 형제단의 몰락은 결코 재앙이 아니었다. 심판의 날의 약속된 '대충격' 대신 마리아 데비의 교회는 재판정의 한심스런 훌쩍임과 함께 무너졌다. 마리아 데비의 종말론마저도 요식적인 일정 문제를 겪었다. 종말은 원래는 1993년 11월 24일로 계획되었지만, 10월 말 츠비군과 크리보노고프는 이것을 11월 14일로 앞당겼다. 여기서 혹자는 제1차 5개년 계획을 4년 안에 달성하고자 한 스탈린의 결심을 떠올릴 수도 있겠다. 기적을 약속하는 것만으로는 충분치 않다. 불가능한 일은 신도 자신들의 예상을 앞지르는 방식으로 싱취되어야 한다. 포스트소비에트의 혼란 속에서 위대한 백색 형제단의 대단원은 특정한 논리를 가지고 있었다. 1991년 8월 불발된 쿠데타와 1993년 10월 옐친의 러시아 의회 건물 급습 사이의 짧은 시기에는 대체로 특별한 사건이 없었다. 역사가 끝난 것은 아니었지만 적어도 잠시 휴지기를 가지고 있었던 것인데, 그럼으로써 뭔가 중대한 일이 일어나려고 한다는 느낌이 고조되었던 것이다. 분명히 포스트소비에트의 현실은 계속 연기될 종말론의 판타지에 기름진 토양

---

49 Filatov, "Sovremennaia Rossiia i sekty"; Boris Falikov, "Beloe bratsvo", *Znamia*, no. 8(1996), p. 192.

을 제공해 주었다. 마리아 데비의 추종자들처럼, 러시아인들과 그들의 이웃 우크라이나인들은 끈덕지게 좀처럼 일어나질 않는 끔찍한 재난을 끊임없이 예견하며 살았다. 기근과 전면적인 내전의 소문, 공공경매장에서 레닌의 시신을 가장 높은 값을 부른 이에게 팔려 한다는 음모에 대한 소문(이 소문은 미국 유머작가 크리스토퍼 버클리에 의해 의도치 않게 시작되었다), 그리고 최고위 정부 관료들이 '붉은 화성'이라 불리는 신비로운 핵 물질을 거래하고 있다는 근거없는 주장 등이 있었다. 위대한 백색 형제단의 지도자들과 새로운 정치 질서의 실력자들 모두의 주장이 루블화 가치가 하락하는 것만큼이나 빠른 속도로 영역을 넓히고 있는 것 같았다. 실제로 이 경제적 메타포가 대중매체에서 반'컬트'주의자들이 제시한 '병' 이미지보다 더 적절한 것 같다. 결국 초인플레이션은 러시아가 간신히 비켜간 또 다른 재앙인 셈이었으니 말이다. 또는, 더 간단명료하게 말하자면, 초인플레이션은 일어났지만 경제와는 완전히 다른 영역에서 일어났다. 수사학의 초인플레이션이 일어났던 것이다.

자세히 들여다 볼 때, 위대한 백색 형제단은 근본적으로 수사학적 현상임이 드러난다. 또는 오히려 어떤 현상이 아니라 복제품이었다고 할 수 있다. 말도 안되는 마리아 데비의 성쇠는 장 보드리야르의 '초현실'의 모든 특징을 지니고 있다. 초현실에서 현실은 그것의 표현들로 대체된다. 필자가 다른 지면을 통해 주장했듯이, 위대한 백색 형제단은 대중매체의 창조물이다. 만약 마리아 데비와 그녀의 선전 기구가 이 운동의 어머니였다면, 이것의 아버지는 '스와미' 크리보노고프가 아니라 포스트소비에트 언론이었다.[50] 형제단의 문건들은 마리아 데비의 추종자

50 Borenstein, "Articles of Faith", pp. 249~266.

들을 형성하고 그녀가 키예프에서 십자가에 매달리는 것을 지켜보게 될 144,000명의 '성인'들을 반복해 언급하고 있다. 대부분의 보도는 츠비군과 크리보노고프의 말을 곧이곧대로 믿었으며, 144,000이라는 숫자가 바로 계시록 7장 4절에서 나온 것이고 따라서 형제단 규모의 정확한 수치로 여기면 안 된다는 것을 언급하는 것을 잊었다. 역설적이게도, 형제단의 근거없는 허세의 진위를 평가하는 데 (『방패와 검』*Shchit i mech'*과 『모스크바 콤소몰 단원』*Moskovskii komsomolets* 같은 가십 전문지뿐 아니라) 『이즈베스티야』*Izvestiia*와 『콤소몰스카야 프라브다』*Komsomol'skaia pravda* 같은 존중받는 매체의 기자들은 다단계 판매(MMM)와 체중 감량 사기(Herbal Life)의 의심스러운 주장에 직면한 포스트소비에트 소비자만큼이나 잘 속아넘어가는 것으로 드러났다. 저널리스트들이나 그들의 독자들이나 모두 거짓 선전에 사기를 당한 것이었다. 모든 소란이 다 끝났을 때, 연행된 마리아 데비 추종자들은 겨우 700 또는 800여 명에 불과했고, 상당수의 '형제들'이 잡히지 않은 채 남아 있다고 보여 주는 증거도 없다.[51] 이 집단의 회원 수의 과장이 탈공산주의 시장의 이행불가능한 약속들과 일관성이 있다고 한다면, 이 과장은 또한 분명히 고골적이라고 할 수 있다. 마리아 데비는 살아 있는 혼보다 훨씬 더 많은 '죽은 혼'들을 구원한 셈이었다.

형제단 지도자들이 체포되지 않았다 할지라도, 대중 언론에서 그렇게도 생생하게 묘사했던 시나리오대로 사건이 전개됐을 성싶지는 않다. 저널리스트들과 정부 관료들의 주장에도 불구하고 위대한 백색 형제단

---

51 Borodin & Kisilyev, "End of the World", p. 27; Starozhitskaia, "Zaderzhany 700 chlenov", p. 1. 마리아 데비 집단 히스테리에서 이 오해가 수행한 역할에 대한 보다 자세한 논의를 위해서는 다음을 참조하라. Borenstein, "Articles of Faith", pp. 254~255.

은 집단 자살을 저지를 계획을 가지고 있지 않았던 것 같다.[52] 즉, 언론들은 형제단에 대한 이미 과장된 주장을 가져와서는 그것들을 더 부풀려서 일제히 도시 질서에 대한 엄청난 위협이라는 환상을 만들어 냈던 것이다. 형제단의 지도자들이 자기네 신앙이 포스트소비에트 부도덕의 상징이 되도록 의도했다고 볼 수는 없겠지만, 이 운동을 보도한 언론인들은 형제단을 러시아와 우크라이나가 심원한 도덕적 위기를 겪고 있음을 보여 주는 또 다른 표지로 이용하는 경향을 보였다. 만약 도덕성에 대한 모든 질문들을 제쳐놓는다면(확실히, 이것은 신앙의 문제를 다룰 때 어려운 일이긴 하다), 위기까지는 아니라도 현대 러시아의 걱정거리와 불안이 투영되어 있음을 발견하게 된다. 이 또한 크리보노고프와 츠비군이 의도한 것은 아니다. 이들은 이 문제들을 자각하지도 못한 채 이용했던 것이다. 오히려 이들은 무한히 많은 타자기를 가지고 독수리 타법으로 닥치는 대로 타자를 침으로써 결국 셰익스피어 전집을 타이핑해 낸, 속담에 나오는 무수히 많은 원숭이들을 닮았다.

4. 우리가 잃어버린 러시아

위대한 백색 형제단을 옹호하거나 혹은 반대하는 선전선동(이 선전선동은 대중 의식에 관한 한 본질적으로 형제단 자체와 등가적이다)은 복수성과 불확실성의 시대에 러시아의 문화적 유산의 문제를 부각시킨다. 러시아 정교의 전통적 종교예술을 의도적으로 환기시키는, 어디에나 편재하는

---

52 필자가 검토한 형제단 문건 중 어떤 것에서도 집단 자살에 대한 언급은 없다. 대신 오직 마리아 데비(그리고 아마도 크리보노고프)가 십자가에서 죽게 되어 있었다. 이 오해의 근원에 대한 논의를 위해서는 다음을 보라. Borenstein, "Articles of Faith", pp. 253~254.

마리아 데비의 초상화는 포스트소비에트 아이콘이자 포스트모던 아이콘이다. 흰 법의와 머리장식 수건, 숄을 걸치고 장신구와 머리띠를 한 그녀는 어딘지 동양적으로 보인다. 그러나 그녀의 십자가, 목자의 지팡이, 그리고 오른손의 들어올려진 두 손가락은 기독교 전통을 지시하고 있다. 비록 그녀의 얼굴이 초상화의 중앙에 있지는 않지만 관찰자의 시선은 피치 못하게 그녀의 얼굴로 이끌려간다. 왜냐하면 머리띠와 오른손이 부분적인 틀이 되어 얼굴을 둘러싸고 있기 때문이다. 러시아나 우크라이나의 시민들에게 그 얼굴은 뚜렷하고 피할 수 없는 메시지를 지니고 있다. 기독교와 동방의 의상이 뒤섞인 차림을 한 이 여자는 틀림없이 슬라브인이다.[53]

　　마리아 데비의 슬라브 출신은 형제단의 공공 이미지에 아주 중요했다. 왜냐하면 위대한 백색 형제단은 구 소련의 종파주의 활동의 일반적 패턴과 반대로 선교사를 들여오기보다는 파견하는 것을 표방하는 운동이었기 때문이다. 형제단의 팸플릿과 신문 『IUSMALOS』에 따르면, 마리아 데비와 유오안 스와미, 그들의 부하들은 동서유럽 도처를 여행했다. 그리고 이타르타스 통신은 한 침례교 목사가 자신이 예루살렘에서 츠비군과 우연히 만났던 것에 대해 간단히 기술한 것을 인용했다.[54] 위대한 백색 형제단은, 적어도 어느 정도는, '신성한 러시아'가 죄많은 세상에 구원을 가져다 줄 것이라는 러시아 메시아주의의 오랜 전통을 취했

---

53 'Maria Devi Khristos'라는 이름조차도 여러 문화가 섞인 혼합물임을 암시한다. 'Khristos'는 물론 '그리스도'에 대한 러시아 단어이자 확연한 그리스어 차용어휘이다. 한편 'Devi'는 '여신'을 뜻하는 산스크리트어 단어로부터 왔다.
54 ITAR-Tass, "Kstati", Komsomol'skaia pravda, 1993. 11. 16., p. 3. 츠비군이 방문한 나라들의 장황한 이야기는 팸플릿 「내 뒤를 따라오시오, 나의 자녀들이여!」(Stupaite za mnoi, deti moi!)에서 발견할 수 있다.

다. 차르 시대에 나타난 구교도 및 많은 종파주의 운동처럼, 형제단은 '부패한' 정교 교회보다 더 신실한 슬라브 영성의 대표자임을 표방했다. 형제단의 지도자들은 말로나 시각적으로나 러시아의 종교적 이의제기의 전통 내에 자리잡고 있었다. 어디에나 편재하는 마리아 데비의 성화에서 세계의 어머니는 17세기 대분열로 이어진 개혁 이후로 러시아 정교회가 선호해 온 세 손가락의 축복 표지가 아니라 두 손가락으로 하는 구교도식 표지를 보이고 있다.

크리보노고프와 츠비군은 자신들의 글에서 공식 교회를 가차없이 비판하며 그 사제들을 아무렇지도 않게 "정교의 검은 바퀴벌레들"이라고 지칭한다. 그러나 형제단의 도전은 러시아 교회의 전적인 부인에 기반한 것이 아니라 교회가 참된 길로부터 벗어났다는 주장에 기초하고 있다. 이러한 접근은 정교 상징과 심지어는 예배의식까지도 형제단 교리 내에서 쉽게 통합될 수 있게 했으며, 포스트소비에트적 맥락에서 아주 타당한 것이었다. 푸르만의 조사가 시사하듯이, 교회가 구 체제와 맺고 있는 긴밀한 유대관계는 러시아의 '정교로의 복귀'를 방해했다. 츠비군이 "오늘날 모든 교회들이 사탄의 혐오스런 영에 의해 더럽혀졌다"고 쓸 때, 그리고 러시아 정교 사제들이 "이전에는 성스러웠던 장소를 토사물과 오르가슴으로 더럽히고 있다"고 주장할 때, 그녀가 사용한 명백히 거친 표현들은 교회가 공산주의 체제와 화해했을 때 "악마와 거래를" 한 것이라는 비난을 되풀이한 것에 지나지 않는다.[55] 러시아 정교회의 총대주교를 '지옥의 사냥개'라고 지칭한 아바쿰의 전통에 따라, 형제단은 '진정한' 정교적 감수성에 호소하는 한편, 적그리스도의 지배하에 떨어진

---

55 *"Stupaite za mnoi"*, 강조 표시는 원본으로부터 가져왔음.

데 대해 교회를 공격할 수 있었다. 자신이 이전에 사제였다고 주장하는 형제단의 한 회원은 "나는 기독교나 교회 일반에 대해서 반대하는 것이 선혀 아니다. 나는 오늘날 그 안에서 일어나고 있는 것에 반대하는 것이다!"라고 쓰고 있다.[56]

정교회로부터 '러시아성'이라는 역할을 전용함에 있어 위대한 백색 형제단은 러시아의 탈제국주의 문제점들을 상당히 교묘하게 다뤘다. 표면적으로 형제단은 구 소련의 주민들 대부분보다 훨씬 빠르게 새로운 현실에 적응했다. 어색한 '독립국가연합'이라는 말이 구 소비에트 사람들 입에서 자연스럽게 술술 나오지 않던 시절, 크리보노고프와 츠비군의 비난에서는 마치 독립국가연합이 이미 몇 십 년 동안 존재해 왔던 것처럼 아무렇지도 않게 언급되고 있었다. 독립국가연합은 형제단에게 소련의 붕괴로 불거진 용어상의 어려움을 없애는 손쉬운 수단이었다. 이 운동이 특히 러시아 교회와의 대립 속에 자신을 규정하고 자신을 러시아의 문화적 유산의 계승자라고 여긴 것은 분명하다. 그렇지만 실상 백색 형제단의 이야기와 관련된 가장 중요한 사건들은 현재는 독립된 영토인 츠비군의 출생지, 우크라이나에서 일어났다. 민족주의가 러시아와 우크라이나를 철천지 원수로 만들어 버릴 조짐을 보이던 때, 마리아 데비는 그 둘 간에 어떤 차이도 인정하려 하지 않았다. 연방에 대한 그녀의 언급 대부분은 처음 형성되었던 바로 그 독립국가연합을 겨냥한 것으로서, 이 때의 연방이란 러시아, 우크라이나, 벨라루스의 슬라브 공화국에 대한

---

56 Serge Zenkovsky, ed., *Medieval Russia's Epics, Chronicles, and Tales*(New York: Meridian Books, 1974), p. 447; Anonymous, "Ispoved' byvshego sviashchenika(ili o merzosti zapusteniia v sviatykh mestakh)", *IUSMALOS*, no. 8(1993), p. 6. 이 글의 저자는 교회 고위 성직자들의 자동차 번호판의 숫자들을 더하면 6660이 된다고 언급한다. "당신은 이것이 우연이라고 생각하는가?"

포괄적 용어로 사용되었다. "독립국가연합은 악마 숭배의 중심지가 되고 있습니다(슬라브 지역은 약속된 땅입니다)."[57] 그러나 마리아 데비의 독립국가연합 수용은 그녀 메시지의 '신 중세주의'의 본질적 부분이었다. 그녀에게 소련의 잔존물은 다름 아닌 바로 '고대 키예프 루시'의 약속된 땅이다.[58] 마리아 데비의 뉴에이지 신학의 중심에는 현대 민족주의를 초월하는, 오래전에 잃어버린 타락하기 이전 '러시아'에 대한 노스탤지어에의 호소가 있다. 사실, 형제단의 선전의 그 편재성은 새로이 독립한 세 국가 간의 특별한 유대라고 볼 수도 있다. 1993년 한 논평자는 다음과 같이 쓰고 있다. "키예프 출신의 한 남자가 가령 모스크바로 여행하면서 지하철 객차나 가게 창문에 붙여진 [마리아 데비의] 사진을 본다. 그에게는 마치 우크라이나 수도를 전혀 떠나지 않은 것처럼 느껴진다."[59] 마리아 데비의 추종자들이 종말 후의 천국을 고대한 것처럼, 그들의 수사학과 전술 또한 러시아에서 급속히 강력해진 탈제국주의 노스탤지어에 호소함으로써 과거의 황금 시대로 회귀한다.

러시아의 정체성 문제는 러시아의 몇몇 신흥 종교 운동에게 중요한 문제일 뿐 아니라 아마도 국내 자생 종교들과 수입된 종교들 간의 가장 뚜렷한 차이라고 할 수 있다. 소비에트 시기에 타협했다고 여겨지는 러시아 정교회의 실패는 언제나 러시아 신흥 종교 운동의 교리에 서브텍

---

57 *"Stupaite za mnoi"*.

58 "Peite moiu vodu zhivuiu", *IUSMALOS*, no. 10(1993), p. 3.

59 S. Kisilev, "Belaia goriachka'. Pochemu chekisty ne mogut naiti shtab 'Belogo bratstva'", *Novaia gazeta*, 1993. 11. 10. 마리아 데비 이미지를 거의 어디서나 알아볼 수 있었음을 보여 주는 예로 예카테린부르그의 예술가 사샤 샤부로프에 의해 제작된 '제록스 아트'의 패러디 시리즈를 들 수 있다. 여러 사진에서 되풀이하여 샤부로프는 베라 무히나의 기념비 상 '노동자와 집단농장 농부'로부터 네페르티티의 흉상에 이르기까지 수많은 고전적 문화 아이콘들에 자신의 얼굴을 붙여 놓았다. 이 시리즈에는 "사샤 샤부로프 그리스도"라는 글귀가 새겨진, 마리아 데비로서의 작가의 초상화가 포함되어 있다.

스트로 이용되고 있으며 많은 신흥 종교 운동이 공식 정교를 노골적으로 공격한다. 위대한 백색 형제단처럼, 사제직을 박탈당한 정교 사제 이오안 베레슬라프스키에 의해 창립된 성모 센터는 "단일한 진정한 신앙"이라 자칭하며 공식 러시아 정교 교회를 악을 위한 세력이라 여긴다. 츠비군과 크리보노고프가 IUSMALOS가 슬라브 영성의 진정한 표현이라 선언했다면, 베레슬라프스키는 이들의 주장에서 한 발 더 나간다. 즉, 성모 센터는 사실상 진정한 러시아 정교 교회이며 오직 이 센터만이 러시아 대주교의 '붉은 교회'가 왜곡한 정교의 '진실'을 되찾을 수 있다.[60] '비밀의 지식의 바조프 아카데미' 같은 다른 신흥 종교들은 정교회를 공격하는 것보다 '신성한' 러시아 문화의 상실된 전통을 재건하는 데 더 관심이 있다. 블라디미르 소볼료프에 의해 첼랴빈스크 관구에 세워진 바조프 아카데미는 우랄이 전 러시아의 '에너지 중심'이며 마그니토고르스크에서 멀지 않은 곳에 있는, 한 잃어버린 민족의 고향인 아르카임에서 세계의 중심을 발견할 수 있다고 주장한다. 이들의 우주론에서 핵심이 되는 인물 중에 영웅적인 위업으로 유럽과 아시아를 통합한 시베리아의 정복자 예르마크가 있다. 현대 유명 인사들조차 러시아의 신성한 임무에 대한 이 아카데미의 비전에서 각자 역할을 가지고 있는 것으로 그려진다. 소볼료프의 손에서 미하일 고르바초프는 미하일 로마노프 대공의 재현현이 되며 따라서 전 러시아의 차르가 된다. 아카데미의 교리 중 대부분은 스베르들로프스크의 작가 파벨 바조프(1879~1950)가 쓴 민간설화의 해석에 기반하고 있다. 파벨 바조프는 자신이 쓴 겉보기에 무해한 아동용 이야기들 속에 신성한 진실을 숨겨놓았다고 한다. 풍부한 민간설화와

60 Filatov, "Sovremennaia Rossiia i sekty".

민족 전통을 다루면서, 아카데미는 학술대회와 민속 축제를 후원하고 지방정부와 긴밀한 관계를 맺고 있다. 1995년의 바조프 축제는 6,000명의 참가자를 끌어모았다고 한다.[61]

몇몇 다른 러시아 토착 '컬트'들을 살펴보면, 마치 그 지도자들이 영감을 얻기 위해 동일한 공공 도서관을 뒤진 것 같은, 혹은 이 나라의 민족적 신화의 구성 요소가 이데올로기의 사유화 경매에서 신흥 종교 운동들에게 싸게 팔아치워진 것 같은 인상을 받게 된다. 1992년, 미심쩍은 평판을 가진 신생 주간 타블로이드지였던 『메가폴리스 익스프레스』*Megalopolis Express*는, 모스크바 지하 비밀 통로에서 사는 지금껏 알려지지 않았던 공동체의 존재를 폭로한다고 주장하는 일련의 기사들을 실었다. 이른바 톨스토이인이라 불리는 이들은 필경 러시아 작가 톨스토이의 종교적 신념을 실천하려 했던 톨스토이주의자들로부터 나온 듯하다. 그렇지만 이 주제에 대한 첫 기사에 붙은 편집자 주석에서 이 집단은 "레프 톨스토이와 블라디미르 울랴노프[레닌]의 신념의 일종의 혼합체"라 불리고 있다.[62] 이들의 믿음과 실천이 어떤 점에서 정확히 톨스토이나 레닌과 관련돼 있는지는 알기 어렵다. 이 집단은 아마도 '절대적인 자유, 양심, 그리고 불타협'을 옹호하고 자유연애, 절도, 매춘, 살인을 실천하는 듯하다.[63] 이들은 아이들에게 다방면에 걸쳐 책을 읽히는데 이 목록만으로도 기자 니콜라이 포포프의 문화적 의제를 잘 알 수 있다. "아이들은 아리스토텔레스로부터 베르댜예프, 오비디우스에서 푸슈킨, 피타고라

---

61 바조프 아카데미에 대한 필자의 모든 정보는 다음에서 가져온 것이다. Filatov, "Sovremennaia Rossiia i sekty".

62 Nikolai Popov, "Sect in the Moscow Catacombs", *Megalopolis Express*, no. 13, 1992. 03. 25., p. 7, trans. in *Current Digest of the Post–Soviet Press* 44, no. 12(1992), pp. 32~33.

63 Popov, "Sect in the Moscow Catacombs".

스에서 로바체프스키에 이르기까지 고전을 공부한다." 고대 그리스와 러시아의 문화적 위인들이 일련의 대조를 이루도록 이름을 배열함으로써 포포프는 러시아의 유산과 그리스의 유산을 똑같이 값진 (그리고 똑같이 죽은) 두 전통으로 취급하고 있다. 더욱이, 포포프는 모든 각고의 분야에서 그리스인들에 의해 시작된 진보를 위한 행군을 완성하는 것은 러시아라는 것을 암시함으로써 고전적인 러시아 천년왕국 패턴의 개요를 이야기하고 있다. 필자가 아는 한도 내에서는, 다른 어떤 신문도 이 톨스토이인 이야기를 다룬 적이 없었다. 『메가폴리스 익스프레스』의 미심쩍은 평판과 기사들의 센세이셔널한 성격을 고려해 볼 때, 확실히 톨스토이인들은 기자의 상상력의 산물임이 분명하다. 그러나 설사 톨스토이인 이야기가 꾸며 낸 것이라 해도 종파를 만드는 영감을 얻기 위해 러시아 고전 작가를 사용했다는 것은 러시아의 문화적 유산에 대한 관심이 오늘날 러시아의 신흥 종교 운동의 기저 구조의 본질적 부분이 되고 있음을 시사한다. 위조된 것을 적어도 어느 정도 설득력 있는 것으로 만드는 것이 바로 러시아의 특성인 것이다.[64]

5. 전체종파주의자들

너무나 많은 다양한 신흥 종교 운동의 존재는 위대한 백색 형제단과 같

---

64 문화적 의제를 개진하기 위해 존재하지 않는 '컬트'를 만들어 내는 것은 타블로이드 저널리스트들의 독점적 영역이라고 하기 어렵다. 미하일 엡스타인은 자신의 저서 『신종파주의』(New Sectarianism)에서 1970년대 이래로 러시아에서 형성된 10여 개 이상의 다른 종파들을 기술한다. '하자르인들', '피의 숭배자들' 그리고 심지어 '푸슈킨인들'까지 있다. 그 결과는 최근 문화적 동향에 대한 해설이자 확장된 보르헤스식 조크(학문의 형식 속의 허구)라고 할 수 있다. 다음을 참조하라. Mikhail Epshtein, *Novoe sektantstvo* (Holyoke: New England Publishing Co., 1993).

은 야심찬 집단들에게는 문제가 되었다. 필연적으로, 형제단의 지도자들은 대주교 알렉시이 2세, 옐친, 레오니드 크라우추크(당시 우크라이나 대통령) 같은 '유력 용의자들'뿐 아니라 형제단 지도자들만큼이나 자신들이 새로운 종약의 저자라고 확신하는 경쟁자 선지자들을 향해서도 욕설을 퍼붓게 되었다. 통합을 그렇게나 강조했음에도 불구하고, 위대한 백색 형제단은 역사를 통해 유토피아적 선지자들이 직면했던 것과 동일한 문제와 맞부딪쳤다. 형제단의 세계적 진리에 대한 자처는 그들의 편협성을 쉽게 드러낸 것이다. 실제로, 러시아의 신흥 종교 운동을 묘사하는 데 가장 흔히 쓰이는 바로 그 용어(종파sekta)는 17세기 대분열로 거슬러 올라가는 종파주의와 반계몽주의를 함축하며, 그렇게 함으로써 그 어떤 신흥 종교 운동의 세계적 진리 표방도 암암리에 상대화시켜 버린다. 메시아가 되고자 한 그 많은 이들의 경쟁적인 주장들은 오히려 그들의 '신격'을 약화시킨다. 약속된 땅은 싸우기 좋아하는 수많은 작은 신들이 나눠 가진 봉건적 토지를 닮기 시작한다.

현대 정교의 해악에 대한 비난 중간 중간에 츠비군과 크리보노고프는 『IUSMALOS』의 지면을 사용하여 이오안 베레슬라프스키의 성모 센터를 맹렬히 비난했다. 비록 성모 센터는 위대한 백색 형제단보다 언론의 관심을 훨씬 덜 얻었지만 마리아 데비보다 몇 해나 먼저 이 분야에 등장했다. 한 인용에 따르면, 베레슬라프스키는 선지자 노릇 초기에 만약 모스크바가 그의 교리를 받아들이지 않는다면 흑사병이 들끓는 수천 구의 시체들로 거리가 가득 찰 것이라 말했다고 전해진다. 그러나 마리아 데비가 스캔들을 성공시켰을 즈음에는 베레슬라프스키는 자신의 수사학의 수위를 몇 단계 낮춘 상태였다.[65] 불신자를 위해 예비된 지옥의 운명에 대한 마리아 데비의 끔찍한 묘사가 고전적인 천년왕국 비전이라면, 베레슬라프스키의 개량된 교리는 "인간의 얼굴을 한 지복 천년설"이라 불릴 만하다. 세계는 오로지 성모의 자비 덕분에 파괴되지 않고 변형될 것이었다.[66] 역사의 정점에 대한 각 시나리오의 차이를 무시한다 하더라도, 베레슬라프스키의 성모 센터의 속성상 그와 백색 형제단은 철천지 원수가 될 수밖에 없었다. 츠비군이 자신이 그리스도와 성모가 단일한 형태로 현신한 것이라고 주장한 반면, 베레슬라프스키는 그리스도의 어머니에 대한 숭배를 기반으로 센터를 만들고 자신을 그녀의 메신저라 선언했다.[67] 1993년 3월 20일자 시에서 츠비군은 베레슬라프스키가 스스로를 사탄에게 팔아넘긴 '거짓 선지자'이며 '배신자'라고 선언한다.[68] 1993년 6월 14일 마리아 데비의 추종자들은 상트페테르부르그에서 성모 예배를 방해하고 베레슬라프스키를 "더러운 유태인 놈"이라고 지칭하는 팸플릿을 배포했다. 베레슬라프스키는 "잡년 마리아 데비"를 그녀의 영혼이 우주로 주기적인 여행을 떠나 있는 사이 악령에 의해 생식기가 침범당한 "시골 암소이자 양성적 괴물"이라 부름으로써 응수했다.[69] 두 '컬트' 간의 이러한 격렬한 세력 다툼은 어떤 쪽의 이미지에도 좀처럼 유익한 효과를 가져오지 못했을 것이다.

그럼에도 불구하고, 대중적 우려를 불러일으키는 것은 몇몇 신흥 종

---

65 Svetlana Kolosovskaia, "Chumnaia volna", *Smena* 3(1994), pp. 20~36.

66 Filatov, "Sovremennaia Rossiia i sekty".

67 그러나 베레슬라프스키의 센터는 위대한 백색 형제단보다 시기가 앞섰다. 팔리코프는 츠비군이 자신이 세계의 어머니라 믿게 된 것은 1990년 3월 성모의 임박한 재출현에 대한 베레슬라프스키의 예언 때문이었다고 주장한다(Falikov, "Beloe bratstvo", p. 186).

68 세계의 어머니 마리아 데비 그리스도, "Moskovskomu Izheproroku o. Ioannu(Bereslavskomu) (direktoru Bogorodichnogo tsentra)", *IUSMALOS*, no. 4(1993), p. 3.

69 Aleksandr Shchipkov, "'Bran'' Bogorodichnogo tsentra s 'Belym bratstvom': Komediia, perekhodiashchaia v dramu", *Nezavisimaia gazeta*, 1993. 06. 16, p. 2.

교 운동의 내부적 다툼보다는 이들의 통합 야망이다. 신흥 종교 운동이 전체주의 유산에 대한 불안의 지표로 기능한다는 사실을 가장 명확히 보여 주는 것은 바로 '컬트'가 전체주의라는 오명을 지녀온 방식일 것이다. 종교적 사안들에 대한 더 강력한 국가의 통제와 공공 생활에 관한 정교 교회의 역할 증대를 요구하는 바로 그 저자들 자신이 일상적으로 신흥 종교 운동을 '전체주의적 종파들'이라 부르고 있다.[70] 이 용어는 신도의 삶에 대한 전면적 통제를 열망하는 종교 운동들을 묘사하기 위해 사용되는데, 생각보다 훨씬 더 깊은 냉전 시대 기원을 가지고 있다. 비판자들이 '전체주의적 종파들'에 가하는 비난은 곧 이들이 세뇌를 의미하는 러시아식 표현인 '코딩' 또는 '모델링'에 관여하고 있다는 것이다. 백색 형제단 지도자 유리 크리보노고프에 대한 우크라이나 내무성 자료에 따르면, 이 형제단 구루는 "생물 에너지학과 최면술의 대가로서, 이것들을 사용하여 사람의 의지를 중화시키고 순종적이고 저항할 수 없도록 만든다". 크리보노고프의 '코딩'은 "'위대한 백색 형제단'에 들어가는 '세례' 또는 '입회' 과정 동안" 희생자들을 '좀비'로 만들어 버린다.[71] 크리보노

---

70 '전체주의적 종파들'이라는 용어는 신흥 종교 운동에 관한 러시아어로 된 자료 곳곳에서 사용되고 있다. 영어로 된 예로는 다음을 보라. "Boom of Religious Cults in Russia Provokes Fear", *Reuters*, 1995. 05. 11.

71 Georgii Alekseev, "Khishchniki v belykh odezhdakh, ili kuda ischezaiut nashi deti?" *Shchit i mech*, 1993. 07. 08., p. 8; Viktor Smirnov, "Brat'ia, apostoly … i propavshie deti", *Rossiiskie vesti*, 1993. 11. 10.; Aleksandr Shipkin, "Lzheproroki v Kieve", *Rossiiskie vesti*, 1993. 11. 13. 키예프 사건 후 구금된 형제 중 누구도 이러한 루머를 시인하지 않았다. 심지어 이들이 우크라이나 정신과 의사들에 의해 '치료받고' 부모들의 보호하에 석방되었을 때조차도 말이다 (Vyzhutovich, "Epidemiia", p. 6). 그럼에도 불구하고, 형제단의 일반 회원들의 생활조건은 사상의 자유를 보장했다고 하긴 어렵다. 크라스노야르스크 출신의 러시아 종파주의 연구자인 류드밀라 그리고리예바는 백색 형제단에 잠입하여 두 달을 그들과 함께 보냈다. 그녀가 발견한 사실들은 대중 언론에서 자주 등장하는 이야기 중 몇 가지를 확인해 주었다. 마리아 데비의 추종자들이 하루의 대부분 동안 단식을 하고 오직 밤에만 소량의 음식을 먹었다거나, 하루 중 대부분의 시간을 기도에 바쳤다거나, '형제들'이 한번에 4~5시간 이상 자는 것이 거의 허용되지 않았다거나 하는

고프와 메시아가 되고자 하는 다른 이들이 이 기술을 어디서 발전시켰을까? 말할 것도 없이, KGB의 실험실에서다.

여기서 우리가 다루고 있는 것은, 정신의학이 병자들을 치료하기 위한 도구가 아니라 반체제 인사에 맞서는 무기로 사용되었던 문화, 그리고 국가가 통제하는 언론에 의해 남겨진 정보의 공동이 그 어떤 실제 소비에트 공장의 생산력도 앞지르는 생산성을 가지는 어마어마한 소문의 제조공장에 의해 채워지곤 하던 문화에 대한 정당한 피해망상증이다. 역설적으로, KGB는 서구의 우익 극단주의자들의 환상 속에서 '공산주의자들'이 하는 일과 동일한 기능을 수행했다(그리고 계속 수행하고 있다). 즉, 이들은 언제나 설명불가능한 것을 설명하는 데 들먹여질 수 있다. 보리스 팔리코프가 표현한 바와 같이, "우리나라에는 충분한 것보다 더 많은 악마연구 전문가들이 있다. 이것은 그 자체로 무언가의 증상인 것이다". 팔리코프는 그의 지인들이 백색 형제단 전체가 KGB의 마인드 컨트롤 실험의 실패작이라고 주장하는 것을 들었다고 전한다. 이것은 형제단만큼이나 불가해한 현상이었던 블라디미르 지리노프스키의 인기를 설명하기 위해 이전에 사용되었던 이론이기도 하다.[72] 많은 소식통들은 크리보노고프가 '향정신성 무기류'에 특화된 실험실에서 엔지니어 또는 컴퓨터 과학자로 일했다고 주장했다.[73] 한 저널리스트는 젊은 크리보노소프가 인공지능 실험실에서 일하는 동안 사람들을 '좀비로 만드는' 법

것들이다. 이러한 방법들이 강압적이라는 주장도 있기는 하지만, 어떤 마약이나 초자연적인 방법이 사용된 것 같지는 않다(Filatov, "Sovremennaia Rossiia i sekty").

72 Falikov, "Beloe bratstvo", p. 191.

73 Alekseev, "Khishchniki", p. 8; Nikolai Burbyga & Aleksei Grigor'ev, "'Otets nebesny' i 'Mater' Mira' pokhishchaiut detei, sovershaiut finansovye afery v psevdoreligioznoi sekte 'Beloe bratstvo'", *Izvestiia*, 1993. 07. 28., p. 3.

을 배웠다고 주장한다. "믿을 만한 자료에 따르면… 그 실험실은 전자 지능을 만드는 것뿐 아니라 인간 지능을 인공지능으로 바꾸는 일에도 전념하고 있었다."[74] 이러한 주장이 인공지능의 속성에 대해 극히 어렴풋이라도 알고 있는 사람이 볼 때 말도 안되는 것이라는 사실은 중요치 않다. 이러한 수사학적 속임수를 고려할 때, 포스트소비에트 '컬트'는 KGB가 만들어 낸 램프로부터 나온 전체주의 지니[75]임이 드러난다.

이와 같은 세뇌 혐의들은 이중적으로 역설적이다. '전체주의적 종파들'에게 가해진 비난은 역으로 초자연적 힘을 가지고 있다는 '컬트' 지도자들의 주장에 대한 절대적 믿음을 무심코 드러낸다. 과학, 종교, 신비주의를 이리저리 짜맞출 수 있는 언어적 레퍼토리에 불과한 것으로 취급하는 경향으로부터, 그리고 '좀비화'와 '코드화'에 대한 빈번한 비난으로부터, 우리는 신흥 종교 운동의 지도자들과 그들의 대중매체 적들이 자신의 주장을 프레이밍하기 위해 동일한 근원에 의지하고 있다는 증거를 발견하게 된다. 위대한 백색 형제단의 살아 있는 신인 마리아 데비 흐리스토스는 적그리스도의 종복들이 "텔레비전과 라디오 프로그램의 도움을 빌려 수천 명의 순진한 사람들을 자신의 영향력하에 종속시키고" 있으며 러시아 정교 사제들이 성체성사에 "특별한 향정신적인 요소를 더하여 교구민들을 악마 숭배자들의 의지박약한 노예로 만들고 있다"고 주장했다.[76] 러시아 역사에 걸쳐 반체제 종교계 인사들은 정부당국을 지상의 사탄의 종복으로 그려냈다. 표트르 대제와 대주교 니콘은 아마도

---

74 Valerii Lapikura, "'Beloe bratstvo': zombi ili fanatiki?" *Rossiiskaia gazeta*, 1993. 11. 09., p. 5. 보리스 팔리코프는 또한 IUSMALOS의 '프로그램'을 '신이 악마와 싸우는 우주 컴퓨터 게임'이라 부르며 '인공지능' 연관성을 중시한다(Falikov, "Beloe bratstvo", p. 189).

75 [옮긴이] 지니는 「알라딘의 램프」에 나오는 램프의 요정이다.

76 *IUSMALOS*, no. 8, 1993, p.1.

적그리스도와 동일시 될 수 있는 가장 중요한 인물일 것이다. 서구 모델을 따라 국가를 완전히 바꿔놓으려던 표트르 대제의 시도는 국민의 큰 부분을 소외시켰고, 대주교 니콘의 교회 의례 개혁은 대분열을 초래했다.[77] 그러나 '코드화'를 러시아의 전통적 가치를 파괴하려는 음모와 동일시하려는 시도는 그 자체가 외국 담론에 오염된 것이다. 러시아 비평가들은 미국의 '세뇌' 논쟁을 고스란히 되풀이하고 있다. 미국의 논쟁 자체는 서구 전쟁포로들의 공산주의 재교육 수용소 경험으로부터 발전해 나온 것이었다.[78] 미국에서 세뇌에 대한 논쟁은 적색공포[79]를 종교의 영역으로 옮겨 놓은 것이다. 이제 이것은 러시아 문화의 순수성이란 명목 하에 정교의 수호자들에 의해 전용되어 왔다.

6. 상대적으로 러시아적인

러시아 신흥 종교 운동에 의해 유발된 불안을 둘러싼 역설은 매우 뚜렷이 감지된다. '컬트'의 적들은 이 현상에 대해 치명적인 외국의 영향의

77 James Billington, *The Icon and the Axe: An Interpretive History of Russian Culture*(New York: Vintage Books, 1970), pp. 142~144, 158, 180.

78 '세뇌' 논란은 에드워드 헌터(Edward Hunter)에 의해 시작되었다. 그는 이 용어를 중국의 '사고 교화 기술'에 대한 자신의 연구에서 처음 사용했다(*Brainwashing: The Story of the Men Who Defied It*[New York: W. W. Norton, 1956]). 반'컬트'주의 운동은 '컬트'에서 사용되고 있다고들 여겨지는 강압적 주입 기술을 묘사하기 위해 이 용어를 전용했다. 비록 많은 설득력 있는 연구들이 세뇌 모델에서 결함을 발견했지만, 이 논쟁은 오늘날까지 계속되고 있다. 이 논쟁에 대해 더 알기 위해서는 다음을 참조하라. David G. Bromley & James Richardson, eds., *The Brainwashing/Deprogramming Controversy: Sociological, Psychological, Legal, and Historical Perspectives*(New York: Edwin Mellen Press, 1983).

79 [옮긴이] 적색공포(Red Scare)란 공산주의나 급진적 좌익운동의 잠재적 발흥에 대한 두려움이 증폭되는 현상을 말한다. 미국에서 최초의 적색공포는 노동자 혁명과 정치적 급진주의에 대한 것이었으며, 두번째 적색공포는 사회에 영향을 미치고 연방정부에 잠입하는 국내외 공산주의자들에 초점이 맞춰져 있었다.

결과라고 판에 박은 듯 비난하고 있지만, 그들 자신의 담론은 냉전에서 근원하는 서구의 반'컬트' 운동의 수사학에 종속되어 왔다. 포스트소비에트 시대의 이 불안정한 첫 몇 년 동안, 보다 단순하고 보다 진정으로 '러시아적인' 과거에의 호소는 결코 드문 일이 아니었다. 이것은 스타니슬라프 고보루힌의 인기 다큐멘터리 「우리가 잃어버린 러시아」1992뿐 아니라 러시아의 역사적·민속적 영웅들이 텔레비전 광고에 등장하는 빈도, 그리고 로마노프 왕조의 마지막 차르들의 이미지를 담고 있는 사진과 달력의 대량 유통에 의해 입증된다. 러시아의 신흥 종교 운동을 옹호하거나 반대하는 선동가들은 잠재적인 신자들의 영혼 이상의 것을 위해 싸우고 있다. 지금 이 싸움에 걸려 있는 상은 러시아의 문화적 유산 그 자체이다. 각 진영은, 오래전에 잃어버린 황금시대, 곧 현재 러시아연방, 우크라이나, 벨라루스에 살고 있는 걸핏하면 싸우고 다루기 힘든 민족들이 아마도 하나의 신앙, 하나의 피, 하나의 정신을 가지고 있었으리라 추정되는 시대의 러시아의 후계자라고 주장한다. 그러나 자신이 진짜라는 그들의 경쟁적 주장들은, 절대적으로나 근본적으로나 '러시아의' 것이라 여겨질 수 없는 근원을 지닌 신화와 상징, 수사학의 파스티셰임이 분명하다. 부인할 수 없는 진실의 담지자를 자처하는 이들은, 정교도이건, 민족주의자이건, 백색 형제단이건, 혹은 성모 센터의 숭배자이건 간에, 단순히 자기의 적들이 틀렸음을 밝히기보다는 자신의 주장과 적들의 주장 모두를 더욱 상대화시키고 있을 따름이다. 심지어 과장되었던 전체주의조차도 본연의 규모로 줄어들었다. 전체주의적 종파라는 용어가 냉전 시대의 낡은 수사학적 대물림이라고 할 때, 이 용어는 전체주의 모델을 교체하는 심각한 변화를 가져오게 된다. 왜냐하면 규모에 대한 온갖 허세에도 불구하고 탈공산주의 '컬트'는 소비에트 정부보다 훨씬 작은 스케일로 기능하고 있기 때문이다.

신흥 종교 운동과 공인된 기관(가령, 언론, 정부, 정교회 등) 간의 이념적 갈등들은 더 심한 상대주의를 초래할 따름이지만, 한편으로 이 갈등들을 다소 예상치 못한 형태의 통합으로 가는 완곡한 경향의 증거로 볼 수도 있다. 논쟁에 참여하는 모든 당사자들이 동일한 언어로 말한다. 오래전 잃어버린 신화적 과거에 대한 노스탤지어와 초자연적 힘에 대한 강한 믿음을 다가오는 종말(마리아 데비 류가 예언하는 세계의 종말이든, 그녀의 예견의 결과로 그녀의 적들이 예상하는 거대한 사회적 격변이든)에 대한 두려움과 결합시키는 언어 말이다. '컬트'주의자와 반'컬트'주의자 모두 불안해하는 대중에게 동일한 종말론적 내러티브의 버전들을 제공하고 있다. 신흥 종교 운동을 옹호하거나 반대하는 선전의 홍수에 잠겨 있는 현대 러시아는 공상 작가들이 전통적으로 요구해 온 것, 곧 불신을 자발적으로 보류함으로써 자신이 그 선전의 이상적인 청중임을 보여 주었다.

옮긴이 후기

내가 『러시아 소비하기: 포스트소비에트 러시아의 사회와 대중문화』*Consuming Russia: Popular Culture, Sex, and Society since Gorbachev*를 처음 접하게 된 것은 미국 하버드 대학 슬라브어문학과에서 박사과정을 시작하던 2001년 9월 대학원 신입생을 위한 프로세미나 수업에서였다. 2001년은 1991년 소비에트가 해체된 지 10년째 되던 해였고, 그 10년은 구 소비에트 연방에 속했던 지역과 국가에서 엄청난 변화들이 한꺼번에 터져 나왔던 혼돈의 시대이자 이들의 운명에 대해 수많은 우려와 추측, 진단이 일제히 제기되었던 시기였다. 1999년에 출판된 이 책은 소비에트 몰락 직후 러시아 사회의 모습과 이에 대한 서방 및 러시아 내부의 시각을 생생하게 담고 있었다. 프로세미나 수업에서는 이 책의 몇몇 장을 다루었을 뿐이지만, 나는 책 전체를 채우고 있는 다양하고 신선한 주제와 저자들 자신의 관찰을 통한 생동감 넘치는 묘사에 강렬한 흥미를 느끼지 않을 수 없었다. 나의 과문함 때문일 수도 있겠지만, 그때까지 나는 포스트소비에트 문화라는 맥락에서 영화나 문학, 또는 언어적 유희와 관련된 글 외에는 읽어

본 적이 없었다. 지금도, 이 책에서 살펴보고 있는 포스트소비에트 러시아의 애완동물 문화, 다단계 조직 대국민 사기극, 아동문화, 대중 스포츠, 문신 관습, 종교 컬트, 남성 발레와 동성애 등을 다룬 저작은 설사 있다 하더라도 상당히 제한적인 것으로 안다. 이러한 내용적 희귀성과 전문성은 나뿐 아니라 다른 많은 독자들에게 소구할 수 있는 이 책의 장점일 것이다. 처음 이 책을 접한 지 10여 년이 흐른 후 한국에서 그린비 출판사의 '슬라비카 총서' 기획에 참여하게 되면서 한국의 독자에게 무엇보다도 먼저 이 책을 소개하고 싶다는 생각이 들었다.

포스트소비에트 러시아의 1990년대 문화 경관을 담아 1999년에 출판된 이 책이 20여 년이 지난 오늘날 어떤 의미가 있을까? 단지 포스트소비에트 러시아의 여러 단면에 대한 현장 보고서로만 이 책을 읽는다면 이 책은 이미 시의성을 잃었다고 생각할 수도 있을 것이다. 러시아는 30년이 채 안 되는 기간을 지나오며 상전벽해의 변화를 겪었다. 정치 체제나 경제적 환경의 변화는 두말할 것 없거니와 사람들이 일상생활에서 유무형의 문화 활동에 참여하는 양상과 그 근저의 가치 체계에 있어 오늘날의 러시아와 1990년대 이전의 소비에트 러시아는 정말 다르다. 그러나 분명한 것은 현대 러시아 사회는 어느날 문득 외부로부터 던져 넣어진 것도, 내부로부터 갑자기 솟아오른 것도 아니라는 점이다. 소비에트 직후 러시아 사회 도처에서 발생한 여러 급진적 변화들은 사실상 소비에트 시대에 그 근간과 동인이 있었음이 확실하며, 소비에트 문화에서 오늘날 러시아 문화로 이행하는 과정의 한 단계였다고 할 수 있다. 따라서, 소비에트 몰락 직후 혼란스럽게 도처에서 진행된 사회 및 문화 현상의 분석은 소비에트 러시아와 현대 러시아 사회를 연속성이라는 맥락 속에서 이해하는 데 매우 중요한 첫걸음이 된다고 볼 수 있다. 더욱이, 이

책의 거의 모든 장에서 다루어지
는 주제, 곧 소련 붕괴 후 러시아
인들이 소비에트 시대에 대한 자
신의 기억과 관계를 어떻게 갈무
리했는가 하는 문제는 소비에트
과거에 대한 현대 러시아인의 내
적 평가와 직결되며 이는 곧 나아
가 러시아인들이 오늘날의 러시
아에 대해 지니는 관점과 정서를
이해하는 바탕이 된다.

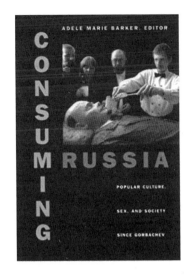

이 책의 원서를 손에 들었을 때 가장 먼저 시선을 붙잡는 것은 표지
사진이다. 레닌의 미라를 본뜬 케이크를 사람들이 한 조각씩 접시에 덜
어 담고 있는 표지 사진은 이 책의 주제를 시각적으로 단숨에 전달하고
있다. 소비에트 시대에 우상화된 레닌의 형상(아직도 레닌의 동상은 러시
아의 여러 도시의 중앙에 자리잡고 있다)이 포스트소비에트 시대에 다뤄
지고 있는 방식을 보여 주는 이 사진은 이 책에도 글이 수록되어 있는 알
렉세이 유르착의 저서 제목 『모든 것은 영원했다, 사라지기 전까지는』
Everything Was Forever, Until It Was No More처럼 소비에트 시대에 영원할 것처럼 굳
건하게 여겨지던 가치 체계와 사회제도가 포스트소비에트 사회에서 그
영속성을 잃게 되면서 일어난 엄청난 전복적 변화를 시사한다. 이 책의
각 장은 다루고 있는 사회 문화 현상의 다양성에도 불구하고 바로 이 점
에서 수렴된다.

각 장의 의의에 대한 개관은 서문을 대신하는 아델 마리 바커의 글
(1장 「러시아 다시 읽기」)에 이미 나와 있기에 여기에서는 독자를 위한 간

단한 가이드를 제공하고자 한다. 2장인 아델 마리 바커의 「문화 공장」에서는 소련과 포스트소비에트 러시아의 대중문화를 비교하면서 서구의 대중문화이론의 틀에 머물지 않고 보다 새로운 관점에서 이를 분석해야 한다고 주장한다. 이 책의 전체적 방향을 예측하고 이론적 관점을 정비하고자 하는 독자라면 먼저 2장을 읽어 두는 것이 도움이 될 것이다.

포스트소비에트 러시아의 혼란을 틈타 드라마틱하게 진행된 전 국가적 사건들을 통해 소비에트 문화의 재해석과 그 전용을 짚어 보는 글로 엘리엇 보렌스타인의 글 「주식공모: MMM과 멜로드라마 마케팅」(3장)과 「불신의 보류: 포스트소비에트 러시아의 '컬트'와 포스트모더니즘」(20장)을 들 수 있다. 여기에서 다루고 있는 사건들은 그 전개 자체가 실화라고 믿기 어려울 만큼 흥미진진할 뿐 아니라 소비에트 시대에 뿌리를 둔 물질적·정신적 현상이 포스트소비에트의 토양에서 어떻게 폭발적으로 나타날 수 있었는지 보여 준다. 소비에트 몰락 이후 급격히 늘어난 서구의 영향 속에서 러시아의 기존 대중문화가 어떻게 반응하고 변화했는지 보여 주는 글로는 엘리자베스 젤렌스키의 「포스트페레스트로이카 러시아의 대중 아동문화」(6장)와 로버트 에덜먼의 「행성 러시아에는 규칙이 없다」(9장)가 유용할 것이다.

한편, 의문이나 비판의 여지를 주지 않던 엄숙한 공산주의가 포스트소비에트 러시아 대중문화에서 어떻게 전복되고 재전유되는지 테레사 사보니-샤페의 글 「키치로서의 공산주의」(16장)가 다루고 있다면, 공산주의가 물러난 자리에 대두한 이데올로기 중 민족주의가 가져온 여러 결과는 「처형 벽의 편집증적 그래피티」(18장)와 「'기독교, 반유태주의, 민족주의'」(19장)에서 살펴볼 수 있다.

정치적·사회적 변화에 따라 소비에트의 기억과 관습이 변화하는 과정을 살펴보기 위해서는 「'레닌'이라 말하며 '당'을 의미하기」(10장), 「신체 그래픽」(15장), 「화장실에서 박물관까지」(17장)를 읽기 바란다. 포스트소비에트 토양에서 융성하게 된 새로운 문화 현상과 그 정치사회적 함의에 대해서는 알렉세이 유르착의 「가가린과 레이브 키즈」(4장), 줄리아 프리드먼/애덤 와이너의 「진퇴양난」(5장), 수전 라슨의 「관객을 찾아서」(8장), 아델 마리 바커의 「엉망이 되다」(11장)를 읽는 것이 도움이 될 것이다.

젠더 담론의 변화와 전통적으로 러시아와 소련에서 금기시되어 오던 동성애 문화의 성장에 대한 논의로는 캐서린 네폼냐쉬의 「시장, 거울, 그리고 대혼란」(7장)과 3부 전체, 곧 로리 에시그의 「공개적 동성애」(12장), 팀 스콜의 「동성애 공연」(13장), 폴 골드슈미트의 「러시아의 포르노그래피」(14장)가 수록되어 있다.

각 글은 각기 다른 소비에트 문화 연구자들이 문화이론에 근간하여 자신이 직접 수행한 현장조사 결과를 분석한 논문이다. 따라서 단일한 저자가 하나의 목소리로 써내려간 저작에 비해 각 장의 어조와 양식이 상이하고 분석의 틀과 경향도 동일하지 않다. 독자들은 아마도 읽는 과정에서 특정 장들은 보다 이론적으로 정향되어 있고 또 다른 장들에서는 더 일화적인 서술을 택하고 있음을 눈치챌 것이다. 그러나 오히려 이러한 비균질성 덕분에 이 책은 독자에게 다양한 접근법과 시각을 제공한다. 포스트소비에트 러시아 문화에 대한 관심을 지닌 일반 독자라면 다채로운 문화 현상의 생동감 넘치고 심지어는 코믹하고 아이러니한 묘사들에 반할 것이며, 러시아 문화를 전문적 관점에서 살펴보고자 하는 연구자라면 자신의 연구를 조직하고 계획하는 데 이 글들이 유용한 참고가 될 수 있을 것이다.

이 책의 양적 방대함 때문에 번역을 끝맺는 데 참으로 오랜 시간이 걸렸다. 오래 걸린 만큼 이 책을 번역하는 데 많은 이들의 도움이 있었다. 먼저 시간과 노력을 들여 번역 초고를 읽어 준 권경준, 김민아, 라승도, 서광진, 이수현, 차지원 선생님과 이 책을 기획하고 발간하는 데 실질적인 도움을 준 최진석 선생님께 감사를 전한다. 그리고 이 책을 편집하고 수정하는 데 노고를 기울여 준 그린비 출판사 편집부에 또한 감사한다. 한편, 이 책의 번역 작업에 경제적 지원을 제공해 준 서울대학교 인문학연구원에 사의를 표하고 싶다. 마지막으로, 이 책을 번역하고 수정하는 동안 늘 마음으로 지지해 준 나의 가족에게 깊이 감사한다.

옮긴이 정하경

찾아보기

436, 438~439, 452, 467

동쪽으로의 나토 확장 반대 156

뒤샹, 마르셀(Marcel Duchamp) 581~582

「분수」 581

드 세르토, 미셸(Michel de Certeau) 67

지은이/옮긴이 소개(글 수록 순)

아델 마리 바커(Adele Marie Barker)

애리조나 대학의 러시아학 및 슬라브학 명예교수이다. 그녀는 『러시아 민중의 상상 속 모성 신드롬』(*The Mother Syndrome in the Russian Folk Imagination*, Slavica, 1986)의 저자이며, 수전 에이켄, 마야 코레네바, 예카테리나 스테첸코와 함께 『다이얼로그: (구)소비에트 및 미국 여성들의 문학적·문화적 교류』(*Dialogues/Dialogi: Literary and Cultural Exchanges between (ex) Soviet and American Women*, Duke University Press, 1994)를 공저했고, 제한 게이트와 『러시아 여성 문필의 역사』(*A History of Women's Writing in Russia*, Cambridge University Press, 2002)를 공동번역했다.

엘리엇 보렌스타인(Eliot Borenstein)

뉴욕 대학의 러시아학 및 슬라브학 교수이다. 그는 단행본 『여성 없는 남성: 초기 소비에트 소설의 남성성과 혁명, 1917~1929』(*Men without Women: Masculinity and Revolution in Early Soviet Fiction, 1917-1929*, Duke University Press, 2000), 『과잉: 1991년 이후 섹스 폭력과 러시아 대중문화』(*Overkill: Sex Violence and Russian Popular Culture after 1991*, Cornell University Press, 2008)의 저자이며, 마크 리포베츠키의 저서 『러시아의 포스트모더니즘: 혼돈과의 대화』(*Russian Postmodernism: Dialogue with Chaos*, M. E. Sharpe, 1999)의 편집과 공동번역을 담당했다.

알렉세이 유르착(Alexei Yurchak)

버클리 캘리포니아 주립대학의 인류학 교수이다. 그의 저서 『모든 것은 영원했다, 사라지기 전까지는: 소비에트의 마지막 세대』(*Everything Was Forever, Until It Was No More: The Last Soviet Generation*, Princeton University Press, 2005)는 2007년 웨인 부치니치 도서상 등 많은 상을 수상한 바 있다.

줄리아 P. 프리드먼(Julia P. Friedman)

2005년 브라운 대학에서 예술사 전공으로 박사학위를 받았다. 역사가, 작가이자 큐레이터로 활동하고 있다.

애덤 와이너(Adam Weiner)

웰슬리 대학의 러시아어 교수이며 『작가에 홀린: 러시아의 악령 소설』(*By Authors Possessed: The Demonic Novel in Russia*, Northwestern University Press, 1998), 『나쁜 글이 어떻게 세상을 파괴하는가: 아인 랜드와 금융위기의 문학적 근원』(*How Bad Writing Destroyed the World: Ayn Rand and the Literary Origins of the Financial Crisis*, Bloomsbury, 2016)의 저자이다.

엘리자베스 크리스토포비치 젤렌스키(Elizabeth Kristofovich Zelensky)

조지타운 대학의 강사로 재직하며 러시아 국가의 문화적 체계 내에서 경계인이 수행하는 기능에 대한 저작활동을 한 바 있다. 논문 「타르코프스키, 과학, 그리고 소설」("Tarkovsky, Science and Fiction", *Religions*, 2014), 「사랑과 결혼: 신화의 현실」("Love and Marriage: the Realities of Myth", *Religions*, 2014)을 출판했다.

캐서린 세이머 네폼냐시(Catharine Theimer Nepomnyashchy)

바너드 대학의 러시아 문학 교수였으며 2015년 작고했다. 그녀는 『아브람 테르츠와 범죄의 시학』(*Abram Tertz and the Poetics of Crime*, Yale University Press, 1995)의 저자이며 아브람 테르츠의 『푸슈킨과의 산책』(*Strolls with Pushkin*, Yale University Press, 1993)을 공동번역했다.

수전 라슨(Susan Larsen)

케임브리지 대학 슬라브학과의 조교수로서 18세기부터 지금까지 러시아 문화에 나타난 젠더와 민족정체성을 연구하고 있다.

로버트 에덜먼(Robert Edelman)

샌디에이고 캘리포니아 주립대학의 러시아 역사학 교수이다. 그는 『진지한 즐거움: 소련 관중 스포츠의 역사』(*Serious Fun: A History of Spectator Sport in the USSR*, Oxford University Press, 1993)의 저자이다. 모스크바 노동자 계층과 스파르타크 축구팀 간의 관계에 대한 연구를 담은 그의 저서 『스파르타크 모스크바: 노동자의 나라와 인민의 팀의 역사』(*Spartak Moscow: A History of the People's Team in the Worker's State*, Cornell University Press, 2009)는 많은 상을 수상한 바 있다.

안나 크릴로바(Anna Krylova)

듀크 대학 역사학과 부교수이다. 에세이 「그들 자신의 언어로: 소비에트 여성 작가와 자아의 추구」("In Their Own Words: Soviet Women Writers and the Search for Self")가 아델 바커 및 제한 게이트가 편집한 『러시아 여성 문필의 역사』(*A History of Women's Writing in Russia*, Cambridge University Press, 2002)에 실린 바 있으며, 저서로 『투쟁하는 소비에트 여성: 동부 전선의 폭력의 역사』(*Soviet Women in Combat: A History of Violence on the Eastern Front*, Cambridge University Press, 2010)가 있다.

로리 에시그(Laurie Essig)

미들베리 대학에서 젠더, 성, 여성학 과정의 교수로 재직하고 있다. 그녀는 『러시아의 동성애: 섹스, 자아, 그리고 타자의 이야기』(*Queer in Russia: A Story of Sex, Self, and the Other*, Duke University Press, 1999), 『미국의 플라스틱: 유방확대수술, 신용카드, 완벽의 추구』(*American Plastic: Boob Jobs, Credit Cards, and the Quest for Perfection*, Beacon Press, 2010)의 저자이다.

팀 스콜(Tim Scholl)

오벌린 대학의 러시아어문학과 교수이다. 그는 『프티파부터 발란신까지: 고전의 리바이벌과 발레의 현대화』(*From Petipa to Balanchine: Classical Revival and the Modernization of Ballet*, Routledge, 1994), 『잠자는 숲 속의 미녀, 진행 중인 전설』(*Sleeping Beauty, a Legend in Progress*, Yale University Press, 2004)의 저자이다.

폴 W. 골드슈미트(Paul W. Goldschmidt)

위스콘신-플래트빌 대학의 정치학 겸임교수이다. 그는 『민주주의와 포르노그래피: 탈공산주의 러시아에서 외설을 입법하기』(*Democracy and Pornography: Legislating Obscenity in Post-Communist Russia*, Westview Press, 1999)를 저술했다.

낸시 콘디(Nancy Condee)

피츠버그 대학의 슬라브어문학과 교수이다. 그녀의 저서로는 단행본 『소비에트 상형문자: 20세기 후반 러시아의 시각문화』(*Soviet Hieroglyphics: Visual Culture in Late*

Twentieth-Century Russia, Indiana University Press/British Film Institute, 1995)와 마리나 발리나 및 예브게니 도브렌코와 공동편집한 『인용부호: 소츠아트 문학과 소비에트 제국 양식』(*Endquote: Sots-Art Literature and Soviet Empire Style*, Northwestern University Press, 1999) 등이 있다.

테레사 사보니-샤페(Theresa Sabonis-Chafee)

에모리 대학에서 정치학으로 박사 학위를 받았다. 그녀는 카자흐스탄의 알마티에 거주하고 있으며 그곳에서 하버드 국제 개발 연구소를 위해 에너지 및 환경 정책 상주 고문으로 일하고 있다.

스베틀라나 보임(Svetlana Boym)

하버드 대학의 슬라브 및 비교 문학 교수였으며 2015년 작고했다. 그녀는 『인용부호 안의 죽음: 현대 시인의 문화적 신화』(*Death in Quotation Marks: Cultural Myths of the Modern Poet*, Harvard University Press, 1991), 『공공의 공간: 러시아 일상생활의 신화』 (*Common Places: Mythologies of Everyday Life in Russia*, Harvard University Press, 1994), 『또 하나의 자유: 생각의 대안 역사』(*Another Freedom: The Alternative History of an Idea*, University of Chicago Press, 2010)의 저자이다.

존 부시넬(John Bushnell)

노스웨스턴 대학의 역사학 교수이다. 그는 『억압 속 반란: 1905~1906년 혁명과 러시아 군인』(*Mutiny amid Repression: Russian Soldiers in the Revolution of 1905-1906*, Indiana University Press, 1985)와 『모스크바 그래피티: 언어와 하위문화』(*Moscow Graffiti: Language and Subculture*, Unwin Hyman, 1990)의 저자이다.

주디스 도이치 콘블라트(Judith Deutsch Kornblatt)

메디슨 위스콘신 주립대학의 슬라브어문학 교수이며 또한 동대학의 유태인 연구와 종교학 프로그램의 일원이기도 하다. 그녀는 『러시아 문학의 카자크 영웅: 문화적 신화 연구』(*The Cossack Hero in Russian Literature: A Study in Cultural Mythology*, University of Wisconsin Press, 1992), 『이중으로 선택받다: 유태인 정체성, 소비에트 인텔리겐치아, 그리고 러시아 정교회』(*Doubly Chosen: Jewish Identity, the Soviet Intelligentsia, and the Russian Orthodox Church*, University of Wisconsin Press, 2004)를 저술했으며, 리처드 구스타프슨과 함께 『러시아의 종교 사상』(*Russian Religious Thought*, University of Wisconsin Press, 1996)을 공동편집했다.

옮긴이 정하경

서울대학교 노어노문학과를 졸업하고(1997) 동 대학원에서 러시아어학 전공으로 석사학위(2001)를, 미국 하버드 대학의 슬라브어문학과에서 러시아어 통사론 전공으로 박사학위(2008)를 받았다. 저서로 『*BE*-소유구문의 통사: 매개변인적 변이와 표층 다양성』(*The Syntax of the* BE-*possessive: Parametric Variation and Surface Diversities*, John Benjamins, 2011)이 있으며, 그 외 「현대 및 고대 북부 러시아어 주격목적어 구문의 통사연구: 발트어 및 핀어 주격목적어 구문과의 비교언어학적 접근」(2012), 「러시아어 사격 주어의 성장」("The Rise of Oblique Subjects in Russian", 2013), 「고대노브고로드 방언 영주어 체계와 인칭 자질」(2015) 등 다수의 러시아어학 관련 논문을 저술했다. 슬라비카 총서의 『러시아 문화사 강의』(그린비, 2011)를 공역한 바 있다.